Oberpfälzer Sprachmosaik

Herausgegeben von Adolf J. Eichenseer
Bezirksheimatpfleger der Oberpfalz

Regensburger Stadtsagen, Legenden und Mirakel

Regensburger Stadtsagen,
Legenden und Mirakel

gesammelt und
herausgegeben von
EMMI BÖCK

illustriert mit
alter Grafik

Verlag Friedrich Pustet
Regensburg

CIP-Kurztitelaufnahme der Deutschen Bibliothek

Regensburger Stadtsagen, Legenden und Mirakel :
ill. mit alter Grafik / ges. u. hrsg. von Emmi
Böck. – Regensburg : Pustet, 1982.
(Oberpfälzer Sprachmosaik)
ISBN 3–7917–0694–2

NE: Böck, Emmi [Hrsg.]

Gefördert von der Bayerischen Landesstiftung
und dem Bezirkstag der Oberpfalz

ISSN 0341-6895
ISBN 3-7917-0694-2
© 1982 by Verlag Friedrich Pustet, Regensburg
Umschlaggestaltung: Walter Tafelmaier, München-Ottobrunn
Gesamtherstellung: Friedrich Pustet, Regensburg
Printed in Germany 1982

Für Prof. Dr. Hans J. Karl
in starker Verbundenheit – trotz allem,
für Dr. Ludwig Raith
in nie enttäuschtem Vertrauen

*Wer Wunder sucht und Zeichen will/
zu Regenspurg da findt er vil!*

Anselm Godin

INHALT

VORWORT von Dr. Eberhard Dünninger 9
Grundsätzliches 13

SAGENTEXTE

Stadtgründung und Frühzeit 21
Heilige und Selige 53
Kaiser und Könige 167
Kirchen und Klöster 239
Wahrzeichen 275
Zeichen und Zeiten 297
Geister und Gespenster 325
Varia 345

ANHANG

Literaturangaben (einschließlich Handschriften) 353
Wertung der Literatur 370
Inhalts- und Herkunftsangaben 402
Anmerkungen 429
Stichworte 567
Personen 580
Berufe, Status u. ä. 591
Orte 601
Bildnachweis 611

VORWORT

Die nach fachkundigem Urteil beste Sagenkennerin Bayerns veröffentlicht nach ihren im vergangenen Jahrzehnt erschienenen Büchern mit Sagen aus Ingolstadt, aus der Hallertau, aus Niederbayern und Eichstätt mit dem vorliegenden Band »Regensburger Stadtsagen, Legenden und Mirakel« innerhalb kurzer Zeit ihren fünften Sagenband. Dieses umfassend angelegte Werk ist nicht einfach ein weiterer Band in einer schon so stattlichen Reihe von Sagensammlungen, in der wir noch manche weitere Veröffentlichung von Rang erwarten und erhoffen. Diese Sagen der Stadt Regensburg werden vielmehr wohl einmal das Herzstück von Emmi Böcks bayerischem Sagenwerk bilden, Mittelpunkt sein ihrer im Entstehen begriffenen mehrbändigen oberpfälzischen Sagensammlung. Erneut erweist sich hier, daß Emmi Böck eine legitime Nachfolgerin der großen bayerischen Sagensammler ist: Die führende Stellung Bayerns in der Sagenforschung im 19. Jahrhundert, die durch die bedeutenden Sagensammlungen von Panzer, Schöppner, Schönwerth, Reiser und manchen anderen Gelehrten begründet wurde, wird auf der Grundlage des größten privaten Sagenarchivs in Bayern durch ihre Arbeit wieder neu gefestigt.

Wer durch das heutige Regensburg geht, steht immer wieder staunend und bewegt vor den Denkmälern seiner Vergangenheit. Aber auch von den literarischen Zeugnissen und geschichtlichen Überlieferungen einer solchen Stadt geht eine Stimmung aus, die niemand gleichgültig läßt, wenn sie nur in der rechten Weise wie in diesem Buch von Emmi Böck erschlossen werden. In Regensburg ist man sich ja schon seit alters der frühen geschichtlichen Anfänge, der durch archäologische Funde und Baureste gesicherten Entwicklung, der durch Heilige und Herrscher dokumentierten Erhöhung der Stadt bewußt, ganz abgesehen davon, daß die historischen Anfänge Regensburgs schon früh in eine sagenhafte Gründungszeit zurückverlegt wurden. Dieses geschichtlich begründete Selbstverständnis und Selbstbewußtsein, ein verständlicher, ja berechtigter Lokalpatriotismus und Stolz auf die große Vergangenheit haben immer wieder ihren literarischen Ausdruck gesucht und gefunden; die Sagenüberlieferung der Stadt ist ein Teil der literarischen Tradition so vieler Jahrhunderte, bildhafte Vergegenwärtigung der Geschichte, die ihre reichen Quellen vor allem in der Chronikliteratur, in der hagiographischen Überlieferung und in topographischen Werken besitzt. Auch in solchen literarischen Denkmälern, in ihren Sagen- und Legendenüberlieferungen lebt eine Stadt fort, überdauert der in ihr wirkende geschichtliche Sinn die Zeiten. So wie es heute gilt, ihre durch Jahrhunderte gewachsene Gestalt mit allen Kräften zu erhalten, ja ihr gelegentlich verschüttetes, entstelltes ursprüngliches Bild wiederherzustellen, so müssen wir auch ihre literarische Überlieferung bewahren und lebendig erhalten, auch manches zu Unrecht vergessene Zeugnis wieder ins rechte Licht rücken.

Es ist Emmi Böcks Verdienst, daß sie in mühsamer Arbeit die Fülle dieser Überlieferungen Regensburgs gesichtet und geordnet hat, in die Tiefe des geschichtlichen Lebens dieser Stadt, in ihre nur schwer enträtselbaren Geheimnisse eingedrungen ist. Zum ersten Mal werden so in umfassender Weise die Beziehungen zwischen Entstehung und Überlieferung der Regensburger Sagen sichtbar gemacht, werden die Legendenberichte dieser geistlichen Stadt mit ihrer noch so lebendigen Heiligenverehrung in ihrem erzählerischen Rang geschlossen vergegenwärtigt, werden die Mirakel der hagiographischen Literatur Regensburgs in diesen weiteren Zusammenhang gestellt. Mit Recht hat Emmi Böck neben dem Reichtum der geschichtlichen Sagen auch Legenden und Mirakel in diesen Band aufgenommen: Nicht nur, daß manche Texte zwischen diesen Gattungen angesiedelt sind; auch die gemeinsame literarische Herkunft von »Buchsagen« und Legenden, die Unterschiedlichkeit des Sagenmaterials, die Probleme der Legende als Gattung, die Schwierigkeiten eindeutiger Definition rechtfertigen dieses von ihr eingehend begründete Vorgehen. Ebenso haben in einer Stadt mit so bedeutender hagiographischer Tradition wie Regensburg diejenigen Mirakel, die als Erzählgebilde Merkmale der Sage aufweisen, ihren berechtigten Platz in einer Sammlung volkskundlichen Erzählgutes.

Daß diese Texte in einer dem heutigen Leser zugänglichen, nicht historische und philologische Vorbildung voraussetzenden Form und zugleich zuverlässig dargeboten werden, obwohl die originalgetreue Wiedergabe der ursprünglichen Fassung oft den leichteren Weg darstellen würde – zumindest für den Herausgeber, nicht unbedingt aber für den Leser – ist eine besondere Leistung von Emmi Böck und macht zugleich den eigenen Reiz dieses Buches wie auch ihrer übrigen Sagenbände aus. Es kann daher wie wenig andere Werke auch den geschichtlichen Sinn vieler Menschen in dieser Stadt Regensburg ansprechen und wecken und immer von neuem als ein durchs Leben begleitendes Hausbuch für jung und alt die Liebe zur Heimatstadt festigen. Die Fachleute werden ermessen können, welch eingehende Kenntnis der regionalen Literatur, die immer Voraussetzung für das zuverlässige Sammeln und die wissenschaftliche Erschließung von Sagen ist, sich die Autorin bei ihrer Beschäftigung mit den Sagen Regensburgs angeeignet hat. Davon legt Zeugnis ab der umfangreiche Anhang, der in der schon bei den früheren Sagenbänden von Emmi Böck entwickelten und bewährten Weise in die Überlieferungsgeschichte der Texte einführt. Die Veröffentlichung von Sagen in dieser Form bietet – wenngleich bei weniger Originärem mitunter sprachlich geglättet werden mußte – im Kern, in Inhalt und Aussage unveränderte Texte und verstellt den Zugang zu den Quellen keineswegs, sondern eröffnet ihn vielfach erst, zumal ältere Sagensammlungen und -wiedergaben oft auf Quellenhinweise verzichten. Wissenschaftlichen Anforderungen genügen und zugleich ein Volksbuch schaffen – diesen schon früher gesetzten Maßstab für ihre Arbeit und so schwer zu erfüllenden Anspruch verwirklicht Emmi Böck mit ihrem Regensburger Sagenbuch auf neue und weiterführende Weise.

Bewunderung nötigen uns ab die Bewältigung eines nicht leichten Lebensschicksals, die Entsagung und Arbeitsdisziplin, die Emmi Böck diesem Werk über Regensburg gewidmet hat. Sie hat es nicht geschaffen vom bequemen, gutdotierten Stuhl eines mit Personal und Sachmitteln reichlich ausgestatteten wissenschaftlichen Instituts aus, sondern in jener fast asketischen, schöpferischen Einsamkeit, aus der große wissenschaftliche Leistungen und literarische Werke auch und nicht zuletzt erwachsen – wie das Beispiel der von Emmi Böck aus gutem Grund immer wieder zitierten großen bayerischen Gelehrten Johannes Aventinus und Johann Andreas Schmeller beweist. Daher ist dieses Regensburger Sagenbuch trotz der von ihr dankbar gewürdigten Mitwirkung so vieler hilfreicher Freunde ihr ureigenstes Werk. Emmi Böck hat – anders als der von ihr in der grundsätzlichen Einleitung erwähnte Werner Bergengruen – nicht nur »manchen Tag

an die Unerschöpflichkeit dieser Stadt gesetzt«, sondern kostbare Jahre ihres Lebens, ihre ganze Lebenskraft dieser letzen Jahre. Daher ist dies auch mehr als Mühe und Arbeit gewesen, es ist vielmehr ein besonders kostbares Geschenk, das sie der Stadt Regensburg und uns als den Lesern ihres Buches gemacht hat.
Der Bayerischen Landesstiftung und dem Bezirk Oberpfalz ist zu danken, daß sie das Entstehen und das Erscheinen dieses Werkes so nachhaltig gefördert haben. Sie haben damit die Bedeutung Regensburgs als der alten Hauptstadt Bayerns und des – gemessen an der Vergangenheit von zwei Jahrtausenden – jungen Mittelpunkts der heutigen Oberpfalz in einer in die Zukunft wirkenden Weise bestätigt und bekräftigt. So begreifen wir in diesem Buch wie einst Aventinus vor 450 Jahren Regensburg von neuem als die wahrhafte »mueterstat« unseres Landes.

Eberhard Dünninger

GRUNDSÄTZLICHES

Bei dieser Arbeit – der sicher schwierigsten, die ich bisher anzugehen hatte – ging es zunächst darum, den in Jahrhunderten angewachsenen Sagen- und Legendenbestand der Stadt Regensburg, wie er sich als Chronikat darbietet, als Einschub in Viten, Topografien ... – die Fülle der ergiebigen Literatur ist überquellend –, ausfindig zu machen und zusammenzutragen. Da diese Literatur den gebietsmäßigen Rahmen sprengt – als Stadt bedeutsamen Geschehens fand Regensburg, diese »einzige undurchdringliche Dichtigkeit« (W. Hausenstein), Aufnahme auch in viele gewichtige überregionale Werke wie in die Schedelsche Chronik –, mußte von vornherein die Bescheidung einsetzen: »Es ist schwer, aus solcher Fülle Einzelheiten auszusondern« (Bergengruen), es ist unmöglich, sie ganz zu bewältigen, wie es mir etwa bei den Sagen aus der Hallertau gelang. So versteht man die Resignation, die Werner Bergengruens Worte bestimmt: »Ich habe ... manchen Tag an die Unerschöpflichkeit dieser Stadt gesetzt, ich wollte, ich könnte ein Jahr an sie setzen, ein Jahrzehnt oder ein Leben.«

Der nächste Schritt – soweit sich Anhaltspunkte dafür ergaben – war die chronologische Anordnung des gefundenen Erzählgutes: In der vom Zeitablauf gegebenen Reihenfolge gelesen, vermittelt es ein kulturhistorisch farbiges Bild jener »mueterstat, darauß« – nach Aventin – »all ander stet in disem land geporn und geschloffen sein«: »Wenn man sie zusammennimmt, diese ganze Kette von sagenhaften Berichten, in denen fast jede Epoche dieser Stadt ihren Niederschlag gefunden hat, so ergibt sich daraus doch ein sehr eindrucksvolles Bild zwar nicht geschichtlichen Geschehens, aber geschichtlichen Erlebens. ›Reflexe der Geschichte‹, das ist die entscheidende Fragestellung ...« (Josef Dünninger).

Bei meinem Bemühen um das von der Forschung bisher vernachlässigte Regensburger Erzählgut – die Arbeiten Josef Dünningers und seines Kreises sowie neuerdings die von Karl Heinz Göller und Herbert Wurster stellen rühmliche Ausnahmen dar – wandte ich mein besonderes Augenmerk auf das Werten und Einordnen des Gesammelten, wobei ich zugleich viel bisher unbekanntes Material erschließen konnte. Einordnen, d. h. die jeweilige Sage oder Legende

möglichst in ihrer frühesten Erwähnung nachzuweisen und – aufgrund ihres Vorkommens zumindest bei den von mir eingesehenen Autoren ihre Genealogie herauszuarbeiten, eine Art »Sagen-Stemma« zu erstellen: Wer hat die Quelle benutzt und überliefert somit getreu? Wer vermischt mehrere Versionen? Wer bringt neue Motive ein?...
Die Anordnung der »Sagengenealogie« erfolgt ebenfalls chronologisch; die von mir abgedruckte Quelle (oder Sekundärstelle) wird mit einem vorausgestellten Asteriskus gekennzeichnet: meine Quelle soll auf den ersten Blick ersichtlich sein. (Aus der Literaturaufstellung läßt sich auch ihre Entstehungszeit ersehen, was es dem Leser ermöglicht, ihre Einordnung in die Sagengenealogie selbst vorzunehmen.)
Allein aus dieser Aufreihung der Fundstellen läßt sich bereits Wesentliches ablesen: die Entstehungszeit des Stoffes bzw. seine literarische Fixierung, sofern die Urquelle erschlossen werden konnte; dann die Ära, die der jeweiligen Sage oder Legende die meiste Aufmerksamkeit widmete, und es läßt sich auch der Interessenschwerpunkt eines Autors ausmachen: Zschokke beispielsweise wird kaum eine Sage überliefern, die nicht in der Historie wurzelt, Vogl nichts, was seiner Abtei St. Emmeram abträglich wäre...
Eine Untersuchung des Regensburger Sagengutes konfrontiert hauptsächlich mit der *geschichtlichen Sage*, die noch »zu den am wenigsten gelösten Problemen der Volkskunde und insbesondere der Sagenforschung« zählt (J. Dünninger), weil sie sich nur selten im Bereich mündlicher Überlieferung findet, weshalb die Frage berechtigt erscheint, ob sie überhaupt der Volkssage zuzurechnen ist, und weil sie mit ihren Motiven außerhalb der Glaubens- und Vorstellungsbezirke der Volkssage liegt... Ihre Absicht ist es, in den unübersehbar Zweckcharakter tragenden geschichtlichen Fabulaten – in einer Art illegaler Geschichtsschreibung – ausgesprochen Geschichtliches zu bezeugen; schließlich steht sie »im Bereich des Wissens« und legt so die Frage nach dem historischen Kern nahe (Hain, S. 271). Dabei ist längst ihre Unverwendbarkeit als konkretes geschichtliches Zeugnis erwiesen. »Daß trotz der Ungeschichtlichkeit der geschichtlichen Sagen diese für das Geschichtsbild des Volkes aussagereich sind, wo eben nicht das Einmalige der Geschichte gefaßt wird, sondern Geschichte bildhaft vergegenwärtigt wird, ist ein besonderes Problem...« J. Dünninger erörtert diese Fragestellung in seinem Aufsatz »St. Erhard und die Dollingersage«.

Außer geschichtlichen Sagen stellen *Legenden* den Hauptteil am Stoff. Bei einer Stadt wie Regensburg – dieser »civitas sancta« (Godin) –, die außer ihren vier Hauptpatronen Dionysius Areopagita, Emmeram, Erhard und Wolfgang, über die der Vers frohlockt: »Gaude Ratisbona super excellentia dona...« (s. Andreas von Regensburg, S. 8), noch viele Heilige und Selige für sich beansprucht, muß die Legende dominieren, jene erzählerische, literarisch fixierte Kurzform, die sich aus der Heiligenverehrung entwickelte und Episoden aus dem Heiligenleben vergegenwärtigt, um den Gläubigen durch Gestalten mit exemplarischem Lebenswandel und sichtbarer Begnadung ein nachahmenswertes Vorbild und Unterpfand überirdischer Hilfe vor Augen zu stellen (H. Rosenfeld, S. 26). So kann denn Werner Bergengruen behaupten: »Regensburg ist reich an Geschicken, reich an Schätzen, reich an Legenden...« (E. Dünninger, Begegnung, S. 95).

Welche Probleme sich bei ihrer volkskundlichen Exploration ergeben, erhellt aus Mathilde Hains Erkenntnis: »Gegenüber der ausgebauten Märchen- und Sagenforschung steckt die volkskundliche Erforschung der Legende noch in den Anfängen. Die volkskundliche Behandlung der Legende meint ›nicht ganz das gleiche wie die hagiographische, aber auch nicht ganz das gleiche wie die literarhistorische Legendenforschung‹...« (Hain, S. 261). »Eine volkskundliche Legendenforschung geht über eine Motiv- und Formanalyse hinaus und sieht die legendenhafte Erzählung im Lebens- und Funktionszusammenhang, sei es als Wallfahrts- und Kultlegende, als ätiologische Bildlegende, wie sie z. B. die Volksverehrung von St. Kümmernis geschaffen hat [auch in Regensburg, im Kloster Hl. Kreuz, wird diese Volksheilige verehrt, s. Sepp, S. 197f.], oder als volksfromme Reflexe religiöser Bewegungen und theologischer Kontroversen, aus denen z. B. die mittelalterlichen Marien- und Sakramentslegenden herausgewachsen sind«, wie sie auch in der alten Ratisbona gediehen.

Weil die »gewirkten Zeichen«, die *Mirakel*, das Bild des Heiligen abrunden – was wäre er ohne seine Wundertaten! –, wurden auch solche als ein Bestandteil der Legende, der sich allerdings zu dem Wunderanhang, den miracula post mortem, verselbständigen kann, hier aufgenommen, wenngleich sie Hellmut Rosenfeld der Exempelliteratur zuweist und nicht der Legende. Der Zusammenhang zwischen ihnen und der Legende ist jedoch evident: oft wird die Verehrung eines Heiligen erst durch Wunder hervorgerufen oder verbreitet. Das Mittelalter ordnete die Gebetserhörungen ebenso wie »seltsame oder merkwürdige Ereignisse aller Art« – Aventin nennt diese »kunter« (Chronik, Buch 1, Kap. 75) – zu den »miracula«, wozu auch »Exempel von Selbstverleugnung, Nächstenliebe, Prophetie, Vision und wunderbarer Geistesbegabung durch Gott« zählten (Rosenfeld, S. 25). In einem ähnlich weitgefaßten Sinn – unter Ausklammerung besonders kurioser Ereignisse (Berichte von Mißgeburten z. B.) – will ich die Kategorie »miracula« verstanden wissen, wenn ich beispielsweise Teile aus Otlohs Liber visionum aufnahm oder Prophezeiungen. Der mediävale Begriff deckt weitgehend die wenn auch nur flüchtige Verwandtschaft des Aufgenommenen. Sofern den Berichten von »gewirkten Zeichen« die Plastizität fehlt und sie, spracharm, nur die Gebetserhörung wiedergeben, ohne ein erzählerisches oder dramatisches Moment, blieben sie eliminiert: Die Erwähnung eines kontrakten Armes oder eines wiederhergestellten Augenlichts genügte nicht als Kriterium für die Aufnahme. Erst wenn durch das Mirakel die Gestalt des Heiligen transparent wurde, wenn daraus Kultverhältnisse sich ablesen ließen, soziologische Gegebenheiten . . ., dann schien es mir wert, sie in meine Sammlung zu integrieren.

Ich blieb auch hier meiner bisherigen Arbeitsweise treu: Ich wollte lesbar machen, ohne die Ehrlichkeit der Überlieferung anzutasten. Unzählige Sagen wären im Originaltext für ein breites Publikum unzugänglich; wer – außer einem Germanisten – ist heute noch mit der Sprache eines Andreas von Regensburg vertraut, mit der eines Ebran von Wildenberg? Selbst Aventin, der Vielzitierte, erschließt sich nicht einfach, und sogar noch die Barockautoren in ihrem Überschwang versagen sich dem Verständnis des sprachlich nicht vorgebildeten Lesers, ganz zu schweigen von den lateinischen Texten, die – wie die nicht nur inhaltlich wirren Gesta Caroli Magni und Ausschnitte aus den Viten der verschiedenen Heiligen – eines vielseitig gebildeten Übersetzers bedurften. Die deutschen Texte setzte ich – ohne ihren Kern anzutasten – in zeitnahe Sprache um. Meine behutsamen Eingriffe galten immer der Sprache, nie dem Inhalt. Lateinische Texte, von denen – wie bei der Schottenlegende – keine deutsche Übersetzung vorliegt, wurden extra für vorliegendes

Werk in uneigennütziger Hilfsbereitschaft übersetzt von Robert Köhler und Hans J. Reichel, Ingolstadt, sowie von Brun Appel, Alfred Memmel und Prof. Dr. Ernst Reiter, Eichstätt. Ganz besonderen Dank schulde ich Robert Köhler, der die meiste lateinische Übersetzungsarbeit übernahm. Ohne ihn hätte ich bei vielen Erzählstücken – man denke nur an die aus Arnold von St. Emmeram – nicht die Erstfassung erschließen können. Die Bedeutung seiner Mitarbeit an diesem Buch kann nicht genug hervorgehoben werden, zumal durch seine Übersetzungen viel Bedeutsames, das bisher im Lateinischen »begraben« lag, nun allgemein zugänglich gemacht wird.
Daß ich bei einem so gigantischen Fragenkomplex, wie dem mit den Regensburger Sagen und Legenden verknüpften, auf Rat und Hilfe zahlreicher Fachleute angewiesen war – Archivare, Bibliothekare, Germanisten, Hebraisten, Geschichtswissenschaftler, Kunst- und Lokalhistoriker, Latinisten, Theologen ... –, ist selbstverständlich. Da die Namen all derer, die mir halfen, sei es durch Auskünfte, Hinweise, Leihgaben, Buchüberlassungen, Korrekturen u. a., an dieser Stelle unmöglich genannt werden können – sie finden sich dafür bei der jeweiligen Anmerkung! –, sei hier lediglich den Regensburger Bibliothekaren und Archivaren gedankt, die mit viel Sachkenntnis auf meine Fragen eingingen: Msgr. Dr. Paul Mai und Dr. Barbara Möckershoff-Goy, Bischöfliches Zentralarchiv (BZA) – Prof. Dr. Max Piendl und Erwin Probst, Fürstlich Thurn und Taxissche Hofbibliothek – Alois Riesinger, Staatliche Bibliothek, sowie Guido Hable und Raimund Sterl, Stadtarchiv.
Der Genius loci der jeweiligen Bibliothek, wie überhaupt das ganze mittelalterliche Regensburg, hat mich dabei nicht wenig angeregt: Die Arbeit etwa in den stillen Bibliotheksräumen der Hofbibliothek, wo die glanzvolle Vergangenheit jenes Klosters, in dem, wie der Volksmund in seiner Kraftsprache behauptete, die Professoren auf dem Mist wuchsen (so viele gab's!), sich – nicht nur in dem von C. D. Asam reichfreskierten Bibliothekssaal – auf Schritt und Tritt erahnen läßt; das Studium in den zerwetzten und zerfransten Folianten im gotisch-strengen Runtingerhaus, der mächtigen Patrizierburg (heute Stadtarchiv u. a.); die Arbeits- und Wohnaufenthalte in dem auf traditionsreichem Boden begründeten Obermünster-Zentrum mit seiner freundlichen Sachlichkeit; die Besuche in der Staatlichen Bibliothek in der Gesandtenstraße, die einst unter die sehenswürdigen

Bibliotheken Deutschlands gerechnet wurde (Walderdorff, S. 545) und in deren Geborgenheit und Sorgfalt ich meinen Oberpfalz-»Nachlaß« – das, was bei meiner Arbeit an den oberpfälzischen Sagen an Material sich zusammenfindet – gern übergeben werde.
Die Atmosphäre dieser Stadt – für mich ist es die schönste in Bayern –, die wie kaum eine zweite den geschichtlichen Sinn anspricht – »die Gegenwart hier im Volke ist Geschichte« (Konrad Weiß) –, half mir, meiner Arbeit, so schwierig sie sich auch erweisen sollte, treu zu bleiben und in der »ungeheuren Truhe voll Merkwürdigkeiten« – nichts anderes ist Regensburg für Jacob Burckhardt – weiterzusuchen nach Längstvergessenem.
Durch schwierige persönliche Umstände (». . . es hört nit jederman gern die wârhait«, Aventin, Buch 3, Kap. 29) wäre das Regensburger Sagenprojekt trotz der Hilfsbereitschaft zahlreicher Fachleute zum Scheitern verurteilt gewesen, wenn mich nicht – außer meiner Liebe zu Regensburg – immer wieder Dr. Eberhard Dünninger mit einer geradezu heiligmäßigen Ausdauer motiviert hätte, meine Arbeit fortzuführen. Daß dieses Werk nun doch vorliegt, ist einzig und allein sein Verdienst. Ohne seinen beständigen Zuspruch und tatkräftigen Einsatz – bei dem er selbst den Griff in die eigene Bibliothek für unbefristet überlassene wertvolle Leihgaben nicht scheute –, ohne seine beständige Hilfe also, die das Maß des Üblichen weit überschritt, hätte ich resigniert, weil ja auch der brennendste Idealismus sich einmal verzehrt. Sein Zuspruch kam aus seiner starken Verbundenheit mit Regensburg und aus der Intention, dem »Vermächtnis« seines Vaters gerecht zu werden, einem der großen bayerischen Sagenforscher, der Bedeutsames für die lokale Sagen- und Legendenforschung erarbeitet hat, und auch – ich bin stolz darauf – aus einer Wertschätzung meiner Bücher.
Relevant für die Regensburger Legenden erscheint mir, daß sie, ähnlich den historischen Sagen, eine fast unentwirrbare Verflechtung mit der Geschichte aufweisen. Hier liegen Ansätze und Aufgaben für die Forschung, der sich in der alten Donaustadt ein weites Feld eröffnet. Wie der hl. Rupert angesichts seiner Schwierigkeiten bei der Missionierung, mußte ich dabei erkennen, daß zu solch großem Schnitt einer allein nicht erkleckt (Rassler, Teil 1, S. 111).
Die Stadtmythologie mit ihren merkwürdigen Zeitangaben harrt

gründlicher Bearbeitung, desgleichen die ausufernde Namengebung der Stadt.

Von zahlreichen Heiligen und Seligen (Aurelia, Bruder Friedrich, Marianus, Murchertach, Ramwold...) fehlt eine überzeugende Monografie. Es ließen sich die bayerisch-böhmischen, auch -tschechischen Verbindungen im Erzählgut herausarbeiten; es mangelt an einer Ikonografie zu Sagen und Legenden (Babl hat in seiner Dissertation dazu einen erfreulichen Anfang gemacht, ebenso die Herausgeber des Katalogs »St. Wolfgang. 1000 Jahre Bischof von Regensburg«); desgleichen fehlt eine Untersuchung der Portenta, Praedicta, Praesagia (Vorzeichen, Wunderzeichen), insbesondere der astrologischen. Grünpeck hat sich damit befaßt; seine Prognostica für Regensburg aber hat noch niemand zusammengestellt, und keiner hat die örtlichen Chroniken durchforstet – die Arbeit Wursters wird den Zugang zu ihnen erleichtern – und sie etwa auf Brauchtum hin sondiert, auf Spiele, Anekdoten, Sprichwörter... Eine lohnende und obendrein reizvolle Aufgabe wäre es, sich mit reformatorischen oder auch gegenreformatorischen Sagen in Regensburg zu befassen; Brückner bietet dazu kaum etwas. Brisant schließlich, doch keineswegs überflüssig, dürfte eine sozialkritische Durchleuchtung solcher Sagen sein wie der des Pflegers Marx von Bissenn, in denen das Volk sich rächt für erlittene Unterdrückung.

Ich versuche – soweit dies ein einzelner vermag – in meiner Arbeit dem Regensburger Erzählgut gerecht zu werden. Angesichts der »Uferlosigkeit« des Unterfangens – dies gilt auch für die Anmerkungen (viele böten in ihrer Problematik Stoff für eine Dissertation) – bleibt mir nur, mich auf Aventin zu berufen: »Es wurd das puech gar zue gros, solt ich's alles herein sezen« (Chronik, Buch 1, Kap. 121). Mit ihm auch, dem von mir so Hochverehrten, will ich meine Arbeit schließen: »Es ist not, nüzlich, auch kurzweilig und lustig, das man solch ding herfür bring an den tag und an das liecht; gefelt's einem nit, wie kan ich im tuen?« (wie oben, Kap. 147). (Was solch ein Leser mir tun kann, das wüßt ich wohl!)

Emmi Böck

STADTGRÜNDUNG UND FRÜHZEIT

*Das volck wirt von den hohen Teutschen getailt
oder geschaiden und seind grober sitten*

Ebran von Wildenberg

1 VOM VOLK DER BAYERN

Bayern wird Bavaria oder »Nordga« genannt: »nit allain ain land, sunder auch ain kinigreich, wann es etwan andere fürstenthumb, in im beschlossen, under im gehabt hat.« Etliche »historischreiber« behaupten: das Volk wird von den »hohen Teutschen« geschieden und hat grobe Sitten. Und das Erdreich, das sie [= die Bayern] bebauen, ist – wie Isidorus sagt – nach einem kalten Acker genannt; sie selbst werden mit einem schädlichen Baumann verglichen, der unfruchtbare Frucht anbaut.

»Nach der gemainen sag der historien« ist das Volk »in der warhait« aus Armenien gekommen und hat das Land nach seinem Fürsten Bavaria genannt. Aber danach bestritt Norix, der Sohn des starken Herkules, dieses nämliche Land und fing an, eine Stadt zu bauen. Und die Stadt und das Land nennt er nach sich: Norea (Norica) . . . Viele Jahre danach bezwang die Stadt und das Land der Römer Tiberius, und so heißt die Stadt nach seinem Namen: Tiberia. Später, zu Kaiser Karls des Großen Zeiten, wurde die Stadt Ratisbona genannt. Man liest auch, daß Julius, der erste Kaiser vor Octavianus, mit Hilfe seines Heerführers Boamundus – »dieselben zeit der Bairn furst« – »viel streit verbracht in Germania«.

2 GOMER, EIN SOHN DES RIESEN TUITSCH

Die Tradition läßt 131 Jahre nach der Sintflut den großen Riesen Ascanias oder Tuischon, Tuitsch – wie Moses berichtet – einen Sohn namens Gomer gebären, dem der Erzvater Noah unseren Landstrich angewiesen haben soll. Er sei, heißt es, mit dreißig Helden aus Armenien herübergekommen und der erste von den zwölf Erzkönigen der Deutschen gewesen. Er wäre auch in Gallien eingedrungen, wo man die Deutschen später Germani, d. i. Brüder, genannt hat, welche Benennung aber auch Heer oder Kriegsmannen bedeutet hat.

3 HERMANN

I

Der bayerische Geschichtsschreiber Aventin und andere führen als den fünften König der Deutschen Hermann an, einen Sohn Istevons, der zuerst da, wo Donau, Naab und Regen zusammenrinnen, eine Stadt, »die anhalb auf einer Seite gegen Mitternacht über gelegen«, erbaut und sie nach sich Hermannsheim, d. h. Hermannsheimat, genannt hat.
Es soll dies gerade der Platz gewesen sein, wo heute Stadtamhof und Regensburg stehen und soll »im Jahr der Welt 2070, nach der Sündfluth 420 und vor Christi Geburt 1890 Jahre geschehen« sein. Angeblich sind hier auch die Beratungen und die Gerichte der Deutschen abgehalten worden.

II

Die alten Germanen haben den König Hermann wegen seiner »manhait« und Stärke für einen Gott gehalten. Sein Palast und sein Thron, wo er gelobt und geehrt worden ist, wurde Hermannssaal genannt. Er ist bis zu der Zeit Kaiser Karls des Großen gestanden. Der hat ihn zerstört.

III

Dieser Hermann war ein streitbarer Held und König der alten Deutschen. Er erbaute bei dem Fluß Regen eine Stadt, die nannte er nach sich: Hermannsheim... Er lebte zur Zeit des Patriarchen Isaak, 2070 Jahre nach Erschaffung der Welt, 420 Jahre nach der Sintflut und 1894 Jahre vor Christi Geburt. Somit ist Regensburg älter als Troja, ja 831 Jahre vor der Stadt Rom erbaut worden.
Dieser Hermann hat Deutschland 63 Jahre regiert... Die alten Deutschen glaubten, daß die unsterbliche Seele der Soldaten, die sich im Krieg mannhaft und tapfer verhalten haben, im Himmel hoch angesehen seien »und weit herfür kommen«. Weil nun ihr König Hermann auch ein streitbarer Held war, glaubten sie, er sei von der Erde in den Himmel an das Firmament versetzt worden und fahre in einem Wagen, den wir Deutschen noch Heerwagen »als des Hermanns-Wagen« nennen...

Es ist durchaus glaubhaft, daß Hermann in dieser Stadt Hermannsheim »ordinari Hoff gehalten« und seinen Untertanen Gesetze gegeben habe. Nach seinem »Ableiben« hat sein Sohn Marsus das Regiment bekommen und ist Herr(scher) der Deutschen geworden. Zu ihm sollen Osiris und Isis aus Ägypten herausgezogen sein.

4 DAS HERKOMMEN DER BAYERN ODER ALMAN ÄRGLE

I

Aus gründlicher Kenntnis der alten Schriften und der Buchkammern des ganzen Bayernlandes finde ich [=Aventin], daß die Bayern von Alman Ärgle, dem elften König in deutschen Landen, und von seinen Söhnen Norein und Boiger herkommen, »so im latein Alemannus Hercules, Noricus und Boius genant sein«. Diesen König Alman oder deutschen Herkules haben unsere Vorfahren für einen Gott und den Lenker des Kriegsgeschehens gehalten, ihn in den Himmel gesetzt und angebetet. Und wenn sie sich mit ihren Feinden schlagen wollten, haben sie ihn mit besonderen geistlichen Rufen, »von im gemacht«, angefleht ...
Auch der Berg und der Wald Ärgle ist nach ihm benannt. Dort haben ihn unsere Vorfahren, ihrem Brauch gemäß, geehrt und sind dorthin »kirchfart geloffen«.

II

Der elfte König in Germanien, von dem Berosus, ein chaldäischer Priester, aus Babylon gebürtig, schreibt, ist König Alman, der deutsche Herkules, ein Held und großer Krieger. Er hat vierundsechzig Jahre regiert und ist ein Vater der Bayern. Wie unsere Vorfahren von ihm in deutschen Reimen gesungen haben, die noch vorhanden sind, hat er einen lebendigen Löwen mit sich umhergeführt. Deshalb hat ihn der gemeine Mann Ärgle genannt. Daraus haben die Römer den »Hercules« und die Griechen den »Heracles« gemacht.

III

Nachdem die Römer, die Christen waren, von den ungläubigen Bayern erschlagen worden, ging auch der christliche Glauben in dieser Gegend verloren. Herzog Dieth weihte den an die Donau stoßenden Wald und Berg zwischen Regensburg und Abbach nach Gewohnheit der alten Deutschen dem Alman Ärgle, dem Gott der Kriege als ihrem sieghaften Nothelfer, und sie benannten diesen Wald und diesen Berg nach ihm ...

IV

König Teut wie sein Sohn Alman oder Mannus, der den Zunamen »deutscher Herkules« bekommen, also Almannus Hercules geheißen hat, sollen aus der Erde heraufgestiegen sein. Dieser Alman, heißt es, habe immer einen lebendigen Löwen mit sich geführt und sei vorzüglich gegen die Riesen und Recken ausgezogen, die damals die Länder verdarben. Er habe auch den Riesen Tuitsch »jenseits der Donau, Thauns und Rheins« erschlagen. Von ihm habe der Fluß Almannus, nun Altmühl, seinen Namen erhalten, und auch ein Berg und Wald, der bei Regensburg über der Donau »zwischen hier und Abach hoch hervorrage« sei Herkules genannt worden und heiße heutzutag noch Ergle. In dessen Gegend findet man noch viele Grabhügel, und es sind dort schon oft Werkzeuge und Gerätschaften ausgegraben worden ... Dieser Almannus Hercules habe zehn Söhne gehabt; der älteste habe Noreyn, der jüngste Boïo geheißen.

5 VON DER ABKUNFT DER BAYERN

I

Das Geschlecht der Bayern soll aus Armenien eingewandert sein, wo Noah mit dem Schiff landete, als ihm die Taube den grünen Zweig gebracht hatte. In ihrem Wappen führen sie noch die Arche auf dem Berg Ararat. Gegen Indien hin sollen noch deutsch redende Völker wohnen.
Die Bayern waren seit je streitbar und tapfer und schmiedeten solche Schwerter, daß keine anderen besser bissen. »Reginsburg die märe«

heißt ihre Hauptstadt. Den Sieg, den Cäsar über Boemund, ihren Herzog, und dessen Bruder Ingram gewann, mußte er mit Römerblut bezahlen.

II

Die Bayern, wie man liest, sind »von Armenia entsprungen«. Dort sind sie in großer Anzahl ausgezogen und in das Land gekommen. Sie vertrieben daraus das Bauernvolk und benannten es nach ihrem Fürsten Bavarus »Bayrenland«. Lange Zeit danach bezwang Norix, der Sohn des Herkules, das nämliche Land, nannte es nach sich »Nortgäw« und baute darin eine Stadt, die nun Regensburg heißt.

6 BAVARUS AUS ARMENIEN

Nun lebte zu dieser Zeit in Armenien ein junger Fürst, der sehr mutig war ... Sein mannhaftes Herz ließ ihn durchaus nicht glauben, daß er in die Dienstbarkeit der Römer gehöre, sondern daß er in ererbter fürstlicher Freiheit sein Leben »verzeren« und beschließen solle. Dieser junge Herr versammelte viele der Seinen aus Armenien und den anderen umliegenden Ländern und verkündete ihnen sein Vorhaben.
Da schloß sich ihm ein großes Volk an. Mit dem zog er – mit Heereskraft – in das Gebiet, das jetzt Bayern genannt wird, und zwang es mit gewaltiger Hand unter seine Herrschaft, denn es war zuvor herrenlos gewesen, ohne Gericht und Gesetz: Wer dem anderen überlegen war und die Macht besaß, der »verdruckt den armen«. Als aber dieser Herr nun das Land in stiller Ruh besaß, da gab er ihm Gesetz und Recht und hielt gutes Gericht; er beschützte die Armen vor »unrechtem gewalt«. Und gütig hörte er ihre Klagen. Deshalb gewannen ihn die Seinen sehr lieb ... Nach seinem eigenen Namen – er hieß Bayr oder auf lateinisch Bavarus – nannte er das Land: Bayerland.

7 NORIX ZIEHT GEGEN BAVARUS ODER ALTER HASS

Nun schreibt uns Garibaldus, »der schön Cronisist«, daß zu der Zeit in Rom ein Herr von gar hohem Geschlecht war; der stellte in Italien und anderen Gebieten ein großes Heer zusammen. Er tat es »durch lang vergangen hass«, der währte, seit Troja zerstört worden war. Denn da war ein Herr aus Armenien namens Philetus gewesen. Der hatte die Vertreibung von Herkules verursacht, dem Neffen des starken Herkules, von dem Troja zum ersten Mal zerstört ward. Dieser Haß dauerte unter den Geschlechtern seit je unvermindert an und äußerte sich in unvergessener Feindschaft, selbst noch, als sich Bavarus [aus Armenien!] in seinem Land [= Bayern] mit Sitz und Herrschaft niedergelassen hatte.

Nun stammte jener Fürst aus dem Geschlecht des Herkules und hieß Norix. Der zog mit dem großen Heer, auch mit Hilfe der Römer, gegen den Fürsten Bavarus. Als der die Fehde merkte, da brachte er auch ein schönes und großes Heer zusammen, und auf beiden Seiten wurde mancher Mann erschlagen. Norix zog mit Gewalt bis in die Gegend von Sulzbach. Da lagerten sich beide Heere einander gegenüber und bestimmten zusammen einen Streittag, »darauf sich nu paid herren stercklen nach irem pesten vermügen«. Als der festgesetzte Tag kam, da behauptete Norix das Feld. Er unterwarf ein weites Gebiet und nannte diese Provinz und Gegend nach seinem Namen: »Norigkaw«. Nun lud er viel Volk zu sich und besetzte auch sein Land wohl. Er gab ihnen Freiheit und besondere landesherrliche Rechte, die er ihnen bestätigte. Und er richtete sich einen besonderen fürstlichen Wohnsitz in der Gegend ein, wo jetzt Regensburg steht . . .

8 EIN NACHAHMENSWERTES BEISPIEL ODER VOLKSAUFSTAND FÜR DEN FRIEDEN

Noch immer war der Krieg der zwei Herren [= Norix und Bavarus] nicht rückgängig zu machen. Vielmehr kämpften sie ohne jegliche Beschränkung gegeneinander an und verfolgten sich beständig. Darüber wurden die Bewohner ihrer Länder sehr betrübt, und die Gebiete verarmten. Als aber solch unerträgliche Bedrückung und Unruhe sich nicht im geringsten zum Guten wendeten, kamen beide Länder überein, daß jedes von ihnen eine Gesandtschaft zu seinem Herrn entsende, um ihm mitzuteilen, daß sie eine solche Verwüstung der Länder und dies endlose Verderben auf keine Weise mehr gestatteten und zuließen. Vielmehr wollten sie in Zukunft in Ruhe leben. Welcher der Herren aber der Sache nicht Folge leiste oder nicht willens dazu wäre, dessen Herrschaft würden sie zunichte machen! Allein so schon brachten sie es dazu, daß sich die Herren, ungeachtet ihres Widerwillens, vertragen mußten.

Die Versöhnung zwischen ihnen wurde so bewerkstelligt: daß sie gleicherweise mit Helm, Schild und Ansehen gerüstet würden ... und daß sich beide Herzöge »von Bairen und auf dem Norigkaw« nennen dürften, auch daß einer den anderen – wie von Rechts wegen einen Bruder – beerben sollte, wenn irgendeinmal einer ohne männliche Erben stürbe, was gleichermaßen für seine Nachkommen gelten sollte.

Nun erst kam das Land zu einem guten Frieden. Und es gedieh von Tag zu Tag. Denn sie hielten guten Frieden in ihren Ländern, hatten ihre Leute lieb und bereicherten sie sehr. Nach kurzer Zeit starb der Herzog »auf dem Norigkaw« ohne Erben, und das Land fiel an Bavarus.

9 BOEMUNDUS UND IGRAMINON

Bavarus regierte sein Land wohl. Er zwang unter seine Herrschaft »Osterfrancken, Kerlingen, Burgund, Oesterreich, Isterreich und Merhern«. Er hatte eine Frau aus Armenien, die war »aus seinem namen und art«. Sie gebar ihm zwei Söhne: Boemundus und Igraminon. Die holte er ins Land und setzte sie nach Regensburg. Als er nach etlicher Zeit starb, teilten seine zwei Söhne: Boemundus wurde Herzog in Bayern, sein Bruder Igraminon Herzog »auf dem Norigkaw«.

10 HERMENA

Nach Erschaffung der Welt 2516, vor Christi Geburt 1448, soll Ingram oder Ingermann, der Sohn des Bojus oder Bavarus und ein Bruder von Boamundus, in das Regiment getreten sein und 52 Jahre regiert haben »und dise Stadt nach ihm Ingramshaim wollen nennen«. Bucellin [= Bucelinus] gibt Ingram den Zunamen Herminius, nach welchem hiesige Stadt Hermena geheißen habe.

11 JULIUS CÄSAR MACHT IGRAMINON ZUM HAUPTMANN

Cäsar zog gegen Bayern. Da leisteten ihm die Fürsten Boemundus und Igraminon starken Widerstand. Sie stritten manchen harten Streit, wobei viel gute Ritter und Knechte erschlagen wurden. Doch endlich zwang Julius Cäsar die Fürsten unter seine Herrschaft.

Als Julius mit so hohem Triumph und Sieg nach Rom kam, wollten ihn die Römer nicht einlassen und versperrten ihm alle Tore [»wann er wolt alle herschaft allain im behaben, die er mit arbait erstritten hett«]. Diese Schmach ging ihm zu Herzen, und er zog »von stund an« wiederum in deutsche Lande. Er bot alle Fürsten mit einem großen Heer auf und machte Igraminon aus dem »Norigkaw« zum Hauptmann des ganzen Heeres. Cäsar zog vor Rom mit einem ganz großen Heer. Darüber erschraken die Römer gar sehr. Er nötigte Rom und jagte viele Römer in das Elend; Pompejus floh vor ihm nach Ägypten. Cäsar brach die Schatzkammer auf und entnahm ihr all die Schätze, die seine Vorfahren lange Zeit besessen, und er verteilte sie unter die Deutschen, weil sie ihm in manch hartem Streit so hilfreichen Beistand geleistet hatten.

11a CÄSAR BELOHNT THEODO UND ADELGER

Als die beiden Herren wieder in ihr Land kamen, machte der Kaiser [= Julius Cäsar] Igraminon, den Herzog von Bayern, zum Statthalter im oberen Pannonien, das jetzt Österreich heißt. Er befahl ihm, es zu regieren und die Abgaben Rom abzuliefern.

Kurze Zeit danach starben beide Herren, Boemundus und Igraminon. Jeder von ihnen hinterließ einen Sohn: Igraminon den Theodo, und Boemundus den Adelger. Weil der noch viel zu jung war, verwaltete Theodo »ir paider landt« überaus gut und beendete allen Krieg und legte jegliche Zwietracht bei, wie immer auch er das bewerkstelligen konnte.
[Es folgt eine ausführliche Schilderung vom Kampf Theodos gegen die Sarazenen.]
Nach diesem Streit zog Theodo wieder in Bayern ein, unter großem Lob und großen Ehren, und beendete allen Krieg. Also regierten er und sein Bruder [sic!] die Länder als Statthalter und Verweser römischer Herrschaft, und nicht »als aigen oder erblich fürsten«.

12 VON KÖNIG INGRAM IN BAYERN ODER DIE VERSETZTE STADT

I

Ich find und hab erfahren, daß nach den Söhnen des deutschen Herkules zweiundfünfzig Jahr bei uns König Ingram regiert hat, der Sohn von König Baier. Er hat da, wo die drei Gewässer – der Regen, die Naab und die Donau – zusammenfließen, die Stadt Hermannsheim »geweitert« und nach sich Ingramsheim geheißen. Hernach ist diese Stadt »auf das ander land gesetzt« worden und heißt nun Regensburg; »die Römer hiessens Augusta Tiberii«.

II

Der Sohn des Boïo, der dem Vater in der Regierung nachfolgte, hieß Ingram. Von ihm heißt es, er habe die Stadt Hermannsheim, die sein Großvater gebaut, erweitert, aber nun nach sich Ingramsheim genannt. Die Taten des Königs Ingram seien in Liedern aufbewahrt worden. Nach seiner Herrschaft, die 52 Jahre währte, soll aber diese Stadt ganz auf das feste Land über der Donau, »d. i. auf das mittägliche rechte Ufer gebauet worden seyn« und wieder den Namen Hermannsheim und später, nach der Volkssprache, Germansheim erhalten haben, was ein und dasselbe bedeutet.
Wenn nun Ingram seine Herrschaft im Jahr der Welt 2516 angetreten

und 52 Jahre regiert hat und nach ihm aber die Stadt Germansheim ganz auf der Stelle, wo jetzt Regensburg steht, erbaut worden ist, so wäre schon um die Zeit des Jahres 2568 nach Erschaffung der Welt oder 1396 Jahre vor Christi Geburt eine Stadt hier gestanden.

13 »DIE AM REGEN« ODER DER RESTFLECKEN DER URALTEN STADT

Regensburg ... ist an dem Ort gelegen, wo der »namhaftt« Fluß Regen »gegen Mitag zu sich ergeust« und da seinen Namen verliert. Über diesen Fluß ist vorzeiten eine steinerne Brücke gegangen, die erst 1573 während eines großen Hochwassers »eingeworffen« und zum größten Teil zugrundegegangen, jetzt aber mit Holz belegt ist. Es ist auch ein Dorf daselbst, dessen Inwohner noch heutigen Tags »die am Regen« genannt werden.
Dieses Dorf ist nach der Meinung mancher, »und gueter Gelegenheit nach«, der Restflecken jener Stadt gewesen ..., die, wie etliche wollen, zu den Zeiten Isaaks, des Patriarchen Abrahams Sohn, nach Erschaffung der Welt 2070 und nach der Sintflut 402 [?] und vor Christi Geburt 990 [?] Jahr erbaut und von der Brücke über den Regen Regensburg genannt worden ist, so wie Innsbruck nach der Brücke über den Inn.

14 DAS »ZERSCHLEIPFFTE« HERMANNSHEIM

I

Die uralte Stadt Hermannsheim lag jenseits der Donau an dem Fluß Regen und erstreckte sich mit ihren festen Brustwehren fast an die drei Stund der Länge nach bis Regenstauf, von Burgweinting aus. Es ist aber diese Stadt von den Römern gänzlich »zerschleipfft« und zerstört worden, so daß man jetzt von dieser verwüsteten Stadt »das wenigiste Anzeigen mehr wissen mag«, es sei denn, daß die Felsen am Steinweg und an der Schelmenstraße – »wie es die Fuhrleuth wegen der harten Durchfuhr heissen« – ein altes Wahrzeichen abgeben wollen. Je mehr nun die diesseits neu erbaute Stadt Regensburg an

Alter und Gebäuden »zugewachsen«, desto mehr verschwand das besagte Hermannsheim, und es blieb dieser Ort etliche hundert Jahr hernach – von der Erbauung des heutigen Regensburgs an – ganz öd und unbewohnt, bis das damalige Stadtamhof um das Jahr 1137 mit dem hochlöblichen Kloster St. Mang daselbst angefangen und innerhalb weniger Jahre mit »Häuseren und Gebäuen« vermehrt wurde.

II

Damit die Römer vor den Deutschen desto sicherer wären und sie den Strom auch als Brustwehr gegen jene hätten, wurde Hermannsheim, das »von der ersten Erbauung an fast 1984. Jahr bis auf Christi Geburt gestanden«, jenseits der Donau nach und nach ganz »zerschleipfft« und die Stadt herüberhalb der Donau – an dem Ufer gegen Mittag – von Tiberius erbaut . . .

15 VOM URSPRUNG DER STADT REGENSBURG

566 Jahre nach Erbauung der Stadt Rom, zu den Zeiten des Veturius und des Gaius Lucius, »burgermaister« [= Konsul] zu Rom, wurde Marcus Regulus als Hauptmann in deutsche Lande geschickt. Als er das Noricum allenthalben durchfahren hatte, fand er hier eine geeignete Gegend, um den Römern eine Zuflucht zu bauen. Er fing an, mit »ringem Zeug« eine Burg am Regen zu errichten und nannte sie nach seinem Namen Regelsburg. Der Anfang dazu wurde am 25. Juli gemacht.
Als nun diese Burg etliche hundert Jahre bewohnt worden war, kam der Kaiser Germanicus aus dem Gebiet von Worms, Mainz und Basel . . . Er »verenderet« die Burg von dem Regen an die Donau, baut sie aus Quadersteinen und im Geviert und nennt sie Quadrata. Danach ziert er sie mit Häusern, Türmen und anderen Befestigungen dermaßen, daß sie bis auf die Zeit Kaiser Karls des Großen mit Recht als »ain unuberwundlichs schloß und bevestigung« der Römer galt.
So wie Tiberius Claudius »Rhennanus« die Stadt innegehabt hat, ist sie von Kaiser Karl mit großem Blutvergießen bestritten und erobert worden. Hernach, nachdem sie den christlichen Glauben angenom-

men hatte, ist sie an Ehre, Gut und Reichtum so gediehen, daß nicht allein die Bayern, Niederländer und Walchen, sondern auch andere fremde Nationen – Engländer, Schotten, »Eyfflender« ... – sich um Regensburg gedrängt und inwendig und auswendig Krieg um den Besitz der Stadt geführt haben.

Als in der Stadt Regensburg keine Heiden mehr waren und nur noch Christen dort lebten, wurde sie mit diesen zierlichen, hohen und gewaltigen Gebäuden so ... erhöht, daß sie »in der teutschen Nation etlich hundert Jare die Kron des Lobes und der Übertreffung getragen hath«, bis Saturn, Jupiter und Mars im Zeichen des Skorpions zusammenkamen, und Saturn und Mars haben den Jupiter in der Erhöhung seines äußeren Zirkels unterdrückt. Da hat das Glück sein Angesicht so lang von den Einwohnern abgewendet, wie Saturn einen ganzen Zirkel umgangen hat.

16 VOM ANFANG DER STADT REGENSBURG

Obwohl oben geschrieben ist, daß Norix, der Sohn des Herkules, Regensburg erbaut habe, so findet man doch auch geschrieben, daß Regensburg, eine Hauptstadt in Bayern, in dem nämlichen Jahr, als Jesus Christus sein Blut vergossen und damit das menschliche Geschlecht vom ewigen Tod erlöst hat, vom Kaiser Tiberius gebaut worden sei und nach dessen Namen zuerst Tyburnia geheißen habe.

Von der Stadt findet man geschrieben, daß sie sieben Namen gehabt hat: Tyburnia, Quadrata, Ratisbona, Hyatospolis, Germansheim, Reginopolis und Imbripolis, was auf deutsch soviel bedeutet wie Regensburg.

17 TIBERIUS ALS WIEDERAUFBAUER

Tiberius erschlug alle deutschen Fürsten und begnadigte keinen. Er erschlug auch alle, die von ritterlicher Art waren. Unter viel Blutvergießen zwang er ganz Germania abermals unter die Herrschaft der Römer. Er baute viele Städte und Schlösser wieder auf, die bei dem Kriegszug zerstört worden waren, insbesondere die Stadt Tyburnia, die jetzt Regensburg heißt, und der er den Namen nach sich selbst

gab. Zuvor hatte man sie »Norigkaw« geheißen. Er besetzte alle Städte und Schlösser mit den Römern. Davon ist noch viel die Rede unter den Herrn, auch dem Adel, die für sich beanspruchen, sie stammten vom Geschlecht der Römer ab.

18 TIBERIUS VERTREIBT THEODO

Nach der Niederlage des römischen Volkes schickte der Kaiser Oktavian seinen Stiefsohn Tiberius gegen die Deutschen aus mit zwölf »schar und heren«, und jedes Heer bestand aus 6000 Mann. Tiberius kriegte drei Jahre, ehe der die Deutschen bezwang. Er erschlug oder vertrieb alle Fürsten und Herren. Und als er die Stadt Augsburg eroberte, die zuvor Vindelica genannt wurde, nannte er sie – dem Kaiser zu Ehren – Augusta.
Zur nämlichen Zeit wurde von Tiberius auch der Fürst Theodo, »der erst des namen«, aus Bayern getrieben. Mit wenig Volk floh er zu den »Ostergöten«. Tiberius aber nahm die Hauptstadt des Bayernlandes [= Regensburg] ein, nannte sie nach sich Tiberina und erweiterte sie durch Bauten. Dadurch wurde Bayern den Römern unterworfen,

und das Land wurde – so wie auch die anderen Gebiete in Deutschland – mit Landvögten, »geporn aus Rom«, besetzt. Das dauerte an die 500 Jahre; so lang, bis die Gewalt und der Reichtum der Römer verfiel und die »Frantzi« an Gewalt und Reichtum »aufgingen«. Von den Landvögten, die in Bayern geherrscht haben, hab ich [= Ebran von Wildenberg] nach den zwei Fürsten Woamandus [= Boemundus] und Ingeromandus [= Igraminon] sechs gesetzt.

19 DIE HEILIGE STADT

Im nämlichen Jahr, als Christus sein Blut für das Heil des Menschengeschlechts vergoß, wurde Regensburg, die Hauptstadt Bayerns, von Tiberius gegründet und Tiburnia oder – wie manche sagen – Tiberina genannt. Hier ist anzumerken, daß es – wie aus der Chronik des Magisters Konrad von Megenberg hervorgeht, eines Kanonikers der Regensburger Domkirche, der zur Zeit Karls IV. lebte, des erlauchten römischen Kaisers und Königs von Böhmen – vier Städte gibt, die durch die Privilegien der römischen Kaiser auf einzigartige Weise vor anderen Städten christlichen Bekenntnisses großzügig beschenkt wurden und keiner anderen Herrschaft unterstehen, weil sie keine Herren über sich anerkennen. Und daß sie niemand dienen oder untertan sind, außer der Autorität der apostolischen und der kaiserlichen Majestät... Die vierte Stadt [nach Rom, Trier und Köln] ist unser Regensburg in der Provinz Bayern. Sie ist gegründet an einem Fluß, der Donau heißt, und mit heiligen Leibern wie mit Edelsteinen aufs herrlichste ausgeschmückt...

20 DIE STADT DER VIERECKIGEN STEINE

Seit alten Zeiten scheint es vier Hauptstädte zu geben, die sich des Privilegs einer gemeinsamen Freiheit und eines Rechts erfreuen und die keinem Menschen gedient haben oder untertan sind außer dem Römischen Stuhl und der kaiserlichen Majestät. Die erste dieser Hauptstädte ist Rom, die zweite Trier, die dritte Köln. Regensburg ist die vierte. Rom nun ist in Tuscien am Tiber gelegen, Trier in Lothringen an der Mosel, Köln am Rhein, und Regensburg ist eine

Stadt Bayerns an der Donau, die in vier Pforten ins Meer eintritt...

Es ist eine berühmte Stadt, wie man es in alten Legenden und Chroniken deutlich nachlesen kann. Und es ist eine alte Stadt. Seit ältesten Zeiten wurde sie Civitas Quadratorum Lapidum genannt, da ihre Befestigung aus großen und von allen Seiten geglätteten Steinquadern bestand, wie dies noch heute an ihren Mauern zu erkennen ist.

Obgleich bis zur Zeit König Karls des Großen Heiden sie bewohnten, hatte diese Stadt Überfluß an Ruhm und Reichtum, an Kleiderpracht, an der Wehr fester Mauern, an Gold und Silber.

21 DIE STADT MIT DEN SIEBEN NAMEN

Regensburg wird die siebennamige Stadt genannt, d. h. die, die sieben Namen führt. Unter diesen Namen ist sie in Chroniken berühmt wegen ihrer Freiheiten und Rechte.

Sie wird nämlich seit alters Tiburnia genannt nach Tiberius Augustus, der sie gegründet hat.

Auch wird sie Quadrata genannt, da ihre Mauern von Anfang an aus Quadersteinen gefügt waren oder weil sie nicht einen kreisförmigen, sondern einen quadratischen Grundriß und »Mauerbering« hat, wie man noch heute an den Spuren des alten Mauerwerks erkennen kann, das in der Stadt zutage tritt.

Drittens heißt sie Ratisbona, da – als sie an Ehre und Reichtum über die Maßen gewachsen war – ungeheuer viele Waren dorthin strömten und von allen Seiten auf Schiffen und Flößen herbeigebracht wurden und solche Flöße dort im Hafen vor Anker lagen, oder deshalb, weil wegen der Menge der Geschäfte der Verkehr, bevor dort eine Donaubrücke entstand, häufig auf Flößen abgewickelt wurde oder weil Karl der Große, als er die Einwohner jener Stadt unterwerfen wollte, dort an der Donau eine große Anzahl Flöße zusammenzog, um die Überfahrt seines Heeres zu bewerkstelligen. Oder sie heißt deswegen heute Ratisbona, weil sie sicher, d. h. fest begründet und durch starke Bauwerke wehrhaft gemacht ist.

Viertens wird Regensburg Hyatospolis genannt. Manche nennen es auch Hyaspolis. Wie ich glaube, heißt es so, weil einst die Sprache der

Bewohner dieser Stadt viel rauher war, so wie man dies noch heute in der Sprache der umwohnenden Landleute vernehmen kann, die ihre Worte mit weit aufgerissenem Mund hervorbringen, weshalb man sie zurecht Maulaufreißer nennen kann . . . Daher hat Regensburg den Namen Hyatospolis, d. h. Stadt derer, die das Maul offen haben. Oder es heißt Hyatospolis gleichsam als die Stadt der gurgelnden Wasser. Im Norden der Stadt nämlich fließen drei große gurgelnde Flüsse zusammen: Donau, Naab und Regen.

Es heißt fünftens Germanisheim nach einem gewissen Germanus oder Germanicus, der einst an der Spitze dieser Stadt stand, oder nach germanischen Völkerschaften, die dort zahlreich zusammenzuströmen pflegten.

Sechstens wird es Reginopolis genannt, weil einst Könige und römische Kaiser in dieser Stadt die Festlichkeiten ihrer königlichen oder kaiserlichen Macht feierten, dort Gesetze gaben und veröffentlichten und für das Gemeinwesen nützliche Verordnungen erließen, weshalb heute noch die Höfe der Fürsten und der geistlichen und weltlichen Würdenträger und das Gelände des Königshofes von den Mauern derselben Stadt umschlossen werden.

Siebtens wird es Imbripolis genannt. Diesen Namen trägt es heute gemeinhin und keinen anderen in deutscher Sprache. Und es heißt so vom Fluß Regen, der an der Nordseite der Stadt in das Donauknie mündet und seinen eigenen Namen verliert, sobald er Teil der Donau wird. So nämlich wollte es der Namensgeber. Denn am Wellengekräusel dieses Nebenflusses wurde – wie manche berichten – in alten Zeiten die Gründung dieser Stadt vorgenommen. Daher wurde sie so benannt. Aber auf einen besseren Ratschluß hin wurde sie über die Donau hinüber verlegt an das südliche oder mittägige Ufer.

22 GERMANSHEIM

I

Ihr anderer Name war Germansheim. Er ist dieser Stadt ehrenhalber zugelegt worden, weil allda lange Zeit und viele Jahre vor den Römern »und ehe sie selbe unter ihren Gewalt gebracht«, die Deutschen – Germani genannt – »zum öfftisten« hier ihre Reichsversammlungen hatten und sich da beratschlagten, wie man den allgemeinen Wohlstand vermehren könnte.

II

Noch heute bezeugen es die Hofstätten ..., daß vor Zeiten hier Könige und Fürsten gewohnt haben. Und was anderes zeigen die hochansehnlichen und gewölbten Häuser an, deren hohe Mauern und Türme schier bis an die Wolken stoßen, als daß in ihnen sehr reiche und mächtige Leute gewohnt haben! Auch die weiten Türen und Tore der Häuser sind nur zu dem Zweck gebaut worden, daß die mit Kaufmannsgütern beladenen Wägen bequem und ungehindert aus- und einfahren konnten.
Deshalb wurde diese Stadt nicht unbillig Germansheim geheißen, weil dahin die Germani – die Deutschen – von allen Enden Deutschlands zusammenkommen sind und da ihr Gewerbe trieben.

23 REGENSBURG ÄLTER ALS TROJA UND ROM

Wenn man eine Rechnung von dieser Stadt macht, von ihrer ersten Erbauung jenseits der Donau am Regenfluß, die unter dem fünften Regenten und Erzkönig Deutschlands, Hermann, geschah, bis in gegenwärtiges 1725. Jahr, so hat Regensburg siebenunddreißig Jahrhundert und »folglich in allen« 3709 Jahre erlebt. Und diese Rechnung stimmt: Denn wenn diese Stadt schon 2070 Jahr nach Erschaffung der Welt und 514 Jahr nach der »Sünd-Fluth« und 1984 Jahr vor der gnadenreichen Geburt Christi – um welche Zeit der Patriarch Isaak noch lebte – erbaut worden ist, die Welt aber bis zur Ankunft unseres Heilands 4054 Jahre gestanden hat, so wird Regensburg »mit Zurechnung gegenwärtigen Jahrs-Lauff« 3709 Jahre alt und ist mithin 338 Jahre älter als Troja, ja auch 1230 älter als die Stadt Rom selbst.

24 FRÜHE CHRISTEN

Schon zu Kaiser Trajans Zeiten sollen sich 10000 Christen in der römischen Armee befunden haben. Unter Antonin und den folgenden war die Hälfte schon christlichen Glaubens. Die Legionen, die in

Antiochien lagen, hatten das Christentum liebgewonnen, und da sie öfters ihr Standquartier änderten, brachten sie es überallhin.

Ein hiesiger Graf, »deren ausser dem Präses mehrere angestellt waren«, soll selbst eine Christin zur Gemahlin gehabt und dennoch die Priester nicht weniger verfolgt haben. Unter Mark Aurel sollen ganze Regimenter aus lauter Christen bestanden haben.

Eine solche christliche Legion, die Donnerlegion genannt, erfocht im Jahr 174 im Vertrauen auf den einigen wahren Gott einen wundervollen Sieg. Dies wirkte vorteilhaft für die Christen, und man bewies ihnen mehr Duldung. Unter Kaiser Commodus fanden sich überall christliche Lehrer und Heidenbekehrer ein, und die Legende sagt, daß im Jahr 182 sogar ein königlicher Prinz von England namens Lucius nach Rätien gekommen sei und besonders auch in Regensburg an der Bekehrung der Heiden gearbeitet habe.

25 LUCIUS, »KÜNIG ZU BRITANNIA«

Als man zählte 182 Jahre nach Christi Geburt – damals herrschten Eleutherius, der zwölfte Papst nach St. Peter, und der römische Kaiser Commodus –, da kam Lucius, König zu Britannien, bloß und

gering als Pilgrim nach Bayern und bekehrte da »eyn tail und ganczen Ryes zwischen Alben« durch Zeichen und Predigen zum christlichen Glauben.

26 DER HUNNENKÖNIG ATTILA VOR REGENSBURG

Der Hunnenkönig Attila regte sich aufs neue und zog am linken Ufer der Donau durch Mähren und Böhmen und einen Teil der Oberpfalz und Franken gegen Gallien. Er soll in der hiesigen Gegend alles verwüstet haben, doch soll ihm, wie Aventin sagt, die Stadt verschlossen geblieben und nur ein freier Durchzug an der Donau gestattet worden sein.

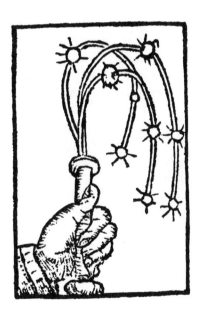

Dagegen soll später von den Ostgoten im Jahr 476 die uralte Stadt Norix oder Hermenia, gegenüber von dem heutigen Regensburg, zugrundegerichtet und geschleift worden sein.

27 SEVERINS PROPHETISCHER GEIST

Was sich vom Tod Christi an, unseres Erlösers, bei den Römern und anderen Bewohnern dieser Stadt und dieser Gegend bis zur ersten Zerstörung im Jahr 508 durch Theodo, den ersten heidnischen Herzog in Bayern, fast »in die 500. Jahr hinein verloffen«, findet man in keinen Zeitbüchern beschrieben. Ohne Zweifel ist alles, sofern es überhaupt aufgezeichnet worden ist, durch viele Kriege und Aufstände, durch Brand und Wasser zugrunde- und verlorengegangen.
Nur dies allein ist der Nachwelt »zur Gedächtnuß kommen«: daß der hl. Abt Severin um das Jahr Christi 476 – oder etliche Jahre zuvor – in dieser Stadt und dem umliegenden Nordgau sowohl den heidnischen als auch den schon zum Teil katholischen Römern gepredigt und ihnen den »herbeyruckenden« Zorn Gottes angekündigt hat. Er besaß einen prophetischen Geist und sah voraus, wie übel es dieser Stadt nach wenigen Jahren ergehen würde. Deswegen ermahnte er die Römer hier und an dem ganzen Donaustrom zur Buße und Bekehrung. Er drohte ihnen aus der Heiligen Schrift allerlei Strafen und Plagen an, zeitliches und ewiges Verderben, falls sie nicht von ihrer sündigen Lebensart abließen. Niemand aber führte ein übleres Leben als die Bürger dieser Stadt. Sie mißbrauchten die Gaben Gottes so sehr, daß bei ihnen die größte Schande und die größten Lastertaten die schönsten Tugenden waren. Hurerei und Ehebruch achteten sie als keine Sünde. Die Reichen und Mächtigen stolzierten und trotzten allem. Und sie hielten die Unterdrückung der Armen und Elenden für das billigste Recht . . .

28 WIE DIE BAYERN REGENSBURG GEWANNEN ODER SEVERINS WEISSAGUNG

Nachdem nun Herzog Dieth mit all seinem Volk über die Donau gekommen war und sah, daß die Feinde »all zu Regenspurg obeinander lagen«, sammelte er sein Volk und eilte mit aller Macht flugs vor die Stadt und belagerte sie auf das heftigste. Das römische Kriegsvolk machte einen Ausfall aus der Stadt. Es wollte den Bayern eine Schlacht liefern, aber es konnte nicht bestehen vor deren Andrang.

Die Besten kamen »vorn an der spitz umb«, die anderen mußten in die Stadt zurückweichen, um zu entrinnen. Und so wurde die Stadt von den Bayern, die noch ungläubig waren, belagert. Die reichen Römer flohen heimlich »bei nächtlicher weil« mit ihrem Gut auf Schiffen, die sie zu diesem Zweck schon hergerichtet hatten, auf der Donau davon. Sie gaben vor, mehr Volk bringen zu wollen. Sie fuhren in das Land »under dem In«, das die Römer Noricum heißen und das ihnen noch gehörte, und sie fuhren in die große Reichsstadt und das Erzbistum Lauriacum, an Enns und Donau gelegen; Lauriacum hieß auf deutsch Lorch. Passau lag damals öd und war ganz »ausprent«.
Aber zu Regensburg war eine jämmerliche Not. Niemand durfte aus der Stadt; »es lag heraus vol feind«. Es lagen auch alle Wege und Straßen voller Räuber und Mörder. Niemand war vor dem andern sicher, wenngleich einer auch den Feinden entrann. Blieb einer, so hatte er nichts zu erwarten als Unglück. Floh er, so war's noch ärger. Dennoch soff der größte Teil, lauter verstockte Leute, die Gott strafen wollt, fraß, hurte, lebte »im saus« und prangte. Sie nahmen sich solchen Jammer und solche Not nicht zu Herzen; sie besserten sich nicht. »Das g'main pöfel, on alle zucht und ordnung, tauret mêr ir guet und claine kinder, dan das si sich erst weren solten«. Etliche waren vor Furcht und Schrecken schon tot; man hat kein Tröpflein Blut mehr in ihnen gefunden.
Als es so um die Stadt stand und deren Bewohner lässiger »in der wer und rettung erschinen«, als es die Not erforderte, begannen die ungläubigen Bayern samt ihren Bundesgenossen allerorts zu stürmen. Herzog Dieth hatte viele Schützen, nämlich die »Haunen und Äbern, warn alles damals die besten schützen«. Die stellte er rings um die Stadt herum auf. Sie brachen den Widerstand der Regensburger. Die anderen besetzten die Mauer, brachen die Tore auf und unterwarfen sich so die Stadt.
Und es begann ein jämmerliches Würgen. Niemand wurde geschont, weder Weib noch Kind, weder jung noch alt, weder edel noch unedel, weder geistlich noch weltlich, bis der Feind müde war und es ihn selber verdroß. Alles Gut wurde unter das Kriegsvolk aufgeteilt. Die Bayern und ihre Gesellen, die noch ungläubig waren, verschonten garniemand. Sie »zerprachen« die Gotteshäuser, verbrannten sie und nahmen das Heiltum und die Kostbarkeit. Sie erwürgten die

»pfaffen« während ihres Gottesdienstes vor den Altären, so auch den Bischof Lupus. »Wenig Römer und Christen«, die man gefangen hatte, wurden wie Vieh verkauft. Sie mußten die Äcker bestellen und leibeigen sein und die Krieger und Bayern ernähren und für diese alle Arbeit verrichten.

Danach wurden andere »fleck und vesten, märkt und stet, auch heuser« dem Erdboden gleichgemacht und durchsucht und durchgraben von den Bayern und ihren Kriegsgesellen. Sie gruben auch die Toten aus, weil sie meinten, bei ihnen und in den Gräbern Gut und Geld zu finden. Sie meinten, man hätte es dort – wie es vielleicht damals üblich war – vergraben. Es war der Zorn Gottes und eine Plage von Gott über die Christen und Römer gekommen. Dreißig Jahre zuvor hatte es ihnen St. Severin alles selbst geweissagt... Aber es half nichts, es besserte sich niemand, und es ging niemand recht zu Herzen. Deshalb mußte es so kommen.

29 WIE SICH DIE BAYERN WEITER NACH DEM SIEG VERHIELTEN ODER REGENPYRG

Nach diesem großen Sieg verstand es Herzog Dieth, all das, was er mit seinem Volk gewonnen hatte, auch zu behalten. Er besetzte mit seinen Leuten die Donau und baute da wieder Städte auf, nämlich Passau und Augusta Tiberii. Er »verkert ir den alten namen« und nennt die Stadt nach seiner Gemahlin Regenpyrg Regensburg.

Die alten Deutschen haben die Frauennamen für »glücksäliger« gehalten, weil die Weiber »etwas geschämiger und heiliger, auch künftiger ding von natur kündiger« sind. Darum haben sie deren Rat und Weissagung nicht verachtet, sondern eingeholt und befolgt.

30 WIE DIE BAYERN CHRISTEN GEWORDEN SIND

St. Rupert [† um 720] nahm zwölf sehr gelehrte fromme Priester namens Geiselher, Doming, Dinghold, Haunold, Eisenhart, Gerhart, Ernfrid, Rather, Othmar, Madelhoch, Vital und Leuthold zu

sich und zog mit ihnen sowie mit seiner Muhme oder Schwester, St. Erendraut nach Bayern herauf, um Christus zu verkünden. Und er wurde zu Regensburg mit ehrlicher Freude von dem bayerischen Fürsten, Herzog Dieth dem Dritten, empfangen.
Auf den Gassen und in den Häusern wandte er großen Fleiß auf; das war allein seine Arbeit. Er ermahnte und lehrte die Bayern, hielt sie beständig an und ließ nicht nach, bis sie den christlichen Glauben annahmen. Die Herzogin Regendraut hatte zuvor ihren Gemahl Herzog Dieth bewogen, daß er und auch ihre Schwäger, Herzog Ott und Herzog Diethwald, überall im Land den Glauben predigen ließen.

31 ST. RUPERT BEKEHRT DIE BAYERN ODER VON FRÜHEM KIRCHENBAU

St. Rupert überredete die Bayern, ihren alten Glauben zu verlassen. Sie taten daraufhin den heidnischen Vielgötterglauben ab, wurden Christen und ließen sich taufen. Als erste aber taufte Rupert Herzog Dieth den Dritten und seinen Sohn Dietprecht...
Zur selben Zeit wurden neben den Fürstenhöfen zwei Kirchen zu Ehren der Muttergottes gebaut: eine zu Regensburg, die andere zu Ötting. St. Rupert weihte sie. Beide heißen noch »die alten capellen«. Danach baute man allerorts in Bayern Kirchen und weihte sie St. Rupert und seinen Gesellen. Auch vor der Stadt Regensburg und an der Donau zu Weltenburg, nicht weit von Abensberg, »meinem haimat«, wurden damals zwei Pfarrkirchen gebaut und nach St. Georg genannt.
Weil die Bayern, solange sie noch Heiden waren, besonders den Alman Ärgle als einen besonderen Nothelfer der Krieger ehrten und ihm »etlich wäld, holz, först, alt aichen nach der alten haiden, der Teutschen monir« geweiht hatten, wohin das »g'main volk vast lief«, deshalb weihte man Christus die nämlichen »örter« und nannte sie nach den Heiligen, die wegen des christlichen Glaubens ihr Blut vergossen hatten und die, wie St. Georg, »doch krieger auch gewesen warn«... »Man kunt sunst den alten haidnischen brauch nit abbringen, man hat etlichs bleiben müessen lassen, hat nur die näm verkert...«

45

S. Rupertus, tauffet Theodonem III Her=
tzogen in Bäyrn allhier in Regenspurg u: bekehret
darauf das gantze heydnische Bäyrland zu dem
Catholischen Glauben.

32 WIE DIE JUDEN NACH REGENSBURG KAMEN

I

Als »ums Jahr der Welt« 3804 Antiochus das jüdische Land bezwungen und es sich zinsbar gemacht hatte, soll er viel Juden, die sich ihm widersetzt, ausgetrieben und ins Elend heraus in dieses Land gejagt haben. Der Prophet Daniel, im 9. Kapitel, bezeugt ebenfalls, daß die Juden zur Zeit »ihrer Gefängnuß« in alle, auch die entferntesten Lande zerstreut worden sind. So berichtet auch das 2. Buch der Makkabäer, Kap. 5, daß bei der damaligen Eroberung der Stadt Jerusalem außer den 40 000 gefangenen Juden noch an die 80 000 verkauft worden seien. So kann es wohl sein, daß zur Zeit der ersten Zerstörung Jerusalems viel Juden zeitig geflohen sind und sich in dieser unserer Stadt Regensburg niedergelassen haben, um sich und die Ihrigen in Sicherheit zu setzen.

II

Nach uralten Volkssagen ist Regensburg schon zu des Altvaters Isaak Zeiten Wohnsitz deutscher Könige gewesen. Auch behaupteten die Juden, die im Jahre 1519 aus Regensburg vertrieben worden sind, daß ein Teil ihrer Nation, nachdem sie in syrische Gefangenschaft geraten waren, in die hiesige Gegend – namentlich nach Regensburg, das damals Germansheim geheißen haben soll – geführt worden wäre und sich dort niedergelassen hätte.
Desgleichen behaupteten die Juden in Regensburg schon im Jahre 1277 vor Kaiser Friedrich zu Linz in ihrer Verantwortung wider die Regensburger, sie hätten in dieser Stadt schon etwa 1800 Jahre lang ihre Wohnung gehabt . . .

33 VON DEN JUDEN IN REGENSBURG

Obwohl Regensburg zu Anfang und auch noch lange Jahre danach ohne Erkenntnis eines wahren Gottes lebte und daher in Abgötterei verstrickt war, hat doch der gütige Gott den Regensburgern die Erkenntnis seiner Wesenheit nicht vorenthalten, sondern sie ihnen im Alten Testament und wenigstens 300 Jahre vor seiner Geburt durch die Juden mitteilen wollen. Sie haben dort beständig neben den Heiden gewohnt und ihr Begräbnis anfangs bei dem Dörfchen Sallern am Regen gehabt. Dorthin haben sie sich oft an den Sabbaten zu Fuß, fahrend und reitend begeben und die Grabstätten ihrer Vorfahren besucht, unter denen sie viele für Propheten gehalten haben. Deshalb ist damals ein Sprichwort entstanden: Wer auf der Steinernen Brücke keinen Juden gesehen oder in der Stadt nicht läuten gehört habe, sei nicht in Regensburg gewesen. Es ist anzunehmen, daß viele von denen, die 71 Jahre nach Christi Geburt bei der Verwüstung Jerusalems durch Titus und Vespasian dem Schwert entkamen oder verkauft wurden, sich nach hier, einer sicheren Stadt und römischen Kolonie, begeben haben. In dieser Stadt haben sie dann in größerer Sicherheit und Freiheit gelebt. Es ist auch nicht zu finden, daß man sie hier einmal verfolgt hätte, außer daß sie Anno 1095 von den in das gelobte Land wallfahrenden Christen, die hier durchkamen, »in etwas beschädiget worden«. Kaiser Heinrich IV. aber hat sie unter seinen Schutz gestellt.

Die Ruhe und die gute Gelegenheit machten sie reich und mächtig, und sie vermehrten sich stark. Sie besaßen viele schöne Häuser in den besten Teilen der Stadt und auch eine öffentliche Synagoge und eine »Academia«. Von den Kaisern und insbesondere von den Herzögen in Bayern, denen sie großen Tribut entrichteten und nutzbare Kammerknechte waren, genossen sie großen Schutz. Dies geschah nicht ohne Nachteil der christlichen Bürgerschaft und ohne den Schaden der Stadt. Da aber die Juden in ihrer Anzahl die Bürgerschaft bald übertrafen und auch Kaiser Maximilian, ihr mächtiger Schutzherr, gestorben war, haben am 21. Februar 1519 Kämmerer, Rat und Bürgerschaft einhellig beschlossen, die Juden zu verjagen.

Die Hauptursache dafür aber war, daß sie in Verdacht kamen, Christenkinder »heimlich verzuckt« und hingerichtet zu haben. Deshalb wurden dann einige verhaftet und gütlich und peinlich befragt. Siebzehn von ihnen haben ausgesagt und bekannt, daß sie sieben unschuldige Christenkindlein heimlich ermordet hätten. Deren Leichname und auch ein steinerner, blutbesprengter Tisch, auf dem dieses grausame Gemetzel stattgefunden hatte, sind, wie es die Gefangenen angezeigt, im Keller des Hauses vom Juden Josef gefunden worden. Die Kindlein hat man ins Rathaus getragen. Eilends ist

man dann gegen die Juden »zugefahren« und hat sie – ehe sie sich versahen – samt und sonders bis auf einen aus der Stadt geschafft. Darauf hat man ihre Synagoge »angefallen« und sie niedergerissen, ihre Häuser ruiniert, die »Mauren ihrer Begräbnuß« vor dem Weih St. Peters-Tor – dort ist jetzt ein Acker, der unserem Kloster gehört – zerstört, desgleichen über viertausend Grabsteine. Das meiste ist hernach unserer Lieben Frau, »der gantz und schönen Maria« übereignet worden.
Mit kläglichem Gesang haben die Juden ihr Heiltum hinausgetragen. Darunter war besonders ein Stück von der steinernen Tafel bemerkenswert, die Moses zerworfen hatte. In einem Brief, den die Juden zu Jerusalem in dem Jahr, als Christus gekreuzigt wurde, den Juden in Regensburg schrieben, forderten sie diese auf, sich darüber zu erfreuen, daß sie Jesus, den Sohn des Zimmermanns Josef, der ihr Gesetz umstoßen wollte und der ihnen ganz zuwider war, gegeißelt hätten, mit Dornen gekrönt, verspeit und gekreuzigt. Das ganze Leiden Christi war also in diesem Brief ausführlich beschrieben. – Das, was sie in der Synagoge gebraucht hatten, wie auch alle Stühle, verwüsteten sie, damit diese Gegenstände nicht von den Christen entweiht würden.

34 PROPHETEN IN REGENSBURG?

Kaum waren die Juden »welche man in die äusserste End der Welt verwunschen«, von Regensburg hinaus, hat man ihre Schule und Synagoge angefallen, ihre Häuser bis auf den Grund niedergerissen und auch die Mauern ihrer »Begräbnuß« vor dem Weih St. Peters-Tor, wo jetzt ein Acker ist, der unserem Kloster gehört, »auf den Boden gelegt« und über 4000 Grabsteine »aufgehebt« . . .
Diese »Begräbnuß« war aber bei den hiesigen wie auch »weitentlegenen« Juden in so großer Hochachtung, daß sie sie weit höher schätzten als ihre eigene Synagoge. Deshalb sind die Juden – insbesondere die aus Ungarn – in großer Menge hierher »wahlfahrten gereist«, um die allda ruhenden Propheten – wie sie vorgaben – zu verehren. Die Niederreißung ihrer Synagoge haben sie denn auch nicht so betrauert wie die »Zerschleiffung diser Grabstädt«.

35 EIN BRIEF AUS JERUSALEM

»Es ist nächst dem auch eine gemeine Sage gewesen«, und auch die Juden selbst haben sich, ehe man sie austrieb, dessen gerühmt, daß sie einen Brief hätten, welcher ihnen in dem Jahr, da unser Herr und Heiland gelitten hat, von den Juden zu Jerusalem geschrieben worden wäre. Darin seien sie »vermahnet« worden, sich mit ihnen zu freuen, weil sie den Aufheber und Feind ihres mosaischen Gesetzes, Jesus, den Sohn des Zimmermanns Josef, gegeißelt, mit Dornen gekrönt, verspottet, verspeit und ans Kreuz geschlagen hätten. Von diesem Brief, in dem der ganze Leidensprozeß – »wie man mit dem Herrn Christo umgegangen seye« – beschrieben gewesen, sollen auch etliche vornehme Leute in Regensburg, auch »Raths-Verwandte«, wohl gewußt haben. Es sollen aber die Juden diesen Brief mit sich hinweggenommen haben, ebenso wie ein ziemlich großes Stück einer steinernen Gesetzestafel, die sie für eine von den Tafeln halten, welche Gott mit eigenen Fingern geschrieben und Moses überantwortet, der sie hernach im Zorn aber zerbrochen und zerworfen habe.

Sie sollen auch sonst noch mehr andere Sachen und »vorgebliche Heiligthume« gehabt und sie jederzeit hierher in diese Stadt als einen besonders sicheren Ort und eine sichere Zuflucht gebracht haben . . .

36 WAS SICH ZU REGENSBURG WÄHREND DER KREUZIGUNG CHRISTI BEGEBEN

Alte Sagen melden, daß die Stadt Regensburg im dreiunddreißigsten Jahr Christi, als er in den Tod gegangen, zu ihrer Vollkommenheit gelangt sei. Eben zu der Stund, da er am 25. März auf dem Kalvarienberg von den Juden gekreuzigt worden, war man damit beschäftigt, den Turm und das Tor beim St.-Klaren-Kloster zu vollenden. Wie aber die Finsternis über den ganzen Erdboden kam und auch hier alles in höchste Furcht und in Schrecken versetzte, beeilten sich die Bauleute beim Turm mit ihrer Arbeit. In ihrer Angst vergaßen sie in der Mauer einen ziemlich langen durchgeschobenen Tram [= Balken] vom Gerüst. Er ist dort bis vor kurzem »zur ewigen Gedächtnuß« zu sehen gewesen. Der Weihbischof Albert Ernst Graf von Wartenberg beteuert in seinem eigenhändigen Manuskript von 1685, daß er sich einige Jahre zuvor selbst augenscheinlich von dieser uralten Überlieferung überzeugt und mit Verwunderung gefunden habe, daß dieser Tram, der von dem Turm weit hinausreichte, ein bloßes Gerüstholz gewesen sei, das zu nichts anderem taugte und das die erschrockenen Bauleute in die Quadersteine hineingemauert hätten.

Als der Turm aus Altersgründen und auch, weil er von einem Donnerstreich zerspalten worden war, abgetragen wurde, hat sich dieses Gerüstholz, obwohl es zerfault war, noch durch die ganze Mauer hindurchgezogen.

Niemand entrüstete sich mehr über die Finsternis hier als die Juden, welche damals schon in Regensburg gewohnt haben »und vor denen Heyden mehr Lichts deß Göttlichen Gesatzes / und Erkanntnuß deß rechten Gottes-Diensts hatten«. Sie schrieben deshalb nach Jerusalem und befragten sich, ob sie dort etwa auch eine solche Finsternis erlitten hätten und was wohl deren Ursache gewesen sei. Zur Antwort erhielten sie schriftlich: Jesus, ein Prophet, der sich selbst zum Sohn Gottes erhöht habe, sei zur selben Stund »deß schmählichisten Creutz-Todtes hingerichtet worden«, und gleich darauf sei die Finsternis erfolgt.

HEILIGE UND SELIGE

St.-Peters-Schiff wirst auch genennt/
darauf man fahrt zum Himmel b'hendt

Anselm Godin

37 MARIA LÄNG

Ein Jahr nach Christi Auffahrt kam Lucius Cyrenäus, ein Glaubensbote, nach Regensburg. Sein Wort, vornehmlich aber sein Beispiel, wirkte so mächtig, daß ganze Scharen, darunter viele römische Soldaten, sich taufen ließen. Dies erregte den Unwillen des römischen Befehlshabers, und er befahl, Lucius zu ergreifen und zu töten. Da aber Lucius noch rechtzeitig davon Kenntnis erhielt, entwich er aus der Stadt. Und auch der größte Teil derer, die zum Christentum übergetreten waren, folgte ihm. Diesen schlossen sich immer mehr Neubekehrte an, so daß die Christengemeinde, welche die erste in Deutschland gewesen sein soll, bald nach Hunderttausenden zählte. Mit Schrecken gewahrten dies die römischen Befehlshaber, und sie zogen mit den besten Truppen gegen die Christen zu Feld. Im ersten Treffen wurden die Römer geschlagen; im zweiten aber erlagen die Christen der Übermacht. Tausende waren gefallen; auch Lucius zählte zu den Toten. Seine Leiche wurde heimlich nach Regensburg gebracht und dort in einem unterirdischen Gewölbe, dem Begräbnisplatz der Christen, beerdigt.
Der Sage nach erschien an dem Tag, da dies geschah, der hl. Petrus in Regensburg. Er sammelte die Christen um sich und bestärkte sie im Glauben. Täglich opferte er am Grab von Lucius, bei dem man einen Altar errichtet hatte. Dies wurde den Heiden verraten. Sie sandten Soldaten dahin, um St. Petrus gefangenzunehmen. Als diese aber in das Gewölbe traten, erblickten sie zwei Engel von so wunderbarer Schönheit, daß sie geblendet zu Boden stürzten. Von dieser Stunde an wagte es kein Heide mehr, den Raum, wo Lucius' Gebeine ruhten, zu betreten.
Auf Einladung des hl. Petrus soll auch der hl. Paulus mit dem Evangelisten Lukas nach Regensburg gekommen sein. Auch sie sollen in dem unterirdischen Gewölbe das Meßopfer dargebracht und unterrichtet haben. Dieses Gewölbe befand sich an der Stelle, wo jetzt die Kapelle zur Muttergottes in der Läng steht. Durch wunderbare Schickung Gottes – man sagt, Engel hätten es den späteren Christen geoffenbart – ist es entdeckt worden. Man baute darüber eine Kapelle, die aber von den Heiden zerstört wurde. Erst als das Christentum hier mehr und mehr Eingang fand, wurde sie wieder aufgebaut.

Bei Bauarbeiten stieß Graf von Wartenberg in der Kapelle zur Muttergottes in der Läng auf Grüfte und eine unterirdische Kapelle mit Altar, Kelchen, Patenen und Antependien. Dabei fand er auch eine Tafel, welche obige Angaben zum größten Teil enthalten haben soll.

38 DER »MÄRTER-BÜHL« ODER DIE TEUFEL IN GÖTZENBILDERN

I

Vor der damaligen Stadt, da, wo nun St. Emmeram steht, war ein anmutiges Lustwäldchen, in dem die Heiden ihren Götzen opferten und wo unter Diokletian selbst schon viele Christen den Märtyrertod erlitten hatten, ja man noch heute einen Ort zeigt, den man den »Märter-Bühl« nennt. Später erbaute Rupert dort mit der Genehmigung des Herzogs ein Kirchlein für das Landvolk und widmete es dem hl. Georg.

Nachdem er dann die hiesige Gegend hinlänglich mit Geistlichkeit versehen, erteilte ihm Theodo Macht und Gewalt, in allen seinen Ländern ungehindert das Evangelium Christi zu predigen.

II

Der Platz, wo heutigentags das Kloster St. Emmeram liegt, war vorzeiten ein angenehmer Lustwald vor der Stadt, in welchem die Teufel in unterschiedlichen falschen Götzenbildern verehrt wurden. Ebenso soll auch die jetzt sogenannte Alte Kapelle zuvor ein Götzentempel gewesen sein.

39 SEVERIN PROPHEZEIT PAULINUS DIE BISCHOFSWÜRDE

Nach der Legende hat die Stadt Regensburg zu Severins Zeiten in Paulinus den ersten Bischof gehabt. Er war früher daselbst Priester. Als der Ruf von der Heiligkeit des sich gerade bei Passau aufhaltenden Pilgers Severin [† 482] zu seinen Ohren kam, konnte er seinem

Herzensdrang, ihn zu sehen und in Religionsangelegenheiten seiner Pfarrstadt zu sprechen, nicht länger widerstehen. Er reiste deshalb zu ihm hinab und hielt sich einige Tage bei ihm auf.
Als Paulinus wieder von ihm Abschied nahm, redete ihn der fromme Diener Gottes in prophetischem Geist an: »Eile, ehrwürdiger Priester, heim in deine Vaterstadt! Dich wird, obwohl du dich gegen die Wünsche des Volkes sträubst, dennoch die bischöfliche Würde zieren!« Und so geschah es auch. Als Paulinus nach Regensburg zurückgekehrt war, zwangen ihn die Bürger der Stadt, »die Insignien eines geistlichen Oberhirten auf sich zu nehmen«.

40 ST. EMMERAM

Was der hl. Sebald für Nürnberg wurde – hochverehrter Wundertäter, segenwirkender Schutzpatron und gefeierter Heiliger –, das alles wurde St. Emmeram [7. Jh.] für die freie Reichs- und Reichstagsstadt Regensburg, von der die Rede geht, daß sie so viele Kirchen und Kapellen gehabt habe wie das Jahr Tage. Der hl. Emmeram oder Heimeran stammte aus Guienne und war Bischof von Poitiers. Um die Heiden zu bekehren, kam er nach Deutschland und nach Bayern. In diesem Land hatte zwar der hl. Rupert bereits den Samen des Christentums ausgestreut, jedoch noch nicht an allen Orten. Deshalb bat Theodo V., der Bayernherzog, St. Emmeram, das gottselige Werk fortzusetzen.
Herzog Theodo hatte eine schöne Tochter namens Utha, und Utha hatte einen Liebsten namens Siegebald. »Und der hatte den Namen mit der That«. Er siegte allzubald, und deswegen war bei Utha großes Herzeleid. Sie wußte sich keinen Rat, vielmehr fürchtete sie, daß der Zorn ihres Vaters und Bruders sie und ihren Geliebten töten würde. Da entdeckte sie sich dem hl. Emmeram. Und der fromme, reine Mann war von so himmlischer Güte, daß er ihr den Rat gab, sie möge ihn als Täter nennen. Ob er nun glaubte, die Sache damit minder schlimm für Utha zu machen und der Rache zu entgehen, da er gerade im Begriff war, nach Rom zu reisen, oder ob er sich nach dem martervollsten Tode sehnte, weiß man nicht. Er reiste ab, und die geängstigte Utha befolgte seinen Rat.
Zornentbrannt warf sich alsbald Landopert, ihr Bruder, mit einer

Schar Mannen aufs Roß, setzte dem frommen Pilger nach, holte ihn auch bald genug zwischen dem Inn und der Isar bei Helfendorf ein und schrie ihm spöttisch zu: »Ei, guten Tag, Bischof! Ei, guten Tag, Herr Schwager!« Er ließ Emmeram ergreifen, auf eine Leiter binden, ihm die Hände und Füße abhauen, die Nase und Ohren abschneiden, die Augen ausstechen und den verstümmelten, noch lebenden Körper in die Sonne stellen. Als die grausame Tat geschehen war, sah man zwei Männer, welche eilig die abgelösten Gliedmaßen des heiligen Mannes sammelten und vor den Augen der Mordknechte wieder verschwanden. Zu dem wahnbetörten Landopert trat Wolflet, ein Geistlicher, dem Emmeram alles anvertraut und seinen Tod vorausgesagt hatte, und der, als die Mordtat geschah, nicht anwesend war. Er hätte sie auch schwerlich hemmen können. Nun freilich war Landopert die übereilte grausame Tat von Herzen leid. Die war aber nun einmal geschehen.

Der Körper des Heiligen wurde erhoben und nach Regensburg geführt. Da fuhr die Seele aus dem Mund des Gemordeten wie ein rosenroter Blitzstrahl und fuhr gen Himmel. An dem Ort des Mordes wölbte sich von selbst ein grüner Hügel, wie ein Grab, und es geschahen da unzählige Wunder. Der heilige Leichnam wurde zu Regensburg in St. Georgen beigesetzt, und Landopert erbaute zur Sühne und zur Buße für seine Untat das berühmte Stift St. Emmeram. All dies hat sich begeben im Jahre des Herrn 652, als noch die Agilolfinger in Bayern herrschten.

41 DIE WEISENDEN OCHSEN ODER EMMERAMS SEHNSUCHT NACH REGENSBURG

I

Emmeram wurde nach Aschheim geführt und dort »mit gunst des volcks« begraben. Doch an diesem Ort wollte er den Jüngsten Tag nicht erwarten. Deshalb bewegte sich das Erdreich, und es donnerte und regnete ohne Unterlaß vierzig Tage lang. Da gingen die Bürger mit sich zu Rat. Schließlich gruben sie den heiligen Leichnam aus, legten ihn mit brennenden Kerzen in ein Schiff auf der Isar und ließen ihn davontreiben. Das Schiff trieb bis an die Stelle, wo Isar und Donau zusammenfließen. Von da ab bewegte es sich ohne menschliche Hilfe stromauf (»dy Tonaw gen perg«), gerade so, als ob es ein Segel hätte. Und weder der Wind noch der Regen löschten die brennenden Kerzen aus.

Als man in Regensburg von der Ankunft des Heiltums erfuhr, ging ihm die Geistlichkeit (»pfaffhayt«) entgegen und auch der Fürst des Landes, und sie empfingen es mit Lobgesang. Danach legten sie Emmeram auf einen Karren und spannten zwei ungezähmte Ochsen vor. Die zogen ihn von der Donau bis zur St.-Georgs-Kapelle, die er zu seinen Lebzeiten oft aufgesucht hatte, um darin zu beten. Auf dem Weg zwischen der Stelle am Strom, wo man ihn aus dem Schiff hob, und der Kapelle tat Gott zweiunddreißig Zeichen zu Ehren von St. Emmeram.

II

Aber nicht in Aschheim wollte Emmeram auf den Tag der Auferstehung warten, denn ihm gefiel die anmutige Umgebung der Stadt Regensburg. Es besteht daher kein Zweifel, daß er seinen Leichnam dorthin bringen lassen wollte, um dort auf den Tag der Belohnung nach dem Ende der Zeiten zu warten.

Aber, o Wunder! Die Luft gehorchte seinem Willen, und von Abend her wehte der Westwind mit solcher Gewalt, daß das Antlitz des Himmels durch dichte Wolken verhüllt wurde. Und der Regen strömte auf die Erde, und es blitzte ringsum. So regnete es vierzig Tage ohne Unterbrechung. Durch die anhaltenden Regengüsse wa-

ren Gießbäche zu Flüssen angeschwollen, und die Wasser stiegen über die Ufer und breiteten sich über das flache Land aus, so daß das Antlitz der Erde verhüllt wurde. Und hätte man nicht den Leib dieses großen Mannes und Märtyrers zu der Stadt gebracht, so drohte das Element des Wassers das Land zu verderben! Das wurde damals einigen Leuten durch Gottes Fügung in nächtlichen Gesichten offenbart, und sie taten sie öffentlich kund. Die Krieger [= cohors] versammelten sich mit den Fürsten und der Geistlichkeit. Sie hielten Rat und kamen überein, durch einige zuverlässige Männer den Leichnam dieses großen Mannes dort, wo er lag, aus der Erde nehmen und zur Isar bringen zu lassen. Dort legten jene ihn auf ein Schiff und entzündeten Kerzen. Dann folgten sie der Strömung des Flusses bis zur Donau. Auf dieser setzten sie die weite Reise mit dem Schiff, dem Ursprung des Stromes entgegen, mit solchem Glück aufs schnellste fort, als würde es mit ausgespanntem Segel bei günstigem Wind getrieben.
Aber, welch ein Wunder! ... Bei all diesem Wehen der Winde und Stürme, diesem Wasserschwall und der grenzenlosen Überschwemmung, diesen Regengüssen vom Himmel und diesem Anschwellen der unterirdischen Gewässer erloschen die Lichter dieser Kerzen nicht! Vielmehr sandten sie die Spitze der Flamme so selbstverständlich ganz ruhig nach oben, als wenn sie im stillsten Kämmerlein gestanden hätten, wo kein Luftzug sich regte. Als aber jene, die längs der Flüsse wohnten, an den Kerzen solches Verdienst des Märtyrers erkannten, schlugen sie an ihre Brust, fielen auf ihr Angesicht und beteten den Gott des Himmels an.

III

Es wollte aber der heilige Leib den Tag seiner Auferstehung da nicht erwarten. Vielmehr hat Emmeram die Gegend der Stadt Regensburg gefallen, und er wollte, daß sein Leib dorthin geführt werde. Und siehe, mit welchem Wunderwerk auch die Luft dem Willen des heiligen Mannes gehorsam war: denn der Westwind erhob sich und trieb mit Gewalt Wolken zusammen, die den Himmel ganz verdunkelten. Und es ist vierzig Tage lang unter grausamem Donnern und Blitzen ein so großer Regen auf die Erde gefallen, daß die Bäche »zur See worden« und fast die ganze Erde bedeckten. Und wenn man

S. Emerams = H. Leib schiffet durch ein grosses Wunder ohne menschliches Zuthun von der Iser in die Donau, und in selber wieder den Strom hinauf nacher Regenspurg.

nicht hätte befürchten müssen, daß das ganze Land durch »solches Gewässer« zugrund gehe, hätte man den Leib des Märtyrers nicht in die Stadt Regensburg geführt. Um diesem Unheil aber zu begegnen, ist der heilige Leib »aus göttlicher Einsprechung« wieder ausgegraben, zu der Isar geführt und in ein Schiff gelegt worden. Ohne menschliche Hilfe hat er die Donau erreicht und ist darauf so schnell auf Regensburg zugeschifft, als ob ausgespannte Segel und glücklicher Wind ihn fortführten.

Dabei ist verwunderlich, daß die nach christlichem Brauch angezündeten Kerzen durch keinen Wind ausgelöscht wurden, sondern – wie in einer Kammer – sicher brannten, um anzuzeigen, daß auch den hl. Märtyrer kein Wind der Verfolgung, »weder Peyn oder Marter von der Liebe Gottes bringen konnte«.

42 EMMERAMS HEIMKUNFT UND BEGRÄBNIS

Sobald nun das Schiff mit diesem großen Schatz in Regensburg anlegte, ist der Himmel augenblicklich so heiter geworden, daß man nicht ein Wölkchen daran entdecken konnte. Fürst Theodo mit seinem Hofgesinde, die Geistlichkeit und eine große Volksmenge, denen die Heiligkeit und die unschuldig erlittene Marter bekannt waren, sind mit Kirchenfahnen und Rauchfässern zum Strom gegangen und haben mit Andacht den hl. Leichnam empfangen und begrüßt und das Heiltum mit aller Ehrerbietung erhoben. Dann haben sie ihn mit »gantz hell-lautenden« Lobgesang nach seiner lieben und angenehmen Kapelle St. Georg getragen und da bestattet . . .

In alten Büchern des Klosters steht auch, daß bei der »Procession und Leich-Begleitung« von der Donau bis zur Kapelle bei dem hl. Leichnam an die 32 Wunderzeichen geschahen. Das war der Anlaß, daß jedermann in Nöten Zuflucht beim Grab dieses heiligen Mannes suchte, denn Kraft ging von ihm aus und heilte alle. Und das währte viele hundert Jahr, so »daß vor Alters in gantzem Bayrn und Teutschland kein berühmbter H. Orth als die Kirch und Begräbnus dises Martyrers allhie zu Regenpurg zufinden gewest« . . .

43 EMMERAM EIN JUDE ODER DAS BUCH DES GESETZES

Dies eine möchte ich [= Laurentius Hochwart] noch beifügen, daß die Juden – einst Einwohner von Regensburg, heutzutage jedoch nur Anwohner –, um uns ja nichts rein zu lassen, diesen Heiligen für sich in Anspruch nehmen, indem sie irrtümlich behaupten, er sei Jude gewesen und flußaufwärts nach Regensburg gekommen ...
Als er mit dem Buch des Gesetzes, das er bei sich hatte, nach Regensburg kam, sollen die Christen seinen Leib geraubt, das Buch aber den Juden gelassen haben. Für diese Fabelgeschichte haben sie keinen Beweis, außer daß sie sagen, der Name Emmeram sei hebräisch; er bedeutet nämlich Amrm, d. h. Ameram. So hieß auch der Vater des Moses. Ich bin Ohrenzeuge für dieses Lügenmärchen: Ich habe es von ihnen, die dies ernstnehmen und glauben, selbst gehört. Aber die Wahrheit ist offenbar, sonst würde ich diese Geschichte ausführlicher widerlegen ...

44 WIE DAS BISTUM REGENSBURG GESTIFTET WORDEN SEIN SOLL

... Der Herzog [= Theodobert] war erzürnt und stieß den Speer, den er in der Hand trug, dem heiligen Bischof in die Brust. Danach ließ er ihn auf eine Leiter binden und ihm ein Glied nach dem anderen abschneiden, so daß Heimran [= Emmeram] seinen Geist aufgab als Märtyrer.
Über kurz wurde aber seine Unschuld offenkundig. Deshalb trugen die Herzöge und das ganze Volk großes Leid und Reue. Und sie ließen den lieben Heiligen gar würdig begraben und bauten an dieser Stelle eine Kirche zu Ehren von St. Heimran. Wie etliche meinen, haben die beiden Fürsten [= Theodo und Theodobert] als Buße für ihre Sünden und ihre Missetat das Bistum zu Regensburg gestiftet, denn »derselb stift« ist anfangs da gewesen, wo jetzt das Kloster St. Heimran liegt.

45 LANDBERTS NACHKOMMEN

I

Landbert als ein Urheber dieser Mordtat hat sich der Strafe nicht entziehen können. Er ist von seinem Herrn Vater enterbt und in das Elend gestoßen worden, »worinn er auch sein Leben zeitlich beschlossen«. Ja, das Blut des heiligen Mannes ist dermaßen an den Nachkommen dieses Fürsten Landberts gerächt worden, daß keiner von ihnen überblieb. Seine herrlichen Schlösser und Häuser, in denen er sich seiner lästerlichen Tat gerühmt hatte, wurden so zerstört, daß sie schließlich mit Nesseln und Dörnern »verwachsen« und fast gar damit überzogen waren. Gegen seinen Willen hat er seine Häuser »vergiften Schlangen« überlassen müssen, weil er keine Scheu gezeigt hatte, »den vergiften Grimmen« seines Herzens am Tempel Gottes und an dessen Gesalbten auszulassen. Also, daß sie allen, die solche Orte jetzt anschauen, »zu einem Exempel seynd; dahero ein jedweder ihm billich förchten sollte, wider dise, und andere Priester Gottes feindlich zu handlen«.

II

...»Wisset ihr nicht, daß ihr ein Tempel Gottes seid und der Heilige Geist in euch wohnt?« Weshalb mit Recht hinzugesetzt wird, daß, wer diesen Tempel verletzt, von Gott in die Zerstreuung geführt werden würde.
Diese Zerstreuung wird an ihrem zeitlichen Herrn Lantperht darin bestätigt, daß er auch in dies Verderben gestürzt wurde und sein Leben der Verdammnis in der Verbannung beschloß. So wurde an seinen Kindern und Kindeskindern das Blut dieses Mannes [= Emmeram] gerächt; ihr Stamm wurde des Landes verwiesen, so daß nicht einer von ihnen zurückblieb. Und wo seine stolzen Paläste, in denen er sich seiner Beschämung rühmte, die anderen überragten, da wuchern Nesseln und breiten Platanen ihre Blätter. Und der sich nicht fürchtete, seinen giftigen Zorn an dem Bewohner des Tempels auszutoben, der mußte seine Paläste dem giftigen Natterngezücht überlassen, so daß sie den Lebenden ein Spott und eine Warnung sind. Zwar ist das lebendige Wort verstummt, doch predigt die Stätte den Vorübergehenden, indem ihr Anblick manchmal den Wanderern

einen Seufzer abpreßt. Darum müssen diese selbst sich davor hüten, an den heiligen Priestern Gottes unbedachtsam zu handeln, auf daß nicht ihre Nachkommen zerstreut, ihr Erbteil – wie die Betrachtung der Stätte bezeugt – zunichte gemacht und in die dunkle Behausung von Maulwürfen verwandelt wird und nur ein Haufen Erde zum Zeugnis für die Lebenden übrigbleibt.

46 DAS VERFLUCHTE GESCHLECHT

Man darf hier nicht verschweigen, was 300 Jahre nach der Marter des hl. Emmeram einem geschah, der noch von dem Geschlecht Landberts übrig war. Dieser wollte mit anderen die Kirche und das Grab des heiligen Märtyrers besuchen. Er erblindete aber »im Antritt des Closters« und wurde von einer unsichtbaren Gewalt so abgehalten, daß er seinen Weg nicht allein fortsetzen konnte, sondern allenthalben anstieß ... Als ihn aber welche befragten, wer er denn sei und was ihm wäre, hat er sein unglückseliges Geschlecht offenbart und was er leide. Daraufhin ist er wieder sehend geworden und neben anderen der Kirche zugegangen. Ehe er jedoch in dieselbe kam, hat er abermals »unter der Porten« das Gesicht verloren; so daß jedermann den Fluch und den Zorn Gottes über dieses Geschlecht wahrnahm und dies, daß dessen Nachkömmling auch nach so langer Zeit nicht würdig geworden war, zu dem Grab des heiligen Mannes zu kommen. Zweifelsohne mangelte es an der gebührenden Demut und dem eifrigen Abbitten der »gethanen Schmach«.

47 ADALRAM

Mir [= Arnold] durch Verwandtschaft und gleiche Lebenszeit bekannte Männer schickten unter Darbringung verschiedener Güter und unter Gebeten von Priestern und dem heißen Flehen anderer Diener Gottes zum hl. Emmeram und baten, es möge ihnen verstattet sein, den Ort aufzusuchen, wo er begraben liegt, ohne daß das Volk in Aufruhr gerät. (Ich verschweige ihre Namen, weil sich jeder Nahestehende gleicherweise aus Furcht und Schrecken vor der verderblichen Seuche scheut, die schon lange Zeit und heftig unter der Nachkommenschaft Lantperts wütet.)

Als die Erlaubnis erteilt war, wurden sie davon unterrichtet, auf daß sie voll guter Hoffnung kämen. Sie nahten sich demütig und zitternd und wurden eingelassen – und nicht umsonst. Indem sie ihre Häupter mitsamt den Händen in frommer Gesinnung auf den Altar legten, bekannten sie sich dem Märtyrer für alle Zeiten tributpflichtig. Einige übergaben Knechte und Mägde, um vor einem so gewaltigen Fürsprecher Gnade zu erlangen. Andere gaben von ihrem Landbesitz, um ihr Versprechen einzuhalten. Der eine ließ hier ein drei Jahre währendes Siechtum zurück, ein anderer eine zwei Jahre andauernde Schwäche, ein dritter überwand die dauernde Nachstellung eines bösen Geistes. Gelabt mit solchen Wohltaten, kehrten sie, die zuvor mit unzähligen Übeln behaftet gewesen, in ihr Eigentum zurück.

Einer aber namens Adalram aus diesem Geschlecht mit dem unbeugsamen Nacken [= Geschlecht des Landperts] tat, was der hl. Emmeram nicht wollte. Er hatte nämlich zu Unrecht einen Teil der Güter verkauft, die sein Neffe dem Märtyrer unter Zeugen zu eigen gegeben. Als er deswegen von den Vornehmsten belangt und als von den Rechtsanwälten Berufung eingelegt wurde, weigerte er sich standhaft – aus seiner Hartherzigkeit heraus –, der Gerechtigkeit Genüge zu tun.

Der hl. Emmeram jedoch, der beste Anwalt seiner Sache, strafte ihn so sehr für seine Verwegenheit und Schlechtigkeit, daß für einige Wochen eine Krankheit ihm Strafe und Schrecken war, was seinen Freunden unstillbare Trauer bereitete. Daher kam es, daß er sich häufig den Tod wünschte, der jedoch keineswegs kam. Da nun erkannte er – ohne allen Zweifel durch die Umstände selbst –, daß er jenen beleidigt habe, dessen Märtyrer er mißachtet hatte. Und er war betrübt, daß er so über alles Maß unglücklich leben müsse und ein derartiges Leben nicht durch den Tod beenden könne.

Aufgrund eines späten, jedoch richtigen Entschlusses, schickte er eilends seine Frau mitsamt seinem Söhnlein zum Märtyrer: er hieß nämlich meine Nichte mit meinem Großneffen dorthin eilen, um die Güter wieder zurückzuerstatten. Sie kamen in der Nacht der Vigilfeier des Heiligen an. Am Morgen erzählten sie mir alles der Reihe nach und erhielten von mir einen Rat zum Heile des Knaben.

Etwa in der zweiten Stunde am Todestag des heiligen Märtyrers [wörtlich: des Geburtstages, quasi des Tages, in dem er in den Himmel aufgenommen wurde – er dem Himmel »geboren« wurde] trat die Mutter an den Altar heran und ließ zunächst das Söhnlein dem hl. Emmeram den »census« entrichten. Danach gab sie durch seine Hände die Güter zurück, so wie sie früher gegeben worden waren. Dabei wurden – nach bayerischer Art – Zeugen beigezogen. Dann machte sie sich auf den Heimweg. Von dort kam später ein Bote zu mir, der beim hl. Emmeram schwor, daß Adalram in der nämlichen Stunde sanft entschlafen sei, in der zu Regensburg die Übergabe [Wiedergutmachung!] erfolgte.

48 DER EMMERAMSPILGER ODER DIE VERMEHRUNG DES BROTES

I

Wunder folgt auf Wunder! Dies habe ich [= Arbeo] einmal von einem frommen und besonnenen Mann gehört. Er erzählte, wie er eines Tages um Fürbitte wegen seiner Sünden zu der Kirche von Gottes heiligem Märtyrer gehen wollte und es sich traf, daß er allein des Weges zog. Als er aber in die Einöde gekommen war, die im Volksmund Fernweide [Langquaid?] heißt, fiel er unter die Räuber, und diese plünderten ihn aus, nachdem sie seine Hände gebunden und seinen Mund geknebelt hatten, so daß er kein Wort hervorbringen konnte. Sie brachten ihn außer Landes und verkauften ihn an das Volk der Franken. Von diesen verkaufte ihn einer, der ihn käuflich erworben hatte, im nördlichen Teil des thüringischen Stammesgebietes an einen Mann nahe der Grenze der Porathanen, eines Volkes, das Gott nicht kennt. Und als der Alte sah, daß er in die nächste Nähe von Leuten gekommen war, die heidnische Götzenbilder verehrten, da begann er, seinem zeitlichen Herrn, ganz gleich, ob er anwesend oder abwesend war, mit allen Kräften nach Gebühr zu dienen. Er war aber in handwerklichen Arbeiten wohl unterwiesen und konnte daher die Mühle seines Herren nicht wenig verbessern; auch verstand er sich ungewöhnlich gut auf das Bauen von Häusern. Dadurch fand er Gnade in den Augen des Hausvaters.
Das tat er drei Jahre lang, so gut er konnte, und ließ doch nicht ab, Gott zu dienen, zu fasten und zu beten. Da geschah es, daß einer seiner Mitknechte starb, der ein junges und in Anbetracht der Fäulnis dieses Fleisches sehr hübsches Weib als Witwe hinterließ, ohne

Kinder gehabt zu haben. Dem Alten befahl sein zeitlicher Herr, daß er sie heirate und die Nutznießung ihres Hauses und Besitzes habe. Der fromme Alte aber widersprach und sagte: »Ich habe ein Eheweib bei meiner Sippe zurückgelassen, als ich um meiner ungezählten Sünden willen gefangengenommen und von dort in die Fremde entführt wurde, so daß ich jetzt hier bin; doch wie sollte ich eine andere heiraten, solange jene lebt?« Darauf erwiderte mißtrauisch sein Herr mit den schärfsten Worten und sagte: »Nimmst du sie nicht, so soll mich der Herr strafen, wenn ich dich nicht dem Sachsenvolk überantworte, das aus lauter Götzendienern besteht! Denn ich weiß, wenn du dich weigerst, bei mir eine Frau zu nehmen – ich spreche dabei aus Erfahrung –, daß du nicht bleiben magst, vielmehr mit der Flucht liebäugelst, und ich sitze dann da und bin um deinen Kaufpreis betrogen.«

So stritten sie längere Zeit mit Worten gegeneinander, und der Alte sah ein, daß er den Befehl seines Herrn nicht ablehnen konnte, wenn er sich nicht selbst in die Knechtschaft eines Volkes begeben wollte, das von Gott nichts wußte und dessen Lebensweise, die ihm aus der Nähe wohlbekannt war, er wie den jähen Tod fürchtete. Darum beugte er sich der Notwendigkeit und erklärte, er werde die Frau heiraten, wie der Herr es wolle. Der aber ergriff die rechte Hand der Frau, umhüllte sie mit einem Tuch, wie der Brauch der Eheschließung es verlangt, und übergab sie ihm im Beisein der Mitknechte, seiner Frau und seiner Kinder mit froher Miene zur Ehe; denn wegen seiner Handwerkskunst hatte er den frommen Alten sehr gern. Darauf kehrte jener mit der Frau, die er zur Gefährtin erhalten hatte, in ihre Wohnung zurück, wo er sie sich ehelich verbinden sollte. Als sie in die Schlafkammer gegangen waren und, wie es bei Hochzeiten Brauch ist, etwas gegessen hatten, bestiegen sie das Bett, das sie hergerichtet hatte. Da versuchte der fromme Alte sie, so gut er konnte, zu ermahnen: »Bedenke nun, liebste Schwester, daß wir nicht durch dieses sündliche Beilager den himmlischen und höchsten Schöpfer der Dinge beleidigen! Denn die Freude der vergänglichen Wollust schwindet in wenigen Tagen, und der künftige Schaden der Seelen wird ohne Ende bestraft. Freue dich nun meiner Kunstfertigkeit, die uns Annehmlichkeiten schafft; nur das ertrage, daß du mich nicht, solange mein Weib am Leben ist, durch das Beilager in das Verderben der Seele stürzest!«

Jene aber war von fleischlicher Lust ergriffen und mit der Ermahnung ihres Gefährten ganz und gar nicht einverstanden; vielmehr drohte sie, die Worte, die er ihr behutsam beibringen wollte, ihrem Herrn zu offenbaren. Als der ehrwürdige Alte erkannte, daß er damit nichts erreicht hatte, da beschwichtigte er die ungestümen und wollüstigen Wünsche seiner Gefährtin mit sanftem Zureden und sagte: »Man muß bedenken, liebste Schwester, daß es für Christen nicht gut ist, sich nach heidnischer Weise ehelich zu verbinden, vielmehr ist es notwendig, sich drei Tage zu enthalten und unter Tränen Gott zu bitten, daß er bei der Vereinigung rechte Frucht gibt; denn eine Frau darf man nicht um der Fleischeslust willen nehmen, sondern zur Erzeugung von Nachkommenschaft muß man heiraten!« Als sie dies gehört hatte, kehrte sie voller Verachtung ihr Gesicht zur Wand, und unter der Decke des Bettes entfernte sie sich traurig von dem frommen Mann; die Müdigkeit überwältigte sie, und sie schlief ein. Er aber betete aus tiefstem Herzensgrund unter Tränen zu Gott, der erhabene Schöpfer möchte ihm gnädig in seiner Not beistehen. Daß solche Not ihn wegen des Bittganges zu dem großen Mann und Märtyrer Gottes, Emmeram, bedrückte, sollte bei jenem unvergessen sein; darum mochte er dem armen Betrübten seine Barmherzigkeit nicht vorenthalten.

Seinem Gebet folgte so rasch das Erbarmen, daß, kaum war er eingeschlafen, ein sehr schöner Mann von hoher Gestalt vor seinem Bette stand. Der trug in den Händen einen Stab, stieß damit dem Schlafenden in die Seite und sagte: »Stehe auf und geh zur Kirche des heiligen Märtyrers, wohin zu gehen du gelobt hast!« Der Alte antwortete: »Wie soll ich ohne Wegzehrung so große unbekannte Strecken durchwandern?« Ihm antwortete wiederum jener, der neben ihm stand: »Steh auf und zaudere nicht; hole dir im oberen Stock das Brot, das dort liegt; es wird dir zur Nahrung ausreichen bis zur Vollendung deines Weges!« Der Mann aber erwachte von solchem Traum und wußte, wieder zu sich gekommen, nicht, ob er im Wachen oder im Schlaf die Aufforderung erhalten hatte. Dennoch stand er auf, wie der Mann es geheißen hatte, und fand im oberen Stock ein herrliches Brot, das er niemand hatte hinlegen sehen: es war schöner als jenes, das er in der gleichen Nacht mit der Frau im selben Hause gegessen. Als er es gefunden hatte, barg er es in seinem Gewand. Um nicht seinem zeitlichen Herren etwas von seinem

eigenen Besitz wegzunehmen und ihm dadurch Schaden zuzufügen, ließ er alles, was ihm dort zu gehören schien, zurück, ausgenommen sein einziges Gewand und eine zweischneidige Axt, die er in der Hand trug.
Dann ging er fort in die Wildnis, eilte, so schnell er konnte, von dannen und betete ohne Unterlaß unter Tränen zu Gott, daß ihm durch das Verdienst seines heiligen Märtyrers die Flucht gelingen möge, da er auf ihn hoffe. Und in fünfzehn Tagen ständiger Märsche führte ihn der himmlische Schöpfer mit solchem Glück und so sicher, mit dem einen Brote täglich seinen Hunger stillend, zum Ziel seiner Fahrt, daß er in der dritten Stunde des fünfzehnten Tages mit müden Gliedern auf dem Berg oberhalb der Weinpflanzungen stand, zwischen Donau und Regen, wo sie zusammenfließen. Von diesem Gipfel erblickte er die Kirche von Gottes heiligem Märtyrer und die weit ausgedehnte, mit Mauern und Turmbauten bewehrte Stadt. Als er sie erkannte, pries er Gott und stieg den Pfad zu dem Anlegeplatz am Fluß hinab. Es war aber ein Sonntag, zu dessen feierlichem Meßgottesdienst die Einwohner mit großer Andacht zur Kirche des heiligen Märtyrers gingen. Ihrem Zuge schloß sich der fromme alte Mann unbemerkt an. Und als sie an den Anlegeplatz kamen, stieg er auf das Schiff, setzte nach dem schutzgewährenden Hafen auf der Stadtseite über den Strom und ging weiter bis zur Kirche von Gottes heiligem Märtyrer – wie der Mann, der zu nächtlicher Zeit vor seinem Bett stand, es ihm in Gottes Namen befohlen hatte. Dort trat er ein, warf sich zu Boden und brachte unter Tränen Gott die höchsten Lobpreisungen dar, der den auf ihn Hoffenden um der Verdienste seines heiligen Märtyrers willen gnädig solchen Nöten entriß.
Als nun die Feier der Messe vollendet war, trat der fromme Alte wieder aus dem Tor der Kirche. Von dem Brot, das er in seinem Gewand geborgen und durch dessen Kraft er einen so weiten Weg vollbracht hatte, hatte er ein Drittel zur ausreichenden Nahrung seines Leibes gebraucht; die restlichen zwei Drittel des Brotes hatte er in seinem Gewand mitgebracht und teilte sie vor den Augen aller Umstehenden stückweise den Armen aus. Offen verkündete er allen, die dabeistanden, die Verdienste von Gottes Märtyrer, die durch die göttliche Vorsehung an ihm erzeigt waren. Was anderes zeigt sich in der Vermehrung des Brotes, von dem ein Drittel fünfzehn Tage hindurch dem Manne, der auf Gott hoffte, genügt hatte, als daß Gott

einem seiner Glieder erlaubte, ihn nachzuahmen, auf daß sein Märtyrer verherrlicht würde, der in Nachahmung des höchsten Hauptes und aus Liebe zu ihm sein Blut vergossen hatte? Der durch sich selbst mit den fünf Broten fünftausend von dem Volk sättigte, der durch die Vorsorge des Hauptes zwölf Körbe mit Brocken füllte, der ließ zur Verherrlichung eines seiner Glieder zwei Drittel des Brotes übrigbleiben.

II

Ein frommer und kluger Mann wurde auf seiner Reise zum Grab des hl. Emmeram im Wald von Langwaid [!] von Räubern gefangen, außer Land geführt und an das Volk der Franken verkauft. Einer von denen, der ihn erkauft hatte, verkaufte ihn wieder an einen Mann in den nördlichen Teilen Thüringens. Er wohnte an der Grenze zum Volk der Parathanen, die Gott nicht kennen. Seinem Herrn diente der Greis treu und eifrig. Er war ein Zimmermann und Mühlarzt und erwarb sich durch seine Geschicklichkeit dessen Gunst. So wirkte er drei Jahre lang nach Kräften. Da fügte sich's, daß einer seiner Mitknechte starb und eine junge, schöne und kinderlose Witwe hinterließ. Nun befahl der Herr dem Greis, die Witwe zu ehelichen. Dieser weigerte sich mit der Begründung, er habe zu Hause schon eine Frau und dürfe bei deren Lebzeiten keine andere ehelichen. Deshalb eröffnete ihm sein Herr mit listigen und strengen Worten: »Wirst du sie nicht zum Weib nehmen, so soll mir Gott dies und jenes zufügen, wenn ich dich nicht dem Volk der Sachsen ausliefere, welches noch sehr dem Götzendienst ergeben ist!« Der Herr wollte ihn durch diese Heirat noch mehr an sich fesseln und der Flucht des so brauchbaren Knechtes vorbeugen. So stritten sie täglich miteinander. Und der Greis begriff wohl, daß er die Macht und den Befehl seines Herrn nicht verachten dürfe, weil man ihn sonst als Gefangenen an die Heiden ausliefere, »deren Leben er, wie er aus der Nachbarschaft wußte, wie den Tod fürchtete«. Er willigte also notgedrungen in die vom Herrn gewünschte Heirat ein.
In der Hochzeitsnacht, als sich das Weib unwillig über seine Ermahnungen von ihm abgewendet und eingeschlummert war, bat der Greis Gott um Hilfe. Im Schlaf erschien ihm St. Emmeram und befahl ihm, wie er gelobt, sich zur Kirche von St. Emmeram zu

begeben. »Wie werde ich«, antwortete er, »ohne Nahrungsmittel so viele unbekannte Länder durchwandern können?« – »Steh auf«, sagte der Heilige, »zögere nicht, sondern nimm im oberen Zimmer ein Brot; es wird bis zum Ende deiner Reise ausreichen!« – Der Greis tat, wie ihm befohlen und ging, angetan mit seinem Gewand, fort; seine Axt nahm er auch mit. Er eilte auf die Wüste zu und bat Gott ohne Unterlaß um eine glückliche Reise durch die Verdienste des seligen Märtyrers. Fünfzehn Tage lang führte ihn Gott wohlbehalten und sicher und gesättigt und gestärkt durch das eine Brot! Und um die dritte Stunde jenes fünfzehnten Tages stand er auf dem Berg oberhalb der Weinpflanzung, die bekanntlich zwischen der Donau und dem Regen gelegen ist.

49 DAS WERTVOLLE EVANGELIENBUCH ODER DER BESTRAFTE KAISER

I

Graf Arnold, der nicht lang nach Tutos Zeit gelebt hat, schreibt, daß Kaiser Konrad [† 23. 12. 918], da er dem Kloster nicht das Heiltum St. Dionysii hat nehmen können, ernstlich begehrte, daß man ihm wenigstens das »Evangeli-Buch« geben solle. Tuto [† 930] hat dies zwar aus Furcht vor dem Märtyrer verweigert. Als aber der Kaiser Drohungen ausstieß, legte Tuto das Buch auf den Altar mit dem Fluch: »Wer dem hl. Emmeram dieses Buch entführt, der soll ihm beim Jüngsten Gericht ein Schuldner sein!« Welche Kraft diese Worte gehabt, das hat Konrad bald erfahren: Denn kaum hatte er das Buch genommen und war vor dem Kloster auf sein Pferd gekommen, da hat ihn die rote Ruhr befallen. Vor Schrecken, Krankheit und Schmerz hat er sogleich das Buch wieder zurückgegeben, den Frevel aber bald darauf, als die Krankheit nicht nachließ, mit »seiner Haut und Leben« bezahlen müssen.

II

Nach alter Sitte zog König Konrad nach St. Emmeram, um an den Gräbern seiner Vorfahren im Reich, der beiden letzten Karolinger, Arnulf und Ludwig, zu beten. Er legte den zehnten Teil des Regens-

S. Tuto, ein Religios zu S. Emeram Bischoff zu Regensburg, unter dessen Regierung sich ein Hoff-Herr des Kaysers Conradi zu Tod gelacht, als er das Kostbare Evangeli Buch entfremden wollen.

burger Zolls als Seelengerät auf den Altar. Gleichwohl führte er, von einem gelehrten Hofkaplan angeregt, im Schilde, dem Kloster seine schönste Zierde zu rauben: das kostbare Evangelienbuch, das Karl der Kahle nach St. Denis geschenkt hatte und das darauf nach St. Emmeram gekommen war.

Die Mönche fürchteten die mächtige Bitte und fragten Tuto, den Bischof. Der befahl ihnen, das Buch auf den Altar zu legen, und er sprach zum König: »Wer dieses Buch dem Kloster entzieht, den wird der Heilige zur Rede stellen am großen Tag des Jüngsten Gerichts, wenn ihn nicht früher noch des Himmels Strafrute züchtigt!«

Der König zürnte wegen der unsanften Mahnung und befahl, das Buch gleich vom Altar zu nehmen. Darauf verließ er das Gotteshaus und stieg aufs Pferd. Die Trabanten reichten ihm das Kleinod. Aber er fühlte plötzlich einen so nagenden Schmerz in den Eingeweiden, daß er augenblicklich vom Pferd mußte, mächtig gerührt in sich ging und das Buch wieder zurücktragen ließ. Doch blieb ihm ein ständiges Nachgefühl dieses Schmerzes bis an seinen nur zwei Jahre darauf, zwei Tage vor der Weihnachtsfeier, erfolgten Tod.

50 DER REUIGE BISCHOF

Meginhard [sic!], ein alter Geschichtsschreiber und Propst zu Magdeburg, der vor etwas mehr als 630 Jahren gelebt hat, erzählt unter den Wundern des hl. Emmeram auch folgendes: Bischof Michael [† 972] wollte einen Vetter dem Kaiser Otto so ans Herz legen, daß er ihn zu einem Bischof machen sollte, »und zu Erhaltung dises schon seine Verehrung gerichtet« hat. Es ist ihm von einigen, die ihren eigenen Nutzen dabei suchten und die sich kein Gewissen daraus machten, geistliche Ämter zu verkaufen, geraten worden, den Schatz St. Emmerams anzugreifen.

Michael folgte ihnen. Und um das heilige Weihnachtsfest wollte er sich auf dem bischöflichen Gut Beratzhausen gute Freunde machen. Es geschah aber, als er ans Werk ging, daß er schwer erkrankte und schon seinen Tod fürchtete, was ihm arg bitter war.

Da er nun am Leben verzweifelte, rief er den Viztum zusammen mit anderen, denen er besonders gewogen war, zu sich und trug ihnen auf: »Unter Kaiser Otto I. [* 912, † 973], einem geborenen Sachsen, nahm ich einmal an einer Schlacht unweit des Lechs teil. Damals, bevor wir Christen nach einem langen Gefecht das ›Sig-Kräntzl‹ eroberten, haben mir die Ungarn das Ohr abgeschnitten, haben mich stark geschlagen und gar zu Boden geworfen. Unterdessen aber verspürte ich die urplötzliche Hilfe und den Beistand jenes Fürbitters, den ich jetzt wegen meiner vielen Sünden fürchten muß. Ich ermahne euch deshalb ganz treuherzig, daß ihr meinem Befehl nachkommt und diese zwanzig Pallien [Pallium = Schulterbinde des päpstl. und erzbischöfl. Ornats; hier wohl: kostbare (Altar-)Decke] und alle diejenigen Kirchenschätze, die ich zu Unrecht und unbesonnen entfremdet habe, dem großen Märtyrer Emmeram übergebt. Den Kelch aber, ›so fast köstlich‹, stellt mit diesen Worten auf den Altar: ›Michael, der große Sünder, der zwar in bischöflichen Würden stand und doch allzeit unwürdig war, schickt dir dieses als dein Diener, der dich, o seliger Emmeram, in Todesnöten als seinen Patron erwählt hat. Und er bittet, du wollest ihn nicht verlassen.‹«

51 DAS ENGELSGLÖCKLEIN

In der Stiftskirche St. Emmeram befand sich einst ein Glöcklein von äußerst lieblichem Klang. Kaiser Otto der Große wurde von dem Wohllaut so entzückt, daß er befahl, es in seine Schloßkapelle zu bringen. Hier aber klang es dumpf und hohl. Endlich gab es gar keinen Ton mehr von sich. Da ließ es der Kaiser der Kirche St. Emmeram zurückstellen, wo es sogleich seinen alten Klang wieder bekam. Von dieser Stunde an nannte man es nur das »Engelsglöcklein«. Man glaubte nämlich, daß Engel ihm den schönen Klang wieder gegeben hätten, und daß sie, sooft man es läutete, aus ihm singen würden.

52 DIE MINNE DES HL. EMMERAM

I

In jener Zeit, als König Otto hierher gekommen war, soll sich auch folgendes zugetragen haben: Bischof Michael gab ihm zu Ehren ein Gastmahl und brachte am Schluß der Tafel, da alles fröhlich gestimmt war, den Trinkspruch aus, der dem hl. Emmeram gelten sollte. »Deß Brot ich eß, deß Liedl ich sing.« Und er befahl, sich darauf den Liebeskuß zu geben. Alle Gäste gehorsamten freudig, nur ein einziger Graf, der des Guten schon zu viel getan, äußerte: »Heilram hat nicht mehr Ort [= Platz] in meinem Bauch, denn Speis und Trank sind ihm zuvorgekommen!« Indem er nun aufstehen wollte, fiel er mit dem Stuhl mitten ins Zimmer und war – wie von einem Schlag getroffen – des Todes.

Der König entsetzte sich darüber. Als er aber von dem [!] Bedienten den Zusammenhang vernommen, sah er dieses Ereignis, damaliger Zeit gemäß, für eine Strafe Gottes an dem Lästerer seines Schutzpatrons an. Und er ließ sogleich zur Kirche läuten, das Wunder verkünden und ein Tedeum absingen.

Seit dieser Zeit, sagt der Emmeramer Abt Anselm [† 1742], sei im Stift die Gewohnheit aufgekommen, stets am Ende der Mahlzeit auf die Gesundheit zu trinken: »Es lebe alles, was St. Emmeram liebt und veneriert!«

II

Zu einer Zeit, als Kaiser Otto hierher nach Regensburg kam, hat er sich vor seiner Abreise selbst in unserem Kloster [= St. Emmeram] zu Gast geladen. Der Bischof, der damals auch noch die Abtei verwaltete, schätzte dies für eine besondere Gnade und sparte keine Unkosten, den Kaiser nach Möglichkeit zu traktieren. Fürsten und Bischöfe samt anderen hohen Standespersonen saßen bei der Tafel. Alles war fröhlich und wohlauf, besonders der Kaiser. Daher ließ er sich auch vor dem Ende der Mahlzeit mit diesem sächsischen Sprichwort [sic!] vernehmen:»›Wes Brot ich eß, des Lied ich sing.‹ Der hl. Bischof und Märtyrer Emmeram hat uns heute von seinen Gütern wohl gespeist und getränkt. So dünkt es mich billig zu sein, daß wir auch diese Mahlzeit in der Liebe des hl. Emmeram vollenden!« Er befahl darauf, einander den Friedenskuß zu geben und aus dem dazu verordneten Gesundheitsbecher die Minne des heiligen Märtyrers zu trinken.

Alle kamen dem Befehl des Kaisers mit Freuden nach, bis auf einen einzigen Grafen, der, da ihm die Kraft des Weins schon den Verstand geschwächt hatte, diese Lästerung ausstieß: »Emmeram hat nicht

mehr Platz in meinem Bauch, denn Speis und Trank sind ihm zuvorgekommen!« Kaum hatte der trunkene Graf diese Worte ausgesprochen, als ihm von unsichtbarer Hand eine so saftige und wohlgemessene Maulschelle versetzt wurde, daß er samt dem Sessel, auf dem er an der Tafel gesessen war, in den Saal fiel. Darüber erschraken der Kaiser und alle hochadeligen Gäste von Herzen, und sie ließen sogleich nachfragen, warum dies geschehen sein möchte. Als aber einer seiner Diener dem Kaiser die Ursache erzählte, hat er gleich Befehl erteilt, alle Glocken in der ganzen Stadt zusammen zu läuten und dieses Wunder jedermann zu erzählen, dem heiligen Märtyrer aber die Lästerung abzubitten und noch selbigen Tages ein herrliches Tedeum in der Klosterkirche zu halten.
Von dieser Zeit an ist bei uns die löbliche Gewohnheit aufgekommen, vor dem Ende der Mahlzeiten die letzte Gesundheit mit diesen Worten zu trinken: »Es lebe alles, was St. Emmeram liebt und ehrt!«

53 DIE ZWÖLF MEINEIDIGEN

Die Großtaten Gottes muß man ernstlich betrachten und sich vor Zorn und Gleichgültigkeit gegenüber den Heiligen sehr in acht nehmen. Denn wenn die Heiligen ihre Fürsprache für uns einlegen, dann wird der höchste Gott uns gnädig sein. Wenn wir sie aber beleidigt haben oder verachten, so kann dies weder über lange noch kurze Zeit ohne Strafe und Beschwernis bleiben. Dafür haben wir ein hinlänglich bezeugtes Beweisstück für St. Emmeram zur Zeit des Bischofs Michael: Alte Männer, die sich an diese Zeit erinnern konnten, geben es uns.
Dieser Bischof nun hatte mit dem Markgraf Berthold einen gewaltigen Streit, und er hatte sich für die Sache des Märtyrers Verteidiger genommen. Als beide Rechtsparteien lange gestritten, kamen sie schließlich überein, daß auf den Eid hin von zwölf adeligen Männern der Vogt [= Berthold] das, was er forderte, dem hl. Emmeram wegnehmen solle. Als der Bischofsstab Emmerams auf den Altar gelegt war, traten die Männer in der angegebenen Zahl heran und leisteten den Eid. Aber, getroffen von der göttlichen Rache, trugen sie beim Weggehen ein großes Übel davon: Mein Großvater väterlicherseits, Arnold, wurde im nämlichen Augenblick im rechten Arm

geschwächt. Nach wenigen Jahren kam er als einziger in der Naab durch einen plötzlichen Tod um, während seine gesamte Begleitung heil davonkam.

Wie es den übrigen erging, die auch den Eid geleistet hatten, das will ich kurz berühren: Einer wurde blind, ein anderer fand seinen Tod durch Erhängen oder Erwürgen, ein dritter wurde wahnsinnig, ein weiterer wurde von einer Lähmung befallen, einer wurde zerfleischt, einer vom Blitz getroffen, einer kam beim Brand seines Hauses um, einer wurde krüppelhaft und verlor ein Auge, einen anderen zerfraß der Krebs, wieder ein anderer bekam die häßliche Elefantiasis, ein weiterer die Wassersucht, so daß sie ihr elendes Leben mit einem elenden Tod beendeten.

Deshalb gab mein Großvater mütterlicherseits – der obengenannte Graf Berthold –, der durch die schreckeinflößende Ermahnung betroffen war, auf die verehrungswürdige Anordnung des frommen Abtes Ramwold hin, dem sel. Emmeram dieses Gut außerhalb der Stadt [eigentlich: praedium suburbanum ...], das Isling heißt, wieder zurück ...

54 ADALBERT, EIN EMMERAMER MÖNCH, AUF PILGERREISE

Es lebte unter dem vorgenannten Bischof, der den Namen eines Erzengels [= Michael] trug, im Kloster St. Emmeram ein Mönch namens Adalbert, der der Hüter und Wächter der Kirche war. Dieser trat, aus Sehnsucht nach den heiligen Stätten, eine Pilgerreise übers Meer an. Als er nun Jerusalem aufsuchte und die übrigen Heiligtümer himmlischer Gnade durchwanderte, wurde er von tausendfältigen Widrigkeiten heimgesucht, zu Wasser und zu Land beunruhigt, aber, auf die Bitten seines Fürsprechers [= Emmeram] hin, häufig – selbst aus dem Rachen des Todes – errettet. Seine eigene hier angeführte Erzählung berichtet, durch ein wie augenfälliges Zeichen dies einstmals geschah:

»Einst machten wir eine Seereise, für die uns dichte Wolken, eine aufgewühlte See und ein heftiger Sturm eine schreckliche Finsternis bescherten. Als wir von Wind und Wogen hierhin und dorthin geworfen wurden und uns Todesgefahr drohte, kam es so weit, daß

die Matrosen klagten: ›Es gibt keinen Gott!‹ Und der Schiffsherr sagte zitternd: ›Er hat uns im Stich gelassen!‹
Da bin ich Armer und Tiefseufzender nun, nachdem alle Hoffnung auf Leben geschwunden war, vor Traurigkeit vom Schlaf übermannt worden. Im Schlaf aber sah ich gleichsam den Hirtenstab meines Herrn, des Märtyrers Emmeram, vor meinen Augen schweben, den man gemeinhin ›cambota‹ oder ›ferula‹ nennt. Da seine Krümme meinem Gesicht zugewandt war und da ich fühlte, daß mir die Wohltaten meines Patrons, dessen Hilfe ich oft erfahren hatte, beistünden, versuchte ich, die Hand in die Krümme zu legen, auf daß der Heilige sich würdige, mich, der ich ihm so anhing, aus der Meerestiefe zu ziehen. Da bin ich direkt während des Emporhebens der Hand, die ich wie im Wachen hochhob, aufgewacht und sah statt Finsternis den lichten Tag, statt Traurigkeit Freude und statt Sturm Windstille. Ich wurde durch diesen Anblick erheitert und bestaunte mit den anderen die so schnelle und plötzliche Wende durch die Hand des Höchsten. Die Seeleute aber sagten, nachdem sie wieder Mut gefaßt hatten, Gott Dank sowohl für ihre Rettung als auch für die Größe des Wunders. Ich aber ... schrieb das, was keinesfalls durch mein Verdienst geschehen konnte, der Fürsprache des hl. Märtyrers Emmeram zu.«

55 SIGIBERT ODER WEG, WEG MIT DIR, KUKULLE!

Im vorhergehenden Kapitel [= Kap. 8] habe ich [= Arnold] geschrieben, was einem Mönch [= Adalbert] zum Trost gereichte. Hier nun will ich einflechten, was den Verkehrten zu Furcht und den Abtrünnigen zum Schrecken wird.
Es lebte in Regensburg ein Mann namens Sigibert. Er war frei nach menschlichem Gesetz oder weltlicher Übereinkunft, aber der wahren christlichen Freiheit war er nicht wert. Ich vernahm, daß dieser von eingebildetem Blendwerk so bedrängt werde, daß er – weder schlafend noch wachend – Ruhe finden könne, es sei denn, er werde Mönch bei St. Emmeram. Nachdem er dies getan hatte, wich der Ansturm der Dämonen, und auf die Fürsprache des Märtyrers hin verschwanden verschiedene Hindernisse des Bösen. Der Armselige

und Unglückliche jedoch gab, indem er seinen Beschützer vergaß, den geheimen Einflüsterungen jenes nach, der gegen seinen Willen offenbar die Herrschaft über ihn verloren hatte. Er beklagte sich also über die in Ägypten zurückgelassenen Fleischtöpfe und bereute, daß er im Kloster Mangel an bestimmten Dingen erdulden müsse, deren geringen Überfluß er dummerweise in der Welt zurückgelassen habe [andere Übersetzungsmöglichkeit s. Anm.]. Und er legte sein Mönchsgewand ab mit jenem Schmähwort, das das Volk schon als Sprichwort benützt: »Weg, weg mit dir, Kukulle, du schnürst mir nicht länger den Hals zu! – Wegen meiner mönchischen Armut muß ich schnell zu meinen Leisten [wörtlich: zum Stein des Leders = mihi revertendum ad lapidem coriorum] zurückkehren!« So aber sprach er, weil er vorher ein durchtriebener Schuster war.

Die Freude jedoch, die Mönche so verspottet zu haben, dauerte nicht lang. Denn wenig später wurde er dem bösen Geist überliefert. Als dieser ihn bedrängte, wurde er rasend. In Ketten brachte man ihn nach St. Emmeram und band ihn im Chor an einer Säule fest. Als die Brüder dorthin kamen und flehentlich für ihn baten, sprang er bisweilen, indem er die Umstehenden durch Geschrei erschreckte, bisweilen lag er auf dem Boden. Zuletzt hielt ihn der Teufel so lange in der Luft, bis ihm die Macht der göttlichen Gnade zu Hilfe kam: durch die Gelübde der Gläubigen, am meisten aber durch die Fürsprache des hl. Emmeram. Da endlich glitt er auf den gepflasterten Boden zurück und begann – unter teuflischen Verrenkungen – mit langausgestrecktem Hals Blut und Eiter hervorzuwürgen. Als das Pflaster davon scheußlich besudelt war, nahm der Fürst allen Unflats plötzlich allen Unflat mit sich von dort weg zu einem Glasfenster empor, das er zum Zeichen seiner Ausfahrt zertrümmerte, und verschwand.

Sigibert aber brachte viele Jahre in größter Buße zu: barfuß und in größtem Mangel an allen Dingen . . .

56 GESTILIUB UND DER DÄMON NAMENS LEGION

Unter den unzähligen Mißlichkeiten menschlichen Geschicks scheint es sehr erbarmungswürdig und noch mehr beweinenswert zu sein –

und ist es ja auch! –, daß in die Menschen, deren Herr Gott sein sollte, der Feind des Menschengeschlechts wie in sein Eigentum eingeht. Dies jedoch, fürwahr, geschieht aufgrund des verborgenen und gerechten Urteils Gottes! Es werden nämlich manchmal solche Menschen wegen der Fleischessünden in das Verderben Satans überliefert, auf daß sie am Tage der Ankunft des Herrn gerettet seien.

Einer von ihnen namens Gestiliub war zwar von edler Geburt, doch den übelsten Dämonen ausgeliefert und überall elend. Innerlich war er vom Teufel, äußerlich von einer eisernen Kette gebunden. Er wurde zu vielen Stätten der Heiligen gebracht, um Reinheit zu erlangen; man mußte ihn jedoch jedes Mal wieder unerlöst wegführen. Als er schließlich infolge göttlichen Erbarmens beständig vorbrachte, daß er erlöst werden wolle, kam er zu St. Emmeram, dem durch himmlisches Geschenk großartigen Befreier solcher Menschen. Gefesselt von zwei Ketten, stand er so tierisch und schrecklich da, daß er von je drei Männern, die rechts und links von ihm standen, kaum daran gehindert werden konnte, sich oder die anderen umzubringen.

Nachdem man lange für ihn gebetet hatte und er vielen ein Beispiel heilsamen Schreckens war, bekannte der Gestiliub innewohnende struppige und schreckliche Dämon vor dem Grab des seligen Märtyrers seinen Namen: Legion. Und er wurde aus dem Gastgeber, der ihm früher lieb war, jetzt aber, auf Bitten des Märtyrers hin, bitter, ausgetrieben. [Weil die heiligmachende Gnade in Gestiliub einzieht, kann sich der Dämon nicht mehr in ihm halten.] Da hätte man, wenn man dabeigewesen wäre, verwundert gesehen, wie ein Mensch, der kurz zuvor noch von fremden Kräften an Knochen und Sehnen auseinandergezogen wurde, plötzlich, durch eine geringe Körperbewegung kontrahiert, in ein und demselben Moment von den eigenen Kräften verlassen und wiederhergestellt wurde.

Beschenkt nun durch den hl. Emmeram mit dem Erbarmen der Heiligen, die er zur Linderung seines Elends angerufen hatte, sagte er durch den nämlichen allersüßesten Fürsprecher Gott Dank. Zugleich jubelte das ganze Volk von Regensburg mit ihm.

57 DER BESTRAFTE KELCHDIEBSTAHL

... Unter den Leuten, die nach St. Emmeram kamen – es war an einem Festtag des Heiligen – befand sich auch ein Weiblein aus der Stadt Regensburg, das so tat, als ob es bei der Confessio des Märtyrers Emmeram, die den Namen hat »de pedibus«, diesen verehren wollte. Als die Frau um sich blickte und sich allein wähnte, raubte sie heimlich einen Kelch, den sie auf dem Altar des hl. Johannes fand und setzte so ihr Heil allzusehr aufs Spiel.

Sobald sie ihn bei sich zu Hause versteckt und so dessen Silber mit dem Blei der Sünde vertauscht hatte, mißbrauchte sie ihn zu eigenen Zwecken. Daraufhin wurde sie durch das offensichtliche Gericht Gottes mit einer Lähmung bestraft, an der sie zwei Jahre lang zu leiden hatte. Als die Schmerzen schließlich chronisch wurden, da erst merkte sie, wen sie anstelle des Märtyrers beleidigt hatte. Wegen der Mißachtung seiner Grabstätte trug sie ganz deutlich an ihrem Körper diese Krankheit. Daher ging sie in sich. Und reumütig bemühte sie sich, ihren Gewissensängsten abzuhelfen. Mit dem geringen Sümmchen, das sie durch die Hilfe der nächsten Bekannten und Verwandten zusammenbringen konnte, ließ sie einen neuen Kelch anschaffen. Dann bekannte sie den Priestern das Vergehen.

Weil ihr ihre Glieder versagten, wurde sie in einem Korb (= qualus) nach St. Emmeram gebracht. Als sie, hochgestützt, dem Heiligen eigenhändig den Kelch zurückgestellt und weinend inbrünstige Gebete verrichtet hatte, erhielt sie plötzlich ihre Gesundheit zurück: Sie sprang auf von ihrer Lagerstätte und sagte laut Gott und dem seligen Märtyrer Dank. Und weil sie nun, da sie keine Schmerzen mehr empfand, den geflochtenen Korb, in dem sie herbeigebracht worden war, gern darbringen wollte, ließ sie diesen fröhlich an den Stufen des Altars zurück. Sogleich hängten die Gläubigen ihn vor der Kirche als Erinnerungszeichen auf. Unter größter Freude reihten sie die Opfergabe unter die Vielzahl von Wunderbeweisen, die an diesem Ort hingen.

58 DER BESTRAFTE EHEBRUCH

In unserer Zeit wurde die Frau eines Bauern krank und verlor das Augenlicht. Da verachtete ihr Mann sie wegen ihrer Blindheit und nahm gegen das Gebot des höchsten Gottes eine andere zur Ehe. Als uns die Sache zu Ohren kam – es unterstanden nämlich beide der Seelsorge in unserer Diözese –, habe ich [= Arbeo] ihnen den Ehebruch vorgehalten, auch von der begangenen Unkeuschheit nicht geschwiegen und ihnen eine Buße für die verübte Missetat geboten. Doch konnte ich jenes Weib nicht aus der Wohnstätte vertreiben, weil beide im Hause des erwähnten Mannes lebten, und auf Anstiften des Teufels zog der Sünder den Fuß nicht vom ehebrecherischen Umgang mit der unkeuschen Frau zurück. Er sündigte freilich nur im geheimen.
Als aber die Ehebrecherin eines Tages das Fest von Gottes heiligem Märtyrer [= Emmeram] besuchen wollte, schloß sie sich anderen an, die in einem Zuge dorthin gingen. Wie sie nun nahe der Stadt zu dem Ort kamen, der Vivarius genannt wird – etwa 200 Schritt von der Kirche des heiligen Märtyrers entfernt –, und das Weib das Gotteshaus von außen betrachtete, wurde sie alsbald von der begangenen Missetat festgehalten. In ihrem Mißgeschick begann sie zu zittern; die Glieder versagten ihr den Dienst. Schuldbewußt warf sie sich auf die Erde, und als man sie aufrichtete, konnte sie keinen Fuß mehr regen, um den Weg fortzusetzen. Wenn sie jedoch umkehren wollte, wurden sogleich alle Gelenke stocksteif.
Als sie in dieser Not sich abquälte, kam zufällig ein Priester hinzu. Er fragte sie eingehend nach ihrem Tun. Da bekannte sie, daß ihr dieses Unglück wegen ihres Ehebruchs zugestoßen sei. Der Mann Gottes ließ ihr eine Ermahnung zuteil werden, sie solle noch einmal zu uns gehen. Und als sie zum zweiten Mal kam und vor unser Angesicht trat, warf sie sich uns unter Tränen zu Füßen und legte vor den Dabeistehenden mit lauter Stimme das Geständnis ihres unseligen Wandels ab. Sie fügte sogleich hinzu, es würde ihr dadurch gelingen, Vergebung bei Gott zu erhalten, daß sie künftig nicht mehr unter demselben Dach mit jenem Mann bleiben werde, mit dem sie in ehebrecherischer Verbindung vereint gewesen war.
Nachdem sie aber unsere förmliche Vermahnung und Zurechtweisung angenommen und für das Vergangene gemäß unserer Entschei-

dung Buße getan hatte, ging sie so selbstverständlich zu der Kirche von Gottes heiligem Märtyrer, als hätte sie niemals den Schmerz in ihren Gliedern erlitten. Ich bezeuge aber, daß die himmlische Gnade damit ein Beispiel gegeben hat, auf daß offen erkannt werde, wie weit sich die Ehebrecher vom Reich Gottes entfernen, da sie nicht in die Kirchen seiner Erwählten eintreten können.

59 DER VASALL IN DER WIEGE

Ein Freigeborener war Vasall des Markgrafen Burchard, dem Vogt von Regensburg. Den trafen göttliche Strafen: seine Sehnen zogen sich so zusammen, daß er fast kein Glied mehr bewegen konnte. Endlich – nach langer Zeit – wird er, um Gottes Werk an ihm zu offenbaren, voll von unerschütterlichem Vertrauen in einer Wiege nach St. Emmeram getragen – einer Wiege, die doch mehr für Kinder als für Männer geeignet ist. Als man mit dieser »Trage« zum Altar des Blutzeugen gekommen war, betete man dort eine Zeitlang. Da richtete sich plötzlich der, der hilflos wie ein kleines Kind in der Wiege lag, kräftig auf und stand da wie ein Mann. Als nun die bei dem neuen Wunder des Märtyrers Anwesenden die volle, hochgewachsene Statur – gleichsam wie bei der Auferstehung – sahen, da brachten sie in der Kirche desselben Blutzeugen Gott das Opfer ihres lauten Rufens dar, gemäß dem Worte Davids: »Eine Stimme des Jubels und des Heils in den Zelten der Gerechten« (Ps. 117, 15).

60 DIE BESTRAFTEN RICHTER ODER ST. EMMERAM SCHÜTZT SEIN GUT

Judith, eine Fürstin aus dem Nordgau und Großmutter von Kaiser Heinrich dem Heiligen und Bruno, dem Bischof zu Augsburg [* zwischen 973 und 976, † 1029], stiftete und schenkte unserem Kloster [= St. Emmeram] eine schöne Hofmark: Aiterhofen bei Straubing. Ihre Schenkung aber geschah unter der Bedingung, daß – falls die Hofmark durch Gewalt oder andere Zufälle von unserem Kloster hinwegkommen sollte – der nächste Erbe einen Herausgabeanspruch gegenüber dem Besitzer hätte. Bischof Gebhard »allhie«

brachte dieses Gut gewalttätig an sich. Das Kloster hängte ihm – noch bei Kaiser Otto III. – einen Streit an. Das Urteil stellte uns den früheren Rechtszustand wieder her. Und man meinte nun, sicher zu stehen. Die ungerechten, eigennützigen Juristen »frischten« den begierigen Bruno, den Augsburger Bischof und Bruder des hl. Heinrich, »an«, daß er Fug und Recht habe, sich die Hofmark anzueignen, weil sie »schon von St. Emmeram kommen«. Er fängt also mit dem Abt einen Rechtshandel an. Und indes die meisten Richter schon durch Geld auf die Seite Brunos gezogen worden waren, wollte Orpold, ein »ausgestochener« Jurist, der einem jeden ungerechten Handel mit seiner »abgeführten Wohlredenheit« und seinen Spitzfindigkeiten einen Schein zu geben verstand und »Färbl anzustreichen«, den Anfang machen mit dem Urteil. Er hat aber so törichte und kindische Worte und heillose Ursachen vorgebracht, daß sich jeder darüber entsetzte. Ja, es wurde daraus geschlossen, er müsse in dieser Angelegenheit von Gottes Allwissenheit und Gerechtigkeit gestraft worden sein. Deshalb sind die meisten von ihrer vorgefaßten unrechten Meinung abgewichen. Der Handel schien für Bruno verloren. Der Urteilsspruch wurde jedoch verschoben bis zum nächsten Hofgericht.
Herzog Heinrich [= von Lützelburg] saß zu Gericht im Beisein seiner Schwester St. Kunigund und anderer Räte, die alle dem Bischof geneigt waren. Wer wollte bezweifeln, daß diese Richter für Bruno sprechen würden? Die ersten Advokaten standen gegen das Kloster, jedermann sprach Bruno den Sieg zu.
Als man aber den Handel angehen sollte, verstummten die Wohlredner: ihr Gedächtnis fiel aus, und der Verstand wich all denen, die Bruno helfen wollten. Darüber entsetzte sich der Richter, erkannte Gottes Urteil und sprach St. Emmeram den Handel zu. Wegen diesem Urteil erbleichte Bruno, fiel vor lauter Schrecken in Ohnmacht und verlor den Schlaf in selbiger Nacht. In aller Früh kam er mit bloßen Füßen in unsere Kirche, fiel vor allen Altären auf die Knie und ließ bei jedem ein Opfer. Endlich schwor er – im Beisein vieler Zeugen – vor St. Emmerams Altar: Niemals St. Emmerams Güter oder dessen Angehörigen »ainigen Gwalt anzulegen«. Er schickte auch aus dem Wirtshaus den Mönchen unseres Klosters jenen Wein und jene Speisen, die für die falschen Richter zubereitet waren. Und er bat die Mönche, sie möchten ihm bei Gott die Verzeihung »seiner

Sünd« erlangen. Dieses soll ein Exempel sein für die, die St. Emmerams Kloster verfolgen.

61 ARNOLD ALS OPFER EINER EPIDEMIE ODER DAS WIEDERERLANGTE GESICHT

Neben all den Strafen, mit denen der Allmächtige die Menschen unserer Heimatprovinz heimsuchte, litten sie einst an heftigen Augenschmerzen. Als die Epidemie endlich von allen anderen abließ, da befiel das Übel mich [= Arnold], und zwar so sehr, daß ich infolge einer starken Schwellung das rechte Auge überhaupt nicht gebrauchen konnte, indes das linke nur mäßig schmerzte... Es schien, als hätte ich mit der Faust eine draufbekommen.
Als ich deswegen nachts zur Kirche kam und im Verborgenen neben der Grabstätte des hl. Emmeram betete, stand ich nach kurzem Gebet auf und setzte mich, weil ich – voller Schmerzen – sehr benommen war, dort in einen Winkel. Da begann ich über das, was mir zugestoßen war, Gedanken zu wälzen. Und mein zerknirschtes Herz trieb mich zu sprechen: »Herr, wenn du willst, kannst du mich gesund machen, und zwar durch die Fürbitte meines Schutzheiligen, deines geliebten Märtyrers. Du kannst dieses große Übel leicht vertreiben! Aber ich weiß, daß ich wenig geeignet dafür bin, daß du an mir ein solches Werk deines Erbarmens kundtust, du, Weisheit unseres höchsten Vaters, da ich mich ja schon mehrere Jahre lang mit der Absicht trage, irgendwann deine Wundertaten aufzuzeichnen und deine Allmacht darin zu preisen und die Worte und Taten deiner Auserwählten durch eine Schrift der Nachwelt zu überliefern. Wenn deiner Güte dies gefällt, was ich wollte, so will auch ich es noch und danke dir. Wenn du mich aber lieber durch Blindheit züchtigen willst, so bin ich bereit, da ich dir schulde, in allem, was dein Ratschluß mit sich bringt, geduldig standzuhalten!«
Als ich dies so bei mir dachte und sprach..., befeuchtete ich die Kuppe meines Daumens ein wenig mit Speichel und zeichnete auf die Stelle, wo ich den heftigsten Schmerz verspürte, dreimal das Zeichen des Heils. Dabei seufzte ich von Herzen und sprach jenes Wort aus dem Evangelium: »Der Herr machte aus Speichel einen Brei und bestrich meine Augen, und ich ging und wusch mich und sah und

glaubte an Gott.« Im gleichen Augenblick geschah an mir durch die Rechte des Herrn eine so plötzliche Veränderung, daß die Kopfschmerzen in unglaublicher Schnelligkeit wie weggefegt waren, ja, aus dem ganzen Körper die verderbliche Krankheit hinweggenommen war. Als ich darüber sorgfältig nachdachte, konnte ich mich nicht genügend verwundern, wer ich gewesen und wer ich jetzt war. Da wollte ich, gleichsam in einer Art Neugierde, mir selbst über das plötzliche Wunder Gewißheit verschaffen und schlug mit beiden Händen auf den Krankheitsherd und freute mich, dabei weder eine Spur des Schmerzes zu verspüren, noch eine Schwellung zu finden. Sogleich stand ich auf und eilte dorthin, wo ich vorher gebetet hatte und sagte Gott und dem hl. Emmeram Dank. Als ich an eine Kerze herantrat und in einem vor Alter beinahe verblaßten Buch lesen wollte, stellte ich fest, daß ich eine schärfere Sehkraft erhalten hatte, als ich sie je zuvor besaß.

62 ARNOLDS ERRETTUNG AUS DEM STRUDEL BEI BOGEN

Des öfteren war ich [= Arnold] in den tiefen Wassern der Donau in Gefahr, ja einmal geriet ich im Strudel bei Bogen, wo der Tod zu Hause zu sein scheint, in höchste Lebensgefahr. Dort kamen die Schiffer in eine verzweifelte Lage, obwohl sie größere Ruder ergriffen, um mit ihren eigenen Kräften das Schiff aus der Untiefe des Flusses herauszusteuern. Sie starrten sich gegenseitig stumm an, wagten nicht zu mucksen und wären vor Todesfurcht beinahe erstarrt. Da küßte ich ein kleines Kreuz, das ich um den Nacken trug und das Reliquien vom Stab des Märtyrers [= Emmeram] enthielt und begann folgenden Gedanken bei mir zu erörtern: »Glaubst du, weithin bekannter Schutzpatron, daß ich heute zum Heil hier herauskommen werde?« Sogleich erzitterte das Schiff, als wäre es von jemand bedroht, und schwamm, aus dem Schlund des Untergangs geschleudert, obwohl niemand es lenkte, unter der Führung Gottes zurück. Daraufhin kam ich bei günstiger Fahrt am dritten Tag nach Ungarn.

63 ARNOLDS VISION

Der Erzbischof Anastasius hat mich [= Arnold] dort [= in Ungarn] liebenswürdiger aufgenommen und vertrauter angesprochen als die übrigen. Als er jenes alte und fehlerhafte Buch über den hl. Emmeram las, da billigte er zwar den Inhalt mit seinen Aussagen (= sententiis), aber er tadelte die Anordnung ...
Bei diesem Bischof blieb ich sechs Wochen und dichtete dem Andenken meines heiligsten Patrons eine Reihe von Antiphonen mit Responsorien, nicht so sehr im Vertrauen auf meine Begabung, als mit einem auf das Lob des Märtyrers gerichteten Sinn. Diese Antiphonen ließ der Bischof seine Mönche und Kleriker lernen und in der Kirche am Todestag des Heiligen öffentlich aufführen. Gemäß dem Wort der Schrift »Altes möge aus Eurem Munde weichen«, schaffte er jenen alten Gesang auf den hl. Emmeram ab ...
Nachdem ich dies in Ungarn vollbracht und die Gesandtschaft, derentwegen ich hingeschickt war, ausgeführt hatte, kehrte ich nach Noricum zurück. In Regensburg wurde ich von den Mitbrüdern liebevoll aufgenommen, denen der Herr dies vergelten möge. Als ich dort mit höchstem Verlangen und immer wieder den Wunsch hatte, über den hl. Emmeram etwas Angenehmes und Bekanntes zu sehen und zu hören, da empfing ich im Schlaf folgende Vision:
Der hl. Emmeram schien mir, gleichsam eingehüllt in einen grünen Mantel, im Süden vor den Toren der Kirche auf einem schön und maßvoll geschmückten Lager zu liegen. Als die Mitbrüder, die die Kirche betreten wollten, ihn sahen, wichen sie voller Furcht zurück. Ich aber, allein zurückgelassen, war so neugierig, daß ich, mit gebeugten Knien, auf ihn starrte, zu den Stufen neben drei Bögen, bis er sein Gesicht enthüllte und auf lateinisch sagte: »Dir ist gestattet, mein Gesicht zu sehen, da du dich zu meinem Lob abgemüht hast!«
Auf gar keine Weise kann ich sagen, welch ein Jubel mein Herz erfüllte, als ich sein hellstrahlendes und leuchtendes Antlitz sah. Dies eine nur überlegte ich mir: »Vielleicht wird er am Jüngsten Tag mir zum Vorteil zu Christus sagen: ›Herr, gib mir diesen Sünder!‹«
Darüber bin ich damals aufgeschreckt; und – um die Wahrheit zu gestehen – immer noch nichtsnutzig wie ich bin, wünsche ich durch eure Bitte und das unablässige Gebet der Väter und Brüder, daß die

Sünden nicht die Freuden dieser herrlichen Vision unwirksam machen.

64 DAS WUNDERBARE WASSER AUS DEM EMMERAMSBRUNNEN

Ein Kleriker aus vornehmer Familie fand einmal aus Notwendigkeit, jedoch auch um der Gastfreundschaft willen, Aufnahme in einer Bleibe, die an das Kloster des hl. Emmeram angrenzte. Als er dort erkrankte, verschlechterte sich sein Zustand binnen weniger Tage so sehr, daß man ihn schon völlig aufgab. Da sagte er mitten in der Nacht, gleichsam als ob er aus einem tiefen Schlaf erwache: »Oh, wenn mir doch einer Wasser brächte aus der Quelle des hl. Emmeram, die sich im Kloster der Brüder befindet, die Gott und ihm dienen, – Wasser daraus, um mein Leben wieder zu erwärmen!«
Einer, der dabeistand – er diente derzeit bei ihm –, wollte den Wunsch schnell erfüllen. Er lief zur Kirche und, wie es bei solchen Dingen eben zu geschehen pflegt: er pochte ungestüm an die Tür. Sofort wurde er von den Wächtern eingelassen und, weil er ihnen bekannt war, zur Quelle hinausgeschickt. Unverzüglich schöpfte er Wasser daraus und brachte es, ohne etwas davon zu verschütten, zu dem, von dem er geschickt worden war.
Und als der Kranke nur wenig davon gekostet hatte, kam er wieder ganz zu sich und sagte: »Im Namen des Herrn, ich habe statt dem Wasser, das du mir gebracht hast, besten Wein gekostet. Der sel. Emmeram, ein guter Arzt, erhielt vom besten Arzt [= Christus] das, was er mir soeben schenkte.« Darauf entgegnete der, der das Wasser gebracht hatte: »Ich weiß nicht, ob das Wasser zu Wein verwandelt wurde! Nur dies eine weiß ich ganz sicher: daß ich Wasser durch das Schöpfrad aus dem Brunnen entnommen habe!«
Die anwesenden Männer und Frauen sagten: »Es ist bekannt, daß die Gewalt eines derartigen Fiebers, von dem du befallen bist, nicht nur die Körperkräfte aufzehrt, sondern auch das Geschmacksempfinden von Gaumen und Zunge [wörtlich: Gaumen und Kehle] verändert!« Ihnen reichte der Kranke den Becher, aus dem er getrunken hatte und sprach: »Trinkt auch ihr davon und prüft, ob ich euch getäuscht habe oder ob wahr ist, was ich sagte!« Sobald sie

getrunken und wahrhaftig den Geschmack von Wein gespürt hatten, erhoben sie gläubig ihre Stimme: »Dank sei Gott, zeit unseres Lebens haben wir noch nie so guten und edlen Wein getrunken!«

Der Bischof (= antistes) Engilmar, der noch lebt, steht als Zeuge dafür, daß dieses gewaltige Wunder nicht von einem Menschen erdichtet worden, sondern durch das Verdienst des Märtyrers tatsächlich geschehen ist. Engilmar hat auch, während er sich in Regensburg aufhielt, bei St. Emmeram die Schriften meiner Wenigkeit gesehen, sie gelesen und gebilligt. Einmal stand er neben dem Brunnen oder der Quelle (= juxta puteum seu fontem). Und indem er die Gelegenheit benutzte, weil ihn eben der Brunnen daran erinnerte, daß ihm einst durch dessen Wasser seine Stirn gesund gemacht worden war, rief er mich [= Arnold]. Und er sagte, daß das, was ich geschrieben habe, wahr sei. Dabei beteuerte er unter Anrufung Christi als Zeugen, daß er nicht an einem anderen, sondern an sich selbst in einem ebenso wahren wie wirkungsvollen Ereignis dieses Wunder erfahren habe.

65 WAS SICH WEGEN DES HL. EMMERAM ZU KONSTANTINOPEL ZUGETRAGEN HAT

Wegen unseres hl. Emmeram hat sich sogar etwas in Konstantinopel zugetragen. Kaiser Konrad verlangte die Tochter des griechischen Kaisers Romanos als Gemahlin für seinen Sohn. Deswegen schickte er im Jahre 1025 folgende zwei Leute dorthin, um um sie zu werben: Werner, Bischof zu Straßburg, und Mangold von Wörth, Graf von Kyburg, einen Herrn von großem Reichtum und unvergleichlichen Eigenschaften.

Der hat sich nach seiner Ankunft in Konstantinopel bei jedermann, insbesondere bei dem Kaiser Romanos, sehr beliebt machen können, und er gewann dessen Zuneigung, so daß ihm erlaubt wurde, eine große Gnade zu begehren. Mangold sah wiederholt eine kostbare Tafel, der der Kaiser jederzeit seine Ehre erwies. Mangold dachte wohl, es wäre ein geistlicher Schatz, der allen zeitlichen Gütern vorzuziehen sei. Daher begehrte er die Tafel. Der Kaiser erschrak. Und weil es ein königliches Kleinod war, das den Kaisern gleichsam als unveräußerliches Gut in Verwahrung gegeben war, schlug er die Bitte ab. Graf Mangold beredete ihn aber, daß er ihm die Tafel, in der ein großer Partikel von dem Heiligen Kreuz war, doch verehrte, wobei er sagte, daß der Graf sehen solle, wie er sie aus dem Land bringe. Graf Mangold war voller Freude, legte die Tafel sicher zwischen den doppelten Boden einer Kiste und schickte sie nach Hause.

Weil sich der Kaiser »des Holtz des Lebens« beraubt hatte, ist er binnen weniger Tage eine Leich geworden. Als man seinen Nachfolger einsetzte, merkte man das Fehlen der Tafel mit dem Heiligen Kreuz. Mangold geriet in Verdacht. Da man aber weder in seinem Gepäck noch bei seinen bereits abgefahrenen und dann doch erwischten Dienern etwas finden konnte, ist Mangold wie zuvor beliebt gewesen und geehrt worden, vor allem auch deshalb, weil der neue Kaiser, anstelle der Tochter des Romanos seine Schwester gern an den Mann gebracht hätte. Graf Mangold nahm es zur Kenntnis, war jedoch einzig und allein darauf bedacht, wie er den kostbaren Schatz sicher in das Reich und in sein Land brächte.

Hierauf wurde ihm in einer Vision gesagt: »Mangold, willst du glücklich wieder in dein Vaterland kommen, so gelobe Gott, in dem Dorf in deiner Gegend, das man Wemding nennt, zu Ehre des hl. Emmeram eine Kirche zu bauen ›in der gleichnus des heiligen Creutz‹!« Er erschrak darüber und erzählte dem Bischof Werner von der Vision. Der verlachte sie. In der anderen Nacht wurde Mangold wieder daran erinnert, daß er an dem Willen Gottes nicht zweifeln sollte. Und weil der Bischof darüber gelacht habe, so werde er am dritten Tag sterben. Dies geschah auch zu Mangolds großem Leid. Aber er hatte den guten Trost, daß er mit dem erlangten Schatz sicher nach Hause kommen werde. Gott hat ihm dazu die Gnade gegeben, und in Wemding wurde die Kirche zu Ehre St. Emmerams gebaut, »in dem Formb des heiligen Creutz«. Die mitgebrachte Reliquie hat Mangold hernach dem Benediktinerkloster in Donauwörth verehrt.

66 EIN EMMERAMSWUNDER IN ITALIEN ODER WIE DORT EINE EMMERAMSKIRCHE ERBAUT WURDE

Ein armer Mann wollte mit einem anderen, gleich armen, die heiligen Stätten aufsuchen. Aber er stützte sich nicht auf einen Stab, sondern auf kleine [dreifüßige] Schemelchen (= scamnellis innisus), so daß er den Weg mehr einherkroch als einherging. Als sie zur Frühstückszeit an eine klare Quelle kamen, sagte er zu seinem Reisegefährten: »Laß uns dort in Gottes Namen unser Morgenbrot einnehmen, und wenn wir uns gestärkt haben, unter Danksagung von dannen gehen!« Der Gefährte stimmte zu und setzte sich, um sein Brot zu essen, im Anblick der Quelle nieder. Und der Schemelmann (= scamnellarius homuncio) schöpfte Wasser aus dem Überfluß der reinen Quelle. Bevor er aber den Trunk zu Munde brachte, rief er den Herrn an, der den Gläubigen überall bekannt ist: »Herr Jesus Christus, der du die Bitten der Armen zu erhören pflegst, verherrliche heute die Verdienste deines Märtyrers Emmeram an mir, der ich aus Liebe zu ihm und mit deinem Segen jetzt meinen Durst löschen will!« Und siehe, noch während des Trinkens und noch bevor er die Hand, aus der er getrunken, vom Mund weggenommen hatte, wurden ihm durch den, dessen Gnade keinen Aufschub kennt, die Verrenkungen all seiner Glieder gelöst! Sogleich sprang er auf, lief hierhin und dorthin und sagte Gott und dem hl. Märtyrer Emmeram Dank.
Daraufhin bauten die Bewohner jener Gegend, die durch das Ereignis herbeigelockt worden waren, dort – zum Gedenken an dieses hervorragende Wunder – eine Kirche zu Ehren des Märtyrers.
Von diesem Geschehen, das sich in Italien zugetragen hat, erfuhr ich [= Arnold], da ich schon in Knabenjahren ein sehr eifriger Hörer solcher Begebenheiten war, durch den Bericht eines Bruders, eines Konversen. Dieser Bruder bekannte, daß er durch das feste Vertrauen und die Ermutigung, die von dieser Wohltat ausging, dazu gebracht wurde, das Räuberhandwerk, das er bereits mehrere Jahre blutig ausgeübt hatte, aufzugeben. Bei St. Emmeram legte er die wölfische Räuberei ab; so wurde aus einem Wolf ein Schaf, das mit den Schafen Christi im Schafstall weidete.

67 BISCHOF GARIBALDUS ODER GAWIBALD ODER GAUBALDUS

I

Nach Ablauf einer langen Zeit deuchte es den Priestern gut, daß sie den Leib des heiligen Märtyrers . . . von seinem Platz an eine andere Stelle brächten. Sie ließen deshalb Steinmetzen kommen; die sollten kunstvoll aus Stuck und Marmor ein Grabmal errichten. Als diese aber – kundig, wie sie waren – das Werk vollendet hatten, wurde das Volk aus dem Gotteshaus hinausgetrieben. Und die Priester, die dort waren, verriegelten das Kirchentor. Der aber im Innern der Kirche anordnete, was geschehen sollte, war der ehrwürdige Diener Gottes, der Bischof Gawibald, der in jenen Tagen den Bischofssitz der Stadt Regensburg innehatte. Bei ihm waren seine Priester und Diakone, von denen noch einige am Leben sind.
Als sie die Erde aus dem Grab ausgehoben hatten, fanden sie aber über die Stätte einen Stein von gewaltiger Größe gelegt. Auf beiden Seiten standen sie darum herum, da sie ihn behutsam und unter Absingen von Psalmen bewegen wollten. Als sie ihn schon anderthalb Spann breit von rechts nach links verschoben hatten, befiel sie alle Furcht, so daß ihre Hände von dem Stein herunterglitten. Und durch den Stoß verloren sie ihre Kraft und stürzten rücklings nieder. Nur einer von denen, die auf der rechten Seite standen, ließ nicht locker und blieb am Stein, gegen den er seine Brust gestemmt hatte. Aber, oh Wunder! . . . – der Stein mit so ungeheurem Gewicht wurde hoch in der Luft von dem einen Mann so lange gestützt, bis die zu Tode Erschrockenen ihre Kräfte wieder zusammennahmen, herbeieilten und Hand anlegten. Denn was hätte anders geschehen können, als daß die darunterliegenden Gebeine im Grab zermalmt worden wären, wenn nicht die Verdienste des Märtyrers diesen Stein gehalten hätten?
Man muß annehmen, daß ein derartiger Schrecken jene nur deswegen befallen hat, damit in der Gegenwart des Leibes eines solchen Mannes durch dieses Wunder auf Erden sich zeige, mit welchen Ehren seine Seele im Himmel leuchtet.
Darauf schoben sie den Stein mit solcher Schnelligkeit und Selbstverständlichkeit zur Seite, als hätte er überhaupt kein Gewicht. Und sie

erhoben den Leib – dabei priesen sie den Herrscher des Himmels mit Lobgesängen – und legten ihn in das Grab, das sie errichtet hatten. Danach versammelten sich auf den Befehl der Landesfürsten hin zahllose Goldschmiede und verfertigten aus Gold und Silber einen Aufbau für das Grab. Wie man es noch heutigentags sehen kann, erstrahlt an ihm der Schmuck der Edelsteine und Perlen und schimmert getriebene Arbeit verschiedener Art.

II

Garibaldus beschloß zusammen mit seiner Geistlichkeit, das Grab des hl. Emmeram zu öffnen, weil es die vielen Wunder, die stets geschahen, so erforderten. An dem zu dieser Verrichtung bestimmten Tag ist eine große Menge Volks zusammengelaufen, da jedermann den wundertätigen Leib zu sehen begehrte und teilhaben wollte an der allgemeinen Freude.
Um aber ihr Werk »kommentlicher« und ungehindert verrichten zu können, haben die Priester und die anderen Kirchenbedienten »und zu der Sach notwendigen Personen« alles übrige Volk ausgeschlossen und Tür und Tor fleißig verriegelt. Dann, als sie mit Furcht und Zittern die um das Grab liegende Erden auf die Seite geräumt hatten, haben sie den Grabstein von der rechten auf die linke Seite etwa anderthalb handbreit bewegt. Da ist alle ein solcher Schauder angekommen, daß ihnen das Werkzeug entfallen ist und sie ganz kraftlos dagestanden, ja vor Schrecken auf den Boden gefallen sind. Als die anderen so kraftlos dahingesunken waren, hat einer allein – gewiß nicht aus eigener Kraft und Stärke – den schweren Stein so lang auf seiner Brust gehalten, bis sich die anderen wieder erholt und auch mit Hand angelegt haben. Diesmal konnten sie ihr Werk sogleich ohne »Beschwärd« verrichten, so als ob der Stein sein Gewicht verloren hätte.

III

Auf das sonderbare Verlangen aller Geistlichen und Weltlichen hin, und um seine Andacht für den wundertätigen hl. Emmeram zu bezeugen, unternahm es Gaubald, dessen heiligen Leib zu erheben und in eine kostbare Truhe als ein unschätzbares Kleinod zu legen. Man öffnete das Grab und war daran, den größten Stein, mit dem der

S. Gaubaldus, Ord. Sancti Benedicti
Bischoff zu Regensburg erhebet unter grossen
Wunderzaichen den Leib des H. Bischoffs u:
Martyrers Emerami.

Leichnam bedeckt war, hinwegzutun. Als dieser von starken Männern etwa anderthalb Spann gerückt worden war, ist alle eine solche Schwäche und Furcht angekommen, daß sie davon abgelassen und niedergesunken sind, außer einem. Der hat von Gott allein die Stärke bekommen, die Last des Steins so lang zu tragen und zu halten, bis die anderen wiederum Atem geschöpft und sich ein Herz gefaßt hatten, das löbliche Werk zu vollenden. Hernach kam ihnen der Stein so gering vor, als hätte er nie eine natürliche Schwere gehabt... So ist also von Bischof Gaubald und seiner Priesterschaft das Heiltum erhoben, mit großer Andacht verehrt, köstlich mit Gold, Silber und Edelsteinen geziert und aufs neue in das vorbereitete Grab gesetzt worden...

68 BONIFATIUS AUF DER JAGD IM REGENSBURGER UMLAND

Als Bonifatius [* 672/73, † 754], so erzählt die Legende, von Rom nach Regensburg kam und in der Herzogsburg zu Gast war, wurde eine Jagd im Frauenforst abgehalten. So kam man auch zur Siedlung Haugenried. Dort lebte zu dieser Zeit ein Einsiedler, der die Bergleute zum christlichen Glauben bekehrt hatte. Der Einsiedler bat nun Bonifatius, das Kirchlein zu weihen. Bonifatius kam dieser Bitte nach und weihte die damalige Kapelle dem hl. Bischof Nikolaus.

69 ERHARDS FLUCHT NACH REGENSBURG ODER DIE WEISUNG DES ENGELS

I

Der Klerus und die Vornehmsten der Stadt [= Trier] und auch der Adel der umliegenden Provinz wollten in gemeinsamer Berufung den Bischof Erhard [† vor 784] wegen seiner Heiligkeit und Klugheit im weltlichen wie im geistlichen Bereich [wörtlich: in beiden Leben] zum Erzbischof ihrer Stadt haben. Erhard selbst jedoch lehnte die Sorge des Hirtenamtes ab mit der Ausrede, daß er Vaterland, Eltern, Vermögen und Rückkehr [in seine Heimat] ganz und gar aufgegeben habe um des Evangeliums willen und dessen Vorschriften, und daß er dafür bereit sei zu sterben [= bis hin zur Teilung von Körper und Geist]. Die Leute aber drängten noch mehr in ihn, er solle die angebotene Würde annehmen. Der hl. Erhard jedoch, der erkannte, daß er weder die Last der Regierung auf sich nehmen könne, noch hierbleiben wolle, noch die Kraft hätte, ihnen Widerstand zu leisten, stand des nachts heimlich auf, zusammen mit seinem Gefährten Albert, und machte sich heimlich auf den Weg. Und er kam nach Regensburg, einer Stadt in Bayern, und kehrte ein zu Niedermünster.

Damals waren das Volk der Stadt und das des ganzen Bayerlandes noch Neulinge im Glauben. Man muß wissen, daß das Kloster Niedermünster, bevor Erhard und sein Gefährte Albert dorthin kamen, ein armes Frauenklösterchen war. Nach seinem Tod jedoch und als seine Wunder und die des hl. Albert aufstrahlten, da wurde von dem an den Grabstätten der beiden Heiligen geopferten ungeheuer vielen Geld der Ort baulich verschönert. Auch sein Landbesitz wurde vergrößert, und seine Einkünfte verbesserten sich. Und er bekam immer mehr Dienstleute und wuchs an Ansehen bis zum heutigen Tag.

Der hl. Erhard, ein Ire, und sein verehrungswürdiger Begleiter Albert hielten sich eine Zeitlang dort [= in Niedermünster] auf, und es geschahen durch sie Zeichen und Wunder. Der hl. Erhard beendete dort, nachdem er Blinde sehend, Lahme gehend und Aussätzige rein gemacht und andere Großtaten vollbracht hatte, glücklich sein Leben. Und mit Ehren wurde er dort bestattet.

Nachdem der heilige Körper der Erde anvertraut worden war, begaben sich wegen der vielfältigen Wunder Adelige, Machthaber, Königinnen, Gräfinnen, fromme Leute mit ihren Gaben zum Grab der Heiligen [Albert war neben Erhard bestattet worden!]. Durch ihre Wohltaten wurde eine Kirche begründet, ausgestattet mit allen Reichtümern bis auf den heutigen Tag.

II

Zur nämlichen Zeit kamen fromme Iren [sog. Iroschotten] aus Hibernia [= Irland], u. a. die Bischöfe Hildolf [= Hildulf] und Erhard, sein Bruder, und der Bischof Albert, Männer von großer

Tugend. Sie wollten die Kirchen der beiden Apostelfürsten in Rom besuchen, um einen Ablaß vom Papst zu empfangen. Dieser schickte sie in die Stadt Trier, um das Reich Gottes zu verkünden und das Volk in der Heiligkeit seines Glaubens zu bestärken. Und er bestimmte den sel. Hildolf zum Erzbischof von Trier ...

Nach dem Tod des sel. Hildolf richteten seine Brüder Erhard und Albert, die heiligen Bischöfe, auf die Weisung eines Engels hin ihre Schritte nach Bayern bis zur Stadt Regensburg. Die Erlaubnis dazu hatten sie von allen Bürgern der Stadt [= Trier] erhalten.

70 ERHARD REINIGT VERGIFTETE BRUNNEN

Zu der Zeit, als der hl. Erhard in Regensburg lebte, haben sich die Juden, seit Anbeginn die ärgsten Feinde der Christen [s. Anm.!], einer bösen, greulichen Tat unterfangen. Wie an anderen Orten, so haben sie auch hier – um heimlich das christliche Volk hinzurichten – in die »offenen gemaine Wasserbrunnen« schädliches Gift geworfen, und die »Inwohner«, die davon tranken, kamen in Lebensgefahr. Der hl. Erhard aber hat – wenngleich er unbekannt und verborgen zu bleiben hoffte – doch ein so großes Übel nicht stillschweigend

Reiniget die von Juden vergiftete Brunnen.

ansehen mögen. Vielmehr hat er, als ihm die Ursache dieser Vergiftung offenbart wurde, die vergifteten Brunnen, durch kein anderes Mittel als durch das Gebet, von dem eingelegten Gift gereinigt. Aber auch die Leute, die schon vergiftet waren und in Lebensgefahr schwebten, sind wieder gesund geworden.

71 ALBERT

Albart oder Albert – beide Namen finden sich –, ein Engländer und Erzbischof von Cashel, kam mit seinem Kollegen, dem hl. Erhard, und neunzehn anderen Brüdern, die er um sich geschart hatte und die nach evangelischer Vollkommenheit trachteten, nach Rom. Vorher hatte er alles zurückgelassen und wollte ein Fremdling auf Erden sein.
Als der hl. Erhard von dort nach Germanien aufbrach, ging St. Albert mit sieben Gefährten zum Grab des Herrn nach Jerusalem, wo er einen seiner Begleiter, Gillipatricus, durch den Tod verlor. Als er auf der Rückreise nach Salzburg kam, mußte er einen anderen von seinen Begleitern namens Johannes, der aus dieser Welt geschieden war, begraben.
Daraufhin begehrte er dem hl. Erhard zu folgen, fand ihn aber, als er nach Regensburg kam, bereits tot. Er wurde erhört, als er an seinem Grab Gott bat, auch nach dem Tod der Gefährte des hl. Erhard sein zu dürfen: Als man ihn am 25. Mai tot fand, wurde er neben ihm begraben. So ist offenbar, aus welchem Anlaß St. Albert nach Regensburg kam.

72 ERHARDS GRAB WIRD ENTDECKT

Zur Zeit des hl. Bischofs Wolfgang lebte eine Nonne namens Kunigunde. Sie war eine Tochter der Schwester des hl. Bischofs Ulrich. Ihr war die Sorge um das Gotteshaus anvertraut. Sie selbst hatte schon den Gipfel der Redlichkeit und Vollkommenheit erreicht.
Zu ihrer Zeit begann das Leintuch, in das der Leib des seligen Vaters [= Erhard] eingewickelt war, aus dem Grab herauszuwachsen, als ob es nunmehr mit lautloser Stimme protestieren wolle, daß in dem

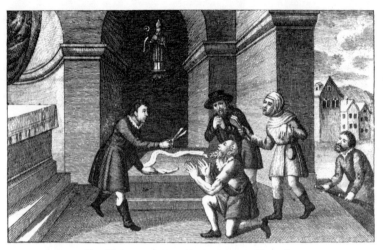

Ein Tuch auf seinem Grab heilt alle Gebrechen

unwürdigen Versteck eines so kleinen Grabes jener geborgen sei, dessen sich die himmlische Heerschar bereits als Gefährte erfreut. Aber als die »Wächter« [= custodes] der Kirche den Estrich reinigen wollten – uns [= Paululus] haben es jene berichtet, die beide kannten –, sahen sie, sooft sie zum Grab des Heiligen kamen, ein Leintuch aus dem Boden herausragen. Die Männer hielten es für ein durch Alter verdorbenes Linnen und rissen es gedankenlos weg. Als dies nicht nur einmal, sondern öfters geschah, soll das hölzerne Kreuz, das noch heute [= 11. Jh.] in derselben Kirche aufgewahrt wird und das auch wir gesehen haben, da es noch neben dem Grab des seligen Vaters steht, geweint haben ... Und der Gekreuzigte sagte zur genannten Jungfrau: »Verbiete den ›Wächtern‹, das Leintuch, das sie vom Grab weit herausragen sehen, so gedankenlos abzureißen: Denn darunter liegt einer, der sich keiner geringen Wertschätzung vor Gott erfreut. Was jene nämlich so gedankenlos abreißen, ist ein Anzeichen seiner Tugend, nicht des Verfalls.« Wenn hier jemand frägt, was denn dieses Weinen verursacht habe, nehmen wir an, weil das Übrige uns verborgen ist, es habe die Größe der Sünde der Wächter angezeigt ...

Die selige Jungfrau [= Kunigunde], die so gewürdigt wurde, die Aussage des göttlichen Zeugnisses zu hören, war zunächst erschrocken. Aber nachdem sie sich wieder gesammelt hatte, verkündete sie, getröstet durch die Kraft des göttlichen Zeugnisses, furchtlos überall, was sie gehört hatte . . . Da lief eine Menge Gläubige herbei. Da das Grab auf göttliche Weise bestätigt worden war . . ., schätzen sie es sehr hoch . . .

73 DAS WIEDERAUFGEFUNDENE GRAB

I

Das 1248. Jahr [sic!] zeichnete sich durch eine besonders merkwürdige Geschichte aus. Ein Brandunglück hatte die Kirche verwüstet. Nichts war an seinem Platz geblieben, und der Ort war auch nicht mehr zu erkennen, wo Erhards Grabstätte gewesen war. Sie war nicht mehr zu finden, und allgemeine Trauer erfüllte das Haus. Nichts mehr stand an seinem angestammten Platz, außer einem morschen alten Kruzifix aus Holz. Es war an der Wand stehengeblieben, wo es auch zuvor seinen Platz gehabt hatte.
Hier betete frühmorgens und abends die Heiligste unter den Chorfrauen: die Dichterin Kunigund von Uttenhofen. Sie hatte ein Gebet in Versen an ihren Schutzpatron verfaßt, dem Vater Leo selbst so großen Wert beilegte, daß, wer es betete, Ablaß für 100 Tage erhielt.
Einmal kniete Kunigund wieder dort, inbrünstig ins Gebet versunken. Plötzlich löste sich die Hand des Christusbildes und berührte bedeutungsvoll ihre Wange, und der Herr selbst neigte sich herab. Sie achtete nicht auf das Mal an ihrer Wange, das ihr zeit ihres Lebens blieb. Vielmehr fällt ihr Blick abwärts: ihm öffnet sich ein Grab. Es ist das des Heiligen!
Freude erfüllte nun das ganze Haus. Und kaum daß diese Offenbarung kund geworden war, drängten in Scharen fromme Waller von nah und fern zur Kirche. Das morsche Kreuz »ward nun mit allem überzogen«. Und »zu jedes Schauers Lust« hängt es seit dieser Zeit über Erhards Grab, das nun hoch mit Gittern umgeben ist.

II

Auf eine erbärmliche Brunst hin ist eine schreckliche Pestilenz zu Regensburg eingefallen, in welcher u. a. der Konvent zu Niedermünster so abgestorben ist, daß allein die Äbtissin Mechtild [sic!] von Uttenhofen übrigblieb. Sie war voll Leids, vorab stand sie in großer Sorge und Kümmernis, da sie nicht wußte, wo unter dem übereinandergefallenen Gemäuer, das alles verschüttet hatte, das Grab des hl. Erhard zu finden wäre. Weinend klagte sie ihre Not und ihr Anliegen Gott dem Allmächtigen vor seinem gekreuzigten Bildnis.

Da vernahm sie eine Stimme. Die schaffte ihr an, anderntags in die verfallene Kirche zu gehen. Da werde sie beim Eingang zur linken Hand ein weißes Tuch liegen sehen. An der nämlichen Stelle sei unter dem verfallenen Bau das Begräbnis der Heiligen Erhard und Albert . . .

74 DER BACKENSTREICH DES GEKREUZIGTEN

Dieses Kruzifix ist noch am selben Ort aufgehängt, heutigentags aber mit Metall überzogen, »weil es sehr baufällig war«. Alte Schriften melden: Während man noch an der Kirche arbeitete und »es bey seiten stunde«, habe es unter dem Gebet der sel. Kunigunde zwei Finger derart in die Wange gedrückt, daß ihr ihr Leben lang die Malzeichen blieben.

75 KUNIGUNDES ENDE

Wenn vom Leben der hl. Kunigunde mehr bekannt wäre, könnten denkwürdige Sachen beschrieben werden, weil es voll von Wunderzeichen war. Eins davon ist dieses: »Auf die letzte Zeit« fiel sie in eine schwere Krankheit. Da erschien ihr St. Erhard. Von ihm erfuhr sie die Stunde ihres Abscheidens. Dies zeigte sie ihrer Äbtissin an, und, »noch mit Tugenden und Wunderwercken leuchtend«, ist sie in Gott verschieden. – Ihr Leben und ihre Wunderwerke waren »vorhin in einem Altar abgemahlen, sie allezeit mit einem Schein umb den Kopff/ wo nun der Altar der H. drey König ist . . .«

76 BRENNENDE LICHTER VOM HIMMEL ODER ERHARD ERSCHEINT IM NIEDERMÜNSTER

Wie oft der Heilige in der Kirche, in der sein Leib ruht, gesehen worden ist, wenn ich das aufzählte, würde ich den Leser ermüden. Wie oft brennende Lichter vom Himmel in die gleiche Kirche herabstiegen, das möge einer, wenn ihn die Ehrfurcht vor himmlischen Dingen erfaßt hat, von den Wächtern dieser Kirche erfragen. Sie beteuern auch, daß sie ihn oft am Altar, der seinem Grab benachbart ist, stehen und im bischöflichen Ornat singen haben sehen.
Einer von ihnen wachte und diente häufiger, während die übrigen schliefen. Als er eines Tages das Altartuch reinigte und das Übrige daneben, fiel vom Fuß des Kruzifixes, das über ihm in großer Höhe aufgerichtet war, ein Denar vor seine Füße, und zwar von jenem Platz, zu dem niemand außer mit einer Leiter emporsteigen kann.

77 DER ERHARDIBRUNNEN

I

Neben der genannten Kirche [= Niedermünster] ist ein Brunnen, den der geliebte Vater [= Erhard] mit seinen eigenen Händen gegraben hat, wie er dies gewöhnlich an allen Orten tat, an denen er sich für einige Zeit niederließ. Dieser Brunnen ist wenigstens 50 Fuß tief, wahrscheinlich sogar mehr, was auch wir [= Paululus] durch Augenschein bestätigen können. Obwohl er so tief ist, nahm er dennoch den hineinfallenden Diener der dort wohnenden heiligen Jungfrauen mit sanftem Schoße auf. Denen, die ihn suchten, zeigte sich der Diener lebendig; er konnte nicht einmal ein Zeichen eines so großen Sturzes aufweisen. Die ihn hatten fallen sehen, eilten herbei: Denn wer hätte nicht glauben mögen, daß er ihn eher zerfetzt als unversehrt finden werde, da doch in der Enge des Brunnens ein Stein ihn dem anderen zuwarf? ... Aber erst, als man ihn herausgezogen hatte, und nachdem er das Bewußtsein wiedererlangt hatte, wurde er sich der Größe der Gefahr bewußt. Und als er sah, daß er außer Gefahr war, ging er unter aufmerksamen Dankeserweisungen gegen Gott und den hl. Vater Erhard voll Verwunderung über den Ausgang der Sache hinweg.

Wir aber, voll Schrecken über die so große Wirkung des Zeichens, meinen, es bedürfe einer ebensogroßen Fähigkeit, einen Toten zu erwecken, wie einen Lebenden zu bewahren, daß er nicht stirbt.

Aber das gleiche geschah ein zweites und ein drittes Mal im gleichen Brunnen: das zweite Mal an einer schwangeren Frau, die hineinfiel und unversehrt gefunden und herausgezogen wurde, zum Ruhm des allmächtigen Gottes und des heiligsten Vaters; das dritte Mal an einem Knaben ... Und damit man noch mehr staunt: So viele auch in die Tiefe stürzten, sie kehrten alle unversehrt zurück, verdientermaßen jedenfalls. Denn wer wird in jenem Brunnen den Tod finden, welchen den Lebenden zum Heil des Heiles Freund bereitet hat?

II

Einer von den Dienern der Klosterfrauen fiel in den Brunnen. Da war St. Erhard da und empfing den Fallenden in seinem Schoß, so daß er von diesem Fall nicht mehr versehrt war, als wenn er gar nicht gefallen wäre. Die Leute liefen zu dem Brunnen, um den, den sie so schlimm in die Tiefe des Brunnen hatten stürzen sehen, zerstückt herauszuziehen. Da sahen sie ihn ohne jeglichen Schaden herauskommen und hörten ihn den hl. Erhard loben, der ihn vor dem Tod bewahrt hatte.

78 DAS ZURÜCKGEWIESENE OPFER DES PFERDEDIEBS

I

Jemand hatte, durch teuflische Einflüsterung verführt, ein Pferd gestohlen. Und weil es nicht verborgen bleiben konnte, was er getan, kam er zum Grab des Heiligen, opferte einen Denar und bat, daß Erhard die Untat verheimlichen wolle. Als er das Gebet gesprochen und beim Hinausgehen schon zum Portal der Kirche gekommen war, da trug er den Denar, den er geopfert hatte, wieder bei sich. Er kehrte um, trug ihn zurück, legte ihn zurück. Er geht hinaus: er trägt ihn abermals mit sich. Er kehrt um, betet und geht hinaus. Und als er sich voller Furcht verwundert, siehe, da kommen ihm sogleich, als er aus der Kirche tritt, Leute entgegen, um ihn als Angeklagten festzunehmen.

II

Ein Dieb, der ein Pferd gestohlen hatte, lief nach Niedermünster und opferte am Altar des sel. Erhard einen Zwölfer (= denarium) mit der Bitte, der heilige Bischof möge seinen Diebstahl gütigst bemänteln. Weil aber seine Reue nur erkünstelt war, fand er sein Geldstück immer wieder in der Hand und ging darum dreimal zum Altar. Als er darauf die Kirche verließ, wurde er von den Schergen des Richters festgenommen und gehenkt.

79 DAS WUNDER AN KONRAD VON MEGENBERG

Nicht verschweigen darf ich [= Konrad von Megenberg; * 1309, † 1374] jenes Wunder, das der allerseligste Bischof Gottes, Erhard, an mir zu wirken sich gewürdigt hat, an mir, dem so unwürdigen, so verächtlichen Sünder Christi. Als ich nämlich vor sechzehn und mehr Jahren das Studium in Wien in Österreich leitete, geschah mir durch göttliche Zurechtweisung, daß ich mir nach einer schweren Kolik eine schwere Lähmung der Füße und Hände zuzog: Ich vermochte weder ein paar Schritte zu gehen, noch konnte ich mit meinen Händen meinem Mund ein Stückchen Brot darreichen. Im Traum wurde mir gezeigt, wie ich in Regensburg im Niedermünster (= apud inferius monasterium) vor dem Grab des hl. Erhard kniete und wie ich, emporschauend, auf einem Zettel, der an den sein Grab umgebenden eisernen Schranken angebracht war, diese zwei Verse sah:

> Erhard fördert die Sitten, die Dinge und die Ehren
> für jeden (Stamm), der zu seinem Lob hierher kommt.

Ich ließ mich daher mit einem Schiff auf der Donau nach Regensburg bringen. Und als ich eines Tages das Hochamt vor dem Altar des hl. Erhard im Niedermünster mit Hilfe von Gefährten und Freunden mitgefeiert hatte, lag ich hingestreckt in Form des Kreuzes vor dem Altar, während gesungen wurde »Alleluja, o leuchtende Perle der Hirtensorge« und die Sequenz »Sei gegrüßt, du Glanz des Himmels«. Diese Lobgesänge hatte ich durch Gottes Geschenk zur Ehre des Bischofs als Kranker gedichtet. Bald darauf verbesserte sich der Zustand meines Körpers und aller Glieder, und ich genas vollständig. Deshalb habe ich nun zur Ehre Gottes und zum Ruhm Erhards diese Geschichte weitergegeben und in dieses Buch übertragen, damit sie gelesen werden kann.

80 DAS WUNDER AN EINEM STRASSBURGER ZIMMERMANN

Im Jahr 1423, um Pfingsten herum, während der Magister Werner Hohenperger, der Baumeister der Stadt Regensburg, mit anderen Zimmerleuten an der Wiederherstellung der Brücke beim Jakobstor arbeitete, kam jemand auf seiner Pilgerfahrt (= peregrinatio) von Straßburg zu St. Erhard. Er wollte vom Magister Werner wissen, wo und in welcher Kirche der Leichnam des Bekenners St. Erhard ruhe. Als Werner ihn nach den Umständen und dem Grund für seine Wanderschaft fragte, erhielt er die Antwort, daß er ein Zimmermann sei. Der Grund aber für seine Wanderschaft sei der: Während er bei seiner Arbeit einen Baumstamm trug und, im Vertrauen auf seine Kraft, dem großen Gewicht, das er spürte, nicht nachgeben wollte, habe er sich einen Riß in den Eingeweiden zugezogen und lange Zeit hindurch durch die Heilmittel keines Arztes kuriert werden können. An einem Tag aber sei es ihm vorgekommen, daß, wenn er seine Hoffnung auf den Bekenner Christi, Erhard, setze und den Ort aufsuche, an dem dessen Körper ruhe, und jetzt und später jedes Jahr, solange er lebe, irgendeine Opfergabe St. Erhard darbringe, daß er dann auf dessen Fürbitten hin die frühere Gesundheit wieder erlange.
Sofort, nachdem er dies gelobt, habe er seine Hand an die schmerzende Stelle geführt, die Eingeweide in den Körper zurückgedrückt und die vollständige Gesundheit wieder erlangt. Und bis jetzt hätten sich noch keine Anzeichen eines Rückfalls gezeigt.

Als dies der Magister Werner hörte, nahm er selbst den Pilger gastlich auf. Und weil er ja derselben Handwerkszunft angehörte, bewirtete er ihn, so gut er konnte, auf würdige Art und Weise.
Ich [= Andreas v. Regensburg] aber, als ich bei St. Erhard nach diesem Mirakel forschte, fand, daß die Dortigen davon überhaupt nichts wußten, außer daß der Mesner einen Klumpen Wachs, den der Mann dem hl. Bekenner Erhard dargebracht, gefunden hatte.

81 DER IN DIE LUFT GETRAGENE BESESSENE

Zur selben Zeit wurde ein Besessener in die Kirche St. Erhards geführt. Als er aber zu der Tür hinein kam, da wurde er »uf getragen in den luft«. Da hing er und sprach, er könne den Estrich der Kirche nicht berühren wegen des Heiltums, das darunter verborgen sei. Da ward dem Teufel geboten, daß er – im Namen des Heiligen – aus dem Leib fahre. Dies tat der Teufel und war gehorsam.

82 DIE HEILUNG DES »MEERWUNDERS«

Damals lebte eine Frau, die war an allen Vieren krumm und lahm und glich einem Meerwunder. Die Hälfte ihres Körpers wurde zu Prag gesund, bei dem hl. Märtyrer Wenzel, und der andere Teil zu Regensburg bei dem hl. Herrn Erhard. Das erzählte die Frau öffentlich und zeigte den nämlichen Teil, der ihr »zu sant Erhart« gesund geworden war.

83 SIEBEN SCHRITTE VON ERHARDS GRAB ODER EIN WUNDERZEICHEN DES SEL. ALBERT?

I

Im Kloster war eine alte ehrbare Frau. Die war vor der Unruhe der Welt geflohen. Sie gab sich so sehr den religiösen Übungen hin, daß sie vom vielen Wachen und Weinen ihre Sehkraft verlor und mit offenen Augen völlig blind wurde. Deshalb ging sie in großem Vertrauen sehr oft zu St. Erhards Grab und klagte ihm ihr Leiden mit folgenden Worten: »Ach, heiliger Vater, was soll künftig mit mir werden, die ich bei lebendigem Antlitz tote Augen habe und des Tageslichtes beraubt bin? Wäre ich noch in der Welt, so hätte ich Geld, um die Ärzte zu bezahlen, daß sie mir wenigstens zu geringem Sehen verhülfen, oder ich hätte jemand, der mich an der Hand leitete. Nun bin ich blind und zu dir vor der Welt geflohen. Nun fehlt mir die Welt, die ich verlassen habe, und ich habe die Körperglieder verloren, mit denen ich dir dienen sollte!«

Als sie diese Klage oft über dem Grab gesprochen hatte, da antwortete ihr St. Erhard und sprach: »O Frau, warum belästigst du mich mit dem Rückgang deiner Gesundheit, obgleich niemand das vor seinem obersten Herrn tut oder sich herausnimmt [?]! Willst du wieder sehend werden, so geh sieben Schritte von meinem Grab und leg dich da nieder und bitte!«

Diese Worte sind zwar dunkel, aber die Zuverlässigkeit der Geschehnisse ist unumstößlich. Wie ihr befohlen, so tat sie, und sie wurde wieder sehend. Also wirkte Erhard an dieser Frau das Wunder, das er ihr, als sie zweifelte, versprochen hatte.

II

In dieser Zeit ist eine Frau ins Kloster eingetreten, die mit vielem Wachen und Weinen sich abgemattet und ein Leiden bekommen hat, das die Ärzte die Felle heißen, so daß sie mit beiden Augen nichts mehr sah. Deshalb nahm sie um so eifrigere Zuflucht zum Gebet, besuchte öfters das Grab des hl. Erhard und flehte ihn um Hilfe an. »O heiliger Vater«, sagte sie, »was muß ich armer Mensch anfangen... Wenn ich noch weltlich wäre, könnte ich bei den Ärzten Hilfe suchen oder jemand haben, der mich führte. Nun aber, da ich zu dir fliehe und alles verlassen hab, hab ich das verloren, mit dem ich dir am meisten hätte dienen können!«

Als sie nun öfter so zu St. Erhard klagte und im Beten nicht nachließ, ist er ihr endlich erschienen und sagte: »Du, Weib, bist mir verdrießlich, die du bei mir Hilfe suchst, ›da doch niemand vor seinem Grösseren etwas thun soll‹. Wenn du gesehen werden willst, so knie 7 Schuh hinter meinem Grab nieder. Dort wirst du den finden, der dich sehend machen wird.«

Die Worte sind zwar unklar, aber der Augenschein ist unleugbar: Denn sie ist dort, wo ihr geheißen, niedergekniet und gleich durch die Verdienste des hl. Albert sehend geworden.

84 WIE DIE RELIQUIEN DES HL. DIONYSIUS UND DER CODEX AUREUS NACH ST. EMMERAM KAMEN

I

Arnulf [† 899] stand als Sieger über die Normannen vor Paris und hatte sein Lager in St. Denis aufgeschlagen. Er besuchte vor allem »die dort aufbewahrten Heiligen«. Da veranlaßte ihn Abt Ebulo, besonders das Leben des hl. Dionysius [frz.: Denis] zu lesen, dem ihre Kirche geweiht war, und gab ihm mehrere Bücher über ihn mit. Arnulf las eifrig und wurde so sehr »von seinem Gegenstand ergriffen«, daß er seinem Kanzler Gisalbert anvertraute, er könne kaum mehr ohne den Besitz des Körpers des hl. Dionys leben.
Gisalbert war zufällig ein Vetter des Abtes. Er ließ sich vom König mit großen Geschenken für den Heiligen ausstatten und begab sich selbst als Mönch ins Kloster. Er verlangte, den Heiligen selbst mit den reichen Gaben, die er mitgebracht hatte, zu schmücken. Und man zeigte ihm dessen wahren Leib. Nachdem er sein Opfer dargebracht und nun genau wußte, wo der Leichnam lag, veranstaltete er überdies noch ein großes Gastmahl im Kloster. Während es stattfand, schlich er sich jedoch zu den heiligen Überresten des Dionys, bemächtigte sich derselben und kam damit eiligst zu seinem Herrn ins Lager. Der war vor Freude außer sich. Nur ein einziges Bein der rechten Hand behielt er davon. Mit dem Übrigen sandte er Gisalbert schnell nach Deutschland.
Kaum aber hatte Abt Ebulo diese Entführung entdeckt, so verlangte er von Arnulf selbst die Herausgabe. Er konnte jedoch nichts anderes bewirken, als daß er versprach, das Bein, das er zurückbehalten, ihm unter der Bedingung zu geben, daß der Abt ihm dafür das kostbare Evangelienbuch, welches in seiner Kirche sich befinde, ausliefere. (Solchen Büchern wurde in jener Zeit eine ebenso große Verehrung zuteil wie den Reliquien.) Der Abt ging auf diesen Tausch ein. Und so erhielt Arnulf dann von der Abtei St. Denis dieses einzigartig

schöne, auf purpurnem Pergament mit Gold geschriebene Buch, dessen obere Decke ganz von Gold überzogen und mit sehr großen Edelsteinen und Perlen verziert ist.

König Arnulf behielt all diese Schätze für sich in seiner Burg, bis kurz vor seinem Ende, wo er sie dem hl. Emmeram ... zum Geschenk machte.

Bischof Tuto war über das Vermächtnis hocherfreut, und er vermauerte den Leib des hl. Dionysius in der Kirche zu St. Emmeram. Niemand erfuhr, an welcher Stelle er sich befand, damit nicht etwa von den Franzosen darauf Jagd gemacht würde. Über eineinhalb Jahrhunderte blieb dieses Geheimnis verborgen, bis zu dem im Jahr 1051 ausgebrochenen Brand, der St. Emmeram in Asche legte ...

II

... Man kann sich den Schrecken des Abtes Ebulo denken, als er die Stätte, wo sonst St. Dionys [frz.: Denis] ruhte, leer fand. Ahnungsvoll eilte er zum Kaiser und beschwor ihn, den größten Schatz des Klosters wieder herauszugeben; ja er versprach sogar, gern wolle er dem hohen Herrn das goldene Buch seines Ahnherrn überlassen, welches er gleich mitgebracht hatte. Arnulf aber war nicht bereit, etwas zurückzugeben, außer jenen wenigen Reliquien, die er noch bei sich hatte.

Als nun Ebulo sah, daß beim Kaiser weiter nichts auszurichten wäre, dachte er sich: »Lieber wenig als gar nichts!« und nahm das Wenige an und überreichte dem Kaiser dafür sein goldenes Buch. So sind die Reliquien des hl. Dionysius hierher nach St. Emmeram gekommen, wo sie jetzt noch im Dionysiuschor am Kreuzaltar hochverehrt werden.

Es gab deswegen mit den Franzosen noch einen langen Federkrieg. Trotzdem ist es dabei geblieben: was der Kaiser erobert hatte, das gab man nicht mehr heraus. Beide Schätze vermachte aber Arnulf erst nach seinem Tod ins Emmeramskloster. Einmal in späterer Zeit drohte dem goldenen Buch das gleiche Schicksal wie den Reliquien des hl. Dionysius in Paris. Aber eine höhere Gewalt griff dagegen ein.

85 WIE DER HL. DIONYSIUS WIEDER GEFUNDEN WURDE

Weil sowohl die Franzosen als auch die Stadt Regensburg Gewißheit darüber haben wollten, wer von ihnen sich des Heiltums des Dionysius zu rühmen hätte, hat Abt Reginhard, der ohnedies damit beschäftigt war, das abgebrannte Kirchengebäude wegzuräumen und durch ein neues zu ersetzen, besonderen Fleiß darauf verwandt, »kein Orth gegen der Sonnen Nidergang unbesuecht zulassen«, damit er dieses Heiltum finde. Was dann auch geschah: Als zufällig der »Wurff oder Mertel« von der verbrannten Mauer »abgebeckt« oder abgeschlagen wurde, sind drei von Bischof Tuto gesetzte Ziegelsteine zum Vorschein gekommen. Man nahm diese Steine heraus und stieß auf zwei kleine Truhen. In der einen wurde das Haupt des hl. Dionysius gefunden, in der anderen aber die übrigen Gebeine dieses Märtyrers. Dabei geschah dieses Wunder: Auf übernatürliche Weise begab sich das Haupt zu dem Leib und den Gebeinen, um zu bezeigen, daß dies der Leib sei, zu dem es gehöre und daß dies der nämliche Leib sei, der sich bemüht hatte [bei der Marter], das abgeschlagene Haupt vom Boden aufzuheben und zu dem Ort »seines ersten Ruhbettleins« zu tragen. Dieses göttliche Werk und große Wunder konnte niemand von den Umstehenden ohne besondere Andacht ansehen und ohne Tränen zu vergießen.

86 DER SEHERISCHE TUTO

Nachdem Tuto [† 930] in aller Heiligkeit gelebt und dem Bistum an die vierzig Jahr höchst rühmlich vorgestanden, hat er sich zu Ende seines Lebens nach dem Mondsee begeben, um den andauernden »Kriegs-Troublen« fern zu sein und um zu sehen, wie nutzbar man da dem Haus des hl. Emmeram sei. Schließlich ist er erblindet an den leiblichen Augen, dem Geist nach aber ist er so erleuchtet worden, daß er künftige Dinge gesehen und vorhergesagt hat.

87 DER HL. ERHARD ERSCHEINT DEM HL. WOLFGANG

Der hl. Wolfgang [* um 924, † 994] pflegte alle Klöster in der Stadt oft zu visitieren und auch eine Zeitlang dort zu verweilen und sein Gebet zu verrichten, um zu erfahren, wie der Gottesdienst darin gehalten werde. Als er so einmal nachts im Niedermünster, »da S. Erhardi Leib rastet«, sich befand und jäh vom Schlaf übermannt wurde, erschien ihm der hl. Erhard in einem nassen Gewand und sprach: »Dein Gebet, das du Gott stets für das allgemeine Heil aufopferst, gefällt mir wohl. Und so wie ich dein Begehren erfülle, so sollst auch du meinem nachkommen. Daß du mich in nassen Klei-

dern siehst, geschieht deswegen, weil die Klosterfrauen, die ›hierinnen‹ wohnen, beständig mich mit ihren Tränen unnütz begießen. Weil sie seit langer Zeit sich nicht bessern, deshalb sollst du ihre kanonische Regel, die sie zum sorglosen und unachtsamen Leben verleitet, in eine klösterliche umwandeln.«

Als der hl. Wolfgang durch diese Erscheinung in seinem Vorhaben gestärkt und unterwiesen worden war, »sie widerumb nach der Richtschnur des Kloster-Lebens und Zucht zurichten«, wandte er sein ganzes Bestreben darauf, mit Ernst und Andacht das monastische Leben zu Niedermünster einzuführen.

88 MARIA ERSCHEINT DEM HL. WOLFGANG

Als nun St. Wolfgang sorgsam bedachte, ob er das ganze Frauenstift [= Niedermünster] verändern oder ob er nur das Unrechte darin verbessern sollte, begab es sich, daß es samt der Kirche ganz abbrannte.

Da erschien dem hl. Wolfgang während des Gebets die selige Jungfrau Maria und ermahnte ihn, er solle der Frau Judith [† 987] die Pilgerfahrt nach Jerusalem anraten, von wo sie mit einem großen Heiltumschatz glücklich zurückkommen werde.

Wolfgang entdeckte dies der Fürstin Judith auf freundliche Weise. Sie, die Witwe von Herzog Heinrich, erwies sich als sehr willig und bereit, eine neue Stiftung zu machen . . . und begab sich auch gleich mit Graf »Radt« und anderen vornehmen Herren und Fürsten . . . auf die Reise.

89 DAS RELIQUIENWUNDER IM OBERMÜNSTER

Damit Wolfgang das Obermünster ebenfalls reformiere, ist er von Gott durch folgendes Wunder gestärkt worden: Als er einmal, um Messe zu lesen, dorthin kam, stellte er etliche der vornehmsten Heiltümer auf die linke Seite des Altars und begehrte dann inbrünstig von Gott, er möchte doch – da die linke Hand das weltliche, die rechte aber das geistliche Leben bedeute – das kanonische Leben, »welches versaumbliche Leuth zur lincken Hand zeucht«, in ein klösterliches, das zur Rechten deutet, hin ändern und durch ein Wunder bekräftigen, daß diese Veränderung auch wirklich geschehe: noch vor Ende des heiligen Meßopfers sollten die Reliquien von der linken Altarseite auf die rechte versetzt sein. »Welches sich dann nach vollendter H. Meß/ also befunden.«

90 DER NEIDISCHE TEUFEL MACHT EINEN WIRBEL

An den Feier- und Festtagen, wenn Wolfgang Messe hielt oder predigte, ist fast niemand ferngeblieben. Jeder ist gleichsam um die Wette herbeigelaufen, damit er ja nichts versäume. Und die Häuser sind derweil gar öd und ohne Hüter gewesen . . . Er traf »mit seiner schlechten Arth zu reden« die Gedanken eines jeden und hat den Zuhörern so ins Herz hineingesprochen, daß sie selten oder nie mit trockenen Augen aus der Predigt gingen.
Diese Gnade zu predigen kränkte, aus gewohnter Bosheit, den Teufel, und er zeigte seine Mißgunst gegen den hl. Bischof sooft wie möglich.
Als Wolfgang wieder einmal dem Volk das Wort Gottes verkündigte, bewegte der boshafte Teufel unversehens »den Lufft« mit so wundergroßem Brausen und mit Sturmwinden, daß alle darüber heftig

erschraken und ein groß Geschrei und Getümmel die Folge war. Auf dem Dach hat er ein unerhörtes Krachen gemacht, in der Kirche selbst aber einen solchen Staub und Nebel durcheinandergetrieben und dahingejagt, daß der vielen das Gesicht verdunkelte. In diesem Tumult und gleichsam im Augenblick höchsten Schreckens sind alle in der Kirche hin und her gerannt und haben nach einem sicheren Ort gesucht. Inzwischen erhoben sich unter dem verwirrten Volk auch allerlei Gerüchte und äußerten sich lauthals: »Es brennt in der Stadt!« – »Es ist ein Aufruhr ausgebrochen!« – »Viele werden jämmerlich ermordet und zu Boden geschlagen!« Und obgleich man lang versuchte, dieses Geschrei zum Verstummen zu bringen, hat es doch nichts geholfen. Denn die, die der Teufel durch sein Gaukelwerk auf diese Weise betrogen hatte, haben letztlich in solcher Menge zur Kirche hinausgedrängt, daß zunächst niemand von der Stelle kommen konnte. Bald danach ist niemand mehr in der Kirche gesehen worden.

Der heilige Bischof aber hat bald gemerkt, daß dies ein Betrug seines gehässigsten Widersachers sei, des leidigen Teufels. Deshalb hat er unverzüglich zu Gott geschrien: »O Herr Jesus Christus, nun stehe deinen Gläubigen mit deiner gewohnten Güte und Gnade bei, auf daß sie die Heiligkeit deines Namens sehen und den Betrug des abscheulichen Teufels und die Schande erkennen!«

Kaum hatte »der liebe Heylige« sein Gebet gesprochen, so wurde auch schon die Luft schön rein, aller Tumult und alles Geschrei hatten ein Ende, und das Volk eilte – nun in noch größerer Anzahl! – mit freudigem Herzen der Kirche und der Predigt zu, doch mit großer Reue, weil es sich durch die Arglist des Teufels von seinem Beichtiger und dem Wort Gottes so leicht hatte abspenstig machen. Dem heiligen Bischof aber hat der Heilige Geist eine solche »Lieblichkeit und Krafft in dem Reden geben«, daß er den leidigen Teufel, der bei diesem Tumult fast allen geschadet, öffentlich zuschanden machte und in die Flucht jagte. »Daher auch nacher die Gewonheit auffkommen/ und für ein Gesatz gehalten worden/ daß in den Processionen und Stationen das andächtige Volck jrem Bischoff vor und nachgehet/ und seine Predigen begirig annemmen.«

91 EIN UNNÜTZER KRIEGSKNECHT

Ein andermal wollte der heilige Bischof in der Kirche des Apostels Paulus Meß und Predigt halten. Dazu fand sich – wie gewöhnlich – eine große Volksmenge ein. Als ein »unnutzer Kriegsknecht« ihn da im bischöflichen Ornat dahinschreiten sah, nachdem er ihn zuvor im

Mönchshabit gesehen, sprach er verächtlich bei sich selbst: »Ach, wie unweis und töricht hat der Kaiser gehandelt, daß er diesen Mönch so vielen Gewaltigen im Reich vorgezogen hat ›in befördernuß zu disem ansehenlichen Bistthumb . . .‹!«
Aber Gott, der die Gedanken aller Menschen erkennt, hat es nicht leiden mögen, daß die große Demut seines getreuen Dieners Wolfgang von dieser »schnöden Kriegsgurgel« so verlacht und verspottet werde. Deshalb hat er dem Spötter sein Urteil bereitet und »grosse Schläg auf seinen Rucken gebracht«. Denn ehe der Kriegsknecht noch mit seinem Murren aufhörte, ist er von einem solchen Schrekken überwältigt worden, daß er – obgleich ihn andere hielten – weder zu sitzen noch zu stehen vermochte. Als ihn sein Herr so erschrocken sah, ist er auch blaß geworden und zitternd zu ihm hingeeilt und hat ihn gefragt, was denn los sei mit ihm. Da bekennt der Kriegsknecht in Gegenwart der Priester, daß er zu Recht eine solche »Leibsgefahr« bekommen habe wegen seiner bösen Gedanken gegen den heiligen Bischof.

Sein Herr meinte, ihm würde leicht zu helfen sein. Er nahm ihn mit sich auf sein Schloß und pflegte ihn etliche Tage aufs beste. Aber es wollte keine Besserung eintreten. Deshalb führte er ihn wieder nach Regensburg, um dem heiligen Bischof die Not und das Elend des Armen anzuzeigen. Der heilige und geduldige Wolfgang jedoch hatte schon die zugefügte Schmach vergessen und wollte Böses mit Gutem vergelten. Auch wußte er bereits alles. Er kommt ihm also zuvor und befiehlt seinem Viztum Tagino, daß er das geweihte Wasser »bey seinem Böthlein« nehme und den Menschen, der vor der Kammertür stünde, damit besprenge. Während der Viztum dem Befehl nachkommt, zeichnet der Bischof das Kreuzzeichen an die Tür, spricht etliche heilsame Worte – »und der Mensch wardt also gesund«.

92 DER BESTRAFTE BUSSO

Als der hl. Bischof und Beichtiger Wolfgang einmal mit seinen Geistlichen religiöse Fragen, »was nötthigs«, erörterte, antwortete ihm einer von ihnen namens Busso gar frech und unbescheiden. ». . . auß Eyfer Göttlicher Gerechtigkeit und Natürlicher Anmutung« erzürnte der heilige Mann deswegen ein wenig und wünschte ihm den »Wehetagen« [= Wehdam?] an die Augen. Und Busso litt bald große Schmerzen.
Wie ihn aber hernach der heilige Mann mit bedecktem Haupt im Chor sitzen sah, erbarmte er ihn. Er ging zu ihm hin und fragte, was mit ihm los sei. Busso klagte über seine Augen und begehrte demütig vom Bischof den Segen. Der heilige Vater ließ sich erweichen und »bezaichnet« ihm die Augen. Da wich aller Schmerz von ihm. Doch um dieses Wunder zu verheimlichen, schaffte Wolfgang dem Busso an, er solle die Augen »zu einer Artzney abwaschen«.

93 WOLFGANG HEILT EINE BESESSENE FRAU

Als Wolfgang sich einmal bei seinen Werkleuten im Kloster St. Paul [= Mittelmünster] aufhielt, ist eine besessene Frau vor ihn gebracht worden. Die hat der böse Geist vor den Augen des heiligen Mannes zu Boden geworfen und hart geplagt. Deshalb hat Wolfgang zu den Umstehenden gesagt: »Wenn ich würdig wäre, von Gott eine Gnad zu erlangen, so wollte ich nichts lieber von ihm erbitten, als daß er diese Kreatur von der Pein und Qual dieses boshaften Geistes befreie. Aber dieses Werk zu verrichten wollen wir denen anheimstellen, die würdig dazu sind. Derweil aber laßt uns aus Mitleid etliche Psalmen sprechen und für das arme Weib beten!«
Sie jedoch ist – obwohl all ihre Glieder zitterten – vor ihnen gelegen,

als wäre sie entschlafen. Nach dem Gebet sagte Wolfgang zu denen, die dabei standen: »Tragt sie heim, und sofern sie es vertragen kann, gebt ihr zu essen!« Sie folgten. Das Weib ißt und wird alsbald gesund.

94 DER BESCHEIDENE WOLFGANG TREIBT EINEN DÄMON AUS

Gleicherweise wurde eine andere Frau, die vom Dämon besessen war, vor Wolfgang gebracht. Da der Gottesmann aber menschliche Gunsterweise floh, sagte er zu denen, die die Frau brachten: »Was bringt Ihr mir eure Kranken? Führt die Frau in die Kirche und betet für sie; vielleicht wird Gott euch erhören!« Sogleich wurde die Frau in die Kirche geführt. Und da es zeitlich paßte, folgte ihnen Wolfgang nach und feierte selbst die Messe. Nach Ende des Gottesdienstes gingen alle Anwesenden, außer der Kranken, hinaus. Einer der Kapläne aber versteckte sich unter einer filzernen Satteldecke (= saugmario filtro) und beobachtete genau, was Wolfgang tun werde.
Der verließ nach einem kurzen Gebet das Gotteshaus. Ihm aber stellte sich die besessene Frau entgegen und raste in ihrer gewohnten Weise. Jener jedoch, voller Vertrauen auf Christus, streckte die Hand aus, als ob er die Frau schlagen wollte und sagte bei sich: »Fahr aus, du überaus Ruchloser!« Darauf nahm man – wie der Kaplan bezeugte, der sich versteckt hatte – einen unerträglichen Gestank wahr. Die Frau war sogleich vom Dämon befreit, fiel zu Boden und dankte Gott. Nachdem der heilige Bischof aber aus der Kirche getreten war, sagte er zu den Dienern, die dastanden: »Geht rasch und führt jene Frau aus der Kirche, gebt ihr zu essen, wenn sie will und verbietet ihr, daß sie fürderhin in dieser Angelegenheit zu mir kommt!«
Diese Worte machen hinlänglich deutlich, mit welch glühendem Eifer Wolfgang jede Neigung zu eitlem Ruhm mied. Er wollte nämlich bisweilen lieber für unsanft gelten als den Menschen gefallen.

95 VON DER FREIGEBIGKEIT DES BISCHOFS WOLFGANG

Wolfgang hat die Armen sehr geliebt und sie an seinem Hof wie seine täglichen Hofdiener gehalten und sie immerzu um sich gehabt.

Einmal ist ein ungetreuer Bettler in seine Schlafkammer eingedrungen und hat – weil er nichts andres fand – einen kleinen Teil vom Bettvorhang des Heiligen abgeschnitten und ist dann geschwind davon. Dies hat aber einer der Diener gesehen. Er lief dem Dieb eilends nach und ergriff ihn. Und weil er ihn nicht bestrafen durfte, hat er ihn zum Bischof geführt. Da das gesamte Hofgesinde dafür war, daß man dem Übeltäter seinen verdienten Lohn erteile, hat der selbst nichts anderes erwartet, als daß man den Stab über ihn breche. Der gütige Vater aber hat sich zum Anwalt des Armen gemacht und ihn »höchlich« entschuldigt. Und er hat bewiesen, daß die Schuld mehr bei denen liege, die die Kammer hüten sollten. Darauf wandte er sich zu dem Täter und fragte ihn: »Warum hast du dies getan?« Aus Furcht vor der Strafe und vor Schlägen antwortete der, die große Armut und »mangel an Klaidung« hätten ihn dazu gebracht. Eines weiteren Zeugnisses bedurfte es nicht, denn er war ein armer zerlumpter Tropf, und seine Blöße bestätigte seine Entschuldigung zu Genüge.

Da wurde der heilige Mann zu noch mehr Barmherzigkeit bewegt, und er entschuldigte ihn und sprach: »Wenn er wohl bekleidet gewesen wäre, hätte er keinen solchen Diebstahl begangen. Darum soll er von uns – ›gleichwol spatt‹ – bekleidet werden!« Sofern man ihn aber später einmal bei Dergleichen ertappe, so solle man ihn, wie es recht und billig ist, strafen. Mit diesen Worten beruhigte Wolfgang sein Hofgesinde und veranlaßte es auch zu größerer Freigebigkeit.

96 DER PFERDEDIEBSTAHL IN EGLOFSHEIM

Einmal, als der Tag schon zur Neige ging, kam der hl. Wolfgang in ein Dorf, das Eglofsheim heißt. Er befahl einem Boten (= legetarius), für den folgenden Tag rundum alle, die sich firmen lassen wollten, möglichst rasch zum Kommen einzuladen. Da nun dieser Bote danach trachtete, den Befehl bald auszuführen und lief, um das Pferd zu satteln, entdeckte er, daß es ihm heimlich gestohlen worden war. Er war darüber sehr traurig und empfand Schmerz und wußte nicht, was er tun sollte. Liebe nämlich und Furcht zugleich drängten ihn, schnell dem Befehl nachzukommen. Aber es gab keine Möglichkeit, es zu tun, weil weder Hoffnung bestand, ein anderes Pferd zu finden, noch er die Kraft besaß, in einer solchen Schnelligkeit die ihm aufgetragene Botenfahrt zu Fuß zu erledigen. Außerdem zeigte sich das Land, das zu dieser Zeit durch Regenfälle ziemlich aufgeweicht [eigtl.: irrigata] war, für einen Fußgänger wenig brauchbar. Deshalb zögerte er ziemlich lange, was er tun sollte. Schließlich entschied er sich, im Vertrauen auf Gott, zu Fuß den Befehl auszuführen.

Als er in der dunklen Nacht hierhin und dorthin tappte und auf dem morastigen Weg öfters ausglitt, begann er zu rufen: »Herr, erbarm dich meiner, erbarm dich meiner, und auch du, mein Herr Wolfgang, indem du dein Augenmerk darauf richtest, welch große Strapaze ich eben erdulde, da ich wegen deines Befehls umherirre und ausgleite!« Als er ziemlich oft so geseufzt hatte, erblickte er ganz in seiner Nähe ein Pferd mit einem Zügel und einem Sattel. Da er aber glaubte, daß es nicht ohne Reiter sich dort aufhalte, begann er umherzuspähen, ob jemand in der Nähe sei. Gleichzeitig rief er fragend, ob irgend jemand da sei. Obgleich er lange rief und fragte, antwortete doch niemand. Da bestieg er selbst das Pferd und erfüllte den Auftrag seines Herrn. Nachdem es Tag geworden und viele Leute, die zu der geistlichen Bestärkung gerufen, in dem obengenannten Dorf zusammengekommen waren, zeigte der Bote vor aller Augen das gefundene Pferd und fragte sorgfältig, wem es gehöre. Weder damals noch später wurde irgendeiner gefunden, der sagte, daß es sein Pferd sei.

Aufgrund dieser Tatsache merkten sowohl der Bote selbst als auch die anderen, eine wie große Gnade unser Herr dem hl. Bischof Wolfgang zugestanden hat, der denjenigen, die ihn anrufen, auch in Abwesenheit helfen kann.

97 MIT DEM HEER DURCH DIE AISNE

Als Kaiser Otto II. [* 955, † 983] wegen erlittener Schmach mit großem Heereszug und gewaltiger Hand wider König Lothar in Frankreich zog und bis gen Paris streifte, ist er auf der Rückkehr an einen Fluß [= Aisne] geraten, der so hoch gegangen ist, daß viele darin ertrunken sind. Wie nun der hl. Wolfgang neben dem Kaiser und den Seinigen zu diesem Fluß kam, sind sie heftig erschrocken, besonders weil auch der Feind, der um seinen Vorteil wußte, über das Gebirge auf sie losging. Also hat der hl. Wolfgang sein ganzes

Vertrauen auf Gott gesetzt, sich nach dem Himmel gewandt, darauf den Kaiser und die Seinigen gesegnet und allen befohlen, ohne Schrecken und Verzug durch den Strom zu setzen. Weil aber die Vornehmsten des Heeres sich weigerten, ist Wolfgang – dem Heerführer Moses gleich – als der erste im Namen des Herrn hindurchgezogen, worauf die anderen Mut gewannen, ihm nachzufolgen.
Es sind auch alle ohne Gefahr und Schaden durch das Wasser gekommen. Darüber hat sich das ganze Kriegsheer »höchlich« verwundert, die Heiligkeit Wolfgangs erkannt und Gott dafür von Herzen gedankt.

98 DIE VIER KINDER HEINRICHS DES ZÄNKERS ODER WOLFGANGS VORAUSSAGE

Heinrich [* 951, † 995] hatte zwei Söhne und zwei Töchter, deren Unterweisung in göttlichen Dingen er Wolfgang anvertraute, weil er wußte, wieviel daran gelegen ist. Wie nun Wolfgang all seine Verrichtungen mit höchstem Ruhm ausführte, so hat er sich auch diese Lehre angelegen sein lassen und sich sehr bemüht, diejenigen in Gottesfurcht zu halten, die einst über Land und Leute herrschen würden.
Da Freundlichkeit und Annehmlichkeit des Lehrmeisters sehr viel dazu beiträgt, daß die Lehre »desto tieffer einfliesse«, hat Wolfgang es nicht für untunlich gehalten, mit seinen fürstlichen Lehrlingen auch einmal zu scherzen: Er nannte Heinrich, den älteren Sohn, einen König oder Kaiser; den jüngeren, Bruno, einen Bischof; die ältere Tochter, Gisela, eine Königin und Brigitta, die jüngere, eine Äbtissin. Hernach ist aus diesem Scherz Ernst geworden: Heinrich wurde erst König, dann römischer Kaiser, Bruno wurde Bischof zu Augsburg, Gisela Königin in Ungarn und Brigitta Äbtissin zu Regensburg.

99 WOLFGANGS FLUCHT UND SEINE RÜCKKEHR NACH REGENSBURG

Wolfgang ist so hoch gestiegen in der Verehrung und Hochschätzung bei jedermann, daß man einem vom Himmel geschickten Engel kaum mehr Ehre hätte erweisen können. Das war Wolfgang dermaßen zuwider, daß er, um nicht etwa in eine eitle Ehrsucht zu verfallen, sich aus der Stadt und der Gemeinschaft der Menschen fortmachte und in das Gebirg begab: auf den Falkenstein und an den Abersee [= Wolfgangsee], die nicht weit von Salzburg liegen. Dort brachte er fünf Jahre in äußerster Armut zu.
Der Feind alles Guten aber hat nicht »gefeuret«, sondern danach getrachtet, Wolfgang auf jede nur erdenkliche Weise seine Einsamkeit zu verleiden und hat ihn mit allerhand Spiegelfechterei und Einbildungen geplagt, so daß es öfter ausschaute, als wollten die Berge zusammenfallen und Wolfgang zwischen sich »verquetschen«. Dagegen ist ihm Gott mit Wunderwerken beigestanden: auf einen Fußstoß Wolfgangs hin hat er aus dem harten Felsen »häuffiges« Wasser fließen lassen; das Äxtlein, das Wolfgang auswarf, hat er zu einem Felsen geleitet. Dort hat es angegeben, wo ein Kirchlein gebaut werden sollte. Dieses ist noch heutzutag wegen der vielen Wallfahrten, die dorthin geschehen, sehr berühmt . . .
Es war Wolfgang in dieser seiner Einöde »gantz wohl getröst«. Aber seinen lieben Schäflein war damit wenig gedient, die nicht erfahren konnten, wo ihr lieber Hirt hingekommen wäre. Er war plötzlich gleichsam unsichtbar geworden. Und trotz vielfältigem Nachsuchen konnte man keine Spur von ihm entdecken und davon, »wohin er doch müßte entflohen seyn«, bis es endlich Gott beliebte, ihn wieder auffinden zu lassen und seine so bewährte Tugend und Heiligkeit noch mehr, auch unter den Menschen, zu erhöhen.
Zufällig ist ein Jäger, als er den wilden Geißen und Gemsen nachjagte, zu Wolfgangs Höhle gekommen. Er hat ihn auch gleich erkannt, obwohl der Heilige wegen des strengen Fastens und des verwilderten Aussehens sehr »verstaltet« war. Wolfgang hat nun die nicht geringe Sorge gehabt, er würde von diesem Mann »aufmährig« [= soviel wie vermähren = durch Reden bekannt machen, unter die Leute bringen; s. Schmeller 1, Sp. 1635] gemacht werden. Darin hat er sich auch nicht getäuscht. Denn der Jäger, über das so seltsame Wild sehr

erfreut, hat bald, was er gesehen, der geistlichen wie der weltlichen Obrigkeit hinterbracht. Diese Botschaft hat jedermann als höchsten Trost empfunden, und man hat auch gleich, »mit der gantzen Gemeind Willen«, eine ansehnliche Gesandtschaft abgeordnet. Der Jäger ging voran und führte sie zu der jüngst entdeckten Einsiedelei. Als die Abgesandten Wolfgang in so veränderter Gestalt sahen, entsetzten sie sich und konnten ihre Tränen nicht zurückhalten. Sie fielen Wolfgang zu Füßen und flehten ihn, bei allem, was ihm lieb sei, an, er solle doch mit ihnen zurückkehren und die so geraume Zeit verlassenen Schäflein wieder aufsuchen, weil es ja Gott nicht gefallen könnte, wenn ein Hirt alle Sorge um die ihm Anvertrauten so »auf die Seyten setze«. Wolfgang wollte darauf nicht eingehen und gab vor, er sei von Gott in diese Einöde berufen worden, und da wolle er ihm dienen, solange noch Atem in seinem Leib sei. Sie sollten mit Gottes Segen heimziehen und denen, die sie gesandt hätten, dies anzeigen: sie könnten sich ja durch ordentliche Wahl einen anderen Hirten bestellen; er jedenfalls werde sich auf keine Weis aus dieser Einöde locken lassen.
Die Gesandten waren mit dieser Antwort gar nicht zufrieden. Sie... brachten allerhand kräftige Beweggründe vor und drohten endlich,

wenn er nicht freiwillig mit ihnen gehe, so würden sie Gewalt anwenden. Daraufhin nun ist Wolfgang aufgestanden, hat sich bei seiner Hütte und seinem Kirchlein beurlaubt und auf den Weg begeben. Man erzählt, das Kirchlein habe sich hierauf umgewendet, als wollte es zusammen mit seinem lieben »Inwohner« auch davongehen, der heilige Mann aber habe ihm befohlen, still zu stehen: »es werde an jenen nit mangeln/ welche es in das Künfftig besuchen werden«.

Als ein Eilbote die Nachricht brachte, Wolfgang komme wieder in die Stadt, ist schier ganz Regensburg »ausser Regenspurg hinauß geloffen«, hat ihn mit großem Jubel und Frohlocken, und nicht ohne Freudentränen zu vergießen, willkommen geheißen, ihn in die Stadt und in die St.-Peters-Kirche eingeführt und auf seinen Thron gesetzt. Und die Regensburger haben etliche Tage solche Freude gezeigt, als ob sie einen Heiligen aus dem Himmel empfangen hätten.

100 DAS ERSTE WUNDER NACH DEM TOD

Nach dem Tod Wolfgangs [in Pupping/Österreich] hat man alles, was zu einer bischöflichen Leich vonnöten, »so viel müglich zugerichtet«. Aber es fehlte ein Bischof für das Begräbnis. Doch siehe, da kommt aus sonderbarer göttlicher Fügung Hartwig, der gottselige Erzbischof von Salzburg, dazu und bringt mit sich den hochgeborenen Grafen Aribo, der sich wegen seines strengen Lebenswandels einen großen Namen der Heiligkeit gemacht hatte.

Deren Kommen aber hat Wolfgang die vorhergehende Nacht aus prophetischem Geist denen, die bei seinem Ableben dabei waren, vorausgesagt. Denn als er nach langem Schweigen und »klainer ringerung der schwären Kranckheit« ein wenig zu sich kam, hat er ihnen angeschafft, das Haus zu säubern, die Zimmer zu bereiten und alles fleißig zu richten, »seytenmal« [= zumal] morgens angenehme Gäste kommen würden. »Als Wahrzeichen ist das Schiff, in dem die Güter des Erzbischofs Hartwig und die des Landhofmeisters Aribo sich befanden, zu Grunde gegangen. Aber die Leut sind ohne Schaden davonkommen und werden bald nach meinem Hinscheiden hieher gelangen!« Was dann auch wirklich geschah.

Als aber der fromme Erzbischof samt anderen Gefährten »die heylig-

ste Leicht jetzt mit andächtigen Zähern/ dann mit Psalmen und
Lobgesängen erhöbt/ in das Schiff/ und endlich am sibendten Tag gen
Regenspurg gebracht/ ist gleichsam eine dicke Finsternuß von Traw-
ren uber die Stadt gangen ...«

101 WUNDER AM STERBEORT WOLFGANGS

Nach dem glücklichen Heimgang des hl. Bischofs Wolfgang ließ sich die göttliche Gnade herab, durch ihn sehr viele Zeichen und Wunder zu vollbringen. Infolge von Nachlässigkeit oder Vergessen sind manche von ihnen nicht zu unserer Kenntnis gelangt, manche aber, die wir [= Otloh] von Gläubigen erfahren haben, wollen wir – so gut wir können – darstellen.

Da ist nun sonderlich davon zu berichten: Die Landbewohner kamen mit den Bürgern jenes Ortes [= Pupping in Österreich], wo der heilige Bischof gestorben ist, zusammen, um eine schönere und größere Kirche zu errichten, denn die erste war aus Holz. An einem Tag, als sie fleißig mauerten, wurde ein vom Teufel Besessener herbeigeführt. Von göttlichem Mitleid bewegt, ergriffen ihn die Handwerker und legten ihn auf den Platz, wo der heilige Diener Gottes seinen Geist ausgehaucht hatte. Bald nun erhielt er durch die Verdienste des heiligen Mannes die Freuden der Gesundheit zurück.

Daraufhin wurde auch dieser Ort von verschiedenen Kranken gerne aufgesucht, und viele wurden durch die Wiederherstellung ihrer Gesundheit getröstet, da ja – wie der sel. Gregor sagt – meist dort, wo die Reliquien der Heiligen geglaubt werden, größere Wunderzeichen stattfinden als da, wo ihre Leiber ruhen.

102 WOLFGANG ERSCHEINT EINEM KRANKEN

Ein schwerkranker Mann kam einmal in die Kirche des hl. Emmeram, um zu beten. Als er dort inständig bat, durch die Verdienste der Heiligen von seiner langdauernden Krankheit befreit zu werden, sank er schließlich neben dem Grab des hl. Wolfgang zu Boden.

Nachdem er glücklich in den Schlaf gesunken war, sah er einen hochgewachsenen Mann mit verehrungswürdigem grauen Haar neben sich stehen und hörte von ihm die Worte: »Was willst du denn hier und weshalb bist du gekommen?« Er aber antwortete: »Herr, deswegen bin ich Elender hierher gekommen, damit ich geheilt werde von meiner Krankheit, an der ich schon viele Jahre zu leiden habe.«

Da berührte ihn der verehrungswürdige Streiter Gottes mit seinem Bischofsstab, den er in Händen zu halten schien, und sagte: »Steh schnell auf, denn siehe, du bist gesund worden!« Sogleich sprang der Mann, der wie ein Toter dagelegen hatte und der nun durch die Verdienste des Bischofs Wolfgang vom Schlaf der Krankheit aufgeweckt worden war, in die Höhe. Und vor Freude schreiend, lobte er Gott und seine Heiligen, so laut er konnte.

103 WOLFGANG HILFT EINER KRANKEN FRAU

Ein andermal wurde eine kranke Frau von den Ihren in die Kirche des hl. Märtyrers Emmeram gebracht. Sie hofften, daß sie dort ihre Gesundheit wiedererlange. Während sie nun vor den Altären, mehr kriechend als aufrecht gehend, inständig die Hilfe der Heiligen erflehte, setzte sie sich schließlich – müde infolge der Anstrengung oder aufgrund ihrer Krankheit – neben dem Grab des hl. Wolfgang auf den Boden. Und als sie, körperlich elend, wie sie war, demütig bat, daß auf Wolfgangs Fürsprache und Verdienste hin ihr Hilfe zuteil werde, löste sich plötzlich die knotenreiche Verkrümmung ihrer Seite und der anderen Glieder und wurde so heftig auseinandergezogen, daß Blut auf den Fußboden floß. Da fing die Frau zunächst voller Schrecken zu schreien an. Als sie daraufhin gesund aufsprang, sagte sie Gott und dem hl. Wolfgang Dank.

104 WOLFGANG ALS REIFENSPRENGER

Ein ganz armer Tropf war, da er viele Übeltaten begangen hatte, an beiden Armen mit eisernen Reifen gefesselt. Deswegen erduldete er alle Tage schlimme Pein. Er hatte schon viele heilige Stätten aufgesucht, um von der Qual erlöst und von den begangenen Übeltaten freigesprochen zu werden. Endlich konnte er, erreicht von göttlichem Erbarmen, die Eisenfessel, die er an einem Arm trug, durch die Verdienste des hl. Adelpert verlieren. Als er daraufhin – da er den

Ruhm des hl. Wolfgang über ein weites Gebiet hin vernommen hatte – auch nach Regensburg kam und dort an dessen Grab sich ins Gebet vertiefte, wurde er von der Qual des anderen Reifens erlöst.

105 IN WOLFGANGS MESSGEWÄNDERN

Als Anno 1612 – noch vor »Erfindung« des heiligen Leibs von St. Wolfgang – der Domprediger Johannes Saller SJ von einer schweren Krankheit überfallen wurde, so daß er vor Schmerzen glaubte, seiner Sinne beraubt zu werden, nahm er sein ganzes Vertrauen zum hl. Wolfgang und hoffte, durch dessen Fürbitte erhört zu werden. In seinem schmerzhaften Stand verlobte er sich Gott, »unter der Fürbitt seines heiligen Fürsprechers« das Meßopfer abzustatten, und zwar in den von St. Wolfgang »selbst gebrauchten Meß-Kleydern«. Nachdem er das Versprochene verrichtet hatte, erlangte er alsobald die vollkommene Gesundheit.

106 DAS VOM HL. WOLFGANG GEWEIHTE WETTERGLÖCKLEIN

Im Kollegium St. Paul ist auch ein Glöcklein, das der hl. Wolfgang geweiht hat. Man liest in den Schriften des Kollegiums »auf das 1590ste Jahr«, daß damals nicht nur die Katholischen, sondern auch die Lutherischen in das Kollegium geschickt haben, man möchte dieses Glöcklein läuten, weil das große Donnerwetter zu stark und hart anhalte ...

107 RAMWOLDS VORHERSAGE

I

Als sich eine Zwietracht zwischen Kaiser Otto und einigen Fürsten anspann und »die Sach« in einen verderblichen Krieg ausbrach, hat sich Ramwold [† 1000] – bis solches Wetter vorüber wäre – eine Zeitlang nach Trier zu St. Maximin in Sicherheit begeben, genauso wie auch der hl. Wolfgang vorher in die Einöde entwichen war.

Nachdem das Ungewitter vorbei war, hat sich Ramwold wieder bei seinen Söhnen eingefunden, aber nicht mit leeren Händen, sondern mit einem großen Schatz an Heiltümern von verschiedenen Heiligen, und er hat diesen eine schöne Gruft samt einigen Altären, »welche Sanct Wolfgang geweyhet«, aufgebaut.

Unterdessen stirbt der hl. Wolfgang, und Ramwold wird beim Kaiser Otto so angeschwärzt, daß er, in Ungnade, allerhand Ungemach hat ertragen müssen, bis endlich die Wahrheit an den Tag und Ramwold wieder in die vorige Gnad beim Kaiser gekommen ist. Er hat sich deswegen auch ganz dankbar gegen dieses gekrönte Haupt gezeigt. Denn, als er vernahm, daß der Kaiser gesinnt sei, wieder einen Heerzug in Italien und nach Rom zu tun, bat er ihn »beflißnest«, er wolle doch diesen Zug nicht ausführen. Er sähe nämlich, daß ihm dieser fatal und ganz unglücklich hinausgehen und er auch nicht mehr nach Deutschland zurückkommen werde. Wenn er von ihm einen Rat annehmen wolle, so solle er sich vielmehr »zu dem Tod und Verantwortung alles Bisherigen bereiten«, was er in einer Zelle viel besser tun könne als unter dem Tumult kaiserlicher Geschäfte . . .

II

Im Jahr 1002 [sic!], als Kaiser Otto eine Reise nach Rom unternehmen wollte, hat ihm der sel. Ramwold davon abgeraten und vorausgesagt, daß es sein Leben kosten und er nicht mehr nach Ravenna kommen werde. Er riet ihm, das Kaisertum abzulegen, in ein Kloster zu gehen und dort sich zur Ewigkeit zu »disponiren«. Otto aber folgte nicht. Nach schlimmer Gefahr zu Rom, der er nur durch die Flucht entgehen konnte, hat ihn Joanne, die Wittib von Crescentius, durch ein Paar vergiftete Handschuhe infiziert, so daß er hat sterben müssen.

III

Von Otto [III.] erzählt unser hl. Petrus Damianus: Er habe mit einem Eidschwur versprochen, dem Tyrannen Crescentius kein Leid zuzufügen, wenn er sich »mit Accord« ergeben würde. Gegen »alle gegebene Treu und Glauben« aber ließ er ihm doch den Kopf abschlagen.

Als hernach der Kaiser nach Ravenna kam, verwies unser hl. Abt Ramwold ihm diesen schweren Fehler so empfindlich, daß sich Otto verpflichtete, heilsame Buße zu wirken; überdies gelobte er, das Kaisertum abzulegen und Gott, dem Kaiser aller Kaiser, im St.-Benedikts-Orden zu dienen.

Weil aber unterdessen vier Jahre verflossen und Otto sein Gelübde noch nicht erfüllen wollte, hielt ihm Ramwold diesen ungerechten »Verschub« »sehr verweißlich vor«. Otto gab an, daß er sein Versprechen nicht außer acht lassen wolle, und sobald er die aufrührerischen Römer gebührend abgestraft habe, wolle er sich »unverweilt alles Zeitlichen entschlagen«. Darauf zog er nach Rom. Beim Abschied sagte der hl. Ramwold ihm seinen bevorstehenden Tod mit folgenden Worten voraus: »Du, o Kaiser, wirst zwar nach Rom kommen, aber nicht mehr nach Ravenna zurückkehren können!« So geschah es auch. Denn als Otto wieder nach Deutschland abreisen wollte, ist er durch ein Paar vergiftete Handschuhe, die ihm die Gemahlin des enthaupteten Crescentius zum Abschied verehrte, im dreißigsten Lebensjahr hingerichtet worden ...

108 DER BLINDE RAMWOLD

Über seinen geistlichen und weltlichen Werken, die er emsig übte, ist Ramwold schließlich erblindet und hat die Blindheit zwei Jahre mit höchster Geduld erlitten, dabei aber nicht das mindeste in seiner Frömmigkeit nachgelassen, sondern nach wie vor am Besuch der Kirchen und Ruhestätten der Heiligen – auch in der Nacht – seine Freud gehabt. Einst aber, wie er in der St.-Georgen-Kapelle bei St. Emmerams Grab vor dem heiligen Kruzifix für das allgemeine Anliegen der christlichen Kirche und für den Wohlstand seines Klosters betete, dabei aber »wider allen Gebrauch entschlieffe«, ist ihm vorgekommen, als ob sich das Bildnis des Gekreuzigten von dem Kreuz abgelöst, die zwei auf den Leuchtern brennenden Kerzen genommen und ihm unter die Augen gehalten habe. Von deren Hitze erschrocken, ist er aufgewacht und hat auf der Stelle sein Gesicht wieder bekommen und es bis zum End seines Lebens behalten.

S. Ramuoldus, der 8.te Abbt zu S. Emeram, erblindet in seinem hochen Alter, wird aber von Christo selbsten in einem Nächtlichen Gesicht widerum sehend gemacht.

109 RAMWOLDS ENDE ODER SEINE VORAUSSAGE

Als nun der sel. Ramwold seine Tage wohl erlebt und das hundertste Jahr erreicht hatte, hat ihn ein Fieber gepackt und vierzehn Tage bettlägrig gemacht. Als er merkte, daß seine Wanderschaft ein Ende nehmen wollte, hat er seine Brüder zu sich berufen und ihnen väterlich zugesprochen, sie zur Liebe Gottes ermahnt und zur Einhaltung der Klosterzucht sowie zur Frommheit und allen Tugenden. Ja auch die zukünftige Verfolgung des Klosters hat er vorausgesagt ...

Die Frommheit und Heiligkeit dieses seligen Vaters hat Gott durch viele Wunderwerke bezeugt. Insbesondere ist er jederzeit für einen Nothelfer der gebärenden Frauen gehalten und als solcher bis auf den heutigen Tag »erfunden worden« ... Er leuchtete mit Wunderzeichen, wie seine Grabschrift zu erkennen gibt:

»Signis clarescit pius hic Ramuoldus humatus,
Caelo fulgescit, caelestibus associatus.

St. Ramuold dabey begraben ligt/
vil Wunderzaichen von sich gibt;
dabey du magst erkennen frey/
daß er ein grosser Heilig sey.«

110 DER DÄMON AM GRABE RAMWOLDS

Es kam einer nach St. Emmeram, um die Hilfe der Heiligen zu erflehen. Er war vom Teufel besessen und wurde vor allen Leuten heftig gequält. Da erinnerten sich die Brüder, welchen Abt sie erst kürzlich begraben hatten. Und sie ließen den Mann in die Krypta, die den Körper des Gottesmannes barg, führen oder vielmehr ziehen. Dort wälzte er sich lange auf dem Boden und wurde von dem Teufel übel hin- und hergezerrt.

Zähneknirschend begann er unter Heulen und unter Schmähungen zu schreien und zu schimpfen: »Weh dir, Rantolt [= Ramwold], daß du meinem Herrn [= Teufel] so viel Übles tatest und er deinethalben viel einbüßte, was ihm gehörte. Deswegen auch hast du Tag und Nacht dich gemüht, ihm unrecht zu tun und deinem Gott die Leute zu sammeln, welche auch immer du vermöchtest! Und obendrein noch greifst du nun mich an und fügst mir große Gewalt zu!« Und als der Dämon das Haupt des Mannes so heftig auf den Boden schlug, daß er ihn beinahe dem Tod überantwortete, liefen die Anwesenden herbei, hoben den Besessenen auf und zogen ihn zum Grab des Bekenners Christi ... In der Kraft des Teufels leistete er auf gefährliche Weise solchen Widerstand, daß sie ihn kaum dazu bringen konnten, sein Haupt zu neigen und auf das Grab zu legen, wo er dann durch Gottes Güte befreit wurde.

Die, die durch das Mitleiden zuvor betrübt waren, wurden durch dieses Zeichen erfreut und sagten dem Erlöser herzlichen Dank, nicht nur dafür, daß dieser Mensch der Gewalt des Teufels entrissen war, sondern vielmehr dafür, daß durch die eben geschehene Großtat offenbar wurde, wie verdienstvoll der Abt sei, der kürzlich hier bestattet wurde.

111 ZWEI VOM TEUFEL BESESSENE FRAUEN ODER DER TEUFEL ALS DUNKELHEIT UND KÄFER

Ein andermal kamen, vom Ruf der Wunder angelockt, zwei Frauen nach St. Emmeram, die beide ganz erbärmlich vom Teufel gequält wurden. Ihre Reinigung bzw. Befreiung wurde durch göttliche Güte ... dem verehrungswürdigen Vater [= Abt] Ramwold gewährt.

Das geht ganz deutlich daraus hervor, daß die beiden Weiblein zuvor zu den Gräbern der anderen Heiligen geführt und nicht geheilt worden waren. Als sie dann aber zu verschiedenen Zeiten die weltberühmte Krypta betraten, wurden sie am Grab des heiligen Mannes von ein- und demselben Herrn mit dem Exorzismus belegt und auf barmherzige Weise vom üblen Andränger befreit. Dafür zeugen – wie gewöhnlich – die gläubigen Brüder unserer Kongregation, die damals zufällig zugegen waren und, es ist wunderlich zu sagen, den unreinen Geist von einer Frau ausfahren sahen in Form einer nebeligen, häßlichen Dunkelheit, und von der anderen in Form eines häßlichen Käfers ...

112 VOTIVGABE AM GRAB RAMWOLDS ODER DAS SILBERNE KRÖNCHEN

Einmal, als von Christen nicht nur aus der Stadt Regensburg, sondern auch aus den umliegenden Orten ein großer Zulauf zur Kirche des hl. Märtyrers Emmeram erfolgte, da befand sich unter denen, die gekommen waren, auch eine Frau mit dem Unterpfand für ein neues Wunder. Es hing nämlich an ihrer Hand eine Spindel voller Garn. Da sie diese Spindel auf keine Weise abschütteln konnte ..., kam sie endlich voller Angst zum Grab des höchst verehrungswürdigen Ramwold. Sie verrichtete dort ihr Gebet und brachte unter Tränen ihre Bitten dar. Sobald sie, in der Hoffnung auf Rettung, ihre zitternde Hand auf das Grabmal des heiligen Mannes gelegt hatte, alsogleich konnte sie durch die Macht der göttlichen Hand ihre eigene gesund von dort emporheben.
Unter Dankbezeugungen gegen Gott und Ramwold hängten sodann die Leute, die zufällig bei diesem Geschehen zugegen waren, und nicht nur die Hüter des Heiligtums, die herzugelaufen waren, die nämliche Spindel der Nachwelt zum Zeugnis für diese Großtat an dem silbernen Krönchen auf, das über dem nämlichen Grab hing.
Dieses Zeichen [= Spindel] habe ich [= Arnold] selbst gesehen und mit meinen eigenen Händen berührt. Ich weiß, daß mein Zeugnis hierin wahr ist, und ich weiß sehr genau, daß durch dieses neue Mirakel, wie auch durch die übrigen Heilungswunder, der allmächtige Gott seinen Heiligen [= Ramwold] verherrlichen wollte.

113 DAS BLINDE WEIB DES KLERIKERS

Als zur Festfeier des hl. Emmeram in der gewohnten Weise Fremde und Einheimische von allen Seiten zusammenströmten, kam mit den übrigen Ankömmlingen auch ein blindes Weib. Zur Nachtzeit betrat es die gesegnete Krypta, betete am Grab Ramwolds, des Bekenners Christi, und brachte tränenreich seine Bitten vor. Da gab der allmächtige Herr, der seinen Diener bei den Menschen durch seine unaussprechliche Allmacht verherrlichen wollte, dem Weib das Augenlicht wieder.
Die Frau stand auf, rief ihren Mann und sagte ihm ins Ohr: »Herr, Dank sei Gott, daß ich das Augenlicht wiedererlangt habe!« Als er es nicht glaubte, sie ihm aber sichere Beweise gab, sagte er: »Schweig still über das Geschehen, da du heimlich handeln mußt, damit wir vor Tagesanbruch aus der Stadt kommen! Ich bin nämlich ein Kleriker und schäme mich deshalb, vor einer solchen Menschenmenge bei dir zu stehen.«
Und als die Frau, die eben erst sehend geworden war, dem Ratschlag der Finsternis zustimmte, da ging sie mit dem Kleriker ohne Vorsicht nach Hause und wurde dabei sogleich durch ein Mißgeschick mit einer anderen, ihr gänzlich fremden Blindheit geschlagen.

114 AURELIA

I

Hugo Capet, Graf von Paris [† 996], der aus dem Haus Sachsen herstammte, wurde nach dem Aussterben der »Carolinischen Lini« König in Frankreich. Von ihm führen sich alle folgenden Könige bis auf die jetzt regierenden her. Er war ein glückseliger König, vor allem, weil ihm Gott so heilige Kinder geschickt hatte: den hl. Richard und die sel. Aurelia. Beide waren ihres königlichen Stammes würdig. Aurelia aber war über diese Ehr und »Hochheit« nicht vergnügt. Vielmehr wollte sie sich, damit sie durch kein irdisches Geschöpf »bemacklet« würde, mit dem Himmelskönig vermählen, dem sie bei der heiligen Taufe schon versprochen war. Sie war schön von Gestalt und keusch und wurde von der Welt hochgeachtet. In ihren eigenen Augen aber war sie nieder und demütig.

Je älter sie wurde, desto mehr nahm sie zu an Zucht und Schamhaftigkeit, Frömmigkeit und Verachtung aller Eitelkeit. Die Vermählung, die die Königstochter mit ihrem Gespons Christus vorhatte, war so geheim, daß sogar ihre Eltern nichts davon wußten. So schauten sie aus nach einem Tochtermann und erwählten einen namens Aelianus Juvianus. Aurelia ließ sich zwar an, als sei ihr die Heirat nicht zuwider, dachte sich jedoch heimlich, was heute gefalle, sei morgen verleidet: die Schönheit eines Menschen vergehe durch ein kleines Fieberlein gar geschwind, und alle Freud zerstöre der Tod. Darum sei es viel besser, die zeitlichen Freuden aufzugeben und sich der ewigen zu vergewissern und dem himmlischen Bräutigam anzuhängen. Deshalb faßte sie sich ein Herz und verließ heimlich den Herrn Vater und die Frau Mutter, den Bräutigam, »die Befreundte«, das Königreich und die ganze Welt und nahm ihre Flucht, auf der sie unbekannt blieb, durch alle Länder, bis sie nach Regensburg kam.

II

Zu Zeiten des Abts Ramwold, der vom [oder: von einem?] Onkel väterlicherseits [= patruelis] des hl. Wolfgang abstammte, kam Aurelia, die Tochter des Königs von Frankreich auf der Flucht vor der Vermählung... zum Kloster St. Emmeram in Regensburg. Als Abt Ramwold sie dort um Almosen betteln sah, so wie er es in einer Vision erkannt und vorausgesagt, setzte er sie in die St.-Andreas-

Klause. Dort brachte Aurelia 52 Jahre mit Wachen und Beten zu und starb am 15. Oktober [1027]. Sie wurde im Kreuzgang von St. Emmeram, im Ostteil des Klosters, beerdigt.

115 ST. SEBALDUS, EIN DÄNENKÖNIG

Im Jahre 726 [sic!] gab St. Sebaldus, der vorher König in Dänemark war, hier einen eifrigen Prediger ab und tat in dieser Stadt große Wunderzeichen. U. a. »ist sonderbar nit zuverschweigen«, daß er in großer Kälte zur Winterszeit Eiszapfen als Holz gebrauchte, Feuer damit machte und sich daran erwärmte und daß er auf einem ausgebreiteten Mantel über die Donau gefahren ist. Er führte ein einsiedlerisches Leben bei Nürnberg und starb heilig.

116 DER HL. SEBALDUS ÜBERQUERT AUF SEINEM MANTEL DIE DONAU

Als der hl. Sebaldus [† vor 1070] Rom verlassen und sich eine Zeitlang bei den Lombarden aufgehalten hatte, deren König Luitprandus, ein gottseliger Herrscher, Heilige mit großen »freidten und Reverenz« aufzunehmen pflegte, ist er – um seinem apostolischen Auftrag nachzukommen – nach Deutschland gezogen. Da er in Bayern gegen Regensburg an die Donau kam und es keine Brücke dort gab und er auch niemand fand, der ihn übergesetzt hätte, legte er seinen Filz oder »Pilgrimmantel« auf das Wasser und schiffte darauf – zur großen Verwunderung derer, die das sahen – ungehindert ans andere Ufer.

117 DAS ZERBROCHENE GLAS

Als der hl. Sebaldus auf so wunderbare Weise nach Regensburg gekommen war, nahm er bei einem armen alten Mann Herberge. Der hätte dem heiligen Pilgrim gern Ehre erwiesen. Deshalb entlehnte er, weil er selbst kein richtiges Trinkgefäß besaß, eines bei seinem Nachbarn. Als der alte Mann das Glas jedoch seinem heiligen Gast

darreichte, glitt es ihm aus den Händen, fiel auf den Boden und zersprang in viele Stücke. Der Alte erschrak darüber sehr. Und er klagte, daß er nicht wüßte, wie er gegen seinen Nachbarn, bei dem er das Glas geliehen, bestehen könnte. Der hl. Sebaldus jedoch sagte: »Dies ist keine starke Schuld..., aber lese die Scherben zusammen!« Der Alte kam dem nach, und der Mann Gottes machte daraufhin das Glas durch sein Gebet wieder ganz.

118 MACHANTINUS

Zur Zeit des hl. Vaters Patricius [= Patrick, † 461], des Erzbischofs und Primas von Irland, gingen 30000 in Heiligkeit und Gerechtigkeit vor Gott und den Menschen erprobte Männer auf die Reise, aus Irland weg ... In der Gemeinschaft von Leuten, die solche Wallfahrten unternahmen, befand sich später auch der hl. Machantinus, der siebenmal die Strapazen einer Reise zu Orten in Asien, Europa und Afrika geduldig auf sich nahm und der auch einmal das Grab des hl. Thomas in Indien besuchte und bei der Rückkehr das der hl. Katharina.

Auf seiner Wallfahrt hörte Machantinus vom Ruhm von Weih St. Peter bei Regensburg. Mit großer Sehnsucht verlangte er danach, an diesen Ort zu kommen, ja sogar sich dort anzusiedeln, was er auch tat. Als er angekommen war, ließ er sich in einer Klause einschließen, und neben der Klause ließ er eine schön gewölbte Kapelle zur Ehre des hl. Patricius, der hl. Brigida [† 525] und des hl. Columba [† 597] sowie aller irischen Heiligen bauen ... In der nämlichen Kapelle grub er sich eigenhändig sein Grab. Darin schlief er immer ein Drittel jeder Nacht nackt auf dem Boden und mit Ketten und Gürtel an ein Kreuz gebunden [eine Lesart]. Zu allen Zeiten fastete er und aß nicht und trank nicht außer dreimal in der Woche Brot und Wasser, und zwar am Sonntag, am Mittwoch und am Freitag. So lebte er in großer Kasteiung ... bis ans Ende seines Lebens. Nach vielen Wundern und großer Mühe wurde er ehrfürchtig und unter aller Ehrenbezeugung in seinem eigenen Grab bestattet, das er sich bei Weih St. Peter gegraben hatte ...

119 DIE WUNDERSAME LICHTQUELLE

Wieder einmal war Marianus [† um 1081] zur Nachtzeit im »Untern Münster« mit dem (Ab)schreiben von Büchern beschäftigt. Der Mesner aber hatte vergessen, ihm ein Licht anzuzünden, wie er es sonst zu tun pflegte. »Nichts desto weniger ist Marianus in dem Schreiben/ wie sonsten fortgefahren/ mittels eines seltsamen Liechts.« Denn als es besagtem Mesner, der sich schon zur Ruhe begeben hatte, einfiel, daß er Marianus kein Licht gebracht, »hat er sich sogleich auß der Ligerstatt hervor gemacht« und, begleitet von einigen Jungfrauen aus dem Stift, zu der Zelle begeben, in der der heilige Mann arbeitete. Da sehen sie durch die »Clumsen der Thür« [= Türspalte, Ritze], daß die ganze Zelle erleuchtet ist. Als sie nun herausbekommen wollten, wo solcher Glanz herkäme, merkten sie mit Erstaunen, daß drei Finger an der linken Hand des heiligen Mannes »als drey Amplen« gar hell leuchteten. Über diese seltsame Begebenheit waren sie zuhöchst verwirrt. Sie liefen sogleich zu der Äbtissin und anderen Nonnen und erzählten ihnen, was sie gesehen, wie denn auch dieses Wunder in der ganzen Stadt bekannt wurde.

120 DER LIEBLICHE GERUCH AUS DEM GRAB

Als sich einst beim Grab des sel. Marianus einige mehr mit Scherzen als mit erbaulichen Reden die Zeit vertrieben, ist ein übernatürlicher lieblicher Geruch – »als von dem Himmlischen Paradeyß-Garten« – aus dem Grab geströmt, um die Müßigen daran zu erinnern, daß an einem solchen Ort nur »Ernsthafftes/ und zu Geistlicher Auferbauung dienendes« geredet werden soll.

121 ERMINOLD UND DAS WUNDER DER VERSCHLOSSENEN KIRCHENTÜR

Einmal war Erminold [† 1121] von der Kirche ausgeschlossen. Sobald dies dem »Thorwarth« bewußt wurde, lief er schnell, um die Tür wieder zu öffnen. Da sieht er jedoch den Abt vor dem Altar knien: er mußte zu der verschlossenen Tür in die Kirche hineingegangen sein! Alsbald befahl Erminold dem Torwart allen Ernstes, solange er noch lebe, niemand von »diser Sach« zu erzählen.

122 DIE GROSSE TEUERUNG

Es war eine große Teuerung und der Hunger den Leuten so unerträglich, daß viele von ihnen hätten umkommen müssen, wenn Erminold, solang auch nur ein Getreidekörnlein in seinen Scheuern und Kornschütten übrig war, ihnen nicht »mit milder Hand beygesprungen wäre«. Als nun alles verzehrt war, hat der Hunger angefangen, auch dem Kloster zuzusetzen. Daraufhin nahm Erminold seine Zuflucht zum Gebet, und Gott öffnete seine freigebige Hand, »mit dero er so oft jenen zu Hilf kommen/ welche ihr Gutthätigkeit selbsten in Noth gestecket hatte«.

Am nächsten Tag, nachdem Erminold Gott seine »Nothdurfft« [= Anliegen] vorgetragen, stellte sich ein wohlhabender edler Mann ein, der dem ganzen Kloster »reichliche Vorsehung gethan«.

123 ABT ERMINOLD »VORERKENNT« SEINE TODESSTUNDE

Einer »auß seinen eignen Söhnen« [= Mönchen] hat Erminold, »als er allein an gewissem Orth vorüber gegangen«, mit einem starken Tremmel [= Prügel] einen solchen Streich beigebracht, daß er wie ein Schlachtopfer zu Boden gesunken ist. Doch er ist nicht sogleich gestorben, sondern hat noch einige Tage überlebt und die Stunde »vorerkennt« und benannt, in welcher er am Heiligdreikönigstag hinscheiden würde. Und er hat, erleuchtet von himmlischen Erscheinungen, ausgesagt: Es sei ihm ein Buch gezeigt worden, in dem er die Namen der ihm Anvertrauten geschrieben gesehen habe, der schon Verstorbenen, der derzeit und der künftig da Lebenden. Seinen Geist hat er, wie er es vorauswußte, während des Gottesdienstes aufgegeben. »Dem Closter ist er mehr nit als 7. Jahr vorgestanden; gestorben in dem Jahr 1121.«

124 EIN GOTTESLÄSTERER WIRD BESTRAFT ODER EIN UNBELEHRBARER LAIENBRUDER

Ein Laienbruder von denen, die wir Bärtige nennen, kam [nach Prüfening], angetrieben von einem bösen Geist. Und er begann – indem er Gott nicht die Ehre gab –, den, der die Wohltaten Gottes und seines Dieners [= Erminold] verkündigte, mit schmählichem Schimpf zu verfolgen. Er nannte ihn einen Betrüger und Lügner und ergatterte mit diesem Kunstgriff reichere Almosen. Jener wies die Anschuldigungen freimütig zurück und wandte sich ab.

Der bärtige Laienbruder, der alt geworden war in seinen Schlechtigkeiten, steigerte sich in seinen verwegenen Anschlag hinein, fertigte sich eine Gerte aus Ruten und schlug mit drei Hieben frech auf das Grab des heiligen Vaters ein und sagte mit gotteslästerlichem Mund: »Gib endlich Ruhe, Erminold, und höre auf, uns zu behelligen [mit Wundern]!« Kaum hatte er auf das Grab geschlagen und so gesprochen, da bestrafte Gott, der Herr der Rache, den Lästerer mit einer angemessenen Strafe. Denn sein Gesicht begann, als ob es mit kochendem Wasser übergossen sei, ganz unglaublich zu brennen. Er eilte aus der Kirche und zu seiner Lagerstätte, wo er sich eine gewisse Erleichterung erhoffte.
Er war aber der Aufseher der Ziegenhirten. Einer seiner Untergebenen war ihm auf dem Fuß nachgefolgt. Er hatte seine Lästerungen gehört, wußte aber nichts von der göttlichen Strafe und tadelte ihn in sanfter Zurechtweisung für seine Worte. Jener aber antwortete nach Art der Schlangen und eines stummen Basilisken: überhaupt nichts. Als sie an eine Quelle zu stehen kamen, wo die Zugtiere des Klosters gewöhnlich getränkt wurden, ließ er sich durch den Knecht Wasser schöpfen und benetzte, in der Hoffnung auf Abkühlung, das brennende Gesicht. Jedoch das Naß des Wassers vergaß auf die Kraft seiner Eigenschaft und verbrannte den Leidenden noch heftiger, indem es sich wie das ihm entgegengesetzte Element verhielt.
Deshalb legte er sich wieder ins Bett und verhielt sich unter diesen Geißelhieben wie Pharao [= pharaonizare], obwohl er von mehreren Leuten ermahnt wurde, er solle in sich gehen.
Entsprechend seiner Halsstarrigkeit und seinem unbußfertigen Her-

zen häufte er noch mehr Rache auf sich. Denn von Tag zu Tag verharrte sein Herz gegen den Bekenner Gottes in seiner Härte. Und da er fortfuhr, weiterhin gegen ihn zu sündigen und so den Höchsten zum Zorn herausforderte, schickte Gott ihm noch ärgere Wunden. Denn, geschlagen mit schrecklichem Aussatz, wurde er von den Menschen entfernt. Und als ihm weiterhin geraten wurde, zu bereuen, da wandte sich sein Herz zu Worten der Schmähsucht und dazu, ruchlosen Frevel zu vollbringen [s. Anm.]. Denn er antwortete, er habe nicht so sehr gesündigt, daß er solch großes Übel verdient habe. Und bei dieser Lästerung verharrte er ...
An einem Tag geschah es, daß ihm von einem Knecht ein Tisch hingestellt wurde, und auf dem Tisch Brot und ein Trunk. Der Knecht ging fort, um weitere Speisen beizubringen. Als er sie brachte, fand er den, den er als einen bedauernswerten Lebenden verlassen hatte, noch elender in seiner Sünde verstorben, denn er war mit vornübergeneigtem Gesicht in ein Becken voll Kohlen gefallen, das er vor sich hingestellt hatte, um sich zu wärmen. Und voller Verbrennungen hatte er seine Seele ausgehaucht.

125 KONRAD, ERZBISCHOF VON MAINZ, VERLOBT SICH ZUM GRAB ERMINOLDS

Als der Erzbischof Konrad von Mainz, seligen Angedenkens, gerüchteweise erfahren hatte, daß Kinder am Grab Erminolds sofort gesund wurden oder starben, da versprach er sich dorthin, weil er schon lange Zeit an einer Krankheit litt, die er sich im Heiligen Land infolge des ungewohnten Klimas zugezogen, und weil die Kunst der Ärzte ihm keinerlei Linderung verschafft hatte. Als er unter lautem Rufen und unter Tränen betete, wurde sein Bitten erhört. Er forderte nämlich, er möge von seinem langen Siechtum entweder sofort geheilt oder doch wenigstens durch einen gnädigen Tod befreit werden. Noch bevor er seinen Bischofssitz erreichte, erhielt er im Tode, um was er durch die Verdienste des hl. Erminold gebeten.

126 EINE VOTIVGABE FÜR ERMINOLD

Ein schwäbischer Goldschmied namens Gottfried, ein Mann von wunderbarer Einfalt, war allen Meistern in Regensburg auf jeglichem Gebiet seiner Kunst überlegen. Er hatte ein so schweres Augenleiden, daß ein Auge gänzlich erblindete und zu blutigem und schwarzem Fleisch wurde. Da er aber kein Geld hatte, um sich Ärzte zu leisten, und als er die Ratschläge alter Frauen und Weiber in großer Zahl ohne jeden Erfolg angewandt hatte, hörte er, daß eine in solchen Dingen sehr erfahrene Frau bei Würzburg wohne. Als er sich schon entschlossen hatte, sie aufzusuchen, jedoch kein Geld dazu besaß, da wurde ihm von seinen Freunden geraten, er solle auf alles »pfeifen« und die Hilfe des hl. Erminold suchen. Er stimmte ihnen zu, fertigte ein silbernes Auge und verlobte sich damit zum Grab des Heiligen. Oh Wunder! Innerhalb einer Nacht erhielt er ein gesundes, reines und schärferes Auge, als er es, seiner Erinnerung nach, vor der Krankheit hatte.

127 DAS WUNDER AN EINEM BLINDEN ODER EIN ALLTÄGLICHES MIRAKEL

Ein an Besitztümer Armer und durch den Verlust des Augenlichtes noch Ärmerer, reich aber an Schätzen der Demut und des Glaubens, kam nach Prüfening, um die Wohltaten des Gottesmannes [= Erminold] zu erlangen. Es wurde ihm von mehreren Leuten, die aus einem Nachbardorf gekommen waren und vor der Kirchentür standen, in der Kirche das Grab des Heiligen gezeigt. Von einem Knaben, der ihn an der Hand führte, wurde er in die Nähe des Altars plaziert, wie er gebeten hatte. Als sein Führer ihn verlassen hatte, ertastete er sich mit dem Stock seinen Weg und nahte sich ehrfürchtig dem Grab, warf sich auf den Boden und bat, im Glauben nicht schwankend, er möge würdig sein, das Augenlicht wiederzuerlangen. Sofort merkte er, daß er erhört sei. Er trat, als er wieder sehen konnte, aus der Kirche und sagte zu seinem Führer und zu allen Umstehenden, die ihn blind die Kirche hatten betreten sehen und die ihm, da er danach fragte, das Grab gezeigt hatten, er könne sehen.

128 BESTRAFTE UNTERSCHLAGUNG

Eine Ehefrau aus Regensburg, die nicht selbst kommen konnte, schickte eine Frau, die bei ihr im Hause wohnte, um Geld zu opfern und um Kerzen anzuzünden ans Grab des Gottesmannes [= Erminold]. Zusammen mit anderen Frauen kam die mit der Aufgabe Betraute dorthin. Sie zündete zwar die Kerzen an und brachte das Geld zum Grab, behielt es dann aber heimlich zurück. Betrügerisch gedachte sie, es ihrem Geldbeutel einzuverleiben und zu behalten. Aber auf wunderbare Weise wurden die zwei Finger, mit denen sie das Geld behalten hatte, sofort so zusammengezogen, daß sie sie nicht voneinander lösen oder die Münze herausschleudern konnte. Todtraurig ging sie mit ihren Gefährtinnen von dannen.

Als sie aufs Feld gekommen waren, da wollten jene den Grund ihres Jammers wissen. Sie bekannte ihre Tat und streckte die diebische Hand vor, an der die Finger immer noch fest aneinanderkrampften und das verbargen, was sie fortgenommen hatten. Als die Frauen sich abmühten, das Geldstück herauszuziehen, es aber nicht vermochten, da besannen sie sich auf besseren Rat: Sie kehrten mit der Schuldigen zurück, legten die Hand mit dem Diebesgut auf das Grab und riefen für die Lossprechung der Diebin Gott und seinen frommen Bekenner flehentlich an. Sofort wurden die Finger, die zum Stehlen und Wegnehmen zusammengekrampft waren, zum Rückerstatten geschmeidig und gelöst. Nachdem der Denar in den Opferstock geworfen war, kehrten die Frauen, Gott und seinen Diener lobend, nach Hause zurück. Alle aber, die von diesem Wunder hörten, erfaßte Furcht, und sie priesen Gott.

129 DER ZURÜCKBEHALTENE DENAR

Unter vielen anderen Leuten verlobte sich auch eine Frau namens Jeruta mit Geld ans Grab des Heiligen [= Erminold]. Obwohl sie nun dieses Geld in den Opferstock hätte tun sollen, wollte sie einen Denar, den sie heimlich zurückbehalten hatte, am Altar opfern. Dieser List jedoch folgte sogleich die Strafe, denn ihre Hand wurde so zusammengezogen, daß sie sie weder ausstrecken noch das Geldstück abschütteln konnte. Durch diese Strafe zur Einsicht gebracht, kehrte sie zum Opferstock zurück, um den Denar einzuwerfen. Und sofort kamen ihr Barmherzigkeit und Wahrheit entgegen, denn die Hand, die die List verschlossen hatte, öffnete die Wahrheit. Nachdem sie das Geldstück in den Kasten, wo es hingehörte, geworfen hatte, brachte die Frau voller Freude ein anderes an den Altar.

130 LEUCARDIS AUS NABBURG ODER DIE STRAFE FÜR UNDANKBARKEIT

In der festen Stadt Nabburg lebte eine gewisse Leucardis, verheiratet mit einem jungen Mann. Als sie eines Tages nach Mädchenart mit Glasringen spielte, war ihr Mann aufgebracht darüber, daß sie sich unnützen Tändeleien hingebe, während sie die notwendige Arbeit vernachlässige. Unbedachterweise wünschte er ihr den Teufel an. Und sogleich, damit entweder ihre Tändelei oder die Heftigkeit des Mannes ihre Strafe fänden, fuhr der Teufel in die Frau und quälte sie arg. Und er sprach durch sie lästerliche und schändliche Worte, indem er den an sie Herantretenden ihre Vergehen und Sünden vorwarf. Und als die Priester den Exorzismus über sie sprachen, da sagte der Dämon: »Um eure Worte kümmere ich mich nicht, und euer Geschwätz beachte ich nicht! Für Erminold werde ich aufgespart; er muß mich austreiben! Er hat die Macht erhalten, mich fortzujagen.« Die Anwesenden gerieten in Verwunderung, und sie verstanden nichts von dem, weil in jene Gegend noch nicht die Kunde von dem Gottesmann gedrungen war. Deshalb war großes Rätselraten darüber im Volk, welchen Erminold der Dämon meine, und man sagte untereinander: »Was bedeutet das, was uns der Dämon sagt? Wir wissen nicht, was er meint!« Sie glaubten, er wolle sie verspotten. Nun war aber ein gewisser Rupert aus Regensburg anwesend, der sagte, er verstehe, was der Teufel sage. Und er begann den Anwesenden die Worte zu erklären, die der böse Feind gesprochen hatte, indem er ihnen das Leben, die Heiligkeit und die zahlreichen Wunder des sel. Erminold darlegte. »Jener ist es«, antwortete der Dämon, »jener ist es, von dem ich rede!«

Nachdem ein Wagen zurechtgemacht und die Frau daraufgesetzt worden war, wurde sie von Freunden nach Prüfening gebracht. Als man zu dem Kirchenportal kam, begann sie sich mit Händen und

Füßen zu sträuben. Aber durch Gewaltanwendung ihrer Führer und unter nicht geringer Anstrengung wurde sie auf das Grab des Gottesmannes gelegt. Als dann die Brüder ihre Exorzismen sprachen und für die Gequälte beteten, konnte man sie nur mit Mühe vom Davonlaufen abhalten. Plötzlich, da Gott seinem Diener Ehre erwies, seufzte die Frau tief auf, rief »Ach, ach« und fiel sofort in einen erlösenden Schlaf. Und als sie vom Grab genommen und auf dem Boden auf ein Kissen gebettet worden war und man sie fragte, ob es ihr besser gehe, da antwortete sie, es gehe ihr sehr gut und sie sei befreit, habe aber überhaupt keine Kraft mehr. Ihre Freunde hielten daher ihr die ganze Nacht hindurch Wache am Grab des Heiligen und machten sich am Morgen auf den Weg, um heimzukehren. Und während sie noch reisten, hörten sie die Stimme des Dämons: »Wenn ich auch nicht die Absicht habe, an dich heranzutreten, so werde ich mich doch nicht weit von dir entfernen!« Dennoch wurde die Frau gesund nach Hause gebracht.

Die Freunde der vom Teufel befreiten Frau sagten Gott aber nicht Dank ... Welche Schuld die Undankbarkeit bei Gott darstellt, sollten sie sogleich erfahren: Obwohl sie gehalten waren, die Wohltaten Gottes und seines Dieners bei ihren Leuten zu rühmen und mit dem entsprechenden Lob zu bedenken, so begnügten sich jene damit, sie eher zu verbergen und zu verdecken. Siehe, da kehrte plötzlich, im Beisein ihres Vaters, der Dämon zurück in sein Haus, von dem er ausgezogen war, und er machte die jüngsten Taten dieser Frau schlimmer als die früheren und begann durch ihren Mund schrecklich zu brüllen: »Was ihr zu verbergen trachtet, werde ich allen offenbaren!« Danach begann er sie viel heftiger zu quälen als vorher. Da kamen die Freunde, verwirrt durch die verdiente Strafe, und weil die Heimsuchung ... ihnen Einsicht gab, zu Verstand. Und sie waren voller Reue über ihre Undankbarkeit. Deshalb nahmen sie erneut Zuflucht zu ihrem Wohltäter und baten ganz demütig, er möge sich ihrer und der Leidenden erbarmen und gnädig ihre Nachlässigkeit vergessen. Nachdem sie also wiederum eine Nacht beim Grab des Gottesmannes verbracht hatten, machte Gott die Verdienste seines Dieners kund, und sie erhielten die Frau am Morgen gesund und unversehrt. Wie es sich gehört, lobpreisten sie den Herrn und kehrten mit der gesunden und frohen Frau fröhlich in ihre Heimat zurück.

131 ERMINOLD »STREIKT« ODER EIN MÖRDER ALS ZIMMERMANN DER KAPELLE

Als die Schar der Verehrer des Dieners Gottes [= Erminold] täglich anwuchs, da nahm sich ein Mönch namens Wolfram, der zum Wächter des Grabes bestimmt war, vor, über dem Grab eine Kapelle mit Schranken (= aedificare proposuit aediculam cancelleratam) erbauen zu lassen, und zwar von einem Zimmermann namens Berchtold, der nach einem Mord noch nicht wieder mit der Kirche ausgesöhnt war. Dieser nun begann und vollendete das Werk... Sofort hörte der Diener Gottes, der Abscheu hatte vor dem Frevler, der sein Heiligtum betreten, und vor dem Werk seiner blutigen Hände, mehrere Jahre lang auf, diejenigen, die um die gewohnten Wohltaten baten, zu erhören. Als die Brüder der Sache gewissenhaft nachgingen, entfernten sie klüglich diese Kapelle. Aber die Schmähung Gottes und seines Dieners war noch nicht sofort behoben. Weil nun der nicht vergißt, sich zu erbarmen, dem es eigentümlich ist, sich immer zu erbarmen..., stand im Jahre 1224, als schon ziemlich viel Zeit vergangen war, Phinees [= Gestalt aus dem AT], nämlich der hl. Erminold, da und brachte die Aussöhnung zustande, um den Zorn dessen abzuwenden, den das Werk des Mörders beleidigt hatte. Ein gewisser Waltmann nämlich, ein Bürger von Regensburg, fragte den ihm bekannten Rupert, den Gewandmeister der Brüder, ganz vertraulich, wessen Grab das sei, das man in der Mitte der Klosterkirche sehen könne. Nachdem er gehört hatte, daß es das Grab des ersten Abtes dieses Klosters sei und daß der nämliche ein äußerst heiliges Leben geführt habe und daß er zu Lebzeiten schon und nach seinem Tode durch Wunder berühmt gewesen, jedoch aus unbekanntem Grund bis zur Stunde davon abgekommen sei, Wunder zu tun, da sagte Waltmann zu Rupert: »Wisse, daß in Kürze der Herr wiederum seine Verdienste deutlich machen wird! Ich sah es nämlich in einem Gesicht, wie ich mit vielen Leuten diese Basilika betrat, um zu beten, und siehe da, von der Kopfseite des Grabes wuchs ein, wie es schien, goldener Baum von solcher Größe auf, daß das Ausmaß seiner Äste die ganze Kirche erfüllte und sich zur Kirchentür hinaus ausbreitete...«

132 DAS TAFELWUNDER ODER MECHTILDIS UND DAS IN WEIN VERWANDELTE WASSER

Im Jahre 1160 wurde die hl. Mechtildis [† 1164], Tochter des Grafen Berchtold von Andechs und leibliche Schwester des hl. Otto von Bamberg, die Äbtissin zu Dießen war, in das Kloster Edelstetten in Schwaben »zuregieren erfordert«. Weil aber wegen dessen Gerechtsame ein Streit entstand, ist sie – um diesen beizulegen – von Kaiser Friedrich nach hierher beordert und entweder wegen ihrer Heiligkeit oder wegen Blutsverwandtschaft nach erhaltenem Urteil zur kaiserlichen Tafel eingeladen worden. Sie verlangte dort beständig das von Jugend auf gewohnte Brunnenwasser, das aber bei dieser Tafel wunderbarerweise dreimal in Wein verwandelt wurde. Sie hatte viele heimliche Offenbarungen und bei ihrem »Hintritt« 1164 hörte man eine »Englische Music«.

133 EIN UNBENANNTER ABT

Herzog Ludwig in Bayern [* 1172, † 1231], der Sohn Ottos von Wittelsbach, hatte einen Abt – aus welchem Kloster ist unbekannt – gewisser Geschäfte halber nach Regensburg berufen und ihm in einem Garten ein Sommerhaus, bei dem auch eine Scheuer war, als Herberge angewiesen. Der gottselige, ja heilige Mann begab sich abends, nachdem er geraume Zeit mit Beten zugebracht, »gantz allein in die Ruhe«. Sein Diener, der mit ihm gekommen, hatte vergessen, vor der Tür eine brennende Kerze, die »unbehutsam« auf den Leuchter gesteckt war, auszulöschen. Er legte sich anderwärts auch nieder. Doch zuvor hatte er die Tür des Zimmers, in dem sein Herr war, so verriegelt, daß weder der heraus noch jemand zu ihm hinein konnte. Unterdessen fällt die brennende Kerze vom Leuchter herunter auf die Erde, wo viel Stroh lag, das gleich Feuer fing und eine erschreckliche Brunst verursachte. Es fing alles an zu »braschlen«, und die Hitze wurde so groß, daß der gute Abt, als er dies hörte und fühlte, aufstand und an allen Ecken und Enden suchte, wie er der Gefahr entrinnen könnte. Er fand aber alles verschlossen, »daß er noch auß/ noch an wußte«. Deshalb legte er sich »creutzweis« auf die

Erde nieder, »mit dem Gesicht übersich«. So gab er – von Rauch und Hitze »verstöckt« und auch vom Feuer versengt – seinen Geist auf. Das Unglück kommt dem Fürsten zu Ohren. Er eilt »alsobald mit gantzer seiner Macht herzu . . .« und wendet allen möglichen Fleiß auf, die Flammen zu dämmen, und er läßt Tür und Tor aufbrechen, um den lieben Gast aus der Gefahr zu erretten. Es war aber alles zu spät. Denn als sie den halbverbrannten Leib mitten aus dem Feuer hervorzogen, fanden sie ihn schon verblichen. Und wie sie den Leichnam beschauten, fanden sie, daß der heilige Mann auf seiner bloßen Brust – das Feuer hatte die Kleider verzehrt! – noch unversehrt ein Heiltumgefäß trug, der Leib aber mit einer eisernen Kette umwunden war. Als Herzog Ludwig dies sah, sprach er mit großer Verwunderung zu den Seinen: »Seht! Diesem heiligen Mann war sein Ordenskleid und selbst die strenge Art zu leben nicht rauh genug. Er hat freiwillig dieses eiserne Band hinzugetan, um sich noch mehr zu peinigen und abzutöten.« Darauf erteilte er den Befehl, den Leichnam im Dom zu Regensburg zu bestatten und für ihn den üblichen Gottesdienst zu halten.

Es trug sich hernach zu, daß zwei von der Leibwache des Herzogs bei diesem Gottesdienst anwesend waren und einer davon im Gedränge unversehens auf dem Platz stand, wo der Leichnam des Abtes »beygelegt« worden war. Da begann ihn das »Glock-Feur« sogleich dermaßen zu peinigen, daß er in erbärmliches Geschrei ausbrach. Darauf sagte sein »Gespahn« [= Gefährte] zu ihm: »Hier, Kamerad, ist der neulich gestorbene Abt begraben! Es scheint, Gott will nicht zulassen, daß das Grab eines so heiligen Mannes mit Füßen getreten und so verunehrt wird.« Da springt dann der Soldat sogleich von dem Fleck weg, der Schmerz hört auf. Und der Platz ist künftig als die Grabstätte eines Heiligen in Ehren gehalten worden.

134 DIE WUNDERBARE PREDIGT BERTHOLDS VON REGENSBURG ODER DER OCHSENTREIBER

Einer der berühmtesten Redner des Mittelalters war der Mönch Berthold von Regensburg [* um 1200/10, † 1272]. Wenn er predigen wollte, bestieg er einen Belfried, einen hölzernen Turm, der etwa

nach Art eines Glockenturms gebaut war und den er auf den Feldern als Kanzel benutzte. Auf seiner Spitze war eine Fahne aufgepflanzt, damit das Volk aus der Richtung des Windes erkannte, auf welcher Seite es sich niedersetzen sollte, um ihn am besten zu hören. Und es ist wunderbar zu sagen: Es hörten und verstanden ihn ebenso gut die von ihm entfernt wie die unmittelbar neben ihm Sitzenden, und keiner stand während seiner Predigt auf und entfernte sich, bevor sie zu Ende war. Wenn er über das Jüngste Gericht predigte, zitterten alle so, wie die Binse im Wasser zittert, und sie baten ihn um Gottes willen, darüber nicht zu predigen, weil sie gar fürchterliche und schreckliche Not hätten, wenn sie ihn anhörten.

Während Bruder Berthold eines Tages an einem Ort predigen sollte, geschah es, daß ein Ochsentreiber seinen Herrn bat, er möchte ihm um Gottes willen gestatten, Bruder Bertholds Predigt anzuhören. Sein Herr antwortete ihm aber: »Ich werde zur Predigt gehen, du aber auf den Acker, um mit deinen Ochsen zu pflügen!« Als der Ochsentreiber aber am frühen Morgen mit Pflügen begonnen hatte, hörte er wunderbarerweise sogleich das erste Wort der Predigt Bruder Bertholds, der an jenem Tag dreißig Meilen weit von ihm entfernt weilte, und alsbald spannte der Ochsentreiber die Ochsen vom Pfluge los, daß sie fraßen und er selbst sitzend die Predigt anhören könnte. Und es geschahen dabei drei höchst erwähnenswerte Wunder. Das erste war, daß er den Prediger hörte und verstand, obwohl er dreißig Meilen von ihm entfernt war; das zweite, daß er die ganze Predigt lernte und im Gedächtnis behielt; das dritte, daß er nach Beendigung der Predigt eine so große Strecke pflügte, wie er an anderen Tagen ohne Pause zu pflügen pflegte.

Als der Ochsentreiber später seinen Herrn nach der Predigt Bruder Bertholds fragte, der Herr sie ihm aber nicht zu wiederholen vermochte, sagte sie ihm der Ochsentreiber von Anfang bis zu Ende her und fügte hinzu, er hätte sie auf dem Acker gehört und auswendig gelernt. Da erkannte der Herr, daß hier ein Wunder geschehen wäre und gab dem Ochsentreiber volle Freiheit, nach Belieben zu den Predigten Bruder Bertholds zu gehen, soviel Knechtsarbeit auch augenblicklich zu tun wäre.

135 BERTHOLD VON REGENSBURG UND DER BURGHERR

Als Bruder Berthold einmal mit einem Gefährten in der Dämmerung den Weg entlang wanderte, wurde er von den Schergen eines Burghauptmannes aufgegriffen und auf der Burg ohne Abendmahlzeit und in schlechter Herberge die Nacht über in Gewahrsam gehalten. Jener Burgherr aber war wegen seiner Missetaten bei den Bürgern verhaßt. Am nächsten Tag wollte er die Gefangenen durch seinen Henker abtun lassen.

Während Bruder Berthold schlief, war sein Gefährte, der Laienbruder, wach, hörte das über ihn vom Burgherrn verhängte Todesurteil und begann in seiner Angst den Bruder Berthold mehrmals anzurufen. Als der Burgherr den Namen des Bruder Berthold hörte, kam ihm der Gedanke, es könnte am Ende jener berühmte Prediger sein, von dem er Wunderdinge hatte berichten hören. Er rief den Henker sogleich zurück und befahl, den Brüdern kein Leid zuzufügen, sondern sie vor ihn zu bringen. Und als er vernahm, daß der eine wirklich Berthold von Regensburg war, warf er sich ihm zu Füßen, umarmte und küßte ihn und bat ihn auch um die Gunst, ihn um Gotteslohn predigen hören zu dürfen.

Während der Burgherr nun seine Spießgesellen zusammenrief, sagte der Gefährte zu Berthold: »Wisse, Bruder, daß von jenem Mann das Todesurteil über uns gefällt worden ist. Wenn Ihr daher jemals gut von den Höllenstrafen und der Paradieswonne gepredigt habt, so bedürft Ihr jetzt solcher Meisterschaft.« Daraufhin versenkte sich Bruder Berthold ins Gebet zu Gott und predigte dann so glänzend, daß alles zu bittern Tränen gerührt war. Bevor er den Platz verließ, nahm er allen die Beichte ab und befahl ihnen, die Burg zu verlassen, das geraubte Gut zurückzuerstatten und zeit ihres Lebens in Buße zu verharren. Der Burgherr aber warf sich ihm zu Füßen und bat unter vielen Tränen, ihn in den Orden des hl. Franziskus aufzunehmen, was Berthold auch tat. Wie der Mann sich aber anschickte, Bruder Berthold zu folgen, ließ dieser es aus Furcht vor der Wut des Volkes, das jener gereizt und das noch nicht von seiner Bekehrung gehört hatte, nicht zu.

Als Berthold später zur Stadt kam, wollte das Volk ihn predigen hören. Die Leute versammelten sich im Kiesbett eines Flusses, wo gegenüber der Kanzel Räuber am Galgen hingen. Der Burgherr war dem berühmten Prediger trotz dessen Warnung gefolgt. Am Ort der Predigt wurde er sogleich erkannt, gefangengenommen und unverzüglich zum Galgen geschleppt. Alle liefen hinter ihm her und riefen und schrien: »Hängt unsern schlimmsten Feind auf und laßt ihn des schlimmsten Todes sterben!«

Wie aber Bruder Berthold das Volk zusammenströmen und seine Predigt verlassen sah, wunderte er sich sehr und sprach: »Niemals ist es mir geschehen, daß jemand meine Predigt vor ihrem Ende und vor Erteilung des Segens verließ!« Weil man ihm nun erzählte, daß jener Burgherr eingefangen worden wäre und zum Galgen geschleppt würde, zitterte er am ganzen Körper und sprach traurig: »Wisset, daß ich ihm und allen seinen Genossen die Beichte abgenommen und ihn in den Orden des hl. Franziskus aufgenommen habe. Er ist jetzt gekommen, um mich predigen zu hören, laßt uns deshalb alle eilen, um ihn zu befreien!«

Da sie aber zum Galgen eilten, war jener schon hochgezogen und hatte ausgeatmet. Auf Befehl Bruder Bertholds wurde er heruntergelassen, und nun fand man an seinem Hals ein mit goldenen Lettern bedecktes Kärtchen, auf dem geschrieben stand: »Er ist bald vollkommen geworden und hat viele Jahre erfüllt; denn seine Seele gefällt Gott. Darum eilt er mit ihm aus dem bösen Leben« (Weisheit 4,13.14).

Bruder Berthold sandte nun nach den Brüdern in der Stadt. Die kamen und sahen die Wunder Gottes. Der Burgherr aber wurde ehrenvoll im Kloster begraben.

136 ALBERTUS MAGNUS UND DAS REDENDE MENSCHENHAUPT

Albertus Magnus [* um 1200, † 1280] hatte in jahrelanger mühevoller Arbeit ein kunstvolles Menschenhaupt geschaffen, das wie ein lebender Mensch sprechen konnte. Einmal führte er dieses technische Wunderwerk seinem Schüler Thomas von Aquin vor. Als dieser das Menschenhaupt sprechen hörte, überkam ihn ein gewaltiger Zorn. Er konnte nicht begreifen, daß es Albertus Magnus wagte, Gottes Schöpfung auf solche Weise nachzuahmen. Mit einem mächtigen Faustschlag zertrümmerte er das Kunstwerk. Gelassen und ruhig sprach Albertus: »Weißt du, mein Freund, daß du mir das Ergebnis einer dreißigjährigen Arbeit zerstört hast?«

Die Selbstbeherrschung, mit der Albertus Magnus angesichts seines zertrümmerten Meisterwerkes seinen Unmut bezwang, war wohl noch eine höhere Leistung als sein sprechendes Menschenhaupt.

137 VON FRIEDRICHS ERBARMEN MIT DEN ARMEN ODER WIE BROTRESTE IN HOBELSPÄNE VERWANDELT WURDEN

I

Friedrich [† 1329] war von so großer Freigebigkeit gegenüber den Armen, daß er in ihnen gleichsam Christus verehrte. Was er an Lebensmitteln, über den Bedarf der Brüder hinaus, sammeln konnte, das gab er alles den Armen. Den Brüdern wartete er bei Tisch überaus sorgfältig auf; die Überreste [eigentlich: micas et fragmentas] jedoch trug er zusammen und verteilte sie gewöhnlich an bestimmten Tagen unter die Armen und Bedürftigen.

Eines Tages aber ereignete sich folgendes: Der Diener Gottes trug gerade in seinem Gewand viele Brotstücke und anderes fort, was die Brüder nicht bedurften und das er in der Küche gefunden hatte. Er wollte es an die Armen verteilen, die ihn schon vor der Pforte erwarteten. Da begegnete ihm der Prior und fragte, was er da trage. Der Gottesmann beteuerte ihm, er trage Hobelspäne oder – wie man gewöhnlich sagt: »Schaitten«. Als der Prior dies sehen wollte, fand er keine Brotreste, sondern Hobelspäne!

Nachdem der Prior aber gegangen war, gab Friedrich den Armen keine Hobelspäne, sondern Brotreste – wie früher! Dafür sagte er Gott Dank.

Zur Erinnerung an dieses große Wunder bewahrt man seit Urväterzeiten die in Hobelspäne ... verwandelten Brotreste im [auf dem?] Altar auf, der St. Katharina geweiht ist.

II

Friedrich, ein Laienbruder aus dem Orden der sogenannten Eremiten des hl. Augustinus, hat im Kloster dieses Ordens zu Regensburg sein Leben zugebracht. Er war voller Mitleid gegenüber den Bedürftigen. Deshalb hat er ihnen etliche Male aus innerem Antrieb, aber ohne Wissen seiner Oberen, Speisen zugetragen, »welches auch Gott ihme nicht mißfällig zuseyn/ mit übernatürlichen Würckungen bestättiget«. Denn ausgerechnet als er wieder einmal etwas Brot bei sich trug, um es an die Armen bei der Pforte zu verteilen, begegnete ihm der Klostervorsteher und fragte ihn, was er bei sich trage. Er zeigte ihm gehorsam, was er hatte. Der Pater Prior aber sah nichts als »Schaitten und Hobelspän«. Die Armen jedoch haben gleich erfahren, daß es wahres Brot sei.

138 DAS WUNDER IM WEINKELLER

Einmal, als Friedrich eben im Keller »Wein in ein Geschirr herauß lassete«, wurde er schnell zu dem Klosterobern gerufen. Er lief so behend, daß er sogar vergaß, den Hahn am Faß »zuzureiben« [= zuzudrehen], ja den »Reiber« mit sich zu dem Obern trug. Der erschrickt, eilt sogleich mit Friedrich in den Keller und sieht mit eigenen Augen, daß nicht ein Tröpflein aus dem offenen Hahn läuft, »welches er dan für ein Wunder deß behenden Gehorsams Friderici erkennet«.

139 FRIEDRICH IN DER HOLZHÜTTE ODER EIN ENGEL BRINGT DIE HOSTIE

I

Einst stand ein Festtag vor der Tür, an dem die jüngeren Brüder gemäß den Satzungen der Alten (= secundum instituta maiorum . . .) zu kommunizieren pflegten. Bruder Friedrich bereitete sich deshalb mit größter Frömmigkeit auf den Empfang des Abendmahls vor. Als er jedoch am Morgen des betreffenden Tages – aus einer dringenden Notwendigkeit heraus – sich gezwungen sah, Holz zur Küche zu tragen, was er willig tat, da wurde er von Traurigkeit erfüllt, da er nicht zur Kommunion gehen konnte. Aber, o Herr Jesu, du hast deinen Knecht nicht verlassen und auch nicht geduldet, daß er in seinem Verlangen enttäuscht werde! Denn als an diesem Tage während des heiligsten Meßopfers die anderen Brüder das heilige Sakrament empfingen, da kam ein Engel des Herrn, nahm eine von den konsekrierten Hostien und brachte sie dem Diener Gottes, der Holz sammelte. Friedrich nahm dies voller Freude wahr und empfing dann – auf die Erde hingestreckt – in tiefster Ehrfurcht vom Engel das Sakrament.

B. FRIDERICVS Ratisbonensis Ord:
Ere: S. Augustini Laicꝯ.

Der Priester am Altar jedoch bemerkte, daß ihm eine Hostie fehlte. Von heftigem Schrecken erfaßt, glaubte er, dies sei ihm aufgrund seiner Nachlässigkeit oder aus einem anderen Grund widerfahren. Schweigend sann er vor sich hin und ging mehrere Tage mit gramvollem Gesichtsausdruck umher. Als nun der hl. Bruder die Traurigkeit des Priesters bemerkte, da enthüllte er ihm das Geschehen und bat ihn, bei seinen Lebzeiten niemand davon zu erzählen. Der Priester tat dies und empfand fürderhin eine große Verehrung für ihn: er ehrte Gott in seinem Knechte.

II

Als Friedrich einmal in der Holzhütte beschäftigt war, überkam ihn eine große Begierde, das heiligste Sakrament des Altars zu genießen. Es las eben ein Priester die heilige Messe. Dem wurde »unvermerckt« ein Teil der konsekrierten Hostie entzogen, und als er lang und emsig danach suchte, erfuhr er, daß sie dem Laienbruder von einem Engel zugetragen worden sei.

140 FRIEDRICH UND DAS ROSENWUNDER

Als ein Bruder einmal das Meßopfer feierte, diente Friedrich ihm – da er zu diesem Dienst von allen der willfährigste war – als Ministrant. Wie er gerade aus der Tiefe seines Herzens demütige Gebete sprach, sah er einen Engel Gottes vom Himmel herabsteigen, der wunderschöne Rosen von ungeahntem Duft brachte, sie auf den Altar legte und darauf in den Himmel zurückkehrte.

Diese Rosen las der Diener Gottes auf und verbarg sie voller Fröhlichkeit bis die Messe zu Ende war. Als der Priester aber nach der Messe fragte, was er aufgehoben habe, wagte er nicht, die Sache zu verheimlichen, und er zeigte die ihm von Gott geschickten Rosen. Als die Nachricht davon zum Prior und den anderen Brüdern gedrungen war, ersahen sie daraus seine Heiligkeit.

141 DIE KLAUSNERIN »AUF DEM GEWELB« ODER DIE VORHERGESAGTE TODESSTUNDE

I

Als die Klausnerin bei der Georgskapelle am Wiedfang – unweit der Steinernen Brücke – sehr schwer krank wurde, fiel Bruder Friedrich auf die Knie und bat Gott für seine Dienerin. Da erschien ihm der Engel Gottes und verkündete ihm den Tag und die Stunde, wann die Klausnerin sterben sollte. Der Bruder merkte wohl auf. Und wie der Engel es geoffenbart, so geschah es.

II

Friedrich, der glühendste Liebhaber Gottes, war bekannt durch die göttlichen Gaben, die ihm zuteil wurden. Er besaß auch die Gabe der Prophezeiung, was mehrere Leute bezeugen können, denen er manches, bevor es eintraf, offenbarte und vorhersagte. Neben anderen Begebenheiten ist auch folgende bekannt geworden:
Es gibt in unserer Stadt Regensburg – nicht weit von der Steinernen Brücke – ein Inklusorium, das zur Kirche St. Georg gehört. In diesem Inklusorium lebte eine gottergebene Inkluse. In Jungfräulichkeit und Demut hatte sie dort viele Jahre verbracht. Da sie nun altersschwach wurde und krank war, schlief sie in einem Bett. Als der Mann Gottes sie besuchte und zur Geduld ermahnte, sagte er auch, er wolle für sie beten. So blieb sie getröstet zurück.
Als Friedrich ins Gebet für die Gottesdienerin vertieft war, offenbarte ihm ein Engel durch göttliche Eingebung, daß die Klausnerin an diesem Tag und zu dieser Stunde aus dieser Sterblichkeit zu ewigen Freuden wandern werde, um das himmlische Reich zu empfangen. Einigen Brüdern offenbarte der Mann Gottes dies im vertraulichen Gespräch. Sie merkten sich Tag und Stunde und fanden, daß die Dienerin Gottes zum angegebenen Zeitpunkt – wie es vom Knecht verkündigt worden war – die Bürde ihres Leibes abgelegt hatte.

142 EIN ENGEL TRÖSTET FRIEDRICH

Als Friedrich einmal bei einem Kranken wachen sollte, schlummerte er vor Müdigkeit ein wenig ein. Da erschien ihm ein Engel, der ihn tröstete und zudem dem Kranken die völlige Gesundheit brachte.
»Endlichen haben nit wenig Krancke/ da sie Friderici Leychnam mit Andacht berührt/ ihres Vertrauens Lohn die Gesundheit darvon getragen ... Er ist mit seeligem Tod abgangen im Jahr Tausend drey Hundert neun und zwaintzig/ der Tag und Monath seynd nit bemerckt. Das Grab ist so schlecht/daß wohl zu wünschen/ eine solche Tugend wäre mit einem Ehrlichern versehen.«

143 FRIEDRICH GLÄNZT MIT WUNDERN

... Als der Körper des Toten [= Friedrich], wie es Brauch ist, entkleidet und gewaschen worden war, ging von ihm ein so starker Duft aus, daß er die Sinne aller Anwesenden durchdrang. Sodann wurde er auf die Bahre gelegt, und er begann, mehrere Tage hindurch, mit Wundern zu glänzen.
Nachdem der Mann Gottes gestorben war und man die Glocken geläutet hatte, kommt eine große Menschenmenge zusammen; die ganze Bürgerschaft ist in Aufruhr. Männer und Frauen eilen zur Kirche der Brüder und begehren Friedrich, den sie im Leben liebten, auch als Toten zu sehen. Er stand nämlich bei den Menschen in hohem Ansehen; sie verehrten ihn, als ob er vom Himmel geschickt worden wäre. Vielen Leuten, die nun herantraten, ihm Haare und Teile seiner Kleider abschnitten und diese als Reliquien aufbewahrten und froh in ihr Haus zurückkehrten, widerfuhren auf seine Bitte hin verschiedene Wohltaten ...
Bestattet wurde er nahe dem Fronleichnamsaltar (= prope Christi corporis aram) auf der linken Seite der Kirche, wo ein Stein mit einem gemeißelten Epitaphium zum immerwährenden Andenken an diesen Mann gesetzt ist. Gestorben ist der sel. Bruder Friedrich, der fromme Laienmönch, im Jahre der Menschwerdung 1329, an der Vigil des Apostels Andreas.

144 DAS WIEDERENTDECKTE GRAB

Friedrich wurde in der Augustinerkirche, die an der Ecke des Neupfarrplatzes und der Oberen Bachgasse stand, bestattet. Im Lauf der Jahrhunderte aber geriet sein Grab in Vergessenheit.
Eines Tages gewahrte der Kirchendiener beim Nachgießen von Öl in die Ampel ein strahlendes Licht, das die ganze Kirche erhellte. Der Prior ließ an der Stelle, wo der Lichtstrahl auf den Boden traf, nachgraben. Dabei stießen die Arbeiter auf die Gebeine Friedrichs und den dazugehörenden Denkstein.

145 FRIEDRICHS WUNDERTATEN ODER DER BESTRAFTE PRIOR

Viele Zeichen und Wunder hat Gott durch diesen Mann gewirkt. Wegen der Nachlässigkeit der Früheren sind aber nur wenige davon aufgeschrieben worden; vieles aus seinem Leben und von seinen Wundern hat die Vergangenheit verlöscht. Weil unsere Vorfahren sich weniger der Gelehrsamkeit hingegeben haben, sind sie und andere Wunder in den Schriften nicht erhalten.
Dennoch kann ich [= H. Streitel] aufgrund des Berichts von Glaubwürdigen nicht mit Stillschweigen übergehen, was einem Prior dieses Ortes geschah. Als er den Grabstein des heiligen Mannes wegbewegen wollte, damit dieser die Vorübergehenden nicht behindere, wurde er mit Blindheit geschlagen. Er ließ von seinem Vorhaben ab und bekam auf ein Gelübde hin wieder das verlorene Gesicht.

146 DAS HILFREICHE GELÜBDE

Anno 1462 riß hier eine Pest ein, an der in einem dreiviertel Jahr 2500 Personen starben. In unserem Kloster [= St. Emmeram] sind binnen einem Monat 16 Religiosen »aufgangen«. Sobald aber der damals regierende Abt Konrad mit dem noch übriggebliebenen Konvent Gott gelobte, das Fest des heiligen Märtyrers und allgemeinen Pestpatrons Sebastian künftig hochfeierlich zu halten und mit allem Hausgesind »den heiligen Abend zu fasten«, am heiligen Fest zu beichten und zu kommunizieren, ist man durch die Gnade Gottes von weiterem Fall verschont geblieben. Dieses Gelübde aber wird noch bis auf den heutigen Tag fleißigst gehalten.

147 BISCHOF WITTMANN UND DER TEUFEL

Der selige Bischof Wittmann [* 1760, † 1833] ist von Regensburg her gern bei der Muttergottes zu Frauenbründl [südl. von Abbach] zu Besuch gewesen. Einmal saß er im Haus neben der Kapelle auf der Stiege und betete. Da wurde er mit Steinen beworfen. Als er zum Fenster ging, um nach den Übeltätern zu schauen, sah er, daß das Fenster geschlossen war. Der Bischof hatte kaum wieder zu beten begonnen, da hagelten erneut Steine auf ihn nieder. Und dann noch ein drittes Mal.
Da erhob sich der Bischof voller Entrüstung und sprach: »Satan, mein Gebet mißfällt dir wohl? Aber je mehr du mich verfolgst, desto standhafter werde ich beten!« Nun hatte der Bischof Ruhe.

KAISER UND KÖNIGE

...*Reich/Szepter/Macht/wie auch die Cron/
ist nunmehr all's verlohren*...

Anselm Godin

148 ADELGER

Zur Zeit von Kaiser Severus war in Bayern ein Herzog mit Namen Adelger. Der stand in großem Lob und wollte sich nicht vor den Römern demütigen. Da es nun dem König [sic!] zu Ohren kam, daß niemand im ganzen Reich ihm die gebührende Ehre verweigere außer Herzog Adelger, so sandte er Boten nach Bayern und ließ ihn nach Rom entbieten. Adelger hatte einen getreuen Mann, den er in allen Dingen um Rat fragte. Den rief er zu sich in sein Gemach und sprach: »Ich bin ungemut, denn die Römer haben nach mir gesandt, und mein Herz steht nicht dahin. Sie sind ein böses Geschlecht und werden mir Böses antun. Gern möcht ich dieser Fahrt entübrigt sein, rate mir dazu, du hast kluge Gedanken!« Der alte Ratgeber antwortete: »Gern rat ich dir alles, was zu deinen Ehren steht. Willst du mir folgen, so sende nach deinen Mannen und heiße sie sich kleiden in das beste Gewand, das im Land gefunden wird! Fahr mit ihnen furchtlos nach Rom und sei ihm bereit in allem, was recht ist. Denn du bist nicht stark genug, um wider das Römische Reich zu fechten. Verlangt der König aber über sein Recht hinaus, so kann's ihm übel ausschlagen!«
Herzog Adelger berief seine Mannen und zog [512] an den Hof des Königs nach Rom, wo er übel empfangen wurde. Zornig sprach der König ihm entgegen: »Du hast mir viel Leid angetan, das sollst du heute mit deinem Leben büßen!« – »Dein Bote«, antwortete Adelger, »hat mich zu Recht und Urteil hierhergeleitet. Was alle Römer sprechen, dem will ich mich unterwerfen und hoffen auf deine Gnade.« – »Von Gnade weiß ich nichts mehr«, sagte der König, »das Haupt soll man dir abschlagen, und dein Reich soll einen andern Herrn haben.«
Als die Römer den Zorn des Königs sahen, legten sie sich dazwischen und erlangten, daß dem Herzog Leib und Leben geschenkt wurde. Darauf berieten sie sich. Schließlich schnitten sie ihm sein Gewand ab, daß es ihm nur noch zu den Knien reichte, und sie schnitten ihm auch das Haar vorne aus. Damit gedachten sie den edlen Helden zu entehren. Adelger aber ging hart ergrimmt in seine Herberge. Alle seine Mannen trauerten, doch der alte Ratgeber sprach: »Herr, Gott erhalte dich! Laß nur dein Trauern sein und tu nach meinem Rat, so soll alles zu deinen Ehren ausgehen!« – »Dein Rat«, sagte Adelger,

»hat mich hierher gebracht. Magst du nun mit guten Sinnen meine Sache herstellen, so will ich dich um so werter halten. Kann ich aber meine Ehre nicht wiedergewinnen, so komm ich nimmermehr heim nach Bayerland.« Der Alte sprach: »Herr, nun heiß mir tun, wie dir geschehen ist! Sende nach all deinen Männern und leih und gib ihnen, daß sie sich allesamt scheren lassen. Damit rette ich dir all deine Ehre.« Da forderte der Herzog jeden Mann einzeln vor sich und sagte: »Wer mir in dieser Not beisteht, dem will ich leihen und geben. Wer mich liebhat, der lasse sich scheren, wie mir geschehen ist.« Ja, sprachen alle seine Leute, sie wären ihm treu bis in den Tod und wollten alles erfüllen. Zur Stunde schoren sich alle das Haar und kürzten das Gewand, daß es nur noch bis an die Knie reichte. Die Helden waren lang gewachsen und herrlich geschaffen, tugendreich und lobesam, so daß es jeden wunder nahm, der sie ansah, so vermessen war ihre Gebärde.

Früh am anderen Morgen ging Adelger mit all seinen Mannen zum Königshof. Als der König sie ansah, sagte er halb im Zorn: »Rede, lieber Mann, wer hat dir diesen Rat gegeben?« – »Ich führe mit mir einen treuen Dienstmann«, sprach Herzog Adelger, »der mir schon viel Treue erwiesen hat. Der ist es gewesen. Auch ist es Brauch bei unsern Bayern daheim: ›Was einem zuleide geschieht, das müssen wir allesamt dulden.‹ So tragen wir uns nun einer wie der andere, arm oder reich, und das ist unsere Sitte so.« Der König von Rom sprach: »Gib mir jenen alten Dienstmann! Ich will ihn an meinem Hofe halten, wenn du von hier scheidest. Damit sollst du all meine Gnade gewinnen.« So ungern es auch der Herzog tat, so konnte er doch dieser Bitte nicht ausweichen: Er nahm den treuen Ratgeber bei der Hand und befahl ihn in die Gewalt des Königs. Darauf nahm er Urlaub und schied heim in sein Vaterland. Voraus aber sandte er Boten und befahl all seinen Untertanen, die Lehnsrecht oder Rittersnamen haben wollten, daß sie sich das Haar vorne ausschnitten und das Gewand abschnitten, und wer es nicht täte, daß er die rechte Hand verloren hätte. Als es nun bekannt wurde, daß sich die Bayern so schoren, da gefiel der Brauch hernach allen in deutschen Landen.

Es dauerte aber nicht lange, so war die Freundschaft zwischen dem römischen König und dem Herzog wieder zergangen. Und Adelger wurde von neuem aufgefordert, nach Rom zu ziehen, bei Leib und

Leben; der König wolle mit ihm reden. Adelger war ungemut über dieses Ansinnen. Deshalb sandte er heimlich einen Boten nach Welschland zu seinem alten Dienstmann. Den sollte er bei seiner Treue mahnen, ihm des Königs Willen zu offenbaren, weshalb er ihn an den Hof rief, um ihm zu raten, ob er kommen oder bleiben sollte. Der alte Mann sprach aber zu Adelgers Boten: »Es ist nicht recht, daß du zu mir fährst! Zuvor, als ich dem Herzog gehörte, riet ich ihm immer das Beste. Er gab mich dem König hin, daran warb er übel. Denn verriete ich nun das Reich, so täte ich dies als ein Treuloser. Doch will ich dem König am Hof ein Beispiel erzählen, das magst du dir wohl behalten und deinem Herrn hinterbringen. Frommt es ihm, so steht es gut um seine Ehre.«
Am andern Morgen in der Früh, als der ganze Hof versammelt war, trat der Alte vor den König und bat sich aus, daß er ein Beispiel erzählen dürfte. Der König sagte, daß er ihn gern hören würde. Und der alte Ratgeber begann: »Vorzeiten, wie mir mein Vater erzählte, lebte hier ein Mann, der mit großem Fleiß seinen Garten wartete und viel gute Kräuter und Würze darin zog. Dies wurde ein Hirsch gewahr. Der schlich sich nachts in den Garten und zerfraß und verwüstete die Kräuter des Mannes, daß alles niederlag. Das trieb er manchen Tag lang, bis ihn der Gärtner erwischte und seinen Schaden rächen wollte. Doch war ihm der Hirsch zu schnell: Der Mann schlug ihm bloß das eine Ohr ab. Als der Hirsch dennoch nicht von dem Garten ließ, schlug er ihm halb den Schwanz ab. ›Das trag dir‹, sagte er, ›zum Wahrzeichen! Schmerzt's dich, so kommst du nicht wieder.‹ Bald aber heilten dem Hirsch die Wunden, er strich seine alten Schliche und äste dem Mann Kraut und Wurzeln ab, bis dieser den Garten listig mit Netzen umstellen ließ. Wie nun der Hirsch entfliehen wollte, wurde er gefangen. Der Gärtner stieß ihm seinen Spieß in den Leib und sagte: ›Nun wird dir das Süße sauer, und du bezahlst mir meine Kräuter teuer!‹ Darauf nahm er den Hirsch und zerwirkte ihn, wie es sich gehörte. Ein schlauer Fuchs lag still daneben in einer Furche. Als der Mann wegging, schlich der Fuchs hinzu und raubte das Herz vom Hirsch. Wie nun der Gärtner, vergnügt über seine Jagd, zurückkam und das Wild holen wollte, fand er kein Herz dabei. Er schlug die Hände zusammen und erzählte zu Haus seiner Frau das große Wunder von dem Hirsch, den er erlegt habe, der groß und stark gewesen, aber kein Herz im Leib gehabt.

›Das hätte ich zuvorsagen wollen‹, antwortete des Gärtners Weib, ›denn als der Hirsch Ohr und Schwanz verlor, so wär er, hätte er ein Herz gehabt, nimmer wieder in den Garten gekommen.‹«
All diese kluge Rede nützte dem Boten Adelgers nichts, denn er vernahm sie einfältig und kehrte mit Zorn nach Bayern zurück. Als er den Herzog fand, sprach er: »Ich habe viel Arbeit erlitten und nichts damit erworben; was sollte ich da zu Rom tun? Der alte Ratgeber entbietet dir nichts zurück als ein Beispiel, das er dem König erzählte. Das hieß er mich dir hinterbringen. Daß er ein übel Jahr haben möge!«
Als Adelger das Beispiel vernahm, rief er schnell seine Mannen zu sich. »Dies Beispiel«, sagte er, »will ich euch, ihr Helden, wohl erklären. Die Römer wollen mit Netzen meinen Leib umgarnen. Wißt aber, daß sie mich zu Rom in ihrem Garten nimmer berücken sollen. Sollten sie mich aber in Bayern selbst heimsuchen, so wird ihnen der Leib durchbohrt, sofern ich ein Herz habe und meine lieben Leute mir helfen wollen.«
Da man nun am römischen Hof erfuhr, daß Adelger nicht nach Rom gehen wollte, sagte der König, so wolle er sehen, in welchem Land der Herzog wohne. Das Heer wurde versammelt und brach, dreißigtausend wohlbewaffnete Knechte stark, schnell nach Bayern auf. Erst zogen sie vor Bern, dann ritten sie durch Triental. Adelger, mit jugendlichem Mut, sammelte all seine Leute, Freunde und Verwandte. Am Inn stießen sie zusammen. Der Herzog trat auf eine Anhöhe und redete zu ihnen: »Wohlan, ihr Helden, unverzagt! Jetzt sollt ihr nicht vergessen, sondern leisten, was ihr mir gelobt habt. Man tut mir großes Unrecht. Zu Rom wurde ich gerichtet und hielt meine Strafe aus, als mich der König schändete an Haar und Gewand; damit gewann ich Verzeihung. Nun sucht er mich ohne Schuld heim. Läge der Mann im Streit tot, so wäre die Not gering. Aber sie werfen uns in den Kerker und quälen unsern Leib, höhnen unsere Weiber, töten unsere Kinder, stiften Raub und Brand. Nimmermehr gewinnt Bayern die Tugend und Ehre, die es unter mir gewohnt war. Um so mehr, ihr Helden, verteidigt beides, Leib und Land!« Alle reckten ihre Hände auf und schwuren: Wer heute entrinne, solle nimmerdar auf bayrischer Erde Eigen oder Leben haben.
Gerold, den Markgrafen, sandte Adelger ab, daß er den Schwaben die Mark wehrte. Er focht mit ihnen einen starken Sturm, doch Gott

machte ihn sieghaft: Er fing Brenno, den Schwabenherzog, und hing ihn an einem Galgen auf.

Rudolf, den Grafen, mit seinen beiden Brüdern, sandte Adelger gegen Böhmen, dessen König mit großer Macht zu Salre lag und Bayern verheerte. Rudolf nahm selbst die Fahne und griff ihn vermessen an. Er erschlug den König Osmig und gewann allen Raub wieder. Zu Kambach wandte er seine Fahne.

Wirent, den Burggrafen, sandte Adelger gegen die Hunnen. Niemand kann sagen, wieviel von ihnen in der Schlacht tot lagen. Einen sommerlangen Tag wurden sie bis an die Traun getrieben. Da genasen sie kaum.

Herzog Adelger selbst leitete sein Heer gen Brixen in das Feld. Da schlugen sie ihr Lager auf. Das sahen die Wartmänner der Römer. Die richteten ihre Fahne auf und zogen den Bayern entgegen. Da fielen viele Degen und brach mancher Eschenschaft! Volkwin stach den Fähnrich des Königs, daß ihm der Spieß durch den Leib drang. »Diesen Zins«, rief der vermessene Held, »bringe deinem Herrn und sage ihm, das sei dafür, daß er meinen Herrn an Haar und Gewand schändete!« Volkwin zuckte die Fahne wieder auf, nahm das Roß mit den Sporen und durchbrach die Schar der Römer. Von keiner Seite wollten sie weichen, und viele fromme Helden sanken zu Boden. Der Streit währte den sommerlangen Tag. Die grünen Fahnen der Römer wurden blutfärbig, ihre leichte Schar troff von Blut. Da konnte man kühne Jünglinge schwer verhauen sehen, Mann fiel auf Mann, das Blut rann über eine Meile. Da konnte man nichts als Ach und Weh schreien hören! Die kühnen Helden schlugen aufeinander ein; sie wollten nicht von dem Kampfplatz weichen, weder aus Angst vor dem Tod noch wegen irgendeiner anderen Not. Sie wollten ihre Herren nicht verlassen, sondern sie mit Ehren von dannen bringen; das war ihr aller Ende.

Der Tag begann sich zu neigen, da wankten die Römer. Volkwin, der Fähnrich, gewahrte dies und kehrte seine Fahne gegen den König der Römer. Auf ihn drangen die mutigen Bayern mit ihren scharfen Schwertern ein und sangen das Kriegslied. Da vermochten die Welschen weder zu fliehen noch zu fechten. Severus sah, daß die Seinen erschlagen oder verwundet lagen und die Walstätte nicht behaupten konnten. Das Schwert warf er aus der Hand und rief: »Rom, dich hat Bayern in Schmach gebracht, nun acht ich mein Leben nicht länger!«

Da erschlug Volkwin den König. Als der König erschlagen war, steckte Herzog Adelger seinen Schaft in die Erde neben den Haselbrunnen: »Dies Land hab ich gewonnen, den Bayern zu Ehre; diese Mark diene ihnen immerdar.«

149 KÖNIG AUTHARI ODER DER KÜHNE BRAUTWERBER

Authari [† 590], König der Lamparten [= Langobarden], sandte nach Bayern zu König Garibald und ließ um dessen Tochter Theodelinde (Dietlind) freien. Garibald nahm die Boten freundlich auf und sagte die Braut zu. Auf diese Botschaft hin hatte Authari Lust, seine Verlobte selbst zu sehen; er nahm wenige, aber geprüfte Leute mit, darunter seinen Getreuesten, der als Ältester den ganzen Zug anführen sollte.

So langten sie ohne Verzug in Bayern an und wurden dem König Garibald, wie andere Gesandte auch, vorgestellt. Der Älteste sprach den üblichen Gruß, hernach trat Authari selbst, der von keinem Bayer erkannt wurde, vor und sagte: »Authari, mein Herr und König, hat mich hierhergesandt, damit ich die ihm bestimmte Braut, die unsere Herrin werden soll, schaue und ihm über ihre Gestalt genau berichten könne.« Auf diese Worte hieß der König seine Tochter kommen. Und als sie Authari stillschweigend betrachtet hatte, auch gesehen, daß sie schön war und seinen Augen gefiel, redete er weiter: »Weil ich, o König, deine Tochter so gestaltet sehe, daß sie wert ist unsere Königin zu werden, möge es dir belieben, daß ich aus ihrer Hand den Weinbecher empfange.« Der König gab seinen Willen dazu, Dietlind stand auf, nahm den Becher und reichte zuerst dem zu trinken, der unter ihnen der Älteste zu sein schien. Hernach schenkte sie Authari ein, von dem sie nicht wußte, daß er ihr Bräutigam war. Authari trank, und beim Zurückgeben des Bechers rührte er leise mit dem Finger, ohne daß jemand es merkte, Dietlindens Hand an; darauf fuhr er sich selbst mit der Rechten von der Stirn an über die Nase das Antlitz herab. Die Jungfrau, vor Scham errötend, erzählte es ihrer Amme. Die Amme versetzte: »Der dich so anrührte, muß wohl der König und dein Bräutigam selber sein, sonst hätte er's nimmer gewagt. Du aber schweige, daß es dein Vater nicht

vernehme! Auch ist er so beschaffen von Gestalt, daß er wohl wert scheint, König und dein Gemahl zu heißen.« Authari war nämlich schön in blühender Jugend, mit gelbem Haar und zierlich von Anblick.
Bald darauf empfingen die Gesandten Urlaub beim König und zogen, von den Bayern geleitet, heim. Da sie aber nahe an der Grenze und die Bayern noch in der Gesellschaft waren, richtete sich Authari, soviel er konnte, auf dem Pferde auf und stieß mit aller Kraft ein Beil, das er in der Hand hielt, in einen nahe stehenden Baum. Das Beil haftete fest, und er sprach: »Solche Würfe pflegt König Authari zu tun!« Aus diesen Worten verstanden die Bayern, die ihn geleiteten, daß er selber der König war.

150 KARL DER GROSSE STIFTET DAS SCHOTTENKLOSTER ODER DER FROMME KÖNIG DONATUS

Danach fuhren die Hunnen mit großer Macht durch das ganze Bayerland und nahmen es ein und legten sich vor die alte Stadt Tibernia, »icz Rengspurg«. Sie wollten ihren Bundesgenossen Herzog Tassilo rächen. Da kam König Karl [*742, †814) auch mit großer Macht und ließ eine Brücke über die Donau fertigen. Deshalb wurde der Stadt der Name Ratisbona gegeben. Und der König zog mit seinem Volk über die Brücke und durch die Stadt und stritt etliche Tage mit den Hunnen und siegte. In dem Streit war bei ihm der fromme König Donatus aus Schottland, dem zulieb König Karl dann das Kloster zu den Schotten stiftete. Es »ist das erst und eltist kloster in allem Germania«.

151 DIE PROPHEZEIUNG VOM SIEGESHÜGEL ODER KARL DEM GROSSEN ERSCHEINT EIN ENGEL

In jenen Tagen förderte Karl die Kirche, und überall wuchsen Christen heran. Damals erschien dem König im Traum ein Engel des Herrn und sprach zu ihm: »Karl, du Freund Gottes, Gott, der Herr,

hat mich zu dir geschickt, damit ich dir folgendes mitteile: Weil du so gerecht urteilst und handelst, ganz in der Furcht des Herrn, deshalb liebt dich Gott und will, daß dein Arm gestärkt werde gegen die Heiden und Ungläubigen, die bisher Widerstand leisten gegen den christlichen Glauben. Gott hat dich dazu auserwählt, sein Vorkämpfer zu sein und der Anführer der Christen gegen die Heiden und Ungläubigen. Du wirst wegen deiner früheren gerechten Taten viele Seelen der Hölle entreißen, und deine Hand wird den Sieg über deine Widersacher davontragen, indem du auf heilsamem Weg durch alle Hindernisse hindurchschreitest. Von oben bin ich dir beigegeben als Führer und Helfer ... Geh ... über die Alpen nach Alemannien gegen die Donau hin! In deren Nähe liegt die Stadt der Viereckigen Steine [=Regensburg], in der grausame Heiden wohnen. Sie sind tapfer, kennen sich im Kampf aus und sind durch eine starke Befestigung gesichert. Dennoch werden sie gegen dich nichts vermögen. Ganz in der Nähe dieser Stadt liegt ein lieblicher kleiner Hügel. Er heißt Hügel des Sieges, weil Gott ihn in zukünftigen Zeiten auszeichnen will durch die herrlichen Taten und göttlichen Dienste heiliger Männer. Auf diesem Hügel errichte ein Zelt! Du wirst von ihm aus den Sieg erringen und grausame Rache üben an den Feinden Gottes und an deinen eigenen!« Der Engel sprach dies, dann zog er sich zurück in die Lüfte.

152 PAPST COELESTIN ALS KARLS RATGEBER

König Karl wachte aus dem Schlaf auf und dachte bei sich über die Vision nach, die er gehabt hatte und darüber, was er am Morgen tun solle. Sodann ging er sofort zum Nachfolger der Apostel. Das war damals gerade Coelestin. Und er enthüllte ihm, was er vom Engel gehört hatte, und wünschte vom Papst Rat und Hilfe. Da antwortete ihm der Papst und sagte: »Teuerster Sohn, ich rate dir zu tun, wie dir durch die Vision des Engels gesagt wurde. Mit meinem apostolischen Segen werde ich dir einen Legaten namens Apollonius schicken, einen heiligen Mann, der klug und weise ist und der an meiner Statt dein Führer sein soll, auf daß er alle deine Handlungen segne, mit denen du alle Gebote Gottes ausführst, und um dich zu bestärken!«

153 DAS KREUZ AUF DEM SIEGESHÜGEL

Der Engel des Herrn sprach in gewohnter Weise zum König Karl, als der schlief: »Karl, Freund Gottes, ist es etwa recht, Gottes Auftrag zu verzögern? Habe ich euch (= vobis) nicht gesagt, daß die Heiden in der Stadt der Viereckigen Steine deinem Willen nicht widerstehen und deinem Antlitz sich nicht widersetzen können! Sei tapfer und vertraue fest auf Gott, der auch Josuah und den Seinen den Sieg gegeben hat! . . . Das Volk soll sich zur Stadt begeben, und folgendes sei für dich das Zeichen deines Sieges: Auf dem Hügel des Sieges werdet ihr ein Kreuz stehen sehen. An diesem Platz errichtet euer Zelt!« Damit verschwand der Engel des Herrn.

154 KÖNIG KARL KOMMT NACH BAYERN UND ERRICHTET EIN LAGER

Durch eine unwegsame und steile Gebirgsgegend und durch weite, ebene Täler gelangten sie bis Bayern. Dessen Einwohner hießen damals »Huni«, werden aber jetzt Bayern genannt. Als König Karl mit seinem Gefolge bayerischen Boden betrat, ließ er durch kluge Soldaten und wendige Späher einen geeigneten Platz suchen, der von Natur aus befestigt war und heiter gelegen in der Nähe von Wäldern und Wiesen. Dort schlugen sie ... Zelte auf und steckten ein Lager ab, wo die Menschen ausruhen und Pferde und Vieh mehrere Tage sicher verweilen konnten, bis sie die Befestigungen dieses Landes ausgekundschaftet hätten und ebenso die Tapferkeit der Bewohner und die Lage der Stadt der Viereckigen Steine am Ufer der Donau.

155 DAS VERHEISSENE KREUZ WIRD AUFGEFUNDEN

I

Als sie sich dem neben der Stadt ansteigenden Hügel näherten, da band König Karl seinem Marschall und dem vorauseilenden Heer auf die Seele, sie sollten sorgfältig Ausschau nach einem Ort halten, wo sie ein Kreuz sähen und es ihm melden. Als der Anführer des Heeres mit seinen Gefährten dies vernommen hatte ..., nahm er ein paar Leute mit sich, die gewissenhaft und genau überall Ausschau hielten, ob sie nicht irgendwo ein Kreuz sehen könnten. Als sie sich nun lange Zeit abgemüht hatten bei ihrer Nachforschung, siehe, da sah der Oberoffizier (= primicerius) des Heeres zur Seite auf einem kleinen Hügel bei der Stadt, ganz in der Nähe, ein Kreuz stehen. Er fiel vornüber auf die Erde und betete das Kreuz an und pries den von Ewigkeit zu Ewigkeit Lebenden ... Der König aber mit seinem Hofstaat ließ sein Zelt auf dem Hügel des Sieges neben dem Kreuz aufschlagen.

II

Als Kaiser Karl mit seinen »unterthanen« ein Jahr zu Ötting zugebracht und sich »mit aller seiner zugehörung« vorbereitet hatte, die viereckige Stadt, Regensburg, zu bezwingen, zog er – nach der Offenbarung des Engels – vor die Stadt und schlug sein Zelt auf dem »sigpühel« auf, wo jetzt dieses Gotteshaus steht. Da fand er ein Kreuz, wie Gottes Engel es ihm als Zeichen des Sieges daselbst gezeigt hatte.

156 KRIEGSVORBEREITUNG ODER DAS BAYERISCHE VOLK LÄSST SICH TAUFEN

In diesem Jahr hatten sie Maschinen und andere Gerätschaften hergerichtet, die sie notwendig zur Eroberung der Stadt der Viereckigen Steine brauchten.
Im selben Jahr ließ sich das Volk in ganz Bayern taufen. Die Einwohner wurden damals »Hunones« genannt. Sie wurden ein Volk, ein Volk, das mit dem Land verwachsen war, und ein Volk Karls.

157 VERTREIBUNG DER HEIDEN

I

Nachdem die Männer Karls die Stadt lang belagert, auf allen Seiten das Anstürmen versucht und sie von aller Nahrung und Zufuhr abgeschnitten und auch die Heiden »bey verliesung jres lebens« »güttigklich« zum Glauben ermahnt hatten, gaben die folgende Antwort: »Wir vertrauen auf unsere Götter, auf die Bauwerke unserer festen Stadt und auf unser Gut, von dem wir genug auszugeben haben. In Kürze werden wir den Kaiser Karl einem ungezähmten Roß an den Zagel binden und ihn durch unsere ganze Stadt schleifen lassen und ihn so beschämen, und wir werden ihn mit mancherlei ›gayslung‹ vom Leben zum Tode bringen! Wir wollen auch die Fürsten seines Volkes am Galgen erwürgen und ebenso das übrige Volk mit dem Schwert verderben. Und keiner soll davonkommen!«
Als die Belagerung schon ein Jahr währte und sie Mangel an »speys und narung« hatten, erkannten sie, daß sie Kaiser Karl nicht länger widerstehen könnten. Da stahl sich einer nach dem anderen hinweg:

»etlich am wasser«, etliche ließen sich bei Nacht über die Mauer hinaus. Da gebot Kaiser Karl – auf eine Vermahnung des Engels hin –, die Stadt an allen Enden auf dieser Seite der Donau zu stürmen und alle, die sich zur Wehr setzten, zu verderben. Die anderen, die sich taufen lassen wollten, sollte man ohne »laidung« aufnehmen. Das geschah. Die Stadt wurde eingenommen, es wurde in ihr, die zuvor immer unter der Gewalt der Heiden gewesen – so wie jetzt die Juden unter unserer Gewalt sind –, eine christliche Ordnung gestiftet.

Kaiser Karl ließ die Tore wieder besetzen und Mauern und Türme zur Wehr aufrichten, empfahl die Stadt streitbaren Männern – andächtigen Christen – und zog nach Schwaben ... [dann nach Brabant].

II

Karl selbst kämpfte mit dem tapfereren Teil des Volkes grausam in hölzernen Türmen. Auf diese Weise dauerte der Krieg ein Jahr. Als das Jahr um war, litten die Bürger unter Nahrungsmangel, und viele von den Heiden brachen vor Hunger zusammen, nachdem ihnen schon die Kälte arg zugesetzt hatte. Als die Heiden sahen, daß sie dem Christengott und König Karl nicht widerstehen könnten, da schlüpfte einer nach dem andern durch ein Loch in der Mauer, ließ sich in einem Korb hinab, entkam durchs Wasser oder verließ die Stadt durch den Wald – einer nach dem andern, so daß nur noch wenige in ihr zurückblieben.

Siehe, da trat ein Engel des Herrn in gewohnter Weise zu Karl heran und sagte zu ihm: »Karl, Freund Gottes, was zögerst du gegenüber dem Geschenk Gottes? Habe ich dir nicht vorausgesagt, daß Gott die Stadt in deine Hand geben wird? Weshalb also zögerst du es so lange hinaus, dich in die Stadt zu begeben? Siehe, fast alle Heiden sind aus ihr geflohen, und das übrige Volk ist mehr tot als lebendig! Deshalb sollst du und das christliche Volk morgen in der Früh in die Stadt eindringen: die Stadttore zerschlagen und sie in Besitz nehmen. Und du sollst dort Kirchen bauen lassen und dafür sorgen, daß kirchliche Würdenträger dort Fuß fassen: Priester, Äbte und die übrigen kirchlichen Stände, die das Wort Gottes verbreiten können. Wenn ihr dies getan habt, dann begebt euch sogleich in andere Gegenden, wo man

Gott nicht kennt, und gewinnt dort Seelen für ihn!« Nachdem er so gesprochen, schied der Engel von Karl.

158 DIE ERSTE EROBERUNG

I

... Als der König erwachte, erinnerte er sich an das Wort des Engels und betrat das Haus Gottes. Er warf sich auf sein Antlitz nieder, betete zu Gott und sagte seiner Majestät Dank. Dann wandte er sich um und befahl seinem Marschall auf der Stelle, seinen Herolden und dem gesamten Volk, mit ihm zusammen die Stadt zu stürmen, was sie auch bereitwillig taten. Sie stürzten sich auf die Stadttore und schlugen sie in übergroßem Grimm in Stücke und drangen ein mit der Kraft ihrer Arme und ihrer tapferen Fäuste. In einem furchtbaren Gemetzel töteten sie die Feinde, vor allem die, die sich wehrten. Die übrigen sparten sie für das Geschenk der heiligen Taufe auf. Auf diese Weise eroberte Karl die an der Donau in Bayern gelegene Stadt der Viereckigen Steine.

II

Durch diesen Handstreich nahmen der König und sein Volk die Stadt ohne Kriegslärm und ohne jegliche Furcht [sic!]. Daraufhin ließ er die Älteren aus dem Königreich (= maiores natu regni) und die Landesfürsten sowie die Bischöfe und Erzbischöfe zusammenrufen und befahl, allen Völkern das Wort Gottes zu verkünden. Und er gebot allen zu schweigen. Dann forderte er das Volk auf, ein frommes Dankeslob abzustatten, was demütig und andächtig geschah. Unverzüglich ließ Karl drei [!] Kirchen in der Stadt erbauen: die erste zu Ehren der hl. Dreifaltigkeit, die zweite zu Ehren der hl. Maria, und die dritte zur Ehre aller Heiligen.
Zur selben Zeit bestellte Apollonius, der päpstliche Legat, in der Stadt einen Bischof und Kleriker und Priester zum Dienst am allmächtigen Gott und um das christliche Volk zu leiten.
Nachdem dies ordnungsgemäß erledigt war, wählte der König die kriegstüchtigsten Männer aus, die geeignet wären, der Stadt vorzustehen, und trug ihnen auf, Regensburg zu befestigen und die Tore

wiederherzustellen. Und der Legat befahl, die in der Stadt zurückgebliebenen Heiden zu taufen. Sogleich erhielt der König vom gesamten Volk die Herrschergewalt. Er ließ Leute zurück, um die Stadt zu regieren. Er selbst brach nach Schwaben auf, und alle Schwaben wurden Christen.

159 VORAUSSAGE VOM BAU DER KIRCHE AUF DEM SIEGESHÜGEL

... Die Einwohner von Brabant hörten von der Ankunft Karls und sammelten ein starkes Heer ... Als Karl dieses Aufrüsten wahrnahm, betrat er die Kirche und fragte Gott um Rat wegen der bevorstehenden Feindseligkeiten. In gewohnter Weise sprach der Engel des Herrn zu ihm: »Karl, Diener Gottes, ... auf dem Hügel des Sieges nahe der Stadt der Viereckigen Steine an der Donau in Bayern, wo Gott dir das Kreuz des Sieges gezeigt hat, hat er einen großen Dienst für seinen heiligen Namen beschlossen. Dort wirst du eine Kirche erbauen, die über die ganze Welt hin bekannt sein wird, weil die Leiber sehr vieler Märtyrer und unzähliger Heiliger dort ruhen. Ebenso wirst du dort heiliges Volk aus Irland (= gentem quidem sanctam Scotigenam) ansiedeln. Durch dessen reinen Lebenswandel und heiligmäßiges Leben werden viele andere Kirchen entstehen, in denen das Mysterium des Namens Gottes verkündet werden wird. Du sollst fest auf den heiligmäßigen Lebenswandel dieser Männer bauen und großes Vertrauen haben!« Nach diesen Worten zog sich der Engel von Karl zurück.

160 DER MÄCHTIGE HEERESZUG ODER DIE HEIDEN WOLLEN DAS VON KARL ZUM GLAUBEN BEKEHRTE RATISBONA ZURÜCKEROBERN

... Die alten Heiden, die in dieser Stadt lebten, waren aus Furcht vor Karl daraus entwichen. Als sie nun hörten, daß Karl sich noch weit weg befinde, da kamen die, die längst aus der Stadt geflohen waren, zurück, und sammelten alle Heiden aus dem Osten. Die hielten sich

dann in unzählbarer Menge in Dörfern und Lagern auf, so daß sie das Antlitz der Erde bedeckten. Und sie kamen an einem Ort zusammen und richteten ihren Heereszug gegen die Stadt der Viereckigen Steine, und sie umzingelten sie ... (= et civitatem circumdederunt a parte Danubii circulatim usque ad alius latus Danubii).
Die Menschen aber, die in der Stadt waren, wußten vor Todesangst nicht, was sie tun sollten: so fürchteten sie sich vor der Menge der auswärtigen Heiden! Sie scharten sich in der Stadt zusammen und versammelten sich dann an einem Ort. Einige von ihnen sagten: »Es ist besser für uns, lebend aus der Stadt zu gehen, als schändlich durch das Schwert der Heiden umzukommen! Wer kann einer solchen Menge Widerstand leisten?« Da antworteten die Klügeren und Weiseren aus der Bürgerschaft: »Ihr Besten, seid doch ... ohne Furcht! Wenn Gott für uns ist, wer will gegen uns sein? Laßt euch nicht, liebste Gefährten, laßt euch nicht von denen erschrecken, die euch verfolgen! Vergeßt auch nicht, daß Karl, der König der Menschen und der Vorkämpfer Gottes, dem Gott sichtlich beisteht, diese Stadt unserem Schutz gegen alles Unrecht des Truges und der List anvertraut hat! Jetzt aber, wenn es allen recht ist, wollen wir schnelle Boten für König Karl [in Spanien] bestimmen und ihm von der Bedrängnis und Not dieser Stadt und der Menge der Heiden, die gegen sie stehen, Nachricht zukommen lassen! Auf daß er seiner gewohnten Milde eingedenk sei und uns und dieser Stadt rät und hilft gegen die auswärtigen Völker. Andernfalls können wir nicht die versprochene Treue durch die Tat erweisen!«
Dieser Rat gefiel allen. Sie stimmten dem Vorschlag zu und bestimmten zuverlässige Boten an König Karl ... Als die Boten zu ihm kamen und gut aufgenommen worden waren, antwortete er ihnen: »Es dürfte dem Naturrecht zuwider sein, wenn einem Treuen nicht die Treue gehalten wird!« Sofort schickte er den Anführer seines Heeres mit zahlreichen Kämpfern zu den Mauern [sic!] Bayerns. Die Boten eilten derweil voraus zur Stadt der Viereckigen Steine am Ufer der Donau. Der König folgte ihnen mit einer gewaltigen und vielfältigen Streitmacht tapferer Krieger nach. Gegen die Heiden Spaniens, Poitous und der Gascogne aber ließ er auserwählte und recht grausame Krieger aus seinem gesamten Reich zurück.

161 WOHER DER NAME RATISBONA KOMMT ODER KÖNIG KARL BAUT EINE SCHIFFSBRÜCKE

König Karl marschierte unter glücklichen Umständen nach Regensburg. Als die Männer der Stadt ihn mit seinem Heer von der gegenüberliegenden Donauseite herkommen sahen, freuten sie sich gewaltig. Es gab aber damals weder eine Holz- noch eine Steinbrücke über den Strom. Deshalb ließ der König Boote (= naves) in großer Anzahl von allen Seiten zusammenziehen. Mittels dieser Fahrzeuge überquerten sie die Donau und gelangten in die Stadt. Der König selbst erwartete am Flußufer das übersetzende Heer. Er befahl haltzumachen vor den adeligen Volksvertretern, und in ihrem Beisein sprach er: »Diese Stadt wurde bis auf den heutigen Tag von den Heiden ›Stadt der Viereckigen Steine‹ genannt. In Zukunft wird es anders sein. Weil Gott uns mit Hilfe tüchtiger Boote (= per rates bonas) über die Donau und in die Stadt geführt hat, deshalb muß sie fürderhin immer Ratisbona heißen und wird so bis ans Ende aller Zeiten (= in finem saeculi) genannt werden.«

162 UF DER PREDIGE

[Karl will mit den Heiden kämpfen und läßt anfragen, ob der Kampf gleich oder aber am achten Tag stattfinden soll. Die Heiden entscheiden sich für letzteres. In der Zwischenzeit predigen die sieben Bischöfe ...]

In der Begleitung von König Karl waren sieben Bischöfe mit dem Legaten ... Die predigten an sieben Tagen auf dem Siegeshügel vor dem Zelt des Königs. Nachdem der letzte gepredigt hatte, kündigte König Karl allen das Predigtende an und sagte: »Es scheint angebracht und der Vernunft gemäß, daß der Ort, an dem so viele heiligmäßige Bischöfe an sieben zusammenhängenden Tagen gepredigt haben, zur Erinnerung für die zukünftigen Generationen ›Ort der Lobpreisungen‹ genannt werde oder volkstümlich: ›Uf der predige‹.« Und die passende Namengebung gefiel allen.
Dieser Ort wird bis auf den heutigen Tag »Uf der predige« genannt und ebenso »Locus Praedicacionis«.

163 DER DREITÄGIGE KAMPF ODER BLUTGETRÄNKTE ERDE

Sie stießen aufeinander und kämpften beim Klang der Tuben. Und auf beiden Seiten fielen so viele Soldaten, daß die rissige und ausgetrocknete Erde vom Schwall des Blutes so triefte, daß an den Plätzen, wo sie kämpften, der Erdboden nicht mehr zu sehen war: so hoch stand das Blut.

164 DER DREITÄGIGE KAMPF ODER DER WEISSE RITTER

Am anderen Tag bereitete sich das ganze christliche Volk geistig und körperlich auf den Krieg gegen die Heiden vor... Der Kampf dauerte bis zur Dämmerung [des zweiten Tages]. Und es fielen viele Christen. Sie wurden auf dem Siegeshügel vor dem Zelt König Karls beerdigt. Die verwundeten Christen wurden in die Stadt Regensburg gebracht und behandelt... Inzwischen beteten der König, der Legat und die Bischöfe mit anderen geistlichen Personen auf dem Hügel des Sieges demütig zum Allmächtigen um den Sieg.
Und so fuhren sie fort im gegenseitigen Töten bis zum Mittag des dritten Tages. Die Heiden sahen mit Neid, Empörung und höchster Bewunderung, wie eine so geringe Schar von Christen einer so großen Menge und Streitkräften aus verschiedenen Völkern Widerstand leistete. Wer hätte glauben mögen, daß je 10 Männer 1 000 bewaffneten und tapferen anderen Widerstand leisten können?! Aus Eifer für den Kriegsdienst und vom Stolz verleitet, strömten die Heiden sofort an einem Ort zusammen. Sie waren bis an die Zähne bewaffnet, und mit ihren Schenkeln [?] trieben sie die Christen bis zu König Karl und den Fürsten zurück.
Als der König und die Fürsten dies sahen, erschraken sie sehr und waren betrübt. Die heilige Schar geistlicher Männer, die sich in solcher Trauer befand, warf sich vor der Allmacht Gottes aufs Angesicht nieder und weinte...
Sogleich wurde etwas wie ein Donnerschlag gehört. Und siehe da: im Glanz des Lichtes und weiß gekleidet, erschien einer, der tapferer war als die Soldaten. Er saß auf einem Schimmel [= dextrario albo insedens] und sprengte mit schlimmen Wunden die keilförmige Schlachtordnung der Feinde auf. Die Heiden ergriffen sogleich die Flucht. Kein einziger von ihnen blieb zurück.

165 DIE FLUCHT DER HEIDEN

...Wie ein Donnerschlag kam Gottes Engel von der Höhe. Er erschien in einem weißen Gewand und saß auf einem weißen Roß. Vor seinem Schwert wichen die besten Streiter der Heiden wie

Schnee an der heißen Sonne oder wie Wachs beim Feuer. Es überkam sie große Furcht, und sie wichen bis zu dem kleinen Bächlein, das Mertanne heißt. Da hofften sie noch, sich gegen Kaiser Karl helfen zu können. Aber sie vermochten es nicht, denn die Kraft des allmächtigen Gottes war mit ihm, so daß von den Heiden keiner »vor grossem wasser« über dieses kleine Bächlein hinüber konnte. Sie flohen Hals über Kopf querfeldein bis nach Harting. Die Christen eilten ihnen nach und erschlugen sie. Kein einziger von den Heiden, der die Mär hätte daheim verkünden können, blieb übrig. Sie liegen zu Harting begraben, »als man die pühel jm felde noch sicht«.

166 DREISSIGTAUSEND GETÖTETE CHRISTEN WERDEN AUF DEM SIEGESBERG BEGRABEN

Sofort ließ König Karl die Leichen der getöteten Christen wie Haufen von Steinen zusammentragen und sie von den Leichen der Heiden trennen; schätzungsweise 30 000 getötete Christen wurden so zur Bestattung zum Hügel des Sieges gebracht. Und er sprach: »Unter allen Orten ist dieser Ort geheiligt, von Anbeginn der Welt an, weil uns ein handgreifliches Zeichen von der Heiligkeit dieses Ortes in der Vision des mir gezeigten Kreuzes zuteil wurde und durch Gunsterweise und die Siege, die wir an diesem Ort über die Gegner Gottes und die des christlichen Volkes errungen haben. Deshalb gefällt es uns, daß an diesem Ort über den Leichen der hier liegenden heiligen Märtyrer eine Kirche errichtet werde!« Das Wort des Königs gefiel allen.
Und der König gab vier Regensburger Bürgern viel Geld in die Hände, damit sie Arbeiter besorgten und Steine behauen ließen zum Bau der Kirche auf dem Siegeshügel über den Leichen der Märtyrer.

167 DIE GEPLANTE WEIHE

Der König rief sofort Otto, den Bischof der Stadt Regensburg, sowie die älteren Bürger (= maiores cives) der Stadt und jene vier zusammen, denen er das Geld zum Bau der Kirche auf dem Siegeshügel anvertraut hatte. Und er fragte sie, ob die Kirche auf dem Siegeshügel geweiht sei. Und sie antworteten: »Herr König, eine schöne Kirche ist dort zwar fertiggestellt, aber noch nicht geweiht.« Und er fragte, ob es den Bürgern recht sei, daß sie am folgenden Tag geweiht würde. Sie sagten, daß es ihnen recht sei und gut erscheine. Sogleich schickte der König Kapläne und Kämmerer zu der neuen Kirche auf dem Siegeshügel, damit die Dinge vorbereitet würden, die man zur Weihe am Morgen brauche. Dies alles wurde ausgeführt durch die Beauftragten des Königs; sie bereiteten innen und außen vor der Tür der Kirche Wein, Wasser, Salz und Asche, Weihwasser und Wedel, Kerzenleuchter und Salböl, damit man nicht, wenn die Bischöfe in der Frühe kämen, durch unterlassene Vorbereitungen behindert würde. Neben dieser Kirche gab es kein Haus und keine Herberge außer den Zellen der sieben irischen Inklusen, die um die Kirche herumlagen. Die Beauftragten des Königs kehrten in die Stadt zurück und teilten dem König höflich mit, daß alles so bereit sei, wie sie es bei der neuen Kirche auf dem Siegeshügel zurückgelassen hätten. Und der König antwortete: »Der Herr möge das tun, was in seinen Augen gut ist!« Und das Kloster wurde abgeschlossen.

168 VON DER WEIHE DER KIRCHE DURCH DEN APOSTEL PETRUS

Während die eingeschlossenen heiligen Männer die Nacht ohne Schlaf zubrachten, indem sie beteten, hörten sie in der ersten Nachtwache ein Tönen und laute Geräusche, dann Gesänge in verschiedenen Melodien in der Kirche, und zwar so, daß ein menschliches Ohr die Lieblichkeit der singenden Stimmen kaum ertragen konnte. Und siehe, gleich öffneten die an allen Seiten Eingeschlossenen ihre Fenster und konnten den wohlriechenden Duft, das ungewohnte Leuchten und das ungewohnte himmlische Licht kaum ertragen. Mit ihren eigenen Augen (= ipsorum corporeis oculis) sahen sie den Apostel Petrus in Gestalt eines Bischofs mit den zwölf Aposteln um ihn herum während der heiligen Handlung der Weihe umherwandeln und eine Schar Engel durch die Kirche fliegen und gehen, die den Gott des Ruhmes mit Psalmen priesen. Im Kirchenraum sprengten sie Weihwasser aus und weihten die Kirche, und zwar der »Brückenbauer« Petrus selbst tat es zur Ehre Gottes und seines eigenen Namens. Sorgfältig und in der gebotenen Weise wurde sie geweiht, innen wie außen: die Altäre, die Wände und der Fußboden. Nachdem die Feier vollendet war, verschwanden die himmlische Heerschar und die Apostel vor den Augen der Inklusen.

169 DER KÖNIG ERFÄHRT VON DER NÄCHTLICHEN WEIHE

Als die Morgenstunde kam, schlug der sel. Marianus, einer der Inklusen, seine Zimbel. Auf ihren Klang hin kam Sandolf herbei. Zu ihm sagte der sel. Marianus: »Was sind das für Geschehnisse und was sind das für Reden?« Sandolf antwortete: »Der König Karl feiert einen Hoftag in dieser Stadt, mit einer Menge von Fürsten. Und bevor er den Erzbischöfen und Bischöfen die Erlaubnis zum Weggehen gab, beschloß er, diese Kirche am heutigen Tag in der Frühe weihen zu lassen, da er selbst ihr Gründer ist. Weil Gott ihm viele Siege und Möglichkeiten, sich an seinen Feinden zu rächen, von diesem Ort aus gab, wird auch eine große Volksmenge zu dieser Kirche kommen.« Als der sel. Marianus dies hörte, antwortete er: »Höre mich, Sohn! Geh und stelle dich an die Tür des Klosters und schließe die Kirche, und schrei, daß du nicht von der Stelle weichst, und sage den Völkern und Zungen und dem König Karl, daß der hl. Apostel Petrus in Gestalt und Ornat eines Bischofs und die zwölf Apostel mit ihm und eine Schar himmlischer Engel die Weihe vorgenommen haben!« Sandolf antwortete: »Gütiger Vater, sie werden mir nicht glauben, ja vielmehr behaupten, ich sei ein Lügner!« Da fügte der sel. Marianus hinzu: »Sohn, gehorche meinen Vorschriften!« Nun folgte Sandolf, schloß die Kirche und stellte sich vor deren Tür und rief zum Volk, wie er vom sel. Marianus ermahnt worden war. Das Volk strömte inzwischen zur Kirche wie zur Weihe und bemerkte den Duft aller Wohlgerüche in der Umgebung und an den Seitenwänden der Kirche. Der hl. Sandolf hörte nicht auf zu rufen, daß der Apostel Petrus und eine himmliche Heerschar in der Nacht die Kirche geweiht hätten.
Die Diener des Königs aber und die Kapläne kamen zur selben Stunde zur Kirche und bemerkten den Wohlgeruch. Sie hörten

Sandolf rufen, daß die Kirche geweiht sei durch die Hand des Apostelfürsten Petrus. Und die Kapläne des Königs sagten zu Sandolf: »Du Narr, was rufst du? Sind nicht der König und die Fürsten und auch die Bischöfe noch in der Stadt, durch deren Hände diese Kirche geweiht werden soll! Und du sagst, daß die Kirche schon geweiht sei!« Aber Sandolf ließ nicht ab von seinem Rufen, daß der hl. Petrus seine Hand auf die Kirche gelegt habe. Einer der Kapläne kehrte mit dem Diener des Königs zurück in die Stadt zum König, und sie meldeten ihm und den Fürsten, was sie gesehen und gehört hatten: vom Rufen dieses Menschen und von dem aromatischen Duft, der ihnen selbst von der erwähnten Kirche entgegenschlug. Und sie begegneten dem König und den Fürsten, die schon auf dem Weg waren aus der Stadt heraus zur Weihe der Kirche.

Als der König die Geschichte hörte, fragte er die Bischöfe, was er da nun tun solle, und sie sagten: »Herr König, wir wollen gehen und sehen, was da zugrunde liegt!« Alle zugleich kamen sie zur Kirche. Als sie sich ihr näherten, merkten sie einen überaus lieblichen Duft, wie sie ihn noch nie zuvor wahrgenommen hatten. Und der König veranlaßte, daß man ihm Sandolf bringe. Der König fragte ihn: »Was rufst du, was predigst du, was redest du so unverständig?« Sandolf gab zur Antwort und sagte: »Gnädigster Herr König, körperlich bin ich nur arm. Gott ist der Spender meines Lebens nach seiner Gnade. Herr König, mag Eure Milde die Worte dieses Armen hören! Die Bürger dieser Stadt wissen, daß ich einst ihr Mitbürger war. Und sie hängten mich an den höchsten Galgen, ohne daß ein Schuldgrund gegen mich gefunden wurde. Im Eifer des Neides überlieferten sie mich dem Tod, und nach der Trennung meiner Seele vom Leib war ich fünf Tage tot, und die Iren, die hier um die Kirche herum wohnen, riefen die Barmherzigkeit Gottes an und erweckten mich wieder zum Leben. Und meine Seele wurde wieder mit meinem Leib verbunden.« Als die Bürger das hörten, bestätigten sie dem König, dies sei wahr. Und Sandolf fügte hinzu: »Aufgrund dieser Wahrheit selbst bin ich nun sicher, daß der hl. Apostel Petrus mit seinen Mitaposteln diese Kirche zu Ehren der unteilbaren Dreieinigkeit und der seligen Jungfrau Maria und aller heiligen Engel geweiht hat. Wenn Ihr meinen Worten nicht glaubt, werdet Ihr die Zeichen der Weihe in der Kirche selbst finden, innerhalb und außerhalb, sowohl an den Altären als an den Wänden.«

170 DER KÖNIG ÜBERZEUGT SICH SELBST VON DER »APOSTELWEIHE«

Nachdem der König dies vernommen hatte, überlegte er, was er tun solle und befragte Leute, die sich in solchen Dingen auskannten, und die Bischöfe. Die antworteten ihm: »Laßt uns gehen und sehen, ob die Zeichen wahr sind, die dieser Mensch vorbringt!« Darauf gingen König Karl und alle Älteren des Königreiches und die Bischöfe zur Kirche und schauten nach und betrachteten sorgfältig die Zeichen an der Kirchenfront. Sie umschritten die Kirche und hielten dabei Ausschau und fanden alle Zeichen, wie es sich gehörte. Und der Bote sagte: »In der Tat haben wir die sicheren und zuverlässigen Zeichen gefunden, die zur Weihe gehören. Laßt uns nun in Gottes Namen die Kirche betreten und sorgfältig die Großtaten Gottes in seiner Kirche betrachten!« Und der König, der Gesandte und die Bischöfe betraten die Kirche und betrachteten den Fußboden, die Seiten und Winkel und die über Kreuz ausgestreuten Aschenbahnen und die unbekannte Schrift auf dem Estrich sowie die rundum auf die Wände des Gotteshauses gezeichneten, deutlich erscheinenden Zeichen der Weihe. Und der Gesandte sprach: »Unumstößliche, unverletzliche Zeichen sind in der Kirche offenbar. Laßt uns nun zum Hochaltar treten und sehen, ob die Gnade Gottes auch hier offenbar ist!« Einmütig traten sie alle herzu zur gleichen Zeit, König und Bischöfe, und erblickten die Zeichen der kirchlichen Weihe in der Mitte des Altars selbst. Und an den vier Ecken desselben nahmen sie griechische und hebräische Buchstaben wahr, wie sie den Lateinern unbekannt und wie sie heute noch zu sehen sind. So umschritten sie die gesamte Kirche und fanden sie auf die gebührende und kanonisch richtige Weise geweiht.
Als Karl dies gesehen hatte, fragte er, aufgrund königlicher Befugnis, den Legaten und die Priester, ob sie rechtmäßige Zeichen der Weihe finden könnten in der Kirche, und zwar innen wie außen, am Altar wie an den Wänden. Und sie antworteten dem König, daß sie bei sorgfältigster Prüfung und bei genauester Vorsicht alle Zeichen einer ordnungsgemäßen Weihe in der Kirche und am Altar gefunden und betrachtet hätten und daß alles nach dem vorgeschriebenen Ritus vollendet sei. Der König fragte: »Was bleibt zu tun übrig?«, und es antwortete Otto, der Bischof von Regensburg: »Herr König, Vater

des Friedens und des Vaterlandes, und ihr Vornehmen des Reiches, erachtet es nicht unter eurer Würde, das Wort eures Untergebenen als Rat in dieser Sache zu hören. Hier neben der Kirche wohnen heilige Männer (= Scoti sancti) weit her aus Schottland ... Sie sind aus der Gründung unseres Königs, aus dem Kloster Burtscheid (= Pursetum) bei Aachen, hierhergekommen. Sie wollten nach Rom, zu der Kirche der Apostel. Durch sie hat Gott sehr viele Wunder in diesen Landstrichen und an diesem Ort hier gewirkt. Gott hat ihre Reise verhindert, weil er wollte, daß sie bei dieser Kirche den Tag des Jüngsten Gerichts erwarten ... Daher glauben wir nicht, daß ein so großes und ungewöhnliches Wunder und eine so unerhörte Gnade hier geschah, ohne daß der himmlische Vater sie diesen so heiligen Männern geoffenbart hätte. Es scheint mir also gut, angebracht und überlegt, zu ihnen zu gehen und sie sorgfältig und bestimmt zu fragen, ob sie etwas vernommen oder gesehen haben von der Weihe dieser Kirche.« Und dieser Ratschlag von Otto, dem Bischof von Regensburg, fand beim König und bei den Fürsten Beifall.

171 DIE INKLUSEN ALS ZEUGEN

Zugleich gingen alle zum Fenster des hl. Marianus, das auf den rechten Seitenaltar blickte. Der Legat trat an ihn heran und forderte ihn – bei seiner Gehorsamspflicht und unter Androhung der Exkommunikation – mit frommen Worten auf, den römischen König und die Boten des apostolischen Herrn [= Papst] und auch die Fürsten wissen zu lassen, ob ihm Gott etwas über die Weihe der Kirche und des Hochaltars geoffenbart oder kundgemacht habe. Der sel. Marianus antwortete: »Ich sage euch – bei dem nämlichen heiligen Gehorsam und bei der Strafe der Exkommunikation –, daß ich sehr süßen Sang verschiedener Stimmen in dieser Kirche gehört habe, einen Gesang, wie er nicht aus dem menschlichen Herzen aufsteigt, und das menschliche Ohr ist auch nicht nur annähernd in der Lage, seine Süßigkeit zu vernehmen. Ich habe den süßesten Duft wahrgenommen, der an die Empfindungsorgane (= fenestras ...) meines Leibes drang, und dessen Intensität ich kaum ertragen konnte. Und ich sah mit meinen leiblichen Augen ein himmlisches Licht, das das

Dunkel der Kirche erleuchtete, und ich erblickte den hl. Petrus in Gestalt und Kleidung eines Bischofs, und die zwölf Apostel mit ihm und eine Schar unzähliger Engel, die den Altar weihten, so wie es die kirchliche Weihsitte verlangt, und wie es an den Ecken des Altars durch das Zeugnis der Schrift in unbekannten Buchstaben offenbar ist und in der Besprengung der Wände, auf daß Ihr um so leichter glaubt!«

Nachdem der Inkluse geendet hatte, fragte König Karl: »Was soll nun weiter geschehen?« Einer der Bischöfe antwortete, das Zeugnis eines einzigen sei so viel wie das Zeugnis von niemand. Deshalb erfragte man vom Bischof von Regensburg, ob es mehrere Inklusen gäbe, er habe doch zuvor gesagt: »Es scheint recht und billig, daß auch ein anderer gefragt wird und wir so hören, was er zu dem nämlichen Vorkommnis zu sagen hat, damit wir um so besser unsere Meinung über das oben Gesagte begründen können!«

Dies gefiel den Anwesenden wohl, und Otto, der Regensburger Bischof, antwortete: »Es gibt noch sechs an der Zahl – Kleriker und Laien –, von denen wir Bürger von Regensburg wissen und von deren Leben uns bekannt, daß es Gott und den Menschen wohlgefällig ist. Ihnen wird Gott nur Sicheres und Glaubwürdiges offenbaren!« Als der Bischof geendet hatte, kamen alle ... ans Fenster des hl. Inklusen Machantinus und beschworen ihn mit obengenannten Worten bei dem in Ewigkeit Lebenden, daß er ihnen berichte, was er wisse. Und der Legat befragte ihn wie den hl. Marianus. Und der hl. Machantinus antwortete dem Legaten mit genau den gleichen Worten wie vorher Marianus.

Von da gingen sie zum Fenster des Murchertach, und der wurde vom Legaten auch mit den angeführten Worten befragt. Und Murchertach antwortete wie die obengenannten zwei heiligen Männer.

Sodann kamen sie ... zum Fenster des Clemens und befragten ihn, wie angegeben. Und er antwortete – so wie es auch der hl. Marianus beteuert hatte –, er sei Zeuge der Weihe gewesen.

Darauf gingen sie zum Fenster des Isaak, den sie auch fragten, ob es sich so zugetragen habe, wie oben gesagt worden ist. Er behauptete, es sei, wie die Obengenannten beteuert hätten.

Schließlich kamen sie zum Fenster des Gervasius, den sie – wie oben – befragten. Und er antwortete, es sei so, wie seine Gefährten gesagt hätten.

Endlich kamen sie zum siebten Inklusen: Donatus. Der wurde vom Legaten besonders eindringlich beschworen, er solle ihnen berichten, was er von dieser ungewöhnlichen Weihe wisse oder erfahren habe. Donatus rief Gott als Zeugen an und antwortete, daß er Gesang in wohltönender Melodie und die Helligkeit eines ungewohnten Lichtes und einen wunderbar duftenden Wohlgeruch wahrgenommen habe. Und daß er an den Kirchenwänden – innerhalb und außerhalb – den Apostel Petrus und eine Menge Himmelsbewohner entlanggehen gesehen habe, die die Kirche ordnungsgemäß geweiht hätten.

Als dies alles in sorgsamer Prüfung erforscht war, nahm König Karl in der Kirche Platz und sagte: »Was haltet ihr, die ihr hier so zahlreich versammelt seid, von diesem Sachverhalt? Was ist euer kluger Rat dazu?« Und einer schaute den anderen an, und sie wußten nicht, was sie dazu sagen sollten.

172 WOHER DER NAME WEIH ST. PETER KOMMT

I

...Der König [= Karl] sprach: »Hört, ihr Völker, und nehmt es wahr, ihr Stämme! Dieser Platz erfreute sich bis heute des Namens ›Hügel des Sieges‹. Da jedoch der hl. Petrus und die himmlische Heerschar den Ort zu weihen sich gewürdigt haben, erscheint es billig und angemessen, daß zur Ehre des hl. Apostels Petrus der Name des Ortes geändert wird und daß er – sofern es euch gefällt – bis ans Ende der Zeiten Weih St. Peter genannt werde.

II

Des Morgens früh, als Kaiser, Legat, Kardinal, die Bischöfe und andere nicht nur durch die zuvor genannten Brüder, sondern auch durch den süßen »geschmack« und die Zeichen der Weihe auf den Altären, an den vier Wänden, in den Winkeln der Kirche und auf dem Estrich und durch die »hymlischen schryfften« an die himmlische Weihe erinnert wurden, kamen sie überein: daß es jetzt, da die Himmlischen die Weihe schon vollzogen hätten, für sündige Hände ungeziemend sei, noch einmal zu weihen...

Und weil St. Peter die Kirche geweiht hat, darum wurde ihr – »mit gemeinem rat« – der Name Weih St. Peter gegeben.

173 DIE SIEBEN VERHEISSUNGEN

[Karl hält nach diesem Wunder – der Kirchenweihe durch die Apostel und durch die Engel – eine Ansprache ans Volk.]

»Merkt auf, Leute, und auch das entfernte Volk soll hören, was ich euch von der Heiligkeit dieses Platzes berichte: Als ich in Rom war ..., schickte der allmächtige Gott in einer Vision einen Engel zu mir und offenbarte mir etwas über die Heiligkeit dieses Ortes; und der Engel sagte mir, daß Gott ihn seit Erschaffung der Welt geheiligt habe, indem er ihm den Namen ›Hügel des Sieges‹ gab. Ebenso sollt ihr nicht daran zweifeln, daß Gott mir sieben Verheißungen für diesen Ort gemacht hat, die sich schon erfüllt haben:
Erstens, daß er mir diesen Ort als Platz des Sieges gegen die Heiden und die Feinde Gottes bestimmt hat;
zweitens, daß er mir an diesem Ort das Kreuz des Sieges gezeigt hat, wobei eine Schar von Fürsten Zeugen war;
drittens, daß Gott mich zum Sieger gemacht hat über diese Stadt und über die Heiden, die darin wohnten, und zwar von diesem Fleck aus;
viertens, daß der himmlische Vater mir von diesem Platz aus den Sieg gegeben hat über eine Unzahl von Heiden, die mich bekriegten. In angemessener Zeit wurden sie getötet, so daß nicht ein einziger von ihnen übrigblieb;
fünftens, daß auf unserer Seite sehr viele Christen getötet wurden, an die 30 000 Märtyrer, die ich alle an diesem Ort bestatten ließ. Und ebenso hat der Engel mir eröffnet, welch herrliche Gottesdienste an diesem Platz stattfinden würden und daß von hier aus (= ex eo loco) in künftigen Zeiten mehrere Kirchen zu gründen seien;
sechstens, daß Gott vorherbestimmt hat, wie an diesem Ort zu Ehren seines heiligen Namens die durch viele Wunder erprobten heiligen irischen Männer (= sanctos Scotos) wohnen sollten, deren Behausung man bis zum heutigen Tag hier sehen kann ...;
siebtens: was das größte und das bedeutendste ist: die Weihe dieser

Kirche, die ihr mit euren eigenen Augen seht und zu deren Weihe der päpstliche Legat und ehrwürdige Bischöfe bereit waren: Gott hat diese Kirche gewürdigt, daß sie heute von der himmlischen Herrschar der Apostel unter der Führung des Apostels Petrus, des himmlischen Pförtners, und der Engel geweiht wurde. Seht, alle Völker, welche Liebe der himmlische Vater offensichtlich diesem Ort angedeihen läßt; er wollte nicht, daß eine menschliche Hand die Weihe dieser Kirche vornehme!«

174 DER BETRUG AN DEN MÖNCHEN VON WEIH ST. PETER

Nach dem Tod Karls des Großen kamen die Verwalter, denen das Geld zum Ausbau von Weih St. Peter anvertraut worden war, um Landgüter und Weinberge zu kaufen und Zierrat für das Kloster, dem sie dienen sollten, an einem Ort zusammen und verteilten das Geld des hl. Petrus unter sich – jeder erhielt einen Teil –, und sie verwendeten es für sich selbst: in ihren eigenen Wohnungen.
So wurde die Kirche des hl. Petrus bis zum heutigen Tag großer Einnahmen ... beraubt, und es war auch der Trost dahin, den Lebensunterhalt für die Brüder gesichert zu wissen. Die Schottenmönche indes warteten in Weih St. Peter auf die Einhaltung des königlichen Versprechens. Sie glaubten, daß dem, der hofft, nichts unmöglich sei.
Und es fehlte auch nicht an Leuten, die irgend etwas vermeldeten über Geld, das ihnen zugeführt werden sollte. Nachdem die Einwohner der Stadt vernommen hatten, daß die Inklusen um das versprochene Geld betrogen worden seien, da wurden der Bischof und die Bürger von Regensburg von Mitleid ihnen gegenüber ergriffen, und sie trugen auf ehrenhafte Art und Weise Sorge um ihren Lebensunterhalt. Nun, nach dem Tode Karls, ihres königlichen Beschützers, und nach dem Betrug an der Kirche ..., wollten die Mönche in ihre Heimat zurückkehren (= repatriandi ad Scociam) oder nach Rom wandern. Da nun leisteten der Bischof und der Klerus der Stadt mit allen Bürgern Widerstand und hinderten sie an ihrem Vorsatz. So konnten sie nirgendwohin fortgehen von Weih St. Peter, da die Leute sie als Geistliche und Heilige Gottes in allen Dingen gebührend

behandelten. Und so blieben sie denn alle dort bis ans Ende ihres Lebens...

Zur nämlichen Zeit weilte Lothar, der römische König, der Sohn [sic!] von König Karl, in Aachen. Als Abt und Konvent von Burtscheid (= Pursetum) und die auf Pilgerfahrt begriffenen »comites« [= mächtige Grafen] aus Irland dies vernommen hatten, gaben sie den Boten aus Weih St. Peter den Rat, sich dem römischen König vorzustellen und ihm Gaben, wie sie einem König gebührten, zu überreichen. Die Boten stimmten... diesem Plan zu, öffneten ihren Schatz und brachten ungewöhnliche goldene und silberne Gaben aus purem Metall aus Irland herbei. Diese Boten nahm der Abt von Burtscheid mit sich und führte sie vor das Angesicht König Lothars. Und sie fielen vor ihm nieder und übergaben ihm reichliche Gaben verschiedener Art... Der König dankte und fragte, woher sie kämen. Sie antworteten: »Herr, unbesiegtester König, wir sind aus der Gründung deines Vaters Karl bei Weih St. Peter nächst Regensburg, einer Stadt oberhalb des Flußlaufs der Donau. Diesen Ort hat Gott deinem Vater durch die Erscheinung eines Engels geoffenbart und durch Wunder. Deshalb versprach dein Vater, dort ein Kloster zu errichten, einen königlichen Ort, der königlicher Ehre entspräche. Und er hätte das Kloster auch gebaut, wenn er nicht aus unserer Mitte genommen worden wäre. Kurze Zeit vor seinem Tod wählte er kluge Sachwalter aus, wie sie dem Haus des Herrn geziemen und vertraute ihnen ungeheuer viel Geld an, damit sie in seinem Namen und an seiner Statt dort Klostergebäude errichten und Besitz und Güter, die Einkünfte abwürfen, für den Unterhalt der Brüder kaufen sollten, der Brüder, die für die Seele deines Vaters Gott dienen und Jahr und Tag in Gehorsam gegen ihn pflichtgetreu zubringen sollten. Als der fromme König Karl gestorben war, haben die vorgenannten Sachwalter, wie wir hörten, das Geld, das für dieses Werk vorgesehen war, unter sich aufgeteilt und Weih St. Peter in desolatem Zustand zurückgelassen, ohne daß sie dort etwas gebaut hätten. Wir nun, deine demütigen Bittsteller, die wir dies sahen und die wir in jeder Hinsicht bedürftig sind, haben überlegt und sind zu einem reifen und einmütigen Entschluß gekommen: Nämlich, mühsam zu unserem Geburtsland zu pilgern, zu unseren Eltern und Fürsten, um tatkräftige Hilfe für eine rasche und wirkungsvolle Erbauung unseres Klosters. Und unsere Landsleute halfen auch, wie aus den Hilfsmitteln und Almosen, die wir bei uns haben, ersichtlich ist. Und so sind wir mit diesen Gaben auf dem Weg, bereit, nach Weih St. Peter zu eilen. Wir werfen uns Eurer Gnade zu Füßen und bitten also – insofern Ihr Euch an Euer altgewohntes Wohlwollen uns, Euren Söhnen gegenüber, erinnern wollt –, daß wir in Frieden und Ruhe in unser Eigentum gelangen können . . .«

Als der König dies hörte, war er ungehalten, und er war mehr als gewöhnlich traurig darüber, daß man dem Testament seines Vaters gegenüber untreu wurde, und über die Nachlässigkeit gegenüber der geplanten Klostergründung . . . Auf der Stelle schickte er seinen Marschall mit einem ausreichend großen Heer zu jenen Sachwaltern, die das Testament des König Karl, seines Vaters, das er der Kirche Weih St. Peter vermacht, vernachlässigt hatten. Kraft des königlichen Namens setzte sich der Marschall in den Besitz all der Güter, die sie besaßen, sowohl ihrer beweglichen als auch ihrer unbeweglichen, und führte sie selbst als Gefangene vor König Lothar . . . Im Beisein aller wurden sie aufgehängt.

175 KARL DER GROSSE SPRINGT MIT SEINEM PFERD ÜBER DIE STEINERNE SÄULE ODER EIN ENGEL REICHT IHM EIN SCHWERT

Karl baute Kirchen und Bethäuser und schrieb seine Siege allein der Hilfe Gottes und dem Gebet der Geistlichkeit zu. Er war eifrig für die Erhaltung der Lehre, wie er dann hier eine geistliche Synode halten und die Meinung des spanischen Bischofs Felix, daß Christus nur ein Adoptivsohn von »unserm Herr Gott« gewesen, verdammen ließ.

Durch den Bischof Sigberth ließ Karl das Kloster St. Emmeram stattlich ausbauen.

Er errichtete in seinem Reich elf Kammergerichte, worunter auch eins zu Regensburg war, was die Veranlassung gab, daß alle Jahre dreimal – im Jänner, April und Weinmonat – die Bischöfe, Fürsten und Grafen hierherkommen mußten und sich dann selbst hier auch ihre Residenzen und Wohnungen erbauten. Der Burggraf von Regensburg wohnte im St.-Jakobs-Kloster, welches aber nicht mit dem jetzigen zu vermengen.

Damals waren noch keine Schottenmönche hier, wie man später gerne glauben machen wollte, welches aber ebenso unerweislich ist wie die zugleich beigefügte Sage, daß schon vor dem Jahr 803 unter Karl die Hunnen Regensburg belagert hätten und daß dabei, wie eine alte geschriebene Chronik erzählt, Karl so ins Gedränge gekommen, daß er mit seinem Pferd einen Sprung über die steinerne Säule vor dem Peterstor gemacht und von einem Engel in der Luft ein Schwert gereicht erhalten, womit er alsogleich die Hunnen sämtlich vertrieben habe.

176 DIE KARLSSCHLACHT AM DREIFALTIGKEITSBERG

Am Dreifaltigkeitsberg vor Regensburg, wo unter Karl dem Großen eine große Schlacht stattfand, stehen die gefallenen Krieger aus den Gräbern auf und bekämpfen sich wieder.

177 PIPPINS VERSCHWÖRUNG GEGEN KARL DEN GROSSEN

I

Karl, der auswärtigen Feinde nunmehr Sieger, sah sich auf einmal von den Seinen mit listigem, aber doch vergeblichem Trug umgarnt. Denn als er aus dem Slawenkrieg nach Regensburg zurückkehrte, wäre er von seinem Sohn, den ihm eine Kebsin geboren und dem sie den Namen – welch schlimmes Vorzeichen! – des glorreichen Pippin gegeben hatte, beinahe gefangen und, soviel an ihm lag, zu Tode gebracht worden. Das aber wurde so entdeckt:

Als dieser Pippin mit den Großen in der Peterskirche Rats pflog, den Kaiser zu ermorden, ließ er, als sie die Beratung beendet hatten, nachsehen, ob nicht jemand in den Winkeln oder unter den Altären versteckt sei. Denn nichts dünkte ihm sicher. Und siehe: wie sie gedacht hatten, fanden sie einen Geistlichen unter einem Altar verborgen. Sie ergriffen ihn und brachten ihn dazu, zu schwören,

ihren Plan nicht zu verraten; und um sein Leben zu retten, weigerte er sich nicht, wie sie ihm vorsprachen, zu schwören. Aber als sie wieder fort waren, achtete er jenes gottlosen Eides nicht mehr und lief eilends zur Pfalz. Dort drang er mit größter Schwierigkeit durch sieben Riegel und Türen endlich bis ans Schlafgemach des Kaisers, schlug an die Tür und brachte den immer wachsamen Karl in die größe Verwunderung, daß einer sich vermaß, zu solcher Stunde ihn zu stören.
Trotzdem befahl er den Frauen, die stets zum Dienst der Königin und seiner Töchter bei ihm waren, hinauszugehen und zu schauen, wer an der Tür sei und was er wolle. Sie gingen und gewahrten einen Mann von ganz geringem Stand, verriegelten drum die Tür und suchten sich unter viel Lachen und Ausgelassenheit in den Ecken des Gemaches zu verstecken, das Gesicht in ihren Kleidern bergend.
Aber der scharfsichtige Kaiser, dem nichts unter dem Himmel entgehen konnte, fragte aufmerksam die Frauen, was sie hätten und wer an der Tür gepocht. Er bekam zur Antwort, ein Schelm, kahl geschoren und lächerlich anzusehen und von Sinnen, nur in Hemd und Hose, verlange ihn unverzüglich zu sprechen. Da befahl er, ihn einzulassen. Der Geistliche fiel ihm zugleich zu Füßen und veriet ihm alles nach der Reihe.
Die Verschworenen aber, die nichts weniger ahnten, hatten alle schon vor der dritten Tagesstunde ihre wohlverdiente Strafe und wurden in die Verbannung geschickt. Auch der bucklige Zwerg Pippin wurde unbarmherzig gegeißelt und geschoren und auf einige Zeit zur Strafe ins Kloster des hl. Gallus geschickt, das von allen Orten des weiten Reiches am ärmsten und kleinsten zu sein schien ...

II

Das ganze nächste Jahre (792) über hielt König Karl zu Regensburg einen Reichstag..., und er blieb das ganze Jahr dort. Da wurde gegen ihn und seinen Sohn Karl »ain schwere grosse puntnis« angezettelt von seinem eigenen Sohn Pippin, den er außerhalb der Ehe gemacht hatte. Karl hatte kein Volk bei sich: es lag alles »im veld« um die Enns unterhalb Linz. Aber durch göttliche Gnade wurde solches Übel entdeckt (= underkomen). Die Verschwörer und ihr Anschlag wurden dem König Karl verraten durch einen armen Pfaffen, einen Walchen namens Wardhilph. Dem gab König Karl das Kloster St. Denis bei Paris zum Lohn und machte ihn dort zum Abt. Seinen Sohn Pippin aber ließ er scheren und schickte ihn in das Kloster St. Gallen, »damals in Schwabenland ligend, ietzo in Schweitz«.

III

792 hielt Karl der Große einen Reichstag in Regensburg und wohnte in seiner Residenz, die zwischen dem St.-Peters-Tor und dem Klaren-Anger stand. Zu diesem Reichstag erschienen die Hunnen und begehrten Friede und empfingen Gnad. Das Kriegsvolk aber lag alles um die Enns. Und da Karl das ganze Jahr über in Regensburg zubrachte, entstanden Verschwörungen...
Eine ging von Pippin aus, seinem natürlichen Sohn, und anderen vom Hof. Sie wurde in der hiesigen Dom- oder St.-Stefans-Kirche angesponnen. Als ob Gott einen Gefallen daran fände, wenn der Sohn den Vater umbringt!
Dieses schreckliche Vorhaben vernahm aber ein lombardischer Priester namens Fardulf und entdeckte es dem König. Karl kam dem Unheil zuvor und bestrafte den »Vatermörder«: Er schickte ihn ins Exil ins Kloster nach St. Gallen, wo er ein Mönch werden mußte. Von dort ist er ins Kloster Prüm geschickt worden, wo er fromm gelebt hat und gestorben ist. Die anderen Verschwörer wurden teils mit dem Schwert, teils durch den Strang hingerichtet. Karl war Gott und seinen heiligen Patronen nicht undankbar. Oftmals ging er barfuß aus seinem Palast nach St. Emmeram und verrichtete dort seine Andacht.

178 LUDWIG DER DEUTSCHE BAUT KIRCHEN

Ludwig der Deutsche [* um 804, † 876] betete fleißig und fastete willig und ergeben und diente Gott mit aller Sorgsamkeit, eifriger als alle Menschen. Nach dem Vorbild des heiligen Martin stellte er alles, was er auch immer tat, Gott im Gebet anheim, als wäre er ihm gegenwärtig. Des Fleisches und feinerer Speisen enthielt er sich an bestimmten Tagen. Zur Zeit der Litaneien pflegte er mit bloßen Füßen bis zur Pfarrkirche dem Kreuz zu folgen oder bis St. Emmeram, wenn er gerade in Regensburg war. An andern Orten fügte er sich stets den Sitten der Einwohner.

Neue Kirchen baute er in Frankfurt und Regensburg von wundervollem Bau. Und als bei dem großen Werk die Bausteine nicht genügten, ließ er die Stadtmauern niederreißen. In deren Höhlungen fand er so viel Gold bei den Gebeinen der Toten, daß er nicht nur die Kirchen dort damit ausschmückte, sondern auch davon Bücher neu schreiben und mit Deckeln ganz aus dem gleichen Stoff von fast Fingerdicke versehen ließ.

179 DER TREULOSE GUNDACKER ODER EMMERAM ALS SCHLACHTENHELFER

I

Es feierten aber Anno 863 die Neidhäls nicht, sondern lagen Ludwig beständig in den Ohren, er solle seinem Sohn nicht trauen: der fange neue Händel in Kärnten an und er, der Vater, wäre nicht sicher. Ludwig glaubte dies alles, erzürnte sich über Karlmann [* um 829, †880] und, ohne ihn zuvor zu der Beschuldigung zu hören, erklärte er ihn des Majestätsverbrechens schuldig, setzte ihn in der Verwaltung ab und »macht ihn unfähig zu künfftiger Regierung«. Damit war es ihm noch nicht genug. Er nahm sein Kriegsvolk, als ob er einen Zug gegen Raßla [=Rastizlav] tun wollte, zog aber geradenwegs gegen seinen Sohn. Karlmann mußte sehen, »daß die Laug ihm gegossen wäre«. Er schwankte, ob er dem väterlichen Zorn entfliehen oder sich zur Gegenwehr richten sollte. Endlich beschließt er,

sich auf seine Unschuld zu verlassen: die werde schon den Vater überzeugen, deshalb wolle er keck vor ihn hintreten.
Man berichtet ihm, der väterliche Zorn sei so groß; es dürfte sein Leben kosten. Er zog sich deswegen nach Kärnten zurück und stellte sich mit dem »Land-Volck« zur Verteidigung bereit: Graf Gundakker sollte Obrist sein und den Einfall verhüten. Er wurde aber von Ludwig mit Geld bestochen und gab ihm freien Paß und stieß mit seinem Volk zu der Armee Ludwigs und machte so, »wider die gegebene Pflicht«, seinen Herrn wehr- und hilflos. Gleichwohl erhielt Karlmann durch gute Freunde sicheres Geleit zu seinem Vater, um ihm seine Unschuld vorzutragen ... Ludwig gab seinen Widerwillen gegen seinen Sohn auf und nahm ihn wieder in Gnaden auf. Gundacker aber, ein Stifter dieser Zwietracht, floh zu Raßla ...
Anno 869 mußte Ludwig wieder zu Feld ziehen. Er schickte seinen [gleichnamigen] Sohn gegen die »Windischen Grätzer Serabos«, Karlmann gegen die widerspenstigen Mährer und Wenden, deren Feldherr Zwentibaldus war – oder, wie ihn andere nennen: Suatibogus –, ein Vetter von Raßla. Die dritte Armee behielt Ludwig »auff allen Nothfall« bei sich. Karlmann gewann mit der Hilfe und dem Beistand des hl. Emmeram die erste Schlacht, wie es der Feind selbst, insbesondere der treulose Gundacker bekannte: »Der große Emmeram, bei dessen Grab ich Ludwig einen Eid geschworen, rächt nun meine Treulosigkeit. Ich wollte mich nicht ›widern umb Erhaltung euer libertät in der Schlacht mein Leben zulassen‹, das ist mir aber nicht vergönnt. Ich sag, was wahr ist: Emmeram, der große Heilige, läßt es nicht zu, daß ich mein Gewehr gebrauche, er bindet mir Hände und Füße und bereitet mich – aus göttlicher Rache – zu einem Schlachtopfer für den Teufel.« Er sprach seinen Untergebenen noch ein wenig zu, aber Karlmann drang gegen sie vor, schlug die Feinde und hauste feindlich in ihrem Land ...

II

Als der treulose und meineidige Gundacker Ludwig bekriegte, hat es der Himmel selbst übernommen, den ganzen »Handel« beizulegen: Denn als es schon so weit war, daß das Gefecht zwischen den Armeen beginnen sollte, hat Gundacker zu seinen Mannen gerufen: »Streitet mannbar, um das Vaterland zu beschützen! Ich aber kann euch in diesem Streit nichts nutzen, weil der hl. Emmeram und andere Heilige, vor denen ich geschworen, Ludwig und seinen Söhnen treu zu bleiben, meinen Schild und meine Lanze halten, mir Gesicht und Arme niederdrücken und mich gleichsam wie mit Stricken gebunden halten, so daß ich nicht einmal meine Hand zu dem Mund aufheben kann.« – »Also ist der Unglückseelige als ein Schlacht-Vich/Ludovici Soldaten vorgehalten/ und von denselben erschlagen worden.« Als aber Ludwig diese Siegesbotschaft vernahm, war seine erste Sorge, daß man dessen Urheber, Gott, den schuldigen Dank sage und alle Glocken fröhlich diese Botschaft sollte verkünden lassen.

180 WER WEISS, WER DIE BRAUT HEIMFÜHRT

I

Schwatobog, Herzog der Mährer, wurde beschuldigt, heimlich ein Bündnis gegen König Ludwig gemacht zu haben. Deshalb ließ ihn Karlmann, des Königs älterer Sohn (=elter sun), gefangennehmen. Die Mährer meinten, ihr Herzog würde nimmer auskommen und erwählten Schlagmair, den Vetter des gefangenen Herzogs, obgleich der ein Pfaff war, zu ihrem Fürsten. Dieser begann von Stund an einen Krieg gegen die bayrischen Hauptleute Wilhelm und Englschalk und wollte sie verjagen. Aber sie wehrten sich redlich und schlugen Schlagmair in die Flucht.

Da niemand Schwatobog richtig das nachweisen konnte, dessen man ihn beschuldigt hatte, wurde er von Markgraf Karlmann wieder freigelassen und mit »grosser schankung« von den Bayern, die mitzogen, wieder eingesetzt; allerdings unter dieser Bedingung, daß er dem König treu und untertan sei und den Pfaffen Schlagmair aus dem Herzogtum vertreibe.

Als Schwatobog aber heimkam, da sammelte er zwar ein großes Heer, so als ob er den Schlagmair bekriegen wollte, aber die Schmach, die er erlitten, lag ihm noch im Sinn. Deshalb fiel er unvermittelt über die ihn begleitenden Bayern her, die ihm nichts Übles zutrauten, schlug sie und fing viele von ihnen. Nur wenige kamen davon. Kein Haus in Bayern war ohne Trauer darüber, daß so viel Männer umgekommen waren. Jeder Sieg, den die Bayern vorher über die Mährer errungen hatten, erlosch mit diesem großen Unglück und Unfall.

Es soll keiner seinem Feind trauen! Des Königs Sohn, Karlmann, mußte all die Bürgen und Geiseln, die ihm die Winden überlassen hatten, wieder dem Herzog Schwatobog geben, damit er die von seinen Leuten, die gefangen waren und die er noch am Leben glaubte, auslöse. Aber obwohl er die Geiseln und Bürgen alle wieder auslieferte, wurde ihm dafür nur ein Mann geschickt: der schwer verwundete, halbwegs tote Hauptmann Rathbold. Die andern hatte der mährische Herzog Schwatobog alle erwürgen lassen.

Die Böhmen »warn auch auf« und wollten nach Bayern. Vor einem Wald machten sie sich ein befestigtes Lager (= täber), »darin man nur an einem ort in einer grossen eng muest kumen«. Auf Befehl des Königs, der derweil in Regensburg hauste, zogen gegen sie Bischof Arn von Würzburg und Markgraf Rudolf «ab dem Norkau« und »legten sich zu velt«.

Indessen waren die Mährer mit ihrem Volk und ihrem Herzog in Böhmen gewesen und hatten große Hochzeit gefeiert mit der Tochter des Böhmenherzogs. Und mit großem Prunk, mit Pracht und Gut führten sie die Braut heim nach Mähren. Da die Unsern dies durch eine gewisse Kundschaft erfuhren, lauerten sie den Mähren auf, die als Hochzeitsleut guter Dinge waren und nicht glaubten, daß da Feinde wären.

Als die Bayern und Franken ihre vorteilhafte Stellung erkannten, brachen sie aus dem Hinterhalt und fielen über die Hochzeitsleute her. Die flohen durch obengenannte Enge zum Lager, konnten aber weder vorwärts noch rückwärts und wurden von den Unseren niedergeworfen.

Waffen, Harnisch und sämtliche hochzeitlichen Kleinode samt der Braut nahmen die Bayern mit sich in ihr Land. Viele Mährer fielen von den Pferden und ließen sie mit allem Schmuck laufen. Sie warfen den Harnisch und alles, was sie hatten, von sich, flohen und versteckten sich in den Wäldern. Die Bayern fingen 644 ledige Pferde, die mit Samt und Seide bedeckt und von denen etliche auch geharnischt waren. Niemand leistete ihnen mehr Widerstand. Mit großem Gut, mit Sieg und Ehr zogen sie samt der Braut, der Tochter des Böhmenherzogs, zu Regensburg ein. Von daher ist bis auf den heutigen Tag noch ein allgemeines Sprichwort im Gebrauch: »Wer weiß, wer die Braut heimführt?«

II

Es geschah unter der Regierung des bayerischen Königs Ludwig, einem Enkel Karls des Großen, welcher zu Regensburg seine gewöhnliche Hofstatt hielt, daß die räuberischen Böhmen eine Lust ankam, ihr Heil wiederum, wie sie es schon mehrmals gewagt, an Bayern zu versuchen und in dieses herrliche, von Gott gesegnete Land einen Einfall vorzunehmen.

Sie bauten zu diesem Zweck und zweifelsfrei, um darin als einem sicheren Ort ihre erhoffte Beute zu hinterlegen, an ihren Grenzen vor dem Wald auf einem Berg ein festes Lager oder, besser gesagt, ein unüberwindliches Raubnest, zu dem es nur einen einzigen und dazu noch sehr schmalen Zugang gab. Damit sie auch möglichst zahlreich in Bayern einbrechen könnten, schlossen sie mit den benachbarten Mährern ein Bündnis. Und um sich mit ihnen um so enger zu verknüpfen, bot der Herzog in Böhmen seine Tochter dem mährischen Herzog zur Gemahlin an. Der ließ sich dieses Angebot gefallen und kam mit einem großen und ansehnlichen Gefolge nach Böhmen, wo mit ungewöhnlicher Pracht und Lustbarkeit die Hochzeit gehalten wurde. Aber wer weiß schon, wer die Braut heimführt?

König Ludwig, welcher aus den Vorbereitungen und Zurüstungen der Böhmen genugsam ersehen konnte, was diese verschrieenen Raubvögel im Schilde führten, beorderte noch zur rechten Zeit den nordgauischen Markgrafen Rudolf, dem er noch Arno, den Würzburger Bischof, zugesellte. Dieser tapfere General brachte ungesäumt ein erkleckliches Kriegsheer auf die Beine, damit er den Böhmen zuvorkäme und ihnen unweit ihres Lagers auflauere. Und weil die Bayern sichere Nachricht davon hatten, daß die Mährer durch selbe Gegend marschieren und ihre neue Braut nach Hause begleiten würden, so gedachten sie sich diese Gelegenheit zunutze zu machen und mit diesen Hochzeitsleuten, obschon ungeladen, einen Tanz zu wagen.

Sie versteckten sich also längs dem Weg und hielten sich so lange verborgen, bis die Mährer, die guten Mutes waren und sich von einem Feind nichts träumen ließen, in vollem Schwarm ankamen. Als die Bayern sich dann im Vorteil sahen, brachen sie aus dem Hinter-

halt hervor, fielen über die Mährer her und jagten sie alsogleich in die Flucht. Was aber das Unglück bei diesen Flüchtigen vermehrte, war, daß sie ihre Flucht auf eben jener engen Straße zu dem böhmischen Lager hin machten, wo dann einer den anderen hinderte, so daß sie weder vor noch zurück wußten und von den Bayern fein gemächlich aufgelesen werden konnten. Viele fielen von ihren Pferden und ließen sie mit allem Schmuck laufen. Sie warfen Harnisch und alles, was sie hatten, von sich und verkrochen sich ins dickste Gesträuch.
Die Bayern fingen die reiterlosen Pferde ein, die mit Samt und Seide bedeckt waren, sammelten die weggeworfenen Wehren und Harnische auf, deren es 1644 [sic!] waren und nahmen alle hochzeitlichen Kleinodien mitsamt der Braut in gute Verwahrung. So zogen sie mit großer Beute, mit Sieg und Ehr in Regensburg ein und gaben Anlaß für das noch bis auf den heutigen Tag gebrauchte Sprichwort: »Wer weiß, wer die Braut heimführt?«

181 ST. EMMERAM ALS SCHLACHTENHELFER ODER HEILIGE ALS SOLDATEN

...Weil Suatobog, König in Mähren, nicht zur Feldschlacht zu bringen war, ist Arnolf ([* um 850, † 899] wieder zurück nach Regensburg in das Winterlager... Die Abwesenheit Arnolfs machte Suatobog Luft. Er »stellet sich in neue Kriegs-Verfassung« und tut den Umliegenden großen Schaden mit Mord und Brennen. Arnolf erfährt dies und verstärkt auch seine Völker aufs beste. Vor allem aber nahm er – wie unser Arnold in den Wunderwerken St. Emmerami schreibt – seinen und seines Reichs »allzeit erküsten« Beschützer St. Emmeram als Beistand, von dessen Grab und Kirche er – »wann er Ruhe hätte« – gar nicht weit weg sein und wohnen wollte. Und dessen Hilfe er auch schon in vielen Schlachten wirklich erfahren hatte.
Mit diesem starken Beistand verfolgte er Suatobog so lang, bis er ihn »zur ernstlicher« und zwar letzten Feldschlacht brachte: Anno 893. Es ging auf beiden Seiten scharf her. Den Feind erschreckte aber eine Anzahl »unerkantlicher« und schöner Soldaten. Es waren – »wie den Würdigen geoffenbahret worden« – all die Heiligen, die Arnolf

besonders verehrte. Bei ihrem Anblick verlor der Feind seinen Mut und wollte fliehen. Aber einer aus ihren Reihen sprach den Seinen ernsthaft zu, machte ihnen wieder »Hertz und Lust« und bat sie, ihm nur zu folgen. Nun fiel er Arnolfs Heer so »starckmüthig an/ daß er bey nahe auff Arnolphum selbsten troffen hätte«. Es begegnete ihm aber ein dem Alter nach ehrwürdiger, der Bekleidung nach jedoch erschrecklicher Mann, der nach des Feindes eigener Aussage St. Emmeram war. Der trieb ihn und die Seinen dermaßen »gewalthatig« zurück, daß sie ihre Kühnheit verloren und die Flucht ergriffen, »in welcher der Feind auffs Haupt geschlagen worden«. Wenn nun Suatobog Huld erlangen wollte, so mußte er seinen Sohn Moemar als Geisel übergeben. Er selbst aber entsagte der Welt, wurde ein Mönch und beschloß sein Leben selig.

Nach dieser großen Schlacht zog Arnolf siegreich zu Regensburg ein – unter der Freude und dem Frohlocken der ganzen Stadt. Er dankte Gott und seinen Heiligen für diese Gnade. Und er schickte große Gaben in alle umliegenden Klöster, besonders aber beschenkte er St. Emmeram mit der »Feld-Tapetzerey/ mit einem guldenen und mit Stainen versetzten Altärl/ und vilen Grundstuck von Aeckern und Weinbergen«.

182 KAISER KARL DER DICKE ODER STRAFE FÜR WEGGEGEBENES KLOSTER

Kaiser Arnulf schiebt die Schuld daran, daß auch Carolus Crassus oder der Dicke [*839, †888], ein so reicher, mächtiger, angenehmer, glückseliger Kaiser und ansehnlicher Mehrer des Reiches, allen Reichtum, alle Macht, Gunst und alles Glück verlor, auf folgendes: Er habe sich von dem Regensburger Bischof Embricho bereden lassen, ihm das Kloster St. Emmeram samt den dazugehörigen Leuten zu übergeben, wie denn die Bischöfe hernach 156 Jahr lang dies genossen. Denn besagter Kaiser Arnulf schreibt in einem seiner Gnadenbriefe: »Es sollen alle unsere Nachkommen ›Hochheit‹ erkennen; denn nachdem unser Großvater Kaiser Karl auf Begehren dem Bischof Embricho das Gotteshaus St. Emmeram überlassen, hat er danach keinen einzigen Sieg mehr errungen und auch seine körper-

liche und seelische Gesundheit bis ans End seines Lebens nicht mehr erlangt.«
Und er fügt diesen »Pönfahl« oder Fluch hinzu: »Wenn ein Kaiser oder König besagtes Kloster einem anderen überläßt, soll er der Vermaledeiung der hl. Maria, des hl. Petrus, seiner Nachfolger und aller Heiligen unterworfen sein!«

183 ARNULFS SCHRECKLICHES ENDE DURCH »HAWBTWÜRM« UND MADEN

I

Weil es ihm gar zu gut ging und er zu viel Glück hatte, wurde Kaiser Arnulf schließlich hochmütig und stolz gegen jedermann und besonders gegen die Geistlichen. Zur Strafe dafür bekrochen »hawbtwürm« und Maden seinen Körper, und zwar so stark, daß ihm keine Arznei mehr dagegen helfen konnte. ». . . in demselben qual« starb er zu Ötting in Bayern [†899].

II

Angltrudis war die Mutter Lamberts, der, wie sein Vater, Fürst Vido von Spoleto, dem Papst Formosus arg zusetzte, worauf Kaiser Arnold [= Arnulf] diesen wiederholt errettete . . . [freie Wiedergabe].
Angltrudis war zuhöchst beängstigt, weil sie Arnold mit Gewalt nichts abgewinnen konnte. Deshalb hat sie auf Betrug gesonnen und ihm durch die Mundschenke Curtius und Germanus einen von ihr verordneten Trunk reichen lassen. Dieser Trunk war vergiftet, so daß der Kaiser sich gleich darauf übel fühlte, nach Deutschland zurückkehrte und da von einer starken Krankheit befallen wurde. Er erholte sich etwas. Doch im Jahre 899, da er aufgrund des Vorfalls einen zeitigen Tod fürchtete, bemühte er sich, seinen kaum vierjährigen Sohn Ludwig zur Nachfolge zu bringen, was ihm auch gelang. Im selben Jahr ist ihm, auf die Anstiftung von Garamus hin, wiederum ein Trunk von Rodburga gereicht worden, der seinen Leib dermaßen angriff und mit Würmern – andere behaupten Läusen – anfüllte, daß er von ihnen verzehrt wurde und sein Leben am 8. Dezember beschließen mußte . . .

Den Leichnam dieses glorwürdigen und siegreichen Kaisers, der auch der große Wohltäter unseres Klosters war, ist auf seinen ausdrücklichen Wunsch hin »in sein lang zuvor verordnetes Grab in diser Kirchen« [= St. Emmeram] beigesetzt worden, und zwar nahe dem Hochaltar auf der rechten Seite. Er hat, mit seinem Bildnis auf dem Grab, bis auf das Jahr 1642, als die Kirche abbrannte und alles durch das Feuer verwüstet wurde, eine herrliche Gedenkstätte gehabt.

184 DER HL. WENZESLAUS BEIM REICHSTAG IN REGENSBURG

I

Anno 923 hielt Kaiser Heinrich [*um 876, †936] hier einen Reichstag ab, um etliche Reichsangelegenheiten »vorzunehmen« und Otto, seinem ältesten Sohn, die römische Krone zu verschaffen. Der hl. Wenzeslaus [†929/35] aus Böhmen erschien auch. Einmal versäumte er die angesetzte Ratszeit, weil er noch die Kirche besucht und sein Gebet verrichtet hatte. Wegen seiner Abwesenheit konnte nichts vorangehen. Deshalb wurde der Kaiser unwillig und befahl allen Fürsten, bei seiner Ungnad, weder aufzustehen, wenn Wenzeslaus käme, noch ihm ihre Ehrerbietung zu bezeigen.
Als aber Wenzel in den Saal trat, stand der Kaiser als erster auf, ging ihm entgegen, verneigte sich vor ihm und führte ihn zu seinem Stuhl. Am andern Tag fragte man den Kaiser, warum er dies getan habe. Er antwortete: er habe an seiner Stirn ein schön glänzendes goldenes Kreuz und neben ihm zwei Engel gesehen, die ihm, dem Kaiser, mit den Fingern drohten.

II

Als Wenzeslaus Anno 935 [sic!] zu Regensburg beim Kaiser Heinrich Auceps war, besuchte er des Nachts »die Kirchen« und kam deswegen am Morgen etwas spät in die Reichsversammlung. Der Kaiser war übel darauf zu sprechen und befahl den Ständen, daß keiner von seinem Platz sich erheben sollte, wenn Wenzeslaus nochmals sich verspäten würde. Als es sich jedoch abermals zutrug, so meinte

jedermann, er würde von dem Kaiser getadelt werden. Allein gegen alles Vermuten stand Kaiser Heinrich Auceps bei der »langsamen Ankunft« des Herzogs selbst auf und ging ihm entgegen, weil er an seiner Stirn ein hellglänzendes Kreuz und neben ihm zwei Engel gesehen haben wollte.

Der Kaiser ließ ihm hierauf die Freiheit, aus seiner Schatzkammer zu nehmen, was er wollte. Doch Wenzeslaus nahm nichts als den Arm des hl. Vitus, dem nachmals zu Ehren die schöne Kirche »auf dem Prager-Schlosse« gebaut worden ist.

185 DIE ENTFÜHRTE HELENA ODER DAS SCHLOSS IN BÖHMEN

I

Zur Zeit von Wenzeslaus I. regierte in Deutschland Kaiser Heinrich Auceps. Der faßte den Vorsatz, alle Slawen entweder auszurotten oder »unter den Fuß zu bringen«. Als er nun mit denen in der Lausitz fertig war, so sprach er Anno 930 auch den Böhmen zu. »Allen Weitläufftigkeiten vorzukommen, ergab sich Wenzeslaus gutwillig.«

Auf dieser Expedition begegnete dem Kaiser Heinrich I. etwas Seltsames. Albert, ein Graf von Oldenburg, hatte um das Jahr 925 dem Kaiser seine Tochter Helena entführt, hatte sich in Böhmen mitten im Wald ein Schloß gebaut und die Arbeitsleute zu Pulver verbrannt, damit sie die Sache nicht verraten könnten. Als nun der Kaiser in Böhmen jagte, verirrte er sich und gelangte endlich zu diesem Schloß, wo er sich eine Nachtherberge ausbat und über alles Vermuten seine Tochter darin antraf. Daraufhin fing er an, »unbekandter Weise« vom Kaiser Heinrich Auceps zu reden. Und weil sich die Tochter vernehmen ließ, sie wollte den Kaiser umbringen, wenn sie denselben in ihrer Gewalt hätte, so gab er sich nicht zu erkennen und nahm des Morgens seinen Abschied. Bald aber kam er mit einer Armee wieder vor das Schloß und bedrohte den Grafen mit dem Tod. Weil aber die entführte Helena auf der Schloßmauer den Schwur tat, daß sie zugleich mit ihrem geliebten Albert sterben wollte, so ließ sich der Kaiser versöhnen. Das Schloß hat hernach unbewohnt gestanden, bis es 1009 Herzog Ulrich gefunden und Frauenburg genannt hat.

II

Eine alte Chronik erzählt folgende Geschichte: Heinrich [der Finkler] habe eine Tochter Helene gehabt. Albert Graf von Altenburg und diese Prinzessin hätten die innigste Liebe zueinander gefaßt und den Vater beschworen, ihre Verbindung zuzugeben. Heinrich wäre aber unerschütterlich geblieben und hätte ihre Vermählung nicht zugeben wollen. Die Unglücklichen, von heftiger Leidenschaft ergriffen, gerieten in Verzweiflung und beschlossen die Flucht.
Nichts ist dem Verliebten heilig, niemand ist er Freund. So bot auch Albert dem König Heinrich erst seine Grafschaft Altenburg zum Kauf an und verschwand dann mit dem Kaufschilling in die böhmische Wildnis. Dort nahm er eilends viele Bauleute zu sich und ließ in der entlegensten Gegend ein Schloß bauen und es mit Waffen und Lebensmittel versehen. Als es vollendet war, berief er die Bauleute und befahl ihnen, auch noch ein Gebäude unter der Erde aufzuführen. Und da auch dieses fertig war, ließ er sie darin auf das köstlichste bewirten, steckte aber mittlerweile diese Wohnung selbst in Brand, so daß niemand entkommen konnte, um das Geheimnis seines Aufenthalts zu verraten.

Nach dieser grausen Tat schwang er sich auf sein Roß und eilte zu Helene. Nicht fern von der väterlichen Burg fand er sie mit einer Freundin lustwandeln. Der entriß er sie, und auf seinem Roß mußte die Geliebte mit in die böhmische Wildnis. Dort störte niemand ihre Liebe. Aber sie saßen in der eigenen Burg gefangen. Keines durfte wagen, sich daraus hervorzumachen.

Heinrich schwor – voll Kummer und Gram –, sein Haar solang wachsen zu lassen, bis er sein Kind wieder fände. Fünf Jahre waren bereits verflossen. Noch immer hatte der arme Vater keine Kunde von seinem Kind. Da ging er einstmals von hier [= Regensburg] in den nahen Böhmerwald jagen. Ein flüchtiger Hirsch fesselte seine ganze Aufmerksamkeit. Ihm nach ging es, ohne Begleiter und Diener! Aber die herrliche Jagdbeute war verschwunden, und Heinrich befand sich nun allein im dichtesten Gehölz. Er suchte nach dem Weg. Es war jedoch keine Spur davon zu finden. So arbeitete er sich mitten durchs Dickicht, bis es licht wurde und er plötzlich vor einem Schloß stand. Er pochte, er rief, niemand öffnete. Endlich jammerte er, er habe drei Tage nichts gegessen, man möchte barmherzig sein und ihm aufmachen. In der sündigen Brust Alberts erwachte das Mitleid, und er öffnete. Heinrich trat ein und erkannte sogleich beide – Albert und seine Tochter. Aber er schwieg. Sie dagegen hatten den Vater nicht mehr erkannt; sein verwildertes Aussehen machte sie arglos. Bald erfuhr er noch mehr als den Verlust eines Kindes, den er betrauerte. Die Tochter gestand unverhohlen während des Gesprächs, daß sie nichts mehr als den Tod ihres Vaters wünsche, um wiederum die Freiheit zu erlangen.

Am anderen Tag nahm Heinrich Abschied und merkte sich genau die Gegend. Er kehrte hierher zurück, wo schon mehrere Fürsten auf ihn warteten und sich über seine Ankunft freuten. Nach einem kurzen Verweilen lud er sie zu einem kleinen Heerzug und lenkte dabei plötzlich in den Böhmerwald ein. In der wieder gefundenen Gegend ließ er die Bäume niederhauen und das unselige Schloß berennen. Bald war es in seinen Händen. Aber sein väterliches Herz gab der Fürbitte der Fürsten nach: er nahm die bereits Vermählten gnädig auf und brachte sie mit sich hierher nach Regensburg.

186 CRACO UND DOLLINGER

I

Anno 924 – etliche setzen 930 – kam ein ungläubiger Ungar namens Craco, eine »Persohn von zehen Schuch lang«, und wollte um Leib und Seele kämpfen. Weil er aber an anderen Orten immer gesiegt hatte, wollte sich keiner mit ihm anlegen. Endlich erbot sich Hans Dollinger, ein adliger Bürger, dessen Vorfahren Adelsgüter in Bayern besessen, und er wagte sich an den Heiden, der jedoch den Teufel zum Beistand hatte. Der erste Ritt mißlang dem Dollinger; beim zweiten brachte er den Heiden um.

In einer vornehmen Behausung gegenüber dem Rathaus, die jetzt dem Wolf-Heinrich Haßl gehört, finden sich in einem Saal lebensgroße Gipsbildnisse von Kaiser Heinrich dem Vogler und von beiden Kämpfern. Und auf einer Tafel ist das Geschehen in alten Reimen beschrieben:

Es ritt ein Türck aus Türcken-Land,
er ritt gen Regenspurg in die Stadt, da stechen ward.
Von stechen ward er wohl bekandt.
Da ritt er für des Kaysers Thür.
Ist jemand hie, der komm herfür,

Sieget auf Fürbitt St. Erhardt

der stechen will um Leib und Seel,
um Gut und Ehr und daß dem Teuffel die Seel wär.
Da warn die Stecher all verschwiegen,
keiner wolt dem Türcken nicht obliegen.
Dem leidigen Mann, der so trefflich stechen kan,
um Leib und Seel, um Gut und Ehr,
und daß unsers Herrn die Seel wär.
Da sprang der Dollinger herfür, wol um, wol um,
ich muß hinfür, an den leidigen Mann,
der so trefflich stechen kan.
Das erst reuten, das sie thäten.
Sie führten gegeneinander zwey scharffe Speer,
das ein gieng hin, das ander gieng her.
Da stach der Türck den Dollinger ab,
daß er an dem Rucken lag.
O Jesu Christ, stehe mir bey, steck mir ein Zweig,
seynd ihrer drey, bin ich allein,
und führ mein Seel ins Himmelreich.
Da ritt der Kayser zum Dollinger so behend,
er führt ein Creutz in seiner Händ.
Er strichs dem Dollinger über sein Mund.
Der Dollinger sprang auf, frisch und gesund.
Das reuten, das sie da thäten,
da stach der Dollinger den Türcken ab,
daß er an dem Rucken lag.
Du berühmter Teuffel, nun stehe ihm bey,
seynd ihrer drey, bin ich allein,
und führ sein Seel in die bittere Höll hinein!

Dieses Turnieren oder Stechen geschah auf dem großen Platz vor der Trinkstube, der nach dem Heiden den Namen »Haid« bekam. Gleichwie Hans Dollinger »grosse Ehr aufgehebt«, so wurden er und seine Nachkommen vom Kaiser mit »sonderbahren Freyheiten« begnadet. Seine Waffen sind 600 Jahre hindurch beim Grab des hl. Erhard aufbewahrt worden, bis Kaiser Karl V. diese Anno 1524 von der damaligen Äbtissin von Aham begehrt, empfangen und sie mit sich nach Wien geführt hat ...

II

Zu Zeiten Kaiser Heinrichs I. – am 23. Januar Anno Domini 930 – kam ein Heide namens Craco hierher nach Regensburg. Um Leib und Seele wollte er stechen, »und daß der Teuffel Pfändner wäre«. Und weil er andere besiegt und bereits an die vierzig Ritter aus dem Sattel gehoben hatte, wollte sich ihm keiner annehmen. Das hörte ein Bürger, Dollinger genannt, der auf den Hals gefangen lag, und da man ihn fragte, ob er »sich des zu seiner Erledigung wolte annehmen«, sagte er ja. Als er gerüstet mit seinem Rittmeister auf den Kampfplatz kam, der noch heutzutag »die Heyd« genannt wird, und der Kaiser mit seinem ganzen Hofstaat und einer großen Volksmenge zugegen war, und er gegen den Heiden angehen wollte »mit Einlegung des Speers«, ist dieser »selb Dritter ... mit drey eingelangten Speeren« auf ihn eingedrungen. Da fragte der Dollinger seinen Rittmeister, auf welchen er rennen sollte. Der Rittmeister befahl ihm, im Namen des Allmächtigen und unseres Herrn Jesu Christi auf den mittleren zu rennen. Jetzt ging er frisch auf den heidnischen Craco los und brachte ihm – »nach zweymahligem Rennen« – mit seiner scharfen Lanze einen solchen Stoß bei – »welcher unter dem Helm bey dem Ohr hinein gieng« –, daß er tödlich verwundet wurde. Der Heide setzte zwar seine ganze noch verbliebene Kraft daran, wieder aufs Pferd zu kommen, doch vergeblich. Denn der ihm beigebrachte Stoß war zu gefährlich, und der Tod warf ihn, unter großem Frohlocken der Zuschauer, zu Boden.

III

Kaiser Heinrich, der Hunnensieger, hielt einmal in Regensburg Hof und veranstaltete dabei ein Stechen. Da kam unter Geleit ein »freisamer Heide« geritten, sein Name war Krako. Er forderte die Ritterschaft mit großem Übermut zum Lanzenbrechen auf. Und wer im Stechen auf Leben und Tod unterliege, dessen Seele sollte dem Teufel zu eigen sein, denn Krako hatte heimlich zwei Teufel in seinem Dienst, die ihn stark machten und nach Teufelsart auf Christenseelen lauerten. Aber die Ritter schwiegen alle bestürzt, keiner wagte den Kampf anzunehmen. Und der Kaiser fragte zornig: »Hab ich denn an meinem Hof keinen Mann, der mit dem Heiden das Stechen darauf wagt, daß seine Seele, wenn sie ihn verläßt, dem Heiland gehört und nicht dem Teufel?« – Da trat ein männlicher Ritter hervor, Hans Dollinger. Andere sagen, er habe wegen Hochverrats im Kerker gelegen und sei zum Kampf zugelassen worden, um gleichsam hier in einem Gottesgericht seine Seele zu lösen. Der begann das erste Stechen mit dem gewaltigen Heiden. Da sah er in dessen Spiegelschild die zwei Teufel, die dem Heiden kämpfen halfen, aber für alle anderen unsichtbar waren. Da stach der Heide den Dollinger vom Roß, daß er auf dem Rücken lag wie ein gepritschter Frosch und zu Jesus im Himmel hineinschrie, er solle ihm von dem Heiden und seinen Teufeln helfen. Da ritt der Kaiser zu dem Gefällten und hielt ihm ein Kruzifix an den Mund, daß er das küsse. Von dem Kuß wurde der Dollinger frisch und gesund. Er sprang auf und bestieg sein Roß. Da taten sie das zweite Rennen gegeneinander, und der Dollinger stach dem Heiden die Lanze in das Ohr, wie der junge Königssohn am Rhein dem Heidenweib sein Schwert, daß die Spitze zum andern Öhrlein wieder heraustrat und der Heide vom Roß fiel wie ein Nußsack und seine Seele dahin fuhr, wohin er sie verlobt: nämlich zu allen Teufeln. Hernach hat der Dollinger an seiner Herberge zu Regensburg diesen Kampf in Stein hauen und abbilden lassen. Das wurde auch ein Regensburger Wahrzeichen, ward auch vielfach gemalt und besungen in alten Liedern.

IV

Eines Tages war Regensburg in großer Aufregung. Ein Riese kam dahergereist, Craco mit Namen, der einem Goliath vergleichbar war, denn seine Wehr und Waffen waren gewaltig. Es wurde von ihm gesagt, er wäre ein Zauberer und niemand könnte ihn besiegen. Er ritt vor des Königs Tor und hielt eine herausfordernde Rede, verlästerte Gott und Menschen und fragte, ob niemand hervorkäme, mit ihm um Leib und Seele, Gut und Ehre zu stechen. Aber keiner wollte dem Türken erliegen, und der Kaiser war verzagt, daß sein Hof so lästerlich dastand und er keinen Mann senden konnte, mit dem Riesen zu kämpfen. Nur einer wäre so kühn gewesen: Hans Dollinger. Der aber saß eingekerkert, weil er einen Verrat an seinem Herrn und König begangen haben sollte.
Als Dollinger von dem Riesen und von der Bedrängnis des Königs hörte, bat er, ihn seiner Fesseln zu erledigen und mit dem unge-

schlachten Mann streiten zu lassen. Der Zweikampf begann: wiederholt wurden die Speere gewechselt. Schließlich wurde Dollinger von dem Türken so getroffen, daß er auf den Rücken fiel. Den König ergriff eine große Furcht; er ging hin, um zu sehen, ob Dollinger sich ein Leids getan. Aber da sprang dieser frisch und gesund auf und fing ein neues Stechen mit dem Türken an. Diesmal unterlag der freche Riese. Der Speer drang ihm in den Kopf hinein, daß der gewaltige Mann tot zu Boden fiel. Alle Welt jubelte nun dem Dollinger zu. Der aber in seiner Bescheidenheit legte Wehr und Waffen ab und machte sich auf den Weg zum Kerker. Da aber trat ihm der Kaiser tief gerührt entgegen, vergab ihm seine Schuld und machte ihn wieder frei und ehrenfest.

V

Als sich einst – um das Jahr 930 nach Christi Geburt – Kaiser Heinrich der Vogler zu Regensburg aufhielt und eben ein öffentliches Ritterspiel mit Rennen und Stechen unter dem Adel eröffnet hatte, da fand sich auch ein ungebetener Gast namens Craco ein. Der war ein ungeheurer Riese, zehn Schuh lang, daneben aber auch ein Erzzauberer und Teufelsbanner. Dieser forderte, mit großem Trotz und Hochmut alle anwesenden christlichen Ritter heraus mit dem vermessenen Anerbieten, er wolle gegen jeden, wer er auch sei, ein scharfes Rennen um Ehr, Leib, Gut und Blut, ja um die Seele selbst, austragen, und er übereignete unter erschrecklichem Fluchen seine eigene Seel dem Teufel, falls er verlieren sollte. Dabei pochte er weniger auf seine Riesenstärke als auf den Beistand seines höllischen Gehilfen. Nun fehlte es zwar den anwesenden Rittern nicht an Heldenmut, gegen diesen großsprecherischen Goliath – und wäre er auch noch um ein paar Schuh größer gewesen – einen Ritt zu wagen; jedoch kam es ihnen bedenklich vor, ihre Ehre, ihren Leib und ihr Leben gegen einen Erzzauberer in äußerste Gefahr zu setzen, der mehr mit unzulässigen Künsten und mit Blendwerk als mit der Faust focht. Sie zögerten um so mehr, als sie erfuhren, daß er schon anderswo den einen oder anderen christlichen Helden, der es mit ihm versucht, auf die Bahn gestreckt habe.
Nur Hans Dollinger, aus gutem bayerischen Adel und damals Bürger von Regensburg, ließ sich durch all dies nicht abhalten: Um den

christlichen Namen und die Ehr der deutschen Ritterschaft zu retten, nahm er den Streit auf sich. Und nachdem er beim Grab des hl. Erhard sein Gebet verrichtet hatte, erschien er in voller Rüstung auf dem anberaumten Platz.
Dieser Platz war eben jener, an dem heute die Trinkstube steht. Nachdem nun der Kaiser und alle sich in Regensburg befindenden Fürsten und adeligen Zuschauer Platz genommen hatten, fand der erste Ritt statt, der jedoch unglücklich ausging für den Dollinger. Denn er sah drei Ritter gegen sich anrennen, wo doch nur einer war. Er wußte nicht, auf welchen er anlegen müßte, wurde vom Pferd herabgestoßen, so daß er der Länge nach auf dem Rücken dalag. Der Kaiser, welcher für seinen christlichen Kämpfer gar fürsorglich war, ritt eilends hinzu, fuhr mit dem Kreuz, das er in Händen trug, dem Dollinger über den Mund und sah mit Freude und Verwirrung, daß dem geworfenen Ritter kein Leid widerfahren war, sondern dieser sich frisch und gesund wiederum auf das Pferd schwingen konnte. Danach kam es zu dem zweiten Treffen, in welchem sich aber das Blatt wendete. Denn Dollinger brachte einen so kräftigen Stoß auf seinem Gegenpart an, daß dieser mit größter Gewalt über den Gaul hinabstürzte und mitsamt dem Blut seinen unseligen Geist auswarf. So erhielt dieser christliche Ritter unter großem Frohlocken und allgemeinem Zuruf der Zuschauer einen vollständigen Sieg gegen den teuflischen Riesenprahler.
Zum Andenken an diese Tat wurden die Waffen des tapferen Hans Dollinger in der Kirche zu Niedermünster beim Grab des hl. Erhard aufgehängt und blieben dort 600 Jahr, bis sie Kaiser Karl V. im Jahr 1524 vom dortigen Reichsstift erhalten und nach Wien mitgenommen hat...

187 HERZOG ARNULF DER BÖSE

I

Das ist der Arnold [= Arnulf, †937], den St. Ulrich, der Bischof zu Augsburg [*890, †973], – wie man in seiner Legende liest – mit einem Schwert ohne Griff verglich; der Arnold, der vergeblich begehrte, König zu werden, weshalb er das Reich »beschediget«. Und damit er es erwerben möchte, deshalb zerstörte er die Kirchen und Klöster und übergab ihre Güter an Laien. Man liest von dem Arnold, daß ihn St. Ulrich aus der Taufe gehoben habe; und doch wollte er dessen Unterweisung nicht folgen. »Davor« starb er zu Regensburg und wurde vom Teufel in den See bei Scheyern geworfen.

Die Alten sagen: Nachdem derselbe Herzog Arnold oft von dem hl. Bischof ermahnt worden war und darauf doch nicht achten wollte, setzte der ihm schließlich eine bestimmte Zeit – »die er im erwarben het« –, in der er büßen sollte. Weil aber Arnold noch am letzten Tag dieser Frist kein Siechtum an sich bemerkte, setzte er des Bischofs Wort herab. Da geschah es, daß ihn am selben Tag zu St. Emmeram in Regensburg plötzlich der Teufel erwürgte. Nun wurde er zuerst außerhalb der »kirchen grebnüss« begraben. Dann grub man ihn wieder aus und legte ihn in St. Emmerams Münster. Da wollte der Teufel die Beisetzung in der Kirche nicht leiden und forderte mit großem Gebrüll auch den Leib von dem, dessen Seele er schon in seiner Gewalt hatte. Und so wurde Arnold aus dem Grab, das man noch zu St. Emmeram zeigt, herausgenommen und in den See bei Scheyern geworfen.

II

Von Herzog Arnolf findet man auch folgendes geschrieben in der Legende St. Ulrichs, des Bischofs von Augsburg: Eines Nachts, als er schlief, erschien dem »heiligen sand Ulrich« die heilige Märtyrerin St. Afra in einem schönen Kleid und befahl ihm, ihr nachzufolgen. Sie führte ihn auf das Lechfeld. Da sah er St. Peter, den Zwölfboten, in einer Ratsversammlung mit vielen Bischöfen sitzen und hörte da eine Stimme, die geschrieben ist in dem Buch der heimlichen Offenbarung St. Johanni: »Herr, räche unser Blut an Herzog Arnolf von Noricum [Anm. Prof. Rosenfeld: d. h. Bayern], der unsere [Gottes-] Häuser zerstört!« Etliche dieser Bischöfe kannte Ulrich, als sie noch lebten, etliche lernte er erst jetzt kennen.

Doch Herzog Arnolf hörte nicht auf, die Kirchen ihrer Güter und ihrer Erträge [= Zins] zu berauben. Darum tadelte ihn St. Ulrich einmal gar ernstlich und sprach zu ihm, wenn er nicht aufhöre mit solchem Übel und Unrecht, so werde er, Arnolf, in einem Jahr sterben. St. Ulrich hatte ihm eine Frist von Gott erbeten, während der er seine Sünden büßen sollt. Er verachtete aber die Lehr St. Ulrichs. Und als das Jahr verging und der Tag kam, der ihm aufgesetzt war, begab es sich zufällig, daß St. Ulrich nach Regensburg kam. Das vernahm Arnolf, der die Weissagung verstockt in seinem Herzen getragen hatte. Und wohl, gesund und frisch sprach er zu einem seiner Diener: »Nimm den silbernen Doppelbecher und die zwei Kannen guten Weins und bring alles dem Bischof und sag ihm, den Wein soll sein Mund trinken dafür, daß er nicht immer die Wahrheit spricht, ›sunder aus falschhait‹. Denn er hat mir gesagt, falls ich nicht abstünde von der Beschädigung seiner Kirchen, so würde ich in einem Jahr sterben. Nimm wahr: ich bin fröhlich und gesund!« Diese Worte richtete der Bote, wie ihm aufgetragen war, dem hl. Ulrich aus. Als St. Ulrich diese Worte hörte, neigte er sein Angesicht zur Erde und überlegte, was er antworten wollte, denn die Weissagung war seinem Gedächtnis entfallen; er hatte sie ganz vergessen. Nach einer kurzen Zeit erhob er sich und sprach zu dem Boten: »Wo und wie hast du deinen Herrn verlassen?« Der Bote antwortete: »An dem Tisch hab ich ihn lassen, fröhlich und gesund.« St. Ulrich sprach: »Geh bald hin, denn du wirst ihn tot finden.« In der nämlichen Stunde kam der Teufel und erwürgte Arnolf »aines jamerlichen tods«.

Bald kehrte der Bote heim und berichtete die Worte St. Ulrichs vor allen Leuten, die anwesend waren.

Arnolf wurde mit fürstlicher Zier zu Regensburg im Kloster St. Emmeram begraben. Da kamen die Teufel mit viel Ungestüm und großem Gebrüll und Geschrei, so daß die Mönche in dem Kloster keine Ruhe fanden. Und die Teufel schrien grausam: »Gebt uns den Leib des verfluchten Herzogs, dessen Seele wir schon in den Abgrund der Hölle geführt haben!« Also mußten die Mönche den Leichnam wieder aus dem geweihten Erdreich ausgraben, und sie legten ihn unter die Kirchentür des Klosters. Da kamen die Teufel schnell mit großem Ungestüm und führten den Leichnam hoch in die Höh und ließen ihn wieder niederfallen in den See bei Scheyern, der noch der Teufelssee genannt wird. So erfüllte sich Anno 937 die Prophezeiung des hl. Ulrich.

188 DER HL. ULRICH MIT DEM FISCH

Einmal saß der hl. Ulrich in stiller Zelle des St.-Afra-Stiftes zu Augsburg, vertieft im Lesen der heiligen Schriften. Da läutete es an der Pforte des Hauses, und Konrad, des Bischofs lieber Bruder aus Konstanz, wurde angemeldet. Freudigen Herzens umarmte ihn der Bischof, weil er ihn lange nicht gesehen hatte und unterhielt sich mit ihm in vertraulichen Gesprächen. Auch wurde ein mäßiges Mahl bereitet, um den willkommenen Gast zu erfrischen.
Während sie noch bei Tisch saßen, kam ein Bote des Herzogs von Bayern [= Arnulf], der ein Schreiben seines Herrn überbrachte. Der Bischof befahl, den Boten aufs beste zu bewirten, und ließ ihm – im Augenblick nicht bedenkend, daß Fasttag war – gebratenes Fleisch vorsetzen. Der Bote ließ sich das schmecken und nahm auch soviel davon mit auf die Reise, als er konnte. Unterwegs aber bedachte er, wie er den frommen Bischof von Augsburg in der guten Meinung und Achtung seines Herzogs herabsetzen sollte. Also begab er sich mit dem noch übrigen Stück Braten an den Hof und zeigte es seinem gnädigen Herrn mit den Worten: »Seht doch her, das sind die Fastenspeisen des frommen Ulrich zu Augsburg!«
In dem Augenblick aber, da ihm das Wort entfahren war, hielt er keinen Braten, sondern einen gebratenen Fisch in Händen, so daß er

selbst vor Bestürzung kaum seinen Augen traute. Der Herzog aber erkannte wohl das Gottesgericht, wodurch die Ehre des frommen Bischofs gerettet, die Schande des Verleumders aber aufgedeckt worden war. Der Diener bereute es jedoch von Herzen, einen Heiligen Gottes gelästert zu haben und bat den Herzog kniefällig um Verzeihung.

Zum Andenken an diese Begebenheit wurde der hl. Ulrich allzeit auf Bildwerken mit einem Fischlein in der Hand dargestellt.

189 AN EINER FISCHGRÄTE ERSTICKT

... Daher hat Gott auch mehrere solche Leute sehr gestraft, wie z. B. den Herzog Arnulf von Bayern, der die Klöster zerstörte und die Kirchen und ihre Güter verteilte zum Vorteil der Laien. Während ihn der hl. Ulrich, sein geistlicher Vater, für dieses Vergehen oft tadelte und er nicht hören wollte, sagte er ihm voraus, daß Gott selbst ihn, wenn er sich nicht innerhalb eines Jahres ändere, sterben lassen werde. Am letzten Tag des Jahres, als Arnulf beim Mahl in Regensburg saß, schickte er einen Boten zum hl. Ulrich, der sagen sollte: »Siehe da, das Jahr ist zu Ende und immer noch lebt mein Herr!« Ulrich sagte aber: »Es ist immer noch Tag bis zum Abend!« Und so geschah es, daß bei diesem Mahl eine Fischgräte sich in Arnulfs Kehle festhakte und er gleich darauf starb. Und die Teufel, die seine Seele raubten, ließen, als sie sich durch die Zimmerdecke davonmachten, ein großes Loch darin zurück.

190 BELEHNUNG DURCH EINEN TOTEN

Der Herzog [= Arnulf], dahingerafft von einer plötzlichen Lähmung, wird aus dem Haus getragen, und ohne Verzug enteilt das Leben. Der Tote wird verborgen gehalten, um das Allodium gewinnen zu können, das er den einzelnen Fürsten aus dem Grundbesitz der ausgeplünderten Kirchen zu geben versprochen hatte. Dennoch wird der Entseelte auf die Totenbahre ausgestreckt. Seine Vasallen legen ihm die kalten Hände zusammen; von der toten Hand empfangen die Vornehmen den Tod. Das Verbrechen des Lebenden nehmen sie auf durch die Berührung des Toten. Was einem jeden gefällt, das raubt er sich von den starren Händen.

Das Haus des hl. Emmeram selbst birgt die Gebeine des Tyrannen. Ein über seiner Grabnische aufgemaltes berühmtes Distichon lautet: Zu meinen Lebzeiten war ich stark, zu tun, was ich wollte. Siehe, zu nichts werde ich unter der Erde! So wird es jedem Menschen ergehen.

191 WIE GUNTHAR BISCHOF VON REGENSBURG WURDE

I

Im Jahre 938 nach Christi Geburt waltete Kaiser Otto [*912, †973] zu Regensburg in der Stadt. Da fand es sich, daß der Bischofsstuhl gerade unbesetzt war, weil Konrad das Zeitliche gesegnet hatte. Nun gedachte Herr Otto, einem anderen Hirten den erledigten Stab in die Hand zu geben. Da wurde ihm im Traum befohlen, denjenigen an des Verstorbenen Statt zum Hirtenamt zu rufen, der ihm frühmorgens auf seinem Kirchengang zuerst begegnen sollte.

Als er nun am nächsten Morgen seinen gewohnten Weg nach St. Emmeram ging, öffnete ihm ein schlichter, frommer Bruder namens Gunthar die Pforte des Klosters. Da fragte ihn der Kaiser: »Mönchlein, was gibst du mir, wenn ich dir heute den Bischofsstab überreiche?« Wegen dieser Frage lächelte der Bruder Gunthar und sprach: »Wenn's Euch genügt, Herr Kaiser: Die Schuhe kann ich entbehren; die sollt Ihr haben von mir!« Als das der Kaiser hörte, lächelte er freundlich und hielt sein Wort. So ist Gunthar Bischof von Regensburg geworden.

II

Wenn der König selbst ins Land einzog, verstummte alle Gewalt: Das Oberhaupt des Reichs machte sich zum höchsten Richter. Er allein schaltete über das Staatsvermögen und teilte Rechte, Gnaden und Freiheiten aus und ernannte die Bischöfe. Letzteres tat er mit größter Willkür, namentlich als Bischof Konrad gestorben war. König Otto beschloß nämlich, wie die Sage sagt, den ersten Mönch, der ihm zuerst entgegenkommen würde, wenn er zum Morgengebet nach St. Emmeram ginge, zum Bischof zu wählen.

Bruder Gunthar, der Klosterhüter, trat heraus. Da fragte ihn der König, was er ihm gäbe, wenn er ihn zum Bischof mache. Der armselige Gunthar besah sich selbst eine Weile und erwiderte endlich: »Die Schuhe kann ich wohl entbehren!« Dies gefiel Otto, und er ernannte ihn sogleich zum Bischof an Konrads Stelle.

III

Als der »grosse Otto« in wichtigen Reichsgeschäften sich hier in Regensburg aufhielt und es dieser Stadt dazumal an einem Bischof fehlte, schien es dem Kaiser einstmals »zu Nacht«, als höre er eine Stimme, er solle sich befleißigen, der Herde Christi wieder einen Hirten, und zwar einen aus dem Kloster St. Emmeram »zu verordnen«. Derjenige aber, der ihm zuerst begegnen werde, sei würdig dazu, wenngleich er in einer rauhen Kutte stecke.
Otto »führet ihms zu Gemüth« und ging bei Anbruch des Tages mit wenigen Dienern und unerkannt in das Kloster. Gunthars Amt war es, die »Porten oder Thor zu bewahren« und zu öffnen. Und so hat er auch damals seinen Dienst verrichtet, als der Kaiser anklopfte. Otto besah Gunthar gar wohl. Weil aber dessen Kleidung und Ansehen einfältig und schlecht waren, wollte der Kaiser »auf ander Weeg der Sachen nachforschen«. Er fragte also: »Mein Bruder, welchen Lohn würde jener von dir bekommen, der dich als einen Bischof von Regensburg grüßte?« Gunther zog seine Schuh ab und sprach: »Wer mir den Kopf mit der Inful bedeckt, dem will ich mit dem Schuh den Fuß bedecken!«
An diesen Worten konnte Otto die Weisheit und Verachtung einer solch hohen Würde durch Gunthar ermessen. Und weil ihn die nächtliche »Einbildung« dazu gestärkt hatte, machte er ihn zum Bischof...

192 KÖNIG BULZKO MUSS AM GALGEN »VERZAPLEN«

Herzog Heinrich [*um 920, †955] – »nachdem er swach was« – blieb zu Regensburg. An seiner Statt schickte er Graf Eberhard von Ebersberg. Der führte die Bayern und griff die Ungarn zu Thierhaupten an. Auf der anderen Seite zog Herzog Burghard mit seinem

Haufen aus der Stadt über die Ungarn her; der Kaiser führte auch einen Haufen, desgleichen die Böhmen. Da begannen die Ungarn mit dem Angriff. Sie unterlagen und wurden am nämlichen Tag – an St. Laurentius [955] –, an dem 48 Jahr zuvor sie die Bayern vernichtet hatten, geschlagen. Diesen Tag bestimmte man deshalb hinfort zum Feiern und Fasten, weil Gott, der Allmächtige, die Christenheit von den ungläubigen Ungarn erledigt hat.

»Etlich wenig« Ungarn wurden gefangen: König Bulzko und seine vier Fürsten Lael, Sur, Tox und Schab. Die wurden Graf Eberhard von Sempt übergeben. Der ließ bei Ebersberg, »ietzo dem closter«, eine große Grube graben, »zoch den gemainen Ungern« aus und ließ sie nackt und lebendig da hinein werfen und dann mit Kot zuschütten. Aus ihrem Silber ließ er Glöckl und Bilder machen. Den König und seine vier Fürsten schickte er dem Herzog nach Regensburg. Da wurden sie alle fünf vor dem Ostentor gegen Ungarn hin »an einen galgen gehenkt« ...

193 AN DER RICHTBANK

... Heinrich war aber noch nicht gesättigt von den Qualen, die er den gefangenen ungarischen Großen selbst noch vor ihrem Tod hatte antun lassen. Er beschied jetzt auch die bayerischen Stände, um über die Untreuen im Lande zu richten. Er ließ das Salbuch vorlesen. Danach sollte jeder Bischof, der an der Herbeirufung und Unterstützung der Ungarn teilgenommen, mit dem Tod bestraft werden oder man sollte ihm die Augen ausstechen, was auch geschah. Nach dieser Hinrichtung gab er auch seinen Geist auf. Eine gewisse Gegend in der Ostengasse führt noch heutzutage den Namen »An der Richtbank«. Dort wurden wahrscheinlich jene Urteile vollzogen.

194 BOLESLAW MUSS IN DIE KÜCHE UND DEN KESSEL HALTEN

Kaiser Otto I. führte von 939 bis 964, also vierundzwanzig Jahr »nach einander«, Krieg mit Boleslaus [= Boleslaw; *909, †967], dem Mörder seines Bruders Wenzeslaus. Aus Furcht vor dem Kaiser durfte sich Boleslaus den königlichen Titel nicht anmaßen.

Endlich, 964, erhielt er von Kaiser Otto I. einen Frieden, aber unter der Bedingung, daß er zur Strafe wegen seines Brudermords im Lager in des Kaisers Küche einen Kessel über dem Feuer halten mußte ...
Als er mit dem Kaiser nach Regensburg zog, so wollte der nochmals haben, daß Boleslaus zur Strafe den Kessel in der Küche halten solle. Doch die anwesenden Fürsten schlugen sich ins Mittel. So kam es dahin, daß die Aufwartung in der Küche durch einen Ersatzmann verrichtet, der Kessel aber gleichwohl zum Andenken in das böhmische Wappen gesetzt wurde.

195 EIN BÖHMISCHER FÜRSTENSOHN ALS MÖNCH ODER DER TEUFEL ZERREISST EINEN BEI DER BISCHOFSWEIHE

Der böhmische Fürst Boleslaw gab Veranlassung, daß ihn Otto »in der Newstatt« belagerte. Er mußte der Gewalt weichen und ergab sich zusammen mit seinem Sohn Stratyquas, um »die übergab Otto Hertzog Hainrichen zuverwahren«.
Stratyquas mußte um das Jahr 951 ein Mönch in unserem Kloster [= St. Emmeram] werden. Hier hat er sich so wohl verhalten, daß er, wieder nach Böhmen berufen, das Bistum Prag, das ihm der hl. Adalbert eifrig antrug, aus Demut und Geringschätzung seiner selbst nicht annehmen wollte. Da mußte er aber von Adalbert hören: »Wisse, Bruder, so wie du dieses jetzt ›dir zu gutem‹ nicht annimmst, so wirst du es später zu deinem höchsten Schaden annehmen!«
Dies geschah auch. Denn nachdem einige Zeit vergangen war, hat Stratyquas nach dem Bistum gestrebt und es auch erlangt. Aber als bei seiner Weihe ihm Willigis, der Erzbischof von Mainz, die Hand auflegen wollte, hat ihn der Teufel angegriffen und erbärmlich zerrissen.

196 DIE VOM BÖSEN GEIST ENTDECKTEN RELIQUIEN

Anno 960 hat Judith Gisela, Herzogin zu Sachsen und Bayern, nach dem »Ableiben« ihres Gemahls, des bayerischen Herzogs Heinrich – Bruder von Kaiser Otto I. und Sohn Heinrichs des Voglers – »zu seiner und ihrer Seelen Trost« ein stattliches Benediktinerkloster gebaut: Niedermünster. Indessen ist sie »mit Rathone Damasiano Marggraffen in Oesterreich« nach Jerusalem gereist und hat von dort große und ansehnliche heilige Reliquien mit sich gebracht. Wie man in uralten Schriften und Büchern lesen kann, hat sie diese Reliquien wegen der Hunnen, vor welchen man sich selten sicher wußte – bis »obbemelter« Kaiser Otto sie auf dem Lechfeld bei Augsburg gänzlich überwunden hat –, alle in dieser Kirche eingraben lassen.

Sie blieben in dem Behältnis, bis sie 300 Jahre später von dem bösen Geist aus einer besessenen Person »geoffenbahret worden/nit allein durch widerwillige unbeliebige Anzaig/ sonder auch Quittierung des Menschen«...

197 DER HEINRICHSSTUHL

I

Heinrich II. [*951, †995], Herzog in Bayern, wohnte »mehrentheils« auf dem Schloß zu Abbach, war aber ein so eifriger Verehrer des hl. Emmeram, daß er oftmals bei Tag und Nacht zu Fuß von dort in die Stadt zur Kirche seines Schutzpatrons wanderte. Wenn er etwa zu früh eintraf, ruhte er sich in dem noch vorhandenen Stuhl vor der Kirchentür aus. Ebenso soll ihm auf dem Weg hierher schon eine mitten im Wald auf einem Feld stehende steinerne Bank mit Kruzifix als Ruhepunkt gedient haben.

II

»Es ware ihme gebräuchig«, alle Nacht – auch im strengsten Winter – von dem Städtlein Abbach zehntausend Schritt nach der Stadt Regensburg zu gehen und dort in St. Emmerams Gotteshaus zusammen mit »andern Ordens-Männern« die Matutin zu singen. Man sieht noch bis auf diese Stund einen sehr großen Stein, auf dem der junge Prinz »gemeiniglich« auszuruhen pflegte, bis die Kirchentore geöffnet wurden. Dies aber ist oft durch die heiligen Engel selbst verrichtet worden, damit der junge Fürst »desto ehender seiner Andacht abwarten kunte.«

III

... Dieser Herzog wohnte meist in Abbach, das zwei Meilen Wegs »ober Regenspurg« an der Donau liegt. Er war ein besonderer Liebhaber des hl. Emmeram. Daher besuchte er dessen Gotteshaus mit eifrigem Gebet nicht nur oftmals »bey dem Tag«, sondern – wie jederzeit von Älteren gehört und geglaubt worden – auch in der Nacht »von Haus aus«. Und wenn er zu früh in die Mette kam, rastete er in dem noch vorhandenen steinernen Sessel vor der Kirchentür.

Diesen Fleiß begnadete Gott mit vier frommen und gottseligen Kindern ...

198 DAS MENETEKEL ODER POST SEX

I

Als Heinrich II. [*973, †1024] im Jahre 1002 in der Hauptkirche zu Regensburg betete, hörte er eine Stimme sagen: »Lies die Schrift an der Wand!« Es stand aber geschrieben: »Nach sechs.« Als er das gelesen hatte, ging er mit innerem Verwundern fort, und da er fürchtete, daß ihm am sechsten Tage der Tod bevorstände, mühte er sich eifrig mit Gebeten, Fasten und Almosen ab. Aber der sechste Tag ging herum, die sechste Woche, der sechste Monat kam, und selbst das sechste Jahr wartete er in Frömmigkeit ab. Nachdem aber das sechste Jahr abgelaufen war, wurde er vom Mainzer Erzbischof Willigis zum König gesalbt.

II

Unter anderem ist wohl denkwürdig, daß Wolfgang einst Herzog Heinrich im Schlaf erschien und es diesem dabei vorkam, als wäre er in der St.-Emmeram-Kirche und verrichte dort am Grab des hl. Wolfgang sein Gebet. Und er hörte diese Worte: »Schau mit Fleiß auf das, was bei meinem Grab geschrieben steht!« Heinrich schaut und liest nicht mehr als: »Nach sechs!« Als er erwacht, bemüht er sich, zu begreifen, was dies bedeute. Anfangs dachte er, daß er nach sechs Tagen sterben sollte, und er gab den Armen viel. Als sechs Tage vorüber waren und er keine Krankheit empfand, deutete er auf sechs

Wochen. Aber als auch binnen dieser Zeit nichts dergleichen erfolgte, auf sechs Monate, und dann auf sechs Jahre. Nach Vollendung derselben wurde er vom Papst zum Kaiser gesalbt.

199 DIE ABENSBERGER SCHAR ODER GRAF BABO UND SEINE ZWEIUNDDREISSIG SÖHNE

Da Kaiser Heinrich II. zu Regensburg Hof hielt, stellte er ein Jagen an in den Forsten zwischen Regensburg und Abensberg und lud dazu die benachbarten Edlen, doch mit dem Gebot, es möchte keiner mehr als nur e i n e n Diener mitbringen. So daß es scheint, als sei der Kaiser freigebiger gegen die Pfaffen gewesen als gegen die Jäger.
Siehe, da nahte dem Hoflager im Wald von Abensberg her eine starke und stattliche Männerschar, alle in guter Jagdwehr und hoch zu Roß, und große Dienerschaft lief neben den Rössern. »Wer naht dort mit so viel Gefolge?« fragte der Kaiser. Die Antwort lautete: »Der Graf Babo ist's, der Abensberger.« – Als nun der Graf nahe herzu ritt, sah ihn der Kaiser ungnädig an und fragte: »Du hast wohl Unser Gebot nicht vernommen oder verstanden, weil du so viele Mäuler uns ins Lager führst?« Darauf sprang Graf Babo vom Roß, beugte seine Knie vorm Kaiser und sprach: »Hoher Herr! Du hattest die Gnade, mir und meinen Söhnen zu erlauben, dem Jagen beizuwohnen. Jeder von uns kommt mit nur einem Diener!« – »Das sind ja über sechzig Mannen!« rief der Kaiser. »Ja, hoher Herr! Es sind unserer sechsundsechzig!« erwiderte mit heiterer Miene Graf Babo. Und da traten zweiunddreißig Männer, Jünglinge und Knaben, die indes von ihren Rössern gestiegen waren, herzu und knieten nieder. Und Babo sprach: »Siehe, hoher Herr, das sind alle meine lieben Söhne; die und noch acht Töchter habe ich mit zwei Frauen erzeugt und mit Gottes Hilfe und die Söhne erzogen zu deinem Dienst. Dir übergebe und widme ich sie mit Leib und Leben!« – »Das laß ich gelten!« rief der Kaiser. »Sind das deine Söhne, ei, so sollen es auch meine Söhne sein. Einem ist die Natur freigebig, einem ist sie karg.« – Und er reichte einem jeden der zweiunddreißig die Hand und dem Vater zu allererst. Und er verhieß ihnen Schlösser und Lehen, um ihren gräflichen Stand wohl fortzuführen.

200 KAISER HEINRICHS BECHER

I

Kaiser Heinrich hatte einen kristallenen Becher, dessen Fuß von Silber war und vergoldet. Als sein Edelknabe diesen Becher unvorsichtigerweise fallen ließ, ist er in Stücke zerbrochen. Der gottselige Kaiser aber hat die Benediktion darüber gesprochen. Da ist er wieder ganz geworden. Aus diesem Becher haben am Festtag des hl. Heinrich alle Leute »zur Gedächtnüß trincken dörffen«.

II

In diesem Becher war einmal Gift. Aber als Heinrich die Benediktion darüber sprach, ist das Gefäß von selbst in Stücke zerbrochen, auf Heinrichs Befehl hin aber wieder ganz geworden, »aus welchem Becher auch zu gewissen Zeiten des Jahrs alle Leuthe trincken därffen«.

201 DER GANG ÜBER GLÜHENDE PFLUGSCHAREN ODER DIE ERWIESENE UNSCHULD DER KAISERIN KUNIGUNDE

Kunigunde [†1033], der Gemahlin des Kaisers, lag immer dessen Versöhnung mit ihrem Bruder Herzog Heinrich am Herzen, und sie bewirkte endlich seine Begnadigung. Er wurde wieder in sein Herzogtum eingesetzt und bezog die Residenz in Regensburg im Jahr 1017. Voll Freude begleitete die Kaiserin ihn selbst das nächste Jahr hierher zur Besitznehmung. Während dieser Zeit war es wohl, daß Kunigunde, die mit dem Kaiser »aus beiderseitigem Gelübde ein blos heiliges Leben geführt hatte«, eines verdächtigen Umgangs mit Bischöfen beschuldigt wurde. Von dieser Anschuldigung reinigte sie sich sogleich dadurch, daß sie heil und hehr über zwölf glühende Pflugscharen schritt.

202 WIE BRETISLAUS JUDITH AUS REGENSBURG ENTFÜHRTE ODER DIE GESPALTENE EISENKETTE

I

In einem Kloster zu Regensburg war eine wunderschöne Nonne namens Judith. Ob sie die Tochter von Kaiser Konrad II. oder einem deutschen Grafen, Otto, gewesen ist, darüber wird noch disputiert. Diese Judith entführte Bretislaus Anno 1026, vielleicht mit ihrem guten Willen. Es war zwar eine dicke Eisenkette vor das Kloster vorgezogen, aber die hieb Bretislaus mit seinem Schwert »durch eine übernatürliche Krafft von einander« und entwischte mit seiner Judith nach Böhmen.

Wegen dieses Raubes überzog Kaiser Konrad II. Anno 1029 Böhmen mit Krieg. Zugleich tat er einen Schwur, daß er nicht ruhen wollte, bis er seinen kaiserlichen Stuhl mitten in Böhmen aufgerichtet hätte. Und Bretislaus schwor dagegen, in Deutschland dermaßen zu sengen und zu brennen, daß es dem Kaiser in seiner Residenz in die Augen schimmern sollte. Die geraubte Judith war gleich schwanger. Wie nun das Blutvergießen angehen sollte, so zog sie in das deutsche Lager, wies dem Kaiser ihren dicken Leib und stiftete dadurch einen erwünschten Frieden. Wegen des gedoppelten Schwures machte Judith diesen Vorschlag: Es sollte von Kaiser Konrad II. mitten in Böhmen, in Alt-Bunzlau, ein Thron aufgerichtet werden, darauf er sich setzen könnte; und hingegen sollte Bretislaus auf dem deutschen Boden etliche Bauernhütten abbrennen und bezahlen.

II

Anno 1003 – »etliche Historici setzen eine spätere Jahr-Zahl« – kam Bratislaus, der Sohn von Herzog Ulrich in Böhmen, ein frecher, kühner Jüngling, unter dem Schein der Andacht, eine Kirchfahrt zu St. Wolfgang zu verrichten, hierher. Und er entführte in Geschwindigkeit und List Juditha, die »hinterlassene« Tochter von Kaiser Otto II. und Anna von Österreich. Sie war von Jugend auf eine Klosterfrau zu Niedermünster. Er brachte sie eilends aus der Stadt; die vorgezogene Kette bei dem Stift hat er in einem Streich abgehauen. Es gab gleich ein Geschrei und einen Tumult. Einige Diener haben sich »versperret«, wurden gefangen und hingerichtet. Kaiser Heinrich wollte die freche Tat rächen und Böhmen mit Krieg überziehen. Dieweil aber die Hochzeit schon geschehen war, hat man die Sach in Frieden vertragen.

III

Aus dem Böhmerland zog der junge Herzogssohn Brzetislav durch den Böhmerwald. Er suchte sich am Regen in den waldigen Talwinkeln nahe bei Regenstauf eine heimliche Stelle und ging mit nur wenig Dienern nach Regensburg hinein. Er hatte von einer überaus schönen Nonne namens Juditha vernommen, die die Tochter eines Grafen vom Rhein gewesen sein soll, Otto des Weisen. Es gelang ihm, sie zu sehen. Und alsbald entbrannte in beiden eine heftige Liebe zueinander. Der junge Herzogsohn beschloß, die schöne Juditha zu entführen. Diesen Plan führte Brzetislav auch ohne Säumen aus. Er bestach die Torwächter, daß sie ihm das Tor und die Brückenwächter, daß sie ihm die Brücke offenhielten, und die Torwächter drüben in Stadtamhof nicht minder. Sein Roß band er vor der Klosterpforte an, ging hinein und holte sich seine Auserwählte ohne alle Umstände. Mittlerweile war der Weg vor dem Kloster durch eine mächtig große Kette gesperrt worden. Die hieb Brzetislav entzwei, hob die Entführte auf sein Roß und sprengte mit ihr von dannen. Seine Getreuen folgten, und hinter ihnen rasselten die Tore zu: das Regensburger Stadttor, drei Brückentore und zwei Tore von Stadtamhof, alle mit schweren Schlössern und Riegeln. Ehe sie den Verfolgern wieder aufgetan wurden, verging die längste Zeit. Es war offenbar eine wahre Torheit, die Flüchtigen verfolgen zu wollen. Auf der Brücke verlor Juditha einen roten Schuh, wie Katharina von Bora, da sie aus dem Kloster Nimbschen bei Grimma an der Mulde flüchtete. Der wurde samt der zerhauenen Kette lange als ein Denkzeichen aufbewahrt. Der Vater der Entführten klagte nun zwar beim Kaiser über den Jungfrauenraub. Das Kloster klagte nicht minder. Aber der Vater Herzog Brzetislavs gab seinem Sohn Mähren und erwirkte ihm Verzeihung.

IV

Zu Regensburg lebte eine überaus schöne Nonne namens Judith. Sie war die jüngste Tochter Ottos des Weisen, eines Grafen vom Rhein.

Brzetislaus, Herzog zu Böhmen, vernahm die Kunde von ihrer Schönheit ... Still rüstete er daher eine Anzahl Gewappneter, ließ seinem Vater, Herzog Ulrich, hinterbringen, daß er zur Übung ritterlicher Tugenden sich an den kaiserlichen Hof begebe, und zog rasch gen Regensburg.

Als der Herzog zum Kloster gelangte, umstellte er es mit seinen Getreuen. Und zu Beginn des Gottesdienstes drang er dort ein. Seinem Späherauge entging die Grafentochter nicht ... Und von Liebe hingerissen, ergriff er sie, eilte mit ihr aus der Kapelle, hob sie auf sein Roß und entfloh. Die Klosterdiener aber waren ihm nachgeeilt und hatten eine mächtige Kette vor das Tor gespannt, um die Flucht des Nonnenräubers zu verhindern. Da riß Brzetislaus sein Schwert heraus und spaltete die Eisenkette in der Mitte auseinander, während sein Gefolge sich tapfer durch die andringenden Klosterknechte schlug und ihm nachfolgte.

Er gelangte mit der Entführten glücklich nach Böhmen und meldete seinem Vater das Abenteuer und wie gnadenvoll ihn Gott beschirmt und erhalten habe. Und er erhielt die schöne Judith zur Gemahlin. Graf Otto beklagte sich heftig beim Kaiser über die gewalttätige Handlung des Brzetislaus. Kaiser Konrad begnadigte zwar den jungen Herzog, befahl ihm jedoch, Böhmen zu verlassen und sich mit seiner Gemahlin nach Mähren zu begeben, das Herzog Ulrich dann seinem Sohn schenkte. Dies geschah Anno 1026.

Die gespaltene Kette ist lange Zeit im Kloster zu Regensburg aufbewahrt und als ein Wunderwerk betrachtet worden. Nach ihrem Tod wurde die Herzogin Judith in einer Kirche in Prag beigesetzt.

203 DER »HAINTZACKER«

Kaiser Heinrich IV. [*1050, †1106] verhielt sich in seiner Regierung so unmöglich, daß viele hohe Potentaten seinen Sohn Heinrich V. [*wohl 1086, †1125] verhetzten, gegen den Vater zu kriegen. Der Anfang dazu wurde in Nürnberg gemacht, das damals noch eine kleine, aber kaisertreue Stadt war. Der König belagerte es vier Monate lang und wurde nicht eingelassen, bis sein Herr Vater, der Kaiser, dieses bewilligte.

Nach der Eroberung und Ausplünderung der Stadt ging der Marsch auf Regensburg zu. Der Kaiser folgte von Würzburg aus dem Sohn auf dem Fuß. Weil ihn die Bürger von Regensburg auch nicht einlassen wollten, schlug er sein Lager jenseits der Donau auf, eine Meile von der Stadt entfernt. Seinetwegen wird dieser Platz heute »Haintzacker«, d.h. Heinrichs-Acker, genannt. Der Kaiser verblieb diesseits der Donau zwischen Regensburg und Prüfening. Und obwohl es wegen des Wassers zu keinem Treffen kommen konnte, so gab es doch verschiedene Scharmützel.

204 DER BÖHMISCHE PRZEMYSL ALS TAGLÖHNER

Herzog Premislaus oder böhmisch Przemysl war ein Sohn von Wladislaus II. ... Als er das erste Mal vertrieben wurde, geriet er in seinem Exil in solche Armut, daß er einen Taglöhner machen und zu Regensburg Steine bei einem Kirchenbau tragen helfen mußte. Dies wußte aber niemand außer seinem Diener. Mit dem ging er einst »um das Thor zu Regenpurg«.
Indes kam die Nachricht, daß sein Feind, der Kaiser Heinrich VI., in Sizilien gestorben wäre [1197]. Da sagte der Herzog, die »Zeitung« wäre wohl wert, daß sie ihretwegen zusammen »auff den Wein-Keller« gingen. Der Diener zog alsobald zwei Gulden aus dem Schubsack, die er mit seiner Hände Arbeit verdient hatte. Der Herzog aber schmiß das Geld in die Donau und sagte zu dem Diener: »Komm, wir wollen nach Böhmen gehen! Wenn ich wieder Herzog werde, so können wir schmausen, so viel wir wollen.« Am andern Tag ging die Reise fort...

205 WOHER DER NAME THURN UND TAXIS KOMMT

Die Grafen und Fürsten von Thurn und Taxis, französisch de la Tour et Taxis und italienisch de la Torre e Tassis, stammen von einem jungen mailändischen Edelmann her, dem der hl. Ambrosius, Bischof daselbst, um 389, bei Dämpfung eines Aufruhrs der Arianer, das sogenannte Neue Tor anvertraut, und als er es und den daneben-

stehenden Turm männlich behauptet, ihm den Beinamen de la Tour und zugleich zur Belohnung seiner Treue die Souveränität über Valsassine gegeben hatte.

Von dessen Nachkommen soll Taccius um 889 als Graf von Valsassine und Baron der Ufer am Comer See nur zwei Töchter und Erbinnen gehabt und sie an zwei Abkömmlinge Karls des Großen, Aliprandus und Eriprandus, vermählt haben. Diesen Beinamen hat sich aber erst später ein gewisser Lamoral, der sich im Gebiet von Bergamo niederließ, entweder nach diesem Ahnherrn oder von dem Taxberg (Tasso) oder von den Dachsen, die daselbst hausten und die er häufig gejagt haben soll, beigelegt. Daher stammt auch der fortschreitende weiße Dachs im unteren Teil des Wappenschildes. Aber das goldene Horn im Pfauenschweif über der Krone auf dem Helm ist kein Jäger-, sondern ein Posthorn, welches sich auf die Würde dieser Fürsten als frühere Reichspostmeister bezieht.

206 NOT UND ANGST

Das Regensburger Patriziergeschlecht Notangst ist als eine spätere Nebenlinie dem der Tundorfer (Dondorfer) entsprossen. Ein angesehenes Glied der Tundorfer führte bei jeder Gelegenheit die Redensart »Not und Angst« im Munde, so daß es ihm zur zweiten Natur geworden war. Und was anfangs als Spitzname galt, blieb zuletzt ganz und gar in seiner Familie erblich. Wurde doch auch der bayerische Herzog Heinrich XI. wegen der oft gebrauchten Beteuerung »Ja, so mir Gott hilft!« – der Jasomirgott genannt.

207 DER VERRÄTERISCHE OBRIST VON FAHRENSBACH ODER DIE LADUNG VOR GOTTES GERICHT

Als am 20. April 1632, um zehn Uhr in der Nacht, die schwedische Armee vor Ingolstadt unter Anführung des tapferen König Gustav selbst einen hitzigen Angriff auf das die Donaubrücke beschützende Hornwerk vornahm, war der Herr von Fahrensbach, einer der vornehmsten Kriegsobersten der Festung (oder wohl gar Kommandant, wie einige behaupten) heimlich mit dem Feind in Verbindung... Besonders da man auch den lange vorher geschehenen Verlust der Stadt Frankfurt an der Oder seiner Fahrlässigkeit zuschrieb, wurde er derart belastet, daß ihn Kurfürst Maximilian I. in Haft setzen ließ, um die Sache gründlicher zu untersuchen.
Ein ganzes Jahr dauerte der Prozeß, bis der Oberst schließlich Anno 1633, am 19. Mai, nach dem Standrecht zum Tode verurteilt wurde, und zwar durch öffentliche Enthauptung. Die Hinrichtung wurde in Regensburg auf dem Kornmarkt vorgenommen. Von ihr ist bemerkenswert, daß der von Fahrensbach unter dem Schwertstreich gezuckt und nur eine mittelmäßige Wunde am Kopf davongetragen hat. Er verstopfte sie mit dem Schnupftuch, richtete sich dann hurtig auf, jagte mit dem kurzen Gewehr, das er einem Sergeanten aus den Händen gerissen, den Henker von der Bühne und versuchte sich auf diese Weise zu retten. Es entstand durch diese ungewöhnliche und fast »nie erhörte« Tat eine große Bewegung unter den Zuschauern. Und es schrie alles um Pardon für den Verurteilten. Aber dessen ungeachtet wurde er durch viele Streiche des Scharfrichters niedergefällt und in eine andere Welt geschickt.
Einige schreiben, daß von Fahrensbach, als er gesehen, daß sich der von Wallenstein, welcher bei dieser Hinrichtung gegenwärtig gewesen, durch seine Tapferkeit und große Fürbitte nit habe zur Barmherzigkeit erweichen lassen, diesen vor den Richterstuhl Gottes zitiert habe, allda innerhalb Jahr und Tag zu erscheinen und Rechenschaft

zu geben – welchen Termin und gesetzte Zeit Wallenstein auch nit überlebt hat.

208 DIE NAPOLEONSHÖH

Auf dem Platz, wo ehemals der gemauerte reichsstädtische Galgen stand, wurde 1829 eine Kaffee- und Bierschenke erbaut und das Haus, dessen Eigentümer anfangs der »Galgenwirt« betitelt wurde, Napoleonshöh genannt, weil Napoleon 1809 bei der Erstürmung der Stadt auf diesem sogenannten Galgenberg von einer Kugel an der Ferse verwundet und da verbunden worden sein soll.

KIRCHEN UND KLÖSTER

... Willst ihre Kirchen du zählen, so wirst du nicht weniger finden als im Laufe des Jahrs Tage die Sonne uns bringt ...

Caspar Bruschius

209 DIE ERSTE CHRISTLICHE KIRCHE IN BAYERN ODER DER APOSTEL LUKAS ALS KÜNSTLER

»Auf einem vormaligen alten Heidentempel nun christlichem Kirchlein in Regensburg steht die Jahrszahl 554.« Herzog Theodo soll es erbaut, und der hl. Rupert es im Jahr 616 für den christlichen Gottesdienst der hl. Maria geweiht haben. Es soll dies die erste christliche Kirche in Bayern, »wenigstens hier«, gewesen sein. Man nennt sie selbst mit ihrem späteren schönen Anbau noch die Alte Kapelle.
Noch ist der Rupertusaltar darin unverrückt. Auf ihm steht eine Muttergottes mit dem Jesuskind. Sie ist von Holz geschnitzt »und gemahlt«. Wie eine in der Kirche aufbewahrte Inschrift sagt, soll der Apostel Lukas diese Statue nebst einer »zur Seite« an der Wand hängenden bemalten Holztafel mit gotischer »Thurmvorhalle«, die einst über diesem Marienbild stand, geschnitzt haben. Um das Marienbild vor den Verfolgungen der Heiden besser verstecken zu können, sei es »von der Tafel aus der Mitte abgeschnitten worden«, wie man noch an der leeren Stelle inmitten der Tafel sieht. Und es wäre, heißt es, in der ersten Zeit, oft von den Christen vergraben worden.
Kaiser Heinrich II., der Heilige, und seine Gemahlin Kunigunde haben zu dieser Kapelle im Jahre 1018 eine ansehnliche Kirche hinzugebaut und u. a. noch ein Marienbild dahin verehrt, das ebenfalls von dem Apostel Lukas selbst gemalt worden sein soll.

209 a FORMOSUS, EIN WUNDERSAMER PAPST, WEIHT DAS MÜNSTER ST. HAIMRAN

Formosus [891–896] war der 114. Papst und der erste dieses Namens. Er weihte auch das Münster St. Haimran zu Regensburg.
Und da er starb, wurde sein Leichnam »dennocht« in das »concilium« gelegt. Als aber Stefan VI. Papst wurde, verschmähte er ihn und hieß ihm die zwei Finger abschneiden, mit denen er geschworen hatte, nie mehr nach Rom zurückzukehren. Und er hieß sie in den

Tiber werfen. Sergius ... hieß ihn gar ganz ausgraben und in den Tiber werfen. Da wurde er von den Fischern gefunden. Die trugen ihn »in sant Peters münster«. Da neigten sich die Bilder ihm entgegen, als wollten sie ihn empfangen. Jetzt erst wurde er würdig begraben.

210 DIE SCHWARZE MADONNA VOM NIEDERMÜNSTER

Die Schwarze Madonna – das Gnadenbild von Niedermünster – soll der Tradition nach die Herzogin Judith um 960 von ihrer Pilgerreise aus Palästina mitgebracht haben. Der Regensburger Weihbischof Albert Ernst Graf von Wartenberg entdeckte die Plastik um 1670 in einem Winkel des Stiftes Niedermünster und brachte sie wieder zu Ehren. Wartenberg glaubte, das Schnitzwerk stamme aus apostolischer Zeit und sei am Grabe Mariens gestanden. Die dunkle Farbe führte er auf den Dampf der zahlreichen Öllampen zurück, die in dem niedrigen Grabgewölbe Mariens brannten.

211 DER TRAUM VOM ALTEN MARIENBILD

Als von diesem Muttergottesbild aus Gethsemane in Regensburg noch nichts bekannt war, hat es sich zugetragen, daß einer Person im Schlaf zugeredet wurde, im Dom sei ein altes, mit Spinnweben ganz verwachsenes Bild. Nach dem solle in der mittleren Kapelle gesucht werden.
Um zu erfahren, ob dies auch stimme, hab ich [= Wartenberg] mich dorthin verfügt, aber erst nach langem Suchen in einem finstern Winkel dieses Bildnis entdeckt. Es ist dann auf den Altar gesetzt worden.

212 DAS SELTSAME GELÄUT IN DER LUFT

Daß dies Gott nicht mißfiel, kann man hier nicht ganz mit Stillschweigen übergehen. Denn im Jahr 1668 hat sich zur Verwunderung vieler Leute des Nachts oft in der Luft über der Niedermünsterkirche ein Geläut hören lassen, wie mir alle meine Ehehalten bezeugten. Als ich [= Wartenberg] mich dann samt allen meinen Ehehalten »nachts auf den Abend der Auffarth« an das Fenster begab, da begann zuerst weit droben, doch gut vernehmbar, ein großes Geläut, »gleich wie man in das Ambt zu Weynachten leut« ... Meine Ehehalten und andere Leute hörten dieses Geläut noch bis in den Oktober des selben Jahrs »hinaus«.

Am Morgen des 2. Juli, um Viertel nach sieben, als jedermann in der Predigt war, läutete die Predigtglocke zu Niedermünster »in ihrem rechten Thon einem Creutz mit kurtzen Zeichen« ein. Während dem Läuten war mein Diener in der Stube. Ich ließ ihn »auf Nidermünster« gehen, um zu sehen, was es bedeute. Gleich als er zu der letzten Friedhofstür hinausging, merkte er, wie das Läuten oberhalb der Kirche aufhörte.

213 DIE GRÜNDUNG DES SCHOTTENKLOSTERS

Aus Schottland kam ein heiliger Mann namens Marianus mit sechs Gefährten nach Regensburg. Dort fand er im Frauenstift Niedermünster gastliche Aufnahme und besorgte dafür Abschriften der heiligen Bücher. Bald war der gelehrte und fromme Fremdling überall beliebt. Das erregte den Neid seines Gefährten Murcherad. Deswegen beschloß Marian, Regensburg zu verlassen und nach Rom zu pilgern.

Da träumte ihm zuvor, er solle den Pilgerstab ergreifen, aber dort bleiben, wo ihn unterwegs der erste Strahl der Sonne bescheinen würde. Also zog Marian frühmorgens mit zwei seiner Genossen von dannen. Der Weg führte sie bei der Kapelle in Wihen oder Weih St. Peter vorüber. Sie gingen hinein, Gott um Segen zur Reise zu bitten.

Während sie noch andächtig beteten, fiel ein freundlicher Lichtblick der Sonne durchs Fenster. Entzückt ruft Marian: »Dies ist der Ort, hier will ich leben und sterben!«

Das erfuhr die Äbtissin von Obermünster, wohin die Kapelle gehörte, und sie erklärte sich bereit, dem frommen Marian die Kirche unter Vorbehalt des Grundeigentums abzutreten. Ein reicher Bürger, Bezelin, half durch reiche Beisteuer zum Bau des Klosters, in das Marian mit seinen Genossen im Jahre des Herrn 1075 einzog.

214 SIEBEN BRÜDER KOMMEN NACH REGENSBURG

Sieben Brüder empfingen bei Burtscheid in der Nähe von Aachen von ihrem Abt die Erlaubnis, nach Rom zu pilgern, um sich dort nach Art der Schotten den Ablaß des Petrusnachfolgers zu holen. Sie hießen Marianus, Machantinus, Murchertachus, Clemens, Gervasius, Ysaac und Donatus. Alle sieben schlugen den Weg nach Rom ein, und zwar durch Franken nach Bayern. Alle, die zu ihnen kamen, wurden durch die Berührung ihrer Kleider oder nachdem sie ihren Segen erhalten hatten, geheilt: Aussätzige, Gebrechliche, Paralytiker. Der Ruf der Wunder eilte dieser heiligen Gemeinschaft voraus und verbreitete sich in den benachbarten Gebieten. So gelangten sie auf ihrer von der Gnade Gottes begünstigten Reise nach Bamberg, wo sie mit großer Ehre aufgenommen wurden.
Diese Gunsterweisung durch das Volk mißfiel den Gottesmännern sehr. Da man in ihnen das Wirken des Heiligen Geistes erkannte, wurde ihnen auf dem Michelsberg eine kleine Zelle errichtet. Dort blieben sie einige Tage. Und als man die Wunder Gottes, die durch sie bewirkt wurden, erkannte, strömte das Volk häufig bei ihnen zusammen ... Sowohl die Geistlichkeit als auch das Volk ehrte sie und wachte bei ihnen.
Da sie das Geschrei des Volkes und die Gunstbezeugungen nicht mehr ertragen konnten, siehe, da standen sie in der Nacht auf und flohen, weil man sie – sie wollten von Tag zu Tag fort – nicht weggehen ließ. Sie folgten den Spuren der Heiligen Erhard und Albert und gelangten nach Regensburg. In Niedermünster wurden sie mit gebührender Ehre gastlich aufgenommen. Die ganze Gemeinde freute sich über ihre Ankunft. Sie blieben dort viele Tage und schrieben eifrig die Bücher des Alten und des Neuen Testaments ab. Der heilige Marianus aber blieb immer allein, weil, wenn sie sich in der Volksmenge zeigten, immer Wunder geschahen. Und sie wagten nicht, ihre Zellen zu verlassen.

215 DIE FLUCHT DER SCHOTTENMÖNCHE ODER DER WIEDERERWECKTE SANDOLF

Der gottselige Marianus ergriff seinen Stab, stand auf und sagte: »Nehmt euer geringes Gepäck, Brüder, und laßt uns unseren ursprünglichen Entschluß ausführen: die Schwellen (= limina) der Kirchen der hll. Peter und Paul in Rom aufzusuchen. Laßt uns aber nachts aufbrechen, weil es uns am Tag doch nicht gestattet wird, unser Vorhaben auszuführen. Und so gingen sie heimlich im Schweigen der Nacht zeitig aus der Stadt fort. Und sie stiegen bergan, um zum Bürgerberg (= Mons Civium) zu gelangen, wo der Galgen der Stadt steht ...
Als die Schottenmönche dorthin kamen, siehe da, da brachen Hagel und Blitz, Unwetter und unerträgliche Regengüsse über sie herein, daß selbst sie – vor Schreck erstarrt – nicht wußten, wohin sie sich flüchten sollten. In die bergende Nähe der Stadt konnten sie nicht zurückkehren; und auch ihre bereits angetretene Reise vermochten sie nicht fortzusetzen wegen der Menge der Hagelkörner.
Deshalb setzten sie sich da, wo sie standen, nieder und bedeckten ihre Häupter mit ihren Mänteln. So schliefen sie, aneinandergelehnt, ein. Im Schlaf erschien dem sel. Marianus ein Engel des Herrn und sagte zu ihm: »Marianus, Marianus, warum löckst du so lange gegen den Stachel? Sage ich dir nicht jetzt schon zum dritten Mal, daß der Herr dir nicht zugesteht, dem deutschen [wörtlich: alemannischen] Boden

den Rücken zu kehren? Du mußt dich dem Willen Gottes fügen! Du mußt hier mit den Deinen den Tag der allgemeinen Auferstehung erwarten! Denn, wenn du bestrebt bist, Widerstand zu leisten, wirst du über das Maß hinaus, das dir vorgegeben ist, in den Zorn deines Schöpfers hineinrennen, gemeinsam mit deinen Gefährten!« Marianus sagte: »Und wo will denn Gott, daß unsere Auferstehung stattfinde?« Darauf antwortete der Engel: »An dem Ort, wo morgen in der Früh die Sonne über euch ihren Aufgang nimmt, dort wird eure Auferstehung stattfinden! Und dies diene euch zum Zeichen dafür, daß ich wahrhaftig ein Bote Gottes bin: Ihr werdet in Reichweite auf den Leichnam eines Mannes stoßen, der vor fünf Tagen aus der Mitte der Menschen genommen wurde und dessen Wiedererweckung aufgrund eurer frommen Bitten allen Menschen kund sein wird.« Nach diesen Worten verschwand der Engel.

Da erwachte Marianus aus seinem Schlaf und berichtete seinen Gefährten von dem Traumgesicht. Als es Tag wurde, erblickten sie den Leichnam eines Menschen, der unter dem Galgenholz neben ihnen lag und einen Strick um seinen Hals trug. Kaum hatten sie dies gesehen, sanken sie gemeinsam in die Knie, und über ihre Wangen rannen Tränen. Und sie baten Gott, den Schöpfer aller Kreatur, für diesen Toten. Und wirklich, da Gott ja selber spricht: »Wenn ihr zu diesem Berg da sagt: ›heb dich hinweg und stürze dich ins Meer‹ und nicht zweifelt in eurem Herzen, so wird es geschehen!« Sogleich, nachdem die Fesseln des Todes gelöst waren, stand der Tote auf und lobte den großen Gott für seine Wohltaten. Dann lief der von den Toten Auferweckte in die Stadt.

Die Männer Gottes hielten nun nach allen Seiten Ausschau nach dem Sonnenaufgang und entdeckten die an der Wand der neuen Kirche Karls sich brechenden Sonnenstrahlen. Die Männer Gottes sahen dies, freuten sich mehr als gewöhnlich und kehrten zu dieser neuen Kirche Karls auf dem Hügel des Sieges zurück.

Als es Tag geworden war, suchte die Frau Äbtissin von Niedermünster und die Gemeinschaft der ihr anvertrauten Schwestern den gottseligen Marianus und seine Gefährten und fanden sie nicht. Als das Volk der Stadt vom Auszug der seligen Schottenmönche hörte, waren Kleriker und Laien gleichermaßen erschüttert. Mittlerweile – am nämlichen Tag – kam jener Sandolf, der aufgehängt worden war, in die Stadt und betrat sein Haus. Als seine Frau ihn sah, schrie sie mit

ihren Kindern vor übergroßer Freude auf. Das Volk, das vorbeiging und sie hörte, füllte mit großem Andrang das Haus und den Hof. Und indes die Leute nach der Bedeutung des heftigen Geschreis forschten, sahen sie Sandolf, den man aufgehängt und vor fünf Tagen am Galgenholz zurückgelassen hatte, gesund und lebendig. Und man fragte ihn, woher er sein Leben habe. Er gab zur Antwort: »Die Schottenmönche, die beim Niedermünster als Gäste wohnten, haben mich, der ich aufgehängt war, wieder zum Licht des Lebens erweckt.« Die Bürger fragten, wo denn jene Schottenmönche seien, die ihn auferweckt hätten. Und Sandolf antwortete ihnen: »Sie beschreiten den Weg auf den Berg zu und kehren in die Stadt zurück.« Als Otto, der Bischof der Stadt, dies vernahm, ging er ihnen mit den Klerikern und Mönchen und allen Ständen der Stadt mit Kreuzen, Fahnen und Reliquien in einem feierlichen Zug entgegen bis zur Kirche Karls des Großen auf dem Siegeshügel. Der Bischof warf sich zu Boden vor die Füße der Gerechten [= hier: der Mönche]. Und dringlich flehte er mit dem gesamten Volk sie an, zusammen mit ihnen die Stadt zu betreten. Dies verweigerten sie auf das entschiedenste und sagten, daß sie aufgrund göttlicher Beteuerung den Tag ihrer Auferstehung neben dieser Kirche erwarten müßten.
Als das Volk das hörte, wollten die Leute zu Füßen der Heiligen Gold und Silber darbringen und den Ort mit reichen Gaben beschenken. Die Schottenmönche selbst verbaten sich beim lebendigen Gott für alle Ewigkeit, ihnen irgend etwas zu geben außer diesem Grund und Boden, auf daß jedem von ihnen eine Klause an der Wand der Kirche gebaut werde, und außer Brot und Wasser. Und so kehrten sie aus Furcht vor dem Zorn Gottes zu ihrem Eigentum zurück, ohne besonderes Geschenk. Aber es wurden ihnen auf der Stelle diese Zellen gebaut, jedem an einem besonderen Ort...

216 EIN NIKOLAUSWUNDER IN ST. EMMERAM

Während der Nacht drangen Diebe in die Kirche des Klosters ein und raubten ihre Kostbarkeiten. Von den Dieben war keine Spur zu finden. Da gab ein Bruder des Klosters den Rat, an drei aufeinanderfolgenden Tagen zu Ehren des hl. Nikolaus Messen zu lesen. Kaum war das geschehen, da meldete jemand dem Kloster, daß der Dieb in einem Ort, der Ulm heißt, ergriffen worden sei; das ihm abgenommene Gut möge das Kloster dort abholen lassen. Man schickte dorthin und erlangte den Kirchenschatz zurück. Der Dieb aber wurde mit ausgestochenen Augen aufgefunden.

217 PRÜFENINGS URSPRUNG

Es war im Jahre 1107, als zu Regensburg, von Kaiser Heinrich V. [* wohl 1086, † 1125] berufen, ein großer Reichstag gehalten wurde. Es fanden sich aber die Stände des Reichs in so großer Anzahl ein, daß am Ende in der Stadt selbst kein Unterkommen mehr war. So mußte sich auch der heilige Bischof Otto von Bamberg [* um 1062, † 1139], der Apostel der Pommern, bequemen, mit seinen Leuten außerhalb der Stadt ein Nachtlager zu suchen. Bald war dieses gefunden auf einer anmutigen Flur, die zur Villa Prufeninga gehörte und wo man sich unter schattigen [Nuß-] Bäumen lagerte.

Da träumte dem Bischof Otto – wie einst dem Patriarchen Jakob –, er sähe die heiligen Engel auf einer Leiter vom Himmel zu sich herniedersteigen und mit ihm anmutige Gespräche führen. Auch vernahm sein Ohr eine Musik von Glockentönen, wie wenn an Festtagen das Geläut vom hohen Dom erschallt.

Als der Heilige erwachte, gelobte er Gott, einen Altar zu Ehren des heiligen Ritters Georg zu erbauen, nahm ein Ölfläschchen hervor und goß es als Zeichen der Weihe über den Ort aus. Zu dem Altar wurde nach etlichen Jahren auch ein Kloster gefügt, in dem Ordensbrüder des heiligen Benedikt leben sollten.

218 WOHER DER NAME PRÜFENING KOMMEN SOLL

I

Das Kloster Prüfening, »gemeiniglich Prüfling genannt, ist ¼. Stund von der Stadt Regensburg, wo die Donau und Nab zusammen fliessen, in einer angenehmen Gegend gelegen«.
In einer 1624 verfertigten Schrift von Melchior Weixer wird diesem Kloster der Name Brunnfening beigelegt und folgendermaßen erklärt: Weil an diesem Ort verschiedene lebendige Brunnquellen aus einem Hügel entspringen – »davon man viel springende Wasser machen lassen« – und überdies Fischteiche vorhanden sind, die einen verborgenen Zu- und Abfluß haben, so habe dieses alte Kloster, seiner Lage wegen, den Namen Brunnfening (vom Brunnenfinden) erhalten.

II

... Als Otto, der Bischof von Bamberg, aus seinem Schlaf erwachte, gründete er, angetrieben von der himmlischen Vision, die ihm zuteil geworden war, ein Kloster, und er befahl, an dem Ort, wo er geschlafen hatte, einen Altar zu errichten. Und er ließ – wie man sagt – das Kloster deshalb Prüfening nennen, »das mans prüven schol«.

219 ST. MANG ZU STADTAMHOF

Dieses Kloster zwischen den Flüssen Donau und Regen führt den Namen St. Mang, weil um das Jahr 1134 der heilige Beichtiger und Abt Magnus [† um 756] in Gestalt eines ehrwürdigen alten Mannes und der heilige Erzengel Michael in Gestalt eines schönen Jünglings zu Regensburg am Ufer der Donau erschienen sind und von dem Fährmann, der die Ankommenden überzusetzen pflegte, nach Stadtamhof geführt werden wollten. Obwohl der Fährmann ihnen dieses Begehren anfänglich abschlug und dabei seine Mattigkeit und die bereits angebrochene Nacht vorschützte, hat er sie doch endlich, als sie ihm eröffnet hatten, wer sie wären, mit geziemender Ehrerbietung in das Schiff genommen und übergesetzt.
Danach haben ihm beide Heiligen befohlen, sich zu einem nahe wohnenden Mann namens Berchtold zu verfügen und ihm in ihrem Namen ein Mastschwein samt einem Metzen Korn als Fährlohn abzufordern. Berchtold gab ihnen all dies und ließ zudem an seinem eigenen Wohnplatz eine schöne Kapelle zu Ehren des hl. Magnus erbauen.

220 DER PFÖRTNER RYDAN

I

Ein Benediktinermönch von St. Jakob versuchte aus seinem Kloster zu entweichen. Als Sakristan benützte er die Kirchenschlüssel und wollte sich bei der Nacht zur Kirchentüre hinaus über die Friedhofsmauer davonmachen. Als er die Kirche hinter sich zugeschlossen hatte, entfielen ihm die Schlüssel. Beim Suchen danach verwickelte er sich mit den Füßen an dem Riemen der Schlüssel, fiel und brach ein Bein. Da der Unglückliche sah, daß ihm schon der erste Schritt in die Welt hinaus ein Bein gekostet hatte, fing er an, Hilfe aus dem Kloster herbeizurufen und gestand sein strafbares Vorhaben ein. Die Heilung mißglückte aber: es kam der Brand an den Fuß, und der Pater mußte sterben. Vor seinem Tod ersuchte er den Abt und die Mitkonventualen, daß ein steinernes Andenken zum Zeichen seiner Reue über die Schändlichkeit seiner Flucht gesetzt werde. Daher sieht man noch heutzutage einen gefallenen Mönch mit den Kirchenschlüsseln bei der Tür in der Kirche in Stein eingehauen.

II

Viele Jahre schon tat der Bruder Pförtner zu St. Jakob treu seinen Dienst am Kirchenportal und war den Regensburgern ein lieber, alter Bekannter geworden. In der Kirche seines Klosters war er stets der erste und letzte und erfüllte seinen Dienst eifrig und gewissenhaft. Und war die Kälte noch so grimmig, pünktlich zur gewohnten Stunde schloß Rydan am Morgen die Kirchentüre auf, und kein noch so früher Kirchgänger brauchte auf das Öffnen des Gotteshauses zu warten.

Auch als er alt und gebrechlich geworden war, wollte er den liebgewordenen Dienst an der Pforte nicht aufgeben und betete im stillen, der Herr möge ihn an seiner geliebten Pforte sterben lassen. Seine Bitte fand Erhörung. Eines Morgens fanden Kirchgänger Rydan vor der offenen Pforte liegen. Der Tod hatte ihm während des Dienstes Riegel und Schlüssel aus der Hand genommen. Zur Erinnerung an den pflichtbewußten Mönch ist der Denkstein mit seinem Bildnis neben der Pforte gesetzt worden.

221 DAS HOSTIENWUNDER VON 1255

I

Eine in der Augustinerkirche [s. Anm.] aufgehängte Tafel beschreibt folgendes Wunder:
Auf dem Platz, wo »dermalen« die Kirche steht, ging früher über den von Karthaus-Prüll hereinlaufenden Bach eine kleine Brücke, von der man noch einen Teil unter dem Dreifaltigkeitsaltar wahrnehmen kann. Über diese Brücke trug im Jahr 1255 ein Priester das Ziborium zu einem gefährlich Kranken und verschüttete die heiligen Hostien. Bei diesem unglücklichen Ereignis erschienen Engel. Und während sie die verstreuten Hostien in den Kelch sammelten, hörte man eine himmlische Musik. Zum Andenken an dieses Mirakel wurde von frommen Gläubigen mit gesammelten Opfern die jetzige Kirche gebaut und alle »Pfinstage« auf dem hl. Dreifaltigkeitsaltar ein musikalisches Amt gehalten . . .

II

Fast mitten in der Stadt befand sich ein Teich von dem von Kumpfmühl hereinlaufenden Bach [= Vitusbach]. Darin pflegte man das Vieh zu tränken und die Pferde zu schwemmen, »gleich wie diß Musters noch bey dem Bruder-Hauß zusehen«. Bei Hochwasser schwoll der Bach derart an, daß man ein Brücklein bauen mußte. Man nannte es den Judensteg, weil die Juden dort herum ihre Wohnungen hatten.
Es begab sich nun am 25. März 1255 – einem Gründonnerstag –, daß ein Priester, der das Hochwürdigste Gut zu einem Kranken trug, auf diesem Steg hinfiel und die Hostien ausschüttete. Deshalb ist in der Stadt ein großer Schrecken gewesen. Als das Hochwürdigste Sakrament von der Priesterschaft wieder mit geziemender Andacht aus dem Kot »erhebt« worden, hat die andächtige und noch gut katholische Bürgerschaft alsbald am selben Tag damit begonnen, eine hölzerne Kapelle zu bauen. Und sie hat dieselbe noch vor dem Ostertag »zu End gebracht«...
Es geschahen gleich an diesem Ort große Mirakel und Wunderzeichen. Es fiel auch ein solch großes Opfer an, »daß durch die verordnete Kirchen-Pfleger Hildebrand und Ulrich Brunleither kunte die noch zu dato stehende Kirchen von schönen Quaterstucken gebaut werden / welche folgend Anno 1269. an St. Pauli Bekehrung Tag / denen damahls neu reformirten Eremiten S. Augustini eingeraumbt worden«.

III

Bei der Einmündung der Gesandtenstraße in den Neupfarrplatz, dessen Fläche bis 1519 die Judenstadt einnahm, führte der sogenannte Judensteg über den Vitusbach. Am Gründonnerstag des Jahres 1255 glitt ein Priester während eines Versehganges auf dem Steg aus, stürzte und verschüttete die Hostien.
Augenblicklich erschienen Engel und legten die heiligen Brote wieder in das Ziborium zurück. Um den Ort des Hostienwunders zu heiligen, erbauten 1255 die Bürger an dieser Stelle eine Kapelle zu Ehren von St. Salvator.

222 DAS WUNDER IN DER SALVATORKAPELLE

Ein Priester, der das heilige Meßopfer in der Salvatorkapelle [1257] darbrachte, zweifelte bei der Wandlung und während der Aufhebung des Kelches an der wirklichen Gegenwart des heiligen Blutes Jesu Christi. Da streckte das auf dem Altar befindliche Bildnis des Ge-

kreuzigten seinen Arm aus und nahm dem Priester den Kelch aus der Hand. Erschrocken trat dieser zurück und bereute sogleich seinen Zweifel, worauf das Kruzifix ihm den Kelch wieder in die Hand gab ...

223 WIE ES DIESER ZEIT DEN JUDEN ÜBEL IN DEUTSCHLAND GING

Zu dieser Zeit ging ein groß Geschrei über die Juden im ganzen deutschen Land, daß sie unser »haimlich heiltumb«, das Sakrament des Leibs und Bluts Christi, stählen, in Mörser zerstießen und das Gespött damit trieben, und es würde blutig. Ein Bauer, genannt der Rindfleisch, der sagte, er wär von Gott gesandt, um die Judenschaft überall deswegen zu strafen, und er schrie: »Wer ein guter Christ will sein, der folg mir nach!« Da lief jedermann hinzu. Und die Juden wurden überfallen, ausgeplündert, erschlagen und verbrannt: in Würzburg, Mergentheim, Nürnberg, Neumarkt, »Rotenburg«, Bamberg, Amberg, Berching, Wildenstein und anderen Städten in Bayern und Franken. Weder die Obrigkeit noch sonst jemand »auf hergotspoden« konnte sie erretten.
Die Juden – Weib wie Mann – waren so hartnäckig: eher warfen sie ihr eigenes Kind mitsamt ihrem Gut ins Feuer, als daß sie sich taufen ließen. König Albrecht konnte die »judischait« nicht erretten, er mußte gegen seinen Willen durch die Finger sehen. Die Geistlichen predigten, es wäre eine Strafe von Gott gegen die Juden. Das glaubte der einfache Mann. Die von Regensburg erretteten mit großer Müh und Arbeit ihre Juden, sagten, sie wollten sicherere Zeichen von Gott erwarten und haben, »das mans also erwürgen solt«.

224 MORD AN SECHS BIS ACHT CHRISTENKINDERN

I

Bischof Heinrich hatte auf seiner Reise in Trient erfahren, daß dort ein getaufter Jude namens Wolfram, ein hebräischer Schreiber, der sich gut aufs Illuminieren, Vergolden und Buchbinden verstand,

verhaftet worden sei und u. a. ausgesagt habe, daß von den Regensburger Juden Morde an sechs bis acht Christenkindern verübt worden wären. Der Bischof forderte bei seiner »Hierherkunft« den Magistrat auf, deswegen eine Untersuchung anzustellen. Der Rat berichtete darüber an Herzog Ludwig. Und auf dessen Verlangen wurde im Beisein von bischöflichen und herzoglichen Beauftragten die Judenstadt gesperrt und sechs Israeliten, »auf die der Verhaftete in Trident ausgesagt hatte«, ergriffen, ins Gefängnis geführt und verhört.

Die Judenstadt erstreckte sich von der Gegend der Augustiner bis an die Schlossergasse und bis an die späterhin sogenannte Judengasse. Sie hatte drei lange, breite, schmutzige Straßen; uralte, aber feste Häuser und »faßte zugleich ihre Synagoge in sich«. Und sie hatte vier Tore, die die Juden bei Nacht schließen mußten. Die Juden behaupteten, ihr Quartier sei unmittelbar der kaiserlichen Oberherrschaft unterworfen und mit besonderen Freiheiten und Exemtionen ausgestattet.

Die gefangenen Juden bekannten umständlich – wie Herr Gemeiner in seiner Chronik aus den noch vorhandenen Prozeßakten anführt – die greuelvolle Tat, die sie an mehreren Christenkindern, welche sie meistens gekauft hatten, verübt: Nämlich in ihrer Synagoge auf dem Almemor, einem viereckigen Brett, worauf die Thora liegt. Und auf eine ähnliche Weise, wie Christus von ihnen gemartert worden war und unter großem Gespött und Geschrei. Und wie sie das Kindsblut aufgefangen und Lümpchen darin getränkt oder es sonstwie für sich gebraucht hätten, wie sie dann den Leichnam noch den übrigen Juden zur Schau gestellt und »nach der Hand« vergraben hätten. Man ließ sich die Stellen zeigen, »wo sie sie hingegraben«, grub nach und fand die Gebeine der unschuldigen Schlachtopfer...

II

Eine löbliche, damals noch christkatholische Obrigkeit zu Regensburg hat »in angezognem Jahr [1486] (Joan. Eckius setzt 10. Jahr weniger)« siebzehn Juden – von denen gab es damals in der Stadt eine beträchtliche Menge – verhaften lassen. Auf der »Reck-Banck« haben sie gestanden, daß sie sechs von christlichen Eltern geborene und durch das heilige Taufwasser abgewaschene Knäblein aus angeborenem Haß und auf ungewöhnlich grausame Weise um ihr unschuldiges Leben gebracht hätten... Die besagte Obrigkeit hat einige abgeschickt, um jenen Ort in Augenschein zu nehmen, wo »solche Metzgerey so viler unschuldigen Lämmlein / verübet worden«. Sie haben dann im Haus eines gewissen Jossel eine Höhle unter der Erde gefunden und darin noch einige Uberbleibsel von sechs (Eck zählt acht) erwürgten Knäblein, die sie auf das Rathaus bringen

ließen. In der Gruft war ein platter, runder Stein – »auff einen gleicher Materi Fuß gesteiffet«. Er war anderthalb Ellen breit. Dieser Stein, auf welchem sie die unschuldigen Opfer zu schlachten pflegten, war damals mit allerhand Unrat beschmutzt. Als man ihn aber etwas gesäubert, hat sich gleich das Blut darauf als Zeugnis für die da verübten Mordtaten sehen lassen.
Wenn jemand etwa daran zweifeln sollte und zu wissen begehrte, was doch dieses »verstockte Gesindlein« zu solcher Grausamkeit gegen so unschuldige Kinderlein anreize, die ja selbst die ärgsten Feind, ja die wilden Tiere oft verschonen, dem gibt Johannes Eck folgende Antwort: Es geschehe darum, weil die Judenweiber ohne Christenblut nicht gebären können. Um solches »fein frisch in Menge« zu haben, stehlen sie entweder selber junge Christenknaben oder bestellen alte Vetteln oder andere Unmenschen, denen, um ein kleines Geldlein zu erhaschen, keine Untat zu groß und abscheulich ist. Die bringen ihnen dann dergleichen Kinder zu, denen sie hernach die Adern öffnen, sie mit Zangen zerreißen, an ein Kreuz nageln oder unter eine »Preß« legen, ihnen alles Blut aus den Adern »heraußtrukken«, ja alle Grausamkeiten an ihnen verüben. Auf die Frag, wie dann die Judenweiber unter den »Heyden/Türcken/Abgötter in allerley End der Welt« gebären, gibt besagter Autor zur Antwort: Andere unter den Christen wohnende Juden lassen das Blut der Christen, das sie in ihre Hände bekommen haben, dörren, zu feinem Pulver zerreiben und schicken es denen, die dergleichen Blut sonst nicht bekommen können. »Wir lassen dise Meinung in jenem Werth / den sie ohne uns hat.«
In der Judengruft zu Regensburg ist auch eine Münzwerkstatt gefunden worden, in der sie – wie sie zugaben – falsche Münzen geschlagen haben. Sie haben auch auf der Folter bekannt, daß sie »Lauff- und Schöpff-Brunnen vergifftet«. So ist es nicht verwunderlich, wenn sie an so vielen Orten der Christenheit nicht mehr geduldet werden, um so mehr aber ist es zu bewundern, daß sie noch an einigen sicher und ungehindert ihr Bleiben haben ...

225 DIE WALLFAHRT ZUR SCHÖNEN MARIA

I

Wie zu Worms und zu Prag schon vor Christi Geburt Juden wohnten, so auch in Regensburg. Die waren auch gute Juden und sahen mit Schrecken und Entsetzen die große Verfinsterung der Sonne, als Christus zu Jerusalem am Kreuz hing. Und da gerade ihre Bauleute einen Turm bauten, so verließen sie den Bau vor Schrecken und ließen einen Gerüstbalken stecken, welcher auch noch lange Jahre danach als ein Wahrzeichen gewiesen worden ist. Darum schützten auch die Regensburger Bürger ihre Juden in der grausamen Zeit, als die verrückten Geißler durch die Lande fuhren und allüberall die Juden erschlagen wurden. Nachher aber, als die Unvernunft zur Herrschaft kam, der Huß zu Costnitz [= Konstanz] verbrannt worden war und die zwei Geistlichen zu Regensburg und mit der Vernunft das Glück der Stadt sich gewandt hatte, da ging es auch zu Regensburg den Juden schlecht.

Sie wurden des Mordes von sieben Christenkindern beschuldigt und grausam vertrieben. An die Stelle ihrer geschleiften Synagoge wurde eine hölzerne Kapelle gebaut und in diese ein Gnadenbild gesetzt. Das hieß die Schöne Maria. Und es ward zu ihr ein Gelaufe des Volkes in hellen Haufen, gerade wie zum Pauker von Niklashausen. Die Leute ließen alles und alles stehen und liegen: Haus und Hof, Arbeit und Geschäft, sie liefen viele Meilen barfuß, zum Teil ganz nackt, den Adamiten gleich, und brachten ihre Rechen, Beile, Mistgabeln und Sicheln vom Feld mit und gaben ihren letzten Heller der Schönen Maria willig zum Opfer hin.

Da nun so ein schönes Geldlein einging, so meinte das Volk zu Regensburg, der Bischof brauche das nicht alles in das Stiftssäckel zu streichen und wollte den Spendepfennig mit ihm teilen. Der Bischof aber wollte nicht teilen. Darüber entbrannte heftiger Zwist und Hader. Das Ende vom Lied war, daß über diesen Zwiespalt die Schöne Maria in Abnahme kam und der größte Teil des Volkes der gesunden Vernunft und der Lehre Luthers zufiel, weil es endlich einsah, daß nur um des Geldes und nicht um der Ehre Gottes und der gnadenreichen Jungfrau willen das Bild der Schönen Maria aufgestellt war. Und so gewann auch diese Wallfahrt, gleich der zu Niklashausen und der zu Grimmenthal, ein schnelles Ende.

II

Im Jahr 1516 predigte Dr. Balthasar Hubmaier [* um 1485, † 1528] heftig gegen die Juden zu Regensburg. Und er zeigte die Nachteile auf, die der deutschen Nation nicht allein aus deren Glauben, sondern auch aus ihrem Wucher entstünden, »und wie ein unsegliche schatzung jr wucher trieg«. Da wurde der Rat beeinflußt, bei dem Kaiser anzuhalten, daß die Juden vertrieben würden. Also brach man ihre Synagoge ab und auch viele ihrer Häuser und setzte an ihre Stelle einen der Ehre Mariens geweihten Tempel, dem sie den Namen gaben: Schöne Maria.
Zuerst kamen nur einige dorthin. Denen soll in ihrem Anliegen geholfen worden sein. Als dies »auß kam« [= bekannt wurde], da erfolgte ein Zulauf von allen Orten, so als wären die Leute bezaubert. Es kamen Weib und Kind, Knechte und Mägde, geistliche wie weltliche Herren und hatten oft eine lange Wegstrecke nichts gegessen. Etliche Kinder, die den Weg nicht wußten, kamen mit einem Stück Brot von weitem her. Und es kamen die Leute mit mancherlei Ausrüstung, halt so, wie es sie bei der Arbeit eben übermannt hatte: eins mit einer Gelten voll Milch, jenes mit einer Strohgabel. Einige hatten in der großen Kälte kaum soviel an, um die Scham damit zu bedecken. Etliche liefen viele Meilen, ohne ein Wort zu reden und so, als wären sie »besessen halber« oder unsinnig. Etliche kamen barfuß mit Rechen, Beilen, Sicheln geradezu vom Feld her gelaufen und waren ihrer Herrschaft ausgestanden aus dem Dienst. Manche trugen ein Hemd, das sie zufällig erwischt hatten, als sie so aufgestanden waren. Etliche kam es um Mitternacht an, etliche liefen Tag und Nacht. Insgesamt war es ein solcher Zulauf »auß allerley läden«, daß allein an einem Tag viel tausend Menschen dahin kamen. Da hätte einer Wunder sehen können von so viel und mancherlei Opfer: von Silber, Gold, Wachsgebild und Kleinodien.
Täglich wurden so viele Messen gelesen, daß ein »pfaff dem andern vom altar nit entrinnen mocht«. Wenn einer das »Commun« las, so kniete der ander vor dem Altar mit seinem Confiteor. Das trieb man täglich »schier biß über mittag«. Und obwohl viele Altäre im Gotteshaus selbst und auch davor errichtet waren, so konnte doch ein Priester dem andern »nit entweichen«. Die Gelehrten verfaßten viele Gedichte zum Lob der Schönen Maria, und mancher Gottesdienst wurde erdacht »von zeychen/pfeiffen/orglen«. Viele Kranke führte

und trug man dahin und auch – wie etliche glauben – Tote, die man hernach gesund und lebendig wieder heimführte: etliche sprangen vor Freude und gingen auf ihren eigenen Füßen. Da geschahen sehr viele und große Wunderzeichen, »ungebürlich zusagen/darvon ein eigen truck auß gangen ist«.

Wenn sich einer mit seinem Opfer dahin verlobte, so ihm etwas gebrach, dem wurde geholfen: nicht allein in seinen Krankheiten, sondern die Lebendigen nahmen auch ihre Toten wieder, die Blinden wurden sehend, die Lahmen ließen ihre Krücken in der Kirche zurück und gingen aufrecht davon. Etliche liefen aus den Kriegen hin, ja die Weiber rannten den Männern fort, das Kind lief gegen den Gehorsam und den Willen seiner Eltern. Sie »rolten« dahin und sagten, sie könnten nicht bleiben, sie hätten weder Tag noch Nacht eine Ruhe.

Etliche fielen, als sie in die Kirche kamen und das Bild erblickten, nieder, so als hätte sie der »Tropff« und Donner erschlagen. Wie dies der tolle Pöbel sah, daß etliche fielen, meinten sie, es wäre Gottes Kraft und es müßte jeder an dieser Statt fallen. Da begann ein solches Fallen (»das nicht dañ ein eitler siñ und fürnemmen war uñ des teüfels gespenst«), daß schier jeder, der dahin kam, an dieser Stelle niederfiel. Viele von dem Pöbel, die da nicht fielen, glaubten, sie seien unselig und zwangen sich ebenfalls zu fallen. Da wurde der Rat (wie man sagt) veranlaßt, solches zu verbieten. Also hörte dies »zeychen und fallen« auf.

Es ist wundersam, mit welch seltsamen Geräten das Volk da gelaufen kam, so wie es einen bei seiner Arbeit, wenn es ihn ankam, ergriff. So nahm sich einer nicht die Zeit, das, was er in der Hand trug, wegzulegen, sondern er nahm es mit sich. Ungesegnet lief jedermann eilends davon, getrieben von seinem Geist. Ob aber der gute Heilige Geist so unbesonnen gegen den Gehorsam rumore und die Mutter von ihren Kindern treib, die Frau vom Mann und Knecht und Kind, gegen den ihrem Herrn und Vater schuldigen Gehorsam, geb ich anderen zu bedenken. Viele glauben mit mir [= Sebastian Franck], daß es nicht das Werk Gottes sein kann, weil es gegen sein Wort, sein Werk, seine Art und Weise, seine Schrift und seinen Sinn ist.

Dieses Laufen hat eine gute Zeit gewährt, etwa sechs oder acht Jahre. Aber jetzt hat es aufgehört, doch nicht ganz, denn es wallen immer noch Leute daher. Aber diese Schöne Maria (»ich meyn nicht die mutter Christi«) ist, da man sie erzürnt hat, nicht mehr so gnädig. So leuchtet sie nicht mehr insbesonders durch Wunderzeichen, »uñ ist dise walfart / wie alle zuletst / fast gar abkummen unnd erloschen«.

226 DIE KAPELLE IM »GRAUWINCKEL« ODER DIE ALTE APOSTOLISCHE HEILIGKEIT

Es ist eine wohlbekannte und uralte Nachricht – und sie wird auch von vielen alten Histori-Schreibern gemeldet –, daß der heilige Apostel Paulus mit St. Lukas und mit dem Evangelisten Markus und anderen Aposteln hier in Regensburg den christlichen Glauben predigte und daß »dahero« St. Lukas samt vielen anderen den neuen Christen zum Trost »diese heilige Bildnuß« machte und schnitzte [sic!], »wie solches alte Gemähl bezeugen«.
Dieses Bildnis soll über tausend und noch mehr Jahr in einer Kapelle – »in dem Grauwinckel genandt« – in einer engen Gasse gleich an der Kramgasse gestanden und allzeit die Alte Apostolische Heiligkeit benannt worden sein.
Da sie nun eine lange Zeit hindurch verlassen gewesen und von wenigen besucht, auch von den da wohnenden Juden sehr gelästert wurde, hat sie sich im Jahr 1519 mit solchen »Wunder-Gnaden« hervorgetan, daß das Volk der Juden Schmähen nicht mehr erdulden konnte und die Juden mit Gewalt ausgejagt hat, ihre Synagoge auf dem Platz niederriß und an ihrer Statt eine Kirche der Schönen Maria – »so noch stehet« – aufbaute, die jetzt die Neue Pfarr genannt wird.
Das heilige Bildnis hat man indessen auf dem Platz auf eine Säule gesetzt, damit der große Zulauf des Volks sie sehen könnte und verehren. Dadurch haben sich die Wunderwerke so vermehrt, daß man die Gasse wegen der Menge des zulaufenden Volks erweitern mußte, »so noch die Wahler-Strassen genandt wird«.

227 WIE DIE WALLFAHRT ZUR SCHÖNEN MARIA ENTSTAND

Um 1600 wurde erzählt, diese und andere Wallfahrten seien von den Pfaffen durch Zauberei und mit Hilfe des Teufels organisiert worden. Sie hätten nämlich ein menschliches Herz unter allerlei geheimnisvollen Zauberworten und Gebärden in einen Altar eingeschlossen, wodurch die Leute dazu getrieben wurden, dorthin zu laufen. Der Erzähler setzt noch hinzu: »Wie denn die Mönche und Pfaffen allerley Schelmerey gelernet, und ihr viel aus ihrem Mittel ausbündige Zauberer sind.«

228 STEINMETZ JAKOB KERN ODER DAS ERSTE WUNDER

Wie in dem Büchl von 1519 erzählt wird, ist der Steinmetzmeister Jakob Kern beim Abbruch der Synagoge »mit einen Holtz-Tram zu Boden gesuncken« und eine Steinlast von annähernd 20 Zentnern auf ihn gefallen, so daß ihm das Blut zur Nase und zu den Ohren herausschoß und er wie ein Mohr »erschwärtzt« war. Man trug ihn nach Hause und steckte ihm »nach Christlicher Ordnung« – es bestand ja Todesgefahr! – eine Kerze in die Hand.
Am andern Tag aber ging er wieder mit Freuden zur Arbeit und sagte, daß er während des Fallens die Jungfräuliche Mutter angerufen habe.
Dieses Wunder erzählt auch unser P. Christophorus Hoffmann, der damals im Kloster war und die Last der Steine, die auf diesen Steinmetz gefallen waren, mit eigenen Augen sah. »Er bekräftiget, daß der Leib dieses Menschen völlig hätte müssen gekuetschet werden.«

229 DIE BRANDSTIFTERIN AUS PERSENBEUG

Eine angebliche Brandstifterin hatte im österreichischen Markt Persenbeug ihr Verbrechen eingestanden. Sie wurde zum Wassertod verurteilt, in einen Sack genäht und in die Donau geworfen. Der

Scharfrichter hielt lange den Sack mit einer Stange zu Boden, doch kam er immer wieder empor und schwamm mit lautem Geschrei dem Städtchen Ybbs zu. Dort trieben ihn die Fluten ans Land, das Volk zog ihn heraus, die Verbrecherin aus dem Sack und ließ sie frei. Sogleich lief die Befreite geradenwegs zur Schönen Maria nach Regensburg und dankte für ihre Rettung.

230 DAS WUNDERSAME WASSER

Einer Köchin aus Österreich fiel plötzlich ein, mit einem Zuber voll Wasser auf dem Kopf in Richtung Regensburg [= zur Schönen Maria] zu laufen. In Wels geschah es, daß sie mit Gläsern und Bechern daraus schöpfte, das Wasser aber nicht abnahm. Später ließ es sich auch nicht ausschütten.

231 DIE DROHENDE SCHÖNE MARIA

Eine Dienerin zu München fiel »von gesunden dingen« plötzlich in der Küche um. Während ihrer Ohnmacht erschien die Schöne Maria mit der ungeheuerlichen Drohung: »Gee mit mir gen Regenspurg / sunst mustu sterben!« Darauf sagte das Mädchen: »Man last mich nit geen!« Die Schöne Maria: »Gee nur dann man wirt dach schon gen lassen!« Einige Tage später zeigte das Mädchen dieses Erlebnis in Regensburg an.

232 TODESDROHUNG FÜR EINEN KELHEIMER

Georg Teutschperger, Schuster zu Kelheim, erhielt in einer Krankheit den Rat der Schönen Maria, mit Wasser und Brot und im Hemd nach Regensburg zu wallfahrten. Wenig erbaut davon, überlegte der Schuster, wie doch eine solche Kirchfahrt »nit wol zu thun were / er wölt auch solchs nit vollbringen«. Da erschien ihm die Schöne Maria und zeigte ihm das Jüngste Gericht mit den Worten: »Wiltu nit zu mir geen so wirstu sterben.«

233 DIE SCHÖNE MARIA, EINE KINDSMÖRDERIN?

Zu einer Mutter, welcher die Schöne Maria zuerst recht friedlich erschienen war und sie darauf aufmerksam gemacht hatte, ihr Kind sei aus der Wiege gefallen, kam die Schöne Maria ein zweites Mal, aber anders: sie drohte der Frau, ihr das Kind im Bad zu ertränken, wenn sie nicht nach Regensburg komme. Die Frau machte sich eiligst auf den Weg.

234 EIN MAHNWUNDER

Eine Frau hatte ihren kranken Sohn zur Schönen Maria verheißen mit einem Pfund Wachs und einer Messe im Almosen. »Hat demnach solches jr verhayssen nicht außgericht«.
Eines Tages erblickte ihr Töchterchen im Stall plötzlich ein Marienbild. Auch ihr Bruder und die Mutter sahen das Bild. Letztere war davon so »entfürt und erschrocken«, daß sie ihr Versäumnis sofort nachholte.

235 DAS STRAFWUNDER AN PETER LETZELTER

Dem Peter Letzelter, Bürger zu Eggenfelden, kam auf dem Weg nach Mühldorf in den Sinn, er solle die Schöne Maria in Regensburg aufsuchen. Und er sagte zu ihr: »Du schöne maria / wie kan ich yetz zu dir geen / laß mich vor anhaym: alsdan wil ich zu dir geen!« Zur Strafe für diese harmlose Bitte um Aufschub fiel der Mann erstarrt und wie tot vom Wagen. Die Schöne Maria erschien ihm mit den Worten: »Wiltu eylends zu mir geen mit einem wechssen bild / so will ich dich von deiner kranckheyt erledigen!« Wieder versuchte der Mann die Schöne Maria zu erweichen: ». . . gib noch auff tzwen tag / so wil ichs alßdann von stundtan volbringen.«
Langsam erholte er sich, wurde wieder ganz gesund und kam einige Tage darauf nach Regensburg.

236 DAS VERWANDELTE OPFER

Eine Frau wollte der Schönen Maria eine schwarze Henne bringen. Als sie sich jedoch vornahm, eine andere Henne zu opfern, wurde die schwarze plötzlich gesprenkelt mit weißen Federn.

237 ST. LEONHARD UND ST. KATHARINA ERSCHEINEN EINER FRAU, DIE ANGST HAT VOR DEM NACKTWALLFAHRTEN

Eine Frau sann nachts im Bett darüber nach, daß etliche Menschen nackt und bloß zur Schönen Maria laufen. Sie bat deshalb die Schöne Maria, sie vor einer derartigen Wallfahrt zu verschonen. »Ist yr demnach erschynen der heylig sant Leonhart / auch die heylig sant Katharina / und haben sie erbeten umb die schönen Maria / das sie nicht nacket her kumm.«
Später erschien die Schöne Maria selbst und schickte die Frau zum Pfarrer mit dem Auftrag, er solle eine Prozession nach Regensburg verkünden . . .

238 MARIA BEFREIT VON GESPENSTERN

Am 26. Mai 1763 hat sich »Catharina Goldin Vittib von Saimberg« in seelischen und leiblichen Nöten, die schon vierzehn Jahre andauerten, zur Schönen Maria mit einer heiligen Messe verlobt, da sie schon fast ganz verwirrt war und sonderlich immer durch Gespenster geplagt worden ist. Sie hat gute Hilfe erfahren und hofft durch Marias Fürbitte auf »völlige erledigung«.

239 DAS FORTLEBEN DER SCHÖNEN MARIA

Am 14. Juni 1543 wurde die Marienstatue, die man als Schöne Maria verehrte, von dem Platz vor der Kapelle entfernt und, wie ein katholischer Zeitgenosse schreibt, so gründlich weggeschafft, »das am . . . 15. nit ein stumpfflen darvon gesehen wer worden«. Der Verbleib der Statue, bzw. ihre Zerstörung war der Öffentlichkeit

unbekannt. Die Katholiken glaubten – bis zum Ende des 18. Jahrhunderts, das Bildwerk sei von den Lutheranern versteckt. Der Glaube an den Fortbestand der Statue hat sich bis heute erhalten, jedoch in anderer Version:
die Statue sei heimlich in ein Regensburger Frauenkloster gebracht worden, sei also in katholischen Händen geblieben. Eine dort befindliche, 1 m hohe Holzplastik wird als die ursprüngliche Schöne Maria angesehen. Das bisher streng gehütete Geheimnis sei selbst innerhalb des Klosters gewahrt und jeweils nur wenigen Insassinnen weitergegeben worden.

240 CHRISTUS MIT DEM BART

I

Ein namenloser Künstler des 16. Jahrhunderts schuf den überlebensgroßen Domkruzifixus an der Wand des südlichen Querschiffes und umgab das Antlitz des Sterbenden mit natürlichem Haupt- und Barthaar. Das Volk erzählt, der Künstler habe für seine Schöpfung das eigene Haar geopfert, das immer noch weiter wachse. Wenn der ganze Körper damit eingehüllt ist, stehe der Jüngste Tag bevor.

II

Als der Künstler diesen Gekreuzigten schnitzte, soll er sich selbst ein Barthaar ausgezupft und es dem Christus eingesetzt haben, in dem festen Glauben, daß dem dann auch Haare wachsen würden. Und wirklich: Christus wuchs ein Bart. Alle sieben Jahre muß man ihn rasieren.

241 DER TEUFEL PEITSCHT AVENTIN

Am Ulrichstag 1477 wurde dem Tafernwirt Peter Turmair [* 1477, † 1534] zu Abensberg ein Sohn geboren, der den Namen Johann erhielt und später – unter dem Namen Aventin – der bedeutendste bayerische Geschichtsschreiber werden sollte.
Nach seinem Tod ging die Sage, der Teufel peitsche ihn jede Nacht

mit eisernen Ketten auf dem Gottesacker von St. Emmeram in Regensburg herum, wo er seine letzte »Ruhestätte« gefunden hat.

242 DIE KANZEL DES ALBERTUS MAGNUS ODER DER VERSTUMMTE PROTESTANT

Im alten Hörsaal des Dominikanerklosters hatte auch schon Albertus Magnus [* um 1200, † 1280] während seines Lektorats in Regensburg gelehrt. Als 1563 die Protestanten von der Kirche Besitz ergriffen, habe – heißt es – der Prediger die erste Predigt von der Cathedra [hier: Lehrkanzel] des Albertus herab halten wollen, sei aber verstummt, und die Protestanten hätten eine andere Kanzel errichten müssen.

243 DER STEIGBÜGEL IN ST. JAKOB

In der Schottenkirche St. Jakob, hoch oben unter dem Kapitell der sechsten Säule der nördlichen Reihe (vom Osten gezählt) ist in eine Fuge ein eiserner Dorn getrieben. Daran hängt ein alter Steigbügel von mäßiger Größe. Die Jahrhunderte haben ihn mit einer braunen Rostschicht überzogen. Die Sage weiß davon:
Im Jahre 1633 wurde auch Regensburg zum Kriegsschauplatz. Im Herbst rückte Herzog Bernhard von Weimar, der Führer der protestantischen Union, gegen die Reichsstadt vor, die bayerische Truppen verteidigten. Am 5. November gelang es ihm, nach heftigem Beschuß Herr der Stadt zu werden. Schlecht erging es damals der katholischen Geistlichkeit. Alle Stifte und Klöster wurden für aufgehoben erklärt und die Kirchen dem evangelischen Gottesdienst eingeräumt. Am letzten Tag des Jahres 1633 mußten alle Geistlichen Regensburg in Richtung nach dem katholischen Ingolstadt verlassen, und jeder durfte nur mitnehmen, »was er in seinem Ranzen tragen konnte«.
In dieser Zeit, so berichtet die Sage, benützte die Reiterei der Eroberer die St.-Jakobs-Kirche als Pferdestall. Als sie endlich – nach Rückeroberung der Stadt durch kaiserliche Truppen 1634 – dem katholischen Gottesdienst wieder zugänglich gemacht werden konn-

te, fand man beim Aufräumen der Kirche noch einen Steigbügel. Zum Gedenken an die schweren Zeiten befestigte man ihn an einer Säule des Gotteshauses.

244 DIE WEISSAGUNG VON WUNDERTÄTIGKEIT IN DER LORETOKAPELLE

Zu Stadtamhof bei St. Mang wurde am 4. Mai 1643 »auf Angabe« eines Jesuiten der erste Stein zu einer Loretokapelle gelegt, die ganz die nämliche Größe und Form wie die in Italien erhalten sollte. Sie wurde am 6. September von Bischof Albert IV. eingeweiht. Der Jesuit predigte und weissagte dabei, welch großes Gotteshaus daraus entstehen und wie wundertätig sich dort die Jungfrau Maria gegen die Ketzer zeigen würde.

245 SPUK IM AUGUSTINERKLOSTER

Im August des Jahres 1650 starb hier [im Augustinerkloster am Neupfarrplatz] ein Augustinermönch namens Hannes. Er war eine Zeitlang Soldat gewesen und begab sich hernach in diesen Orden. Nach seinem Tod hat der Teufel mächtig im ganzen Kloster herum rumort. Bei seinem Grab erhob sich ein großes Windbrausen und ein Getümmel, daß es auch die hörten, die nahe bei dem Kloster wohnten. Den anderen Mönchen hat es in ihren Zellen keine Ruhe gelassen, bei Tag und Nacht sie erschreckt und geschlagen, so daß keiner allein mehr in seiner Zelle bleiben konnte. Sie haben Seelmessen gehalten, mit Weihwasser sein Grab besprengt, den Geist beschworen. Aber alles umsonst! Im Konvent, »da sie alle stets bey Tag und Nacht beysammen waren«, hat er den Weihkessel so stark auf die Erde geworfen, daß man eine Grube sah. All das Beschwören der Mönche war vergebens, bis sie letztlich über sein Grab gingen und die Seele dem Teufel übergaben. Da wurde alles still, und es ist nichts mehr gehört worden.
»Diß hat ein Bruder ihrem Medico Dr. Freitag und andern mehr erzehlet.«

246 DAS WUNDERTÄTIGE MUTTERGOTTESBILD

Auf dem Altar der heiligen Apostel [in St. Emmeram] ist ein geschnitztes Bild der Muttergottes mit dem Kindlein in einem Altärlein zu sehen. »Bey dieser Bildnuß« hat sich im Jahre 1652 ein besonderes Wunder ereignet: Ein Novize unseres Klosters, der lange zuvor in böse Gesellschaft gekommen war und dem Satan mit eigener Hand sich verschrieben hatte, wurde in seinem Noviziat erschrecklich von dem bösen Feind gequält. Doch durch die Fürbitte Marias ist er von seinem Elend befreit worden, da während der heiligen Messe ein Zettel, worauf der Name dieses Studenten geschrieben war »in die Schoos dieses Kindleins gefallen«.
Diese Begebenheit hat P. Maurus Bardt, Professus zu St. Emmeram, der Novizenmeister des unglückseligen Menschen, mit eigener Hand beschrieben, wobei auch die Namen der Religiosen, welche bei den Exorzismen öfters zugegen waren, zu lesen sind. Das Original dieser Beschreibung ist noch vorhanden, wie auch der Zettel mit dem Namen des Studenten.

247 DAS SCHLIMME VORZEICHEN ODER DAS EWIGE LICHT GEHT AUS

Der Prior der Kartause Prüll, Arnold Münzenthaler, reiste im Jahre 1677 in Ordensangelegenheiten nach Wien. Auf der Fahrt dahin erkrankte er schwer und starb am Abend des 1. September. Zu dieser Stunde waren die Brüder des Prüller Klosters im Dämmer der Kirche versammelt und beteten, wie täglich um diese Zeit, die für die Verstorbenen zu verrichtenden Gebete. Auf einmal neigte sich die von Prior Münzenthaler gestiftete silberne Ampel mit dem Ewigen Licht so tief, daß Öl ausfloß und das Licht erlosch. Voll Schrecken gewahrten die Brüder diesen unheimlichen Vorgang und deuteten ihn als schlimmes Vorzeichen. Nach ein paar Tagen traf im Kloster die Nachricht vom Tod des Priors ein.

248 DAS GNADENBILD VON WESSOBRUNN

Das berühmte Gnadenbild »Mutter der Schönen Liebe« in Wessobrunn entstand in Regensburg und stammt von dem kunstbeflissenen Nerianerfrater Franz Metz, der 1694 nach Kloster Prüfening kam und unter dem Namen Innozenz in den Benediktinerorden übertrat.

Unter seinen Gemälden befand sich auch das um 1704 gemalte Porträt einer vornehmen Dame, der Überlieferung nach das Bildnis einer Prinzessin. Bei einem Besuch in Prüfening entdeckte Pater Placidus Angermayr aus Wessobrunn das Bild und war von dessen Schönheit so ergriffen, daß er den Künstler bat, das Porträt in ein Marienbild umzugestalten. Angermayr brachte es nach Wessobrunn, wo es unter dem Titel »Mutter der Schönen Liebe« zur Verehrung ausgestellt wurde.

Um das Bild rankt sich ein Kranz von Mythen und Legenden. So wird berichtet, Frater Innozenz Metz habe die Prinzessin geliebt. Um sein Ordensgelübde nicht zu brechen, habe er ihr Bildnis in das einer Madonna umgewandelt. Der Wessobrunner Chronik nach hat die dargestellte Fürstin die Lieferung ihres inzwischen umgestalteten Bildes angemahnt. Als Frater Metz sich anschickte, das Porträt ein zweites Mal anzufertigen, sei er an beiden Augen erblindet. Tatsächlich findet sich in einem Prüfeninger Klosterakt von 1710 hinter dem Namen des Künstlers die Bemerkung: »est caecus« – ist blind.

249 DER »LETZTE MÖNCH« VON ST. EMMERAM

Über die Brüstung des letzten Nordfensters von St. Emmeram (neben der großen Orgel) blickt die Figur eines Mönches in das Kirchenschiff. Die Plastik, aus bemaltem Stuck, wirkt in Haltung und Gebärde so natürlich, daß man beim ersten Anblick glauben möchte, ein Benediktiner stehe da oben und beobachte die Kirchenbesucher. Die Sage und die Legende wissen davon:

I

Als die St.-Emmerams-Kirche ihr prächtiges Rokokokleid erhielt [1731–1733], war ein Mönch des Klosters beauftragt, die Aufsicht über die in der Kirche beschäftigten Künstler und Arbeiter zu führen. Von früh bis spät stand er hoch oben auf dem luftigen Plätzchen, von dem aus er die ganze Kirche überblicken konnte. Meister und Gesellen fühlten sich von ihm aber gar zu sehr überwacht und spielten ihm deshalb einen Streich. Als er einmal einen Tag lang abwesend war, formten Egid Asam und seine Gehilfen das Bild des gestrengen Klosterbruders in Gips, bemalten es und setzten es auf die Fensterempore. Da ist er nun verdammt, für ewige Zeiten Wache in der Kirche zu halten und ist somit der »letzte Mönch« des Klosters St. Emmeram.

II

Ein besonders frommer und demütiger Mönch von St. Emmeram hat bei allen Gottesdiensten freiwillig die schweren Blasbälge für die Orgel getreten. Bei den Höhepunkten des Gottesdienstes lag er mit dem Rosenkranz in der Hand in tiefer Anbetung auf dem Boden ausgestreckt. Während dieser Zeit wurden die Bälge von übernatürlichen Kräften in Bewegung gehalten. Zum Gedenken an dieses wunderbare Geschehen wurde das Bild des frommen Klosterbruders bei der Orgel angebracht.

250 DER TRAUM VOM SPRECHENDEN MARIENBILD

Im Haus Franziskanerplatz 17 (alt Nr. 173) verehrte der Schiffsmeister Paul Lauerer ein steinernes Marienbild, das er bei der Säkularisation des Franziskanerklosters erworben hatte.
Während der Beschießung Stadtamhofs am 23. April 1809 weilte er in Pielenhofen. In der Nacht des 23. April träumte er, das Marienbild in seinem Hause spreche zu ihm und fordere ihn auf, eiligst nach Regensburg zurückzukehren und sein Haus vor dem Feuer zu retten. Lauerer kehrte noch in der gleichen Nacht nach Stadtamhof zurück und fand den an seinem Hause angebrachten Holzbau bereits in

Flammen. In letzter Minute gelang es ihm, dem Feuer Einhalt zu gebieten und sein Haus vor der sicheren Zerstörung zu bewahren.
Die nämliche Marienstatue entdeckte Heinrich Schöppl 1911 im Hof des Anwesens Pfaffensteiner Weg 10 (alt Nr. 168) und glaubte sie als jene zu erkennen, die Dombaumeister Erhard Heydenreich 1519 als Schöne Maria schuf.

251 DAS WUNDER IN DER ST.-ANNA-KIRCHE

In der St.-Anna-Kirche in Großprüfening erinnert ein Ölbild an die Zerstörung des Gotteshauses im letzten Krieg. Es handelt sich um eine ältere Nachbildung des berühmten Gnadenbildes »Mariahilf« von Lucas Cranach d. Ält. in der Jakobskirche in Innsbruck.
In die Leinwand des Bildes, an der Stelle des Ärmels der Madonna, hat sich bei der Bombardierung ein faustgroßer Stein gebohrt und blieb fest darin sitzen. Noch heute ist er dort zu sehen. Die Zuschrift auf dem Bild lautet: »Nach dem Fliegerangriff am 10. April 1945 aus der zerstörten St.-Anna-Kirche in Regensburg-Prüfening + nur mit diesem Stein im Arm + unversehrt geborgen.«

252 DER WACHSENDE CHRISTUS UND DER UNTERGANG DER WELT

An der Westwand der »Kapelle der Verlassenheit« oder »In der Rast« im östlichen Erdgeschoß des Domkapitelhauses findet man eine Grabtafel des Wollerschen Geschlechts. Darüber ragt die Halbfigur eines Erbärmdechristus aus der Wand. Von ihm erzählte man einst in Regensburg, daß er immer weiter aus der Wand herauswachse. Wenn der ganze Körper des Schmerzensmannes erscheine, beginne der Untergang der Welt.

WAHRZEICHEN

*Draußen oben am Giebel hängt der Baumeister
von Stein, der sich hier herabgestürzt hat*
                                    Josef von Eichendorff

253 ZWEI REGENSBURGER WAHRZEICHEN ODER DES BAUMEISTERS BUND MIT DEM TEUFEL

I

Zwei Wahrzeichen Regensburgs sind am Dom zu finden und an der Brücke: Am Dom ein Mann von Stein, der sich herunterstürzt, und an der Brücke ein kleiner Mann, der nach jenem schaut und dabei die Hand über die Stirne hält. Das sind die Baumeister des Domes und der Brücke. Beide wetteten miteinander, wessen Bau zuerst vollendet sein werde. Und der Baumeister der Brücke soll der Lehrling des Dombaumeisters gewesen sein.
Der Lehrling nun ging einen Bund mit dem Teufel ein und versprach ihm die ersten drei Seelen, die über die fertige Brücke gehen würden, wenn er sie eher vollende als sein Meister den Dom. Da schleppte der Teufel als bekannter Steinschlepper und Lastesel Steine in Massen herbei und half bauen, was das Zeug hielt, und es wurde die herrliche Brücke gebaut mit fünfzehn granitenen Schwibbögen und drei Türmen aus lauter Quadersteinen, 470 Schritte lang und 33 Schuh breit. Unversehens war sie fertig, und da der Dombaumeister auf seinem Gerüst stand und das Werk vollendet sah, so machte er es wie der Baumeister des Doms zu Köln, dem ähnliches widerfuhr. Er stürzte sich vom Gerüst herab, worauf sein steinernes Bild am Dom angebracht wurde. Der Brückenbaumeister aber sperrte die Brücke, sowie sie vollendet war, damit kein Mensch darüberginge. Und er trieb zuerst einen Hund, einen Hahn und eine Henne darüber, welche der Teufel in Empfang nahm und dadurch bestätigte, daß die Tiere auch Seelen haben, was von vielen verneint worden war. Und er mag sie zu der Wolfsseele getan haben, die er beim Dombau zu Aachen fing und zu der Eselsfüllenseele, die er auf Burg Rheingrafenstein so glückhaft erhaschte und zu anderen Tierseelen. Der von des Teufels Ansprüchen auf diese Weise durch List befreite Architekt brachte nun zum ewigen Wahrzeichen die Bilder von Hund, Hahn und Henne auf der Brücke selbst an...

II

In der Brüstung der Donaubrücke in Regensburg sind zwei miteinander im Kampf begriffene Hähne ausgehauen; dabei die Jahreszahl

1580. Auf dieser Brüstung sieht man auch einen aus Stein gehauenen Hund ohne Kopf. Die Sage berichtet davon:
Der Dom in Regensburg wurde von dem Meister, die Brücke von dessen Lehrjungen erbaut. Der Lehrjung ging mit dem Meister die Wette ein, daß er den Bau der Brücke eher vollenden werde als er, der Meister, den Dom. Der Lehrjung schloß mit dem Teufel ein Bündnis, welcher ihm versprach, die Brücke früher zu vollenden, aber die ersten acht Füße (nach andern: die ersten drei Lebendigen), welche über die neue Brücke gehen, müßten sein werden.

Als nun die Brücke vollendet war, setzte sich der Lehrjung auf das vormals auf der Brücke angebrachte Häuschen und höhnte den Meister auf dem Dom. Voll Verzweiflung über die mißlungene Wette steckte der Meister den Kopf in ein Schäffel und stürzte sich vom Dom herab. Um nun den Teufel um die drei versprochenen Seelen zu bringen, trieb der Lehrjung zuerst einen Hahn, eine Henne und einen Hund über die neue Brücke. Aus Zorn riß der Teufel dem Hund den Kopf ab.

254 DAS MÄNNLEIN AM DOM ODER SCHUCK WIE HEISS

I

Als Wahrzeichen dieser Brücke [= Steinerne Brücke] zeigt sich über einer Schleifmühltür ein nackend in Stein gehauenes Männlein, welches die eine Hand über die Augen hält und gegen die St.-Peter-Domkirche schaut, in der anderen Hand aber einen Zettel hält mit der Inschrift: »Schuck wie heiß!« Dazu gibt es die Überlieferung, es habe ein berühmter Baumeister, der den fürstlichen Dom aufgeführt, mit seinem Lehrgesellen, oder – wie andere sagen – mit einem anderen Baumeister, der die Brücke erbaut, um etwas Großes, ja sogar um eine harte Leibesstrafe gewettet, die derjenige, welcher mit seinem Bau eher fertig würde, dem anderen aufzuerlegen hätte. Als nun die Brücke eher ausgebaut war, hätte ihr kunstreicher Erbauer dem anderen zum Schimpf dieses Männlein aufsetzen lassen. Es sollte gleichsam den langsamen Bau des Domes in höhnischer Weise verlachen, was dem obersten Dombaumeister derart in das Herz gegriffen, daß er aus bitterem Zorn und Verdruß sich von der Domkirche herabgestürzt habe. Dies soll die steinerne Figur eines Mannes, der den Kopf in einen Hafen steckt, an dem sogenannten Eselsturm bedeuten.

II

Zu Regensburg am Dom befindet sich ein kleines Männlein am äußeren Tor gegen Norden unweit vom Eselsturm. Es hält einen Topf über dem Haupt und steht im Begriff, sich herabzustürzen. Das Männlein stellt den Dombaumeister dar, der mit dem Erbauer der Steinernen Brücke eine Wette einging, daß derjenige, der seinen Bau früher vollende, dem Besiegten eine Leibesstrafe auferlegen dürfe. Als die Brücke zuerst fertig war, ließ ihr Baumeister zum Hohn des Dombauherrn auf einem Häuschen in der Mitte der Brücke ein steinernes Männchen setzen. Es schaute gegen den Dom hin, hob die eine Hand über die Augen und faßte mit der anderen einen Zettel, der die Inschrift aufwies: »Schuck wie heiß.« Wegen dieses Schimpfes geriet der Dombauherr in Verzweiflung und stürzte sich jählings von dem unvollendeten Dom herab.

255 DER TEUFEL HOLT DIE UNGETREUE BRAUT DES DOMBAUMEISTERS

Der Dombaumeister des Domes zu Regensburg liebte eine Jungfrau, die ihm untreu wurde. Aus Rache ließ er sie vom Teufel holen, mit dem sie auch die Luftfahrt zum Blocksberg machen mußte.
Diese Begebenheit ist am Dom gegen Südost in einem Steinbild dargestellt, das an der Turmspitze der rechtsliegenden Schneckenstiege etwas versteckt als Wasserrinne angebracht ist.

256 DIE SAGE VON DER REGENSBURGER WURSCHTKUCHL

1135 war ein so heißer Sommer, daß die Donau schier ganz austrocknete und man in ihrem Bett Kegel schieben konnte. Da beschloß der Rat, die Gelegenheit zu nutzen und den Brückenbau vorzunehmen. Mit dem kunstvollen Bau aber wurde ein armer Gesell namens Konrad betraut. Wie es dazu kam, sei hier berichtet:
In der Westnervorstadt, an der Brunnleiten, im sogenannten »Paradeiß« wohnte damals ein überaus reicher Metzger, den man allgemein nur den »Dicken Heinz« nannte. Nahe bei seiner Hofstatt war das Stabulum, die Steinmetzhütte. So kam es, daß Konrad tagtäglich an dem Haus des Dicken Heinz vorbei mußte, sich aber nur ganz selten ein Würstlein leisten konnte, obwohl es ihn so danach gelüstete. Da dachte er sich dann jedesmal, wenn er das Töchterlein des Metzgers, das erst elf Jahre alt war, im Laden sah: »Wenn ich doch das Grethel zur Hausfrau hätte, was wollt ich da Würste essen!« Die Sach ging ihm immer mehr im Kopf herum, so daß er letztlich auf böse Wege geriet und mit dem Teufel ein Spiel machte.
Als der Dombaumeister gerade einen Plan für die Brücke machte, trat Konrad zu ihm und sagte: »Seht, Meister, das kann ich auch!« Was er ihm dabei aber zeigte, das war das Werk des Teufels. Einem Ratsherrn, der in der Nähe stand, war es nicht entgangen, daß der Dombaumeister völlig verwirrt war angesichts des Planes. Seine Äußerung »Das kann ich nit!« kostete ihn den Auftrag. Den erhielt nun der Teufelsbündler. Von nun an hieß er der »Brückmeister«, was ihn nicht wenig stolz machte.
Binnen elf Jahren baute ihm der Teufel die Brücke. Für seine Plage bedingte er sich die ersten drei Seelen aus, die darüber kämen. Als der Teufel deshalb »auf der Paß« war, schickte Konrad ihm die drei Seelen. Das waren aber ein Hund, ein Hahn und ein Huhn. Der Hund kam zuerst. Dem biß der Satan vor Wut den Kopf ab. Den Hahn und die Henne aber, die schluckte er »mit Stumpf und Stiel«. Dann nahm er Reißaus mit großem Gestank, denn Konrad schlug ein Kreuz um das andere. Der »Brückmeister«, der nun ein großer Herr war, hielt um die Hand der Metzgertochter an, die die besten Bratwürstlein bereiten konnte. Er wurde ihr Bräutigam und war glücklich. Jetzt hatte er ja keinen Wunsch mehr! Doch es kam anders!

Der Teufel hatte ihm den Streich nicht vergessen und sann auf Rache.
Er machte sich unsichtbar und stellte sich flugs an den Herd. Als Grethlein wieder Würste braten wollte, gelang es nicht. So viel Schmalz sie auch nahm, die Würstlein wollten nicht braun werden: der Teufel leckte das Schmalz jedesmal mit seiner Zunge aus der Pfanne. Ungeduldig wartete Konrad auf seine Leibspeise. Schließlich, als es gar kein Ende nehmen wollte mit der Braterei, nahm er die Pfanne vom Herd und warf sie wutentbrannt gegen die Wand: »Nein, das ist zu arg«, schrie er. »Ehe ich ein Weib nehme, das keine Würstel braun bringt, hol mich doch gleich der Teufel mit Haut und Haar!« Und fort war er für alle Zeit! Das hat man von des Teufels Hilf!
Am anderen Tag, als die Regensburger den Konrad nimmer in das Haus vom Dicken Heinz gehen sahen, da nahm das Geklatsch um ihn kein Ende mehr. Hatte man vorher allerhand an Konrad auszusetzen gehabt, jetzt wußten plötzlich alle nur Gutes über ihn und fielen über den Dicken Heinz her: »Wie habt Ihr nur einen Eidam vertreiben mögen, der die herrlich Brucken hat gebaut? So eine ist nirgends mehr in der Welt zu finden!« Als er immer die nämlichen Beschimpfungen anhören mußte, verlor der Dicke Heinz einmal die Geduld und schrie: »Was kümmert mich die dumme Brücke! Wir hätten sie gewiß nicht gebraucht! Schau den Dreck das ganz Jahr mit an!« Das gab Feuer unters Dach, und die Rede des Metzgers wurde dem Rat hinterbracht. Heinz wurde darauf in den »Gießkübel« – den Turm – geworfen, und es wär ihm bald ans Leben gegangen. Weil aber der Herzog für ihn ein gnädig Wort einlegte, kam er noch glimpflich davon. Er mußte geloben, sich nirgends anders anzusiedeln als am Donauufer unterhalb der Brücke. Da sollte er – damit er sein Vergehen nicht vergesse – alle Jahr an dem Tag, an dem er sich gegen den ehrbaren Rat und die Bürgerschaft durch seine Lästerung verfehlt, von zehn Uhr morgens an, bis es elf geschlagen, auf dem Dach sitzen.
Da baute sich der arme Heinz ein Häuslein und machte es gar niedrig, damit er, der dicke Mann, nicht hoch hinauf auf das Dach hätte. Der Bratwürste wegen, die Grethel, der das Heiraten für immer vergangen war, so gut wie eh und je briet, hieß man das Häuslein bald die »Wurschtkuchl«, den Dicken Heinz aber, weil er alljährlich auf dem Dach dort, wie ein Reiter, sitzen mußte: den »Kuchlreiter«.

Nach seinem Tod kam das Häuschen in fremde Hände, bewahrte sich aber seinen guten Ruf und ist bekannt in aller Welt, so daß man sagt: »Wer dort kein Bratwürstlein gegessen, der war nit in Regensburg!«

257 DER TRAUM VOM SCHATZ AUF DER REGENSBURGER BRÜCKE

I

Es hat einmal einen geträumt, er solle gen Regensburg auf die Brücke gehen, da sollt er reich werden. Er ist auch hingegangen. Und als er einen Tag oder vierzehn allda gegangen, ist ein reicher Kaufmann zu ihm gekommen, der sich wunderte, was er alle Tage auf der Brücke mache, und ihn fragte, was er da suche. Jener antwortete: »Es hat mir geträumt, ich soll gen Regensburg auf die Brücke gehen, da würd ich reich werden.« – »Ach«, sagte der Kaufmann, »was redest du von Träumen? Träume sind Schäume und Lügen! Mir hat auch geträumt, daß unter jenem großen Baum« – und er zeigte ihm den Baum – »ein großer Kessel mit Geld begraben sei. Aber ich achte nicht darauf, denn Träume sind Schäume!«

Da ging der andere hin, grub unter dem Baum nach und fand einen großen Schatz, der ihn reich machte. Und sein Traum war ihm bestätigt.

II

Es war ein Bauer nicht weit von Tirschenreuth weg. Es träumte ihm einmal, er solle auf die Regensburger Brücke gehen und da sein Glück finden. Es träumte ihm zwei- und dreimal. Endlich stand er auf und ging auf die Regensburger Brücke und suchte drei Tage. Ein Soldat der Wache ging hin und sagte: »Was machst du denn da, daß du immer suchst?« Der Bauer erzählte ihm den Traum. »Oh«, sagte der Mann, »mir hat einmal geträumt, ich soll zu dem Bauern gehen – und er nannte dem Bauern seinen Namen! –, da soll ich hingehen und unter dem Birnbaum graben. Da würde ich einen Topf voll Geld finden. Ich bin nicht gegangen.«
»Holla«, denkt der Bauer und geht schnell nach Hause. Er gräbt und findet zu seiner größten Freude einen Topf voll Geld. Nun hat er sein Glück doch gemacht auf der Regensburger Brücke.

III

Das Sprichwort sagt: Mancher sucht sein Glück in der Ferne, das er doch ganz in der Nähe hätte. Dies traf einst buchstäblich bei dem Mann ein, aus dessen Leben wir nachfolgend erzählen wollen.
Von Streitberg nach Ebermannstadt ziehen sich angenehme und fruchtbare Wiesengründe, bewässert durch Schöpfräder aus der nahen Wiesent. Links im Tal, nicht fern von Ebermannstadt, erhebt sich der stattliche Weiler Rothenbühl. Vor langen, langen Jahren stand hier ein verfallenes Kapellchen und daneben die ärmliche Hütte eines frommen Landmannes.
Einst hatte der bekümmerte Hausvater einen gar sonderbaren Traum. Es erschien ihm eine Gestalt, ernst und ehrwürdig, die gebot ihm und sprach: »Mach dich auf und reise nach Regensburg, und wenn du dort angekommen bist, so geh auf die große Brücke. Dort wirst du Glück und Wohlstand finden!« Und als der Mann erwachte, erzählte er der treuen Hausfrau seinen Traum, und beide lächelten darüber. Aber in der nächsten Nacht kam die Gestalt wieder. Da wurde der Hausvater ernster und nachdenklicher, denn die Ge-

schichte ging ihm im Kopf herum. Die sorgliche Frau jedoch wandte ein, daß es denn doch zu gewagt sei, auf einen bloßen Traum hin eine so weite Reise zu machen.

Und siehe, in der dritten Nacht kam die Gestalt noch einmal, ermahnte den Mann nachdrücklich, daß er sein Glück ja nicht versäumen solle, und bezeichnete ihm den Tag, an dem er auf der Brücke zu Regensburg sich einfinden solle. Nun half nichts mehr. »Weib«, sagte er, »ich muß dem dreimaligen Wink des Himmels folgen. Packe mir mein Ränzchen zur Reise!«

So wanderte also der Mann am frühen Morgen gen Regensburg, und nach einem mehrtägigen mühseligen Marsch gelangte er endlich dahin und stand am bestimmten Tag schon mit Sonnenaufgang auf der ihm im Traum bezeichneten Stelle der Donaubrücke. Reiter und Wagen und Fußgänger zogen hier von Stunde zu Stunde in buntem Gedränge an ihm vorüber. Und obgleich unser Reisender jeden betrachtete, weil er meinte, von diesem oder jenem müsse das Glück ihm angeboten werden, so kümmerte sich doch niemand um ihn, und vergebens harrend und verlassen sah unser Wanderer in ängstlicher Stimmung der Erfüllung seines Traumes entgegen.

Die Sonne brannte heiß auf die Brücke, kein Schatten bot sich dar, und so gern der Mann sich dieser unbequemen Stellung entzogen hätte, so getraute er sich doch nicht fortzugehen, aus Furcht, sein Glück zu versäumen; denn die Erscheinung hatte es ihm ja so bestimmt verkündet. – Es wurde Mittag. Unser Bauersmann hielt sein Mittagsmahl aus der Tasche, und die Hoffnung würzte ihm die einfache Kost, daß es ihm besser schmeckte, als wenn er bei einer reichen Tafel gesessen wäre. Mancher guckte ihn darüber an; da glaubte der Bauer immer: Der wird es wohl sein. Doch drehten sie alle den Kopf und gingen ihren Weg weiter.

So ging es nun den Nachmittag, die Schatten wurden länger, der Abend kam heran; die Glocke des nahen Doms tönte zum Abendgebet. Da wurde der Reisende betrübt über sein hoffnungsloses Warten. Er zog sein Käpplein ab, betete und empfahl dem Vater in der Höhe sein Schicksal. »Ich will ja gern arm bleiben«, sagte er, »wenn es so beschlossen ist; hilf nur mir und den Meinigen überall durch, bewahre mir Zufriedenheit und ein gottesfürchtiges Herz.«

Auf solches Gebet wurde dem armen Mann leicht und froh ums Herz. Und er schickte sich an, seinen bisher so standhaft behaupteten

Platz zu verlassen, um in der Herberge eine Unterkunft für die Nacht zu suchen. Da kommt ein Bürgersmann vorüber, der bleibt verwundert vor ihm stehen und redet ihn an: »Ei, guter Mann! Schon zum dritten Mal bin ich heute vorübergegangen, und immer seh' ich dich hier stehen. Was erwartest du denn hier?«
Bei solcher Anrede geht dem Begrüßten das Herz auf, und er erzählt dem Fragenden seinen Traum und den Kummer über die bisherige Täuschung.
Der Bürgersmann aber lacht und spricht: »Wer wird aber auch auf einen Traum gehen? Träume sind Schäume! Wenn einer auf Träume achten und ihnen zu Gefallen gar weite Reisen machen wollte, der hätte fürwahr viel zu tun! Träumte mir nicht auch gestern: An einem Ort, genannt Rothenbühl, steht eine verfallene Kapelle; dort unter dem Platz, wo ehemals der Altar gestanden ist, liegt ein goldener Fuchs begraben. Wie, wenn ich nun darauf achten wollte? Weiß ich doch nicht einmal, ob es nur ein Rothenbühl auf Erden gibt. Und ein goldener Fuchs – wo sollte der herkommen? Darum rate ich dir, gutes Bäuerlein, geh du morgen wieder nach Hause, und hebe lieber meinen goldenen Fuchs in Rothenbühl, den ich dir gern überlasse, anstatt daß du auf der Brücke hier auf einen Schatz wartest!«
Unser Bauersmann, der bisher das Maul verwundert aufgesperrt hatte, ließ sich das nicht zweimal sagen. Gar schön bedankte er sich bei dem Bürger, nahm freundlichen Abschied von ihm und schlief die Nacht hindurch vor lauter Begierde nur wenig. Der erste Strahl der Sonne fand ihn schon weit weg von Regensburg. Rastlos wanderte er fort und fort und kam glücklich heim zu den Seinen. Erstaunt empfingen die den Hausvater, der sich kaum Zeit nahm, ihre Frage zu beantworten, sondern sogleich Schaufel und Hacke ergriff und an dem bezeichneten Ort zu graben anfing. Und nicht lange, so glänzte ihm etwas Goldenes entgegen, und das war wirklich ein schwer in Gold gearbeiteter Fuchs.
Einen Teil des reichen Fundes lieferte er dem Landesherrn aus. Aber das, was er behielt, war immer noch genug, daß er sich bald ein neues, stattliches Wohnhaus erbauen, die umliegenden Felder und Wiesen ankaufen und seine Tage in Ruhe und Frieden durchleben konnte.

258 DIE WÖLFIN

I

Die Gegend um das Kloster Prüfening war sehr wasserreich. Deshalb brachte man dort eine Brunnstube mit Viehtränke an. In die Nähe dieser Viehtränke kam eine Wölfin und lagerte sich da mit ihren Jungen.
Dies verursachte unter den Einwohnern der umliegenden Gehöfte und Ortschaften große Aufregung. Erwachsene gingen nur bewaffnet an ihre Arbeit, und die Kinder wurden ermahnt, das Haus nicht zu verlassen. Dennoch erschnappte das Raubtier eines Tages ein Knäblein und trug es dem Wald zu.
Zur selben Stunde waren aber die Ritter von Regensburg und Abbach dorthin zur Jagd gezogen. Als die Wölfin, die schon tief ins Dickicht eingedrungen war, ihre Beute zum Fraß niederlegen wollte, ertönte das Geschmetter der Jagdhörner. Erschrocken ließ sie das Knäblein fallen und suchte eilends das Weite.
In der Schlucht, vor welcher die Wölfin das Knäblein liegen ließ, hatte ein Eremit seine Klause. Er hörte das Kind weinen, stieg die kleine Anhöhe hinan und nahm es zu sich. Wunderbarerweise war das Kind, das kaum älter als ein Jahr sein mochte, nicht verletzt; nur das Gewand, an dem es das Raubtier gefaßt, war zerrissen. Unter der Obhut und Fürsorge des Einsiedlers entwickelte sich das Knäblein zu einem kräftigen Jungen.
Nun traf es sich, daß der Herzog von Bayern, der in Regensburg residierte, einen Jagdzug in die Prüfeninger Wälder veranstaltete. Bei der Verfolgung eines Hirsches kam er vom rechten Weg ab, gelangte zur Grotte des Einsiedlers und erfuhr da vom Schicksal des Knaben. Er fühlte Mitleid mit ihm und brachte ihn in ein Kloster nach Regensburg, wo er die sorgfältigste Pflege genoß. Später wurde er zum Ritter geschlagen. In seinen Unternehmungen immer glücklich und im Kampf immer siegreich, starb er als Held für das Vaterland.
Noch mehrmals hatte sich die Wölfin bei dem Kloster und in der Umgebung gezeigt. Endlich aber wurde sie von einem Jäger, der ihr Tag und Nacht nachstellte, erlegt. An der Stelle, wo sie mit ihren Jungen gelagert hatte, ließ das Stift eine Wölfin mit ihren Jungen in Stein hauen und darauf eine Inschrift anbringen, die sich auf das Ereignis bezog.

II

Damals war das Kloster noch mit keiner Mauer umgeben, und es war eine Quelle oder ein Brunn zur Viehtränke vorhanden. Dorthin kam eine tragende Wölfin aus dem benachbarten Wald Ergle, um ihren Durst zu löschen. Und sie hat da ihre Jungen geworfen, wie noch ein Gedächtnisstein in lateinischen Versen angibt.

259 DAS GOLIATHHAUS

Zwei benachbarte Regensburger Kaufleute lagen in stetem Wettstreit. Jeder suchte das beste Geschäft für sich zu gewinnen. Der eine von ihnen war mächtiger und reicher und sah deshalb voll Hochmut und Verachtung auf seinen bescheideneren Kollegen herab, der seine Kundschaft redlich bediente. Allmählich aber begannen die Reichtümer des stolzen Kaufmanns zu schwinden, sein Geschäfte gingen zurück, und schließlich bedeutete er für den redlichen Kaufmann keine Konkurrenz mehr.
Zur Erinnerung an den Wettstreit und an den Sieg der Bescheidenheit über den Hochmut, wohl aber auch zur eigenen Mahnung, ließ er den Kampf Davids mit dem prahlerischen Goliath an die Wand seines Hauses malen.

260 DAS WAHRZEICHEN IN DER GLOCKENGASSE

I

Über dem Eingang zum Haus Nr. 14 in der Glockengasse (Lit. B 27) sieht man ein steinernes Haupt von einer Hand bei den Haaren gehalten. Der einstmalige Besitzer dieses Hauses soll in den Zeiten des Schwedenkrieges, als die Stadt belagert wurde, mit den Feinden ein verräterisches Einvernehmen unterhalten haben. Deswegen sei er zum Tode verurteilt, doch unter der Bedingung begnadigt worden, daß ein vom Scharfrichter beim Schopf ergriffener Kopf an seinem Haus zum Andenken eingemauert werde.

II

Eine andere Erzählung berichtet, das Haus sei von alters eine Freiung gewesen: ein Ort, an dem die richterliche Gewalt keinen Zugriff hatte. Einst konnte sich ein Verbrecher durch die Flucht in diese Behausung retten und damit der ihn erwartenden Todesstrafe glücklich entgehen. Aus Dankbarkeit ließ er seinen schon verloren geglaubten Kopf in Stein hauen und darüber die Hand des Henkers anbringen.

III

Ein ehrgeiziger Glockengießer wurde zu Unrecht des Mordes an einem – freilich selbst unehrlichen – erfolgreichen Kollegen verdächtigt und zum Tode verurteilt. Im letzten Moment stellte sich seine Unschuld heraus. »Seine ungerechte Todesschmach aber ließ Meister Albrecht – allen richtenden Menschen zur dauernden Mahnung! – auch sinnbildlich verewigen: Über die Pforte seines Hauses fügte ein Steinmetz das Bild eines Männerhauptes, nach dem der Henker greift. Dies ist noch heute in der Glockengasse ... zu sehen.«

261 DAS PESTHÜNDLEIN

Am westlichen Eckhaus der Goliath- und Brückstraße – im Posthorngäßchen 2 (F 69) – war früher das steinerne Relief eines Hundes zu finden. Um dieses kleine, nun verschwundene Wahrzeichen hat sich eine Sage gewoben, die heute noch im Volk lebendig ist.
Als die schwarze Beulenpest wieder in der Stadt Regensburg wütete, lagen alle Bewohner dieses Hauses gegenüber dem großen Goliath krank darnieder. Nur ein kleiner Hund blieb von der Seuche verschont. Längst war kein Krankenpfleger mehr zu haben, und niemand wagte sich aus Furcht vor Ansteckung aus dem Haus. Da nahm das kluge Hündlein einen Korb, mit dem es in gesunden Tagen seinem Herrn stets das Brot geholt hatte und brachte allen Kranken Lebensmittel. Doch bald hatte die Pest alle Bewohner dahingerafft. Als endlich das fürchterliche Sterben nachzulassen schien, schaute ein Bekannter nach dem Herrn des Hündleins. Er fand aber nur mehr das traurige, verlassene, halbverhungerte Tier. Der gute Mann hatte

Erbarmen mit ihm und nahm es zu sich. Zur steten Erinnerung an die große Not und das treue Tier ließ er eine Steinplatte mit dem Relief eines Hundes am Hause einmauern.

262 DAS HÜNDLEIN GEGENÜBER DEM BISCHOFSHOF

Am Haus Watmarkt 9 (F 17) an der Ecke zur Goliathstraße, gegenüber dem Bischofshof, ist ein sitzendes Hündlein aus Stein zu sehen. Früher war es den Regensburgern ein bekanntes Wahrzeichen, dessen Geschichte jeder Schulbub zu erzählen wußte.
Dort wohnte einmal ein Regensburger Bürger, dessen Hündlein ihm eines Tages einen Geldbeutel mit der stattlichen Summe von 300 Dukaten nach Hause brachte. Von diesem Geld soll das Eckhaus neu erbaut worden sein. Zum Andenken an den glücklichen Fund und an das kluge Tier wurde dessen steinernes Bild am Hause angebracht.

263 DER REICHSMÜNZMEISTER ALS TOTSCHLÄGER

I

Im Jahre 1511 hat hier der Münzmeister des Heiligen Römischen Reichs, der aus dem Geschlecht der Hirsch [sic!] stammte und der Waag gegenüber in dem Haus wohnte, an dem ein Marienbild zu sehen war, »wider all sein Willen und ungern« seinen liebsten Diener mit einer Schaufel erschlagen.
Um Gott wegen dieser Tat wieder zu versöhnen, hat er zur Buße viele tausend Gulden geopfert und auf allen »vornehmen« Straßen und in Gotteshäusern und Gottesäckern Kreuze aufrichten lassen zum Gedenken an das bittere Leiden und das Sterben Jesu Christi. Eines der schönsten steht noch heute auf dem Friedhof bei St. Emmeram. Es ist aus Stein herausgearbeitet und trägt die Jahreszahl 1513.

II

Auf dem ehemaligen Emmeramer Freithof unweit der Kirchentür steht ein schönes steinernes Kruzifix mit Maria und Johannes. Es wurde von einem Münzmeister zu Regensburg – Martin Lerch – mit vielen Unkosten verlobt, weil er das Unglück hatte, seinen Lehrling bei der Arbeit im Zorn durch einen unvorsichtigen Schlag mit der Schaufel zu töten.

Viele Leute kommen in ähnlichen Fällen, wenn sie im Jähzorn jemand einen Schaden zugefügt haben, den sie nicht mehr gut zu machen wissen, zu diesen Bildnissen und bitten da reuevoll um Hilfe und Trost.

Ein blödsinniger Schmiedlehrling fürchtete die Strenge seines Lehrherrn und brachte daher dessen Befehlen den größten Gehorsam entgegen. Als der Meister einst beim Schmieden eines Eisens ihm derb zuschrie: »Auf mich schlag her, her auf mich!«, schlug der Junge den Meister mit dem Schmiedhammer so vor den Kopf, daß er ohne Lebenszeichen niederstürzte. Eilends flüchtete der Bub zu diesem Kruxifix und erflehte sich da auch wirklich Hilfe: denn als er von den Leuten mit Gewalt von diesem »Verlobnisort«, den er durchaus nicht verlassen wollte, nach Hause geführt wurde, fand er den Meister schon wieder bei der Arbeit.

264 ZUR SCHWEDENKUGEL

Als ein Wahrzeichen der Wollwirkergasse kann man die zwei Kanonenkugeln bezeichnen, die dem Gasthaus an der Ecke zur Haaggasse den Namen »Zur Schwedenkugel« verliehen. Sie mögen 1633 in das Haus eingeschlagen haben, als die schwedische Artillerie in nächster Nähe beim Prebrunntor eine Bresche schoß. Vermutlich ließ sie der damalige Hausbesitzer zur Erinnerung an der abgeschrägten Ecke zur Haaggasse einmauern.

264a DIE STEINERNEN SEMMELN

Will jemand von der Lederergasse nach St. Leonhard hinüber, muß er durch das Kuhgässel, das so eng ist, daß zwei Personen Not haben, aneinander vorbeizukommen. Dort ist in eine Hauswand der östlichen Gassenseite – St.-Leonhards-Gasse 6 (A 134 a) – knapp über dem Boden ein Stein eingelassen, in den zwei zusammenhängende

Halbkugeln eingemeißelt sind. Das Volk bezeichnet sie als Semmeln oder als Kuppeln, eine heute noch gebräuchliche Brotform.
Die Sage berichtet, daß in diesem Gäßchen ein Bäckerjunge einer ihm entgegenkommenden Kuh nicht ausweichen konnte und von ihr an der Hauswand erdrückt wurde. Zum Andenken an dieses tragische Ereignis sollen die beiden Semmeln in den Sockelstein des Hauses gemeißelt worden sein. Seit dieser Zeit nennt man den schmalen Weg das Kuhgässel.
Andere behaupten, nicht eine Kuh, sondern eine Hexe habe den armen Bäckerbuben des Nachts erdrückt. Daher rührt der Name Hexengäßchen, der in früherer Zeit für das Kuhgässel gebräuchlich war.

265 DAS HUFEISEN

Der Rathausturm in Regensburg war ehedem viel höher. Es geht die Sage, daß er einstmals umgefallen sei und daß ein Reichstagsgesandter, der eben auf den Reichstag zur Diktatur reiten wollte – damals hielten die Herren Gesandten noch keine Equipagen –, samt seinem Pferd in den Boden geschlagen worden sei. Und zwar so, daß man die Hufeisen des Pferdes nur mit größter Gewalt aus dem Pflaster habe herausbringen können. In der Goliathstraße, unweit der Eisenhandlung, kann man daher ein zum währenden Andenken im Pflaster festgemachtes Hufeisen sehen.

Einst geschah es, daß auf diesem Platz ein an einen Holzwagen angespanntes Bauernroß ein Hufeisen absprengte und dieses weit hinter den Wagen zurückflog. Der Bauer befahl seinem Buben hinzulaufen und es zu holen. Beim Suchen kam der Bub aber auf das festgemachte Hufeisen. Da er es nicht aufheben konnte, schrie er: »Voda, nimm d'Hocka! 's Eisen is ogfrorn.« – »Wos, Schliffel? Jetz im Sommer?« rief der herankommende Bauer. Als er jedoch das Hufeisen nehmen wollte, konnte er es ebensowenig aufheben wie sein Bub. Endlich kam ein Polizeisoldat dazu. Der hatte das wirklich abgesprengte Hufeisen gefunden und gab es dem Bauern mit den Worten: »Marsch, weiter jetzt!«

266 »DER BÖHMISCHE HANSL« UND DER RUSSISCHE GESANDTE

Ein russischer Reichstagsgesandter fuhr mit seinem Wagen über die Steinerne Brücke. Von da aus sah er viele Menschen, die teils zu Fuß, teils mit Kähnen auf der Donau dem nahe gelegenen Weichs zuströmten. Auf die Frage des Gesandten, was das zu bedeuten habe, bekam er zur Antwort, daß man in Weichs dem Wasserheiligen St. Nepomuk unter freiem Himmel einen Altar errichtet habe und daß dabei Litaneien gesungen würden. »Aha«, sagte der Gesandte, »das ist der böhmische Hansl!« Als er nun mit seinem Gefährt von der Steinernen Brücke auf die damals hölzerne Brücke zum Oberen Wöhrd abbiegen wollte, scheuten die Pferde, gingen durch, und der Wagen zerschmetterte. Der Gesandte brach sich dabei Arm und Bein. Da gab er selber zu, daß das Unglück die Folge seiner Frevelworte war, da ihn die Strafe gerade auf einer Brücke erreichte. Der Gesandte bestätigte auch, daß seine braven Pferde vorher noch nie gescheut hätten.

267 DER STEINERNE HIRSCH

Nachdem er in Regensburg einen Reichstag abgehalten hatte, begab sich der deutsche Kaiser auf die Jagd. Zehn Hirsche hatte er im Lichtenwalder Forst schon zur Strecke gebracht, als ein stattlicher Sechzehnender aus dem Dickicht brach. Horngeschmetter durchhallte den Wald, und die ganze Jagdgesellschaft, der Kaiser an der Spitze, war hinterdrein, das Tier zu erlegen. Der Hirsch rannte bergauf und bergab und dann geradenwegs gen Regensburg. Dort lief er durch die Straßen der Stadt bis zum Rathausplatz.
Eine ungeheure Menschenmenge, welche solch ein Schauspiel noch nie gesehen hatte, versammelte sich. Der Hirsch stutzte einen Augenblick. Dann aber flüchtete er durch ein offenes Tor in den Hof eines Hauses. Kaum war er hinter dem Tor verschwunden, fiel es auch schon klirrend in seine Angel.
Der Kaiser klopfte mit dem Schwertknauf auf das Schloß. Da öffnete sich die Tür. Und heraus trat eine Jungfrau, der ihr Vater – ein Greis mit langem Silberhaar – folgte. Die Jungfrau kniete vor dem Kaiser

nieder und flehte um das Leben des Tieres. Der Kaiser hieß sie aufstehen und versprach, den Hirsch zu verschonen. Zum steten Gedenken aber an diese Begebenheit verlieh er dem ehrwürdigen Vater, Bürger der Reichsstadt, einen Hirsch in sein Wappen.
Gerührt dankte der Greis für diese kaiserliche Huld und Auszeichnung. Das Wappen mit dem Sechzehnender aber brachte er über dem Eingang seines Hauses an. Ein späterer Besitzer ließ noch einen großen Hirsch dazu meißeln, der noch heutigentags zu sehen ist.

268 DIE RACHE DES AFFEN

Der Eigentümer des Hauses E 23 in der Wahlenstraße hatte zwei einträgliche Geschäfte: die Sänftenträgerei und die Totengräberei. Zu seinem Vergnügen hielt sich der reiche Mann einen Affen. Da diese Tiere alles nachmachen, so setzte er sich manchmal unvermerkt in eine Portechaise und ließ sich bis zum Herrschaftshaus, wohin die Träger bestellt waren, tragen. Wenn nun der Herr oder die Dame einsitzen wollten, so erschraken sie über den zähnefletschenden Affen so sehr, daß sie das Sesseltragen absagten. Wenn nun die Träger mit der Bestie unverrichteter Dinge nach Hause kamen, setzte es allemal zwei Trachten Prügel ab: eine von den Trägern, die andere von dem Herrn. Durch das Schlagen wurde der Affe so bös gemacht, daß er verkauft werden mußte.
Nach mehreren Jahren zog einmal ein Bärentreiber mit einem Dromedar, auf dem ein gekleideter Affe saß, durch die Wahlenstraße. Als der Affe seinen ehemaligen Herrn zum Fenster herausschauen sah, sprang er ihm mit einem Satz auf den Kopf und schüttelte ihn gewaltig bei den Haaren. Nur mit Mühe konnte sich der Mann im Zimmer vom Affen losmachen. Als der Bärentreiber hereintrat, sprang die Bestie flugs zur Tür hinaus, und erst nach langem Suchen fand man das Tier in einem Tragsessel.
Zum Andenken an diesen Affen und diese Begebenheit sieht man am Hause unter dem Fenster, aus dem der Hausherr gesehen hatte, einen Tragstein mit dem Bild eines Affen, der einen Mann bei den Haaren zaust. Die Leute sagen gewöhnlich, dies sei der Teufel, der dem Mann die Läuse sucht.

269 DER BÄR AN DER KETTE

Eines Tages rumpelte durch das Ostentor, von der Straubinger Landstraße herkommend, der Wagen eines fahrenden Zirkus, zu dem auch ein Tanzbär gehörte. In einem Gasthof an der Ostengasse nahm der Schausteller mit seinen Tieren Quartier. Der Bär kam in den Stall im Hof, den zwei für den Metzger bestimmte Kälber räumen mußten.

Für die folgende Nacht aber hatte ein Dieb, den es nach dem zarten Kalbfleisch gelüstete, einen Einbruch in diesen Stall geplant. Zu mitternächtlicher Stunde schwang er sich über die Hofmauer und erbrach die Stalltür. Als der Dieb im Dunkeln nach einem der Kälbchen greifen wollte, fühlte er struppige Haarbüschel in seinen Händen und vernahm zugleich das zornige Brummen des im Schlaf gestörten Bären. Ehe der zu Tode erschrockene Dieb das Weite suchen konnte, erhielt er von einer krallenbewehrten Pranke eine derbe Ohrfeige, und ein zottiger Körper versperrte ihm den rettenden Rückweg. In heller Verzweiflung schrie der Eindringling um Hilfe, denn nichts anderes glaubte er, als dem Leibhaftigen selbst in die Hände gefallen zu sein. Eiligst kamen Wirt und Gesinde mit Lichtern herbei. Dem Zirkusmann gelang es, den Jammernden aus der Umklammerung des Bären zu befreien.

An den folgenden Tagen war das Stückchen des Bären das Stadtgespräch von Regensburg. Niemand wollte es versäumen, den tüchtigen Meister Petz zu sehen. Scharenweise strömten die Regensburger in die Ostengasse. Der Wirt, den der Bär nicht nur vor einem empfindlichen Schaden bewahrt hatte, sondern auch dessen Bierabsatz erheblich ansteigen ließ, kaufte das Tier und erlöste es von seinem anstrengenden Wanderleben. Wie ein treuer Hund wurde der brave Bär gehalten und konnte sich an seiner langen Kette frei bewegen. Seit dieser Zeit heißt die Herberge an der Ostengasse »Zum Bär an der Kette«.

270 DAS SPRINGHÄUSL

Einst gingen drei Handwerkskameraden vom Bier nach Hause. Sie sollen Stieglitz, Fink und Zeisig geheißen haben. Der Stieglitz ging voraus, kam dem Graben zu nahe und fiel hinein. Der Fink sah nach, was passiert wäre und stürzte gleichfalls nach. Durch die Hilferufe irregemacht, verlor auch der dritte den rechten Weg und fiel gleichfalls hinunter. Alle drei aber kamen, weil sie leichte Vögel waren, ohne Schaden davon. Der Platz aber, wo sie hinunterfielen, hieß von da an das »Springhäusl«.

271 DIE »ANMELDENDE« UHR IM HAUS »ZUM PELIKAN«

Die alte Hausuhr in diesem Gebäude (Hs. Nr. 11), das zu den geschichtlich bedeutsamsten Häusern der Keplerstraße gehört, wurde ein Opfer des Aberglaubens. Durch sie, so glaubte man, habe sich ein Sterbender angemeldet, weil sie bei einem Todesfall plötzlich stehenblieb. Daraufhin entfernte man sie eiligst aus dem Haus.

272 DER DOMBRUNNEN ODER WOHER DIE REGENSBURGER KINDER KOMMEN

Der Dombrunnen nächst dem Portal des südlichen Querschiffes gehört zu den Wahrzeichen des Münsters. Bis auf den Grundwasserspiegel der Donau, der hier 17 m unter dem Pflaster liegt, reicht der Schacht hinab.
Einst war bei den Regensburger Kindern der Glaube verbreitet, ihre neugeborenen Geschwister seien aus dem Dombrunnen geschöpft.

273 WARUM STADTAMHOF DREI SCHLÜSSEL IM WAPPEN HAT

... Weil die Könige und Herzöge in Bayern »hinnach« Regensburg zu ihrer Residenz und Hofhaltung auserwählt haben, ist dieser Ort [= Stadtamhof] die Vorstadt am Hof benannt worden. Sie ist an Regensburg »vermittels der steinenen Brucken angehängt« und gleichsam der Schlüssel dazu. Deshalb sind ihr in ihrem Wappenschild auch drei Schlüssel zugeeignet worden.

ZEICHEN UND ZEITEN

*So will's das G'schick, der Vöglen Flug /
die Himmelszeichen / groß und klein . . .*
            Anselm Godin

274 VON EINER GROSSEN PLAG

Im Jahre 786 war im Winter ein starkes Erdbeben. Hernach kam im Mai eine große Kälte, und es fiel ein tiefer Schnee. Die Vögel erfroren und stürzten zur Erde, und die Menschen hoben sie mit den Händen auf. In den Wäldern fand man sie tot auf ihren Eiern. Einige Wasserläufe waren blutfarben, und es fielen schwarze, wie ein Feuer so brennendheiße Tröpflein auf die Menschen. Wenn sie einem auf die Hand fielen, starb der von Stund an, fielen sie einem aber auf das Kleid, so starb er nicht sogleich, aber er kam »hart« mit dem Leben davon.

Als diese Plage nach Bayern kam, ließ Herzog Thessel auf Anraten der bayerischen Bischöfe und anderer verständiger Leute ein allgemeines Fasten im ganzen Land anordnen. Jedermann, auch der Fürst selbst, mußte fasten, sich Asche auf das Haupt streuen, barfuß gehen, öffentlich in der Kirche Buße tun und beichten. Da hörte die Plage auf.

275 DAS SCHRECKENSJAHR 960

Es ist, der Sage nach, in dieser Zeit vieles dem Volk Unbegreifliches vorgefallen: Flecken auf den Kleidern, wie Kreuze oder auch wie Krätze, sind zum Vorschein gekommen. Ein unfruchtbares Jahr, heißt es, habe im Jahr 960 Sorge und Schrecken verbreitet...

276 DER TRACK

Und zu der Zeit [= Kaiser Ottos d. Gr.] wurde ein Track gesehen, und ein brennender Stein flog vom Untergang der Sonne bis zu ihrem Aufgang. Und in dem zwölften Jahr seines Reichs verheerten die Ungarn ganz Bayern.

277 DIE PRÜGEL-VISION ODER STRAFE FÜR VERBOTENE LEKTÜRE

An einem sehr warmen Frühlingstag des Jahres 1032, wenige Wochen vor Ostern in der Fastenzeit, saß Otloh [* um 1010] vor der Tür der äußeren Schule in der Märzsonne, vertieft in seinen Lieblingsschriftsteller, den Stoiker und Meister der pathetischen Rhetorik, den »Geschichtsschreiber«, wie ihn das Mittelalter nannte: Lukan. Er saß da mit einem wohl nicht ganz behaglichen Gefühl. Denn während der Bibliothekar der St. Emmeramer Klosterbücherei die alljährliche Austeilung der »Fasten-Lektüre« begonnen hatte und während sich jeder Mönch bei ihm ein geistliches Buch abholte mit der Verpflichtung, es im Lauf des Jahres vollständig durchgearbeitet zu haben, nahm Otloh keinen Anstoß, selbst in der Fastenzeit seiner Vorliebe für die klassische Literatur zu frönen.
Es war schwül und still und offenbar kein Mensch in der Nähe. Plötzlich erschreckten den Lesenden die Vorboten eines aufziehenden Frühlingsgewitters. Von Osten her fegten die Windstöße heran, »heiß und brennend«, und verstörten Otloh derart, daß er nicht länger außer Haus zu bleiben wagte. Er fühlte sich wie betäubt, ergriff sein Buch und ging hinein.
Otloh fühlte sich gleich darauf ernstlich krank und »wie von allen

menschlichen Sinnen verlassen«. Während er anfangs noch darüber nachzudenken vermochte, ob das Ganze nur ein gewöhnliches Gewitter oder ein göttliches Zeichen gewesen wäre, glaubte er sich bald – ob allein oder unter Menschen, durch einen Wahn oder ein Trugbild, aus Angst oder aus Verwirrung – von einem Ungeheuer verfolgt, und ständig schien ihn eine Stimme zu bedrängen, gegen die er in unaufhörlichem, ihn erschöpfendem Streitgespräch ankämpfte.

Eine Woche quälte er sich so, las jedoch so viel, wie nur möglich, in seinem Lukan weiter. Da keine Besserung eintrat, begann er aufs neue über sein Seelenheil nachzudenken. Eines Nachts schien jemand mit drohendem Gesicht und von schreckerregendem Aussehen vor Otlohs Bett im Schlafraum zu stehen, den einige Schüler mit ihm teilten. Mit unmenschlicher Grausamkeit und Strenge begann er, den Kranken auszupeitschen, und die harten Schläge schienen kein Ende nehmen zu wollen. Alles, was er zu denken vermochte, war dies: Wer jemand so quälen kann, kann nicht von Gott kommen! Sooft er jedoch den Mund öffnen und um Gnade flehen wollte, fielen die Schläge noch härter auf ihn herab.

Endlich mit dem ersten Morgenlicht erwachte Otloh aus todähnlichem Schlaf. Während seine Schüler noch schlummerten, suchte er vergeblich nach Blutspuren, weil er meinte, daß von dem Blut der zugefügten Wunden sein ganzes Bett naß sein müßte. Schon war er geneigt, alles für eine »Wahnsinns«-Krankheit zu halten. Da fiel ihm plötzlich der Prügeltraum des hl. Hieronymus ein, den er einmal gelesen hatte. Und wie dieser sich einst in nächtlicher Vision dafür gestraft glaubte, daß er ein »Ciceronianus« und nicht ein »Christianus« sei, – so begann nun auch Otloh zu ahnen: Seine Schreckensvision war Strafe für die verbotene Lektüre und die so lang hinausgezögerte Einlösung seines Gelübdes, Mönch zu werden.

Da er noch nicht recht glauben konnte, daß ihm etwas Ähnliches widerfahren sein sollte, weckte er einen neben sich schlafenden Knaben. Dieser hatte während der Nacht kein Geräusch gehört, als er jedoch seinen Lehrer genau untersuchte, fand er dessen ganzen Rücken mit einem Ausschlag bedeckt.

Da begann Otloh zögernd zu glauben, wofür er nun alle Beweise zu haben meinte: Nun entsann er sich, daß er Gott selbst um Züchtigung gebeten hatte, und er fühlte sich »genug erhört«.

278 BEDROHUNG DURCH DÄMONEN

Als Otloh dem Abt Reginward Vorhaltungen über dessen seiner Meinung nach zu lässiges Regiment machte, gab es wiederholt Unstimmigkeiten zwischen beiden. Einige Tage, nachdem er den Abt beleidigt hatte, wurde er krank. Zwar hatte er vor dem Abt Buße geleistet, nicht aber vor Gott, der ihm nun die früher für jede Sünde erbetene Krankheit schickte.

Drei Tage lang lag Otloh im Krankenhaus des Klosters St. Emmeram. In der dritten Nacht quälten ihn Angstzustände und wirre Träume. Da er nach der Komplet keinen Schlaf finden konnte, erhob er sich und setzte sich auf den Boden vor sein Bett – in der Hoffnung, daß ihm dies gut tun werde.
Plötzlich erschien ihm das ganze Haus von dichtem Rauch erfüllt, und voller Furcht irrte er zwischen den Betten der schlafenden

Brüder umher, wagte jedoch nicht, einen von ihnen, geschweige denn den Krankenwärter – einen Laien –, zu wecken. Der Rauch schien immer dichter zu werden. Otloh kehrte zu seinem Bett zurück und sann nach, wohin er fliehen könne. Denn für ihn bestand kein Zweifel, daß böse Geister die Urheber dieses Rauches waren und daß sie hinter diesem dichten Vorhang darüber stritten, wie sie ihn ins Verderben stürzen könnten ... [es schließt sich die »große Dämonenvision« an, s. Anm.].

279 OTLOH ALS STRENGER ZUCHTMEISTER ODER EIN ZEICHEN DES HIMMELS

Sogleich nach seinem Eintritt in St. Emmeram hatte Otloh als Lehrer an der schola interior einen besonders übermütigen Knaben in Anwesenheit aller anderen Mitschüler sehr hart getadelt, und dieser zeigte sich ob der scharfen Zurechtweisung verletzt. Otloh wurde unsicher und hing den ganzen restlichen Tag bis zum Abend Grübeleien und reuevollen Gedanken nach. Zur Schlafenszeit legte er sich mit den anderen nieder, fand jedoch – erschreckt von wechselnden Gesichten – keine Ruhe. Mit Sehnsucht erwartete er die Stunde der Nokturn, da sich die Brüder zu den laudes erheben würden und er bei ihnen Rat und Trost finden könnte.
Schließlich begab er sich allein in die Kirche, um vor den einzelnen Heiligenaltären unter Tränen um Erleuchtung zu beten, wie er den Schüler besänftigen, wie dessen Seelenheil retten könne. Und wie meist in solcher Verfassung, bat er um ein sichtbares Zeichen für die Lösung. Siehe, plötzlich stand vor ihm eine Erscheinung des Knaben, kniete nieder und bat Magister Otloh um Verzeihung für den Ungehorsam. Er versprach Besserung, bat aber zugleich, Otloh möge künftige Vergehen nicht in Anwesenheit anderer, sondern still und diskret tadeln.
Glücklich über dies gnädige Zeichen des Himmels versprach Otloh, seine Wünsche zu erfüllen. In Zukunft befleißigte er sich beim Strafen größerer Milde.

280 DER MEINEID ODER ERMAHNUNG IM TRAUM

Als ich [= Otloh] noch immer im Kloster St. Emmeram verweilte, bin ich eines Tages vor die Pforten der Kirche getreten, um jemand zu suchen, der mit mir zum Kloster Prüll ginge, das der Stadt sehr nahe liegt. Eine Zeitlang mühte ich mich ab, fand aber niemand, der mir bekannt war. Doch ein mir unbekannter Mann, ein Büßer, lief zu mir und fragte: »Wen suchst du denn, Herr?« Als ich ihm den Grund eröffnete, sagte er: »Wenn es dir recht ist, mich als Weggenossen zu haben, dann will ich sehr gern mit dir gehen!« Ich war einverstanden, und wir gingen also zusammen fort.

Ich fragte ihn, welcher Schuld wegen er Buße tue. Darauf erzählte er mir folgendes: »Bedeutend und wunderbar ist die Ursache, derentwegen ich mich der Mühe dieser Buße unterziehe. Denn als ich noch ein Kind im Hause meines Vaters war, trug es sich zu, daß ich und andere Knaben – wie es eben so üblich ist – die Schafe der Bauersleute hüteten. Und als wir diese an den dafür bestimmten Plätzen verstreut beaufsichtigten, da beschlossen einige kleine Knaben, die Schafe zum Feld meines Vaters, das an das Haus grenzte, zu treiben und sie dort weiden zu lassen. Dies paßte meinem Vater nicht, als er davon erfuhr. Und er befahl mir, wenn die Knaben wieder mit ihren Schafen dorthin kämen, sie zu vertreiben, ... was ich denn auch tat. Bei diesem Verjagen habe ich einmal ziemlich unvorsichtig ein Schaf getroffen, und zwar so, daß es an einem geschwächten Bein zugrunde ging. Der Besitzer dieses Schafes, der sorgfältig nach dem forschte, der das Bein zerschmettert hatte, erfuhr, daß ich es war.

Da mein Vater gezwungen wurde, eine Entschädigung für jenes Schaf zu geben, wollte er von mir auf jede nur mögliche Weise erfahren, ob ich schuld sei an dessen Tötung. Aber was anderes hätte ich in diesem Alter denken sollen, als nur die Schuld von mir zu weisen! Denn daß es auch noch eine andere Strafe gäbe außer der in der Gegenwart, das wußte ich nicht. Deshalb antwortete ich auch meinem Vater, als er auf das gewissenhafteste fragte, daß ich unschuldig sei an dieser Tat. Ja, ich beschwor es sogar. Und da er unvorsichtigerweise mir, einem so kleinen Kind, glaubte, und da er von seinem Nachbarn sonst keine Verzeihung wegen des erschlagenen Schafes hätte erlangen können, reinigte er sich – wie es eben Sitte ist – durch den Schwur auf die

Reliquien der Heiligen [wohl die Reliquien, die in seiner Ortskirche vorhanden waren]. Diesen Meineid haben sowohl ich als auch mein Vater für nichts geachtet und durch keinerlei Buße getilgt.
Vor einem Jahr aber geschah es, daß mein Vater starb. In seinem Todesjahr erschien er mir häufig in einem Gesicht und bat, ich solle ihm, der an die Orte der Strafe verbannt sei, irgendeine Hilfe zukommen lassen. Aber als ich, obwohl er mich mit vielen Bitten und Visionen dazu aufforderte, nichts tat, da erschien er mir in der nächsten Weihnacht nicht wie früher im Traum, sondern er schien deutlich neben meinem Bett zu stehen, wobei er unter Seufzen sprach: »Weshalb, mein Sohn, hast du so lange meine Bitten mißachtet? Warum hilfst du mir nicht? Siehe, deinetwegen bin ich in eine solche Schuld verwickelt, daß ich sogar in dieser Nacht, in der es den meisten Seelen zuteil wird, Ruhe zu finden, keine finden kann! Ich habe lediglich bei Gott durch die Fürsprache der Heiligen erlangt, daß ich für ganz kurze Zeit befreit werde, um dir Kunde von meinen Qualen zu geben. Denn nahe bei mir steht einer, der mich in seiner Gewalt hat und mich zu den Orten der Strafe zurückführen will.« Ich antwortete ihm: »Was ist, Vater, jene Schuld, die du meinetwegen begangen hast?« Und jener sagte: »Habe ich nicht einst einen Meineid geschworen wegen des Lammes, das du erschlugst und mir dann auf alle nur mögliche Weise beteuertest, es sei nicht von dir erschlagen worden? Tu eilends, ich bitte dich, für mich und zugleich auch für dich Buße, sonst wird keiner der ewigen Strafe entgehen!« Als er dies gesagt hatte, wurde er meinen Augen entzogen.
Ich zweifelte nicht an diesem Gesicht, begab mich zu einem Priester und bat ihn, er solle mir für mein und meines Vaters Vergehen eine Buße auferlegen...

281 VOM TOD DES JUDEN ABRAHAM

Einer, der zum Kloster Niedermünster gehörte, war krank. Als einmal mehrere Besucher bei ihm waren, blickte er plötzlich nach oben und sagte: »Oh, was sehe ich!« Auf die Fragen der Umstehenden antwortete er: »Ich sehe den Juden Abraham, wie er von feurigen Ketten in die Hölle gezogen wird.« Weil aber die Umstehenden seine Worte mehr für verrückt als für wahr hielten, bestätigte der Kranke

noch einmal: »Wenn ihr mir nicht glauben wollt, so schickt zu seinem Haus und fragt, was mit ihm vor ganz kurzem geschehen sei!« Bald kamen die Boten vom Haus des Abraham und bezeugten, daß er kürzlich gestorben sei.
Ich aber [= Otloh], der ich den Juden genügend gekannt habe, kann aufrichtig bezeugen: er war in solcher Bosheit des Herzens und in Wahnsinn verstrickt, daß er bald – wenn jemand in seiner Gegenwart über unseren Herrn Jesus Christus gesprochen hat – wie ein kläffender Hund Gotteslästerungen ausstieß, die man nicht wiederholen kann.
Obwohl diese Vision nur kurz war, scheint sie mir doch nützlich zu sein für die, die an der künftigen Strafe zweifeln.

282 EINE VON ADALBERTS VISIONEN

Im Kloster St. Emmeram ist vor wenigen Jahren ein Bruder namens Adalbert verschieden, der aus einem vornehmen und angesehenen Geschlecht stammte. Aber weil er noch ein junger Mann war und zur nämlichen Zeit sowohl wegen der Nachlässigkeit des Abtes als auch der des Bischofs alle Fesseln der Disziplin in jenem Kloster gelockert waren, blieb er unkundig in vielem; er war jedoch dem beständigen Gebet ergeben. Von einer Krankheit gepackt, sah er viele wunderbare Dinge: nicht im Schlaf, sondern in einer wachen Schau, was er dann im Beisein der Brüder offenbarte. Davon habe ich [= Otloh] aus den Erzählungen der Brüder erfahren; ich war damals nämlich zum Kloster Fulda aufgebrochen und konnte nicht dabei sein.
Als Adalbert krank wurde . . ., brachten ihn die Mönche nicht im »domus infirmorum« [= das allgemeine Krankenhaus innerhalb der Klausur] unter, sondern außerhalb des Klosters in einem in der Nähe der Kirche gelegenen ehrbaren Gemach, wo sie ihn aber jederzeit besuchen konnten. Als er dort lag, schaute er – wie man mir erzählte – nicht einmal oder zweimal, sondern öfters, wunderbare Dinge:
. . . Einmal sah er vornehme Männer von verehrungswürdigem Aussehen an seinem Lager vorüberziehen. Als aber einige von ihnen näher herangehen wollten, um ihn zu besuchen, da ließen es die anderen nicht zu und sagten: »Es ziemt sich nicht, daß wir den, der

außerhalb der Klostermauern liegt, und nicht im gemeinsamen Krankenbau, besuchen!«
Als Adalbert dann einigen dabeistehenden Brüdern das, was er gesehen und gehört hatte, erzählte, wollten sie ihn – aus welchem Grund ist mir unbekannt – trotzdem nicht in die gemeinsame Krankenstube bringen.

283 DER HL. PETRUS UND DER HL. EMMERAM REINIGEN DAS KLOSTER

Ein andermal sah Adalbert, wie der Boden der Kirche und des ganzen Klosters gereinigt wurde, und er sagte zu den anwesenden Brüdern: »Seht Ihr denn nicht, wie der hl. Petrus und der hl. Emmeram und andere vornehme alte Männer dieses Kloster [= St. Emmeram] reinigend umschreiten? Und als die Brüder antworteten »Wir sehen niemand...!«, sagte er: »Ich wundere mich sehr, daß ihr die alten Männer nicht sehen könnt, da ich sie doch so genau sehe, wie sie sich abmühen, den Ort zu reinigen und ihn vor allen Zerstörungen zu bewahren. Und ich sage euch wahrhaftig, daß Gott eine sehr große Gnade für diesen Ort bestimmt hat, sofern sie nicht durch schwere Sünden verhindert wird. Tut also, was zu tun ist! Ein jeder von euch wende sich von seinem schlechten Pfad, auf daß eine so große Gnade nicht behindert werde!«
Und diese Voraussage sehen wir folgendermaßen sich erfüllen: In der Zwischenzeit trachtete Kaiser Heinrich [III.] seligen Angedenkens, der Vater des jetzt herrschenden kindlichen Königs Heinrich, mit allen Mitteln danach, den nämlichen Ort [= St. Emmeram] von der überaus drückenden Herrschaft des Pharao, d. h. von der Macht des Bischofs, zu befreien. Aber, als er dies versuchte und einige Güter, die vom Bischof Gebhard weggenommen worden waren, zurückerstattete und schließlich auch wegen der Liebe zu Gott und wegen der Privilegien unseres Klosters, die in der Zwischenzeit aufgefunden worden waren, dieses Kloster in seine königliche Gewalt übernahm, da fiel plötzlich unsere Hoffnung zusammen, da – welcher Schmerz! – wir Mönche für die Vollendung einer solchen Gunst die gewohnten Nachlässigkeiten nicht nur nicht verminderten, sondern noch ... ein neues Verbrechen hinzufügten, im Glauben, wir

könnten ohne irgendeine Mühe Erhabenes verdienen und weil wir mehr auf menschliche als auf göttliche Hilfe vertrauten.

Denn bevor jene schon erwähnten Wohltaten vom vorgenannten Kaiser vollendet wurden, starb er, und die Verfolgung des Bischofs gegen uns wurde daraufhin so schrecklich wie nie zuvor.

So wurde die Wahrheit der Adalbertschen Vision bestätigt. Adalbert sagte nämlich voraus, daß unserem Kloster eine sehr große Gnade Gottes bevorstehe, wenn sie nicht durch schwere Sünden verhindert würde.

Er sagte auch anderes, das so, wie er es vorhersagte, eintraf.

284 ADALBERT WEISSAGT DEM BRUDER ARIBO

Einem Bruder namens Aribo, der ihm sehr teuer war, verkündigte Adalbert, daß er nicht lange nach seinem Tod sterben werde. Das ist auch eingetroffen. Denn am selben Tag, an dem Adalbert starb, nur ein Jahr später, beendete auch Aribo sein Leben. Adalbert warnte außerdem einen Bruder, wenn er sich nicht vor den Gesprächen mit den Juden in acht nehme, müsse er einst Qualen erleiden, die schon für ihn bereitet seien. Auch erzählte er von einem bereits verstorbenen Bruder, daß er der Höllenstrafe verfallen sei und man deshalb für ihn beten müsse.

Als er aber viele solche Dinge vorbrachte, gab es Brüder, die meinten, man brauche ihm nicht zu glauben, da er geistesgestört sei und nur unnützes Zeug daherreden könne. Zu diesen Brüdern sagte er voll Schmerz wegen ihres Unglaubens: »Da ich sehe, daß ihr meinen Worten nicht glaubt, so werde ich euch ein Zeichen verraten, aufgrund dessen ihr glauben könnt: Wenn ich von meiner Krankheit wieder genese, so nehmt an, daß alles, was ich euch gesagt habe, falsch war; wenn ich aber rasch sterben werde, dann wißt, daß es wahr ist!« Und als dies eintraf, schlossen alle daraus, daß er die Wahrheit gesprochen hatte.

Dieser Bruder konnte, selbst in seiner Krankheit, bis zur Stunde seines Todes den unversehrten und reinen Glauben bewahren, indem er immerzu um Buße bat für seine Vergehen. Bisweilen klagte er: »Wehe, wehe, daß ich dieses gegenwärtige Leben überhaupt ertrage,

in dem ich nichts anderes verdient habe, als ewig verdammt zu werden!« Als einmal die Brüder um ihn herumstanden, sagte er zu ihnen: »Seht ihr denn nicht, welche Strafe ich erdulde?« Und als sie beteuerten, daß sie nichts sähen, sagte er: »Wo ist denn euer Gesichtssinn? Öffnet doch, ich bitte euch, eure Augen und seht, daß mir schon die Arme und andere Glieder abgeschnitten werden!«
Und als die Stunde seines Hinscheidens nahte und die Brüder die Litanei sangen, da sang er selbst mit lebendiger Stimme mit. Und plötzlich – wie berichtet wird –, während der Anrufungen der Litanei, sagte er: »Gib ihm die ewige Ruhe, Herr . . .!« Nachdem er dies gesagt hatte, brachte er nichts weiter vor. Auf welchen Verstorbenen diese Worte gemünzt waren, das ist bis zum gegenwärtigen Zeitpunkt unbekannt, es sei denn, er habe sie für einen Mönch namens Chumundus gesprochen, der im Kloster Fulda um dieselbe Zeit gestorben ist.
Die Mitbrüder pflegten [eigentlich: referre solent] noch viele andere Dinge über diesen Mann [= Adalbert] vorzubringen, woran ich [= Otloh] mich nicht mehr erinnere, oder was ich nicht für wert halte, es aufzuschreiben.

285 DIE VISION DES BETTLERS

Es war ein Bettler in Regensburg, der täglich entweder in oder vor der Kirche des hl. Emmeram saß, um von den Eintretenden ein Almosen zu erbitten. Dieser nun sah wenige Monate bevor Kaiser Heinrich [III.] starb, in einer Vision viele Dinge. Davon will ich [= Otloh] einiges, was mir und auch anderen berichtet wurde, wiedergeben.
Es ist ihm so vorgekommen, als würde er von einem sehr mächtigen Menschen an einen Ort gebracht, wo eine Wohnstätte gleichwie von leuchtendem und glänzendem Metall konstruiert war, die keinerlei Fensteröffnungen hatte. Und als er von seinem Führer wissen wollte, welche Leute in dieser Wohnstätte eingeschlossen seien – er selbst wußte es nicht –, da antwortete jener: »Dort sind alle die jüngst Verstorbenen eingeschlossen, die dem Kaiser Heinrich, der überall Frieden stiften wollte, sich zu widersetzen vorgenommen haben. Obwohl nämlich der besagte Kaiser in vielen Dingen und besonders wegen seines Geizes tadelnswert ist, so hat er dennoch, weil er die

Vorteile des Friedens zu vermehren trachtet, darin Gott als Helfer. Aber wisse, daß er nicht lange leben wird, wenn er sich nicht vom Geiz befreit!«

Daraufhin wurde der Bettler auf ein weites Feld gebracht, in dessen Mitte ein tiefer Brunnen zu sein schien. Zu diesem Brunnen führten die Spuren sehr vieler Wege. Einer davon – ausgetreten – zeigte die Spuren frischer, die übrigen alle aber nur solche alter Begehung. Der Brunnen selbst, gleichsam ausgeschöpft, hatte wenig Wasser. Nachdem er dies alles gesehen, sagte sein Führer zu ihm: »Weißt du, was dieser ausgeschöpfte Brunnen, was die Spuren der vielen Wege, die beinahe schon getilgt sind und was auch jener eine Weg mit dem ausgetretenen Pfad bedeutet?« – »Ich weiß es nicht!« sagte der Bettler, »du aber, so bitte ich, mein Herr, würdige dich, mir dies zu erklären!« Und jener sagte: »Die vielen Wege, die einst zum Brunnen hinführten, aber jetzt so zerstört sind, daß man kaum noch die Spuren von ihnen erkennen kann, die bedeuten, daß in alten Zeiten viel Eifer aufs Almosengeben verwendet wurde, sowohl von den Fürsten als auch von den mäßig begüterten Leuten. Diese Almosen sind nun zu einer solchen Geringfügigkeit geschrumpft, da kaum irgend jemand gefunden wird, der im nämlichen Maß wie die Alten Almosen gibt. Gleicherweise bedeutet auch dieser nun erschöpfte Brunnen, der einst den von allen Seiten her Kommenden die Seelen erquickte, weil sich aus seiner Fülle leicht schöpfen ließ, der jetzt aber sehr trocken ist, daß eben das, was noch in ihm ist, jemand nur ganz schwer ausschöpfen kann.«

Darauf wurde er auf einen hohen Berg gebracht, wo ein Kloster aufzuragen schien, zu dem – wie zu dem Brunnen – sehr viele Spuren von Wegen führten. Nur ein einziger zeigte die Spuren neuer Begehung. Alle übrigen waren von altem Gesträuch, das darüber wucherte, so verwachsen, daß man kaum erkennen konnte: hier waren einst Wege.

Der Führer nannte dem Mann zunächst einmal den Namen des Klosters. Mir kommt es nicht zu, ihn zu veröffentlichen, damit ich nicht manche ganz speziell zu schmähen scheine, während ich doch insgesamt bestrebt bin, alle zu erbauen. Dann fügte der Führer hinzu: »Die Wege, die einst von allen Seiten zu diesem Kloster hinführten, nun aber, wie du siehst, mit Ausnahme von diesem einen, zerstört sind, bedeuten, daß einst sehr viele, die dorthin

kamen, durch allerlei Beispiele heiliger Disziplin erbaut wurden ...
Jetzt aber ist dieser Ort von der Schlechtigkeit der in ihm Wohnenden so namenlos, daß kaum noch die Anzeichen der Väter, die früher dort gelebt haben, übriggeblieben sind. Denn von den dort Wohnenden wird größerer Eifer auf Unzucht und andere Laster verwendet als auf die Pflichten des göttlichen Dienstes.

Der obengenannte Arme sagte auch, daß er einen Baum von ungeheurer Größe gesehen habe, der von unten bis zur Blattspitze durchweg dürr geworden sei. Als er diesen Baum sah, wurde er von seinem Führer gefragt, wen dieser Baum wohl symbolisiere.

Der Bettler aber antwortete: »Ich weiß es nicht!« Darauf sagte jener: »Dieser Baum bedeutet den Bischof Gebhard [III.]. Jener ist, wie dieser Baum, schon lange Zeit teilweise verdorrt. Da er aber nach wenigen Jahren vollständig dürr sein muß, wird er – abgehauen von göttlichem Beil – sterben.«

Die Wahrheit dieser Vision bezeugte der schnelle Tod des nämlichen Bischofs und des Kaisers. Denn als zwischen jenem Osterfest und Pfingsten die Vision stattfand, daß im folgenden Herbst [1056] der Kaiser am dritten Tag vor den Nonen des Oktober sterben werde, und als nicht viel mehr als zwei Jahre später [1060] der Bischof starb, da war in der Tat beider Ableben vorausgesehen worden.

Dieser Bettler sagte außerdem noch viel derartiges, was ich jedoch nicht gehört habe und auch von niemand wissen wollte.

286 REGENSBURGER BISCHOF AUF FLAMMENSTUHL – EINE FEGFEUERVISION

... St. Gunthar [wohl der große Heilige des Bayerwaldes, * 965, † 1045] kehrte mit dem Mönch zu einem bestimmten Ort zurück ..., wo zwei feurige Stühle aufgestellt waren. Einer aber war größer als der andere. Und der sel. Gunthar berichtete dem Mönch, daß der größere Stuhl dem Regensburger Bischof gehöre, der kleinere jedoch dem Prager Bischof, und zwar deshalb, weil ersterer ein Volk hatte, das verhältnismäßig leicht zu bekehren war, der andere aber ein unbelehrbareres, und weil keiner von beiden etwas getan hat, was eines Lehrers [des Volkes] würdig wäre. Deshalb sei jeder für die Hölle bestimmt.

Nachdem der Mönch dies gesehen hatte, kehrte er, plötzlich aufgeschreckt, zurück. Es heißt, dieser Mönch habe noch mehr Dinge gesehen und darüber gesprochen, die ich [= Otloh] nicht in Erfahrung bringen konnte, da keiner mehr davon wußte.

287 VON EINEM GROSSEN PFAUENSCHWANZ UND DEN HEUSCHRECKEN

I

Gleich im Jahr 1337 zeigte sich in der Luft ein großer Pfauenschwanz, der von den Griechen »cometa« und von den Lateinern »stella crinita« genannt wird. Man sah ihn länger als drei Monate, und zwar erschien er im »Brachmonat«, im »Heumonat« und im »Augustmonat« . . .

Zu dieser Zeit kamen auch viele Heuschrecken. Sie flogen in der Luft daher »von aufgang der sun gegen dem nidergang«. Wo sie hinkamen, da fraßen sie alles Heu, Gras, Laub und Getreide ab. Sie nahmen der Länge nach zwei Meilen ein und nach der Breite sieben. Es kamen dabei immer einen Tag zuvor etliche Vorreiter, um zu

erkunden, wo sich der gewaltige Haufen niederlassen könnte. Sobald sie nichts mehr zu fressen und alles schon verdorben hatten, flogen sie bei Sonnenaufgang weiter und ließen sich erst wieder zur Vesperzeit nieder.
Diese Plage dauerte drei aufeinanderfolgende Jahre. Im Winter verkrochen sie sich, im Sommer kamen sie wieder hervor. Man ging mit Kreuz und Heiltum um das Feld, man läutete ihretwegen alle Glokken zusammen, wie man es bei einem Unwetter tat. Es half nichts. Einige versuchten, sie mit Stecken und Kolben zu erschlagen.
In unserem Land, in Bayern, bestellte ein jedes Dorf und jeder Flecken einen Mann, dem gab man alle Eier, die die Hennen legten. Derselbe trieb alle Hennen zusammen gegen die Heuschrecken. Aber es half nicht! Es war eine besondere Plage von Gott. Erst im vierten Jahr kamen große Haufen von Störchen, Elstern, Dohlen, ... Krähen und ähnliches Geflügel und fraßen sämtliche Heuschrecken auf.

II

... In Bayern führte einer eine Heer »Henner« wider sie ins Feld. Aber je mehr sie von diesen ungebetenen Gästen hinwegzuckten und -schluckten, desto mehr wurden es. Endlich im vierten Jahr kamen über sie die Störche, Raben, Geier und Elstern, von denen sie meistenteils aufgezehrt wurden. Auf die übrigen fiel ein dicker Schnee und erstickte alle. Dies geschah Anno 1338, am Tag nach St. Lukas ...
Was Gott durch diese Vorboten ankündigen wollte, das hat nachmals die Zeit gelehrt: Denn die Türken sind darauf Anno 1360 über den Hellespont gekommen und zum ersten Mal in Europa eingefallen, »und seithero nimmermehr wegen der unaussetzlichen Uneinigkeit der Christen hat [sic!] können ausgetrieben werden«.

288 DIE »HÜRNAN SNÄBEL«

Im Jahre 1338, um das Fest der Märtyrerin Afra herum, kamen unzählige Heuschrecken vom Osten her nach Bayern. Sie hatten je sechs Füße und zwei Zähne, härter als Stein. Die Leute aus dem Volk,

die diese Tiere sahen, nannten sie »hürnan snäbel«. Truppenweise flogen sie in soldatisch geordneten Scharen, und ihre tägliche Flugstrecke erstreckte sich über 3–4 Meilen, wobei sie alles Grün der Gräser und Bäume verwüsteten. Wo sie aber hingekommen sind, weiß man nicht sicher, außer daß manche behaupten, sie seien im Meer untergetaucht.
Zwei Jahre danach kamen »cassiodoli« – Fische, die man gewöhnlich Karpfen nennt – von Ungarn her die Donau herauf. Sie kamen in solcher Menge, daß sie im Gebiet längs der Donau für einen Denar verkauft wurden. Die Leute weigerten sich, sie zu essen, weil sie ihnen unrein erschienen.

289 REGENSBURGER KAUFLEUTE BEIM KÄRNTNER ERDBEBEN

I

1348, am Tag der Bekehrung Pauli [= 25. Januar] kam ein Erdbeben überall in der Welt. Aber besonders in Kärnten und in Krain war es so groß, daß die Stadt Villach samt Burgmauer, Klöster und Kirchen und allen Mauern und Türmen bis an die elf Zinnen auf die Erde fiel und daß sich das Erdreich mitten in der Stadt spaltete und ein Wasser daraus rann wie Schwefel und »prast [von brasten = brechen] wider in dy löcher in das ertreich«.

In Krain und in Kärnten stürzte die Feste Kellerberg zusammen und Arnoldstein [bei Villach] und dazu noch 36 Festen, und die Berge fielen in die Täler, daß das Wasser sich aufstaute, Land verdarb und Leute auf eine Strecke von gut 10 Meilen. Acht Tage lang barst das Erdreich auf diese Weise »und spielt, das ein man darein viel uncz bis an dy gürtel, als ob er versinkchen wolt«. Dies hat Herr Heinrich der Sterner berichtet, »der dieweil in der stat vervallen was, er und der Stokcher von Prag, und ir gesellen sturben vier pey in, und Hainreich Pawmburger«.

II

Im nächsten Jahr nach Kaiser Ludwigs Tod, als man zählt 1348, an St. Pauls Bekehrung, kam ein großes Erdbeben am Abend. Es währte ununterbrochen vierzig Tage und verursachte allenthalben großen Schaden. 26 Städte und Schlösser sind samt Vieh und Leuten »verfallen«; Kirchen und die Stadtmauern sind eingestürzt. In Kärnten hat sich das Erdreich aufgetan, und zwei Berge sind »zesam gefallen« und haben beim Niederfallen Städte, Märkte, Schlösser, Dörfer, Vieh und Leute, insbesondere die Stadt Villach zerstört.

Es sind auch etliche reiche Kaufleut von Regensburg in Villach umgekommen. Man hat die Bäuerin unter den Kühen sitzend und melkend gefunden; sie wie die Tiere waren zu Salzstein erstarrt. Solches schreibt Konrad von Megenberg [hier: Meidenberg], »dieselbig zeit ein grosser künstler und sternseher«. Er sagt, er hab's selber besichtigt, zusammen mit dem Kanzler »des herzogen aus Östereich«.

Und danach ist ein »grosser jämerlicher sterb« gekomen, und nicht einmal der vierte Teil der Menschen ist übriggeblieben. Man ging mit den Kreuzen, man betete, man sang, und der Papst ließ eine eigene Messe gegen dieses Sterben halten, lesen und singen. Aber da half nichts. Etliche Dörfer und Flecken starben ganz aus. Etliche sagten, es wär der Zorn Gottes und eine besondere Plag von Gott. Die anderen schrieben's den Gestirnen zu. Der ›g'main man‹ gab den Juden die Schuld; die sollten, um die Christen auszutilgen, die Brunnen vergiftet haben. Deshalb wurden in vielen Städten und

Flecken die Juden verbrannt. Man hat aufgeschrieben, daß in Deutschland wohl 12000 Juden auf diese Weise jämmerlich verbrannt worden sind, »on alle barmherzigkait«!

290 DIE HEUSCHRECKENPLAGE UND DIE MERKWÜRDIGEN KARPFEN

Im Jahr 1350 da fielen die Heuschrecken von Ungarn in Bayern ein, so daß es zwischen Regensburg und der Feste zu Stauf um die Sonne so stark sich rührte, daß man meinte, es brenne das ganze Land um Stauf herum. Und wo sich der Schwarm auf die Wiese legte, da fraß er sie ab, daß man glauben konnte, es hätte das Vieh alles abgefressen. Und wenn die Heuschrecken auf dem Weg lagen und man darauf ritt, dann »chraspelt« es wie das Eis »in dem lant ze Pairen«!
Über zwei Jahre danach kamen auch die Karpfen in der Donau herauf von Ungarn. Und in der Donau und im Regen bei Regensburg gab es so viel von ihnen um einen Pfennig, daß man glaubte, sie wären unrein und die Leute sie nicht gern aßen.

291 DAS GROSSE ERDBEBEN

Anno 1356, acht Tag vor St. Martin, da gab es ein Erdbeben in Regensburg und in allen deutschen Landen, daß in Basel die Stadt niederfiel, »das tum«, die Kirchen und die Häuser und die Leut alle aus der Stadt flohen und von den Vornehmen nur zwei umkamen. Es gab siebzehn Erdbeben. Und die Stadt Liestal, zwei Meilen von Basel, die fiel auch nieder, »und wohl zwanck [20] vest«. Und danach kam »der sterb« gen Regensburg und gen Bayern überall in das Land...

292 VORAUSSAGE FÜR REGENSBURG

... Sofern man aber Gott und die Heiligen mitsamt den Wirkungen der Natur verachtet und verspottet, mag die Stadt durch grausame Donnerschläge, Windsträuße, Erdbeben, Wasser..., Wolkenbrüche genau wie andere Wasser- und Seestädte beschädigt werden. Damit aber solches nit geschehe, sollen sich die von Regensburg zu der Königin der Himmel, der Sterne und Elemente wenden ..., sie anrufen und bitten, ihnen den schützenden Schild vorzuhalten, damit niemand durch solch grausames Ungestüm etwas geschehe.

293 DIE GESTIRNE SIND SCHULD AN JUDENPOGROM

Die Zerstörung der jüdischen Glorie, so durch Titus und Vespasian geschehen, ist lange zuvor durch eine große Konjunktion [= Stellung zweier Gestirne im gleichen Längengrad], durch seltsame Wunderzeichen und durch Sausen und Krachen im Tempel von Jerusalem angezeigt worden.
Damals, zur Zeit des Kaisers Tiberius, sind viele Juden vor großem Schrecken aus ihren Vaterhäusern geflohen... Viele von ihnen haben sich auf das Versprechen des Hauptmanns Gaius Caligula hin zu Regensburg niedergelassen. Und sie sind dort bei den Heiden und Christen unbehelligt geblieben, bis nach dem Jahr 1510 etliche große Zusammenfügungen der obersten Planeten am Himmel sich vermehrt haben... Da Mars aber die Oberhand über Saturn gehabt hat, haben die Einwohner der Stadt Regensburg – unter dem Einfluß des Himmels – zu großem Aufruhr wider die Geistlichkeit und wider die Judenheit geneigt. Diese Bewegung im Volk ist zunächst durch die »Zamfügung« der Sonne und des Mars im Löwen am 26. Juli 1513 gemildert und vielleicht durch die Furcht vor der Gewalt unterdrückt worden. Und als am 20. Dezember des gleichen Jahres Saturn und Mars im Skorpion zusammenkamen, ist die Wut des »grimmen Neides Haß« unter dem gemeinen Volk gestillt worden ...

In den folgenden Jahren haben die Sterne der Stadt Regensburg einen Aufschwung verheißen. 1519 aber haben sich Jupiter, ein »Bedeutter der Geistlikait« und Mars, ein »Bedeutter der Weltlikait«, in der Erhöhung des Saturns ... zusammengetan, und da sind unter diesem Einfluß die Geistlichen und die Weltlichen ernstlich gegen die »langwerig verharrung« der Juden in der Stadt Regensburg »genaigt, bewegt, geraitzt und gezogen worden«. Durch zwei Finsternisse der Sonne und des Mondes ist diese Neigung noch gefördert worden: Am 22. Tag des Hornung ist es zur Austreibung der Juden gekommen ...

294 DIE SPRECHENDEN NACHTIGALLEN

Diese Geschichte ist Geßner, wie er selbst kundtut, »von einem guten freund / darzu von einem wolgeleerten und glaubwirdigen mann zugeschriben worden«:
Während des Reichstags in Regensburg im Jahre 1546, als ich da im Wirtshaus zur Krone »zu herberg lag«, hatte der Wirt dort drei Nachtigallen. Eine jede war in einen dunklen Käfig eingesperrt, und der hing von den anderen abgesondert. Zu dieser Zeit – es war im Sommer –, da andre Vögel stets zu singen pflegen, lag ich am Stein oder Grieß so krank, daß ich selten schlafen konnte. Manchmal hörte ich da um und nach Mitternacht, als alles still war, einen wunderbaren Zank und Eifer von zwei Nachtigallen, die so ausdrücklich deutsch miteinander redeten, daß ich darüber schier erstaunte. Denn sie ließen sich gegeneinander so aus und erzählten sich alles, was sie untertags von den Menschen gehört und bei sich selbst erdichtet hatten. Zwei von ihnen waren ganz besonders in dieser Kunst geübt und »fürnem«. Sie hingen kaum 10 Schuh voneinander. Die dritte war viel weiter von ihnen entfernt. Deshalb konnte ich sie im Bett nicht so gut hören. Aber es ist wunderbar, wie von den anderen zwei je eine die andere ausbot und sie mit Antworten reizte. Jedoch verwirrten sich die Stimmen nicht durcheinander, sondern es redete immer eine nach der andern.
Sie erzählten sich aber außer dem Alltäglichen, das sie stets von Gästen gehört, vor allem zwei Historien und Geschichten in aller Länge, und zwar von Mitternacht an bis zum kühlen Morgen,

solange die Menschen eben schliefen und still waren. Dies alles taten sie mit lieblicher, einfältiger Stimme, so daß keiner, sofern er nicht darauf achtgehabt, es hätte verstehen oder wahrnehmen können.
Als ich deshalb den Wirt fragte, ob diese Vögel vielleicht »geluppet« wären oder ob er sie etwa reden gelehrt hätte, da sagte er: »Nein, keines von beiden!« [wörtlich: »Gar nit!«]. Auf die Frage, ob er nicht auch wahrgenommen hätte, wie sie nachts sängen, sagte er abermals: »Nein«. Ebenso sagte das ganze Hausgesind. Ich aber, da ich oft die ganze Nacht hindurch nicht schlafen konnte, hörte fleißig »auff dise gschwinde und wunderbar thaat diser vöglen«.
Die eine Geschichte, die sie miteinander beredeten, war vom Weinschenk [?] und seiner Frau. Der Ehemann wollte – »so vil ich von voegeln verstanden« – das Weib, weil er sich vom Raub etwas erhoffte (»auß hoffnung unnd trost deß raubs«), dazu beschwatzen, das Wirtshaus und den Dienst zu verlassen und aufzugeben und mit ihm in den Krieg zu ziehen. Sie aber schlug ihm dieses Verlangen ab und ließ ihn wissen, daß sie derweil zu Regensburg bleiben oder nach Nürnberg ziehen wolle. Da war ein großer Kampf gewesen. »Aber dise voegelin ... erzeltend on yemants beywaesen / auch hind jrem herren / dise gschicht und thaat.« Wenn sie etwas Heimliches und etwas, das verschwiegen bleiben sollte, hörten, so erzählten sie dies auch ... Und von dem Kampf und Hader erzählten sie »zu nacht offt und dick«, »als den sy gantz fleyssig ... bey jnen selbs dichtet / und steyff gefasset und behalten hattend«.
Die andere Historie betraf den Krieg, den der Kaiser gegen die deutschen Fürsten und Reichsstädte führte ... Sie haben nämlich alles, was sich bald danach begab, als Weissager voraus erzählt und gesungen; u. a. erzählten sie auch, was sich mit dem Herzog von Braunschweig zugetragen hat. Und dies, wie erwähnt, taten sie nach Mitternacht, wenn es allenthalben ganz ruhig und still war. Untertags aber schwiegen sie meistens. Und es kam einem vor, als wäre dies ihre Zeit, das steif zu behalten, was sie von den Gästen bei Tisch oder sonst während deren Umherspazieren im Zimmer gehört und vernommen hatten.

295 NACHTIGALLEN MÜSSEN DIE BÖSEN ANSCHLÄGE DER PAPISTEN VERRATEN

Anno 1546 frohlockten, wenngleich zu früh, die von der Päpstischen Kirche, weil sie meinten, es würde mit dieser [= protestantischen] Kirche nunmehr auf die Neige gehen und sie ihnen wieder eingeräumt werden. Auf diese Gedanken wurden unsere mißgünstigen Nachbarn teils durch das im nämlichen Jahr hier veranstaltete Religionsgespräch gebracht, teils auch durch den des Krieges wegen, »so meistens auf die protestanten gemüntzet«, ausgeschriebenen großen Reichstag selbst, über welchen bei Sleidanus nachzulesen ist. Aber sehr weit gefehlt!

Indes ist doch eine denkwürdige Geschichte, die sich zu dieser Zeit hier im Gasthof zur Goldenen Krone zugetragen hat, nicht zu vergessen und darf nicht stillschweigend übergangen werden. In der Zeit nämlich, als das Gespräch »angestellet ware«, haben zwei Nachtigallen dort zu nächtlicher Stund, als es auf der Gasse und im Gasthof selbst ganz still geworden, in deutscher Sprache geredet und recht deutlich und vernehmlich einander erzählt, was sie tagsüber von den Gästen bei Tisch gehört. Sonderlich aber erzählten sie von der Rüstung und der Vorbereitung zu einem hitzigen Krieg gegen die Protestanten und verkündigten die großen Empörungen gleichsam mit Klagen, ja recht wehmütig.

296 EIN WUNDERZEICHEN AM HIMMEL

Am 5. Juni 1615 ist in der Nacht von 9 bis gegen 12 Uhr ein Wunderzeichen am Himmel gegen Mitternacht gesehen worden. Und es war, als ob da eine ganze formierte Armee haufenweis in der Luft gegeneinander gestritten und geschossen habe.

297 DER DRACHEN IN DER LUFT

Am 20. September 1627 hat man nächtlicher Weile einen Drachen in der Luft fliegen sehen, der von den meisten Einwohnern beobachtet worden ist.

298 DAS FARBIGE VORZEICHEN

Am 23. April 1630 sah man hier morgens von etwa 8 Uhr an bis gegen 10 Uhr ein furchteinjagendes Zeichen: es war blut- und feuerrot, verwandelte sich auch in Grün und Gelb, so daß die Leute, die es ansahen, ebenfalls solche Farben in ihren Gesichtern bekamen. Dies war ein »unlaugbares Andeuten« der darauf erfolgten Belagerung dieser Stadt und der sich anschließenden pestilenzischen Seuche.

299 GEWÄCHSE MIT MENSCHENGESICHTERN

Anno 1631 sind in dem Kallmünzer und dem Staufer Forst, wie auch an vielen anderen Orten, Gewächse auf den Bäumen gewachsen, die Menschengesichter und auf dem Kopf – wie die Kriegsleut – Sturmhauben gehabt haben. Man hat sie häufig in die Stadt hereingebracht, und sie sind von jedermann mit Verwunderung betrachtet worden. Das Geheimnis entdeckten in den nachfolgenden drei Jahren die schwedischen Soldaten »mit ihrer Gegenwart selbsten«.

300 KAMPF ZWISCHEN EINEM ADLER UND ZWEI LÖWEN

Anno 1633, am 20. März, da sind am Himmel in der Nacht ein Adler und zwei Löwen gesehen worden. Die haben miteinander gestritten. Letztlich hat der eine Löwe den Adler überwunden und hat ihn niedergedrückt.

301 SELTSAME HIMMELSZEICHEN ODER KAMPF ZWISCHEN LÖWE UND BÄR

Am 13. August 1633, da hat es ein groß Wunderzeichen am Himmel gehabt: zwischen ein und zwei Uhr. Und man hat am Himmel gar viele lange Stangen gesehen und auch einen Löwen und einen Bären. Die haben miteinander gestritten und sind alsdann verschwunden.

302 DREI FEURIGE KUGELN

Am 6. September 1637 sind abends zwischen 8 und 9 Uhr »in dem Prüflinger Feld« nahe bei Ehebetten [= Dechbetten] drei feurige Kugeln vom Himmel herab gefallen, welche helle Strahlen von sich geworfen haben und letztlich wieder erloschen sind.
Dies haben sechs Bürger, die sich auf diesem Feld nahe bei Dechbetten aufhielten, um Vögel zu fangen, »bey ihren Pflichten« auf dem Rathaus ausgesagt.

303 DAS SCHREIEN IM MUTTERLEIB

Am 6. Dezember [1640?] wurde H. M. Donauer, einem hiesigen Zimmermann, ein Töchterlein getauft, von dem beide Eltern und andere nahe Freunde aussagten, daß es, ehe es noch auf die Welt gekommen, in seiner Mutter Schoß dreimal bitterlich geweint und jämmerlich geschrien habe. Was das bedeuten sollte, darüber war man unterschiedlicher Meinung. Eins aber wußte man: daß nicht viel Gutes dabei zu mutmaßen war.

304 EIN FEURIGER BESEN ZWISCHEN DREI GROSSEN STERNEN

Anno 1642, am 10. und 11. Dezember, sind nach Mitternacht ungewöhnliche Wolken am Himmel gesehen worden, die sich gegen Morgen ganz feurig gezeigt haben. So sah man auch zwischen drei großen Sternen einen ganz feurigen Besen, der sich abwärts gegen Straubing gewendet hat.

305 FEUER VOM PRÜFENINGER HIMMEL

Gleichwie im Jahr 1643 allenthalben, besonders aber im Württemberger Land und in Ungarn feurige Himmelszeichen erschienen, also ging es auch hier nicht leer ab: Am 8. Jänner, nachts gegen 11 Uhr, öffnete sich gleichsam der Himmel, und daraus fiel bei Prüfening ein

»häuffiges Feur« hinab. Dadurch wurde alles so hell und licht, als wäre es eben um die glänzende Mittagszeit.

306 DER KOMET MIT DEM HEFTIG LANGEN STRAHL

Am 20. November 1680 hat sich ein Komet sehen lassen mit einem heftig langen Strahl nach Osten und hat gleichsam Feuer von sich ausgesprengt.
Was dies nun bedeutet oder seine Wirkung sein mag, weiß der allmächtige Gott...

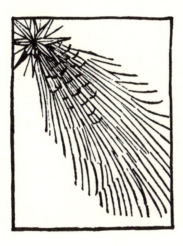

307 ANZEICHEN EINER FEUERSBRUNST

Am 22. Februar 1719 – einem Aschermittwoch –, abends zwischen sechs und sieben Uhr, ergoß sich aus der Luft über die Stadt hinaus ein sehr langer feuerblitzender Strom, der alle, die ihn sahen, in die höchste Furcht versetzte. Dieses »Himmels-Gesicht« ist eben zur selben Stunde und am nämlichen Tag nicht allein hier, sondern auch in anderen Ländern und Königreichen erschienen. Es sind aber darauf allerorten die entsetzlichsten Feuersbrünste ausgebrochen.

308 DER TRAUM VON DER MORDTAT

Friedrich Lößel, seines Zeichens Freibankmetzger in Regensburg, hatte in der Nacht des Gründonnerstags 1723 einen bedrückenden Traum: Er sah, wie er sich in einer Schenke betrank, mit den Zechkumpanen stritt und einen von ihnen grausam ermordete.
Am Karfreitagmorgen erzählte er den Traum seiner Frau. Die kannte ihn wohl und warnte ihn: »Trink dich nicht voll! Fang nichts an!«
Trotz dieser Warnung ereignete sich alles so, wie es der Metzger im Traum vorausgesehen hatte: Er wurde zum Mörder an seinem Vetter.

309 DER TOD DES FÜRSTABTS UND DIE MONDFINSTERNIS

In der Nacht zum 12. Oktober 1791 beobachtete der Emmeramer Gelehrte Cölestin Steiglehner auf der Sternwarte der Ingolstädter Universität eine Mondfinsternis. Zur gleichen Stunde verschied im Benediktinerkloster St. Emmeram der 82jährige Fürstabt Frobenius Forster. »Sein guter Engel führte seine Seele vor Steiglehners Fernrohr vorbey in die höheren Sphären.«

309a DER METTENSTOCK

In der Gaststube eines Wirtes zu Stadtamhof wurde es am Weihnachtsfeiertag sehr warm. Deshalb fragte der Wirt, wer denn gar so übermütig eingeheizt habe. Es meldete sich ein Taglöhner, dem der Wirt befahl, den »Mettenstock« (= Holzblock, den man am ersten Weihnachtsfeiertag im Feuer ankohlen läßt und dann zum Schutz gegen Gewitter das ganze Jahr hindurch aufhebt) wieder aus dem Ofen zu nehmen. Der Taglöhner sagte: »Jetzt muß ich das Mettenfeuer wieder ausmachen, einer von uns beiden wird noch dieses Jahr sterben müssen!«
Nach einiger Zeit wurde der Wirt krank. Der Taglöhner glaubte sich nun schon in Sicherheit. Aber der Wirt wurde wieder gesund, und der Taglöhner (Kuefberger) starb noch im gleichen Jahr.

GEISTER UND GESPENSTER

Die Luft ist in Wahrheit erfüllt von Dämonen, die sich untereinander bekämpfen und um die Macht über die Menschenseele ringen

Ricarda Huch

310 DAS SPRECHENDE HÜNDCHEN

Eine sehr hoffärtige Frau aus der alten Familie der Kratzer, an deren Schleier man immer breite Goldspitzen wirken mußte, nahm stets ihr kleines Hündchen mit in die Kirche und liebkoste es immer während der Wandlung, so daß sie wohl, wie die Chronik sagt, in zwanzig Jahren den Herrn nicht hatte wandeln sehen. Man kann sich denken, wie gut das Hündchen gepflegt wurde, da es schon dieses Alter erreicht hatte. Genug, man gebot der Frau nun in der Beichte, als Buße, das Hündchen umbringen zu lassen. Sie gehorchte, und als der Auftrag ins Werk gesetzt werden sollte, sagte sie mit bewegtem Herzen: »Ach, wie ich dich so ungern verliere!« – Wie erschrak sie nun, als das Hündchen mit einem Mal Sprache bekam und antwortete: »Liebe Frau, ich verliere dich auch nicht gern!«
Überzeugt, der Satan habe aus dem Hündchen gesprochen, besserte sich Frau Kratzer von Stund an und ward fromm.

311 LIES HERREL

I

Um Jakobi des Jahres 1371 erschien zu Regensburg ein Geist, der nicht gesehen, aber deutlich gehört werden konnte. Als er unter anderem wegen der Pest, die damals grassierte, befragt worden war, sagte er nichts als diese Worte: »Was fragt ihr, da Gott selbst seiner Mutter nicht alle Geheimnisse offenbaren wollte!« Darauf wurde er von jenen, die vertrauter mit ihm waren, noch einmal befragt, und er antwortete: »Ho! Seht ihr nicht die Eitelkeit und Habsucht dieser Welt, die Gott nicht ungestraft lassen will?« Er sagte den Ausgang des Streites der bayrischen Herzöge mit Karl wegen Brandenburg sowie viele andere Dinge voraus.
Einmal goß er ungesehen die Milch aus einem Gefäß in Gegenwart vieler Leute. Jemand, der gesagt hatte, man müsse keine Furcht vor ihm haben und dem Teufel keinen Glauben schenken, schlug er so heftig auf die Nase, daß reichlich Blut ausströmte. Er wollte nicht anders als Lies Herrel genannt sein.
Einmal sagte ein frommer Priester zu ihm: »Lies Herrel, gib mir

deine Hand!« Darauf sagte er: »Ich will nicht.« Als der Priester weiterfragte: »Warum willst du denn nicht?«, antwortete der Geist: »Es würde dir so erschrecklich sein, daß du es nicht aushalten könntest.«

Ein mit ihm sehr vertrautes Mägdlein fragte, warum er gerade in ihr Haus gekommen wäre. Jener gab zur Antwort: »Ich tat es deinetwillen; denn wäre ich nicht gekommen und hätte dich gewarnt, so hätte dich ein Gewisser (den er mit Namen nannte) verführt, und du hättest das Kind nach der Geburt getötet, woraus großes Übel für dich entstanden wäre.«

Als er einmal befragt wurde, ob er ein Engel oder ein Teufel sei, war die Antwort: »Keines von beiden, sondern der Bote eines Engels.«

II

Um Jakobi genannten Jahres erschien in Regensburg ein Geist, der sich »Liebes Herrl« nannte. Zwar konnte man ihn nicht sehen, doch hörte man ihn sprechen. Auf Fragen gab er verständige Antworten. Er konnte auch weissagen und hat u. a. den Ausgang des Streites zwischen Kaiser Karl IV. und den bayrischen Herzögen richtig vorhergesagt. Allerdings sollen nicht alle seine Prophezeiungen in Erfüllung gegangen sein. Leider sind die Örtlichkeiten nicht überliefert, an denen sich die nachfolgenden Geschichten sollen zugetragen haben.

Einmal bemerkte man, wie der Geist einen Topf voll Milch unter einer Bank hervorholte, in die Luft hob und umkippte, so daß die Milch ausgoß. Lautlos schwebte dann der Topf wieder an seinen Platz zurück.

Einen besonderen Scherz leistete sich »Liebes Herrl« mit Kücheln, die versperrt in einem Schrank lagen. Ohne das Schloß zu verletzen, öffnete der Geist die Türe, nahm die Küchel heraus und legte sie der Reihe nach auf das Hausdach. Ein Gast, der zu den Kücheln geladen war und von dem Vorfall hörte, spottete über den Geist, gab ihm Schimpfworte und sagte, man solle ihm nicht glauben und ihn nicht fürchten. Im gleichen Augenblick wurde der Spötter vor aller Augen mit solcher Kraft zu Boden geworfen, daß ihm das Blut aus der Nase schoß. Einer der Umstehenden fragte den Geist, warum er das getan habe. »Weil er mich gescholten hat und mir nicht glauben will«, bekam er zur Antwort.

Ein Geistlicher namens Ernestus war oft mit dem Geist im Gespräch und dessen besonderer Vertrauter. Einmal bat der Priester, »Liebes Herrl« möge sich von ihm berühren lassen und ihm die Hand reichen. Der Geist aber verweigerte ihm das mit den Worten: »Sie ist gräulich und häßlich, und du könntest sie weder erleiden noch erdulden.«

Eine Regensburger Jungfer, in deren Wohnung der Geist sich oft vernehmen ließ und die selbst wiederholt mit ihm redete, wollte wissen, warum er gerade in ihr Haus gekommen wäre. Darauf erfuhr sie, daß »Liebes Herrl« ein großes Unglück von ihr abgewendet habe. Der Geist erzählte ihr, sie wäre sonst einem Verführer erlegen und hätte ihr Kind vor Scham getötet. Auf die Frage, wer er eigentlich sei, ein Teufel oder ein Engel, antwortete er stets nur: »Ich bin der Bote von einem Engel.«

III

Das Jahr 1371 war kein gutes für die alte Stadt Regensburg, vielmehr ein gar unheimliches, denn die Pest schlich damals im Land umher und brach binnen kurzem, »vorzüglich dahier«, mit aller Wut aus.

Damals spukte in Regensburg ein Geist, der auf alles, worum er befragt wurde, antwortete, und oftmals zur Nachtzeit die Speisen aus den Schränken holte.

Diesen Geist – er hieß Liserl – fragten die guten Regensburger in allen Angelegenheiten um Rat. Voll Glaubenseinfalt wurde das Liserl auch zu Rat gezogen wegen des Krieges, den die Reichsstädte dem Grafen von Württemberg damals angekündigt und wegen der Irrungen, die sich zwischen dem Kaiser und dem Herzog Stefan von Bayern entsponnen hatten. Seinen Antworten wurde, gleich einem Orakelspruch, Glauben beigemessen.

Sehr oft gingen seine Voraussagungen durch einen Zufall in Erfüllung; zuweilen aber – so bekennt ein ehrlicher Chronist dieser Zeit, Andreas Presbyter – hat sich das Liserl auch geirrt.

312 DER JUDE ABRAHAM UND SEINE ÜBERNATÜRLICHEN KRÄFTE

Die Judengemeinde war 1457 durch einen namens Abraham aus Worms, der sich öfters hier bei ihr aufhielt und der angeblich geheime übernatürliche Kräfte besaß, in Ansehen gekommen. Als er sich hier in Geschäften bei Herzog Albert befand und gerade ein beträchtlicher Diebstahl verübt worden war, soll er ihn auf diese Weise sogleich entdeckt haben.
Eine solche Kraft trauten auch die Christen dem Mönch Capistrano zu ...

313 DIE DICKE AGNES

Als man zählte nach des Herrn Geburt 1510, lebte in der alten und weltberühmten Freistadt Regensburg die Tochter eines Blechschmieds, die man gewöhnlich das »Liebfrauenbildlein« nannte, weil sie über die Maßen schön war. In der Taufe hatte man ihr den Namen Klara beigelegt, und als sie herangewachsen war, pflegte sie Gottesfurcht und Ehrbarkeit, wie es einer feinen Jungfrau ziemt.
An einem Sonntag, als sie aus der Frühmesse heimkehrte, begab es sich, daß ihr ein stattlicher Junker in den Weg kam. Der war in Samt und kostbares Rauchwerk gekleidet und trug auf der Brust eine schwere goldene Kette und auf dem Haupt ein Barett mit wehendem Federschmuck. Und als er das holdselige Mägdelein sah, blieb er stehen und schaute ihr fast betroffen längs der Straße nach, bis sie um die Ecke ging.
Am nächsten Montag war Klärchen nach ihrer Gewohnheit zu St. Kassian in der Messe, und als sie aus der Kirche trat, stand der Junker da und nickte ihr einen Gruß zu. Und am Dienstag grüßte er wieder und schob ihr unversehens ein Brieflein in die Hand. Darüber errötete die Jungfrau hoch und meinte eine glühende Kohle zwischen

den Fingern zu halten. Doch wollte sie das Brieflein nicht fallen lassen, um des Geredes der Leute willen. Sie verbarg es daher sorglich im Busentuch, mit dem Vorhaben, es daheim dem Feuer zuzutragen. Und wenn sie so getan hätte, wäre ihr großes Leid erspart gewesen.
Im Kämmerlein aber wurde sie anderen Sinnes, denn ihr gefiel das zierlich gefaltete Pergament; besonders aber das goldgestickte Band, mit dem es umwickelt war. Und als sie so sann und das Brieflein hin und her drehte, ließ sich plötzlich ein Stimmchen vernehmen wie das Zirpen einer Grille, und dieses sprach: »Nun, törichte Dirne, was zögerst du lange? Frisch dran! Die toten Buchstaben beißen nicht.«
Wer aber so redete, das war ein winziges, kaum zollhohes Weiblein, das in einer Ecke der Kemenate kauerte.
Die Jungfrau entsetzte sich anfangs ob des Spuks; weil aber die Kleine ohne Arg schien und gar freundlich tat, so ließ sie sich bereden und griff nach der Schere. Und in dem Augenblick, da das Band losging, wuchs das Weiblein um eine Fingerlänge in die Höhe.
Am Mittwoch ging Klärchen nicht in die Messe, sondern riegelte sich in ihrer Kammer ein, als wäre sie unwohl. Mittlerweile aber suchte sie den Brief wieder hervor und vernahm, wie der Junker von heftiger Liebe gegen sie entbrannt sei und nimmermehr von ihr lassen könne und um sie dienen wolle als ein ehrbarer, redlicher Freier. Solches stand mit gar schmucken Worten im Brieflein geschrieben. Und während sie noch las, erschien das Weiblein abermals und rief: »Horch auf, mein Töchterchen! Hörst du nicht Sporenklang auf der Gasse?«
Klärchen eilte ans Fenster und sah den Junker einhergehen. Der gewahrte sie, wie sie hinter dem Vorhang lauschte; denn die verliebten Fante haben Falkenaugen. Und er grüßte herauf, und sie grüßte hinunter. Das Weiblein aber lachte sich ins Fäustchen und wurde dabei einen Werkschuh hoch, wo es doch eben nur fingerlang gewesen war.
Donnerstags, während des Essens, zankte der Blechschmied mit seiner Tochter und sagte: »Du träumst bei lichtem Tag und wirfst mehr Salz in die Suppe, als meinem Gaumen lieb ist, und die Katze stiehlt vor deinen Augen das Fleisch aus dem Topf.«
Gegen Abend, im Zwielicht, kam das Weiblein wieder und trug ein Kästchen von Ebenholz unter dem Arm und sprach: »Nimm hin! Es ist eine Gedenkgabe von deinem Freier.« Klärchen aber trat zurück

und entgegnete: »Hebe dich von dannen, Versucherin! Eine tugendsame Jungfrau soll nicht Geschenke nehmen.«

Da zog das Weiblein murrend ab; an der Tür wandte es sich jedoch nochmals um und sagte: »Geschenkt ist wohlfeiler als gekauft! Besinne dich wohl, und sieh, was du verschmähst!«

Mit diesen Worten öffnete es das Kästchen, und – o Herrlichkeit! – drinnen lag ein prachtvolles Halsgeschmeide von eitel Gold und reich mit Perlen und Edelgestein besetzt. Das flimmerte und funkelte Klärchen gar verführerisch in die Augen, und sie nahm das Kästchen und trat vor den Spiegel und gefiel sich überaus in dem Putz. Das Weiblein klopfte dazu in die Hände und rief: »Jetzt magst du die Nase so hoch tragen wie des Hausgrafen Monika!«

Am Freitag war der Handel so weit gediehen, daß der Junker im Finstern über die Gartenmauer stieg und zu Klärchen in die Laube kam. – Das Weiblein war heute schon eine Elle hoch. – Der Junker koste gar traulich mit der Blechschmiedtochter und sagte ihr noch viel schönere Dinge, als er im Brief geschrieben hatte. Inzwischen hielt das Weiblein Wache am Eingang der Laube, und – siehe da! – bei jedem Liebeswort und bei jedem Händedruck wuchs es um einen Zoll in die Höhe und einen Zoll in die Dicke. Und als am Sonnabend das Paar aus der Laube trat, stand ein übermenschlich großes Weibsbild da, vierschrötig wie ein Landsknecht und an Umfang einer Biertonne gleich. Klärchen erschrak und schrie: »Was schaffst du hier, du Ungestalt?«

Die Riesin aber lachte gellend auf und entgegnete: »Wie, mein Töchterchen, kennst du deine alte Freundin nicht mehr? Ich bin die Dicke Agnes, und du hast mich wohl gehalten und ernährt, daß ich, zuerst ein winziger Däumling, so hochgewachsen und feist geworden bin.«

Es ist aber zu wissen, daß die Dicke Agnes ein höllisches Gespenst war, das um diese Zeit in der Stadt sein Unwesen trieb. Das machte sich an die Leute, anfänglich in Gestalt eines daumenlangen Weibleins, und verlockte sie vom rechten Weg durch jene Redensarten und Gemeinplätze, womit das Laster sein Tun zu beschönigen pflegt. Und wo es nicht kräftig abgewiesen wurde durch Gebet und frommen Sinn, da blieb es hängen gleich einem Vampir und saugte sich voll und gedieh und wuchs heran zum ungeschlachten Monstrum. Nachdem der vornehme Junker eine Zeitlang seine Kurzweil mit

Klärchen gehabt hatte, verließ er sie, unbeirrt von ihren Vorwürfen und Tränen, und ehelichte die Tochter eines reichen Geschlechts. Ähnlich erging es anderen Jungfrauen, die sich mit der Agnes eingelassen hatten. Manche von ihnen fielen so tief, daß man später ihre Namen im Register des Reichstagsprofosen verzeichnet fand, dem bekanntlich die Obhut über die fahrenden Dirnen anvertraut war.
Was das Mannsvolk anbelangt, so nahm das Gespenst sein Augenmerk besonders auf die Ladenburschen und sonst junge Leute, die ungezähltes Geld im Bereich ihrer Finger hatten. Denen blies es ein: »Ein paar Pfennige schaden deinem Herrn nicht – er spürt's nicht! Ein Hellerchen ist noch lang kein Tälerchen!« Oder: »Ein dummes Roß, das am Barren steht und nicht frißt!«, und wie die Sprüchlein alle lauten, womit angehende Gauner und Diebe ihr Gewissen zum Schweigen zu bringen suchen. Und etliche von diesen betörten Gesellen begannen mit einem Griff in den Ladentisch und endeten als Straßenräuber.
Solch einreißendes Verderbnis machte dem wohlweisen Rat großes Bedenken, und man sann, wie man des Spuks Meister werde. Mit leiblichen Waffen aber konnte man ihm nichts anhaben; so ging man denn die ehrwürdigen Väter Minoriten um Hilfe an. Diese bannten das Gespenst nicht ohne Mühe in den tiefen Keller eines verödeten Hauses an der Bäckensspreng, wo man es – zum Schrecken aller Vorübergehenden – noch lange Jahre nachher in der Zeit zwischen Gebetläuten und Hahnenschrei wimmern und ächzen hörte.

314 DOKTOR FAUST AUF LUFTREISE

Als Doktor Faust auf seiner Luftreise auch an Regensburg vorüberreisen wollte, sagte der Geist zu ihm: »Mein Herr, dieser Stadt hat man sieben Namen gegeben: Erstens Regensburg, welchen Namen sie noch hat. Außerdem heißt sie: Tyberia, Quadrata, Hyaspolis, ... Reginopolis, Imbripolis und Ratisbona. Das ist: die Stadt des Sohns von Tiberius Augustus. Sodann: die viereckige Stadt. Zum dritten: wegen der groben Sprach der Nachbarschaft. Zum vierten: Germanos, Deutsche [Korrelat fehlt!]. Zum fünften: Königsburg. Zum sechsten: Regensburg, von Regen. Zum siebten: von Flößen daselbst und Schiffen ...«

315 DOKTOR FAUST KEGELT AUF DER DONAU

Wenn Faust »auf der Post« ritt, schaffte er den Geistern an, auf beiden Seiten, vor ihm und hinter ihm, den Weg zu pflastern. Kegelscheiben auf der Donau war zu Regensburg seine größte Freud. Auch Fischen und Jagen nach Verlangen gehörten zu seiner Ergötzung.

316 GESPENSTER IM GICHTELHAUS

Die Gichtelgasse hat ihren Namen von dem Bürgergeschlecht der Gichtel, das hier ein Haus besaß. Der Chronist Grienewaldt weiß aus der Zeit der Reformation zu berichten, daß sich am Haus der Gichtel ein merkwürdiges Marienbild befand. Sobald man es von seinem angestammten Platz entfernte – zur Zeit der Glaubensspaltung mag das mit vielen Heiligenbildern geschehen sein –, zeigten sich augenblicklich Gespenstererscheinungen.

317 DAS MAUSMÄDCHEN

Viele Hinrichtungen geschahen wegen Dieberei und Räuberei, und ein Mädchen, welches schon am 8. März 1594 eingefangen worden, wurde der Zauberei beschuldigt: daß es Mäuse und Ungewitter machen könne. Deswegen wurde es auch das Mausmädchen genannt.
Das arme unglückliche Geschöpf, Anna Püchelin, klein und unansehnlich, gab bei dem Verhör an: Sie heiße ihrer ersten Taufe nach Anna, nach der zweiten aber Maria Jakobe. Ihre Eltern wären lasterhafte Personen gewesen, und ihre Mutter, eine Zauberin, habe sie noch in der Kindheit mit drei Blutstropfen dem Teufel geweiht, der dann auch in Gestalt einer Mücke in sie gefahren sei und sie zu allerlei zauberischen Dingen angetrieben habe und noch antreibe. Sie sei 21 Jahre alt, habe mit der Mutter und anderen oft angefangen zu tanzen, mit dem Teufel zu buhlen, in die »Waitz« und in die Häuser und Keller, ja zuletzt selbst in die Hölle zu fahren. Dabei hätte sie

auch den Leuten Schaden getan: durch Lähmen, Krümmen und Ausdorren, Wettermachen, Gewürm- und Mäusemachen, Wahrsagen und Segensprechen ...

318 DER TEUFEL ALS FAHRENDE HEXE

Auf dem Reichstag, der 1606 zu Regensburg gehalten wurde, soll sich folgender erschrecklicher Vorfall begeben haben:
In der Wahlenstraße bei Herrn Georg Freißlich, Vormundamtsassessor, wohnte der Kanzler des bambergischen Abgesandten. Dieser sah eines Abends zum Fenster hinaus und gewahrte zwei fahrende Jungfrauen von ungemeiner Schönheit, die in der Gasse auf und ab wandelten. Alsbald ließ er sie durch seinen Diener zu sich bitten. Sie haben auch nicht lang widersprochen und sind gekommen. Nachdem er eine Zeitlang seine Kurzweil mit ihnen gehabt hatte [s. Anm.], offenbarte sich die eine plötzlich als der Teufel selber und setzte mit greulicher Erscheinung den Kanzler derart in Furcht, daß er sich, um seinen Kragen zu retten, mit Leib und Seele verschrieben hat.
Später wurde er in Bamberg in die Hexeninquisition mit hineingezogen, wo er dann auf der Tortur bekannt hat, daß zwei Bürger von Regensburg – nämlich sein Hauswirt, Herr Freißlich, und Hans Lehner, Münzmeister – um den Fall gewußt haben und auch schon mit solchen Dingen umgegangen sind; wie sie ihn denn, als er einmal mit ihnen zur Donau spazierenging, im Namen des Teufels getauft und so in die höllische Bruderschaft aufgenommen hätten. Der Bischof von Bamberg schrieb dieser zwei Bürger wegen nach Regensburg und notifizierte einem ehrbaren Rat die Sache. Sie waren aber beide schon tot und begraben, und man hat gegen ihre Leichname nichts vorgenommen.
Es ist jedoch denkwürdig und gleichsam eine Anzeige der Strafe Gottes gewesen, daß alle beide vor ihrem Ende am Leib den kalten Brand erlitten und ihnen von den Wundärzten etliche Glieder abgenommen werden mußten. Raselius [s. Anm.] schreibt, er habe dies mit eigenen Augen gesehen.

319 EIN VERHASSTER PFLEGER

Als Marx von Bissenn [?], der Pfleger von Stadtamhof, 1619 [s. Anm.] starb, sagte man von ihm, daß er greulich poltere und zur Nacht umgehe und auch wohl bei Tag etlichen erscheine. So daß die Barfüßer, denen er für das Begräbnis 500 fl. vermacht, wohl noch einmal so viel drum gegeben hätten, wenn er aus ihrer Kirche und aus ihrem Kloster verschwunden wäre.

320 GESPENSTER IM SPITAL ODER WER HAT DIE DREI HUND »GEGESSEN«?

Am 1. Dezember 1628 hat bei nächtlicher Weil etwas drei Hund »gegessen«, einen bis auf die Haut. Hat also niemand wissen können, was »eß gewest«. Haben sich auch die Gespenster sehr »gedummelt«, solang die Spitalkirche versperrt gewesen. So lang hat niemand keine Ruh gehabt. Wie dann dem Henneberger [Nikolaus, Domherr und »Petl Rath«], der nur eine Nacht draußen gelegen war und vor Furcht nicht hat draußen bleiben können, das Gebein der zerrissenen Hunde vor die Tür gelegt worden ist.

321 EIN RITTMEISTER ALS TEUFELSBÜNDLER

1644 lag in Regensburg ein Rittmeister im Quartier, der hatte sich dem Teufel verschrieben. Als er das Ende seiner Zeit herannahen fühlte, schenkte er seine Habe den Kameraden. Bald darauf erhob sich ein fürchterliches Windbrausen, der Kopf des Rittmeisters wurde von unsichtbarer Hand abgerissen und fiel mit großem Gepolter unter den Tisch.

322 DER FEURIGE KONSISTORIALSEKRETÄR

Am 8. Oktober 1646 kam ein Leutnant, der Frau und Kinder zu Frankfurt hatte, mit dem bischöflichen Konsistorialsekretär Vogel in dessen Wohnung am Klaranger wegen eines Pferdeverkaufs in

Widerwärtigkeit. Beide zogen den Degen, und der Leutnant versetzte dem Vogel einen Stoß, daß er tot zu Boden fiel. Der Täter wurde zwar sogleich eingezogen, aber weil er ein tapferer Soldat war und dem Kaiser gute Dienste geleistet hatte, schenkte man ihm das Leben und entließ ihn »nach langwieriger Gefängnuß«.
Der entleibte Vogel aber oder vielmehr der Teufel in seiner Gestalt hat sich lange Zeit in seiner Wohnung feurig sehen lassen und hat seine Kinder und andere so erschreckt, daß niemand im Hause bleiben konnte. Auch ihre geistlichen Beschwörungen wollten nichts helfen.

323 DAS KREUZ DES LUTHERISCHEN SCHMIEDS

Am Hause eines Regensburger Schmieds stand ein steinernes Kruzifix. Die Lutheraner zertrümmerten es, weil sie seine öffentliche Verehrung für anstößig hielten. Daraufhin ereigneten sich in dem Haus des lutherischen Schmieds sehr merkwürdige Vorgänge. Die Schmiedleute konnten so lange kein Ruhe finden, bis sie das Kreuz wieder an seiner ursprünglichen Stelle errichtet hatten. Wie es in einer Schrift heißt, mußten sie das Kreuz »auf uns Katholiken zu«, also vermutlich in Blickrichtung auf die benachbarten katholischen Häuser oder eine Kirche, aufstellen.
Dieses Kreuz war mit einem um die Enden der Balken gelegten Band geziert, wie man es heute noch gelegentlich bei Prozessionskreuzen sieht, und stand vermutlich in einer mit Tuch ausgeschlagenen Nische. Band und Tücher fand man aber stets abgestoßen; das Kreuz duldete die von den Lutheranern wieder angebrachten Drapierungen nicht. Diese seltsame Geschichte soll sich 1657 in Regensburg ereignet haben. Im gleichen Jahr kam der Kruzifixtorso in die Emmeramskirche.

324 DER SPUK IM SALITERHOF

Gegenüber der Jakobskirche steht noch der einstige Meierhof des Schottenklosters, der heute die Anwesen Jakobstraße 8 und 12

(A225/229) umfaßt. Weil in diesen Gebäuden zeitweise Salpeter verarbeitet wurde, führten sie den Namen »Saliterhof«.

Am 28. Oktober 1659 hat sich im Saliterhof ein Gespenst angemeldet, das sogar handgreiflich wurde, zuschlug und Dinge nach den Leuten warf. Tag und Nacht rumorte es in den weitläufigen Räumen und brachte es sogar fertig, fünfmal hintereinander kleine Brände zu entfachen, die jedesmal nur mit Mühe gelöscht werden konnten. Wegen des Gespenstes wollte niemand mehr in dem Gebäude bleiben. Der Geist aber trieb es so toll, daß sich der Rat genötigt sah, in dem Hause eine eigene Wache aufzustellen. Nachdem der Geist zwölf Tage hindurch sein Unwesen im Saliterhof getrieben hatte, verschwand er spurlos.

325 »VOM BÖSEN FEIND VERFÜHRT«

Seit Wochen geht in der Spitalbäckerei Brot ab. In der Nacht vom 22. auf den 23. März 1680, in mitternächtlicher Stunde, hat man den Dieb ertappt in der Person des 69jährigen Pfründners Bartholomä Müller. Am 23. März steht er vor Gericht und wird befragt, wie er denn zu diesen Diebereien komme. Am Essen und Trinken gehe ihm nichts ab, berichtet er, auch sei er von niemand dazu angestiftet worden, er wäre gleichsam vom bösen Feind dazu verführt worden. Der Angeklagte bittet um Gnade und wird dann zum Arrest in die Keuche abgeführt.

Aber in der Nacht darauf versteht er es, die Keuchentür auszuheben, und er ist ausgerissen und davongegangen, »vom bösen Feind verführt«!

326 DER UNHEIMLICHE »BLASBALG« IM SPITAL ODER VOM MAUS- UND WINDMACHEN

Seltsame Reden gehen über die Elisabeth Mayrhofer. Sie gebe bei der Nacht keine Ruhe, rede immerzu mit jemand, der zu ihr käme, sie beunruhige und plage, worüber sie sehr fluche und schelte.

Nun steht sie heute, am 17. Februar 1695, vor dem geistlichen

Spitalmeister. Es assistieren die Frau des weltlichen Spitalmeisters und der Hausschreiber. Heute nun soll sie bekennen, damit ihr geholfen werden kann.

Die Mayrhofer sagt, sie habe zuzeiten große Kopfschmerzen. Sonst habe sie sich im Frühjahr und Herbst zur Ader gelassen, im vergangenen Herbst aber habe sie solches unterlassen. In nächtlicher Zeit sei ihr oft, als ob jemand zu ihr ins Bett käme und ihr in die Ohren blase und schnarche. Sie selbst wünsche, daß dies nicht wäre. Sie wisse auch nicht, wer ihr in die Ohren blase, sie könne niemand greifen. Auch habe sie zu Lebzeiten nichts mit bösen Leuten zu tun gehabt. Allerdings, zu Nürnberg habe sie einstmals bei Edelleuten gedient, die hätten einen großen Korb voll Bücher und Briefe beisammen gehabt, davon habe sie ein kleines Büchl genommen. Darinnen sei gestanden, wie man den Zwirn überaus schön färben und wie man in die Stube Mäuse, Ratten, Wölfe und Wind machen könne und noch viele andere Sachen. Das Büchlein habe sie aber nicht ganz gelesen; es sei ihr wieder gestohlen worden.

Vor ungefähr drei Wochen sei sie spät aus der Stadt gekommen. Da seien zu ihr drei Personen getreten, zwei Männer und ein Weib. Die hätten weiter nichts gesagt, sondern an ihr ihre Kunststücke probiert. Sie hätten sie niedersetzen lassen, die Männer hätten sie gehalten, und das Weib habe mit seinen Händen um ihren Kopf herumgetan, bis ihr endlich ein großer, langer Strahl bei den Ohren herausgefahren. Und dann sei alles verschwunden. Seit jener Zeit komme zu ihr der »Blasbalg«, schnarche und blase ihr in die Ohren. Sie fluche aber nicht dabei, sondern sage nur: »Du Tausendsafferment, du Kirchenräuber, du Seelenmörder, du Gottesdieb, laß mich in Ruhe; ich hab mit dir nichts zu schaffen!« Wenn sie vom Bett aufstehe, habe sie Frieden; sobald sie sich niederlege, käme aber der Blasbalg wieder.

Die Nebenpfründner bestätigen nun die nächtliche Unruhe, das nächtliche Schimpfen der Mayrhofer, und berichten, wie sie wiederholt, ehe das Licht angezündet wurde, zum Fenster gestürmt sei und gesagt habe, die drei, die das Kunststückl an ihr probiert hätten, sähen zum Fenster herein. Wie sie aber der Sache nachgegangen seien, sei niemand dagewesen. Ja, die Margarete Pamer habe sogar einmal in nächtlicher Stunde am Bett der Mayrhofer etwas Schwarzes in Gestalt eines kleinen Fasses gesehen. Diese Gestalt habe sich dann nach und nach hoch aufgerichtet, worüber sie, die Pamer, fürchterlich erschrocken wäre.

Nach diesem Bericht hat der geistliche Spitalmeister den Spitalmedikus benachrichtigt, der ihr dann am Fuß die Hauptader gelassen. Auch ihr Beichtvater, der protestantische Spitalprediger M. Koch, wird gerufen. Er bedeutet ihr, sie solle von ihrem bösen Beginnen abstehen, damit sie am künftigen Montag, den 21. Februar, mit wahrer Buße beichten, auch darauf das Abendmahl würdig genießen könne, widrigenfalls er sie nicht in den Beichtstuhl lassen, noch sie absolvieren könne.

Am nächsten Tag bestätigt die Krankenwärterin, daß der »Blasbalg« immerzu bei der Mayrhofer sei, jetzt steige er ihr über den Bauch hinauf und rede ihr aus dem »Maul« wie ein kleines Kind. Nach dem Empfang des Abendmahls gebärde sie sich nimmer so übel – so berichtet die Pfründnermutter –, der »Blasbalg« sei nun ganz von ihr gewichen, sie habe ihm Urlaub gegeben, doch die drei vor dem Fenster sähen immer noch zu ihr herein.

Der Spitalrat wird nunmehr befaßt in dieser Angelegenheit, und er befiehlt, Geduld zu haben und auf Besserung zu warten.

Am 12. Februar 1696 wird diese Mayrhofer »wegen ihres übeln Lebens« der Pfründe teilweise enthoben und am 20. Dezember des gleichen Jahres aus dem Spital geschafft und in das städtische Armenhaus eingeliefert.

327 DIE BESESSENE FRAU UND DER IN IHR HÄMMERNDE TEUFEL

Wiederum ist eine besessene Weibsperson zu Regensburg gewesen, die allerhand Hausgeräte in der allerkleinsten Form wie »Tokenwerk« [= Puppensach; Spielzeug] auf der Zunge präsentierte und wieder verschluckte. Während sie dies tat, hämmerte der böse Feind immer in ihr wie ein Kupferschmied.

328 DER TEUFELSBUND MIT TAUBENBLUT

1746 ereignete es sich, daß der achtzehnjährige Johann Gottlieb Sturm von hier, der der Teufelsverschreibung angeklagt war, auf Verwendung der Hessen-Kasselschen Gesandtschaft seinen Bescheid erhielt. Daraus ging hervor, daß Sturm beim gütlichen Verhör gestanden hatte, sich schon vor zwei Jahren aus eigenem Vorsatz dem Teufel verschrieben und diese Verschreibung mit Taubenblut bewerkstelligt zu haben ...

329 DAS HAUS AN DER HEUPORT

Gegenüber dem Dom steht das Haus an der Heuport, eine der mächtigen Geschlechterburgen Regensburgs. Wegen seiner palastartigen Architekturen stand es im Ruf, einstmals Kaiserpfalz der Karolinger gewesen zu sein. Diese Tradition greift auch der um 1615 schreibende Kartäusermönch und Chronist Jeremias Grienewaldt auf: »St. Andre im Ayrwinkel (= St. Andreas im Eierwinkel), auch Königshof am Krauterermarkt, ist von Königen und Fürsten an die adelichen Burger kommen.« Später, so berichtet die Sage, sei das Haus zu einem Kloster der Schwestern vom Berg Karmel umgestaltet worden.

Noch um die Wende zu unserem Jahrhundert erzählte man von einer Nonne, die, mit weißem Schleier angetan, zu mitternächtlicher Stunde durch die Räume wandelte.

330 VERBANNT NACH STOCKENFELS

Jedem Oberpfälzer Bierbrauer, allen Wirten und Wirtinnen, Kellnern und Kellnerinnen ist es bekannt, welche Bewandtnis es mit dieser sagenumwobenen Waldschloßruine am Regen für sie hat. Nach Stockenfels nämlich kommen sie alle nach ihrem Hinscheiden, wenn sie bei Lebzeiten Pantschereien oder Betrügereien durch schlechtes Maß verübten. Die Seelen solcher Missetäter werden nach dem Tod – sie bekommen meist die Gestalt schwarzer Vögel oder Eulen – sofort von eigens bestimmten Personen, gewöhnlich sind es

Feilenhauer oder auch Jäger, in Säcken an diesen Verbannungsort getragen. Hier müssen sie zur Buße im tiefen Schloßbrunnen, auf einer vom Grund bis zum Rand reichenden Leiter stehend, Wasser in der hohlen Hand emporfördern, so lange, bis einer so viel davon gereicht hat, wie er im Leben Malz und Hopfen über Gebühr damit taufte. Denjenigen, die recht schlechten Stoff zusammenbrauten, wird von teuflischen Gestalten unter boshafter Schadenfreude ihr garstiges Gebräu nach Art des Schwedentrunks eingetrichtert. Auch jene Brauer, welche die Apothekerkunst ausübten, um ihrem hinfällig gewordenen Stoff wieder auf die Beine zu helfen, finden in Stockenfels ein Plätzchen mit entsprechender Belohnung.
Unter den Verbannten sind verschiedene dem Namen nach bekannt, so der Dicke Bräuer von Regensburg und der Podagrawirt von Haag. Die hört man oft greulich fluchen, weil ihnen das Wasserschöpfen ganz besonders schwer fällt. Aus dem zarten Geschlecht wurde in der Geisterburg unter andern eine früher im Hofbräuhaus allbekannte Kellnerin gesehen, dann die Wirtin von Ebnath, welche dem Grundsatz huldigte: »Hundert Daumen sind auch eine Maß!« und darum beim Einschenken immer einen Daumen tief in den betreffenden Krug steckte, damit sie am Bier sparte. Dieser nämlichen Untugend huldigte auch eine vor nicht gar vielen Jahren in Regensburg verstorbene Bräuin, welche stets beim Faß saß und das Einschenken besorgte. Als sie gestorben war, zeigte sich ein schwarzer Vogel, der täglich mehrmals sich auf den Glockenzug an der Schenke setzte und mit seinem Schnabel die Glocke zum Läuten brachte. Da das Tier nicht zu verscheuchen war, wurde die Sache einem Kapuziner mitgeteilt. Der trug den Vogel nach Stockenfels. Seitdem ist Ruhe.

331 DIE WIRTIN VON ST. MANG

In der Brauerei St. Mang in Stadtamhof war einst eine Wirtin, die beim Biereinschenken immer ihren Daumen in das Biermaß steckte und so die Leute um den Teil, was ihr Daumen ausmachte, betrog. Nach ihrem Tod mußte sie als Geist umgehen und rief dabei immer: »Hundert Daam is aa a Maß!« Da begegnete sie einmal jemand, der war beherzt genug, sie zu fragen, was man denn tun müsse, damit sie erlöst werde. Darauf nannte die Wirtin eine Summe Geld, die man unter die Armen verteilen sollte. Da verlangte der andere noch, sie sollte ihm die Hand geben. Doch die Wirtin warnte ihn und riet ihm, er solle einen Flederwisch nehmen, sonst könnte sie ihm die Hand verbrennen. Er tat dies, und der ganze Flederwisch ging in Flammen auf. Die Hand war feurig gewesen.

332 DIE HEXENRINGE IM DONAUTAL

Im Donautal bei Regensburg findet man oft auf Wiesen und Leiten ringförmige Stellen, wo der Graswuchs höher, dichter und dunkelgrüner steht. Das Volk schreibt sie den nächtlichen Hexentänzen zu und nennt sie Hexenringe. Sie haben einen Durchmesser von vier bis zwölf Fuß und eine Breite von einem halben bis anderthalb Fuß.

VARIA

Auch das ganze übrige Regensburg ist für mich nichts als eine ungeheure Truhe voll Merkwürdigkeiten

Jacob Burckhardt

333 RIESEN IM KUMPFMÜHLER WEIHERTURM

Im einstigen Emmeramer Garten, »Bauernhuet« genannt, liegt – hinter der Klostermauer längs der Kumpfmühler Straße verborgen – ein Fischteich, den heute wie ehedem der Vitusbach speist. Schon der kolorierte Flurplan von Kumpfmühl aus dem Jahr 1585 bildet diesen Weiher ab und in seiner Mitte einen zinnenbewehrten Wachturm, der nur auf der jetzt mit Bäumen bewachsenen Insel gestanden haben kann. Von ihm ging die Sage, daß er uralt und einstmals von Riesen bewohnt gewesen sei.

334 RABBI JUDA CHASID ODER DER GRÜNENDE STAB

Als Rabbi Juda Chasid (der Fromme) [um 1200] zu Regensburg wohnte, erschien vor ihm ein Mann, der schwer an seinen Brüdern gesündigt hatte. Da sprach der Heilige zu ihm: »Wehe, ebensowenig wie dieser Stab in meiner Hand wieder blüht, ebensowenig wirst du Gnade vor Gott finden!« Der Mann ging verzweifelt von dannen. Da begann der dürre Stock aufzugrünen – weil der Mann Zeugnis gegeben hatte, daß die Juden zum Paschabrot kein Knabenblut gebrauchen. So haben auch die Rabbinen sich diese Sage erhalten.

335 JUDA DER FROMME ODER SCHUCH SCHUCH SCHUCH, WIE KALT IST MIR!

Zur Zeit des Juda wurde ein Kind geboren, das nicht sprechen konnte. Die Mutter ging zu Juda und erbat seine Hilfe. Der sprach: »Trage das Kind gen Landshut! Wenn du in das Dorf Gumle (?) kommst, so frage den ersten, der dir begegnet, was du tun sollst!« Das befolgte die Frau. Im Dorf begegnete ihr ein Mann, der ihr riet, das Kind ins Feuer zu werfen. Aus Furcht, es möge verbrennen, befolgte die Mutter diesen Rat nicht und kehrte zu Juda nach Regensburg zurück. Der tadelte sie und hieß sie, abermals den Weg anzutreten und wiederum den ersten, der ihr begegne, zu fragen.

»Wirf das Kind ins Wasser!« riet ihr diesmal ein Mann. Da antwortete die Frau: »Wirf du es hinein, ich will es mit meiner Schürze auffangen, damit es nicht ertrinkt!« Der Mann warf das Kind in den Fluß. Da schrie es: »Schuch schuch schuch, wie kalt ist mir!« und konnte von der Stunde an reden.

336 REGENSBURGER KAUFLEUTE UND DER LECHSGMÜNDER RAUBRITTER

Anno 1248 unterstand sich Graf Berthold von Lechsgmünd, den Regensburger Kaufleuten ihre Güter, die vom Lech zur Donau kommen sollten, aufzuhalten, um die Handelsschaft mit Nürnberg um so mehr zu fördern, »wohin das Gewerb von Regenspurg schon dazumal geleget worden«!
Die Regensburger aber überfielen diesen Grafen mit Kriegsmacht und zerstörten ihm sein Schloß Lechsgmünd in Grund und Boden.
Von diesem Grafen von Lechsgmünd lese ich, daß er eine eiserne Kette über die Donau gespannt gehabt habe »und daß der Wasser-Strom gantz in seiner Macht zu sperren und zu öffnen gewesen seye«.

337 DIE GROSSE DOMGLOCKE

Unser Herzog Albert hatte die Stadt Regensburg, die sich ihm freiwillig ergab, seinen Landen einverleibt, fing auch bald dort zu befehlen an, aber so, daß manches den Regensburgern nicht besonders wohl gefiel. Vor allem tat ihnen das Herz weh, als von Albert der Befehl kam, man solle die große Domglocke vom Turm heben und gen München führen und da auf dem linken Turm der Frauenkirche aufhängen. Da war großer Jammer in Regensburg, und man wollte die Glocke nicht fortlassen. Auch hätt' sich schwer einer gefunden, sie fortzuführen. Aber Alberts Befehl mußte denn doch vollzogen werden.
Es geschah auch. Aber dabei ereigneten sich gar wundersame Dinge, wie die Sage erzählt. Gegen eine große Summe Geldes fand sich ein Schiffer, der die Glocke auf der Donau und sodann isaraufwärts nach

München führte. Dabei stürzte ihm schon ein Roß ums andere am Zug. Indes kam die Glocke doch in München an und wurde neben dem großen Portal zum Aufzug bereitgestellt. Wie zuvor in Regensburg zur Abnahme und zum Transport, so wollte sich auch jetzt niemand dazu herbeilassen. Überdies wurde erzählt, während jeder Nacht rücke die Glocke von selbst einige Zoll gen Regensburg hin. Da war es den Münchnern wunderlich zu Mut, und sie hätten gewiß lieber den Regensburgern ihre Glocke wieder heimgeschickt, als daß sie Hand anlegten, sie aufzuziehen. Dazu fand aber der Herzog fremde Hände. Und die Glocke kam dennoch an ihre Stelle auf dem linken Turm.
Nun aber munkelte wieder allerlei Wundersames im Volk. Nachts hörte man dies und das, die Glocke klinge auch zeitenweise von selbst, und eine luftige Gestalt sehe man an ihr vorüberschweben. Man legte sich das so aus: Der Meister, der das Werk vor uralter Zeit gegossen habe, habe keine Ruhe im Grab und lasse die Glocke klingen.
Die Glocke blieb aber hängen, und am Weihnachstag ließ Albertus sie zum ersten Mal läuten. Aber auch dabei ging's wieder nicht recht her. Zuerst konnte man sie kaum in Bewegung bringen. Da mußten immer mehr Leute daran ziehen. Endlich klang sie, aber kaum zwei Minuten; denn sie bekam einen Sprung von oben bis unten, und aus war's mit dem Läuten! Auch kam bald Nachricht, der Schiffer, der sie nach München gebracht, sei ertrunken in der Isar, und etliche andere Helfer mit ihm, und jedermann hielt all diese Dinge für eine Strafe Gottes. Auch ging die Rede, es gehe im Turm um.
So wurde erzählt von der Regensburger Glocke, die nach München gebracht worden ist. Was an der ganzen Geschichte wahr ist, weiß ich nicht. Dies alles soll aber geschehen sein im Jahre 1487.

338 EIN REGENSBURGER GLOCKENGUSS

Im Turm der Karmelitenkirche zu Abensberg hängen zwei Glocken, die einen außerordentlich hellen Klang haben, so daß jeder aufhorcht, der sie zum ersten Mal hört. Diese Glocken wurden 1669 von Johann Schelchshorn in Regensburg gegossen, und bis auf den heutigen Tag erzählt man noch von dem Guß.
Ein Bauer aus Teuerting, der den Abensberger Karmeliten sehr

zugetan war und von dem Guß erfahren hatte, fuhr mit seinem Wagen eigens nach Regensburg, um dabeizusein, wenn die Glocken gegossen würden. Als das Erz schon flüssig war, brachte er einen ganzen Metzen voll Laubtaler (= Silbertaler) herbei und gab sie dem Meister, damit er sie in den Glockenbrei schütte. Davon haben die Karmelitenglocken ihren feinen, silbernen Ton.

339 DER BESTE SCHARFRICHTER ODER DREI AUF EINEN STREICH

In Regensburg sollten einst drei Verbrecher gerichtet werden, die Stelle des Scharfrichters war jedoch unbesetzt. Der Ausschreibung folgten drei Bewerber. Jeder sollte an einem der Malefikanten sein Können beweisen.
Der erste zeichnete dem Armensünder mit Rötel einen Strich um den Hals und hieb ihm genau an diesem Ring den Kopf ab. Der zweite band zwei Fäden, ganz nahe beieinander, um den Hals des Verurteilten und schlug mit dem Schwert haarscharf mitten hindurch.
Schon glaubte man, den besten ermittelt zu haben, als der dritte Bewerber das Blutgerüst bestieg. Durch Aufschwätzen allerlei falscher Griffe versuchten die beiden Rivalen ihn unruhig zu machen und ihn um die Sicherheit der Schwertführung zu bringen. »Doch er schwingt rasch sein treues Schwert, das wie ein Blitz die Luft durchfährt. / Ab haute er mit einem Streich / die Köpfe allen drei'n zugleich.«

ANHANG

LITERATURANGABEN
(einschließlich Handschriften)

Acta Sanctorum (= Acta SS; sonst: AASS), 1643 ff. Hrsg. von Jean Bolland und Gottfried Henschen, danach von den Bollandisten. Die Bände der Acta SS erscheinen fortlaufend bis ins 20. Jh. herein, bisher Bd. 1–67 (Bandzählung problematisch, u. a. wegen der beiden Propylaenbände für November und Dezember!). Das Werk ist jedoch noch nicht abgeschlossen. Der letzte vorliegende Band, ein Propylaeum für Dezember, erschien 1940 in Brüssel.
Nach den Todestagen (= Namenstagen) der Heiligen und Seligen und somit nach Monaten geordnet. Bis incl. Oktober, Bd. III (Bd. 50, Erscheinungsjahr 1770) ist der Erscheinungsort Antwerpen. Bd. 51 und 52 Brüssel, Bd. 53 Tongerloo, Bd. 54–67 überwiegend Brüssel, einige Paris.
Meine Vorlage: 1. Auflage 1643–1940. Erscheinungsorte s. oben! [2. Auflage Bd. 1–43 (bis September, Bd. V), Venedig 1734–70; 3. Auflage Bd. 1–60 (bis Oktober, Bd. XII), Paris/Rom 1863–70]
Die Acta SS sind eine wichtige Quellensammlung zur Heiligengeschichte. Für vorliegende Arbeit wurden insbesondere herangezogen: Januar, Bd. I, Antwerpen 1643, S. 533 f.: Erhard und Albert (Fest: 8.1.) – Januar, Bd. I, Antwerpen 1643, S. 335 ff.: Erminold (s. Anm. Nr. 123) – Februar, Bd. II, Antwerpen 1658, S. 361 ff.: Marianus und Murcherat (Fest: 9.2.) – März, Bd. III, Antwerpen 1668, S. 699 ff.: Rupert (Fest: 27. 3.) – Juli, Bd. I, Antwerpen 1719, S. 349 ff.: Otto von Bamberg (Fest: 2.7.; Translationsfest: 30. 9.) – Juli, Bd. III, Antwerpen 1723, S. 711 ff.: Heinrich der Heilige (s. unter dem 14. 7.). (Brun Appel vom Diözesanarchiv Eichstätt schreibt mir am 25. 1. 1980 dazu: »Im Martyrologium Romanum war das Fest allerdings von 1668 bis 1968 am 15. Juli; seit 1969 ist es, wie in Bamberg immer und im Römischen Martyrologium von 1631 bis 1668, am 13. Juli, dem Sterbetag.«) Schwaiger 1, S. 233 hat noch 15. Juli. – August, Bd. III, Antwerpen 1737, S. 762 ff.: Sebaldus (Fest: 19. 8.) – September, Bd. VI, Antwerpen 1757, S. 454 ff.: Emmeram (Fest: 22. 9.) – September, Bd. VII, Antwerpen 1760, S. 770 ff.: Wenzel (Fest: 28. 9.) – November, Bd. II/1, Brüssel 1894, S. 527 ff.: Wolfgang (Fest: 31. 10.). (Dazu Brun Appel: »Wolfgang war für den letzten Oktober-Band vorgesehen, aber der Bearbeiter starb, und um die Herausgabe nicht zu sehr zu verzögern, wurde Wolfgang in einen der ersten November-Bände verschoben«; s. Oktober, Bd. XIII, S. 860)

Adlzreiter, Johann: Boicae gentis annalium partes III. München 1662. NDB, Bd. 1: »Der Verfasser der ›Annales boicae gentis‹, die 1662 unter A.s Namen erschienen, ist der Jesuit und kurfürstliche Beichtvater Johann Vervaux, dessen Namen aus ordenspolitischen Gründen verschwiegen wurde. A. war jedoch als Archivar an der Entstehung des bedeutenden Werkes (1710 von Leibniz erneut herausgegeben) zweifellos in hohem Maße beteiligt.«

Alte Glaubwirde [sic!] Geschichten die sich in der Alten freien Reichs Stadt Regenspurg zu Getragen unnd Ver Loffenn Habenn. Handschrift. Im Besitz des Historischen Vereins Regensburg. Signatur: MS R 13

Andreas Ratisponensis, s. Andreas von Regensburg

Andreas von Regensburg OSA: Sämtliche Werke. Hrsg. von Georg Leidinger. In der

Reihe: Quellen und Erörterungen zur bayerischen und deutschen Geschichte . . .
Neue Folge, Bd. I [= QE NF], München 1903. Nachdruck: Aalen 1969
Anonymi Ratisbonensis Farrago Historica Rerum Ratisponensium . . . [vom Jahre 508 bis 1519] In: Oefele II, S. 498 ff. Vgl. Streitel
Anselm, Abt von St. Emmeram, s. Godin, Anselm
AR: Regensburger Volkssagen für jung und alt, erzählt von AR [= Adolphine von Reichlin-Meldegg], Regensburg 1893
Arbeo von Freising: Arbeos vita s. Emmerammi in ihrer ursprünglichen Fassung. Hrsg. von Bernhard Sepp, in: VO 43, 1889, S. 175 ff.
Vita et passio sancti Haimhrammi martyris. Leben und Leiden des hl. Emmeram. Hrsg., übersetzt und erläutert von Bernhard Bischoff, München 1953 (= Übersetzung der Arbeo-Vita). Deutsch-lateinische Ausgabe. Zitiert: Bischoff; s. d.
Vita vel passio Haimhrammi episcopi et martyris Ratisbonensis. Hrsg. von Bruno Krusch, in: Monumenta Germaniae Historica. Scriptores Rerum Merovingicarum, Bd. IV (= MGH SS rer. Merov. IV, S. 452 ff.). Hannover und Leipzig 1884
Vitae Sanctorum Haimhrammi et Corbiniani. Hrsg. von Bruno Krusch, in: MGH SS rer. Germanicarum in usum Scholarum. Hannover 1920
Arnold von St. Emmeram OSB: . . . de Miraculis et Memoria beati Emmerammi. Libri Duo. Hrsg. von G. Waitz. In: Jacques Paul Migne, Patrologia cursus completus. Patrologia Latina [= PL], Bd. 141, Sp. 985 ff. (Aus rationellen Gründen meine Hauptvorlage, die ich allerdings mit der gebührenden Vorsicht benutzte: Migne ist nicht immer zuverlässig!)
Titel von Liber II: de Memoria Beati Emmerammi et ejus Cultorum
Auszüge aus Arnolds obigem Werk in: MG SS IV, S. 543 ff.
Miracula S. Emmerami. Acta SS, Sept., Bd. VI, S. 495 ff.
Arnpeck, Veit: Sämtliche Chroniken. Hrsg. von Georg Leidinger. In der Reihe: QE NF, Bd. III, München 1915. Neudruck: Aalen 1969
Aventin(us) (= Turmair, Johannes): Bayerische Chronik. 2 Bde. Hrsg. von Matthias von Lexer. Bd. 1, 1. Hälfte (Buch 1), München 1882 (= Bd. 4, 1. Hälfte der von der Akad. der Wiss. hrsg. Sämtlichen Werke) – Bd. 1, 2. Hälfte (Buch 2), München 1883 (= Bd. 4, 2. Hälfte der Sämtlichen Werke) – Bd. 2 (Buch 3–8), München 1886 (= Bd. 5 der Sämtlichen Werke)
Aventin(us): Origines Ratisponenses vernaculae conscriptae. In: Oefele II, S. 740 ff.
Aventin und die Geschichte. Zum 500. Geburtstag des großen bayerischen Geschichtsschreibers Johann Turmair, gen. Aventinus . . . In: Zeitschrift für bayer. Landesgeschichte 40, 1977, Heft 2/3 (Doppelheft). München. Darin S. 341 ff.: Müller, Michael, Die bayerische »Stammessage« in der Geschichtsschreibung des Mittelalters. Eine Untersuchung zur mittelalterlichen Frühgeschichtsforschung in Bayern
Babl, Karl: Emmeram von Regensburg. Legende und Kult. (Diss.) In der Reihe: Thurn und Taxis-Studien, Bd. 8, Kallmünz 1973
Baechtold-Stäubli, Hanns: Handwörterbuch des deutschen Aberglaubens. 10 Bde. (Bd. 10 ist Registerband). Berlin und Leipzig 1927–1942
Bauch, Andreas: Ein bayerisches Mirakelbuch aus der Karolingerzeit. Die Monheimer Walpurgis-Wunder des Priesters Wolfhard. In: Quellen zur Geschichte der Diözese Eichstätt, Bd. II. Regensburg 1979
Bauer, Karl: Regensburg. Aus Kunst, Kultur und Sittengeschichte. 2. Auflage Regensburg 1970, (Neuauflage 1981)
Bauerreiss, Romuald OSB: Kirchengeschichte Bayerns. 7 Bde., 1949/70. St. Ottilien, ab Bd. 6, 1965: Augsburg (1. Bd. der Zweitaufl. 1958, Neudruck 1974)

Bavaria. Landes- und Volkskunde des Königreichs Bayern.
2. Bd., 1. Abt.: Oberpfalz und Regensburg. Schwaben und Neuburg. München 1862 (Darin: S. 217 ff. Sagen der Oberpfalz. Beitrag von Edward Fentsch)
2. Bd., 2. Abt.: Oberpfalz und Regensburg. Schwaben und Neuburg. München 1863
Bavaria Sancta, s. Rader
Bavaria Sancta, s. Schwaiger
Bechstein, Ludwig: Deutsches Sagenbuch. Leipzig 1853
Beer, Johann: Sein Leben, von ihm selbst erzählt. Hrsg. von Adolf Schmiedecke. Göttingen 1965
Beitl, Richard, s. Wörterbuch der dt. Volkskunde
Benker, Gertrud: Heimat Oberpfalz. Regensburg 1965 (5. Auflage 1981)
Beranek, Franz J.: Das Rätsel des Regensburger Brückenmännchens. In: BJV 1961
Bericht von denen Heiligen Leibern und Reliquien, welche In dem Fürstlichen Reichs-Gottes-Hauß S. Emmerami Bischoff und Martyrers aufbehalten werden . . . [von Johann Baptist Kraus]. Gedruckt bei Joh. Michael Englerth, Regensburg 1761
Bischoff, Bernhard: Vita et passio sancti Haimhrammi martyris. Leben und Leiden des hl. Emmeram. Hrsg., übersetzt und erläutert von Bernhard Bischoff, München 1953
Böck, Emmi: Die sagenumwobene Steinerne Brücke. In: Pustet-Almanach, 150 Jahre Verlag, Regensburg 1976, S. 48
Böck, Emmi: Sagen aus der Hallertau. Mainburg 1975
Böck, Emmi: Sagen aus Niederbayern. Regensburg 1977
Böck, Emmi: Sagen und Legenden aus Eichstätt und Umgebung. Eichstätt 1977
Böck, Emmi: Sagen und Legenden aus Ingolstadt und Umgebung. Ingolstadt 1973 (2. Auflage: Regensburg 1978)
Bösner, Johann Heinrich Thomas (1766–1845): Die steinerne Donaubrücke zu Regensburg. Sulzbach 1830 (»Versuch einer Lebensbeschreibung« über Bösner s. VO 12, 1848, S. 345 ff.)
Bosl, Karl: Der »Adelsheilige«. Idealtypus und Wirklichkeit, Gesellschaft und Kultur im merowingerzeitlichen Bayern des 7. und 8. Jahrhunderts. In: Mönchtum und Gesellschaft im Frühmittelalter, Darmstadt 1976 (Wege der Forschung, Bd. CCCXII), hrsg. von Friedrich Prinz
Borst, Arno: Die Sebaldslegenden in der mittelalterlichen Geschichte Nürnbergs. Sonderdruck aus Jahrbuch für fränkische Landesforschung, Bd. 26, Jg. 1966, S. 19 ff. Neustadt a.d. Aisch [1967]
Braun & Schneiders Haus-Chronik. Hrsg. von Kaspar Braun und Friedrich Schneider. 1. Bd., München 1851
Breatnach, Pádraig A.: Die Regensburger Schottenlegende – Libellus de fundacione ecclesie Consecrati Petri. Untersuchung und Textausgabe. In der Reihe: Münchener Beiträge zur Mediävistik und Renaissance-Forschung, Bd. 27. München (Bachenhausen) 1977. (Besprechung durch Joseph Staber in: VO 118, 1979, S. 304 f.)
Brückner, Wolfgang: Volkserzählung und Reformation. Ein Handbuch zur Tradierung und Funktion von Erzählstoffen und Erzählliteratur im Protestantismus. Berlin 1974 (mit ungewöhnlich reicher Literaturangabe)
Brunner, Andreas (1589–1650): Annales virtutis et fortunae Boiorum. 3 Teile, München 1626–1637 (reicht nur bis 1314, bis Ludwig dem Bayern). Meine Vorlage: Editio nova: Annalium Boicorum A Primis rerum initiis ad Annum MCCCXI. 3. Teile, Frankfurt a. Main 1710
Buchner, Andreas: Geschichte von Baiern. 10 Bde. Regensburg 1820–55

Buchner, Andreas: Documente zu Buchners Geschichte von Baiern. 2 Bde., München 1832–34

Bunsen, Kristin/Kapfhammer, Günther: Altmünchner Stadtsagen. Zweitauflage München 1977 (Erstauflage 1974)

179–1979 Castra Regina. Regensburg. 2 Jahrtausende Geschichte. Führer durch das Jubiläumsjahr. o. O., o. J. [Regensburg 1979]

Coelestin [Vogl, Abt, OSB]: Mausoloeum oder Herrliches Grab Des Bayrischen Apostels und Blutzeugens Christi S. Emmerami ... »Zusammen getragen durch Coelestinum . . .« 3. Ausgabe, Regensburg 1680. Wird hier zitiert: Mausoloeum 1680 (1. Ausg. Straubing 1661 – 2. Ausg. Straubing 1672 – als 4. Aufl. gilt das Werk Ratisbona Monastica von J. B. Kraus, 1752. Vgl. auch Godin, Ratisbona Politica, 1729)

Cosmographey, s. Münster

Das ist die loblich legend/von des großen Kaysers Karls streyt vor der stat Regenspurg geschehen. Gedruckt zu Nürnberg zu Anfang des 16. Jh., um 1509 [?] »durch Johannem Stůchs«. Seltene Postinkunabel mit farbigem Titelholzschnitt und (fragmentarischer) Blatt-, nicht Seitenzählung. Standort: Staatliche Bibliothek Regensburg. Signatur: Rat. civ. 67 / Quart, auch als Mikrofilm dort vorhanden. – s. auch Schenk zu Schweinsberg, Ekkehard. Dort, S. 9: »Allem Anschein nach ist dieser Druck eines der letzten literarischen Zeugnisse der Schottenlegende.«

Der heilige Wolfgang in Geschichte, Kunst und Kult, Katalog der Ausstellung des Landes Oberösterreich im Schloß zu St. Wolfgang im Salzkammergut vom 28. Mai bis 3. Oktober 1976 (u. a. mit folgenden Beiträgen: Franz C. Lipp: Kult und volkstümliche Verehrung des heiligen Wolfgang – Rudolf Zinnhobler: Leben und Wirken des hl. Wolfgang)

Die Kunstdenkmäler von Bayern: Oberpfalz und Regensburg.

Heft XX: Bezirksamt Stadtamhof. Bearb. von Hanns Karlinger, Georg Hager und Georg Lill. München 1914

Bd. XXII: Stadt Regensburg 1 (Dom und St. Emmeram). Bearb. von Felix Mader. München 1933

Bd. XXII: Stadt Regensburg 2 (Die Kirchen der Stadt mit Ausnahme von Dom und St. Emmeram). Bearb. von Felix Mader. München 1933

Bd. XXII: Stadt Regensburg 3 (Profanierte Sakralbauten und Profangebäude). Bearb. von Felix Mader. München 1933 (S. 152 ff. Ehemaliges Dollingerhaus)

Dietz, Karlheinz / Osterhaus, Udo / Rieckhoff-Pauli, Sabine / Spindler, Konrad: Regensburg zur Römerzeit. 1. u. 2. Auflage, Regensburg 1979

Dimpfel, Christian Gottlieb (1709–1781, evang. Geistlicher): Ratis Bona Nov-Antiqua. Kurtze, wiewohlen gründliche Beschreibung des H. Römisch. Reichs Teutscher Nation Freyen Stadt Regenspurg in XIV. Theilen [aber durchpaginiert] unpartheyisch entworfen und aufgesetzet von ... 4 Bde. und 1 Supplementbd. Bd. 1, 1740. Foliant. Handschrift im Stadtarchiv Regensburg. Signatur: I AE 2, 1–5

Dolhofer, Josef: Beichtvater des Kaisers: Josef Grünpeck. In: Regensburger Almanach 1972, S. 93 ff.

Donauer, Christoph Sigmund, s. Raselius

Dorn, Erhard: Der sündige Heilige in der Legende des Mittelalters. In der Reihe: Medium Aevum. Philol. Studien, Bd. 10. München 1967 (auf Regensburger Heilige wird nicht eingegangen. So bleibt auch das Problem der »Schuld« Emmerams, mit dem sich Bosl in seinem Aufsatz: Der »Adelsheilige« befaßt, unberührt)

Dünninger, Eberhard: Begegnung mit Regensburg. Stadt und Landschaft im Erlebnis der Jahrhunderte. Regensburg 1972

Dünninger, Eberhard: Die christliche Frühzeit Bayerns. München 1966
Dünninger, Eberhard: Johannes Aventinus. Leben und Werk des bayerischen Geschichtsschreibers. Rosenheim 1977
Dünninger, Eberhard: Karl der Große in der bayerischen Geschichtsüberlieferung. Ms. des Bayerischen Rundfunks. In der Reihe: Land und Leute. München 1971
Dünninger, Eberhard: Politische und geschichtliche Elemente in mittelalterlichen Jenseitsvisionen bis zum Ende des 13. Jahrhunderts. (Diss.) Würzburg 1962
Dünninger, Josef: Das Lied von S. Heinrich und S. Kunigunde des Johann Degen von 1626. In: Rheinisches Jahrbuch für Volkskunde 11, 1960, S. 152–194
Dünninger, Josef: St. Erhard und die Dollingersage. Zum Problem der geschichtlichen Sage. In: BJV 1953, Regensburg 1953
Dürrwaechter, [Anton]: Die Gesta Caroli Magni. Zum ersten Mal ediert und kritisch untersucht. Bonn 1897. (Breatnach setzt sich kritisch mit Dürrwaechter auseinander)
Ebendorfer, Thomas: Chronica Austriae. Hrsg. von Alphons Lhotsky. In: MGH SS rer. Germanicarum. Nova Series, Bd. XIII, Berlin/Zürich 1967
Ebran von Wildenberg, Hans: Chronik von den Fürsten aus Bayern. Hrsg. von Friedrich Roth. In der Reihe: QE NF, Bd. 2, Abt. 1, München 1905. Neudruck: Aalen 1969
Ekkehardus Uraugiensis: Chronicon Universale. In: Migne, PL 154, Paris 1881, Sp. 497 ff.
Elsberger, Georg Stephan [Mitglied des Äußern Rats]: Regensburger-Chronick ... beiläufig von 1747. Abschrift. Im Besitz des Historischen Vereins von Regensburg. Signatur: Ms. R 14. Mit handschriftlicher Vorbemerkung von Schuegraf, 1838 eingefügt. Da der Text nach Jahren angeordnet ist, kann man sich besser daran orientieren als an der verwirrenden Paginierung, die mehrfach korrigiert wurde
Endres, Josef Anton: Beiträge zur Kunst- und Kulturgeschichte des mittelalterlichen Regensburgs. Hrsg. im Auftrag des Histor. Vereins von Oberpfalz und Regensburg von Karl Reich unter Mitwirkung von Prof. [Franz] Heidingsfelder. Regensburg o. J. [1924]
Ertel (sic!), Anthon Wilhelm (* 1654, † nach 1715): Des Cur-Bayerischen Atlantis Zweyter Theil ... mit 80 schönen Kupfern ... 4. Aufl. Nürnberg 1705. Erschien erstmals 1687 in zwei Oktavbändchen. Dann: 1690, 1703, 1705. (Viggo Lisz in: Ostbair. Grenzmarken 4, 1960, S. 85: »In beiden Büchern [Relationes und Churbayer. Atlas] erzählt der Verfasser Geschichten aus der Vergangenheit des Landes mit starker Neigung zum Sensationellen, Sagen- und Anekdotenhaften ...«). Der Churbayer. Atlas ist die erste in Bayern selbst entstandene Topografie Bayerns
Ertl, Anton Wilhelm: Relationes Curiosae Bavaricae: Das ist Gröste Denckwürdigkeiten Deß ...Chur-Herzogthums Bayrn...Augsburg 1685. (Erw. Ausgabe 1733)
Ertl, Anton Wilhelm: Relationes Curiosae Bavaricae. Das ist: Größte Denckwürdigkeiten ... Augsburg 1715
Ertl, Anton Wilhelm: Größte Denkwürdigkeiten Bayerns. Hrsg. von Gerald Deckart. Düsseldorf/Köln 1977
(»Für das vorliegende Buch wurden aus der Kandlerschen Neuausgabe der Relationes Curiosae Bavaricae von 1733 die interessantesten und heute noch lesbarsten Kapitel ausgewählt«, S. 19)
Ertl, Fr[anz] v. P[aula]: Kurze Übersicht der vorzüglichsten Denk- und Sehenswürdigkeiten der Stadt Regensburg. Aus den besten Chroniken & Geschichtsschreibern älterer und neuerer Zeit. München/Passau/Regensburg 1842
Eugippius: Vita Sancti Severini. Hrsg. von Pius Knoell. Wien 1886

Falckenstein, Johann Heinrich von (1677–1760): Antiquitates et Memorabilia Nordgaviae Veteris, Oder: Nordgauische Alterthümer und Merckwürdigkeiten ... 4 Teile: 1. Teil Schwabach 1734 – 2. Teil Schwabach und Leipzig 1735 – 3. Teil Schwabach und Leipzig 1743 – [4. Teil] Codex Diplomaticus ... Neustadt a.d. Aisch und Leipzig 1788

Falckenstein, Johann Heinrich von: Antiquitates Nordgavienses, Oder Nordgauische Alterthümer und Merckwürdigkeiten / aufgesucht in der Aureatensischen Kirche / oder Hochfürstlichen Hochstiffts Eichstett... (Fortgesetzt in dem Hochwürdigen Dom-Capitel..., denen in der Eichstettischen Dioeces gelegenen Collegiat-Stifftern, Rural-Decanaten, wie auch Manns- und Frauen-Clöstern...). 2 Teile. Dazu: Codex Diplomaticus – darin auch: Hodoeporicon Willibaldinum, Frankfurt und Leipzig 1733

Falckenstein, Johann Heinrich von: Vollständige Geschichten der alten, mittlern und neuern Zeiten Des großen Herzogthums und ehemaligen Königreichs Bayern. 3 Teile, München, Ingolstadt und Augsburg 1763

Franck, Sebastian: Chronica, zeytbuch und geschycht bibel von anbegyn biß inn diß gegenwertig ... jar. Straßburg 1531 (zitiert nach Stahl)

Freytag, Rudolf (Hrsg.): Aus der sogenannten guten alten Zeit. Kleine Geschichten aus Regensburgs Vergangenheit von Karl Seb. Hosang. 1. Bändchen Regensburg 1930. 2. Bändchen ebd. 1932, s. Hosang

Füetrer, Ulrich: Bayerische Chronik. Hrsg. von Reinhold Spiller. In der Reihe: QE NF, Bd. 2, Abt. 2, München 1909. Neudruck: Aalen 1969

Gamber, Klaus: Ecclesia Reginensis. Studien zur Geschichte und Liturgie der Regensburger Kirche im Mittelalter. In der Reihe: Studia Patristica et Liturgica, Fasc. 8. Regensburg 1979

Gaßner, Heinz: Brauch und Glaube im alten Regensburg. In: VO 90, 1940

Gemeiner, Carl Theodor: Regensburgische Chronik. Unveränderter Nachdruck der Originalausgabe [1800–1824] 4 Bde. Alle München 1971 (Originalausgabe Bd. 1 1800 – Bd. 2 1803 – Bd. 3 1821 – Bd. 4 1824)

Geßner (= Gesner), Conrad (1516–1565): Vogelbuch. Zürich 1557

Gesta Caroli Magni, s. Breatnach u. Dürrwaechter

G. H. P., s. Paritius (= Paricius), Georg Heinrich

Godin, Anselm OSB: Ratisbona Politica. Staatisches Regenspurg. Das ist: Erster Theil deß erneuerten Mausoloei Oder Herrlich-gezierten Grabs Deß Bayrischen Apostels und Blut-Zeugens Christi S. Emmerami, Welches Coelestinus ... vor Jahren ... zum drittenmal in Druck hervor gegeben; Anjetzo aber ... mit Einmischung der Bayrischen Denckwürdigkeiten vermehrt/mit schönen Kupfferen geziert / Und in das Staatisch-Clösterlich-Kirchisch- und Heilige Regenspurg Abgetheilet durch Anselmum Abbten daselbst. Regensburg 1729. – Vgl. Greipl

Göller, Karl Heinz / Ritzke-Rutherford, Jean: St. Oswald in Regensburg. A Reconsideration. In: Forum anglicum, Bd. 8 (Bd. 1 von Bavarica anglica), Frankfurt a. M., Bern, Las Vegas 1979

Göller, Karl Heinz/Wurster, Herbert W.: Das Regensburger Dollingerlied. Regensburg 1980

Gratzmeier, Jakob: Das Dollingerhaus und dessen Rittersaal. Regensburg 1889

Greiner, Walter: Das Bild Karls des Großen in der Regensburger Schottenlegende. Zulassungsarbeit bei Prof. J. Dünninger, Würzburg 1965. Maschinenschrift

Greipl, Egon Johannes: Fürst und Abt. Leben und Leistung des Reichsprälaten Joh. Bapt. Kraus von St. Emmeram zu Regensburg. (Diss.) Regensburg 1978. Im Druck erschienen unter dem Titel: Abt und Fürst. Regensburg 1980

Grünewaldt (sic!), Franciscus Hieremias O. Cart.: Ratisbona oder Summarische Beschreibung der Uralten Nahm hafften Stadt Regenspurg...; Teil 1: Ursprung der alten Bayrn... (Kap. 1–29); Teil 2: Ratisbonae Urbis oder Beschreibung der fürnehmen Stadt Regenspurg der Ander Thäil. Erklärung gemeiner Stadtwappen und Insigl... (Kap. 1–22). (Im Anhang steht: »ego Grunevvaldt hunc primum tomum... incepi... 1615.« Am 8. Juni 1616 beendet). Spätere Abschrift. Foliant. 504 S., durchpaginiert. Handschrift im Stadtarchiv Regensburg. Signatur: I Ae 2, Nr. 9

Grienewaldt, Franciscus Hieremias O. Cart.: Annales Ratisbonenses oder Regenspurger Chronicka... bis 911... (»in vier Biecher abgetheilt«, aber alle 1049 S. durchpaginiert). Vollendet am 28. August 1616. Abschrift 1717 (»Quos describendos curavit pro usu sui monasterij Placidus Fleming Abbas Ad Sanctum Jacobum...«). Foliant. Handschrift im Stadtarchiv Regensburg, Signatur: I Ae 2, Nr. 10

Grimm (Brüder): Deutsche Sagen. Vollständige Ausgabe. 2 Bde. in einem Bd., Stuttgart 1974 (Nach dem Text der dritten Auflage von 1891)

Grünpeck, Joseph: Judicium uber [oder: ober] die Stat Regenspurg und die Inwoner... 1523. Manuskript in der Handschriftenabteilung der Bayerischen Staatsbibliothek. Signatur: Cod. germ. 1502

Günter, Heinrich: Psychologie der Legende. Studien zu einer wissenschaftlichen Heiligen-Geschichte. Freiburg i. Br. 1949

Gumpelzhaimer, Christian Gottlieb: Regensburg's Geschichte, Sagen und Merkwürdigkeiten... 4 Bde.: 1. Abt. Regensburg 1830, 2. Abt. ebd. 1837, 3. Abt. ebd. 1838, 4. Abt. (mit Register für sämtl. Bände) ebd. 1838

Hable, Guido/Sterl, Raimund W.: Geschichte Regensburgs. Eine Übersicht nach Sachgebieten. Studien und Quellen zur Geschichte Regensburgs, Bd. 1, Regensburg 1970

Hain, Mathilde: Die Volkserzählung. Ein Forschungsbericht über die letzten Jahrzehnte (etwa 1945–1970). Sonderdruck aus: Deutsche Vierteljahresschrift für Literaturwissenschaft und Geistesgeschichte, Jg. 45, 1971, Sonderheft

Hemmerle, Josef: Die Benediktinerklöster in Bayern. Germania Benedictina, Bd. 2: Bayern. Ottobeuren 1970

Heidingsfelder, Franz: Geschichte der Verehrung des hl. Albertus Magnus in Stadt und Diözese Regensburg. 7. Jahresbericht zur Erforschung der Regensb. Diözesangesch., 1932, S. 37 ff.

Hiltl, Franz: Alt-Regensburger Kultur- und Lebensbilder. Regensburg o. J. [1940]

Hochwart, Laurentius: Catalogus Episcoporum Ratisponensium. In: Oefele I, S. 148 ff.

Hofmann [heute: Hoffmann], Christophorus [= Ostrofrancus, Erythropolitanus Tubertinus]: Episcoporum Ratisponensium Nec non Abbatum Monasterii D. Emmerami Historia. In: Oefele I, S. 543 ff.

Hosang, Karl Sebastian: Aus der sogenannten guten alten Zeit. Kleine Geschichten aus Regensburgs Vergangenheit. Mitgeteilt von Rudolf Freytag. 1. Bändchen (Sonderdruck aus dem Regensburger Anzeiger) Regensburg 1930. 2. Bändchen ebd. 1932

Hosang, Karl Sebastian: Geschriebenes in Nebenstunden. 7 Bändchen: 1828–1830–1832–1835–1836–1838–1840. (Heute beim Histor. Verein Regensburg, Ms., Signatur: R 2318, 1–7)

Hübner, Johann: Kurtze Fragen aus der Politischen Historia... Vierter Teil. o. O., 1708 (im 1. Buch hier die Böhmische Historie)

Hund, Wiguleus: Metropolis Salisburgensis. Ingolstadt (bei David Sartorius) [1582].
(2. Ausgabe hrsg. von Christoph Gewold, München 1620)
Janner, Ferdinand: Geschichte der Bischöfe von Regensburg. 3 Bde. Regensburg, New York und Cincinnati (Bd. 1: 1883 – Bd. 2: 1884 – Bd. 3: 1886)
Jaroschka, Walter: Unbekannte Ulrichs- und Maximiliansüberlieferungen und ihre Verwertung bei bayerischen und österreichischen Historiographen. In: Mitteilungen des Instituts für österreich. Geschichtsforschung. Bd. 65, 1957
Johann Christoph, s. Wasner
Kaiserchronik eines Regensburger Geistlichen. Hrsg. von Edward Schröder. MGH, Deutsche Chroniken, Bd. 1, 1892
Kandler, Agnellus (A. C.): Arnolphus male malus cognominatus. München 1735
Kapfhammer, Günther: Bayerische Sagen. Sagen aus Altbayern, Schwaben und Franken. 3. Auflage, Düsseldorf–Köln 1975
Kerber, Carl: Der Anteil Regensburgs an der deutschen Literatur des Mittelalters. In: VO 87, 1937, S. 131 ff.
Keyssler, Johann Georg (1689–1743): Fortsetzung neuester Reisen durch Teutschland, Böhmen, Ungarn, die Schweiz, Italien und Lothringen. Hannover 1741
Kirchenführer:
Die Stiftskapelle Unserer Lieben Frau zur Alten Kapelle. Von Georg Lill. 3. Auflage, München und Zürich 1974
Der Dom zu Regensburg. Von Achim Hubel. 2. Aufl. München und Zürich 1975
Maria-Läng-Kapelle. Von Hans K. Ramisch. 1. Aufl. München und Zürich 1967
Niedermünster. Von Franz Hiltl. Regensburg 1976
St. Emmeram. Von Max Piendl. 5. Auflage, München und Zürich 1975
St. Jakob. Von Anton Stiegler und Franz Dietheuer. 7. Auflage, München und Zürich 1973 (8. Auflage von Richard Strobel, 1975)
Klauser, Renate: Heinrichs- und Kunigundenkult im mittelalterlichen Bistum Bamberg. Histor. Verein, Festgabe. Bamberg 1957
Kleinstäuber, Christian Heinrich: Geschichte und Beschreibung der altberühmten steinernen Brücke zu R. In: VO 33, 1878, S. 195 ff.
K[ohler], J.: Geschichtliche Darstellung des Kampfes zwischen Hanns Dollinger und Krako im Jahre 930 zu Regensburg. Aus den ältesten Urkunden. Regensburg 1814
Konrad von Megenberg: Tractatus de limitibus parochiarum civitatis Ratisbonensis. Ein Beitrag zur Geschichte des Pfarrinstituts aus dem 14. Jahrhundert. Hrsg. von Philipp Schneider. Regensburg, Rom, New York und Cincinnati 1906
Koschwitz, Gisela: Der heilige Bischof Erhard von Regensburg. Legende-Kult-Ikonographie. Diss. bei Prof. J. Dünninger, Würzburg 1972. Veröffentlicht als Sonderdruck in: Studien und Mitteilungen zur Geschichte des Benediktiner-Ordens... Bd. 86, Jg. 1975, Heft 3–4. Ottobeuren 1975. (Aus dem Jahr 1972 existiert ein Teildruck als Fotodruck; Teil II fehlt)
Krämer, Sigrid: Die sogenannte Weihenstephaner Chronik. Text und Untersuchung. München 1972
Kraus, Andreas: Civitas Regia. Das Bild Regensburgs in der deutschen Geschichtsschreibung des Mittelalters. In der Reihe: Regensburger Historische Forschungen, Bd. 3. Kallmünz 1972
Kraus, Andreas: Die Translatio S. Dionysii Areopagitae von St. Emmeram in Regensburg. Sitzungsbericht der Bayerischen Akademie der Wissenschaften, Philosophisch-Historische Klasse, Jahrgang 1972, Heft 4, München
Kraus, Andreas/Pfeiffer, Wolfgang: Regensburg. Geschichte in Bilddokumenten. München 1979

[Kraus, Johann Baptist OSB]: Bericht von denen Heiligen Leibern und Reliquien . . ., s. dort

Kraus, Johann Baptist OSB: Ratisbona Monastica. Clösterliches Regenspurg. Erster Theil. Oder Mausoloeum, Herrliches Grab Des Bayrischen Apostels und Blut-Zeugens S. Emmerami . . . Von Coelestino Abbten . . . Nunmehro vermehret, und biß auf das Jahr 1752. fortgesetzet Durch Joannem Baptistam . . . Regensburg (»gedruckt bey Veit Rädlmayr«), 1752. Vgl. Greipl, Fürst und Abt . . ., auch Godin und Vogl bzw. Ratisbona Politica und Mausoloeum 1680; dem Vorwort nach sollte dem ersten Teil ein zweiter folgen; das Projekt wurde aber nicht realisiert. Ratisbona Monastica stellt sich als »vierdte Auflag« des Voglschen Mausoloeums vor

Krusch, Bruno, s. Arbeo von Freising

Kunstdenkmäler, s. Die Kunstdenkmäler

Lexikon für Theologie und Kirche. Begründet von Michael Buchberger. 2. Auflage, hrsg. von Josef Höfer und Karl Rahner. 10 Bde. und 1 Registerband. Freiburg 1957–1967

Leyen, Friedrich von der (Hrsg.): Deutsches Sagenbuch. Vierter Teil: Die deutschen Volkssagen von Friedrich Ranke. 2. Auflage, München 1924 (zitiert: Ranke)

Löhr, Hanns: Aberglauben und Medizin. Leipzig 1940

Lüers, Friedrich: Bayrische Stammeskunde. In der Reihe: Stammeskunde deutscher Landschaften (Hrsg. Paul Zaunert), Jena, o. J. [1934]. (Besprechung des Buches: Otto Maußer, in ZBLG 8, 1935, S. 136 ff.)

Mai, Paul: Der heilige Bischof Erhard. In: Bavaria Sancta (Schwaiger), Bd. 2, S. 32 ff.

Mai Paul: Lebensbild des hl. Wolfgang nach der ältesten Regensburger Überlieferung. In: St. Wolfgang. 1000 Jahre . . ., S. 11 ff.

Mausoloeum, s. Coelestin bzw. Vogl, Godin, J. B. Kraus

Meginfred: Vita S. Emmerami. In: Acta SS, Sept. VI, S. 486 ff. und Migne, PL 141, Sp. 969 ff.

Mehler, J. B.: Der Heilige Wolfgang, Bischof von Regensburg. Historische Festschrift. Regensburg, New York & Cincinnati 1894

Meichelbeck, Karl OSB: Kurtze Freysingische Chronica. Faksimiledruck der 1724 in der »teutschen Mutter-Sprach« erschienenen Ausgabe für den »gemeinen Mann«. Vorwort von Sigmund Benker. Freising 1977

Meisen, Karl: Nikolauskult und Nikolausbrauch im Abendlande. Eine kultgeographisch-volkskundliche Untersuchung. Düsseldorf 1931

Merian, Matthaeus: Topographia Bavaria . . . (»Faksimile der 2. Ausgabe vermutlich 1657. 1. Ausgabe 1644«). Kassel und Basel 1962

MGH, s. Monumenta Germaniae Historica

Migne, Jacques Paul: Patrologia cursus completus, series latina. »221 Bde., Paris 1844–1865 und Ergänzungsbände seit 1958. Auch in Neudruck. Die Series Latina besteht aus 11 Teilen, aufgeteilt nach versch. Epochen (zumeist Jh.en) vom 2.–13. Jh.; Bde. 218–221 Registerbände« (H. Wurster). Vor allem wurden benutzt: Bd. 95, Paris 1861, Sp. 413 ff.: Paulus Diaconus: De Gestis Langobardorum (in libris VI) – Bd. 98, Paris 1862, Sp. 1371 ff.: Sangallensis Monachi: De Gestis Caroli Magni – Bd. 141, Paris 1880, Sp. 985 ff.: Arnold von St. Emmeram: de Miraculis et Memoria beati Emmerammi. Libri Duo . . . – Bd. 146, Paris 1884, Sp. 395 ff.: Otloh [bei Migne: Othlo]: Vita Sancti Wolfkangi Episkopi. Und: Liber visionum, Sp. 341–388

Möckershoff-Goy, Barbara: St. Wolfgang »ein allgemeiner Nothelfer«. In: St. Wolfgang. 1000 Jahre . . ., S. 21 ff.

Monumenta Germaniae Historica (= MGH) (Index dazu Hannover/Berlin 1890 . . .):
MGH Scriptores (= MGH SS), Bd. IV [Schmutztitel irrig: VI]. Hrsg. von Georg Heinrich Pertz, Hannover 1841. (Darin u. a.: S. 521 ff. Otloh [MGH haben: Othlo], Vita Sancti Wolfkangi Episcopi Ratisponensis . . . Hrsg. von G. Waitz. Inhaltsverzeichnis S. 525 ff. – S. 543 ff.: Ex Arnoldi Libris [II] De S. Emmerammo. (»1035. vel 1036.«). S. 548 f.: Kapitelinhaltsangabe des 1. Buchs – S. 787 ff.: Adalbert [Mitte 12. Jh.]: Vitae Heinrici II. et Cunegundis impp. Hrsg. von G. Waitz
MGH SS, Bd. XI, Hannover 1854 (unveränderter Nachdruck 1968). (Darin u. a.: S. 343 ff.: Anonymi Ratisbonensis Translatio S. Dionysii Areopagitae [= jüngere Translatio. Mit der berühmten Schilderung der hochmittelalterlichen Residenzstadt]. Hrsg. von Rudolf Köpke – S. 376 ff.: Otloh, Liber visionum (Auswahl). Hrsg. von Roger Wilmans)
MGH SS, Bd. XXX/2, s. unter Otloh
MGH SS rerum Germanicarum. Nova Series, Bd. XII: Notker der Stammler, Taten Kaiser Karls des Großen. Hrsg. von Hans F. Haefele. Berlin 1962 (verbesserter Nachdruck der Auflage von 1959)
MGH SS rerum Merovingicarum, Bd. IV: Passiones Vitaeque Sanctorum Aevi Merovingici. Hrsg. Bruno Krusch. Hannover und Leipzig 1902 (Unveränderter Nachdruck 1977). Darin: S. 452 ff.: Arbeo, Vita vel passio Haimhrammi Episcopi et Martyris Ratisbonensis. Vgl. auch MGH SS rer. Germ. in usum scholarum XIII, Hannover 1920: Vita vel passio Haimhrammi episcopi et martyris Ratisbonensis, hrsg. von Bruno Krusch
Münster [im Original: Munster], Sebastian: Cosmographey Oder beschreibung Aller Länder, herrschafftenn und fürnemesten Stetten des gantzen Erdbodens (1544; insgesamt 46, davon 27 dt. Auflagen, zuletzt 1650; mit zahlreichen Holzschnitten und Karten). Reprint der Ausgabe Basel 1588: Grünwald bei München 1977
Neppl, Josef: Die geschichtliche Sage in Regensburg. Eine motivgeschichtliche Untersuchung. Zulassungsarbeit Würzburg 1953. (Darin befaßt sich Neppl mit der Dollingersage, der Aurelialegende und der Sage von Brücke und Dom.)
Neumann, Carl Woldemar: Sammlungen zu einem Regensburger Geschichten – und Sagenbuch. Manuskript. Histor. Verein Regensburg. Signatur: R 511
(Material fast durchweg aus der Literatur zusammengetragen)
Neumann, Carl Woldemar: Die Dollingersage. Regensburg 1862
Notker der Stammler [= Balbulus]: s. MGH SS rer. Germanicarum. Außerdem: Über die Taten Karls des Großen. In der Reihe: Geschichtsschreiber der deutschen Vorzeit, 2. Gesamtausgabe, Bd. 26. Nach der Ausgabe der Monumenta Germaniae übersetzt von W. Wattenbach. 6. Auflage, Leipzig 1940 – Vgl. auch: Die Geschichten von Karl dem Großen. In: Inselbücherei Nr. 114, Leipzig o. J.
Oefele, Andreas Felix: Rerum Boicarum Scriptores nusquam antehac editi . . . 2 Bde., Augsburg 1763 (darin u. a.: Andreas Ratisponensis: Chronicon Episcoporum Ratisponensium – Anonymi Ratisbonensis Farrago Historica . . . – Aventin: Origines Ratisponenses – Laurentius Hochwart: Catalogus Episcoporum Ratisponensium – Christophorus Hofmann: Episcoporum Ratisponensium Nec non Abbatum Monasterii D. Emmerami Historia – Ulrich Onsorg: Chronicon Bavariae – Johannes Staindel: Chronicon Generale . . .) --- »Die wichtigsten Quellenschriften zur Geschichte Regensburgs« (A. Kraus, Civitas Regia, S. 100)
Ohly, Ernst Friedrich: Sage und Legende in der Kaiserchronik. Untersuchungen über Quellen und Aufbau der Dichtung. In: Forschungen zur dt. Sprache und Dichtung, Heft 10, Münster 1940

Onsorg, Ulrich: Chronicon Bavariae. In: Oefele I, S. 354 ff.
Ostrofrancus, s. Hofmann, Christophorus
Otloh OSB: Liber visionum. In: Migne, PL 146, Sp. 341 ff. und MGH SS XI
Otloh OSB: Vita Sancti Wolfkangi Episcopi Ratisbonensis. In: Migne, PL 146, Sp. 389 ff. – MGH SS IV, S. 521 ff. – Acta SS, November II, 1, S. 527 ff.
[Otloh]: Translationis et Inventionis Sancti Dionysii Ratisponensis historia antiquior. In: MGH SS XXX/2, Leipzig 1926, S. 823 ff. Hrsg. von Adolf Hofmeister (unveränderter Nachdruck 1976)
Panzer, Friedrich: Bayerische Sagen und Bräuche. Beitrag zur deutschen Mythologie. 2 Bde., München 1848, 1855. s. Peuckert!
G. H. P. [= Georg Heinrich Paricius]: Das jetzt-lebende Regensburg Oder kurtzgefaste Nachricht . . . Gedruckt anno 1722, ohne Verlagsangabe, 160 S. (= Paricius 1722,1)
Paritius [sic!], Georg Heinrich (1675–1725): Das jetzt-lebende Regensburg, Oder Kurtz-gefaste Nachricht Vom gegenwärtigen Zustand der des H. Röm. Reichs freyen Stadt Regensburg . . . o. O., bei Joh. Conrad Peetz, 1722. 192 S. (= Paricius 1722,2).
Brun Appel, Diözesanarchiv Eichstätt, verglich beide Ausgaben von 1722 und kam zu dem Ergebnis: Abgesehen vom Titel – einmal mit Initialen, einmal mit vollem Namen des Autors – sind die Ausgaben bis S. 144 identisch. Auch Widmung an den Rat der Stadt und Vorrede stimmen überein. In Paricius 1722,1 beginnt auf S. 145 »Anhang von allen . . . Reichs-Stifftern . . .«, in 1722,2 dagegen: Appendix extra ordinem (viel ausführlicher als in 1722,1!). S. 157 in 1: »Summarisches Verzeichnuß . . . der 1721 . . . getrauet, getauft, gestorben und begraben worden«; in Vorrede zu 1 und 2 wurde diese standesamtliche Aufstellung angekündigt. In 2, S. 186: »In Erfüllung der noch übrigen Blätter . . . Jüdischen Grab-Steine.« Brun Appel hält die kürzere Ausgabe für die ältere. (Bis zum Tode des Verfassers 1725 folgt jedes Jahr eine berichtigte und ergänzte Neuauflage.)
Paricius, Georg Heinrich: Das jetzt Anno 1723. lebende Regensburg, Oder Kurtz-Gefaßte Nachricht vom Gegenwärtigen Zustand der des Heil. Römischen Reichs Freyen Stadt Regensburg. Regensburg 1723. (»weitläufftiger« als die Ausgaben von 1722, zumindest, was den »Statum Religionis Catholicae« anbelangt, wie Paricius in der Vorrede selbst bemerkt). S. 175 großformatige Abb. vom Dollinger-Kampf . . . (Zu G. H. Paricius und seinem Sohn Johann Carl s. Wurster, in: VO 120, 1980, S. 121 f.)
Paricius, Johann Carl (1705–1760): Allerneueste und bewährte Nachricht Von der des Heil. Röm. Reichs Freyen Stadt Regensburg, sammt allen Merckwürdigkeiten . . . Bis S. 248 incl. gleichsam 1. Teil (extra Paginierung). Anschließend 2. Teil: Kurtzgefaste Historische Nachricht Von des Heil. Röm. Reichs Hochfürstl. Hoch-Stifft und Bistthum Regensburg. Regensburg 1753 (s. Wurster, in: VO 120, 1980, S. 121 f.)
Paululus sive Paulus Judaeus Fuldensis: Vita S. Erhardi, in Acta SS, Jan. I
Paulus Diaconus: De Gestis Langobardorum. In: Migne, PL 95
Petzoldt, Leander (Hrsg.): Deutsche Volkssagen. München 1970 (= DVS)
Petzoldt, Leander (Hrsg.): Historische Sagen I. München 1976 (= HS I)
Petzoldt, Leander (Hrsg.): Historische Sagen II. München (= HS II)
Petzoldt, Leander (Hrsg.): Schwäbische Sagen. Düsseldorf–Köln 1975 (hier wurden irrigerweise oberpfälz. Sagen mitaufgenommen!)
Petzoldt, Leander (Hrsg.): Vergleichende Sagenforschung. Mit Beiträgen von Will-Erich Peuckert, Friedrich Ranke, Lutz Röhrich . . . Wege der Forschung, Bd. CLII. Darmstadt 1969

Peuckert, Will-Erich: Neuausgabe von Panzers »Bayerische Sagen und Bräuche«. Göttingen 1954 und 1956. Als Bd. 2 der Reihe »Denkmäler deutscher Volksdichtung«. In vorliegender Ausgabe wird nach dieser Neuausgabe zitiert (= Panzer)
Peuckert, Will-Erich: Deutsche Sagen. Bd. II: Mittel- und Oberdeutschland. Berlin 1962 (Sagen aus Zeitschriften zusammengetragen)
Pezzl, Johann: Reise durch den Baierschen Kreis. 1784. 2. Auflage. – Faksimileausgabe davon: München 1973
Piendl, Max: Das fürstliche Wappen, Sonderdruck aus Thurn und Taxis-Studien 10. Beiträge zur Geschichte, Kunst- und Kulturpflege im Hause Thurn und Taxis. Kallmünz 1978
Piendl, Max: Die Pfalz Kaiser Arnulfs bei St. Emmeram in Regensburg. In: Thurn und Taxis-Studien 2 (1962), S. 96 ff.
Piendl, Max: Fragen zur Regensburger Stadttopographie. In: VO 106, 1966, S. 63 ff.
Podlaha, Anton (Hrsg.): Zwei Legenden über das Leben des Laienbruders Friedrich von Regensburg. In: Editiones Archivii et Bibliothecae S. F. Metropolitani Capituli Pragensis. Prag 1905
Rader, Matthaeus SJ: Bavaria Sancta. 3 Teile (München 1615, 1624 und 1627). Mit Kupferstichen von Raphael Sadeler. Nachdruck der Erstausgabe 1704. Teil IV: Bavaria Pia. 1628. s. auch Rassler. – Beachte: Bd. 1 der Erstausgabe ist foliiert, die folgenden Bände sowie die Zweitausgabe paginiert. – Hier wurden benutzt: Bd. I der Erstausgabe, Bd. II und III der Zweitausgabe. Bauerreiss irrt, wenn er – in Bd. 6, S. 383 – schreibt, daß Rader zwei [sic!] Foliobände unter dem Titel Bavaria Sancta herausbrachte, und dann fortfährt, daß diesen »vier [sic!] Jahre später« ein dritter »mit der Überschrift Bavaria Pia (Augsburg 1628)« folgte.
Ranke, Friedrich: Die deutschen Volkssagen. 2. Auflage. München 1924. In der Reihe: Deutsches Sagenbuch, hrsg. von Friedrich von der Leyen. Vierter Teil
Ranke, Kurt (Hrsg.): Enzyklopädie des Märchens. Handwörterbuch zur historischen und vergleichenden Erzählforschung. 3. Auflage. 12 Bde. zu je 5 Lieferungen vorgesehen. Jedes Jahr erscheinen 2–3 Lieferungen. Bisher erschienen: Bd. 1, 1977, Bd. 2, 1979. Berlin und New York 1975 ff.
Raselius [Andreas, 1562/64–1602]: Beschreibung Der Statt Regenspurg mit allen darinen ligenden Stüfft unnd Clöstern, Wann selbige erbauet, Waß sich auch Von anfang derer biß auf Jetzige Zeit Jedesmahls Inn: Unnd Ausserhalb selbiger begeben ... neben einem ordentlichen Register Verfasset und von neuem abgeschriben worden Im Jahr Anno ... [Jahreszahl fehlt!]. Foliant. Staatl. Bibliothek, Regensburg. Signatur: Rat. civ. fol. 268 (seine Chronik »1598, fortgesetzt bis 1654 von Christoph Sigmund Donauer«, so Stahl, S. 59; vgl. auch Wurster, in: VO 120, 1980, S. 112 ff.)
Rassler, Maximilian SJ: [M. Raders] Heiliges Bayer-Land Auß dem Lateinischen Vor Hundert Jahren ... In gegenwärtigen Stand gebracht. Von R. P. Maximilian Rassler. 3 Teile. Schmutztitel: Das Heilige/Selige/und Gottselige Bayer-Land/In drey Theil abgetheilt. Augsburg 1714
Ratisbona Monastica, s. Kraus, Johann Baptist
Ratis Bona Nov-Antiqua ..., s. Dimpfel ...
[Anonymus]: Ratis-Bona Nov-Antiqua, Das ist: Sehr kurtze/wiewol gruendlich- und denckwürdige Beschreibung deß Heil:Röm: Reichs-Statt Regenpurg: Unpartheyisch [!] auffgesetzt Von einem auffrichtigen und getreuen Patrioten. Sampt einer eigentlichen Delineation und Geometrischen Grund-Riß ... In Verlegung Sebastian Rohners/Buchhändlers ... Gewidmet »Joh. Jacob Duempffeln«. Frankfurt a. Main 1659. Quartband mit 22 S., s. dazu: Wurster VO 120, 1980, S. 191:

»Büchlein ...«, das auch in lateinischer Ausgabe im gleichen Jahr herauskam: Topographia: Sive Rerum apud Ratisbonenses visu dignarum Descriptio Synoptica. S. Rohner, Frankfurt 1659 ... Mit diesen beiden Büchern wurde für ganz Deutschland ein Bild von Regensburg entwickelt, das aber offensichtlich nur wenig auf Regensburg selbst zurückgewirkt hat. Lediglich ein fünfbändiges Manuskript ist in Regensburg danach [?] entstanden: HV, Ms. R. 1-5: Ratis-Bona Nov-Antiqua«, und Georg Michael Krannoest ist bei seiner Chronik diesem Titel gefolgt ... vgl. Dimpfel, Christian Gottlieb

Ratisbona Politica, s. Godin, Anselm

Regensburg und Böhmen. Festschrift zur Tausendjahrfeier des Regierungsantrittes Bischof Wolfgangs von Regensburg und der Errichtung des Bistums Prag. Hrsg. von Georg Schwaiger und Josef Staber. Regensburg 1972. In der Reihe: Beiträge zur Geschichte des Bistums Regensburg. Bd. 6. (Für vorliegende Arbeit wichtige Beiträge darin: Erwin Herrmann: Bischof Tuto von Regensburg (894–930) – Georg Schwaiger: Der heilige Bischof Wolfgang von Regensburg (972–994). Geschichte, Legende und Verehrung – Joseph Staber: Die letzten Tage des heiligen Wolfgang in der Darstellung Arnolds von St. Emmeram – Joseph Staber: Die Missionierung Böhmens durch die Bischöfe und das Domkloster von Regensburg im 10. Jahrhundert – Joseph Staber: Regensburg und Böhmen bis 870 – Rudolf Zinnhobler: Der heilige Wolfgang und Österreich ...)

Regensburg zur Römerzeit, s. Dietz, Karlheinz ...

Reiser, Rudolf: Regensburg. Stadt mit Vergangenheit. Eine Kulturgeschichte bis 1810. Regensburg 1977

Reltis, N[epomuk]: Sagen der Oberpfalz. Für die Jugend bearbeitet. Regensburg 1896. vgl. Sittler!

A[dolphine] R[eichlin-Meldegg, von]: Regensburger Volkssagen für Jung und Alt erzählt von AR. Regensburg 1893

Resch, Georg Alois: Sammlung von Kupferstichen, Lithografien, Aquarellen und Zeichnungen zur Geschichte und Topografie Regensburgs. Gesammelt von dem bayer. Rat und Regierungsassessor G. A. Resch in den Jahren 1820/40. Standort: Fürstliche Hofbibliothek: Kasten IV

Riezler, Sigmund von: Geschichte Baierns. 8 Bde., 1878/1914. Registerband bearbeitet von J. Widemann 1932. Neudruck: Aalen 1964 (Von der 2. Auflage erschien nur Bd. 1, Stuttgart 1927)

Riezler, Sigmund: Geschichte der Hexenprozesse in Bayern. Stuttgart 1896

Röhrich, Lutz (Hrsg.): Probleme der Sagenforschung. Mit 19 Beiträgen internationaler Sagenforscher. Freiburg i. Br. 1973

Röhrich, Lutz: Sage. Realien zur Literatur. Stuttgart 1971

Röhrich, Lutz: Sage und Märchen. Erzählforschung heute. Freiburg–Basel–Wien 1976

Röhrich, Roland: Der oberpfälzische Volkskundler Franz Xaver Schönwerth. Sein Leben und sein Werk. Kallmünz 1975

Rohner, Sebastian (Verleger), s. Ratis-Bona Nov-Antiqua 1659

Rosenfeld, Hellmut: Legende. 3. Auflage, Stuttgart 1972 (Sammlung Metzler, Abt. Poetik, Bd. 9)

Rücker, Elisabeth: die schedelsche weltchronik. Das größte Buchunternehmen der Dürer-Zeit. München 1973

Sagen aus Regensburg. In: Bayer. Heimat, 1926, S. 198 ff.

Sartori, Paul: Das Buch von deutschen Glocken (Im Auftrag des Verbandes deutscher Vereine für Volkskunde). Berlin und Leipzig 1932

Schauwecker, Helga: Otloh von St. Emmeram. Ein Beitrag zur Bildungs- und Frömmigkeitsgeschichte des 11. Jahrhunderts. Bebilderte Sonderausgabe aus: Studien und Mitteilungen zur Geschichte des Benediktinerordens und seiner Zweige, Bd. 74 (München). 1972 als Diss. an der Universität Würzburg entstanden

Schedel, Hartmann: Weltchronik. Inkunabel. Nürnberg 1493 (Standort: Staatsbibliothek Eichstätt). Fotografiert der Abbildungen (Illustrationen von Michael Wolgemut und Wilhelm Pleydenwurff) in SR aus Reprint München 1975. Vgl. auch Rücker, Elisabeth

Schenk zu Schweinsberg, Eberhard: Die letzte Schlacht. Eine gemalte Tischplatte von 1518. In: Pantheon 30, 1972, S. 133 ff. Mit Abb. S. 133 (kunsthistorische Abhandlung)

Schenk zu Schweinsberg, Ekkehard: Die letzte Schlacht Karls d. Gr. Die bemalte Tischplatte von 1518 und die Regensburger Karlslegende am Anfang des 16. Jhs. Nebst Beilage eines Faksimile des Druckes von: Das ist die loblich legend von des grossen Kaysers Karls streyt vor der stat Regenspurg geschehen. (Als Vorlage für das Faksimile diente die Postinkunabel in der Staatlichen Bibliothek, Regensburg. Für den Titelholzschnitt wurde ein Bamberger Exemplar benutzt, da die Kolorierung des Regensburger Exemplars die Wiedergabe beeinträchtigt hätte)

Schlemmer, Hans: St. Emmeram in Regensburg. Kirche und Kloster im Wandel der Zeit. Kleine Geschichte der ehemaligen gefürsteten Benediktinerabtei St. Emmeram. 2. Auflage, Kallmünz o. J. [1972]

Schlicht, Joseph: Bayerisch Land und Bayerisch Volk. Straubing o. J. [1927]. Unveränderter Abdruck der Erstausgabe von 1875

Schmeissner, Rainer H.: Steinkreuze in der Oberpfalz. Ein volkskundlich-rechtskundlich-topographischer Beitrag zur Flurdenkmalforschung in Bayern. Regensburg 1977

Schmeller, Johann Andreas: Bayerisches Wörterbuch. 2 Bde. 3. Neudruck der von Georg Karl Frommann bearbeiteten 2. Ausgabe München 1872–1877. Aalen 1973

Schmid, Alois: Das Bild des Bayernherzogs Arnulf (907–937) in der deutschen Geschichtsschreibung von seinen Zeitgenossen bis zu Wilhelm von Giesebrecht. In der Reihe: Regensburger Historische Forschungen, Bd. 5. Kallmünz 1976 (Diss. 1974 an der Universität Regensburg. Mit reichem Quellenverzeichnis)

Schmid, Peter: Regensburg, Stadt der Könige und Herzöge im Mittelalter. In der Reihe: Regensburger Historische Forschungen, Bd. 6. Kallmünz 1977 (Diss. 1975/76 an der Universität Regensburg. Mit reichem Quellenverzeichnis)

Schmidt, Leopold: Die Volkserzählung. Märchen–Sage–Legende. Berlin 1963

Schneider, Ph., s. Konrad von Megenberg

Schönberger, A.: Keysers karl streyt vor der stat regenspurg geschechen, in: Pantheon, Internationale Zeitschrift für Kunst 30, 1972, S. 211 ff.

Schönwerth, Fr[anz Xaver]: Aus der Oberpfalz. Sitten und Sagen. 3 Teile. (Bd. 1. und 2 Nachdruck von Teil 1 und 2 der Augsburger Ausgabe: 1857 und 1858; Bd. 3 Nachdruck vom 3. Teil der Augsburger Volksausgabe, 1869. – Dem Reprint-Verlag Olms lag offensichtlich Teil 3 (1859) der Erstausgabe in einem nicht reproduzierbaren Zustand vor, so daß man für den 3. Bd. des Reprints die Vorlage der Volksausgabe hernahm.) Hildesheim u. New York 1977

Schöppner, Alexander: Sagenbuch der Bayerischen Lande. Aus dem Munde des Volkes, der Chronik und der Dichter. 3 Bde., München 1874 (Erstauflage 1852–53). In vorliegendem Werk wird zitiert aus dem nach der Ausgabe von 1874 hergestellten dreibändigen »Bayrische Sagen« (die Numerierung ist gleich). München [1978]

Schröder, Edward, s. Kaiserchronik
Schuegraf, J[oseph] R[udolph]: Das Haus zum Riesen Goliath. Regensburg 1840
Schuegraf, Joseph Rudolph: Geschichte des Domes von Regensburg und der dazu gehörigen Gebäude ... Hrsg. von dem historischen Verein von Oberpfalz und Regensburg. Teil 1 in: VO 11, 1847, Teil 2 in: VO 12, 1848. (Auch außerhalb der Reihe der VO in 2 Teilen erschienen: 1848 und 1849 bei Manz, Regensburg)
Schwarz, Klaus: Regensburg während des ersten Jahrtausends im Spiegel der Ausgrabungen im Niedermünster. In: Die Ausgrabungen im Niedermünster zu Regensburg. o. O., 1977
Sepp, Joh. Nep.: Altbayerischer Sagenschatz. München 1893. (Erste Auflage 1876)
Sittler, N[epomuk]: Sagen und Legenden der Oberpfalz. Für die Jugend bearbeitet. 2. vermehrte und verbesserte Auflage Regensburg 1906. vgl. Reltis!
Spindler, Max (Hrsg.): Handbuch der bayerischen Geschichte. Bd. 1: Das Alte Bayern. Das Stammesherzogtum bis zum Ausgang des 12. Jahrhunderts. München 1967
Staber, Joseph: Die älteste Lebensbeschreibung des Fürsten Wenzeslaus und ihr Ursprungsort Regensburg. In: Annales Instituti Slavici. Bd. II/2: Das christliche Slaventum. Beiträge zur literarischen Bildung der Slaven zur Zeit ihrer Christianisierung. Wiesbaden 1970
Staber, Joseph: Die letzten Tage des heiligen Wolfgang in der Darstellung Arnolds von St. Emmeram. In: Regensburg und Böhmen, S. 89 ff.
Staber, Joseph: Die Missionierung Böhmens durch die Bischöfe und das Domkloster von Regensburg im 10. Jahrhundert. Wie oben, S. 29 ff.
Staber, Josef: Kirchengeschichte des Bistums Regensburg. Regensburg 1966
Stahl, Gerlinde: Die Wallfahrt zur Schönen Maria in Regensburg. (Diss. 1964 an der Universität Würzburg.) Sonderdruck aus: Beiträge zur Geschichte des Bistums Regensburg, Bd. 2, 1968
Streitel, Hieronymus, s. Anonymi Ratisbonensis Farrago ...
St. Wolfgang. 1000 Jahre Bischof von Regensburg. Darstellung und Verehrung. Regensburg 1972 (u. a. mit folgenden Beiträgen: Paul Mai, Lebensbild des hl. Wolfgang nach der ältesten Regensburger Überlieferung – Barbara Möckershoff-Goy, St. Wolfgang, »ein allgemeiner Nothelfer«. Katalog von Achim Hubel)
Torsy, Jakob: Lexikon der deutschen Heiligen, Seligen, Ehrwürdigen und Gottseligen. Köln 1959
Turmair, s. Aventin(us)
Vervaux, Jean, s. Adlzreiter
Vogl, Coelestin, s. Coelestin
Walderdorff, Hugo, Graf von: Regensburg in seiner Vergangenheit und Gegenwart. (2. Reprint-Auflage der vollkommen umgearbeiteten 4. Auflage, Regensburg 1896). Regensburg 1977. (Erstauflage: 1869 ohne Verfassernamen, 2. und 3. Auflage, beträchtlich erweitert: 1874 und 1876. 1. Reprint: 1973)
Walderdorff, Hugo, Graf von: St. Mercherdach und St. Marian und die Anfänge der Schottenklöster zu Regensburg. In: VO 34, 1879, S. 187 ff.
Wartenberg, Albrecht Ernst, Graf von: Schatz-Kammer Der seeligsten Jungfrauen ... Ursprung der wunderbarlichen Stiftung d. Kirchen u. l. Frauen zu Nidermünster. Regensburg 1674
Warttemberg [sic!] Albrecht Ernst, Graf von: Ursprung und Herkommen Der Vormahls Herrlich- und Königlichen Haupt-Statt Noreja ... anjetzo: Regens-Burgg. Foliant. Handschrift (»propria manu«) 1688. Staatliche Bibliothek, Regensburg. Signatur: Rat. civ. 486

[Wasner], Johann Christoph OSB: S. Wolffgangs Deß H. Beichtigers und Bischoffen zu Regenspurg Herkommen/Leben und Ableiben . . . Salzburg 1599 (foliiert, nicht paginiert)

Wattenbach, Wilhelm/Holtzmann, Robert: Deutschlands Geschichtsquellen im Mittelalter. Die Zeit der Sachsen und Salier. 1. Teil: Das Zeitalter des Ottonischen Staates (900–1050). 2. Teil: Das Zeitalter des Investiturstreits (1050–1125). Beide Teile Neuausgabe, besorgt von Franz-Josef Schmale, Darmstadt 1967

Wehrhan, Karl: Die deutschen Sagen des Mittelalters. Zweite Hälfte (2 Teile in einem Bd.). In der Reihe: Deutsches Sagenbuch. In Verbindung mit Friedrich Ranke und Karl Wehrhan hrsg. von Friedrich von der Leyen. 3. Teil. – München 1920

Weigl, Franz: Kleine Regensburger Bistumslegende. München 1937

Weilmayr, Fr. X.: Regensburg und seine Umgebungen. Ein Handbuch für Einheimische und Freunde. Geschichtlich, topographisch und statistisch bearbeitet . . . Regensburg (J. Reitmayr) 1830

Wichmann, Hans: Bibliographie der Kunst in Bayern. Bd. 2, S. 483 ff., Wiesbaden 1964 (Lit. über Regensburg)

Widemann, Josef (Hrsg.): Die Traditionen des Hochstifts Regensburg und des Klosters S. Emmeram. QE NF, Bd. 8. Neudruck der Ausgabe München 1943: Aalen 1969

Winkler, Karl: Literaturgeschichte des oberpfälzisch-egerländischen Stammes. Bd. 1: Literaturgeschichte. Bd. 2: Nordgaulesebuch. Beide: Kallmünz o. J. [1940]. (In Bd. 1, S. 73 ff.: Der Anteil Regensburgs an der deutschen Literatur des Mittelalters)

Winkler, Karl: Oberpfälzische Sagen, Legenden, Märchen und Schwänke aus dem Nachlaß Franz X. v. Schönwerth's. Kallmünz (2), o. J.

Wörterbuch der dt. Volkskunde. Neu bearbeitet von Richard Beitl. 3. Aufl. Stuttgart 1974

Wurster, Herbert W.: Die Regensburger Geschichtsschreibung im 17. Jahrhundert. Historiographie im Übergang vom Humanismus zum Barock. Diss. 1979 an der Universität Regensburg. »Die Arbeit . . . befaßt sich übrigens nur mit der Geschichtsschreibung des 17. Jahrhunderts, aber auch da finden sich ja Sagen etc. zuhauf« (Wurster, Schreiben vom 19. 3. 1980). Abgedruckt in VO 119, 1979 und 120, 1980

Wurster, Herbert W.: Johann Beers »Beschreibung der Statt Regenspurg«. Ein wiedergefundenes Lobgedicht. In: Daphnis, Zeitschrift für Mittlere deutsche Literatur, Bd. 9, Heft 1, Amsterdam 1980

Wurster, Herbert W./Göller, Karl Heinz, s. Göller, Karl Heinz/Wurster, Herbert W.

Zimmermann, Joseph Anton: Chur Bayrisch-Geistlicher Kalender auf das Jahr MDCCLIIII: Rentamt Straubing (1754)

Zschokke, Heinrich: Der Baierischen Geschichten Erstes und Zweites Buch. 2. Ausgabe (Erstausgabe des vierbändigen Werkes 1813–1818). Bd. 1, Aarau 1821

Periodica

Bayerische Blätter für Volkskunde. Mitteilungen und Materialien. Hrsg. von Wolfgang Brückner und Lenz Kriss-Rettenbeck. Redaktion: Würzburg. Jg. 1, 1974 ff. (Inhaltsverzeichnisse der Jgg. 1–3, 1974–1976: Würzburg 1977, der Jgg. 4–6, 1977–1979: Würzburg 1980)

Bayerische Hefte für Volkskunde. Hrsg. vom Bayer. Verein f. Volkskunst und Volkskunde. 1.–10. München 1914–1923/24. 1925–1937 nicht erschienen. 1.–12.

1938–1939 als Beilage zu Schönere Heimat. (Fortsetzung:) Bayrisch-Südostdt. Hefte f. Volkskunde. Mitteilungen der Bayer. Landesstelle für Volkskunde. 13.–16. München 1940–1943. 1943 Erscheinen eingestellt

Bayerisches Jahrbuch für Volkskunde (= BJV). Ab 1950. (Vorher: Jahrbuch des Bayer. Landesvereins für Heimatschutz 1937 . . . Jahrbuch des Bayer. Heimatbundes 1938). Bayer. Akad. d. Wissenschaften, Institut für Volkskunde, München. Hrsg. von Gislind Ritz

Bayerland. Der illustrierte Zeitspiegel. Zeitschrift. Seit 1889. München. (Früher: . . . Illustr. Wochenschrift für Bayerns Land und Volk.) Schriftl. Mitteilung von A. Pelikan, »Bayerland«, vom 30. 3. 1976: »1943–1952 nicht erschienen.«

Beiträge zur Geschichte des Bistums Regensburg. Bd. 1, 1967, Regensburg

Das Bayerland (Titel in älteren Ausgaben), s. Bayerland

Deutsche Gaue (= DG). Gegr. von Christian Frank. Kaufbeuren 1899 ff.

Die Oberpfalz. Heimatzeitschrift für den ehemaligen Bayerischen Nordgau. Begründet 1907 von J. B. Laßleben. Regensburg (später Kallmünz) 1907 ff.

Heimat und Volkstum. Ab 5, 1927 Amtl. Nachrichtenblatt der Wörterbuchkommission der Bayer. Akad. d. Wissenschaften in München. Hrsg. F. Lüers. (Bis Jahrgang 11: Bayer. Wochenschrift für Pflege von . . .)

Jahresberichte des Vereins zur Erforschung der Regensburger Diözesangeschichte. 14 Bde, Metten 1926–57

Oberbayerisches Archiv für die vaterländische Geschichte. München 1839 ff. Gesamtinhaltsverzeichnis für Bd. 1–76 in Bd. 77 (1952)

Oberpfälzer Heimat. Hrsg. vom Heimatkdl. Arbeitskreis im Oberpfälzer-Wald-Verein. Jahrespublikation. Weiden 1956 ff. (Bd. 3, 1958, S. 60 ff.: Franz Xaver Schönwerth und die Oberpfalz. Von Robert Kuhnle)

Oberpfalz, s. Die Oberpfalz

Ostbairische Grenzmarken. Passauer Jahrbuch für Geschichte, Kunst und Volkskunde. 1957 ff. (= OG, Jahrbuch)

Regensburger Almanach. Regensburg 1968 ff.

Schönere Heimat. Erbe und Gegenwart. Hrsg. vom Bayer. Landesverein für Heimatpflege, München 1937 ff. Vorangegangene periodische Veröffentlichungen: Volkskunst und Volkskunde, 1–9. 1903–1911. Ab 10. Jg.: Bayer. Heimatschutz 1912–1936

[Sulzbacher Kalender] Kalender für katholische Christen. Sulzbach/Opf. 1, 1841–75, 1915 (Generalregister 1841–1915)

Verhandlungen des historischen Vereins für den Regenkreis. Eine Quartalschrift in freien Heften. 1. Jg. in vier Heften, Regensburg 1831/32 – 2. Jg. 1833/34 – 3. Jg. 1835/36 – 4. Jg. 1837/38. 1. Heft noch: Verhandlungen des historischen Vereins für den Regenkreis. 2. und 3. Heft (zusammen) bereits: Verhandlungen des historischen Vereins für Oberpfalz und Regensburg . . . (= VO, sonst auch: VHO, VHOR, VHVO). Durchpaginierung über die einzelnen Hefte hinweg

Register für Bd. 1–40 (Jahrgänge 1832–1886), Regensburg 1892 – für Bd. 41–75 (Jahrgänge 1887–1925), Regensburg 1928 – für Bd. 76–90 (Jahrgänge 1926–1940). Kursorisches Register. Von Hanna Dachs und Marianne Popp. Regensburg 1975 – für Bd. 91–100 (Jahrgänge 1950–1959), bearbeitet von Erwin Probst. Regensburg 1970. Dieses Register, das ausführlichste, ist als Bd. 108 der VO herausgekommen, während die anderen außerhalb der Reihe erschienen sind

VO, s. Verhandlungen des historischen Vereins für den Regenkreis . . .

Zwiebelturm. Monatsschrift für das bayerische Volk und seine Freunde. Regensburg 1946–1973 (Zeitschrift zwar für Gesamtbayern, jedoch Schwerpunkt Ostbayern)

WERTUNG DER LITERATUR

Die Bedeutung, die Regensburg zukommt als »civitas potentissima«, als die »Stadt Deutschlands, die zumindest bis ins 14. Jahrhundert keine Konkurrentin neben sich hat« (Rudolf Reiser) – auch nicht Augsburg oder Nürnberg –, die ihm zukommt als Castra Regina (179 n. Chr.) – einer der wichtigsten strategischen Punkte des Weltreichs –, als Agilolfingerresidenz, als geistliche Stadt – Wirkungsbereich vieler Heiliger und Seliger –, als stolze Metropole, Kaiser- und Herzogspfalz, als turbulenter Tagungsort des Immerwährenden Reichstags (1663–1806), schließlich als aufgeklärte Provinzstadt, spiegelt sich in seinen Sagen und Legenden wieder.
Wer sich mit diesem Erzählgut befaßt, kann nicht umhin, die Geschichte der Stadt und des Landes miteinzubeziehen in seine Forschungen und die Tradierung auf ihren historischen Kern hin zu überprüfen, denn wie sonst in keiner zweiten bayerischen Stadt prägte in der 1800jährigen Ratisbona die historische Sage den Genius loci: Tief greift die Überlieferung in Regensburgs Vergangenheit zurück, und leicht wird es ihr, aus der Fülle zu schöpfen, da allenthalben die Geschichte ihre Anmerkungen gesetzt hat und uralte Sagen an den Bauten nisten wie zahme Tauben und mit den Örtlichkeiten verflochten sind, unwegdenkbar.
Stadtsagen – wie sie sich in Chroniken u. a. finden – sind der älteste publizierte Sagenbestand überhaupt, und hier ist er durch die Jahrhunderte üppig angewachsen: »Die reichhaltigste Chronikliteratur hat die Reichsstadt Regensburg aufzuweisen« (Günther Kapfhammer).

Arbeo von Freising († um 783)

Die älteste für vorliegende Sammlung herangezogene Quelle ist die Legende des hl. Emmeram (»Vita vel passio Haimhrammi«, um 765) aus der Feder des Freisinger Bischofs Arbeo, der wahrscheinlich dem Adelsgeschlecht der Huosi angehörte und sein Leben, wie er im 40. Kapitel seiner Korbinian-Vita schreibt (vgl. auch Meichelbeck, S. 31 f.), selbst einem Mirakel, nämlich der Bewahrung durch den hl. Korbinian vor den Fluten der reißenden Passer unterhalb von Mais (Meran), verdankt.
Diese Vita steht neben den anderen Arbeiten Arbeos – der Lebensbeschreibung Korbinians und dem deutschen Abrogans (765/770), dem ältesten uns bekannten Schriftwerk in deutscher Sprache – am Anfang der bayerischen Literatur, noch vor der Willibaldsbiografie der Nonne Hugeburc (778), noch vor dem Wessobrunner Gebet (Anfang 9. Jh.) und vor dem Muspilli (nach 850), dem Gedicht von den letzten Dingen (vgl. de Boor, Geschichte der deutschen Literatur, 3. Auflage, München 1957, Bd. 1).
Abgesehen von der Verwendung typischer Legendenmotive, wie sie sich in hagiografischen Vorbildern fanden, und dem etwaigen Einfluß seiner Lektüre der Dialoge Gregors des Großen, »zeigt sich, daß Arbeo bei der Abfassung seiner Vita Haimhrammi keine direkte Vorlage zur Verfügung stand. Er ist der erste, der die Lebensbeschreibung schriftlich fixiert. Er ist also in erster Linie dabei auf mündliche Überlieferungen angewiesen« (Babl, S. 43), die ihm – er verfaßte sein Werk rund 70–80 Jahre nach der Ermordung des Heiligen – durchaus noch – wenngleich wohl schemenhaft bzw. typisiert – zugänglich waren. Insgesamt stattet er Emmeram mit wenig individuellcharakteristischen Zügen aus und neigt dazu, ihn dem Idealtypus des Heiligen zu

integrieren. Er ist hier stark der hagiografischen Topik verhaftet. Erst im letzten Teil der Vita, wo das Berichtete [Mirakel ...] in größere zeitliche Nähe zu Arbeo rückt, wächst das Unterhaltsam-Fabulöse stärker in den Text hinein, die Darstellung wird bildhafter und gewinnt an Farbe. »Ferner gewinnen die jetzt berichteten Mirakel durch ihre Lebensnähe an kulturgeschichtlichem Gehalt« (Babl, S. 56f.). Weil es dem Bischof primär darum ging, »mit dieser Vita den Heiligen zu verherrlichen, der seiner eigenen Diözese [Aschheim, Helfendorf, Oberföhring!] und dem Nachbarbistum Regensburg gemeinsam war« (Babl, S. 43f.), und nicht etwa ein geschichtliches Werk zu schreiben, werden die legendenhaften Züge seines Emmeramsbildes voll verständlich. So ist die Arbeo-Vita denn auch vorrangig als Dokument der Hagiografie zu sehen, wenngleich die historische Gestalt – die ohnehin geschichtlich nur schwer zu erfassen ist – darin noch begegnet.

An Arbeos Emmeram-Vita orientierten sich die meisten nachfolgenden Arbeiten über den Regensburger Bistumspatron. Noch die frühe bayerische Geschichtsschreibung des 15. und 16. Jahrhunderts (Andreas von Regensburg, Ebran von Wildenberg, Ulrich Füetrer, Veit Arnpeck, Aventin, Lorenz Hochwart, Wiguleus Hund, Markus Welser) steht, soweit sie sich mit Emmeram befaßt, weitgehend im Einflußbereich dieser Legende. Karl Babl, dem ich im wesentlichen hier folge, hat in einer großartig überzeugenden Dissertation bei Prof. Dr. Josef Dünninger, dem sowie seinen Studenten (Walter Greiner, Gisela Koschwitz, Josef Neppl, Gerlinde Stahl) die Regensburger Sagen- und Legendenforschung wichtige Erkenntnisse verdankt, die Ausformungen der Legende des hl. Emmeram untersucht und den Bogen aufgezeigt, der sich von der frühen Heiligenvita über die von einem gläubigen Heiligenverständnis geprägten Ausbildungen (C. Vogl, Godin, Martin von Cochem z. B.) bis hin zu den kritischen Auseinandersetzungen mit der Legende (Andreas Brunner, Jean Vervaux ...) spannt.

MEGINFRED UND ARNOLD (* wohl um 1000, † wahrscheinl. vor 1050)

Während eines starken Auflebens der Verehrung des St. Emmeramer Klosterpatrons im anlaufenden 11. Jahrhundert, das in einer wahren Hochblüte gipfelte, faßte der Mönch Arnold von St. Emmeram, der wohl um 1000 geboren wurde – aus vornehmem Geschlecht übrigens: sein Großvater mütterlicherseits war jener Markgraf Berthold, den er uns in seinem Liber I als Meineidigen vorstellt –, zu Beginn des dritten Jahrzehnts den Plan, Arbeos »Vita vel passio Haimhrammi« neu zu gestalten: Vermutlich entsprach sie nicht mehr dem Empfinden seiner Zeit. Es galt, das Vulgärlatein durch ein rhetorisch geschultes Latein zu ersetzen und den bis zum Schwulst übersteigerten Stil Arbeos zu reduzieren. Arnolds Bestrebung – ihm schien Arbeos Vita »inculta et rustica« – rief eine Gruppe konservativ gesinnter Mitbrüder auf den Plan, die sich seinem Vorhaben widersetzten: »Sed fratres venerandam antiquitatem ab homine novarum rerum, ut iis videbatur, studioso tangi sacrilegium rati [sunt]« (Migne, PL 141, Sp. 985, vgl. ebd. Sp. 992). Infolge der Auseinandersetzungen mußte er auf deren Betreiben hin 1024 das Kloster verlassen: Er nahm Zuflucht beim Domscholaster Meginfred in Magdeburg und konnte ihn dazu bewegen, die nach Sachsen mitgebrachte Vita des hl. Emmeram umzuarbeiten. Jedoch erst 1030, als Arnold nach einem dreijährigen Aufenthalt in Sachsen längst in die Donaustadt zurückgekehrt war, übersandte Meginfred ihm die Neubearbeitung.

»Da Meginfred – wir wissen nicht, ob dies mit Arnold vereinbart war oder nicht – den posthumen Mirakelteil seiner Vorlage (Arbeo, Vita Haimhr., Kap. 35–47) [demgegenüber seine Vita bis auf Kap. 14 stofflich nichts Neues bietet] an die von ihm neuverfaß-

te Lebensbeschreibung des hl. Emmeram nicht angegliedert [sondern sie ihr nach Ablauf der Ereignisse integriert] hatte, schuf Arnold als Fortsetzung zum Werk Meginfreds in den folgenden Jahren den ›Liber de miraculis beati Emmerammi‹« (Babl, S. 156). Als geschlossenes Ganzes wurde er Meginfreds Arbeit hinzugefügt.
In diesem ca. 1036 abgeschlossenen Buch hat Arnold in 17 Kapiteln eine ganze Mirakelkette aneinandergereiht und so all die Wunderberichte, in denen die Heiligkeit Emmerams von Gott bestätigt wurde – die Kirche sprach ihn bereits um etwa 740 herum heilig (vgl. Babl, S. 129f.) –, erschlossen: Charakteristisch ist für ihn, daß er die schon von Arbeo im posthumen Teil der Emmeram-Vita überlieferten Mirakelerzählungen an den Anfang stellt und daß fast alle irgendeinen Bezug zum Grab des Heiligen in Regensburg und dem dort gegründeten Kloster aufweisen: Hierbei wird Arnold nicht unwesentlich die Regensburger Tradition miteinbezogen haben. Diese Mirakel sind ihm eminent wichtig, findet er doch in ihnen wichtige Zeugnisse für die über die Jahrhunderte hinweg heilsgeschichtliche Präsenz seines Heiligen und kann er daraus die Lebendigkeit des Emmeramkultes während der verschiedenen Epochen ablesen.
Ein Jahr nach der Vollendung des »Liber de miraculis ...« schrieb Arnold als Fortsetzung dazu den nicht mehr nach Kapiteln, sondern in Dialogform gegliederten »Liber de memoria beati Emmerammi et ejus cultorum«, der aber infolge einiger literarischer Schwächen und durch seine Mängel in der Komposition (»nulloque certo ordine ductus«, s. Migne, PL 141, Sp. 986) – ich folge hier vor allem der vortrefflichen Arbeit von Karl Babl, dem ich fundierte Auskünfte und kollegialen Rat verdanke – im Rang nicht an den Liber I heranreicht, dennoch aber im allgemeinen als recht zuverlässige Quelle für die ältere Regensburger Kirchengeschichte von großem Wert ist: Arnold überliefert hier u. a. Nachrichten über das Kloster St. Emmeram (Kap. 9 – Migne hat im 2. Buch keine Kapitelzählung. Die Kapiteleinteilung der MG SS IV geht nicht wie die von Buch I auf Arnold selbst zurück, sondern wurde von G. Waitz, dem Herausgeber des Arnoldtextes, vorgenommen) und seine Äbte (Kap. 40), Ramwold insbesondere (Kap. 18, 31, 35, 36 . . .), und über die Bischöfe Regensburgs (Kap. 24), nicht zuletzt Wolfgang, von dem u. a. die miles-stolidus-Geschichte verzeichnet ist (Kap. 12 bzw. Migne, PL 141, Sp. 1029f.). Sodann werden Emmeram und Ramwold zugeschriebene Mirakel aufgeführt: Dämon am Grab Ramwolds, Frau des Klerikers, Teufel als Dunkelheit und Käfer, Spindelgeschichte, Augenmirakel an Arnold selbst, Emmeramsbrunnen, Schemelmann . . . Vgl. Babl, S. 158.
Mit seinem Eingehen auf Äbte und Bischöfe u. a. liefert Arnold »die frühesten einheimischen Aufzeichnungen über die Anfänge der Kirche in Regensburg« (Herbert Wurster, in: VO 120, 1980, S. 74).

Kulturgeschichtlich mit am aufschlußreichsten scheinen mir die Schilderungen bei Arnold, in welche einige ihn selbst oder seine Familie betreffende Erlebnisse eingegangen sind und die seine enge persönliche Bindung an den hl. Emmeram dokumentieren und aufzeigen, wie er gleichsam von der Familientradition her auf den Weg seiner intensiven Emmeramverehrung »gedrängt« wurde. Ich denke da vor allem an seine Vision (Migne, PL 141, Sp. 994, auch abgedruckt bei Babl, S. 160), an seine Wiedererlangung der Sehkraft bei der Confessio des hl. Emmeram (Migne, PL 141, Sp. 1063f.; vgl. Babl, S. 160), seine Errettung aus dem Donaustrudel bei Bogen (Migne, PL 141, Sp. 993f.; vgl. Babl, S. 159f. Dort auch Abdruck des Textes) und die Mirakel um Adalram, den Ehemann seiner Nichte (Migne, PL 141, Sp. 1009f. Kap. 12), und um Berthold und seinen falschen Schwur (Migne, PL 141, Kap. 13, Sp. 1010f.).
Wie G. Waitz in einer Art Vorspann zu Arnolds »Büchern« (Liber I u. Liber II) ausführt, muß Arnolds Werk trotz aller Mängel (»er hat eine allzu wortreiche Sprache

gebraucht und sein Buch derartig aufgebläht und jene wertvollen Berichte mit so umfangreichen und so vielen Einschüben und Untersuchungen, die zur Erhellung der Geschichte nichts beitragen, verdeckt, daß hier niemand sein vollständiges Werk lesen will«, Migne, PL 146, Sp. 987) zu den gewichtigsten Quellen bayerischer Geschichte gerechnet werden (». . . ut inter gravissimos historiae Bojoaricae sit referendus fontes«). Dennoch scheint Arnolds Chronik niemals über die Klostermauern hinaus bekannt geworden zu sein: »Sicherlich hat es, soviel ich weiß, außer Othlo kein mittelalterlicher Schriftsteller benützt. Im 16. Jahrhundert aber haben Aventin und Laurentius Hochwart mehreres daraus geschöpft« (Migne, PL 141, Sp. 988). So sieht es Waitz (diese Stelle wie auch die obige übersetzt von R. Köhler), der neben einer Ausgabe von Canisius 1602 auch noch Mabillon und Suysken erwähnt, die allerdings nur Bruchstücke aus Arnold veröffentlichten.

Babl, S. 168 würdigt den Emmeramer Mönch: »Arnolds Bücher zu Ehren Emmerams sind für uns besonders wertvoll als Quellen der Regensburger Kirchengeschichte, daneben vor allem in den Mirakelberichten aus dem näheren zeitlichen Umkreis Arnolds durch die konkreten zeit- und kulturgeschichtlichen sowie lokalen Bezüge. Sie vermitteln uns ferner ein genaueres Bild vom Wunderwillen der Hagiographie der Zeit.« Er wird damit dem großartigen Autor weitaus gerechter als Otto Meyer (in: Wattenbach/Holtzmann/Schmale, Deutschlands Geschichtsquellen im Mittelalter. Die Zeit der Sachsen und Salier. Darmstadt 1967, 1. Teil: Das Zeitalter des Ottonischen Staates (900–1050), S. 269), der konstatiert: »Der historische Tatsachengehalt ist gering, um so schätzenswerter sind die Anekdoten durch die Wiederspiegelung des Zeitgeistes.« Arnold aufs Anekdotenhafte zu reduzieren, ist eine unzulässige Herabsetzung dieses so bedeutsamen Mannes: »Eine eigene Lektüre der Bücher Arnolds empfiehlt sich als gewinnbringend für jeden, der sich mit dieser Zeit, speziell mit ihrer Hagiographie beschäftigt« (Babl, S. 161).

OTLOH (*um 1010, †um 1070)

Arnolds »Vita Sancti Emmerammi« enthält – im Liber II – auch zahlreiche wertvolle Einzelnachrichten über den hl. Wolfgang: »Primum . . . acta Wolfgangi episcopi et Ramuoldi abbatis narravit, et res Ratisbonenses, quas compertas habuit, memoriae tradidit« (Migne, PL 141, Sp. 986). Von Arnold, für den, wie Paul Mai meint (s. St. Wolfgang. 1000 Jahre, S. 11), die knappe Darstellung wertbestimmend ist – an legendärem Beiwerk fehlt es jedoch keinesfalls! –, dürfte auch der Impuls ausgegangen sein, der seinen jüngeren schreibfreudigen Ordensbruder Otloh, einen unruhigen Geist, der, wie er, von den »litteris saecularibus« »ad divinas« gelangt war (Migne, PL 141, Sp. 985), zur Abfassung der »Vita Sancti Wolfkangi Episcopi« bewog. Ob diese Anregung von der Person Arnolds selbst ausging oder nur von seinem Werk, sei dahingestellt. Denn Arnold starb bereits vor der Mitte des 11. Jahrhunderts (G. Waitz, in: Migne, PL 141, Sp. 988), offensichtlich noch nicht sonderlich betagt, da er ja, als er – in den Dreißiger Jahren – seine Bücher schrieb, noch ein junger Mann war (». . . quamvis, cum libros suos scriberet, juvenili floreret aetate«, a.a.O.), wie auch aus dem Widmungsschreiben Arnolds an Abt Burchard von St. Emmeram hervorgeht. Otloh jedenfalls erwähnt nirgends den lebenden Arnold; im Gegenteil: er bezeichnet ihn unmißverständlich als bereits verstorben (a.a.O.).

Um die Mitte des 11. Jahrhunderts entstanden, ist Otlohs Wolfgang-Vita die umfassendste Quelle für Wolfgangs Leben, weil sie neben Arnolds Darstellung, die sich oft auf Augenzeugen beruft, auch die – das wäre die älteste Quelle! – heute verschollene Wolfgang-Vita eines fränkischen Anonymus aus dem Emmeramskloster verwertete,

der Wolfgang selbst nahegestanden hatte und daher manche Nachricht, die er vom Heiligen mündlich hörte, überliefern konnte (Schwaiger, in: Regensburg und Böhmen, S. 41), wobei Otloh freilich manchmal, während er sonst durchaus kritische Ansätze zeigt, völlig gedankenlos solche Stellen übernahm, »als sei er selber es gewesen, der aus Wolfgangs Umgebung stammt« (ebd.).
Weil Visionen jene unsichtbare Welt erschließen, in der auch Träume gedeihen und Sagen und Legenden keimen, weil schon allein ihre rein kulturgeschichtliche Auswertung »manche Zeugnisse für das mittelalterliche Klosterleben bringen können...« (E. Dünninger, Jenseitsvisionen, S. 41) und weil Otloh mehrfach seine langjährige Wirkungsstätte, das Kloster St. Emmeram, in seinen »Liber visionum« einbezieht und manche Visionen sich so eindeutig auf Regensburg beziehen, bleibt dieses Werk in meiner Arbeit nicht unberücksichtigt.

PAULULUS

Bald nach Otlohs Wolfgang-Vita – lt. Paul Mai läßt sie sich zeitlich nicht besser einengen als zwischen 1054 und 1073, während G. Koschwitz sie jedoch »kurz nach 1052« abgefaßt nennt – schrieb ein gewisser Paulus oder Paululus, der mit ziemlicher Sicherheit mit dem Fuldaer Mönch Paulus Judaeus identisch ist, seine Vita Sancti Herhardi, in die er auch Teile der Hildulf- und Odilia-Vita einbezog. Ihr großer Nachteil ist es, daß sie »unter einem beträchtlichen zeitlichen Abstand zwischen den ... geschilderten Ereignissen und ihrer Abfassung« leidet (Paul Mai, in: Schwaiger 2, S. 37). Auch die ältesten literarischen Belege – wie z. B. die Legende um Kunigunde – reichen nur bis Wolfgang zurück, dem übrigens eines der von Paululus erzählten posthumen Erhardi-Mirakel selbst widerfahren ist. Vgl. Nr. 87. G. Koschwitz, die sich in ihrer Dissertation eingehend mit St. Erhard befaßt – daß sie dabei nicht ein einziges Mal den exakten Titel der Vita anführt, sei hier en passant moniert –, kommt vor allem anhand der aufgezeichneten lokalen Überlieferungen »im zweiten Teil über die Mirakel am Grabe« (»Für die eigentliche Vita hat Paulus sie, wie man meinen könnte, bewußt ausgeklammert«, Koschwitz, S. 499) zu der Überzeugung, daß man den Quellenwert der örtlichen Überlieferung bei Paululus nicht verneinen dürfe (wie oben, S. 500).

12. JAHRHUNDERT

Ein Werk der vorhöfischen Epik – die gereimte anonyme Kaiserchronik (nach 1147), die, wie das Rolandslied (etwa 1170), als Leistung eines Regensburger Geistlichen betrachtet werden darf – und ein sogenanntes Spielmannsepos – das auf geschichtlicher Grundlage und deutscher Liedtradition beruhende Gedicht vom rebellischen Herzog Ernst (um 1180) – beziehen, letzteres allerdings mehr am Rande, Regensburg in ihre Darstellung mit ein.
Zumindest in der Kaiserchronik, deren Nachleben in unerschöpflicher Fülle sichtbar ist (vgl. de Boor 1, S. 232) – sie ist die erste volkssprachliche Chronik des römischen Reiches überhaupt und zugleich die erste abendländische Chronik in dichterischer Form – und als deren Quellen bisher sicher nur das Annolied und des Priesters Arnold Gedicht von der Siebenzahl ausgemacht werden konnten, spielt das Geschehen nicht selten »ze Regenesburch der houbetstat«. Wenn auch des Autors Kenntnis der Ortsgeschichte so gering ist, daß er den hl. Emmeram in die Zeit König Arnulfs herabrückt, so weisen doch u. a. »die wichtigkeit, die er diesem märtyrer beilegt, und die abgerissene wiedergabe seiner legende (nur ein kundiger vermochte den zusammenhang zwischen dem fehltritt der herzogstochter und dem grausamen tode des

heiligen zu verstehn) . . . deutlich auf den Regensburger hin« (Kaiserchronik, S. 46f.), ebenso die Auswahl der Heiligen (S. 48).
In eindeutigem Bezug zu Regensburg steht die erwähnte Emmeramspassage. In der Adelgersage mit dem eingesprengten Fabelglied vom gegessenen Herzen (wir kennen das Motiv auch vom Brennberger) wird zwar die Donaustadt mit keinem Wort genannt, »wol aber wird die stadt als hauptstadt des Baierlandes stillschweigend vorausgesetzt, so dass die sage in Regensburg selbst ausgebildet zu sein scheint« (wie oben, S. 47).
»Dasselbe interesse für Baiern und besonders Regensburg, wie in der spätern reichsgeschichte und in der Adelgerdichtung, tritt uns aber auch in der eingangspartie entgegen. Die erste erwähnung Regensburgs, welche das Annolied v. 294 in der geschichte Julius Caesars bietet, blieb nach v. 298 der chronik nur weg, weil der kenner der Regensburger localtradition v. 687 ff. die gründung der stadt Tiburina-Ratispona durch Tiberius zu berichten wusste. Dagegen ist der bericht über die kämpfe Caesars mit den Baiern durch die einführung der fabelhaften herzöge Ingram und Boemund (v. 300 f.) reicher als unser Annolied, und die gelehrte ableitung des bairischen Volkes aus Armenien (v. 317 ff.) ist beibehalten« (wie oben, S. 48).
Obwohl Regensburg eine der Hauptpflegestätten der Karlssage ist und hier aus der Verehrung für den großen Kaiser »die bearbeitung des französischen Rolandsliedes entsprungen« ist (wie oben, S. 50), lassen sich darin keine auf die Karlsstadt an der Donau bezogenen Karlssagen nachweisen. Auch die Unschuldsprobe, der sich Kunigunde, die Gemahlin Heinrichs II., als Gottesurteil unterzieht – Gumpelzhaimer lokalisiert sie in Regensburg –, beansprucht Elisabeth Frenzel (in: Motive der Weltliteratur, Stuttgart 1976, S. 300) für die Kaiserchronik.
Wie Edward Schroeder, S. 49 f. ausführt, kann man in Regensburg die gleichen literarischen Interessen nachweisen, die auch der Kaiserchronik – diesem an Sagen und Legenden überquellenden Werk – zugrundeliegen: »Diese darstellung der deutschen geschichte, die bis in die jüngste zeit herab von der sage entstellt ist, konnte nur an einem orte entstehn, wo man für eine strengere geschichtsschreibung wenig sinn hatte. Das paßt sehr gut für Regensburg, das zwar im ausgang des 11. jhs. noch jene reichsannalen entstehn sah, von denen neuerdings ein kostbares fragment zu tage gekommen ist, im 12. jh. aber für werke wie die Visio Tnugdali und die lügenhafte Translatio sancti Dionysii ein günstigerer boden war als für die eigentliche geschichtsschreibung.«
Nicht Ort des Entstehens, so doch teilweise des Geschehens ist Regensburg für das Herzog Ernst-Epos. Die Umprägung des rebellischen Titelhelden zum Bayernherzog – er wird zum Artverwandten Adelgers in der Kaiserchronik – und das »Aufgreifen der Belagerung von Regensburg als entscheidender Vorgang« (de Boor 1, S. 259) rücken Ernst in unmittelbare Beziehung zu unserer Stadt.

»Aus dem späten 12. Jahrhundert stammt die größte und bekannteste Legendensammlung der Zeit, das ›Magnum Legendarium Austriacum‹, die relativ viele Viten iroschottischer Heiliger enthält. Ihr Entstehungsort ist wohl Regensburg« (Wurster, in: VO 120, 1980, S. 76). (Hier wurde sie nicht berücksichtigt.)
»Mit dem Ende des 12. Jahrhunderts erlischt die St. Emmeramer literarische Aktivität bis zum 15. Jahrhundert, wobei in der ersten Hälfte des 14. Jahrhunderts eine Zwischenblüte eintritt; die Regensburger Geschichtsschreibung verflacht ganz allgemein im 13. Jahrhundert. Auch auswärtige Chronisten beachten die Stadt nicht, wie es noch ein Otto von Freising, der größte deutsche Geschichtsschreiber des Mittelalters, getan hatte, der Regensburg aus den deutschen Städten hervorgehoben hatte . . . Mit der

›Vita Erminoldi‹ um 1280 ist der Endpunkt der literarischen Tätigkeit [auch] in Prüfening erreicht . . . Etwas neues entsteht zwischen 1250 und 1261 [?] im Schottenkloster St. Jakob, wo ein Mönch die mündlichen Überlieferungen sammelt und Karls-, Märtyrer- und St. Peters-Legenden mit irischen Erzählungen verknüpft . . .« (wie oben).

DIE SCHOTTENLEGENDE (13. Jh.)

Die Wahrheit von Schroeders Behauptung, daß Regensburg zeitweilig einen besseren Boden für zweifelhafte Werke als für die eigentliche Geschichtsschreibung bot, erweist sich in ganz besonderem Maße noch einmal im 13. Jahrhundert an der Regensburger Schottenlegende, die uns im Libellus de fundacione ecclesie Consecrati Petri und – teilweise – in den Gesta Caroli Magni vorliegt und die – das scheint außer Zweifel zu stehen – vor dem Jahr 1278 abgefaßt worden ist (P. Breatnach, S. 4). Ähnlich wie sein Vorgänger – und Quelle auch –, die Vita Mariani (ca. 1185), die allerdings mehr eine nüchterne »Gründungschronik« bietet, ohne dabei das Legendenhafte voll auszuschließen, befaßt sich der der hagiochronografischen Literatur nahestehende und in der Tat »fabelhafte« Libellus – auch er entstammt der Feder eines irischen Mönchs – mit der Gründung des ersten »Schottenklosters« zu Weih Sankt Peter, aber auch mit der von St. Jakob. Dies rückt ihn in die Nähe der spätmittelalterlichen Gattung der »historiae fundationum monasteriorum«. »Von besonderer kulturgeschichtlicher Bedeutung sind die im Libellus enthaltenen Legenden, nicht nur weil es sich dabei größtenteils um Traditionen handelt, die aus der Literatur in dieser Form sonst nicht bekannt sind, sondern auch aufgrund der Vermischung legendärer Motive sowohl irischen als auch deutschen Ursprungs . . .« (Breatnach, S. 2).

Zwei miteinander verbundene Handlungsstränge, die eindeutig anachronistisch sind, nehmen den Hauptteil der »Legende« ein: 1) die Gesta Karls des Großen und 2) der Gründungsbericht der beiden Regensburger Schottenklöster. Sie ist zunächst die Geschichte Karls, der hier als Heidenbekehrer auftritt und durch eine Vision aufgefordert wird – Eberhard Dünningers Dissertation über mittelalterliche Jenseitsvisionen geht vorsätzlich (s. S. 12) darauf nicht ein –, Regensburg zu retten . . .

»Der Schottenlegende ist nun eigentümlich, daß sie mit geschichtlichen Momenten eine offensichtliche Tendenz vermengt, nämlich die Verherrlichung des ersten Schottenklosters zu Regensburg, Weih St. Peter. Karl den Großen läßt die Legende Kirche und Kloster Weih St. Peter gründen, durch Karl den Großen läßt sie Würde und Weihe des Ortes verkünden« (Endres, S. 168). Im Gegensatz aber zur Geschichte von Weih St. Peter, in der ein ausgeprägt legendäres Element den historischen Kern in den Hintergrund der Erzählung drängt, stehen in der Gründungsgeschichte des irischen Benediktinerklosters St. Jakob zu Regensburg historische Ereignisse im Vordergrund des Berichtes (Breatnach, S. 53).

Der Libellus, der einer übertriebenen Verherrlichung der irischen Missionare huldigt und die Legende um den großen Herrscher weiterwebt, die in Regensburg, dem »Herd der Karlsdichtung in Deutschland« (Endres, S. 168), vorzüglich gedieh, ist ein »propagandistisches Werk, das zur Festigung der Stellung der irischen Kongregation in ihrer deutschen Umwelt dienen« (Breatnach, S. 2) und den Anspruch Regensburgs auf besondere Auserwählung vertreten sollte.

Wenn sich das kuriose Buch auch in der Historiografie des 14. und 15. Jahrhunderts einen einflußreichen Platz erobern konnte (s. Dürrwaechter, S. 2) – Andreas von Regensburg hat es ebenso gekannt und benutzt wie Arnpeck –, und wenngleich es historisch keineswegs »bodenlos« ist, so darf man nicht übersehen, daß zwischen den

Tagen Karls des Großen und jenen, in denen die Schotten nach Regensburg kamen, eine beträchtliche Spanne klafft: Unter diesem Sichtwinkel der zeitlichen Unvereinbarkeit seiner beiden Geschehensstränge entblößt sich das Werk in seinem Bemühen, das Selbstverständnis der Stadt und der Schotten zu steigern, als »ein Sammelsurium ungeschicktester Art« (Dürrwaechter, S. 1), vor allem dadurch, daß deren Klostergründungen um Jahrhunderte vorverlegt werden, um den Glanz kaiserlicher Auserwählung für sie beanspruchen zu können.

Kritik an der Schottenlegende
Die Benutzung der Schottenlegende, vorzugsweise der Karlslegende daraus, läßt sich – nach Dürrwaechter, S. 120 – in vier historischen Schriften des Konrad von Megenberg nachweisen, dem wir auch eine Vita S. Erhardi verdanken; insbesondere in seinem »Tractatus de limitibus parochiarum in urbe Ratisbona«, einer Pfarrsprengelgeschichte, die ein – übrigens bei Dürrwaechter, S. 219 ff. abgedrucktes – Exzerpt der Schottenlegende bringt. Konrad von Megenberg meldet darin seine Zweifel an der historischen Stichhaltigkeit der Schottenlegende an. Während Karls Kämpfe für und gegen die Stadt, die Geschichte von Marianus und seinen sieben Begleitern, die Erweckung Sandolfs und die auf Karl zurückgeführte Gründung von Kirche und Kloster Weih St. Peter und St. Jakob für ihn »unumstössliche Wahrheiten« sind (Dürrwaechter, S. 122), übt er dagegen ausführliche Kritik u. a. daran, daß Karl das Christentum in Regensburg eingeführt haben soll, daß unter ihm auch Ober- und Niedermünster errichtet worden sein sollen ... Aber obgleich er »mit der Behauptung unserer Legende, Marian mit seinen Gefährten sei zur Zeit Karls des Grossen nach Regensburg gekommen und habe damals den Sandolf erweckt« nicht einverstanden ist (wie oben, S. 124 f.) – ja, er führt sogar das für ihn und seine Genossen ausgestellte Privileg Kaiser Heinrichs III. betreffs der Niederlassung in Weih St. Peter wörtlich an –, unterläßt er den einzig folgerichtigen Schritt, die ganze Legende in ihrer Verlogenheit über den Haufen zu werfen: »Offenbar deswegen, weil diese Legende etwas enthielt, was für Konrad als Wahrheit unumstössich feststand, und das ist der doppelte Kampf Karls gegen die Heiden in und vor Regensburg. Man muss in dieser Stadt felsenfest davon als von einer Thatsache überzeugt gewesen sein, an der zu rütteln auch einem Konrad von Megenberg nicht einfallen konnte ...« (wie oben, S. 125). Dennoch ist dessen Kritik höchst beachtenswert und läßt ihn »als Vorläufer Aventins erscheinen, obwohl dieser ihm gerade die ganze Schuld an der Einwucherung der Legende in die Historiographie zur Last legen möchte« (wie oben) und ihn deshalb kräftig attackiert.
Indes Ebran von Wildenberg die »Sagenlegende« von der Klosterstiftung in nur wenigen Sätzen erwähnt (S. 60 f.), Sigmund Meisterlin in seiner Nürnberger Chronik (1488) nur leise Bedenken äußert und Füetrer überhaupt keine Notiz von ihr nimmt, hat ihr Veit Arnpeck in seinem »Chronicon Bavariae« den breitesten Raum gewährt. Weitgehend ist »vollständig skrupulos nach den Gesta erzählt, die also hier, in dem Exzerpt Arnpeckhs, des hervorragendsten Vertreters bairischer Historiographie des ausgehenden 15. Jahrhunderts, eine nicht weniger bedeutsame Stellung sich errungen haben, als sie eine solche bereits in der Regensburger Historiographie, im Volksglauben und in der Politik der Freistadt einnahmen. Der höchste Triumph kurz vor dem tiefsten Fall« (Dürrwaechter, S. 133 ff.). Denn mit dem Zusammenbruch der reichsstädtischen Unabhängigkeit – »1521 stellte sich die Stadt auf ewige Zeiten unter den Schutz des Hauses Österreich« (ebd. S. 135) - erlosch der Traum von einer ganz besonderen Stellung Regensburgs zu Kaiser und Reich und erlosch der Glaube an die wunderbare Weihe des St. Peterskirchleins: Widerspruchslos konnte man es – aus

fortifikatorischen Rücksichten – 1552 niederlegen, nachdem zuvor schon (1515) die irischen Mönche im St. Jakobskloster und wohl auch im Klösterlein Weih St. Peter vertrieben und durch Schotten ersetzt worden waren, »deren Niederlassung sich dort bis 1862 behauptet hat« (Wilhelm Levison, in: Die Iren und die fränkische Kirche. In: Mönchtum und Gesellschaft im Frühmittelalter, S. 110). Die Wallfahrt zur Schönen Maria hatte zudem »alles Interesse für Weih St. Peter erkalten lassen . . .« (Dürrwaechter, S. 135f.). Und Aventin schließlich hatte die Karls- und Schottenlegende in einer eigenen Schrift, den »Origines Ratisponenses vernacule conscriptae«, sich gründlich vorgenommen und sie buchstäblich zerrupft.

Auch in seiner Chronik, Buch 5, Kap. 40, S. 303 fordert ihn die Schottenlegende zu kräftigen Ausfällen heraus: »Das setz ich darumb hierher und gê dest lenger damit umb, das man sech und greif, das die lugend [sarkastische Kontamination der Wörter Legende und Lüge] daus zu sant Peter alle falsch sei, darin under andern lugen stêt, wie die Schotten bei kaiser Karls zeiten gein Regensburg komen und kaiser Karl hab die stat gewunnen und das Bairlant zum glauben bracht.« Vgl. Anm. 151. – Obwohl der Abensberger die Schottenlegende so hart verurteilt, verdankt er ihr doch seine Begründung des hohen Anspruchs Regensburgs auf seine Ausnahmestellung unter den deutschen Städten, nämlich seine große Rolle unter Karl dem Großen. Vgl. Dürrwaechter, S. 136.

»Trotz schärfster Kritik kann sich auch Aventin der faszinierenden Wirkung eines so sicher gestalteten Anspruchs nicht entziehen . . . Vor allem den innersten Kern des Anspruchs der Stadt Regensburg, wie er in der Schottenlegende formuliert ist, hat Aventin zu bewahren versucht . . .« (Kraus, Civitas Regia, S. 96f.). Dennoch sind die »Origines Ratisponenses« das Todesurteil für unsere Legende in der gelehrten Literatur geworden (Dürrwaechter, S. 138). Vgl. auch Wurster, in: VO 120, 1980, S. 84. Zwar wird ihrer im 16. Jahrhundert von Hans Sachs in einem Lobgedicht auf Regensburg noch einmal gläubig gedacht, zwar zeigt Hochwart noch geringfügige Spuren einer Benutzung der Schottenlegende. Aber schon Christophorus Hoffmann bezweifelt die Weihe der Kirche durch den hl. Petrus und erklärt – unter Berufung auf Aventin – die Erzählung von Karls Sieg auf dem Collis Victoriae für eine Erfindung. Auch Hund in seiner Metropolis Salisburgensis (III, S. 93) führt die Polemik Aventins dagegen an. Andreas Brunner (Annales Boicorum) nennt die Legende eine ungeheuerliche Fabelei und berichtet dann vollständig historisch die Gründung der Regensburger und anderer Schottenklöster. In der 2. Hälfte des 18. Jahrhunderts scheint die Schottenlegende bereits vollständig verschollen gewesen zu sein (Dürrwaechter, S. 140). Selbst die Regensburger Lokalhistoriker des 17. und 18. Jahrhunderts haben nur sehr fragmentarische Kenntnisse davon . . . Raselius berichtet zwar die Karlssage – nach einem Druck aus dem 15. Jahrhundert – noch einmal ausführlich in seiner »Beschreibung der Statt Regenspurg . . .«, kritisiert sie dann aber als unverträglich mit der wirklichen Geschichte. Wie Dürrwaechter ausführt, hält auch Grienewaldt, der »Verfasser einer 1710 [sic! ab-]geschriebenen Chronik von Regensburg« – dabei ist Grienewaldt bereits 1626 gestorben! – nichts von der Legende, »aber er nimmt Konrad von Megenberg gegen den Tadel Aventins in Schutz« (Dürrwaechter, S. 140).

Unmittelbar beeindruckte die Schottenlegende unter den Regensburger Geschichtsschreibern »nur noch den Emmeramer Abt Cölestin Vogl; noch in der Auflage des Mausoleums Sancti Emmerami . . . von 1729 . . . wird die Verleihung der Stadtfreiheit auf Karl den Großen zurückgeführt . . .« (Kraus, Civitas Regia, S. 99).

Bei vorliegender Arbeit bemühte ich mich – trotz der verworrenen Zeitlichkeit und der Unbeständigkeit der Gedankenführung im Libellus –, einen möglichst geschlossenen

Zyklus herauszulösen und übersetzt darzubieten. Er könnte u. a. als Grundlage dienen für weitere Forschungen zum legendären Regensburger Karlsbild.

KONRAD VON MEGENBERG (1309–1374)

Konrad von Megenberg, den wir, wenn auch nur als halbherzigen Kritiker der Gesta Caroli Magni kennenlernten, hatte sich nach seinem Studium in Erfurt – papistisch bis ins Mark hinein – an den kirchenpolitischen Auseinandersetzungen zwischen Kaiser und Papst beteiligt, bevor er 1342 die Leitung der Domschule und damit des gesamten städtischen Schulwesens in Wien übernahm und den »Liber de natura rerum« des Thomas von Cantimpré als »Buch der Natur« bearbeitete (Koschwitz, S. 544) und so »die erste Naturgeschichte in deutscher Sprache« (Walderdorff, S. 185) herausbrachte. In ihr kommen allerdings neben den natürlichen Gegebenheiten auch noch Wundermenschen und Wunderbrunnen vor (s. Sabine Krüger, Konrad von Megenberg, in: Fränkische Lebensbilder, NF 2, 1968, S. 83 ff.).
Bedeutsam ist die Belebung des Erhardkults durch Konrad: Im Epilog der Erhardslegende, »die Megenberg gleichsam als literarische Votivgabe verfaßt hat« um 1364 oder danach (Koschwitz, S. 545), »wahrscheinlich aus Dankbarkeit, weil er auf dessen Fürbitte von einer schweren Krankheit genas, wie er selbst erzählt« (Walderdorff, S. 220), gewinnt das Nothelferamt des Heiligen bei Krankheit konkrete Form. Daß Konrad im Niedermünster begraben zu werden wünschte – er wurde beim Altar des hl. Erhard bestattet (Koschwitz, S. 545) –, zeugt von der Verbundenheit des großen Gelehrten mit »seinem« Heiligen, dem er auch eine »Vita Sancti Erhardi« dediziert hatte.
Erwähnenswert ist noch, daß bei Konrad die überlieferten Namen Regensburgs erstmal in der providentiell bedeutsamen Siebenzahl auftreten (s. Kraus, Civitas Regia, S. 90).
»Konrads Zusammenfassung der älteren Traditionen und der Schottenlegende ist gültig in Regensburg und wird durch Andreas von Regensburg in ganz Bayern verbreitet« (Wurster, in: VO 120, 1980, S. 77).

ANDREAS VON REGENSBURG (* um 1375/80, †um 1438)

Dem Fleiß Andreas' von Regensburg, dem Chorherrn (Priesterweihe 1405) aus dem Augustinerstift zu St. Mang, dessen Geburts- wie Todeszeit unbekannt ist, verdanken wir »eine Anzahl von historischen Werken, die hauptsächlich für die Geschichte Bayerns von unvergänglichem Wert sind« (Georg Leidinger). Am wichtigsten wurde seine – wie Aventin, Chronik, Buch 4, S. 267 schreibt – durch Ludwig den Gebarteten initiierte »Chronica de principibus terrae Bavarorum« (1422), die erste bayerische Geschichte, die er schon 1427 ins Deutsche zu übertragen begann: Als »Chronik der bairischen Fürsten« ist sie uns überkommen. Er wollte so den Text dem der lateinischen Sprache unkundigen Leser zugänglich machen und damit auf weiteste Volkskreise wirken. »Diese deutsche Chronik ist ein köstliches Denkmal der bayerischen Sprach- und Literaturgeschichte« (G. Leidinger). Vgl. auch Wurster, in: VO 120, 1980, S. 78.
Ausgestattet mit schlichter Bescheidenheit und ehrlicher Wahrheitsliebe – »adversarius veritatis vinci non potero« lautet seine Überzeugung –, hat er, den die Regensburger mit nicht unbeträchtlichem Lokalstolz ihren Livius nannten, hierzu, wie in seinen anderen Chroniken auch, manche heute verlorene Quelle benützt und viele Überlieferungen (u. a. Geschichtssagen) zum ersten Male schriftlich niedergelegt. Einleitung (Leidinger), S. XIV: »Andreas' Werke sind eine wichtige Quelle für die Sagenkunde.

Der mittelalterliche Chronist hielt zahlreiche Nachrichten, die dem Reiche der Sage angehören, für geschichtliche Wahrheit. Daraus ist ihm kein Vorwurf zu machen. Seien wir dankbar auch für jene Überlieferungen. Die Bedeutung der Sage für die Geschichtsforschung ist längst erkannt: giebt sie doch oft wunderbaren Beleg für Wahrheiten und Thatsachen, Fingerzeig und Wegweiser zu weiteren Forschungen und jedenfalls Einblick in den Geist der Zeiten. ›Nicht der Chronikschreiber hat die Sage erfunden und gemacht; sie existierte vielmehr im Volke; der Chronikschreiber fand sie schon vor und teilte sie nur weiter mit.‹«
Andreas bemüht sich bereits um ein möglichst breites Quellenfundament, so daß ihm da und dort schon ein kritisches Verhältnis zur Vergangenheit möglich ist (Kraus, Civitas Regia, S. 91 f.).
Auch die »Chronica pontificum et imperatorum Romanorum« ist für die Sagen- und Legendenforschung ergiebig. Die dort (S. 104 ff.) abgedruckte Sage vom Lies Herrel erscheint wohl erstmal bei ihm und nicht bei Ulrich Onsorg († 1491) oder gar bei dem Oberalteicher Mönchsoriginal Johannes Pliemel (1564–1625), den Karl Bauer als Belegstelle anführt. Man findet darin auch eine Volksetymologie für den Namen Prüfening (S. 52), eine Kurzfassung des Sandolf-Wunders (S. 50), eine Abhandlung über Ratispona septinomia ...
Im »Diarium sexennale« verzeichnet Andreas das Erhardmirakel an einem Straßburger Zimmermann (S. 312), welches m. W. bisher noch nicht in deutscher Sprache publiziert wurde und somit in der Übersetzung von Robert Köhler hier erstmals vorliegt. Es ist ein großes Vergnügen, in Andreas' Schriften zu lesen – nur noch die Lektüre Aventins und Arnolds hat mir eine ähnliche Freude bereitet – und seine Aufrichtigkeit und Lebendigkeit zu spüren und seine Worte aufzunehmen, die ohne Schwulst sind.

HANS EBRAN VON WILDENBERG (* nach 1426, † zwischen 1501 u. 1503)

Einige Jahre bevor »Bruder Andre« das Zeitliche segnete, war ihm aus dem alten turnier- und stiftsfähigen niederbayerischen Geschlecht der Ebrane bereits ein – wie er – um die Geschichte bemühter, wenn auch ihm selbst gegenüber kritischer Nachfolger entsprossen: Hans Ebran von Wildenberg, der in der Vorrede zu seiner »Chronik von den Fürsten aus Bayern«, die zu einem Gutteil auf die gleichnamige Chronik des Andreas zurückgeht, von sich sagt, daß er von einer »sondern Begier« erfüllt gewesen sei, »etwas zu wissen von den herrlichen Taten und Geschichten und besonders von dem hochlöblichen Haus Bavaria ...« und daß ihm die Beschäftigung mit den alten Historien eine »gar lustige und kurzweilige Arbeit gewesen« (F. Roth, in: Ebran, S. XXXXIV). Daß er bei dieser Arbeit auch die lebendige Quelle der Volkstradition nicht verschmähte, sei nachdrücklich hervorgehoben, aber auch – wie Friedrich Roth feststellte –, daß sich seine Kritik nur regt gegenüber Personen und Begebenheiten der Profangeschichte, indes man, wo es sich um kirchengeschichtliche Dinge handelt, »das Gefühl hat, daß er es für eine Sünde hielte, an der Wahrheit ihres Inhaltes zu zweifeln«. »Bei der Benützung von Legenden scheint er keine Ahnung davon zu haben, welch gewaltiger Unterschied in Bezug auf geschichtliche Glaubwürdigkeit zwischen der ältesten Gestalt, in der sie auftreten, und den späteren für bestimmte Zwecke und die Erbauung der Menge zurecht gemachten ›Überarbeitungen‹ besteht, denn er nimmt sie, wie er sie eben findet ...« (ebd. S. LXXVIII).
Als Beispiel für des Wildenbergers »altweiberhafte« Leichtgläubigkeit und Kritiklosigkeit führt Oefele in seiner Präfatio zur Ebranschen Chronik dessen Erzählung vom »teufelischen« Ende Arnulfs des Bösen an, vergißt dabei aber zu erwähnen, daß Ebran seine Vorlage – den Andreas von Regensburg – etwas gemildert hat.
Interessant scheint mir, daß Ebran den Libellus de fundacione ecclesie Consecrati Petri

oder eine Derivation kannte und sie einbezog in seine Arbeit: »eines der letzten auf bayerischem Boden entstandenen Geschichtswerke der ›alten Zeit‹ vor dem siegreichen Durchbruch der humanistischen Geschichtsschreibung ... eines der hervorragenderen Sprachdenkmäler des XV. Jahrhunderts ...« (ebd. S. LXXXV). Es zeigt den Autor – sein Geburtsort ist nur wenige Kilometer von dem Aventins entfernt (»arx est quinque millibus passuum a patria mea«, schreibt der Abensberger; s. F. Roth, in: Ebran, S. LXXXIII; »ein meil von Abensperg« heißt es in der Vorrede zum 2. Buch der Chronik), Hallertauer sind sie beide – als einen wissenschaftlichen Laien, den keine Mühe reut, der Wahrheit auf den Grund zu gehen, was ihm bei den mangelnden Hilfsmitteln – das sicherste war immer noch sein gläubiges Gottvertrauen – oft sauer angekommen sein mag.

ULRICH FÜETRER (* um 1420, † zwischen 1492 und 1502)

Dem Maler und Dichter Ulrich Füetrer stellte Ebran selbst Material für dessen »Histori, Gesta und Getat von den edlen Fürsten ...« (1478/81) zur Verfügung: »Fürtrer [sic!] machte von dem ihm so zu teil gewordenen Stücken reichlichsten Gebrauch, indem er nicht nur die ihm übergebenen Quellen benützte, sondern auch die Chronik seines Gönners häufig fast wörtlich wiedergab« (Ebran, S. LXXX), wie er auch gründlich Andreas' Chronik von den Fürsten zu Bayern hernahm. Seine kleinen kritischen Ansätze – Ehrfurcht vor den alten Chronisten und noch mehr seine eigene Unselbständigkeit verhindern solche Regungen weitgehend – »berechtigen ihn nicht zum Ehrentitel eines Historikers; aber er ist ein ehrlicher, fleissiger und umsichtiger Sammler, seinem hohen Herrn mit rührender Treue ergeben [devot muß man ihn schon nennen!], und er erkennt das Unzureichende seines wissenschaftlichen Urteils in gewinnender Bescheidenheit« (Füetrer, S. LXVI). Während er die Anführung der Quellen mehr als einen stilistischen Schmuck betrachtet – er prunkt mitunter damit – denn als ein wirkliches Hilfsmittel für den Leser, woraus eine bedauerliche Unzuverlässigkeit seiner Zitate resultiert, unterläuft ihm bei der kurzen Wiedergabe des Inhaltes seiner Quellen nur selten ein Mißverständnis: Hauptaufgabe ist ihm ja das »zusamenrefeln, -klawben und -ersuechen« von zerstreuten Notizen, und er besorgt dies mit der anerkennenswerten Geschicklichkeit des routinierten Kompilators. Aventin übt in seinen Randglossen abfällige, scharfe Kritik an ihm. Was bei ihm aus Füetrer zu stammen scheint, ist meistens entweder dessen Quellen oder Arnpeck entnommen (Füetrer, S. LXXXIII).

Ein rührendes Zeugnis für Füetrers Bemühen, vom Volk selbst etwas für seine Arbeit zu erfahren, ist nachstehender Aufruf, den man heute auch nicht eindringlicher erlassen könnte: »Ob aber yemand bekem, begegnet oder wesste ainicherlay wolbewärt hystori diser nach volgenden materj, den oder die selben pitt und flech ich, er well es umb meins genedigisten herren willen tuen und es an dise stat setzen; doch das sy nicht ersamlet seien aus den erdichten oder fliegenden Cronicken, der ich auch vil und manige gelesen hab. Und hiemit setz ich mein unschuld, wann ich dise nachgeend hystorj nie clärer oder läuttrer erfunden hab« (ebd. S. 85).

»Den größten Einfluß auf die Folgezeit scheint Füetrer ... dadurch gewonnen zu haben, daß Veit Arnpeck ihn benutzte, allerdings nicht ohne nachprüfende Kritik zu üben ...« (Spiller, in: Füetrer, S. LXXXIII).

VEIT ARNPECK (* vor 1440, † wohl 1495)

Wie Füetrer, so hat auch der um 1440 in Landshut geborene Veit Arnpeck Ebrans Chronik sowohl unmittelbar als auch mittelbar (durch Füetrer) »auf das ausgiebigste benützt, sodaß sie, obwohl sie nirgend genannt wird, stellenweise geradezu als die Hauptquelle des Landshuter Chronisten erscheint ...« (Roth, in: Ebran, S. LXXXII). Wenn auch Friedrich Roth nur ganz vorsichtig erörtert: »Ob Arnpeck, indem er sie in so weitgehender Weise ausnützte, einen literarischen Raub beging oder im Einverständnis mit Ebran handelte, ist aus nichts zu ersehen« (wie oben, S. LXXXIII), so bleibt einem das diesbezügliche Ressentiment gegen Arnpeck unbenommen und mag einen stärken, zeitgenössischen Plagiatoren unerbittlich das Handwerk zu legen.

HIERONYMUS STREITEL († nach 1519)

»Schon in der zweiten Hälfte des 15. Jahrhunderts konnte Regensburg offensichtlich als ein Zentrum für den kulturellen Aufschwung des Humanismus wirken ...« (Wurster, in: VO 120, 1980, S. 81). Hieronymus Streitel, latinisiert Proeliolinus, hat diese Bewegung wesentlich mitgetragen; er gehörte zu dem Kreis Regensburger Humanisten, die vielfache und freundschaftliche Verbindungen zu Celtis und zu Aventin unterhielten. Das humanistische Interesse prägt denn auch sämtliche Werke Streitels, der – Freund des Emmeramer Geschichtsforschers Christophorus Hoffmann – als begabter Prediger, Kenner der Kirchenschriftsteller und äußerst belesener Historiker gilt (wie oben). 1515 und 1518 ist er als Prior der Augustinereremiten in Regensburg nachgewiesen, die ihm eine Vita ihres Mitbruders Friedrich verdanken. Vgl. Paricius 1753, Teil 2, S. 436.
Außer dieser »Vita beati Friderici« von 1519 hinterließ er uns drei besonders in Hinsicht auf Regensburg reiches Material enthaltende Sammelhandschriften (BSB, clm 14053 [heute clm 167] und Österreichische Nationalbibliothek, Cod. Vindob. 3301 sowie das »Historisch-theologische Kollektaneenbuch«, Staats- und Universitätsbibliothek Hamburg, Cod. hist. 31e). Eine Abschrift des Cod. Vindob. 3301 ist BSB, clm 167 (s. auch Anm. zur Dollingersage), aus dem Oefele II, S. 498 ff., ohne den Autor namentlich zu kennen, stark selektierend die »Anonymi Ratisbonensis Farrago Historica rerum Ratisponensium ab anno Christi DVIII usque ad annum Christi MDXIX« gestaltete (Wurster, S. 82). Vgl. Podlaha, S. 13 f.
»Die Vita war entstanden, da sich Streitel sehr für das Leben von Heiligen interessierte und es für diesen offenbar weithin verehrten Laienbruder seines Klosters aus dem 14. Jahrhundert keine schriftlich fixierte Darstellung gab« (Wurster, S. 82). Bemerkenswert erscheint – darauf macht Wurster, wie oben, S. 82 aufmerksam –, daß in der lateinischen Legende über den Laienbruder sich die Gesamtheit der Topoi Regensburger Geschichtsauffassung findet: »Gründung durch Tiberius im Jahre der Kreuzigung Christi, Lobpreis der Baugestalt, die Beziehungen zu Karl dem Großen und Arnulf von Kärnten und die Bedeutung der Stadt durch die Heiligen Emmeram, Erhard und Wolfgang«. Wurster, der sich gemeinsam mit K. H. Göller um die Erforschung des Dollingerproblems verdient gemacht hat, weiß besonders zu würdigen, daß Streitel »auch das berühmte ›Dollinger-Lied‹, eine Bürger- und Stadtsage, aus der mündlichen Volksüberlieferung übernommen« und in die schriftliche Tradition Regensburger historischen Denkens eingebaut hat. »Dadurch wird die Gestalt des Regensburger Bürgers Hans Dollinger und sein Kampf gegen den ›ungläubigen Craco‹ ... einer der wichtigsten Bestandteile sagenhaften Regensburger Geschichtsbewußtseins« (wie oben, S. 82).
Da sich Streitel, »ein begeisterter Sammler von geschichtlichen Nachrichten und Erzählungen, Chronist und Legendenautor« (Göller/Wurster, S. 42), über den noch eine zuverlässige Monografie aussteht, besonders mit Regensburg befaßt und nicht

selten wunderbar erscheinende Vorkommnisse aufzeichnet, sind seine Schriften für die Sagenforschung von großer Bedeutung. Insbesondere clm 167 bzw. seine Vorlage in Wien wartet mit zahlreichen Sagen und Legenden auf. Ein Dissertant z. B. könnte versuchen, Streitel, einem »Liebhaber deren alten Geschichten« (J. B. Kraus), und seinem Werk volkskundlich gerecht zu werden und dabei zu erforschen, was Grienewaldt meint, wenn er »meldet, daß diese Beschreibung [Chronik] sehr verfälschet worden« (Ratisbona Monastica, S. 9).

CHRISTOPHORUS HOFFMANN (* um 1465, † 1534)

Wie wahrscheinlich schon Streitel vor ihm verbindet den in Rothenburg o. d. Tauber geborenen St. Emmeramer Benediktiner Christophorus Hoffmann, genannt Ostrofrancus, ab etwa 1517 eine freundschaftliche Beziehung zu Aventin. Er, »der wohl fruchtbarste Regensburger Historiker seiner Epoche« (Wurster, in: VO 120, 1980, S. 83), war ca. 1512 durch den zufälligen Fund des »Chronicon de ducibus Bavariae« des Andreas von Regensburg zu historischer Arbeit angeregt worden, für die ihm der Chorherr von St. Mang zum Vorbild wurde, ohne daß er dessen Liberalität erreicht hätte: Andreas, S. 86 z. B. empfindet Mitleid mit den 1338 »miserabiliter et crudeliter« getöteten Juden, Hoffmann dagegen schreibt in seinem »De Ratisbona metropoli Boioariae et subita ibidem Judaeorum proscriptione« (Augsburg 1519), »einem äußerst einflußreichen Werk zur Regensburger Zeitgeschichte« (Wurster, wie oben) – wie kurz danach auch Grünpeck – die Schuld an dem traurigen Schicksal der Donaustadt einzig und allein den Juden zu, deren Vertreibung er auf diese Weise rechtfertigt. Walter Ziegler (in: Kraus/Pfeiffer, S. 69) belegt ihn nicht von ungefähr mit dem Beiwort »eifernd«. »Wer Regensburg preisen wollte, mußte, wie Ostrofrancus, der Geschichtsschreiber von St. Emmeram, in seiner Geschichte der Regensburger Judenvertreibung ..., aus Unglück und Elend der Gegenwart einer einst so berühmten Stadt, wie er sagte, flüchten in die Großartigkeit und Macht alter Zeiten« (Kraus, Civitas Regia, S. 3), und er nimmt deshalb die ganze Tradition um die Stadt wieder auf. In seiner Geschichte der Regensburger Bischöfe und Äbte von St. Emmeram (Episcoporum Ratisponensium nec non Abbatum Monasterii D. Emmerami historia, 1531; abgedruckt bei Oefele I, S. 547 ff.) führt er – ebenso wie Hochwart – mit der Nennung von Paulinus die Regensburger Bischofsreihe in die Frühzeit des Christentums zurück (Kraus, S. 96). Das »Chronicon de monasterio S. Emmerami« soll den Vorrang seines Klosters unter den Regensburger Kirchen und Klösters belegen durch die Aufzählung der dort begrabenen Heiligen (Wurster, S. 83), sein »Chronicon generale« schließlich trennt sich von dem üblichen Ablauf der Universalgeschichte, indem es erst bei Julius Caesar beginnt.

»Hoffmann steht in der Übergangszeit vom Mittelalter zum Humanismus; neben den mittelalterlichen Chronisten finden sich [bei ihm] die wichtigeren zeitgenössischen Quelleneditionen. Und wenn auch die mittelalterlichen unglaubwürdigen Legenden noch erzählt werden, so doch mit der Einschränkung, daß sie nur von unzuverlässigen und unbekannten Autoren stammen. Und die historische Kritik durch Quellenvergleich wird ebenfalls schon geübt. Hoffmanns Werk ist bestimmt vom Lokalpatriotismus: Regensburg wird von ihm als ›metropolis Boioariae‹, als ›domina gentium‹, die auch die Kaiser in ihre Schranken zu weisen verstand, gepriesen« (Wurster, S. 84). Eine synoptisch orientierte Arbeit wäre wünschenswert, die die einzelnen Sagen und Legenden der bei Oefele abgedruckten einschlägigen Autoren (Aventin, Hochwart, Onsorg, Staindel, Streitel) einander gegenüberstellt.

ULRICH ONSORG († 1491) und LORENZ HOCHWART (1500–1570)

Neben Hoffmanns und Streitels Texten bei Oefele, der in den Scriptores Rerum Boicarum (1763) die wichtigsten Quellenschriften zur Geschichte Regensburgs veröffentlichte, stehen auch Ulrich Onsorgs »Chronicon Bavariae« von 1485 (Oefele I, S. 354ff.) und Lorenz Hochwarts in Fortführung der Tradition eines Konrad von Megenberg und eines Ostrofrancus geschriebener »Catalogus Episcoporum Ratisponensium« von 1539 (Oefele I, S. 148ff., mit commentatio praevia vom Herausgeber), der in den Zusammenhang der Bemühungen um eine Gesamtdarstellung des katholischen Deutschlands gehört und dem der Autor – ein vorzüglicher Kanzelredner der Reformationszeit, ». . . nicht nur mehrere Bischöfe, sondern auch Aebte strebten um seinen Besitz« (Schuegraf, Geschichte des Domes, Teil 2, S. 235, in: VO 12, 1848) – ein Kapitel »De origine Ratisponensis civitatis« vorausstellte, eine Thematik, die bei Aventin (s. Sämtliche Werke, Bd. 1, S. 257ff.: Von dem herkomen der statt Regenspurg, und Oefele II, S. 740ff.: Origines Ratisponenses) vorgegeben war.

Onsorg, Kanoniker bei der Alten Kapelle, überrascht, weil er – offensichtlich aus einer kritischen Position heraus – der Schottenlegende und Konrad von Megenberg nichts entlehnt, sondern sich beschränkt auf die Betonung der Bevorzugung St. Emmerams und Regensburgs durch Kaiser Arnulf« (Kraus, Civitas Regia, S. 95), während Streitel wenigstens den Kern der Emmeramer Dionysius-Legende übernimmt. Die Sage vom Liesherrl, die in der Literatur (z. B. Schöppner 2, Nr. 561) durchweg auf Onsorg zurückgeführt wird, scheint dieser aus Andreas, S. 104ff. entnommen zu haben.

Hochwart, ein gebürtiger Tirschenreuther, der auch in politischen Geschäften erfahren war – »er hat sogar längere Zeit das Bistum für den Bischof geleitet« (Wurster, in: VO 120, 1980, S. 85) –, beeindruckte die Zeitgenossen durch seine Werke: »Seine Geschichtsschreibung weist Hochwarth eine hervorragende Stelle zu in der Entwicklung der Historiographie in Bayern, er vertritt zugleich Orts- und Zeit-, Welt- und Kirchengeschichte in einer jedesmal bedeutsamen Art . . .« (wie oben, nach Rohmeder), wobei seine Quellenarbeit achtunggebietend ist: »Neben einer Vielzahl handschriftlicher und gedruckter erzählender Quellen gebrauchte er Urkunden und Akten sowie Grabsteine und Inschriften. Für die jüngere Geschichte stützt er sich auf die mündliche Tradition und Augenzeugenberichte . . .« (wie oben, S. 86). Er befaßt sich als erster Autor mit der Fabelgeschichte »Emmeram, ein Jude?« (s. Sage Nr. 43), die dann Markus Welser von ihm übernimmt und – unter ausdrücklichem Bezug auf Hochwart – Andreas Brunner (Teil I, Buch V, Sp. 151). Vgl. dazu Babl, S. 119ff. Nach dem Tod von Hochwart erlebte die geistliche, katholische Geschichtsschreibung eine Pause bis um 1600 (Wurster, wie oben, S. 104).

JOHANNES AVENTIN (1477–1534)

Aventin, dem »Vater der bayerischen Geschichtsschreibung«, dem ersten bedeutenden Topografen Bayerns – trotz seines Amtes als Hofhistoriograf ein unabhängiger mündiger Bürger (kein besseres Beispiel eines aufrechten Liberalen wüßt ich zu nennen als ihn und auch kein besseres Vorbild) – verdanken wir u. a. die »Baierische Chronik«, ohne Zweifel »eines der großen Werke der bayerischen Literatur und gewiß ihr bedeutendstes an der Wende vom Mittelalter zur Neuzeit« (E. Dünninger, Aventinus, S. 76). Sie ist »speziell für den bayerischen Dialekt des 16. Jahrhunderts und überhaupt für die Entwicklung der deutschen Prosa jenes Jahrhunderts von der größten Bedeutung« (M. Lexer, Notiz zur Bayerischen Chronik).

Zu Regensburg, wo er in der »Engelburger Straß« sein in den letzten Jahren freudloses

Leben beschloß – er starb gleichsam im Exil, nachdem er aus seiner Heimatstadt Abensberg, wo man ihn kurzfristig »ob evangelium«, wegen seiner Kritik an Papst und Klerus, verhaftet hatte, 1528 ins nichtherzogliche »Ausland« übergesiedelt war –, unterhielt er vielfältige Beziehungen. So lag es nahe, daß er diese Stadt besonders in seine Arbeit einbezog. Zu seinen Werken gehört die Abhandlung über die Ursprünge Regensburgs. Und immer wieder findet sie auch Erwähnung in seiner »Baierischen Chronik«, die er 1533 abgeschlossen hatte und damit seine lateinischen »Annales« »in die teutsch zung bracht« (Chronik, Vorred, S. 5). Sie ist das glanzvolle Ergebnis von leidenschaftlicher Forscherbesessenheit, ruhelosem Einsatz und dem Bemühen um zuverlässige Überlieferung.

Aventin schafft das höchst Ungewöhnliche, ein wissenschaftliches Werk in eine volkssprachliche Bearbeitung umzusetzen, er schreibt »nicht mehr ein in die Fesseln des Lateinischen gebundenes Deutsch, sondern die Sprache des Alltags, der Straßen und Märkte, der Handwerker und Bauern« (E. Dünninger, Aventinus, S. 77), die er beherrschen gelernt hatte bei seinen Forschungsfahrten durchs Land, in dem er »in gemelter fürsten von Baiern kosten lenger dann siben jar umbgereiset« (Kaspar Bruschius) und während welcher Zeit er, wie er selbst schreibt, »... tag und nacht kain rûe gehabt ... alle stift und clöster durchfaren, pueckamer, kästen fleissig durchsuecht ... register der heiligen leben durchlesen und abgeschrieben ... der sag des gemainen mans und gemainem rüech nachgevolgt ...« (Aventin, Vorred zur Bayerischen Chronik). So konnte denn seine deutsche Chronik auch Gemeingut des Volkes werden, das sich darin findet, seine Sitten und Bräuche ...

Die sprachschöpferische Kraft der Bayerischen Chronik – nicht zu unrecht hat man Aventins dynamisches Deutsch mit dem Luthers verglichen, »ein unausgeschürftes Bergwerk der Sprache« rühmt sie E. Dünninger (Aventinus, S. 80) – erweist sich u. a. in der Fülle von Redensarten und Sprichwörtern, wobei deutliche Ansätze einer Beobachtung und Beschreibung der Mundart erkennbar sind, die im humanistischen Interesse am eigenen Volk wurzeln (wie oben, S. 81). (Als Beispiel sei nur Buch 1, Kap. 130 und 139 erwähnt: »in die weizen faren«, d. h. ins Fegefeuer kommen. Vgl. unser heutiges Weizen = Umgehen). »Fastnachts- und Osterspiele erwähnt er gelegentlich, daneben spricht er von den Märchen und Sagen, die in den Rockenstuben ... erzählt werden« (Dünninger, Aventinus, S. 57), von Meisterliedern (z. B. Buch 1, Kap. 69), von Spitznamen (z. B. »kesfresser« für Deutsche, Buch 1, Kap. 6), von »kunter« (Buch 1, Kap. 75) und Mirakeln, vom bösen Geist (z. B. Buch 1, Kap. 10), von Himmelserscheinungen, Wahrsagern, Sternsehern, Riesen und Amazonen (Buch 1, Kap. 23) ...

Obwohl Aventin wie kein anderer vor ihm sich den Reichtum von Bibliotheken und Archiven erschlossen hatte – er wollte seine historische Darstellung auf unbedingt wahre und zuverlässige Grundlagen stützen –, obwohl er zudem noch Feldforschung betrieb (ein »tintenfresser«, so nannte er die Stubenhocker-Gelehrten, wollte er nicht sein, vielmehr »auch die alten inwoner fragen ...«) und obwohl er seinen Quellen gegenüber kritisch eingestellt war und mancher Geschichtsfabel ein Ende bereitete, hat er sich, angeregt von ans Mythische grenzenden Erzählungen einer fernen Frühzeit, »nicht gescheut, von einer sagenhaften Urzeit des deutschen Volkes zu träumen ... Die frühmittelalterliche Sage von der Abstammung der Franken von Trojanern ersetzt er durch die phantastische Vorstellung eines bereits tausend Jahre vor der Zerstörung Trojas bestehenden deutschen Königtums. Nicht weniger fabelreich ist sein Gemälde der bayerischen Frühgeschichte ...« (Dünninger, Aventinus, S. 54). Zum Regensburgbild Aventins s. Civitas Regia, S. 96ff., wo A. Kraus die Stellung des großen Historikers zu Regensburgs Anspruch auf besondere Auserwählung beleuchtet.

Die Bayerische Chronik bot eine Fülle von Sagen auch für vorliegendes Werk, solche aus früher Zeit (Das Herkommen der Bayern, Hermann, Ingram, Wie die Bayern Christen geworden ...) wie auch aus späterer (Wer weiß, wer die Braut heimführt? ...).
Dieses kostbare Zeugnis bayerischer Kultur- und Geistesgeschichte ist seiner meisterhaften Auswertung der Quellen, seiner beherzten Wahrhaftigkeit und seines sozialwissenschaftlichen Aspekts wegen – Aventin sieht die Geschichte auch vom Standpunkt des kleinen Mannes aus, des Beherrschten – der große Leitstern für alle engagierten Geschichtsschreiber.
»Fünf Jahrhunderte nach Aventinus liegt dieses gewaltige Werk ... noch wenig erschlossen vor uns. Es wartet auf seine Wiederentdeckung« (Dünninger, Aventinus, S. 85).

Matthäus Rader (1561–1634)

Ein Prachtwerk, das in seinem Inhalt weit über die Grenzen des alten Herzogtums hinausging, erhielt Bayern bald nach der Jahrhundertwende, »am Vorabend des Dreißigjährigen Krieges« (Schwaiger): eine lateinische Vitensammlung mit Kurzbiografien von Heiligen, Seligen und Gottseligen, die entweder aus Bayern stammen oder da gewirkt haben. 1615–1627 ließ der in Tirol geborene Jesuit Matthäus Rader – »ein Mann mit ausgesprochen philosophischem und geschichtlichem Interesse« (Bauerreiss) – unter dem Titel »Bavaria Sancta« jenes großangelegte, aus dem Geist der katholischen Reform und Gegenreformation erwachsene Sammelwerk erscheinen, das »den ersten Versuch einer umfassenden, chronologisch geordneten, nach Möglichkeit aus den verfügbaren Quellen, zumindest aber aus zuverlässiger Literatur erarbeiteten Vitensammlung« (Schwaiger 1, S. 17f.) darstellt. 1628 folgte als vierter Band die »Bavaria Pia«, die vor allem Frauen und Männer vorstellt, für die man sich, obwohl sie Verehrung auf sich gezogen haben, auf keine kanonische Heiligsprechung berufen kann. »Oft genug ist namentlich die Bavaria Pia die einzige Geschichtsquelle für die Kirchen- und Ortsgeschichte und verweist auf ältere Quellen« (Bauerreiss, Bd. 6, S. 384).
Wenngleich Sigmund Riezler – ungeachtet seiner sonstigen Wertschätzung Raders – dieses Zeitdokument ersten Ranges hart kritisiert (»Der historische Baum erstickt unter dem dichten Schlinggewächs erbaulich tendenziöser Fabeln«, Gesch. Baierns, Bd. 6, S. 434f.), so ist es gerade diese barocke Fülle, die das Werk zu einer wahren Fundgrube für frömmigkeits- und kultgeschichtliche sowie volkskundliche Forschungen macht und insbesondere dem Legenden- und Mirakelsammler reiches Material bietet. So bleibt es eine sträfliche Unterlassung, wenn Rosenfeld in seinem kleinen, aber fundierten Standardwerk »Die Legende« weder Rader noch Rassler erwähnt.
Die hervorragenden ganzseitigen Kupferstiche – von Raphael Sadeler d. Ä. und seinem gleichnamigen Sohn –, die den Text begleiten (nicht weniger als 138 sind es), prägten nicht selten unser Bild von einem Heiligen so nachhaltig, daß wir ihn gar nicht mehr anders sehen können als mit den Augen des Raderschen Kupferstechers. Mit der deutschen Ausgabe von Maximilian Rassler (1645–1719) ist auch der Text der Bavaria Sancta weiten Kreisen zugänglich geworden.

Andreas Raselius (1562/64–1602) und Christoph Sigmund Donauer (1593–1655)

Nur wenn man Vielschreiberei als Kriterium der Bedeutsamkeit wertet, kann man, wie Rudolf Reiser (Regensburg – Stadt mit Vergangenheit. Regensburg 1977, S. 89), behaupten: »Ein noch [!] bedeutenderer Geschichtsschreiber [als Hochwart] ist

Andreas Raselius ..., der 1584 nach Regensburg kommt [er ist gebürtiger Amberger], noch im selben Jahr Kantor bei der Neupfarrkirche wird ... Sein Schaffen ist ohne Beispiel. Unter anderem schreibt er, der nicht älter als 40 Jahre wird, 600 Bücher, gibt ein weitverbreitetes Gebet- und Gesangbuch (›Regenspurgische Kirchencontrapunkt‹) heraus und verfaßt zahllose Kompositionen, die ihn weit über die bayerische Grenzen hinaus berühmt machen. Wichtig ist seine noch ungedruckte »Cronic...«, die dem Schema folgt, das der Humanismus für die Stadtchroniken ausgebildet hat: erster Teil Beschreibung der Stadt, zweiter Teil die eigentliche Chronik, »in welcher der Gang der Geschichte für die Stadt Regensburg aufgezeigt wird« (Wurster, in: VO 120, 1980, S. 130).
Wurster (wie oben, S. 112 f.) wertet objektiver: »Raselius zeichnet sich als Historiker mit zwei Werken aus: Einer lateinischen und einer deutschen Chronik der Stadt Regensburg, die er 1598 abfaßt... Über den Wert der Chronik des Raselius [– des für moderne Erkenntnisse und Auffassungen offenen Mannes (z. B. übernimmt er von Aventin das neue Bild des Herzogs Arnulf) –] läßt sich unmittelbar bisher nichts sagen, weil sein Werk offenbar nur in der Fortsetzung des C. S. Donauer erhalten ist. Da diese aber von großer Wichtigkeit für die Regensburger Historiographie gewesen ist, läßt sich schließen, daß die Raseliische Chronik durchaus auf der Höhe ihrer Zeit stand und von den Zeitgenossen geschätzt wurde.« So beklagt sich F. J. Grienewaldt, »daß er solches Buch nit habe überkommen mögen«. »Alleinig es ist solches dermahlen in unserem Stifft, unter anderen Manuscripten zu finden ...«, vermerkt J. B. Kraus in seiner Ratisbona Monastica, S. 9.
Von seinem rund ein Jahrhundert später verstorbenen Fortsetzer vermerkt Gumpelzhaimer 3, S. 1329: »Nicht unbemerkt darf für die Geschichte auch der Verlust eines sehr achtungswerthen Gelehrten des Herrn Superintendenten Christoph Sigmund Donauer bleiben ... Er zeichnete sich nicht bloß als eifriger Gottesgelehrter, sondern besonders auch als Historiker aus. Ihm verdanken wir die trefflichste Fortsetzung der besten älteren Chronik, des Raselius ... Er setzte sie von 1545 an, wo Raselii Chronik aufhört, bis 1654 fort und sie dient in vieler Hinsicht, besonders deswegen zur Belehrung, weil er vieles als Zeitgenosse mit großer Genauigkeit aufzeichnete.« Donauers Darstellung, die auf einer annalistischen Konzeption aufgebaut ist, bezieht einen großen Teil ihres Materials aus Aventin und Leonhart Widmann; für die unruhigen Jahre zwischen 1511 und 1519 ist letzterer praktisch die einzige Grundlage. »Daneben benützt Donauer für das 16. Jahrhundert die zeitgenössische Literatur, gedruckte erzählende Quellen und verschiedene Gelegenheitsschriften« (Wurster, wie oben, S. 130). Zwar bringt auch Donauer Informationen über Gründung, Namen und Frühgeschichte von Regensburg, seine Darstellung wird jedoch erst zur Zeitgeschichte hin ausführlicher, für die er u. a. auf Selbsterlebtes zurückgreifen kann und auf mündliche Aussagen von Augenzeugen.
Bemerkenswert ist, daß Donauer einem Gegenstand besonders viel Raum bietet: dem Omen. »Ohne Kritik wird jedes seltsame Ereignis mit einem Unglück verbunden. Die Zeitbedrängnis führt sogar dazu, ganz gewöhnliche Dinge in Vorboten des Greuels umzudeuten. So sehen 1631 die Eicheln wie Kriegsleute aus, die dann 1632 das Land überschwemmen« (wie oben, S. 131). Ein Niederschlag seiner Erbitterung über die schwächere Position der protestantischen Reichsstadt gegen Bayern und die Katholiken findet sich beispielsweise in der patriotisch motivierten Sage vom herzoglichbayerischen Pfleger zu Stadtamhof (vgl. Wurster, wie oben, S. 132 und Sage Nr. 319). Volkskundlich interessant ist auch die Donauersche Geschichte vom Bahrrecht (Jude als Mörder) (Wurster, S. 132).
Wenn die Raselius-Donauer-Chronik für vorliegende Arbeit auch kaum Verwendung

fand, so wurde sie hier doch ausführlicher vorgestellt, weil ihr Nachwirken in anderen Chroniken u. a. nicht unterschätzt werden darf (z. B. in Alte Glaubwirde Geschichten).
»Die Raseliisch/Donauerische Chronik ist in einer Vielzahl von Abschriften, Fortsetzungen und Bearbeitungen überliefert. Ihren Eingang in die Literatur hat die Chronik durch Gumpelzhaimer gefunden, der sie ausführlich verwendete. Vorher taucht sie weder bei Gemeiner noch in der historiographischen Literatur auf. Nach Gumpelzhaimer wird die Chronik immer wieder zitiert; Riezler in seiner ›Geschichte Baierns‹ lobt die Stadtgeschichte des Raselius, und in der Regensburger Literatur wird die Chronik noch heute eifrig benützt, ohne daß man sich jemals kritisch mit den damit verbundenen Problemen befaßt hätte« (Wurster, S. 134).

FRANCISCUS JEREMIAS GRIENEWALDT (1581–1626)

Raselius' Werk bildet ebenso wie das von Streitel und Ostrofrancus, von Konrad von Megenberg und Andreas von Regensburg, dessen Nachlaß er in St. Mang entdeckte, die Grundlagen für den Geschichtsforscher Grienewaldt, Sohn protestantischer Eltern – Eisenkramer war sein Vater –, der sich aber zur katholischen Kirche bekannte und in den Kartäuserorden zu Prüll eintrat, wo er 1602 die Profeß ablegte. Nach 24 Ordensjahren stirbt er 1626 in der Kartause Ilmbach in Franken. »Er verfaßte zwei historische Arbeiten, [die unter abgewandelten Titeln in vielen Abschriften vorhandene] ›Ratisbona‹, eine Beschreibung Regensburgs, und eine Chronik. Beide bilden nach dem Willen des Autors eine Einheit. Dies ergibt sich aus der Abfassungszeit von 1615 bis 1616, in der die zwei Werke niedergeschrieben werden. Das Vorbild dafür war Raselius . . . Aus Grienewaldts umfangreichem Wissen heraus ist die ›Ratispona‹ eine Zusammenfassung aller gängigen Topoi und Traditionen der Regensburger Stadtgeschichtsschreibung und des Städtelobs . . . Das feste Maß der Chronologie, die im 17. Jahrhundert besonders gepflegt wurde, liefert Grienewaldt ein Instrument der Kritik, mit dem sich die das volkstümliche Geschichtsbewußtsein bestimmenden Sagen und Legenden aufbrechen lassen, weil diese meist mehrere historische Schichten in sich vereinigen. Allerdings ist das 17. Jahrhundert noch nicht in der Lage, Sagen und Legenden als Kompositum zu erkennen, sondern sie werden in Bausch und Bogen verdammt. Grienewaldts Urteil über die ›Schottenlegende‹, die ein Musterbeispiel für solche Konstruktionen bietet, ist daher ganz klar: ›das mit keiner zeit und Jahr zustimmet, darumb Ihr nicht zuglauben‹« (Wurster, in: VO 120, 1980, S. 173 f.). Irrtümern entgeht er dennoch nicht, so z. B. wenn er in Ratisbona, S. 54 f. den hl. Lucius als Glaubensboten für Regensburg annimmt. Seine beiden Werke bilden eine ergiebige Quelle für »einfache« Sagen und Legenden (viel über Emmeram, auch Authari-Sage, Sebaldus- und Erhardilegenden). Sie überliefert er »gläubig« und ohne sie zu verdammen . . .
Wurster (a.a.O., S. 174) resümiert: »F. J. Grienewaldt wird rezipiert von Rader und Brunner und geht damit in die bayerische Historiographie ein; aber auch die lokale Geschichtsschreibung (z. B. Coelestin Vogl und Anselm Godin oder Graf Walderdorff . . .) nimmt Grienewaldt auf und verwendet sein Werk in vielen Abschriften. Damit wird Grienewaldt einer der wichtigsten Regensburger Historiker des 17. Jahrhunderts. In der Geschichtsschreibung über die Stadt Regensburg steht seine Chronik neben der Raseliisch/Donauerischen Chronik; während Raselius und Donauer für die Protestanten schreiben, arbeitet Grienewaldt für die katholische Seite.«
Die Arbeiten Grienewaldts, der durch die Verwendung von Emmeramer Manuskripten unter den Einfluß der dortigen Geschichtsauffassungen geriet, so daß die Hervor-

hebung dieses Reichsstiftes einen Schwerpunkt seiner Darstellung bildet, bieten noch ein weites fruchtbares Feld für den Volkskundler, zumal sie für vorliegendes Werk nicht streng sondiert wurden. Zu Grienewaldt s. auch Ratisbona Monastica, S. 7f.

COELESTIN VOGL (1613–1691), ANSELM GODIN (1677–1742) und JOH. BAPT. KRAUS (1700–1762)

Während zwei Werke des ausgehenden Humanismus, die Stadtchroniken von Raselius/Donauer und Grienewaldt, für die beiden Konfessionen bis ins 18. Jahrhundert hinein weitgehend das Geschichtsbild und somit das Geschichtsverständnis der Stadt Regensburg bestimmt haben, beruht das Bild vom klösterlichen Regensburg vor allem auf dem barocken Werk des Coelestin Vogl.
Mit zu den schwierigsten Problemen beim Angehen der Regensburger Literatur gehört die Frage nach der Editionsgeschichte von Vogls Mausol(o)eum. Selbst mühsame Umfragen, um hier Klarheit zu schaffen, brachten mich zunächst nicht voran. So schrieb mir A. Riesinger von der Staatlichen Bibliothek Regensburg am 24. 4. 1979: »Unsere Bibliothek besitzt zwar alle von Ihnen zitierten Ausgaben des ›Mausoleums‹, ich konnte mir aber auch nach längeren Vergleichen kein besseres Bild davon machen, wie die verschiedenen Auflagen bzw. Ausgaben zueinander stehen. Vielleicht liegt der Grund für diese Unklarheit darin, daß in der Zeit zwischen der 1. und 4. Auflage der Spanische und der Österreichische Erbfolgekrieg stattfanden. Durch solche Kriegsereignisse ist bei Bucherscheinungen öfters das ursprüngliche Konzept aufgegeben worden. Es ist bezeichnend, daß auch die Bearbeiter des ›Wichmann‹, denen ja in der Bayerischen Staatsbibliothek alle Ausgaben zur Verfügung standen, nicht mehr Licht in die Sache bringen konnten.« Auch Karl Babl (Schreiben vom 6. 5. 1979) möchte nicht in Anspruch nehmen, »eine letztgültige Klärung dieses Problems wagen zu dürfen«, zumal ihm die kompletten Texte der Mausoloeum-Ausgaben nicht vorliegen. Durch Alois Schmid endlich, wiss. Assistent am Lehrstuhl f. Bayer. Geschichte d. Univ. München, bekomme ich eine Kopie von Egon J. Greipls Dissertation über den Fürstabt Joh. Bapt. Kraus, in der auch die ›Vorgeschichte‹ von dessen ›Ratisbona Monastica‹ dargestellt ist. »Den Anfang auf dem Gebiete der kirchlichen Lokalforschung dieser Zeit machte im bayerischen Raum Abt Coelestin Vogl von St. Emmeram mit seinem ›Mausoloeum‹, das 1661 zum erstenmal erschien und 1751 [richtig: 1752] von Johann Baptist Kraus in seiner vierten Auflage herausgegeben wurde« (Greipl). Vogl, aus einer allgäuischen Leibeigenenfamilie stammend – Greipl gibt sein Geburtsjahr mit 1614 an, Wurster hat: 1613 –, legte 1632 nach Erlangung seiner Freiheit zu St. Emmeram seine Profeß ab, im nämlichen Kloster, das ihn dann 1655 zum Abt wählte und dessen Geschichte er 36 Jahre hindurch gestaltete. Sein größtes Verdienst dürfte darin liegen, daß er die Initiative zur Gründung der bayerischen Benediktinerkongregation ergriff. 1661 bringt er sein »Mausoloeum« heraus, ein mit seinem Duodez-Format handliches Buch, in dessen Vorwort Vogl zuerst seine Quellenbasis angibt, die Bücher und Manuskripte umfaßt, das aber unzähliger heute obsoleter Fremdwörter wegen streckenweise nur sehr schwer lesbar ist (man vgl. Sage Nr. 60 mit der Vorlage bei Vogl) und das letztlich zeigt, daß Vogl überkommenen Arbeitsmethoden und Quellengattungen verhaftet ist, die den neuen Ansprüchen an die Historiografie nur sehr wenig gerecht werden, denn die moderne Geschichtsschreibung seiner Zeit führt den Wahrheitsbeweis aus den urkundlichen Zeugnissen (Wurster, in: VO 120, 1980, S. 166).
»Vogl schrieb die Geschichte seines Klosters und dessen Patrone, wobei sein Ziel die Verehrung dieser Heiligen und die Erhaltung der klösterlichen Rechte waren. Dane-

ben steht der Wunsch, dem Leser Ursprung und Sehenswürdigkeiten des Klosters nahezubringen . . .« (wie oben, S. 165).
Das Mausoloeum Vogls – der Titel rührt daher, daß das Kloster St. Emmeram als ein prächtiges Behältnis vornehmer Verstorbener gesehen wird – war ein großer Erfolg: innerhalb von 20 Jahren erlebte es, noch zu Lebzeiten Coelestins, zwei weitere jeweils vermehrte Auflagen (1672 und 1680, beide Quartformat) und wurde noch im 18. Jahrhundert neu aufgelegt.
»Mit großer Ausführlichkeit und Exaktheit« (A. Schmid, Schreiben vom 10. 5. 1979) hat Greipl die komplizierte Druckgeschichte weiterverfolgt. »1729 erscheint die Ratisbona Politica, Einleitungsband zu einer geplanten, aber nie ausgeführten umfassenden, wesentlich erweiterten Neubearbeitung von C. Vogl, Mausoleum. Es ist kaum noch, wenngleich es geschieht, als Neuauflage zu bezeichnen, sondern besser als ›Neubearbeitung‹, die bei der Auflagenzählung nicht berücksichtigt wird« (A. Schmid, wie oben). Greipl erhärtet dies: »Zwar hatte einer der Nachfolger Coelestin Vogls, Fürstabt Anselm Godin, wiederum eine Neuauflage des ›Mausoleum‹ angekündigt, gelangte jedoch nur zur Herausgabe der ›Ratisbona Politica‹, einer historischen Beschreibung der Stadt Regensburg mit einem Urkundenanhang, der die Forderung St. Emmerams nach Erneuerung der Reichsfürstenwürde untermauern sollte« [»Conspectus« dazu lt. »Vormerckung« 1722 im Druck erschienen]. In der siebten »Vormerckung« gibt Godin seine Quellen an, u. a. zog er sein Material »auch aus dem bekannten Coelestinischen Mausoleo«. Aus dem Titelblatt geht deutlich hervor, daß eine Zweiteilung des früheren Mausoloeum in Ratisbona Politica und Ratisbona Monastica vorgesehen war (vgl. dazu aber den Conspectus, in dem er angekündigt hatte, das Mausoleum auf drei Teile erweitern zu wollen, die das »Staatische«, »Clösterliche« und »Kirchische« Regensburg und einen Zusatz »Ratisbona Sancta« beinhalten sollten) und daß Godin den ersten Teil für sich beansprucht, so daß Babls Einstufung »1. Teil der 4. Auflage des Mausoleum« für die Ratisbona Politica einleuchtend ist (dementsprechend wäre Ratisbona Monastica der 2. Teil der nämlichen Auflage), wenngleich ihr A. Schmid (s. oben) überhaupt keinen Stellenwert bei der Auflagenzählung einräumt.
Das Vorhaben der Neuauflage des Voglschen Werkes wurde erst durch Joh. Bapt. Kraus 1752 verwirklicht. Um der interessierten Leserschaft, bei der das Godinsche Werk ziemlich Anklang gefunden hatte, entgegenzukommen, entschloß er sich, »mit der Neuauflage des Vogl'schen ›Mausoleum‹ einen ersten Teil der ›Ratisbona Monastica‹ vorzulegen. Ein zweiter Teil – er ist nie erschienen – sollte die übrigen Klöster der Stadt Regensburg und des Bistums behandeln« (Greipl). Kraus versuchte also »das umfassende Projekt A. Godins weiterzuführen und die von diesem nicht mehr vorgelegte ›Ratisbona monastica‹ in Angriff zu nehmen. Als solche legt er eine weitere Neuausgabe von C. Vogls M. vor; deswegen wird [nur] das Werk von Kraus mit gutem Grund als 4. Auflage geführt« (A. Schmid, Schreiben vom 10. 5. 1979). Kraus selbst bezeichnet es übrigens ebenso (Ratisbona Monastica, S. 540; hier Nennung der verschiedenen Auflagen). Kraus hat seine Aufgabe nur darin gesehen, das Werk Vogls, dem als seinem Vorbild er weitgehend nachfolgt, auf den neuesten Stand zu bringen. »Kraus' eigenständige Leistung ist in der Fortsetzung der Klostergeschichte bis ins Jahre 1750, in einer Reihe von ›Zusätzen‹ und ›Vormerckungen‹ zu einzelnen Kapiteln und einer großen Anzahl von Anmerkungen zu erblicken« (Greipl), die Wurster (VO 120, 1980, S. 166) kritisiert: Daß die Ratisbona Monastica enorm angeschwollen und den mehrfachen Umfang des ursprünglichen Mausoleums hat, »dies ist die Frucht der zunehmenden Ausstattung des Werks mit Anmerkungen, die dem anfänglichen Text angehängt werden. Auf die Lesbarkeit kann dabei keine Rücksicht mehr genommen

werden; die neuen wissenschaftlichen Anforderungen an eine Untersuchung sind offenbar nur durch derartig umfangreiche und zergliederte Texte zu erfüllen, die aber keine ästhetischen Ansprüche mehr erheben«.
Greipl kommt zu dem Schluß: »Man wird sagen müssen, daß die Neuauflage des ›Mausoleum‹, offensichtlich unter Zeitdruck entstanden, ein Werk mit kompilatorischem Charakter ist. Kraus vermochte nicht, sich vom Schema Vogls zu lösen und eine selbständige Geschichte seines Klosters zu schreiben. Ohne Zweifel jedoch hat er die Bestände des klösterlichen Archivs und der klösterlichen Bibliothek in einem erheblichen Ausmaß benutzt, worauf seine vielen Fußnoten und vor allem der Fund des für die Arnulffrage so wichtigen und seit Aventin verschollen gewesenen ›Fragmentum de Arnolfo duce‹ hinweisen. Besonders in der Frühgeschichte seines Klosters verrät sich die umfangreiche Kenntnis der neuesten Literatur; den Privilegien steht er jedoch unkritisch gegenüber. Hier zeigt sich eine Tendenz des Werkes, vor allem Rechtsstellung und Privilegien des Klosters zu betonen ... Das Werk ist unorganisch, wegen der im Vergleich zum folgenden so breit dargestellten Frühgeschichte kopflastig und eigentlich nur eine Erweiterung der selbstgenügsamen Annalistik Vogls«, dem Kraus, der mitunter in einen überzogenen polemischen Ton verfällt, allerdings auch Irrtümer nachweist. Auffällt – gegenüber Vogls Mausoleum – die breitere Darstellung des Mittelalters, u. a. der Geschichte der Wallfahrt zur Schönen Maria, wobei versucht wird, den Vorwurf des Zauber- und Wunderglaubens auszuräumen.
Unbesehen obiger Einwände u. a. erweist sich das Mausoloeum in seinen diversen Ausgaben ebenso wie die Ratisbona Politica als Fundgrube für den Sammler von Sagen und Legenden, dem ihre Lektüre nicht wenig Freude bereiten kann. Bei einer Zusammenstellung von wundersamen Naturereignissen (Himmelszeichen u. a.) wird man ebensowenig auf die Ratisbona Politica (s. S. 312 ff.) verzichten können wie bei einer Untersuchung des Wallfahrtskults der Schönen Maria auf die Ratisbona Monastica (S. 415 ff. vor allem). An Abt Coelestin aber wissen wir besonders zu schätzen, daß er – wie wohl keiner vor ihm – sich der Übersetzung Arnoldscher Emmeramslegenden annahm, die er barock-bildhaft nacherzählte.

ALBERT [ALBRECHT] ERNST GRAF VON WARTENBERG (1635–1715)

Der Regensburger Domherr und spätere Weihbischof, »ein ebenso wundersüchtiger wie legendengläubiger Mann« (Bauer, S. 49), hat viel Sagen- und Legendenhaftes zur alten Ratisbona zusammengetragen, angetrieben vor allem wohl durch seine rege Phantasie, mit der er sich sogar dazu verstieg, zu behaupten, in den Gängen unter seinem Kanonikalhof seien nicht nur die Märtyrer Regensburgs begraben, sondern wir hätten es hier sogar mit einem Zentrum frühchristlichen Lebens zu tun. »Die Staatliche Bibliothek Regensburg verwahrt das 1688 abgeschlossene Manuskript Wartenbergs [im nämlichen Jahr wurde er Weihbischof] mit dem Titel ›Ursprung und Herkommen der Haupt-Statt Noreija etc.‹, in dem er u. a. einen Bericht über die Funde [dort] liefert und seine phantasievollen Schlüsse darlegt ... Die phantastisch erscheinenden Schlüsse und Folgerungen Wartenbergs müssen aus seiner Zeit heraus gesehen und gewertet werden. Es war die Zeit der Gegenreformation, des katholischen Vorstoßes zur Rückgewinnung verlorenen Bodens. In der evangelischen Reichsstadt Regensburg hatte die katholische Gegenbewegung einen harten Stand. Wartenberg versuchte nun, die Erinnerung an frühchristliche Zeit in den Dienst der katholischen Sache zu stellen« (Bauer, S. 50). Ähnlich nahm er sich der Schwarzen Madonna an, von der er glaubte, ihre dunkle Farbe sei auf den Dampf der zahlreichen Öllampen am Grab Mariens zurückzuführen. In seiner »Schatz-Kammer« bringt er die uns meist aus der Originalquelle bekannten Legenden um Erhard, Kunigunde, Dollinger (nur erwähnt), Heinrichsstuhl und besagte Schwarze Madonna. Die geradezu amüsante Lektüre verrät eifriges Quellenstudium (Paululus z. B.). Verdient machte Graf Wartenberg sich um den Kult des sel. Albert von Haigerloch und den des sel. Friedrich, indem er 1684 dessen sterbliche Reste erhob und unter einem Altar der mittlerweile abgebrochenen Augustinerkirche beisetzen ließ. Walderdorff, der ihn als unermüdlichen Archäologen erwähnt (S. 188), begegnet Wartenberg sonst durchweg mit Vorbehalt, wie er sich in den Worten ausdrückt: »Gedicht, das sie [= Kunigunde] verfaßt haben soll (S. 209) oder »Wo der Heilige früher begraben war, ist ganz unbekannt; Graf Wartenberg läßt ihn auf der linken Seite der Stiftskirche begraben werden« (S. 220), ein Vorbehalt, den schon Gumpelzhaimer 1, S. 145 kennt (»Wenn übrigens Graf Wartenbergs Beschreibung zu trauen ist«). Das Urteil des unbestechlichen Walderdorff über Wartenberg – »beiläufig ein sehr leichtgläubiger und unkritischer Mann« (S. 215) – mag stellvertretend für die nicht sparsame Kritik an dem Wundersucher stehen. Wurster (in: VO 120, 1980, S. 156 ff.) plagt sich redlich, Wartenberg gerecht zu werden, diesem persönlich sehr frommen Menschen, »der sich besonders um die Verehrung der Heiligen bemühte«, aber in der Pestzeit von 1713 auch ein Beispiel menschlicher Größe gab. Und er nimmt ihn in Schutz vor übertriebener Kritik: »Eine seltsame Blüte des Wartenbergischen Nachwirkens im publizierten Geschichtsbewußtsein Regensburgs findet sich bei Rossner, Katakomben, der Wartenberg zwar wieder benutzt hat, aber ihn unverdientermaßen der Lächerlichkeit anheimgibt« (Wurster, S. 157). Aber seine Leichtgläubigkeit ist nicht wegzudiskutieren: »Trotz seiner umfangreichen Literaturkenntnis [vor allem Baronius und Aventin] und der Vertrautheit mit den modernsten kritischen Forschungsansätzen seiner Zeit, den ›Acta Sanctorum‹, entwickelt Wartenberg nur wenig Vorbehalte gegenüber den weitreichenden sagenhaften und legendarischen Spekulationen, denen sich der Geschichtsforscher in den Werken des Mittelalters und des Humanismus gegenübersah. Er schöpft sie nochmals voll aus, um den Ruhm Regensburgs auf die Spitze zu treiben, aber genauso um seiner Zeit die Verpflichtungen aus dem leuchtenden Vorbild des antiken bayerischen Christentums vor Augen zu führen.

Wartenbergs Darstellung beginnt mit der Einwanderung des Tuisco, Sohn des Japhet und Enkel Noahs und Stammvater der Deutschen ... Wartenberg war deswegen imstande, aus seinen Entdeckungen und hauptsächlich aus dem Glasfund [Apostel in Regensburg!] so weitreichende Schlüsse zu ziehen, weil sie sozusagen das materielle Bindeglied lieferten, das eine Zahl von Legenden und Ansichten über die Christianisierung zu einem sinnvollen, beeindruckenden Ganzen verbinden konnte ... Die ›Schatzkammer der seligsten Jungfrau Maria‹, die die lokale Überlieferung Niedermünsters vorstellt, wird ... als ›libellus rarus, sed fabulis nimium conspurcatus‹ bezeichnet. In seiner Tätigkeit als Weihbischof bereiste Wartenberg die ganze Diözese und sammelte dabei überall sämtliche erreichbaren Informationen zu den Lokalheiligen. Diese Notizen schlugen sich in den ›Protocolla‹ nieder, die daher eine wertvolle Quelle für die Hagiographie des Bistums sind ...« (Wurster, S. 158 und S. 160f.).

Ein grundlegendes Werk für die Sagen- bzw. Legendenforschung in Regensburg ist weder »Noreja« noch die »Schatz-Kammer«. Als vergleichende Ergänzung zu der früheren Literatur sind beide jedoch nicht unangenehm zu lesen.

Anton Wilhelm Ertl (* 1654, † nach 1715)

Bereits zwei Jahre vor Erscheinen des ersten Bandes seines in einer starken Tradition von Landesbeschreibungen (Schedel, Aventin, Apian, Merian ...) stehenden Chur-

Bayerischen Atlas (270 Ortsbeschreibungen) brachte Ertl, »Doktor der Jurisprudenz, kurbayerischer Hofgerichtsadvokat, Hofmarksrichter, Syndikus und noch einiges mehr« (G. Deckart), »eine Sammlung von Begebenheiten aus der bayerischen Geschichte, ein belehrendes Lesebuch« heraus, »in dem ohne Beachtung einer historischen Abfolge oder sonst irgendeiner erkennbaren Ordnung landeskundliche und historische Themen aneinandergereiht werden« (Deckart, Einleitung, S. 16). Abgefaßt hat Ertl die Texte zu diesen Relationen (= Erzählungen) als moralische Lehrstükke, getreu seiner Auffassung, daß man zuerst Gott und dann seinem Vaterland zu dienen habe. Eine differenziert-kritische Geschichtsbetrachtung ist dementsprechend bei ihm nicht zu erwarten. Schließlich ist er kein ausgebildeter Historiker, vielmehr ein Geschichtsfreund, »der die Kenntnis der Geschichte als Grundlage der Vaterlandsliebe und diese als die wichtigste Tugend der Untertanen ansah« (ebd. S. 13). Leitmotive der Darstellung, die – so nebenbei – auch dem »Divertissement« dienen solle Ertls Neigung zum Sensationellen, Sagen- und Anekdotenhaften kommt dieser Absicht entgegen – »sind die bedingungslose Rechtfertigung der katholischen Kirche und die Verteidigung ihrer Rechte und ihres Besitzes sowie die uneingeschränkte Lobpreisung Bayerns und seines Herrscherhauses« (ebd. S. 18).

Aus seiner geradezu naiven Gläubigkeit heraus glaubt der Autor fest an eine Welt voller Hexen, Teufel und böser Geister. »Manche Handlungen von Menschen kann er sich nur so erklären, daß hier wohl der Teufel seine Hand im Spiel hatte« (wie oben, S. 18).

Da die von Ertl im Vorwort zu seinen Relationes angekündigten weiteren Geschichten ausblieben, »nahm sich der Augustinerpater Agnellus Kandler aus München (1692 bis 1745) des Buches und vermutlich auch einiger Manuskripte Ertls an, fügte fünfundsiebzig eigene Geschichten hinzu und gab das nun weitaus stattlichere Buch 1733, allerdings ohne die Angabe seines Namens, neu heraus« (wie oben, S. 18). Zu den neu hinzugekommenen Geschichten gehören: Hanns Dollinger – »Wer weiß, wer die Braut heimführt?« – Stiftung des Benediktinerklosters Prüfening – Fahrensbach-Přemislaus u. a. Auf Ertl selbst geht die berühmte Sage von der Regensburger Donaubrücke zurück, die in der Originalfassung weite Verbreitung gefunden hat. Und auch die folgenden Sagen bzw. Legenden wurden von ihm niedergeschrieben: Adalger – Karl der Große trägt Kreuz voraus (Verwechslung mit Ludwig dem Deutschen!) – Der gewissenlose Advokat (Emmeramsgeschichte um Aiterhofen) – Bestrafter Meineid (Emmeramsgeschichte um 12 meineidige Adlige) – Heinrichsstuhl . . .

»Ertls Verdienst ist es vor allem, daß er es seit Aventin als erster wieder unternommen hat, ein Werk über bayerische Geschichte nicht auf Latein, sondern auf deutsch, in der Sprache des Volkes zu schreiben« (wie oben, S. 19).

Es wäre kein schlechtes Vorhaben – ich habe es selbst im Sinn –, nach diesem Vorbild – allerdings systematischer – mit den literarisch fixierten Sagen bei unseren Historikern eine »Geschichte« Bayerns zusammenzustellen.

CHRISTIAN GOTTLIEB DIMPFEL (1709–1781)

Wenngleich der einer alten Regensburger Familie entstammende Autor – sein gleichnamiger Vater war Innerer Rat und sein ebenfalls gleichnamiger Sohn fürstprimat. Senator – sein Werk, eine umfangreiche vierbändige Chronik (samt einem Ergänzungsband) über sein »beglücktes und durch die heilsame Reformation gesegnetes Regensburg« (nach Reiser, Regensburg, S. 155) als »unpartheyisch« vorstellt, so ist doch seine Parteinahme für die Protestanten – er selbst ist evangelischer Geistlicher,

»ein treu und eifrig gewesener Prediger« (Totenbuch der Stadt Regensburg, zitiert nach Reiser, wie oben) – unübersehbar, wenn er sich beispielsweise wiederholt über die Ausschreitungen gegen seine Glaubensbrüder ausläßt und mit Vorliebe Fehler und Vergehen der Katholiken aufdeckt. Ein Muster seines »Farbe-Bekennens« ist z. B. die Geschichte von den sprechenden Nachtigallen, der bei Geßner jegliche Polemik fehlt, die in Dimpfels Version aber eine antikatholische Note bekommt.
Zahlreich wartet er mit dem auf, was Aventin »kunter« nennt. Außer den aus anderen Chroniken u. ä. übernommenen Sagen und Legenden (Abt erstickt im Feuer – Judenmord an 7 Christenkindern – vom verunglückten Steinmetz beim Abbruch der Synagoge – 3 feurige Kugeln im Prüfeninger Feld – Freißlich, »ein sehr venerischer Mensch« und der Teufel als fahrende Hexe – Konsistorialsekretär Vogel usw. in Bd. 1) widmet er den Omina breiten Raum und dem Kapitel von Wetter, Feuer, Teuerung (Bd. 1, S. 512 ff.). Die allein schon von der Aufmachung her sehr originelle Chronik, die zahlreiche reizvolle z. T. farbige Darstellungen schmücken, (Pfarrer von Teufeln umsprungen, Applikation – Schöne Maria, fast auf Doppelfolio, sehr beeindruckend und lebendig, emphatische Zuwendung der Pilger zu ihr – Salzburger Emigranten), zeugt vom kämpferischen Sinn des Autors und ist – zumindest für Protestanten – eine unbeschwerliche Lektüre, die einen hellauf begeistern kann.
Wurster (in: VO 120, 1980, S. 191) schreibt, daß nach der Ratis-Bona von 1659, einem Quartbändchen von 22 Seiten, ein fünfbändiges Manuskript in Regensburg entstanden sei: Dimpfels Ratis-Bona Nov-Antiqua. Auf Rückfrage, wo denn dabei ein Zusammenhang gegeben sei, antwortet Wurster am 10. 3. 1981: »Das Ms. Ratis-Bona im Stadtarchiv [wo ich es einsah] bzw. im Historischen Verein ist ein Ms. aus dem 18. Jh., deshalb habe ich mich damit nicht ausführlicher befaßt. Das Buch von 1659 hat von seiner ganzen Anlage her (und aufgrund seines Zielpublikums, das ja wohl das ganze Deutschland war) keinen Platz für scharfe konfessionelle Tiraden. Sein Einfluß auf die Reg. Mss. ist nur über den Titel gegeben . . .«

CARL THEODOR GEMEINER (1756–1823)

Gemeiner, dem wir eine vierbändige Regensburger Chronik verdanken, für die er aus den königlichen Archiven und den Registraturen zu Regensburg schöpfte, und den Versuch einer Regensburgischen Juden-Geschichte, bringt nicht allzuviele Sagen (Karls Schiffsbrücke, Karl geht barfuß bei Prozessionen etc. – hier, Bd. 1, S. 73 unterliegt auch Gemeiner einem großen Irrtum; es handelt sich um Ludwig den Deutschen, von dem Notker dies berichtet –, Pippins Verschwörung, Emmeramsconvivium, Prüfenings Gründung, Heinrichsstuhl, Jude Jössel, Sprechendes Hündchen der Kratzerin . . .). Und er läßt keinen Zweifel daran, daß er es oft als Zumutung betrachtet, der Überlieferung zu vertrauen, wenn er z. B. zur Lucius-Geschichte schreibt (Bd. 1, S. 19): »Die Legende verlangt, daß wir glauben . . .« oder wenn er – s. Vorbericht – »das Papier nicht verderben« will mit der Aufzählung der Namen von Regensburg, die für ihn größtenteils »Hirngespinste und Wortspiele alter Chronikschreiber« sind, oder wenn er (Bd. 1, S. 77) von dem einfältigen Wahn spricht, daß Kometen große Begebenheiten verkündigten. Er betrachtet es als eine seiner Aufgaben, »unsere vaterländische Geschichte« von Fabeln zu reinigen (Bd. 1, S. 99): »Aus diesem Grunde übergehe ich die Menge alter Fabeln und Mährgen [sic!], mit welchen in den alten geschriebenen Chroniken viele Seiten angefüllt sind. Dahin gehören die Erzählungen von einem Bischof Paulinus, von einer Königin Reginopyrga u. s. w.« (wie oben).Gemeiner wurde selten bei dieser Arbeit herangezogen; durchweg wurde Gumpelzhaimer benutzt, der sich zwar fleißig Gemeiners bedient, aber sich nicht von vornherein von den »Fabeln« distanziert. (Man vgl. Gumpelzhaimer 1, S. 56 zu Paulinus.) Kulturtopografisch ist bemerkenswert, daß Gemeiner »die vier Bände seiner gediegenen Regensburger Chronik« (Walderdorff, S. 55) im Haus »Zum Pelikan« an der Keplerstraße schrieb – er hatte es 1791 nach dem Tode seiner Mutter geerbt –, im nämlichen Haus also, das in der zweiten Hälfte des 17. Jahrhunderts der Familie Grienewaldt gehörte, aus der ein anderer bedeutender Regensburger Chronist hervorgegangen ist.

Christian Gottlieb Gumpelzhaimer (1766–1841)

Von ähnlichem Fleiß angetrieben wie später Walderdorff, der mir viel »Hintergrundmaterial« lieferte, wurde Christian Gottlieb Gumpelzhaimer, von dessen Familie »die ältesten und einzigen Spuren« (Bösner, S. 5) in Wasserburg zu finden sind, wo seine Vorfahren als Bürger und Ratsverwandte in vorzüglichem Ansehen standen, einer von ihnen sich aber um 1600, um dem mächtigen Druck der Gegenreformation zu weichen, zunächst nach Linz und dann nach Regensburg wandte, »wo er sich offen und gefahrlos zum evangelischen Glauben bekannte, und wo er der Stammvater der hiesigen Gumpelzhaimerischen Familie ward«. Nach einem Jurastudium in Göttingen, wo er die berühmtesten Philosophen und Rechtsgelehrten seiner Zeit gehört hatte, nach einem 13monatigen Arbeitsaufenthalt in Wien, »nach 5jährigen unbezahlten Diensten« und weiterer wirtschaftlicher Dürftigkeit, die ihm Zuschüsse seines Vaters zu mildern suchten, erhält er endlich 1803 die volle Anstellung und Besoldung als Oldenburgischer Legationssekretär, der bald die zum Legationsrat folgt; 1813 wird er zum großherzoglich Mecklenburg-Schwerinschen geheimen Legationsrat ernannt. Diese wohlklingenden Titel können nicht darüber hinwegtäuschen, daß Gumpelzhaimer kein leichtes Schicksal zu bewältigen hatte.

Gewiß mehr Erfüllung als in seinen diplomatischen Aufgaben hat er in seiner heimatkundlichen Tätigkeit gefunden. Bereits bei Gründung des Historischen Vereins in Regensburg wird er zum Vorstand bestimmt. Seine Publikationen und Vorträge über die engere Heimat weisen ihn als einen »der Sache warm ergebenen und ihrem Zwecke eifrig zustrebenden Geiste« aus (Bösner, S. 18). Im Vorwort zu seinem dreibändigen Regensburgwerk (mit zusätzlichem Registerband), bei dessen Erarbeitung er nicht ungern der klassischen Chronik (so wörtlich) Gemeiners folgt, legt er seine Absichten beim Verfassen dieses Opus dar. »Kenner werden das Schwierige meines Unternehmens beurtheilen.«

Bauer, S. 223 wertet über »Regensburgs Geschichte, Sagen und Merkwürdigkeiten«: »... eine schier unerschöpfliche Quelle für die politische Geschichte der Stadt, für ihre Kultur- und Sittengeschichte. Ereignisse von historischer Tragweite stehen in buntem Wechsel neben den Zufälligkeiten des Alltags in streng chronologischer Reihenfolge ... Ist das Werk auch nicht frei von Irrtümern und mag auch die Geschichtsbetrachtung seiner Zeit nicht mehr modernen Grundsätzen entsprechen, so ist es doch das Standardwerk für die lokale Stadtgeschichte.«

Abb. von Gumpelzhaimer bei Bauer, S. 222 und in VO 120, 1980, zwischen S. 16 und S. 17.

Karl Sebastian Hosang (1769–1842)

Durch Adolf Schmetzer kam der Historische Verein in den Besitz von sieben handgeschriebenen Büchlein, die den Titel tragen: Geschriebenes in Nebenstunden. Die Einleitung zum ersten weist als Datum aus: Stadtamhof, den 1. Mai 1828, indes das letzte das Datum des 4. Januar 1840 enthält (Freytag, Vorbemerkung zu Bd. 1).

Laut frdl. Mitteilung von Guido Hable, Stadtarchiv, entstammen sie folgenden Jahren: Bd. 1/1828 – 2/1830 – 3/1832 – 4/1835 – 5/1836 – 6/1838 – 7/1840 (Bauer, S. 609 bringt irrige Angaben dazu). Sie stammen aus der Feder des Stadtamhofer Chronisten Karl Sebastian Hosang, einem kgl. Salzamtsschreiber – sein Vater war kurfürstl.-bayer. Salzstadelmeister gewesen –, dessen Geburt die Kirchenbücher von Niedermünster am 3. November 1769 registrieren. Seine kleinen Geschichten – Anekdoten insbesondere, in die sich mitunter auch eine Sage verirrt hat, und die R. Freytag, nachdem er sie nach und nach im »Regensburger Anzeiger« veröffentlicht hatte, in zwei Bänden 1930 und 1932 herausbrachte – sind eine aufschlußreiche ergiebige Quelle vor allem für die Erforschung des biedermeierlichen Regensburg. »Für die Kulturgeschichte unserer Stadt und für die Volkskunde haben sie nicht geringe Bedeutung« (Freytag, Vorbemerkung zu Bd. 1). Eine ausführliche Würdigung Hosangs in besagter Vorbemerkung und bei Bauer, S. 411; eine Besprechung der Freytagschen Ausgabe in VO 81, 1931, S. 142.

JOSEPH RUDOLF SCHUEGRAF (1790–1861)

Der Geschichtsforscher Schuegraf, wie Karl Bosl ein gebürtiger Chamer, wurde – wegen der starken Verringerung des Heeres – 1823 als erst 33jähriger Oberleutnant in den Ruhestand versetzt, den er, trotz materieller Schwierigkeiten – er »hatte fast immer mit ungünstigen Verhältnissen zu kämpfen« (Walderdorff, S. 231) – mit Hingabe und Leidenschaft für seine fruchtbaren Forschungen nutzte.
»Im 27. Band der Verhandlungen des Historischen Vereins widmet ihm Walderdorff [von ihm stammt auch ein Lebensbild Schuegrafs, das 1870 herauskam] eine ausführliche Lebensbeschreibung mit einem Verzeichnis seiner sämtlichen Schriften. Ihre Vielzahl erscheint uns geradezu unbegreiflich. Nicht weniger als 190 Nummern umfaßt die Liste seiner im Druck erschienenen geschichtlichen Abhandlungen, 180 Nummern die Zusammenstellung seiner Manuskripte. Die Bedeutung der Forschertätigkeit Schuegrafs wird erst klar, wenn man bedenkt, daß er nur selten Druckwerke zu Rate ziehen und zum Vergleich benützen konnte, sondern daß er bei seinen Arbeiten fast ausschließlich aus zeitgenössischen Quellen schöpfte. Die Ergebnisse seiner Forschungen erschienen verstreut in historischen Zeitschriften, in Tageszeitungen oder als selbständige Werke in Form von Büchern oder Heftchen. Seine bedeutendste Leistung, die ›Geschichte des Domes von Regensburg‹ [sie gehört heute zu den seltenen und gesuchten Werken auf dem Büchermarkt], ist 1848/49 erschienen. ›Sie allein würde genügen‹, schreibt Neumann, ›um den Namen des unermüdlichen Forschers der Nachwelt dankbar überliefern zu müssen‹« (Bauer, S. 204 f.). An ihr – dem Ergebnis siebzehnjähriger Forschungsarbeit – »kann auch heute noch nicht vorübergegangen werden, auch wenn sie manche Mängel aufweist« (Paul Mai, in: VO 120, 1980, S. 15). In der »Vorerinnerung« zu diesem Werk berichtet Schuegraf selbst über die Konzeption seiner Arbeit und über seine ungeheuren Schwierigkeiten dabei, die er zuversichtlich mit dem Apostelausspruch anging: »Quando enim infirmior, tunc fortior sum et potens.«
Sein Einsatz machte auch vor fast Unmöglichem nicht Halt: »Der leidenschaftliche Forscher gab seine letzten Pfennige für den Erwerb wertvoller Urkunden und Manuskripte hin und bewahrte viele Geschichtsquellen vor der Vernichtung durch verständnislose Aufklärer« (Benker, S. 157). Mit vollem Recht nennt ihn Hugo Graf Walderdorff einen »verdienten bayerischen Geschichtsschreiber«. Karl Bosl würdigt seinen Landsmann, der seit 1827 in Regensburg lebt, wo er als Schüler auch die Klosterschule der Benediktiner in Prüfening und das Gymnasium St. Paul besucht

hatte und nun 30 Jahre lang als Sekretär des Historischen Vereins tätig war, in einer Abhandlung in den VO 102, 1962, wie denn überhaupt der »Domgeschichte unseres Sekretärs« »aufmunternde, mitunter reelle Anerkennung« zuteil wurde (J. Mayer, in: Jahresbericht des Histor. Vereins, 1848). Schuegrafs Fragestellung zu Sagenansätzen (An der Stelle der Kassianskirche, von St. Ulrich und vom Alten Dom früher Götzentempel? Luthermesse auf angeblichem Hieronymusaltar – Tradition der Dommesner? Karl der Große Erbauer der Allerheiligenkapelle? . . .) wurde hier nicht nachgegangen. Eine gründliche Auswertung seiner Schriften auf volkskundliches Material hin bliebe sicher nicht fruchtlos.

JAKOB (1785–1863) und WILHELM GRIMM (1786–1859)

Von den herangezogenen überregionalen Sammlungen ist vor allem die der Brüder Jakob und Wilhelm Grimm zu nennen. Wenngleich sie Regensburg nur mit wenigen Sagen berührt (Grimm, Nr. 212/Schatz auf der Brücke – Nr. 422/Abkunft der Bayern) oder auf Regensburg schließen läßt (Nr. 402/Authari), ist sie »noch immer die vollständigste und vielseitigste Anthologie historischer Sagenbelege« (Lutz Röhrich) und – unbesehen gewisser Vorbehalte vor allem gegenüber ihrer Methodik und ihrer stark nationalen Einschätzung der Sagen als Grundlage unserer Volkserziehung – in ihrer Nachwirkung auf die weiteren Sagensammlungen des 19. Jahrhunderts nicht hoch genug einzuschätzen.

LUDWIG BECHSTEIN (1801–1860)

Auch Ludwig Bechstein, dem Gisela Burde-Schneidewind (in: Deutsche Volksdichtung. Leipzig 1979, S. 90) eine reaktionäre Haltung attestiert – »Bei aller Aufgeschlossenheit gegenüber der Volksüberlieferung seiner engeren und weiteren Heimat kommentierte er jede oppositionelle Äußerung in den von ihm edierten Sagentexten mit gehässigen, antidemokratischen Bemerkungen« –, bringt in seinem Deutschen Sagenbuch (1853) nur wenige Regensburger Sagen: die von Babo, vom Dollinger und von Judith (Bechstein, Nr. 852, 856, 864). Sie zeichnen sich aus durch eine herzerfrischende, bildreiche Sprache: man sehe nur einmal die Sage vom Dollinger, in der geschildert wird, wie der Heide einem Nußsack gleich vom Roß fällt oder der Held kurzfristig auf dem Rücken liegt wie ein »gepritschter Frosch«. Eine derart plastische Diktion findet man bei den anderen Sagensammlern kaum, der sogenannte »Grimm-Stil« herrscht vor, »der trotz einer gewissen papierenen Trockenheit und nicht immer nur zum Vorteil der Sagenforschung und ihrer Quellentreue für den Editionsstil deutscher Sagenpublikationen anderthalb Jahrhunderte lang vorbildlich geworden ist« (L. Röhrich, Sage und Märchen, S. 56).
Bei den Sagen aus Regensburg, für die Bechstein alte Quellen offenstanden, läßt sich kein antidemokratischer Ton nachweisen. Auffällt dagegen, daß Bechstein seine reizvollen Anmerkungen nicht in den Anhang verweist, wo sie eigentlich hingehörten, sondern mit ihnen die Sage selbst dekoriert (s. z. B. in der Sage von Judith die Flucht der Katharina von Bora . . .).

FRIEDRICH PANZER (1794–1854)

Panzer, »dieses wichtigste und schönste bayerische Sagenwerk« (Peuckert), dessen erster Band (1848) noch unter der Mitwirkung von Andreas Schmeller geschrieben worden war, und das mir früher – bei den Sagen aus Niederbayern vor allem – eine wertvolle Arbeitsgrundlage bot, hat mir für die Stadtsagen, bei denen ich ja sowieso

durchweg auf ältere Quellen zurückgreifen konnte, nicht das nämliche gute Material
geliefert wie für das Land »draußen«, das Panzer, der Ingenieur, Staatsbaurat und
Amateur-Prähistoriker, in mühsamer Feldforschung sich erschlossen hatte. Ich ortete
bei ihm folgende auf Regensburg bezogene Sagen, Legenden u. a.: Panzer 1, Nr. 144/
Donaubrücke – Nr. 145/Die Kapelle St. Georgi an der Halleruhr – Nr. 146/Konrad
von Megenberg – Nr. 250/Emmeram, und Panzer 2, Nr. 1/Portal der Jakobskirche –
Nr. 2/Mariaort. Daß Peuckert bei seiner Edition der Panzerschen Sagen (1954, 1956)
– sie allein diente mir als Vorlage – die Quellennachweise Panzers »erweiterte«, ein
m. E. fragwürdiges Vorgehen, macht es dem Leser dieser Ausgabe unmöglich zu
erfahren, welche Quellen Friedrich Panzer in der Tat benutzt hat; s. dazu auch
Brückner, S. 16f.

ALEXANDER SCHÖPPNER (1820–1860)

Schöppner, der wiederholt auf Panzer fußt, diesen aber qualitativ bei weitem nicht
erreicht – mein Landsmann August Becker (1828–1891) tadelt an ihm in pfälzischem
Freimut »eine Menge elender Reimsudeleien« –, bringt von allen überregionalen
Sammlungen die meisten Regensburger Sagen, 31 insgesamt, allerdings in seinem
ureigensten Genre: sein Interesse richtet sich ausschließlich auf die »Sammlung und
Erweiterung des Materials« und nicht auf die »Gewinnung wissenschaftlicher Resulta-
te«. Bei diesem engen Blickwinkel war ein qualitatives Gefälle seines Stoffes nicht
auszuschließen und auch nicht handfeste Irrtümer und Fehler (s. z. B. Anm. Nr. 178).
Seine Quellenangaben bei den Stadtsagen sind ausführlicher als bei der Feldforschung,
wo er oft pauschal die Herkunft mit »mündlich« abtut, ohne die Gewährsperson zu
erwähnen. Seinen Angaben nach hat er u. a. herangezogen: Adlzreiter, Arbeo (er
nennt ihn Aribo), Arnpeck, Aventin, Brunner, Bruschius, Elsberger, Ertl (Relationes), Gemeiner, Grienewalt (sic!), Gumpelzhaimer, Hormayr, Hund, Merian, Oefele, Sanftl, Hans Sachs, Rohner (Verleger, nicht Autor!), Wening . . .
Ähnlich wie Schöppner, der, wie Günther Kapfhammer (Universität Augsburg)
betont, nur mit allergrößtem Vorbehalt und auch dann nur von Sachkundigen
heranzuziehen sei, ist *Johann Nep. Sepp* »mit großer Vorsicht zu gebrauchen« (DG 9,
3. Lieferung 1908, S. 66). Ich schätze ihn lediglich als Fundstelle für Anmerkungen
und weil ich bei ihm mitunter Hinweise auf mir noch unbekannte Sagen erhielt, die ich
mir dann freilich aus einer sauberen Quelle entnahm. Seine mit verworrenen Mytholo-
gie-Hypothesen überfrachteten Ausführungen sind für den ernsthaften Forscher
ungenießbar und widerlich.

JOSEPH ANTON PANGKOFER (1804–1854)

Im Vorwort zum ersten Band seiner großen, doch keineswegs zuverlässigen Sagensammlung erwähnt Schöppner den Riedenburger Joseph Anton Pangkofer als Verfasser der »Gedichte in altbayerischer Mundart« (2 Bde., München 1845–47), und er hebt
die schlichte und naive Weise seiner Dichtung hervor. Die ADB, Bd. 25 rühmt ihn
nächst v. Kobell gar als den »vortrefflichste[n] Dialektdichter im altbayerischen
Idiom« –, das »auch den Sagen gut zustatten gekommen« sei. Wenngleich ich hier, wie
meist auch sonst bei literarischen Wertungen, eine völlig gegensätzliche Meinung zu
Schöppner vertrete – ich halte die »dem Volksgeist abgelauschte[n]« Sagengedichte
(ADB) Pangkofers für indiskutable Machwerke –, bemühte ich mich dennoch um ein
anderes Werk des oberpfälzischen Literaten: »Ein ›Regensburger Sagenbuch‹ desselben ist nur unter Freunden des Verfassers bekanntgeworden« (Schöppner 1, Vorwort). Meine Recherchen blieben erfolglos. Guido Hable vom Stadtarchiv Regens-

burg schrieb mir am 9.11. 1978: »Ein Sagenbuch von Pankofer konnte ich im Handschriftenbestand des Historischen Vereins nicht finden. Die Anzahl seiner Manuskripte ist dort auch sehr gering.« Auch K. Winkler, Literaturgeschichte, Bd. 1 vermerkt nur die Tatsache, daß Schöppner ein Regensburger Sagenbuch Pangkofers erwähnt, macht aber keine konkrete Aussage dazu.

Franz Xaver Schönwerth (1810–1886)

In Franz Xaver Schönwerths »Aus der Oberpfalz. Sitten und Sagen«, einem an volkskundlichem Material überfließend-reichen Standardwerk, findet sich nur ganz wenig über Regensburg: in Bd. 3, S. 135 die Erwähnung eines am Maß frevelnden Brauers und des unruhigen Geists einer Wirtin vom Steinweg, und im nämlichen Band, S. 271 aus Neuenhammer die Sage von der Regensburger Brücke und S. 148 die vom Dreifaltigkeitsberg. Auch der im Besitz des Historischen Vereins von Oberpfalz und Regensburg befindliche Nachlaß des bedeutenden Ambergers versagt sich, wenn es um Regensburger Sagen geht, wie auch der wohl beste Schönwerth-Kenner Roland Röhrich, Würzburg, in einem Schreiben vom 7. 2. 1979 bestätigt: »Der Nachlaß Schönwerths enthält, ich glaube mich nicht zu irren, keine Stadtsagen von Regensburg. Schönwerths Sammelgebiet lag auch kaum in der südlichen, sondern fast ausschließlich in der mittleren und nördlichen Oberpfalz. Hier lebten Verwandte und Bekannte, die ihm als Gewährsleute, vornehmlich aber als Vermittler dienten.« Da die Regensburger Stadtsagen zudem überwiegend Geschichtssagen sind, schieden sie für Schönwerth sowieso von vornherein aus. Denn eindeutig konstatiert er (Bd. 1, S. 45): »Von der Geschichte hielt ich mich ferne . . .« – Für meine noch ausstehenden zwei Bände Oberpfälzer Sagen (Sagen aus Feldforschung und solche aus der Literatur) werden sich jedoch Schönwerths publiziertes Werk und nicht minder die Schönwerthiana in Regensburg als unentbehrlich erweisen.

Carl Woldemar Neumann († 1888)

Neumann, ein Offizier, der sich als Lokalforscher u. a. um die Häuserchronik der Stadt viele Verdienste erworben hat (s. Walderdorff, S. 560) – Mitarbeiter u. a. auch an J. Meyers Allgemeinem Künstlerlexikon, zu dem er 1872 einen Artikel über Altdorfer beisteuerte, und Verfasser vieler Beiträge für die VO –, erweist sein Interesse an Sagen durch seine Arbeit über die merkwürdigsten Häuser und Wahrzeichen von Regensburg (Ms. Hist. Verein. Signatur: R 390/1), über Dollinger (Die Dollingersage, Regensburg 1862) und insbesondere durch eine umfangreiche handschriftliche Sammlung, die an die 200 Nummern vereint, Sagen und Legenden, worunter freilich auch Gedichtsagen sind und Anekdotenhaftes. Er hat sie durchweg aus der Literatur zusammengetragen für ein geplantes Sagenbuch, das er nicht mehr fertigstellen konnte. Dem zweiten Ansatz – nach Pangkofer – zu einem Regensburger Sagenwerk blieb so, was hier zu bedauern ist, die Vollendung versagt. Neumann, den K. Bauer als »unermündlicher Erforscher der Geschichte Regensburgs« rühmt (S. 473), bringt – und dies muß einen freudig erstaunen – kritische Anmerkungen zu den aufnotierten Sagen, bei denen auch die Quellenangaben nicht fehlen, die auf einen souveränen Überblick des Sammlers über seine Materie schließen lassen. Am Durchgestrichenen, Neugeschriebenen erkennt man Neumanns Bemühen um eine gut lesbare Fassung, und man entsinnt sich bei der Durchsicht seines Manuskripts noch einmal der eigenen Anstrengungen um eine weitgehend komplette Literaturangabe, des eigenen Ringens, Neues hinzuzufügen, Fehlerhaftes zu eliminieren. Neumanns Manuskript, dem zur Publikationsreife nicht mehr viel gefehlt hätte, beinhaltet die wichtigsten Regensbur-

ger Sagen und Legenden. Abb. von Neumann bei Walderdorff, S. 559, Text dazu
S. 560.

ADOLPHINE VON REICHLIN-MELDEGG (1838–1907)

Nach zwei vergeblichen Bemühungen (Pangkofer und Neumann), ein Regensburger Sagenbuch herauszubringen, gelingt dies endlich 1893 Adolphine von Reichlin-Meldegg. Die Kenntnisse über ihre Person sind selbst in den Regensburger Bibliotheken und Archiven äußerst dürftig. So bedauert denn auch Guido Hable vom Stadtarchiv (Schreiben vom 22. 1. 1980): »Über Adolphine v. Reichlin-Meldegg können wir Ihnen keine biographischen Angaben liefern, die in diesem Falle am wahrscheinlichsten im Adelsakt des Bayer. Hauptstaatsarchivs zu erwarten wären. Sie erscheint jedenfalls in den hiesigen Adreßbüchern und Familienbögen nicht.« Sein Rat und sein Verweisen nach München bringt mir ergiebige Auskunft. Archivdirektor Dr. Hejo Busley teilt mir am 25. 2. 1981 mit: »Adolphine Magdalene Athanasia Pia Elisabetha Freiin Reichlin von Meldegg wurde am 2. 5. 1838 geboren; der Geburtsort ist nicht festzustellen. Die Eltern waren Ludwig Frhr. Reichlin von Meldegg und dessen Gattin Wilhelmine, geb. Gräfin von Seinsheim auf Sünching. Adolphine Freiin R.v.M. war Hofdame der Herzogin Ludovica in Bayern und Sternkreuzordensdame, ab 1890 Oberhofmeisterin der Herzogin Luise in Bayern. Tag und Ort des Todes sind nicht bekannt. Auch im Genealogischen Handbuch des in Bayern immatrikulierten Adels konnten die Daten nicht ermittelt werden.« Die noch ausstehenden Daten kann ich aus einem Schreiben von Dr. E. Dünninger (23. 1. 1981) und aus einem Nachtrag (Notiz) dazu entnehmen: »Mein zuverlässiger Gewährsmann teilt mir dazu mit . . . ›Sie wurde nach Auskunft des Stadtarchivs Regensburg . . . in Regensburg geboren und ist seit 1902 als Hofdame in München nachzuweisen. Jedenfalls bestätigt das Stadtarchiv München, daß sie seit 1899 in München gemeldet gewesen sei.‹« Aus anderer Quelle – der Monacensia-Abteilung der Stadtbibliothek München – ergänzt Dr. Dünninger: »Gestorben 5. 12. 1907 in Rottenmünster bei Rottweil/Baden. Seit 1903 nicht mehr in München . . .« Wenngleich auch Walderdorff, S. 144 das Reichlin-Meldeggsche Sagenbüchlein als »das reizende reich illustrirte Schriftchen« hervorhebt und im Vorwort zu seinem eigenen Werk ihm, »welches die Verfasserin gleich so manchen ihrer früheren Arbeiten in sehr netter und schwungvoller Weise selbst illustrirt hat«, sogar das Attribut »lieblich« zugesteht, und die Kunstdenkmäler (Regensburg 1, S. 29) es zumindest in ihrer Literaturaufstellung aufführen, wenngleich die Herausgeberin durch ihre Literaturangaben, die leider nur kapitelweise erscheinen und so die Zuordnung zu der jeweiligen Sage für den nicht mit der Regensburger Bücherwelt Vertrauten so gut wie unmöglich machen, eine Kenntnis auch der älteren Literatur bekundet (Grienewaldt, Oefele, Dimpfel . . .), so ist dem Büchlein der Plauderton der Autorin anzulasten. Plaudernd und den Leser duzend führt sie von einer Sage zur anderen (z. B. S. 7: »Vor allem möchte gewiß ein Jeder, der dies Büchlein zur Hand nimmt, wissen, wann zuerst die alte Stadt Regensburg entstanden ist – natürlich . . .«). Auch die Sagen und Legenden selbst werden so gefällig dargeboten, was um so mehr zu bedauern ist, wenn man weiß, daß sie auch wertvolle entlegene Literatur (loblich legend u. a.) heranzog, die sich nicht einmal im Sagenmanuskript von Neumann findet, dem, als ihrem Vorbild, sie ein eigenes Vorwort widmet: »Es war vor vielen, vielen Jahren schon ein Lieblingsgedanke des hochverdienten Forschers Regensburger Geschichte, Karl Woldemar Neumann, auch über Sagen ein Werk herauszubringen. Leider konnte er seinen Wunsch nicht mehr zur Ausführung bringen. Wenn hiezu nun heute von anderer Seite ein kleiner Anfang gelegt wird, so möge dies freundlich aufgenommen werden; denn es geschieht in pietätvoller Weise und im Sinne des Verstorbenen, aus dessen reicher Sammlung der Stoff zu diesen Erzählungen [!] teilweise entnommen ist.« Neumann hätte aus diesem Stoff mehr gemacht, wenngleich auch er sich manchmal anfällig zeigte für mythologisch Zweifelhaftes (Irmensul . . .), für das wohl nicht selten Pangkofer verantwortlich war.

NIKOLAUS SITTLER (1849–1927)

Drei Jahre nach den Reichlin-Meldeggschen »Volkssagen« [!] brachte Nikolaus Sittler, ein aus dem Haßfurter Gebiet stammender Lehrer (Geburtsort: Karbach), der allein 46 Jahre im Volksschulamt zu Regensburg tätig war, zuletzt an der Hl. Kreuzschule, bevor er 1920 »unter Anerkennung seiner langjährigen mit Eifer und Treue geleisteten Dienste« (Schreiben Staatsarchiv Amberg, Archivamtmann Anna Herrmann, vom 10. 4. 1979) in den bleibenden Ruhestand versetzt wurde, unter dem Palindrom-Pseudonym N. Reltis (nicht: Relitis, so Bauer, S. 610) »Sagen aus der Oberpfalz« heraus, die 1906 in zweiter und vermehrter Auflage erschienen, wozu Sittler eine vielsagende, geradezu penetrante mythologisch ausufernde Einleitung stellte. Seine Absicht bekundet der Vermerk »Für die Jugend bearbeitet«. (Sagen bedürfen keiner gesonderten Herrichtung – Hinrichtung wär vielleicht besser! –, um für die Jugend zugänglich zu sein. Echtes Volksgut versagt sich keiner Altersgruppe, keinem Stand.) Überwiegend bietet er Sagen aus der gesamten Oberpfalz, spart aber auch Regensburg nicht aus, das vor allem mit Legenden zu Wort kommt. Vermutlich hat Sittler keine einzige Sage selbst aufgeschrieben.
Ebenfalls zu beanstanden sind die fehlenden Quellenangaben. Vermutlich hat er sich bei seiner systematischen Einteilung (Feurige Männer – Irrlichter – Wind – Das wilde Heer – Wetterläuten usw.) an Schönwerth orientiert, dem er auch manche Sage (auch ohne Quellenangabe!) entnahm. Sein erzählerisch aufgeputztes Material ist nicht immer »hieb- und stichfest«. (So berichtet er S. 118 von der Weihe der Karlskapelle durch Apostel, daß geistliche Brüder in der Kapelle diese Einweihung miterlebten. Da es sich den Gesta Caroli nach aber bei diesen Brüdern um Inklusen handelt, ist dies unmöglich: Sie verfolgen von ihren Zellen aus den nächtlichen Weihevorgang!) Daß Sittler sein Buch unterteilt in Sagen und Legenden kann ihn nicht davor bewahren, daß wir seiner Aufforderung nachkommen und seine in »kindlich einfacher Form« erzählte »anspruchslose Arbeit« – so er selbst – beurteilen.
Unter dem Pseudonym Reltis brachte er 1893 ein weiteres Bändchen heraus: »Geschichte und Sage der Ritterveste und Geisterburg Stockenfels bei Regensburg.

Für die kritische Durchsicht dieser Passage (Literaturwertung) danke ich Herrn Dr. Herbert Wurster, Regensburg.

INHALTS- UND HERKUNFTSANGABEN

Unter den Regensburger Sagen und Legenden finden sich nicht wenige, die, wie jene von der Donaubrücke, vom Heinrichsstuhl, vom vermeintlichen Menetekel Post sex, von Prüfenings Ursprung..., in die überregionale Literatur Eingang gefunden haben. Da die einschlägige Literatur somit geradezu ausufernd ist, würde die Aufführung sämtlicher mir bekanntgewordener Belegstellen den Rahmen dieser Arbeit unmäßig sprengen. Deshalb begnüge ich mich mit einem verkleinerten, immerhin auch noch sehr umfangreichen Belegteil. Meine im »Grundsätzlichen« angekündigte Konzeption – damals erkannte ich noch nicht das ganze Ausmaß der Literaturfülle – wurde so aus ökonomischen Gründen beschnitten.
Ein Asteriskus (= *) vor einer Belegstelle kennzeichnet meine Vorlage.
Wenn nichts markiert ist, so weist dies auf die erste aufgeführte Belegstelle als meine Vorlage hin.

1	Vom Volk der Bayern	Ebran, S. 25; vgl. auch S. 33 (Kremsmünsterer Chronik) ebd.
2	Gomer, ein Sohn des Riesen Tuitsch	Gumpelzhaimer 1, S. 8 (»Anselmi... Ratisbona politica..., Reg. 1729, 4. S. 6«). Diese Angabe unrichtig, s. stattdessen Mausoloeum 1680, S. 1f.
3	Hermann	
	Version I	Gumpelzhaimer 1, S. 8 (»Aventini J. Chronica Frkf. a. M. 1580. Fol. S. 23 bis 33«) Aventin, Chronik, Buch 1, Kap. 28, S. 110
	Version II	Aventin, Chronik, Buch 1, Kap. 36, S. 117
	Version III	Mausoloeum 1680, S. 3; Ratisbona Politica, S. 88f.; Ratisbona Monastica, S. 3f.
4	Das Herkommen der Bayern oder Alman Ärgle	
	Version I	Aventin, Chronik, Buch 1, Beschreibung Baierns, S. 43f.
	Version II	Aventin, Chronik, Buch 1, Kap. 53, S. 135
	Version III	Aventin, Chronik, Buch 3, Kap. 9, S. 16f.
	Version IV	Gumpelzhaimer 1, S. 9 (Aventin und Gemeiner); vgl. auch Ratisbona Monastica, S. 4
5	Von der Abkunft der Bayern	
	Version I	Grimm, Nr. 422
	Version II	Andreas von Regensburg, S. 592f.; vgl. auch den latein. Text bei Andreas, S. 507 (Vita Altmanni); inhaltlich identisch
6	Bavarus aus Armenien	Füetrer, S. 6f. (Quelle vermutlich Garibaldus bzw. Vita Altmanni und Kremsmünsterer Chronik)
7	Norix zieht gegen Bavarus oder Alter Haß	Füetrer, S. 7f. (Garibaldus?); ebd. S. XXXXIX

8	Ein nachahmenswertes Beispiel oder Volksaufstand für den Frieden	Füetrer, S. 8f. und S. XXXXIX (Garibaldus?) Arnpeck, S. 448 (Garibaldus!)
9	Boemundus und Igraminon	Füetrer, S. 9 (wohl Kaiserchronik, vgl. Andreas von Regensburg, S. 593; Ebran, S. 35 und vor allem Füetrer, S. XXXXVIII f.)
10	Hermena	Ratisbona Monastica, S. 5; vgl. auch Nr. 26
11	Julius Cäsar macht Igraminon zum Hauptmann	Füetrer, S. 10f. (Jakob Twinger von Königshofen, ain teutsche Cronick; Sächsische Weltchronik und prosaische Kaiserchronik. »Aus Garibaldus?«). Vgl. aber Ebran, S. 35
11a	Cäsar belohnt Theodo und Adelger	Füetrer, S. 11ff. (Kaiserchronik und viell. Twinger von Königshofen)
12	Von König Ingram in Bayern oder Die versetzte Stadt	
	Version I	Aventin, Chronik, Buch 1, Kap. 69, S. 160
	Version II	Gumpelzhaimer 1, S. 10 (»I. Aventini Chronica. Frft. a. M. 1580, S. 33a«)
13	»Die am Regen« oder Der Restflecken der uralten Stadt	Alte Glaubwirde Geschichten, S. 94
14	Das »zerschleipffte« Hermannsheim	
	Version I	Ratisbona Politica, S. 101f.
	Version II	Ratisbona Politica, S. 103
15	Vom Ursprung der Stadt Regensburg	Grünpeck
16	Vom Anfang der Stadt Regensburg	Andreas von Regensburg, S. 593
17	Tiberius als Wiederaufbauer	Füetrer, S. 15 (vgl. Ebran, S. 18)
18	Tiberius vertreibt Theodo	Ebran, S. 18f. (Otto von Freising, vgl. auch Königshofen)
19	Die heilige Stadt	Andreas von Regensburg, S. 8 (Megenberg u. a., der die Theorie von den »vier bes. begnadeten Städten des Reichs offenbar den Gesta Caroli Magni der Regensburger Schottenlegende entnommen« hat). Übersetzung Robert Köhler. Vgl. auch A. Kraus, Civitas Regia, S. 118f. (Textabdruck)
20	Die Stadt der Viereckigen Steine	Breatnach, S. 158f. Übersetzung Robert Köhler. Vgl. auch Kraus, Civitas Regia, S. 117 (Textabdruck)
21	Die Stadt mit den sieben Namen	Andreas von Regensburg. S. 8f. Übersetzung Robert Köhler. Vgl. Ratisbona Politica, S. 89ff. und Ratisbona Monastica, S. 5f. sowie Civitas Regia, S. 119f. (Text) und S. 90ff.
22	Germansheim	
	Version I	Ratisbona Politica, S. 90
	Version II	Ratisbona Politica, S. 343f.
23	Regensburger älter als Troja und Rom	Ratisbona Politica, S. 94

24	Frühe Christen	Gumpelzhaimer 1, S. 37
25	Lucius, »Künig zu Britannia«	Andreas von Regensburg, S. 593 f.
26	Der Hunnenkönig Attila vor Regensburg	Gumpelzhaimer 1, S. 41 (Aventin u. »Regensburgische Chronik. Mscpt. S. 2«)
27	Severins prophetischer Geist	Ratisbona Politica, S. 105
28	Wie die Bayern Regensburg gewannen oder Severins Prophezeiung	Aventin, Chronik, Buch 3, Kap. 7, S. 14 f.
29	Wie sich die Bayern weiter nach dem Sieg verhielten oder Regenpyrg	Aventin, Buch 3, Kap. 8, S. 16
30	Wie die Bayern Christen geworden sind	Aventin, Chronik, Buch 3, Kap. 27, S. 35 f.
31	St. Rupert bekehrt die Bayern oder Von frühem Kirchenbau	Aventin, Chronik, Buch 3, Kap. 28, S. 40 f. Vgl. Adlzreiter, Teil I, S. 146
32	Wie die Juden nach Regensburg kamen	
	Version I	Paricius 1753, Teil 1, S. 234
	Version II	Schöppner 2, Nr. 555 (»Rohner, Ratisbona novantiqua, p. 5. C. T. Gemeiners Reichsstadt Regensburgs Chronik, S. 6. Chr. G. Gumpelzhaimer, Regensburgs Geschichte, Sage und Merkwürdigkeiten, I, 12«). Rohner ist nicht Autor, sondern Verleger!
33	Von den Juden in Regensburg	Mausoloeum 1680, S. 286 f. Ratisbona Politica, S. 299 ff.
34	Propheten in Regensburg?	Ratisbona Politica, S. 303 f.
35	Ein Brief aus Jerusalem	Mausoloeum 1680, S. 287 Ratisbona Politica, S. 303 * Paricius 1753, Teil 1, S. 236 f.
36	Was sich zu Regensburg während der Kreuzigung Christi begeben	Grienewaldt, Annales, Buch 1, S. 22 ff. * Ratisbona Politica, S. 104
37	Maria Läng	Sittler, S. 109 f. (wohl nach Wartenberg)
38	Der »Märter-Bühl« oder Die Teufel in Götzenbildern	
	Version I	Gumpelzhaimer 1, S. 56
	Version II	Ratisbona Monastica, S. 14 f. (Aventin) * Ertl, Denkwürdigkeiten 1977, S. 48 (In Ertl 1685 so noch nicht aufgeführt) Beide Fassungen gehen letztlich auf Otlohs Translatio S. Dionysii Areopagita (MGH XI, S. 353) zurück
39	Severin prophezeit Paulinus die Bischofswürde	Rader II, S. 18 f. Rassler 1, S. 85 f. (Eugippius, »25. Cap.«) * Schuegraf, Dom, Teil 1, S. 18 f. (»Falkenstein«)
40	St. Emmeram	Bechstein, Nr. 854, S. 699 f.

		Zur ausufernden Literatur s. u. a. Babl. Interessant z. B. Arnpeck, S. 52ff. – Hund, S. 54 – Grienewaldt, Annales, Buch 2, S. 130ff.
41	Die weisenden Ochsen oder Emmerams Sehnsucht nach Regensburg	
	Version I	Babl, S. 82 (aus einer um 1460 in R. entstandenen Sammelhandschrift. Heute in der Staatsbibliothek München, Signatur: cgm 4879. Auf fol. 60r–67v die Legende des hl. Emmeram)
	Version II	Arbeo, Übersetzung von Bischoff, S. 54ff.
	Version III	Mausoloeum 1680, S. 25f. (enge Anlehnung an Arbeo, vgl. Bischoff, S. 54ff.) Ratisbona Monastica, S. 35f.
42	Emmerams Heimkunft und Begräbnis	Mausoloeum 1680, S. 26f. Ratisbona Monastica, S. 37f.
43	Emmeram ein Jude oder Das Buch des Gesetzes	Hochwart, in: Oefele I, S. 162
44	Wie das Bistum Regensburg gestiftet worden sein soll	Ebran, S. 46f.
45	Landberts Nachkommen	
	Version I	Meginhard, in: Migne, PL 141, Kap. 15, Sp. 984 * Mausoloeum 1680, S. 24 Ratisbona Monastica, S. 33f.
	Version II	Arbeo, Übersetzung von Bischoff, S. 48ff.
46	Das verfluchte Geschlecht	Arnold, Liber I, Kap. 11, in: Migne, PL 141, Sp. 1009 * Mausoloeum 1680, S. 24 (Quelle: »Arnold. noster Comes...«) Ratisbona Monastica, S. 34 (wie oben)
47	Adalram	Arnold, Liber I, Kap. 12, in: Migne, PL 141, Sp. 1009f. Übersetzung Robert Köhler
48	Der Emmeramspilger oder Die Vermehrung des Brotes	
	Version I	Arbeo, Übersetzung von Bischoff, S. 66ff. Arnold, Liber I, Kap. 3, in: Migne, PL 141, Sp. 999ff.
	Version II	Schöppner 2, Nr. 556 (»Nach Aribo...«)
49	Das wertvolle Evangelienbuch oder Der bestrafte Kaiser	
	Version I	Arnold, Liber I, Kap. 6, in: Migne, PL 141, Sp. 1005 * Mausoloeum 1680, S. 60f. (Arnold und Selender) Ratisbona Monastica, S. 94
	Version II	Schöppner 1, Nr. 105 (gibt viele Quellen an); vgl. auch Hochwart, S. 173 und Hund, S. 60 sowie Grienewaldt, Annales, Buch 2, S. 179

50	Der reuige Bischof	Arnold, Liber I, Kap. 17, in: Migne, PL 141, Sp. 1016f. Grienewaldt, Annales, Buch 2, S. 180 * Mausoloeum 1680, S. 134f.
51	Das Engelsglöcklein	Arnold, Liber I, Kap. 17, in: Migne, PL 141, Sp. 1017 Adlzreiter, Teil I, S. 358f. Mausoloeum 1680, S. 135 Ratisbona Monastica, S. 221 Gumpelzhaimer 1, S. 158 (Glocke als »Schmiermittel«) * Lüers, S. 79 Reichlin-Meldegg, S. 99f. Sittler, S. 161f.
52	Die Minne des hl. Emmeram Version I	Gemeiner 1, S. 121 * Gumpelzhaimer 1, S. 156f. (Ratisbona Politica)
	Version II	Ratisbona Politica, S. 471f. * Schöppner 3, Nr. 1287 (»Coelestin, Ratisb. polit., p. 471«) Beide Versionen gehen zurück auf Arnold, Liber I, Kap. 7, in: Migne, PL 141, Sp. 1006f.
53	Die zwölf Meineidigen	Arnold, Liber I, Kap. 13, in: Migne, PL 141, Sp. 1010f. Übersetzung Robert Köhler Hochwart, in: Oefele I, S. 176 Hund, S. 61f. Grienewaldt, Annales, Buch 2, S. 179f. Adlzreiter 1, S. 358 Ertl 1685, Relatio LVI, S. 90f. Mausoloeum 1680, S. 134 Ratisbona Monastica, S. 219
54	Adalbert, ein Emmeramer Mönch, auf Pilgerreise	Arnold, Liber I, Kap. 8, in: Migne, PL 141, Sp. 1007. Übersetzung Robert Köhler
55	Sigibert oder Weg, weg, mit dir, Kukulle	Arnold, Liber I, Kap. 9, in: Migne, PL 141, Sp. 1007f. Übersetzung Robert Köhler
56	Gestiliub und der Dämon namens Legion	Arnold, Liber I, Kap. 10, in: Migne, PL 141, Sp. 1008f. Übersetzung Robert Köhler
57	Der bestrafte Kelchdiebstahl	Arnold, Liber I, Kap. 14, in: Migne, PL 141, Sp. 1012. Übersetzung Alfred Memmel. Zweitübersetzung Robert Köhler
58	Der bestrafte Ehebruch	Arbeo, Übersetzung Bischoff, S. 62ff. Arnold, Liber I, Kap. 2, in: Migne, PL 141, Sp. 998f.
59	Der Vasall in der Wiege	Arnold, Liber I, Kap. 16, in: Migne, PL 141, Sp. 1014f. Übersetzung Robert Köhler
60	Die bestraften Richter oder St. Emmeram schützt sein Gut	Arnold, Liber II, in: Migne, PL 141, Sp. 1067ff. * Mausoloeum 1680, S. 153f. Ertl 1685, Relatio XXVII, S. 44f.

		Ratisbona Monastica, S. 239f. vgl. Babl, S. 165
61	Arnold als Opfer einer Epidemie oder Das wiedererlangte Gesicht	Arnold, Liber II, in: Migne, PL 141, Sp. 1063f. Übersetzung Robert Köhler
62	Arnolds Errettung aus dem Strudel bei Bogen	Arnold, im Vorspann zum Liber I, in: Migne, PL 141, Sp. 993f. Übersetzung Robert Köhler vgl. Babl, S. 167
63	Arnolds Vision	Arnold, Vorspann zu Liber I, in: Migne, PL 141, Sp. 994. Übersetzung Robert Köhler
64	Das wunderbare Wasser aus dem Emmeramsbrunnen	Arnold, Liber II, in: Migne, PL 141, Sp. 1064f. Übersetzung Alfred Memmel. Zweitübersetzung Robert Köhler. Vgl. Grienewaldt, Annales, Buch 2, S. 166
65	Was sich wegen des hl. Emmeram zu Konstantinopel zugetragen hat	Fr. Bertholdi S. Crucis Werdanae, in: Oefele I, S. 334ff. Vgl. dazu auch Maria Zelzer, Geschichte der Stadt Donauwörth, Bd. 1, S. 16ff. * Mausoloeum 1680, S. 160 (Vogls Quelle: »ex M. S. Monasterij S. Crucis Donawerdae«) Ratisbona Monastica, S. 246f. (wie oben) Zschokke 1, S. 276f. (kurz nur; hier Name der Kaisertochter: Zoe)
66	Ein Emmeramswunder in Italien oder Wie dort eine Emmeramskirche erbaut wurde	Arnold, Liber II, in: Migne, PL 141, Sp. 1066. Übersetzung Robert Köhler
67	Bischof Garibaldus oder Gawibald oder Gaubaldus Version I	Arbeo, Übersetzung Bischoff, S. 59ff. (Übersetzung wurde leicht geändert) Arnold, Liber I, Kap. 1, in: Migne, PL 141, Sp. 997f.
	Version II	Rassler, Teil 1, S. 194f.
	Version III	Mausoloeum 1680, S. 57f. (Vogls Quelle: Arnold) Ratisbona Monastica, S. 91 (J. B. Kraus gibt ebf. Arnold als seine Quelle an; Basnage-Ausgabe)
68	Bonifatius in Regensburg oder Auf der Jagd im Regensburger Umland	Gustl Motyka, Der LK Regensburg, Mainburg 1975, S. 155f.
69	Erhards Flucht nach Regensburg oder Die Weisung des Engels Version I	Breatnach, S. 145ff. Übersetzung Robert Köhler
	Version II	Breatnach, S. 184. Übersetzung Robert Köhler vgl. Hund, S. 55
70	Erhard reinigt vergiftete Brunnen	Grienewaldt, Annales, Buch 3, S. 339f.

71	Albert	Hochwart, in: Oefele II, S. 163. Übersetzung Robert Köhler Hund, S. 55
72	Erhards Grab wird entdeckt	Paululus, in: Acta SS, Jan. I, S. 538, Absatz 3. Übersetzung Prof. Dr. Ernst Reiter. Zweitübersetzung Robert Köhler vgl. auch Konrad von Megenberg, in: Acta SS, Jan. I, S. 544, Absatz 13 Walderdorff, S. 208 f.
73	Das wiederaufgefundene Grab Version I Version II	 Gumpelzhaimer 1, S. 139 Grienewaldt, Annales, Buch 4, S. 851 f.
74	Der Backenstreich des Gekreuzigten	Grienewaldt, Annales, Buch 4, S. 852 (»ex Sallerum«) * Wartenberg, Schatz-Kammer, S. 48
75	Kunigundes Ende	Wartenberg, Schatz-Kammer, S. 49
76	Brennende Lichter vom Himmel oder Erhard erscheint im Niedermünster	Paululus in: Acta SS, Jan. I, S. 539, Absatz 11. Übersetzung Prof. Dr. Ernst Reiter. Abdruck des lat. Textes auch bei Koschwitz, S. 517 mit fragmentar. Übersetzung aus Ms. der Bayer. Staatsbibliothek, München, cgm 6; Textsynopse Prosapassional (Ende 14. Jh.), abgedruckt bei Koschwitz, S. 525 Erhardslegende in cgm 4879 (Mitte 15. Jh.), abgedruckt bei Koschwitz, S. 531
77	Der Erhardibrunnen Version I Version II	 Paululus, in: Acta SS, Jan. I, S. 539, Absatz 8. Übersetzung Prof. Dr. Ernst Reiter. Abdruck des latein. Textes auch bei Koschwitz, S. 516 mit fragmentar. Übersetzung aus cgm 6; Textsynopse cgm 6, abgedruckt bei Koschwitz, S. 16
78	Das zurückgewiesene Opfer des Pferdediebs Version I Version II	 Paululus, in: Acta SS, Jan. I, S. 539, Absatz 10 (ich integriere zwei voneinander unabhängige Übersetzungen, die von Prof. Dr. Ernst Reiter und die von Robert Köhler) vgl. auch Koschwitz, S. 517 (Textsynopse von Paululus und deutscher Fassung in cgm 6) vgl. Koschwitz, S. 534 (Prosapassional) und S. 531 (cgm 4879) Sepp, S. 506 (Konrad von Megenberg)
79	Das Wunder an Konrad von Megenberg	Konrad von Megenberg, in: Acta SS, Jan. I, S. 544, Absatz 16. Übersetzung Prof. Dr. Ernst Reiter
80	Das Wunder an einem Straßburger Zimmermann	Andreas von Regensburg, S. 312 f. Übersetzung Robert Köhler [Streitel], in: Oefele II, S. 512

81	Der in die Luft getragene Besessene	Paululus, in: Acta SS, Jan. I, S. 538, Absatz 6 * cgm 6, abgedruckt bei Koschwitz, S. 515. Textsynopse mit Paululus-Text Bauer, S. 528 (Wartenberg, Schatz-Kammer)
82	Die Heilung des »Meerwunders«	Paululus, in: Acta SS, Jan. I, S. 539, Absatz 9. Auch abgedruckt bei Koschwitz, S. 517 * Koschwitz, S. 524 (aus dem Prosapassional) Koschwitz, S. 531 (aus cgm 4879)
83	Sieben Schritte von Erhards Grab oder Ein Wunderzeichen des sel. Albert?	
	Version I	Koschwitz, S. 514f. (cgm 6; dt. Fassung der Vita Erhardi des Paululus). »Eindeutschung« extra für SR: Prof. Dr. Hellmut Rosenfeld
	Version II	Wartenberg, Schatz-Kammer, S. 23f. Beide Versionen nach Paululus, in: Acta SS, Jan. I, S. 538, Absatz 5
84	Wie die Reliquien des hl. Dionysius und der Codex Aureus nach St. Emmeram kamen	
	Version I	Mausoloeum 1680, S. 35ff. Ratisbona Monastica, S. 64ff. * Gumpelzhaimer 1, S. 96ff.
	Version II	Reichlin-Meldegg, S. 97f. (gibt u. a. Gumpelzhaimer als ihre Quelle an) vgl. auch Brunner, Teil II, Sp. 90f.
85	Wie der hl. Dionysius wieder gefunden wurde	Mausoloeum 1680, S. 37ff. Ratisbona Monastica, S. 66ff. vgl. auch A. Kraus, Translatio, S. 11f. (ältere Translatio . . .)
86	Der seherische Tuto	Mausoloeum 1680, S. 62f. Ratisbona Monastica, S. 96
87	Der hl. Erhard erscheint dem hl. Wolfgang	Paululus, abgedruckt bei Koschwitz, S. 513 Otloh, Vita S. Wolfkangi, in: Migne, PL 146, Sp. 406f. (hier das Motiv von den nassen Kleidern) Koschwitz, S. 529f. (cgm 4879) * Wasner, Bl. 34v und 35r
88	Maria erscheint dem hl. Wolfgang	Wartenberg, Schatz-Kammer, S. 31ff.
89	Das Reliquienwunder im Obermünster	Otloh, Vita S. Wolfkangi, in: Migne, PL 146, Sp. 407f. * Wasner, Bl. 35r und 35v
90	Der neidische Teufel macht einen Wirbel	Arnold, Liber II, in: Migne, PL 141, Sp. 1024ff. Otloh, Vita S. Wolfkangi, Kap. 20, in: Migne, PL 146, Sp. 409f. * Wasner, Bl. 41r–43v
91	Ein unnützer Kriegsknecht	Arnold, Liber II, in: Migne, PL 141, Sp. 1029f.

		Otloh, Vita Wolfkangi, Kap. 21, in: Migne, PL 146, Sp. 410f. Vgl. ebd. Sp. 402
		* Wasner, Bl. 43v–45r
92	Der bestrafte Busso	Otloh, Vita S. Wolfkangi, Kap. 33, in: Migne, PL 146, Sp. 416f.
		* Wasner, Bl. 78r–79r
93	Wolfgang heilt eine besessene Frau	Otloh, Vita S. Wolfkangi, Kap. 34, in: Migne, PL 146, Sp. 417
		* Wasner, Bl. 77v und 78r
94	Der bescheidene Wolfgang treibt einen Dämon aus	Otloh, Vita S. Wolfkangi, Kap. 35, in: Migne, PL 146, Sp. 417f. Übersetzung Robert Köhler
95	Von der Freigebigkeit des Bischof Wolfgang	Otloh, Vita S. Wolfkangi, Kap. 27, in: Migne, PL 146, Sp. 413f.
		* Wasner, Bl. 69v–70v
		Rassler 1, S. 386
96	Der Pferdediebstahl in Eglofsheim	Otloh, Vita S. Wolfkangi, Kap. 31, in: Migne, PL 146, Sp. 415f. Übersetzung Robert Köhler
97	Mit dem Heer durch die Aisne	Otloh, Vita S. Wolfkangi, Kap. 32, in: Migne, PL 146, Sp. 416
		Wasner, Bl. 76r und 76v
		Mausoloeum 1680, S. 52f. (Aventin und Hund)
		Ratisbona Politica, S. 472f. (ohne Herkunftsangabe)
		Ratisbona Monastica, S. 78 (Aventin und Hund)
		* Schöppner 3, Nr. 1288
98	Die vier Kinder Heinrichs des Zänkers oder Wolfgangs Voraussage	Otloh, Vita S. Wolfkangi, Kap. 30, in: Migne, PL 146, Sp. 415
		Wasner, Bl. 65r–66v
		Rader 1, Bl. 98
		* Rassler 1, S. 386 (scherzend)
		Mausoloeum 1680, S. 53
		Ratisbona Politica, S. 647
		Ratisbona Monastica, S. 78
99	Wolfgangs Flucht und seine Rückkehr nach Regensburg	Wasner, Bl. 56r–61v
		Rader 1, Bl. 96ff.
		* Rassler 1, S. 384f.
		Mausoloeum 1680, S. 52
		Ratisbona Monastica, S. 78
100	Das erste Wunder nach dem Tod	Otloh, Vita S. Wolfkangi, Kap. 38 und 39, in: Migne, PL 146, Sp. 419f.
		* Wasner, Bl. 84v–85v
		Rassler 1, S. 387f.
101	Wunder am Sterbeort Wolfgangs	Otloh, Vita S. Wolfkangi, Kap. 40, in: Migne, PL 146, Sp. 420. Übersetzung Robert Köhler (»quaedam vero relatione fideli comperta«)
102	Wolfgang erscheint einem Kranken	Arnold, Liber II, in: Migne, PL 141, Sp. 1045
		* Otloh, Vita S. Wolfkangi, Kap. 45, in: Migne, PL 146, Sp. 422 (weniger detailliert). Übersetzung Robert Köhler

103	Wolfgang hilft einer kranken Frau	Arnold, Liber II, in: Migne, PL 141, Sp. 1044f. (interessanter Schluß). Übersetzung Robert Köhler
		Otloh, Vita S. Wolfkangi, Kap. 44, in: Migne, PL 146, Sp. 422. (kürzer als bei Arnold; Schluß fehlt)
104	Wolfgang als Reifensprenger	Otloh, Vita S. Wolfkangi, Kap. 41, in: Migne, PL 146, Sp. 421. Übersetzung Robert Köhler
105	In Wolfgangs Meßgewändern	Ratisbona Monastica, S. 84
106	Das vom hl. Wolfgang geweihte Wetterglöcklein	Ratisbona Monastica, S. 84
107	Ramwolds Vorhersage	
	Version I	Rassler 2, S. 31f.
	Version II	Mausoloeum 1680, S. 151f.
		Ratisbona Monastica, S. 237f.
	Version III	Ratisbona Politica, S. 477f. (Petrus Damianus)
108	Der blinde Ramwold	Arnold, Liber II, in: Migne, PL 141, Sp. 1035f.
		Rader 1, Bl. 119v–121r
		Rassler 2, S. 31
		* Mausoloeum 1680, S. 66
		Ratisbona Monastica, S. 100f. und S. 107
109	Ramwolds Ende oder Seine Voraussage	* Mausoloeum 1680, S. 69f.
		Ratisbona Monastica, S. 104f.
110	Der Dämon am Grab Ramwolds	Arnold, Liber II, in: Migne, PL 141, Sp. 1057f. Übersetzung Robert Köhler
111	Zwei vom Teufel besessene Frauen oder Der Teufel als Dunkelheit und Käfer	Arnold, Liber II, in: Migne, PL 141, Sp. 1059. Übersetzung Robert Köhler
112	Votivgabe am Grab Ramwolds oder Das silberne Krönchen	Arnold, Liber II, in: Migne, PL 141, Sp. 1059f. Übersetzung Robert Köhler
113	Das blinde Weib des Klerikers	Arnold, Liber II, in: Migne, PL 141, Sp. 1058f. Übersetzung Robert Köhler
114	Aurelia	
	Version I	Mausoloeum 1680, S. 71f. (»Welches alles unser Geschicht-Schreiber Arnoldus auff nachfolgende Weiß hinterlassen«)
		Ratisbona Monastica, S. 108f. (wie oben). S. 112, aber: »alleinig es findet sich nichts in dessen [Arnolds] Schrifften«
	Version II	Andreas von Regensburg, S. 48 (Fundationes). Übersetzung Robert Köhler
		Mausoloeum 1680, S. 72
		Ratisbona Monastica, S. 109
		vgl. auch Adlzreiter I, S. 423
115	St. Sebaldus, ein Dänenkönig	Mausoloeum 1680, S. 92
		Ratisbona Monastica, S. 165
116	Der hl. Sebaldus überquert auf seinem Mantel die Donau	Grienewaldt, Annales, Buch 2, S. 234f.

117	Das zerbrochene Glas	Grienewaldt, Annales, Buch 2, S. 235 f.
118	Machantinus	Breatnach, S. 147 ff. Übersetzung Robert Köhler
		vgl. Andreas von Regensburg, S. 50, nur Erwähnung
119	Die wundersame Lichtquelle	Vita Mariani Scoti, in: Acta SS, Febr. II, S. 367, Absatz 11
		Breatnach, S. 202 f.; vgl. auch S. 48 f.
		* Rassler 2, S. 90 f.
120	Der liebliche Geruch aus dem Grab	Acta SS, Febr. II, S. 367, Absatz 10. Autor: Anonymer Regensb. Mönch, 13. Jh.
		vgl. dazu Acta SS, Jan. I, S. 342 (Duft aus Erminolds Grab)
		Rassler 2, S. 90
121	Erminold und das Wunder der verschlossenen Kirchentür	Acta SS, Jan. I, Liber I, Kap. 7, S. 340, Absatz 23
		* Rassler 2, S. 142
123	Abt Erminold »vorerkennt seine Todesstunde«	Acta SS, Jan. I, Liber I, Kap. 9, S. 341, Absatz 29 und 30
		* Rassler 2, S. 143
124	Ein Gotteslästerer wird bestraft oder Ein unbelehrbarer Laienbruder	Acta SS, Jan. I, Liber II, Kap. 2, S. 343; Autor: Anonymer Regensb. Mönch. Übersetzung Robert Köhler
125	Konrad, Erzbischof von Mainz, verlobt sich zum Grab Erminolds	Acta SS, Jan. I, Liber II, Kap. 1, S. 343 (wie oben). Übersetzung Robert Köhler
126	Eine Votivgabe für Erminold	Acta SS, Jan. I, Liber II, Kap. 7, S. 346 (wie oben). Übersetzung Robert Köhler
127	Das Wunder an einem Blinden oder ein alltägliches Mirakel	Acta SS, Jan. I, Liber II, Kap. 1, S. 343 (wie oben). Übersetzung Robert Köhler
128	Bestrafte Unterschlagung	Acta SS, Jan. I, Liber II, Kap. 7, S. 346 (wie oben). Übersetzung Robert Köhler
129	Der zurückbehaltene Denar	Acta SS, Jan. I, Liber II, Kap. 3, S. 343 f. (wie oben). Übersetzung Robert Köhler
130	Leucardis aus Nabburg oder Die Strafe für Undankbarkeit	Acta SS, Jan. I, Liber II, Kap. 6, S. 345 f. (wie oben). Übersetzung Robert Köhler
131	Erminold »streikt« oder Ein Mörder als Zimmermann der Kapelle	Acta SS, Jan. I, Liber II, Kap. 3, S. 344 (wie oben). Übersetzung Robert Köhler
132	Das Tafelwunder oder Mechtildis und das in Wein verwandelte Wasser	Adlzreiter, Teil 1, S. 608 (»Engelbart. in ejus vita. Antiq. lect. Canis. to. 5.«)
		* Mausoloeum 1680, S. 195
133	Ein unbenannter Abt	Rassler 2, S. 204 ff. (»Caesarius lib. XI. cap. XXVI.«)
134	Die wunderbare Predigt Bertholds von Regensburg oder Der Ochsentreiber	Petzoldt, Histor. Sagen II, Nr. 576 (»Wehrhan 1920, S. 16 f., Nr. 195«)
135	Berthold von Regensburg und der Burgherr	Wehrhan, Nr. 196
		Lüers, S. 107 f.

136	Albertus Magnus und Das redende Menschenhaupt	Sagen des LK Dillingen. Hrsg. von Alois Marb, Hans Bäuml und Martin Griffig. 2. Auflage 1972 (Erstauflage 1971), S. 47 (Quellenangabe u. a.: Ludwig Mittermaier, Sagenbuch der Städte Gundelfingen, Lauingen, Dillingen, Höchstädt und Donauwörth. 1849)
137	Von Friedrichs Erbarmen mit den Armen oder Wie Brotreste in Hobelspäne verwandelt wurden	
	Version I	Podlaha (Text von Streitel), S. 15f. Übersetzung Robert Köhler. Vgl. auch Podlaha, S. 21f. (Versform)
	Version II	Rassler 2, S. 270
138	Das Wunder im Weinkeller	Podlaha (Text von Streitel), S. 16. Vgl. auch Podlaha, S. 22 (Versform) * Rassler 2, S. 270
139	Friedrich in der Holzhütte oder Ein Engel bringt die Hostie	
	Version I	Podlaha (Text von Streitel), S. 17. Übersetzung Robert Köhler. Vgl. auch Podlaha, S. 22f. (Versform)
	Version II	Rassler 2, S. 273 s. auch Mausoloeum 1680, S. 236
140	Friedrich und das Rosenwunder	Podlaha (Text von Streitel), S. 16. Übersetzung Robert Köhler. Vgl. auch Podlaha, S. 22 (Versform) Rassler 2, S. 270f. (nur ganz kurz)
141	Die Klausnerin »Auf dem Gewelb« oder Die vorhergesagte Todesstunde	
	Version I	Endres, S. 43; Paraphrase der dort abgedruckten Knittelverse (aus Sammelband mit einer handschriftlichen Biografie des Augustiner-Laienbruders Friedrich in deutscher und lateinischer Sprache. Verfasser Hieronymus Streitel). s. auch Podlaha, S. 23, Endres' Vorlage.
	Version II	Podlaha, S. 17f. (Text von Streitel). Übersetzung Robert Köhler
142	Ein Engel tröstet Friedrich	Rassler 2, S. 273
143	Friedrich glänzt mit Wundern	Podlaha (Text von Streitel), S. 18f. Übersetzung Robert Köhler. Vgl. auch Podlaha, S. 24 (Versform)
144	Das wiederentdeckte Grab	Paricius 1753, Teil 2, S. 426f. * Bauer, S. 516f.
145	Friedrichs Wundertaten oder Der bestrafte Prior	Podlaha, S. 19 (Text von Streitel). Übersetzung Brun Appel; Karsamstag 1980
146	Das hilfreiche Gelübde	Ratisbona Politica, S. 330

147	Bischof Wittmann und der Teufel	Listl, Kelsgausagen; Ndb. Hefte, Nr. 107, S. 31. Vgl. Michael Waltinger, Niederbayerische Sagen, 1927, S. 144
148	Adelger	Kaiserchronik
		Brunner, Teil I, Buch 3, Sp. 100
		Falckenstein, Antiquitates et Memorabilia... 2, S. 99f. (nach Arnpeck)
		* Grimm, Nr. 497. S. 467ff.
149	König Authari oder Der kühne Brautwerber	Paulus Diaconus, Liber III, Kap. 29, in: Migne, PL 95, Sp. 529ff.
		Andreas von Regensburg, S. 13f., S. 508 und S. 594f.
		Ebran, S. 24 (»von dem heirat ander vil schreiben, das ich von kurtz under wegen lasse«)
		Füetrer, S. 26f.
		Arnpeck, S. 458f. (nach Paulus Diaconus, »libro 3, cap. 30«)
		Onsorg, in: Oefele I, S. 356
		Rader I, Bl. 35f. (kurz dann bei Rassler 1, S. 98)
		Brunner, Teil I, Sp. 132
		Adlzreiter, Teil I, S. 136f.
		Zschokke 1, S. 65f. (»nach P. Warnefried, 3, 29«)
		* Grimm, Nr. 402 (Paulus Diaconus)
150	Karl der Große stiftet das Schottenkloster oder Der fromme König Donatus	Arnpeck, S. 470
151	Die Prophezeiung vom Siegeshügel oder Karl dem Großen erscheint ein Engel	Breatnach, S. 159f. Übersetzung Hans Jürgen Reichel
152	Papst Coelestin als Karls Ratgeber	Breatnach, S. 160f. Übersetzung Robert Köhler
153	Das Kreuz auf dem Siegeshügel	Breatnach, S. 170f. Übersetzung Hans Jürgen Reichel
154	König Karl kommt nach Bayern und errichtet ein Lager	Breatnach, S. 167. Übersetzung Robert Köhler
155	Das verheißene Kreuz wird aufgefunden	
	Version I	Breatnach, S. 172f. Übersetzung Robert Köhler
	Version II	loblich legend
156	Kriegsvorbereitung oder Das Bayerische Volk läßt sich taufen	Breatnach, S. 169. Übersetzung Robert Köhler
157	Vertreibung der Heiden	
	Version I	loblich legend
	Version II	Breatnach, S. 176f. Übersetzung Robert Köhler
158	Die erste Eroberung	
	Version I	Breatnach, S. 177f. Übersetzung Robert Köhler
	Version II	Breatnach, S. 178. Übersetzung Robert Köhler

159	Voraussage vom Bau der Kirche auf dem Siegeshügel	Breatnach, S. 179f. Übersetzung Hans Jürgen Reichel
160	Der mächtige Heereszug oder Die Heiden wollen die von Karl zum Glauben bekehrte Ratisbona zurückerobern	Breatnach, S. 193f. Übersetzung Robert Köhler
161	Woher der Name Ratisbona kommt oder König Karl baut eine Schiffsbrücke	Breatnach, S. 194f. Übersetzung Hans Jürgen Reichel
162	Uf der Predige	Breatnach, S. 196. Übersetzung Hans Jürgen Reichel
163	Der dreitägige Kampf oder Blutgetränkte Erde	Breatnach, S. 197. Übersetzung Robert Köhler
164	Der dreitägige Kampf oder Der weiße Ritter	Breatnach, S. 196ff. (Der weiße Ritter, S. 198). Übersetzung Hans Jürgen Reichel. Zweitübersetzung Robert Köhler Raselius, Bl. 13r Vgl. auch Schöppner 1, Nr. 26 (mit Quellenangaben, darunter jedoch nicht Gesta Caroli Magni)
165	Die Flucht der Heiden	loblich legend
166	Dreißigtausend getötete Christen werden auf dem Siegesberg begraben	Breatnach, S. 199. Übersetzung Hans Jürgen Reichel. Ein Satz (»Und er sprach«) übersetzt von Robert Köhler Vgl. auch Schöppner 1, Nr. 26
167	Die geplante Weihe	Breatnach, S. 215. Übersetzung Hans Jürgen Reichel
168	Von der Weihe der Kirche durch den Apostel Petrus	Breatnach, S. 216. Übersetzung Hans Jürgen Reichel
169	Der König erfährt von der nächtlichen Weihe	Breatnach, S. 216ff. Übersetzung Alfred Memmel Andreas von Regensburg, S. 50 (Erwähnung)
170	Der König überzeugt sich selbst von der »Apostelweihe«	Breatnach, S. 218ff. Übersetzung Hans Jürgen Reichel. Zweitübersetzung Robert Köhler
171	Die Inklusen Zeugen	Breatnach, S. 220ff. Übersetzung Robert Köhler
172	Woher der Name Weih St. Peter kommt Version I Version II	 Breatnach, S. 226. Übersetzung Hans Jürgen Reichel (vgl. auch Raselius, Bl. 16v) loblich legend
173	Die sieben Verheißungen	Breatnach, S. 223f. Übersetzung Hans Jürgen Reichel
174	Der Betrug an den Mönchen von Weih St. Peter	Breatnach, S. 234f. und S. 241ff. Übersetzung Robert Köhler
175	Karl der Große springt mit seinem Pferd über die stei-	Gumpelzhaimer 1, S. 74f. (seine Quellen – »Rohner Ratisb. nov. antiqua, S. 10 und Cöle-

	nerne Säule oder Ein Engel reicht ihm das Schwert	stin Ratisb. monastica. S. 42« – sind unergiebig. Dort keine Sage!)
176	Die Karlsschlacht am Dreifaltigkeitsberg	Sepp, S. 561 (angeblich nach Schönwerth 3, S. 148: bei Schönwerth allerdings nichts von Karl dem Großen!)
177	Pippins Verschwörung gegen Karl den Großen	
	Version I	Notker (Wattenbachübersetzung, S. 65f., zum Vergleich wurde Inselbändchen herangezogen)
	Version II	Ekkehardi Uraugiensis Chronicon Universale (11./12. Jh.). In: Migne, PL 154, Sp. 861f. Andreas von Regensburg, S. 30 (Ekk.) * Aventin, Chronik, Buch 4, Kap. 13, S. 122f. vgl. auch Adlzreiter, Teil I, S. 191
	Version III	Mausoloeum 1680, S. 103f. Ratisbona Monastica, S. 177f. sowie auch Ratisbona Politica, S. 437
178	Ludwig der Deutsche baut Kirchen	Notker (in der Übersetzung des Inselbüchleins, S. 73)
179	Der treulose Gundacker oder Emmeram als Schlachtenhelfer	
	Version I	Mausoloeum 1680, S. 115ff. Ratisbona Monastica, S. 201ff., insbes. S. 204 (»Ex MS. & Annal. Fuld.)
	Version II	Rassler 3, S. 26
180	Wer weiß, wer die Braut heimführt	
	Version I	Aventin, Chronik, Buch 4, Kap. 108, S. 222f.
	Version II	Ertl, Denkwürdigkeiten 1977, S. 66 und S. 68
181	St. Emmeram als Schlachtenhelfer oder Heilige als Soldaten	Arnold, Liber I, in: Migne, PL 141, Sp. 1003f. * Mausoloeum 1680, S. 80f. (Vogls Quelle: »Arnoldus noster«) Ratisbona Monastica, S. 118f.
182	Kaiser Karl der Dicke oder Strafe für weggegebenes Kloster	Mausoloeum 1680, S. 24f. (»ex archiv. nostro Hundius«) Ratisbona Monastica, S. 34f. (»Besiehe hinnach das Diploma Arnolphi«)
183	Arnulfs schreckliches Ende durch »Hawbtwürm« und Maden	
	Version I	Schedel, Bl. CLXXIII
	Version II	Mausoloeum 1680, S. 81f. (Aventin . . .) Ratisbona Monastica, S. 119f.
184	Der hl. Wenzeslaus beim Reichstag in Regensburg	
	Version I	Mausoloeum 1680, S. 128f. (»Hagek fol. 84«) Ratisbona Monastica, S. 214
	Version II	Hübner, S. 34f.

185	Die entführte Helena oder Das Schloß in Böhmen	
	Version I	Hübner, S. 33f.
	Version II	Gumpelzhaimer 1, S. 117f. (Quelle: »alte geschriebene Chronik«)
186	Craco und Dollinger	
	Version I	Mausoloeum 1680, S. 129ff.
		* Ratisbona Monastica, S. 215f. (Reime differieren von denen im Mausoleum 1680)
	Version II	Paricius 1753, Teil 1, S. 226ff.
		Gleiche Fassung bei G. Kapfhammer, S. 139f.
	Version III	Bechstein, Nr. 856, S. 701
	Version IV	Wehrhan, Nr. 184
		Lüers, S. 134f.
		Petzoldt, Histor. Sagen 2, Nr. 448
	Version V	Ertl, Denkwürdigkeiten 1977, S. 71f.
187	Herzog Arnulf der Böse	
	Version I	Andreas von Regensburg, S. 615f.
	Version II	Arnpeck, S. 479f.
188	Der hl. Ulrich mit dem Fisch	Rassler 1, S. 376
		* Schöppner 1. Nr. 51, S. 65f. (»Berno vita S. Udalr. in M. Velser opp. p. 617. Khamm Hierarch. Aug. I. 130«)
189	An einer Fischgräte erstickt	Jaroschka, S. 101f.
190	Belehnung durch einen Toten	Aus: Peter Christian Jacobsen, Die Quirinalien aus Metellus von Tegernsee... kritische Textausgabe, Köln 1965, S. 229. Übersetzung Robert Köhler
		Brunner, Teil II, Sp. 114
191	Wie Gunthar Bischof von Regensburg wurde	
	Version I	Hochwart, in: Oefele I, S. 175 (»Guntharius subridens«)
		Hund, S. 61
		Zschokke 1, S. 231f.
		* Schöppner 1, Nr. 109, S. 124f. (mit Quellenangabe: »Oefele I., 175. Hund, metrop. I., 192. Hochwart 1, II., c. 13. Adlzreiter 1, XIV., p. 328«)
	Version II	Gumpelzhaimer 1, S. 127 (Passage von der Gewalt fast wörtlich bei Zschokke 1, S. 232)
	Version III	Mausoloeum 1680, S. 63f. (»Rader & M. S. nostrae«)
		Ratisbona Monastica, S. 97f. (u. a. »Raderus Tom. I. pag. 100.« Muß fol. 100 heißen!)
192	König Bulzko muß am Galgen »verzaplen«	Aventin, Chronik, Buch 5, Kap. 4, S. 273f.
		Mausoloeum 1680, S. 146
		Ratisbona Monastica, S. 230
		Zschokke 1, S. 244 (Rasclius...)
193	An der Richtbank	Gumpelzhaimer 1, S. 129

194	Boleslaw muß in die Küche und den Kessel halten	Hübner, S. 38 ff.
195	Ein böhmischer Fürstensohn als Mönch oder Der Teufel zerreißt einen bei der Bischofsweihe	Mausoloeum 1680, S. 136 f. (»Arnold, Wion. & MS. nost.«) Ratisbona Monastica, S. 222 (Brunner)
196	Die vom bösen Geist entdeckten Reliquien	Mausoloeum 1680, S. 137 f. Ratisbona Monastica, S. 223 vgl. auch Koschwitz, S. 515 (Paululus); ohne die Geistepisode
197	Der Heinrichsstuhl	
	Version I	Gumpelzhaimer 1, S. 158
	Version II	Ertl 1685, Relatio XXII, S. 38
	Version III	Mausoloeum 1680, S. 84 Ratisbona Politica, S. 647 Ratisbona Monastica, S. 123 f.
198	Das Menetekel oder Post sex	
	Version I	Petzoldt, Histor. Sagen 1, Nr. 69 (W. Wattenbach und E. Winkelmann, Hrsg., Die Jahrbücher von Pöhlde, Zweitauflage, Leipzig 1894, S. 19 f.)
	Version II	Mausoloeum 1680, S. 55 (mit Gedicht) Ratisbona Monastica, S. 81 f. (mit Gedicht) Beide Fassungen gehen letztlich zurück auf Otloh, Kap. 42, in: Migne, PL 146, Sp. 421 f.
199	Die Abensberger Schar oder Graf Babo und seine 32 Söhne	Ertl 1685, Relatio XIV, S. 26 f. * Bechstein, Nr. 852, S. 697 f.
200	Kaiser Heinrichs Becher	
	Version I	J. C. Paricius 1753, Teil 2, S. 348 f.
	Version II	G. H. Paricius 1722, 2, S. 171
201	Der Gang über glühende Pflugscharen oder Die erwiesene Unschuld der Kaiserin Kunigunde	Gumpelzhaimer 1, S. 222 (nur hier auf Regensburg bezogen). s. auch VO 118, 1978, S. 7 ff.: Karl-Heinz Betz, Das ikonologische Programm der Alten Kapelle in Regensburg. (Zum Nachleben von Heinrich II. und Kunigunde in der Regensburger Sage und im Regensburger Geschichtsbewußtsein.) Die Pflugscharprobe findet sich S. 28 f.
202	Wie Bretislaus Judith aus Regensburg entführte oder Die gespaltene Eisenkette	
	Version I	Hübner, S. 49 f.
	Version II	Mausoloeum 1680, S. 152 Ratisbona Monastica, S. 238
	Version III	Bechstein, Nr. 864, S. 706 f.
	Version IV	Schöppner 2, Nr. 560, S. 114 f. (mit Quellenangaben: »Pfeffinger, Vitriar. illustr. I., 501. Gemeiners Regensb. Chronik, I., 154. Crusius,

203	Der »Haintzacker«	Schwäb. Chronik, I., 427. C. von Falkenstein, Kaisersagen etc., S. 120«) Mausoloeum 1680, S. 179f. Ratisbona Monastica, S. 268f.
204	Der Böhmische Przemysl als Taglöhner	Hübner, S. 67f.
205	Woher der Name Thurn und Taxis kommt	Lüers, S. 136
206	Not und Angst	Schuegraf, Dom, Teil 1, S. 72f.
207	Der verräterische Obrist von Fahrensbach oder Die Ladung vor Gottes Gericht	Ertl, Denkwürdigkeiten 1977, S. 219f.
208	Die Napoleonshöh	Freytag (Hosang) 1, S. 79
209	Die erste christliche Kirche in Bayern oder Der Apostel Lukas als Künstler	Gumpelzhaimer 1, S. 47f. (»Rohner Ratisbona nov-antiqua. S. 9. Paricius S. 347. Merians Topographie S. 72, 73.«)
209a	Formosus, ein wundersamer Papst, weiht das Münster St. Haimran	Weihenstephaner Chronik, S. 177
210	Die Schwarze Madonna vom Niedermünster	Bauer, S. 503 (wohl Wartenberg, Schatz-Kammer, S. 71ff.)
211	Der Traum vom alten Marienbild	Wartenberg, Schatz-Kammer, S. 75f.
212	Das seltsame Geläut in der Luft	Wartenberg, Schatz-Kammer, S. 76f.
213	Die Gründung des Schottenklosters	Schöppner 2, Nr. 559, S. 104 (»Nach Aventin, Adlzreiter u. a. Gemeiners Chronik I., 176. Gumpelzhaimer I., 228. Ried, Hist. Nachr. von ... Weih St. Peter ... 1813.«) Schöppners Hauptquelle wohl Gemeiner ... Vgl. auch Wehrhan, Nr. 189 (dort datiert: 1055)
214	Sieben Brüder kommen nach Regensburg	Breatnach, S. 201f. Übersetzung Hans Jürgen Reichel
215	Die Flucht der Schottenmönche oder Der wiedererweckte Sandolf	Breatnach, S. 204ff. Übersetzung Robert Köhler
216	Nikolauswunder in St. Emmeram	Meisen, S. 268: Inhaltsangabe des bei Otloh, Vita S. Nicolai, stehenden Wunders
217	Prüfenings Ursprung	Vita S. Erminoldi, in: Acta SS, Januar I, Liber I, Kap. 3, S. 337f. Andreas von Regensburg, S. 52 Onsorg, in: Oefele I, S. 360 Streitel, in: Oefele II, S. 502 Hochwart, in: Oefele I, S. 186 Adlzreiter, Teil 1, S. 540 Mausoloeum 1680, S. 181 Ratisbona Monastica, S. 270 Paricius 1753, Teil 2, S. 497ff. (nach einem von

		Ulrich Cerdo aufgefundenen, von Grienewaldt neu abgeschriebenen Ms.)
		Gumpelzhaimer 1, S. 251
		* Schöppner 2, Nr. 566 (gibt u. a. als seine Quellen an: »Ludewig, Script. Bamb., I., 423 ... Ertl, Relatt., II., 27, u. a. Hund, Metrop. III, 124 ...«)
		Sittler, S. 120f.
218	Woher der Name Prüfening kommen soll	
	Version I	J. C. Paricius 1753, Teil 2, S. 496f. (Melchior Weixer, Diadema octo Beatudinem B. Erminoldo Viro Sacris virtutibus in vita et morte claro paratum. Ex Vetustis MSS. membranis evulgatum. Ingolstadt 1624)
	Version II	Andreas von Regensburg, S. 52 (»Die folgende Erzählung ist dem Wortlaut nach mit keiner andern Gründungsgeschichte Prüvenings verwandt, weder mit jener in Kap. 7 der Vita Erminoldi (SS. 12, 480–500) noch mit der in einigen Hss. der Vita Ottonis ep. Babenb. Herbords interpolierten Gründungsgeschichte (SS. 12, 758f.) noch mit jener in Kap. 10 des 1. Buches der Vita Ottonis eines unbekannten Prüveninger Mönches (SS. 12, 886) noch mit der Einleitung des Prüveninger Traditionscodex (MB. 13, 2; SS. 15, 2, 1075)«)
219	St. Mang zu Stadtamhof	Zimmermann, S. 127f.
		Paricius 1753, Teil 2, S. 528f.
		Schöppner 2, Nr. 554, S. 100 (»Wening. Top. Bav., IV., 112«)
220	Der Pförtner Rydan	
	Version I	Freytag (Hosang) 1, S. 48f. Nach Freytag/Hosang auch bei Bauer, S. 262
	Version II	Bauer, S. 262. Sinngemäß auch bei Reichlin-Meldegg, S. 88
221	Das Hostienwunder von 1255	
	Version I	Freytag (Hosang) 1, S. 78f.
	Version II	Mausoloeum 1680, S. 215f.
		Ratisbona Monastica, S. 307f.
	Version III	Kraus/Pfeiffer, S. 88f.
		Vgl. auch Paricius 1753, Teil 2, S. 422f. (nach Aventin und Vogl)
222	Das Wunder in der Salvatorkapelle	Mausoloeum 1680, S. 216
		Ratisbona Monastica, S. 308
		Paricius 1753, Teil 2, S. 424
		* C. W. Neumann, Ms. Nr. 105 (Nachricht über die St.-Salvator-Kapelle und den Laienbruder Friedrich von Nik. Erb)

223	Wie es dieser Zeit den Juden übel in Deutschland ging	Aventin, Chronik, Buch 7, Kap. 74, S. 412f. Mausoloeum 1680, S. 227 Gumpelzhaimer 1, S. 318
224	Mord an sechs bis acht Christenkindern Version I	 Mausoloeum 1680, S. 287 (Hoffmann, Grienewaldt) Dimpfel 1, S. 59f. * Gumpelzhaimer 1, S. 510f. (Gemeiner 3, S. 567ff.) Vgl. auch Streitel, in: Oefele II, S. 517
	Version II	Rassler 2, S. 329f. (u. a. Joh. Eck, Ain Judenbüechlins verlegung ... Ingolstadt 1541)
225	Die Wallfahrt zur Schönen Maria Version I Version II	 Bechstein, Nr. 857, S. 701f. Stahl, S. 67f. (Sebastian Franck, Chronica, Bl. 224v–225r)
226	Die Kapelle im »Grauwinckel« oder Die alte Apostolische Heiligkeit	Stahl, S. 198 (Einblattdruck in Folio, mit Kupferstich angeblich von Büchler, 18. Jh. Stahl schreibt dazu:»Der Text wird hier zum ersten Mal greifbar und läßt sich vorher nirgends nachweisen.« Vgl. aber Wening-Katalog, Münchner Stadtmuseum 1977, S. 94f. Demnach Text schon bei Wening)
227	Wie die Wallfahrt zur Schönen Maria entstand	Stahl, S. 71 (»E. Widmann, Hofische Stadt-Chronik, 434«, in: Fortgesetzte Sammlung von Alten und Neuen Theologischen Sachen, Leipzig 1735)
228	Steinmetz Jakob Kern oder Das erste Wunder	Ratisbona Monastica, S. 438 (u. a. »unser P. Christophorus Hoffmann« [De Ratisbona metropoli boioariae et subita ibidem Judaeorum proscriptione. Regensburg 1519], s. auch S. 437 Hinweis auf »Büchlein«, im »öffentlichen Druck« erschienen, vermutlich: die wunderbarlichen zaichen beschehen zu der schönen Maria zu Regenspurg/ Im XIX. jar. Standort: Bayerische Staatsbibliothek München. Signatur: Bavar. 2089. Quart. – Vgl. auch Stahl, S. 61f.
229	Die Brandstifterin von Persenbeug	Gumpelzhaimer 2, S. 720f. (hier irrig: Persenberg) (Gemeiner 4, S. 442ff.) Stahl, S. 88, hier auch Hinweis auf Franz Winzinger, Albrecht Altdorfer. Graphik. München 1963
230	Das wundersame Wasser	Stahl, S. 102 (Wunderberliche czaychen ... 1522. Mirakelbuch. Standort: Bayer. Staatsbibliothek München. Signatur: Bavar. 2095. Quart) s. auch Stahl, S. 145
231	Die drohende Schöne Maria	Stahl, S. 145 (Mirakelbüchlein 1520. Standort:

		Bayer. Staatsbibliothek München. Signatur: Bavar. 2091. Quart)
232	Todesdrohung für einen Kelheimer	Stahl, S. 147 (Mirakelbüchlein 1520)
233	Die Schöne Maria, eine Kindsmörderin?	Stahl, S. 144 (Mirakelbüchlein 1520)
234	Ein Mahnwunder	Stahl, S. 147 (Mirakelbüchlein 1520)
235	Das Strafwunder an Peter Letzelter	Stahl, S. 146 (Mirakelbüchlein 1520)
236	Das verwandelte Opfer	Stahl, S. 102 (Mirakelbüchlein 1520)
237	St. Leonhard und St. Katharina erscheinen einer Frau, die Angst hat vor dem Nacktwallfahrten	Stahl, S. 145 (Mirakelbüchlein 1520)
238	Maria befreit von Gespenstern	Stahl, S. 270 (Mirakelaufzeichnungen der Wallfahrt zur Schönen Maria bei St. Kassian, 1763)
239	Das Fortleben der Schönen Maria	Stahl, S. 178 f.
240	Christus mit dem Bart	
	Version I	Bauer, S. 249 f. (mit Abb.)
	Version II	mündl. 1974, s. dazu Anm. 240 SR
241	Der Teufel peitscht Aventin	Keyssler, S. 1230 Der Hallertauer Chronist (Zs.), 1926, S. 243, Fußnote. Danach bei Böck, Bildband Hallertau, S. 59, Pustet-Almanach, S. 48 (beide Male nur Erwähnung) und * Sagen Hallertau, Nr. 4
242	Die Kanzel des Albertus Magnus oder Der verstummte Protestant	Franz Heidingsfelder, in: 7. Jahresbericht zur Erforschung der Regensb. Diözesangesch. 1932, S. 48 (E. Wassenberg, Ratisbona religiosa, fol. 148 f.)
243	Der Steigbügel in St. Jakob	Bauer, S. 262
244	Die Weissagung von Wundertätigkeit in der Loretokapelle	Gumpelzhaimer 3, S. 1281
245	Spuk im Augustinerkloster	Neumann, Ms. Nr. 88 (Ratis-Bona Nov-Antiqua [= Dimpfel], S. 617) Bauer, S. 525 (Elsberger)
246	Das wundertätige Muttergottesbild	Bericht von denen Heiligen Leibern, S. 78.
247	Das Schlimme Vorzeichen oder Das Ewige Licht geht aus	Bauer, S. 383 (Gallus Zirngibl, 950 Jahre Karthaus-Prüll in Regensburg. Regensburg 1947)
248	Das Gnadenbild von Wessobrunn	Bauer, S. 505
249	Der »letzte Mönch« von St. Emmeram	
	Version I	Bauer, S. 256 f. (wohl nach Reichlin-Meldegg, S. 103 f., vgl. Anm. bei Freytag 1, S. 19)
	Version II	Bauer, S. 257 (nach Freytag 1, S. 19)

250	Der Traum vom sprechenden Marienbild	Bauer, S. 404 (Chronik von Stadtamhof. Mitt. des Autors/9. 10. 1979: »Ms. im Stadtarchiv R., im Besitz des Hist. V.«)
251	Das Wunder in der St.-Anna-Kirche	Bauer, S. 348
252	Der wachsende Christus und der Untergang der Welt	Bauer, S. 250
253	Zwei Regensburger Wahrzeichen oder Des Baumeisters Bund mit dem Teufel	
	Version I	Bechstein, Nr. 855, S. 700
	Version II	Panzer 1, Nr. 144 (mündlich) Vgl. zu dieser Sage auch Raselius, Bl. 49v
254	Das Männlein am Dom oder Schuck wie heiß	
	Version I	Ertl 1685, Relatio XXV, S. 41 ff. (wohl nach Merian, Topographia Bav. 1644) Ratisbona Politica, S. 197
	Version II	Petzoldt, Schwäbische Sagen, S. 183 (»Schöppner 1852/53, S. 14«) Vgl. hierzu Raselius, Bl. 48v: »Schaut wie heiß!«
255	Der Teufel holt die ungetreue Braut des Dombaumeisters	Schuegraf, Dom, Teil 1, S. 61 Bauer, S. 242
256	Die Sage von der Regensburger Wurschtkuchl	Neumann, Ms. Nr. 68 (»Aus einer uralten, aber nicht bekannten Chronik«) Gaßner, in: VO 90, 1940, S. 84 (»Ich erzähle sie nach den Aufzeichnungen Neumanns zu seinem beabsichtigten ›Sagenbuch‹, das er aber nicht mehr herausgeben konnte.«) Vgl. auch C. W. N., Das Büchlein von der Regensburger Wurstküche. Regensburg 1886 (Verlag Hermann Bauhof)
257	Der Traum vom Schatz auf der Regensburger Brücke	
	Version I	Grimm, Nr. 212, S. 223 f.
	Version II	Bauer, S. 110 f. (nach Schönwerth-Winkler, Kallmünz 1962). Vgl. auch Schönwerth 3, S. 271
	Version III	Schöppner 1, Nr. 147 (»Vat. Mag., Erlangen 1837, S. 374. J. Heller, Muggendorf, S. 167«)
258	Die Wölfin	
	Version I	Sittler, S. 121 f.
	Version II	Gumpelzhaimer 1, S. 253
259	Das Goliathhaus	Bauer, S. 41 (»Leider erfuhr Schuegraf erst nach Erscheinen seiner ... Schrift über das Goliathhaus [»Das Haus zum Riesen Goliath« 1840] eine Volksüberlieferung [Wettstreit zweier Kaufleute; Sieg der Bescheidenheit über den

		Hochmut], die eine neue ... Deutung des Goliathgemäldes ermöglicht, und die Schuegraf auf die Innenseite des vorderen Einbanddeckels des Handexemplars seiner Schrift [im Histor. Verein] mit Bleistift eintrug ...«)
260	Das Wahrzeichen in der Glockengasse	
	Version I	Freytag (Hosang) 1, S. 44. Auch bei Bauer, S. 293 erwähnt (nach Hosang)
	Version II	Bauer, S. 293
	Version III	Sigfrid Färber, Brücke über den Zeitenstrom, München 1949, S. 123 ff. (beträchtlich gekürzt)
261	Das Pesthündlein	Neumann, Ms. Nr. 74 (»mündl. Mittheilung der sel. Frau Dr. Thoma, geb. Gampert«) Reichlin-Meldegg, S. 67 (»Nach mündl. Mittheilung der verstorbenen Frau Dr. Thoma und des früheren Hausbesitzers und Materialienhändlers Herrn J. W. Neumüller«) Freytag (Hosang) 1, S. 81 f. Gaßner, S. 72 * Bauer, S. 290 (Hosang)
262	Das Hündlein gegenüber dem Bischofshof	Freytag (Hosang) 2, S. 79 Bauer, S. 290 (Hosang). Mit Abb.
263	Der Reichsmünzmeister als Totschläger	
	Version I	Mausoloeum 1680, S. 283 Ratisbona Monastica, S. 392 Neumann, Ms. Nr. 98 (»kurze handschriftl. Regensb. Chronik v. unbekanntem Verfasser«)
	Version II	Freytag (Hosang) 1, S. 18
264	Zur Schwedenkugel	Bauer, S. 220
264a	Die Steinernen Semmeln	Bauer, S. 294
265	Das Hufeisen	Freytag (Hosang) 2, S. 21
266	»Der Böhmische Hansl« und der russische Gesandte	Freytag (Hosang) 2, S. 16 Bauer, S. 432 (Hosang)
267	Der Steinerne Hirsch	Sittler, S. 173 f.
268	Die Rache des Affen	Freytag (Hosang) 1, S. 89 f. Danach auch Bauer, S. 63
269	Der Bär an der Kette	Bauer, S. 289
270	Das Springhäusl	Bauer, S. 308
271	Die »anmeldende« Uhr im Haus »Zum Pelikan«	Bauer, S. 128 (C. W. Neumann, Das Haus zum Pelikan, Regensburg 1862)
272	Der Dombrunnen oder Woher die Regensburger Kinder kommen	Bauer, S. 250. Vgl. auch Schlicht, S. 263 f.
273	Warum Stadtamhof drei Schlüssel im Wappen hat	Zimmermann, S. 125 f.
274	Von einer großen Plag	Aventin, Chronik, Buch 3, Kap. 82, S. 111
275	Das Schreckensjahr 960	Gumpelzhaimer 1, S. 157
276	Der Track	Weihenstephaner Chronik, S. 189

277	Die Prügel-Vision oder Strafe für verbotene Lektüre	Schauwecker, S. 59 ff. (nach Otloh, in: Migne, PL 146, Sp. 348 f. – visio tertia)
278	Bedrohung durch Dämonen	Schauwecker, S. 63 ff. (nach Otloh, in: Migne, PL 146, Sp. 353 ff. – visio quarta)
279	Otloh als strenger Zuchtmeister oder Ein Zeichen des Himmels	Schauwecker, S. 63 (nach Otloh, in: Migne, PL 146, Sp. 352 f. – visio tertia)
280	Der Meineid oder Ermahnung im Traum	Otloh, in: Migne, PL 146, Sp. 366 ff. – visio duodecima. Übersetzung Robert Köhler
281	Vom Tod des Juden Abraham	Otloh, in: Migne, PL 146, Sp. 368 – visio decima tertia. Übersetzung Brun Appel. Vgl. auch Stahl, 576 und S. 79 f. (Paraphrase)
282	Eine von Adalberts Visionen	Otloh, in: Migne, PL 146, Sp. 363 – visio decima. Übersetzung Robert Köhler. Vgl. auch Stahl, S. 78 f.
283	Der hl. Petrus und der hl. Emmeram reinigen das Kloster	Otloh, in: Migne, PL 146, Sp. 363 f. – visio decima. Übersetzung Robert Köhler
284	Adalbert weissagt dem Bruder Aribo	Otloh, in: Migne, PL 146, Sp. 364 f. – visio decima. Übersetzung Robert Köhler. Vgl. auch Stahl, S. 79 f. und S. 86 (hier irrig Aribo als Visionär!)
285	Die Vision des Bettlers	Otloh, in: Migne, PL 146, Sp. 365 f. – visio undecima. Übersetzung Robert Köhler. Stahl, S. 76
286	Regensburger Bischof auf Flammenstuhl – eine Fegfeuervision	Otloh, in: Migne, PL 146, Sp. 369 – visio decima quarta. Übersetzung Robert Köhler. Vgl. Schauwecker, S. 160 f.
287	Von einem großen Pfauenschwanz und den Heuschrecken Version I	Aventin, Chronik, Buch 8, Kap. 38 vgl. auch Ratisbona Politica, S. 325 f. (hier Jahresangabe: 1335)
	Version II	Ratisbona Politica, S. 326
288	Die »Hürnan Snäbel«	Andreas von Regensburg, S. 86 f. Übersetzung Robert Köhler Onsorg, in: Oefele I, S. 365
289	Regensburger Kaufleute beim Kärntner Erdbeben Version I	Andreas von Regensburg, S. LXV f. und S. 96 f. (latein.) vgl. auch Notiz bei Gumpelzhaimer 1, S. 348
	Version II	Aventin, Chronik, Buch 8, Kap. 54, S. 501 f.
290	Die Heuschreckenplage und die merkwürdigen Karpfen	Andreas von Regensburg, S. LXVII. Vgl. ebd. S. 86 f. (Jahresangabe hier aber: 1338)
291	Das große Erdbeben	Andreas von Regensburg, S. LXVI f.
292	Voraussage für Regensburg	Grünpeck
293	Die Gestirne sind schuld an Judenpogrom	Grünpeck

294	Die sprechenden Nachtigallen	Geßner, Bl. CLXXXv und CLXXXIr
295	Nachtigallen müssen die bösen Anschläge der Papisten verraten	Neumann, Ms. Nr. 31 (Dimpfel 1, S. 47f.)
296	Ein Wunderzeichen am Himmel	Dimpfel 1, S. 477
297	Der Drachen in der Luft	Dimpfel 1, S. 480. Vgl. auch Alte Glaubwirde Gesch., S. 159 Gaßner, S. 104
298	Das farbige Vorzeichen	Ratisbona Politica, S. 317
299	Gewächse mit Menschengesichtern	Ratisbona Politica, S. 318 Gaßner, S. 104 (Raselius)
300	Vom Kampf zwischen einem Adler und einem Löwen	Alte Glaubwirde Gesch., S. 195 Gaßner, S. 104
301	Seltsame Himmelszeichen oder Vom Kampf zwischen Löwe und Bär	Alte Glaubwirde Gesch., S. 199
302	Drei feurige Kugeln	Dimpfel 1, S. 482 Ratisbona Politica, S. 318 Gaßner, S. 104 (Raselius)
303	Das Schreien im Mutterleib	Dimpfel 1, S. 172
304	Ein feuriger Besen zwischen drei großen Sternen	Ratisbona Politica, S. 318
305	Feuer vom Prüfeninger Himmel	Ratisbona Politica, S. 318
306	Der Komet mit dem heftig langen Strahl	Alte Glaubwirde Gesch., S. 297. Vgl. auch Gaßner, S. 104, der über einen anderen langschweifigen Kometen aus dem Jahr 1456 berichtet
307	Anzeichen einer Feuersbrunst	Ratisbona Politica, S. 319
308	Der Traum von der Mordtat	Bauer, S. 571 (J. M. Grimm, Kurtze ... Erzehlung des Erschröcklichen Mords welchen Friedrich Lößel begangen. Regensburg 1723)
309	Der Tod des Fürstabts und die Mondfinsternis	Schlemmer, S. 41
309a	Der Mettenstock	Freytag (Hosang) 2, S. 15 * Gaßner, S. 103f. (nach »Hosang III, 71«)
310	Das sprechende Hündchen	Gumpelzhaimer 1, S. 363 (wohl nach Gemeiner 2, S. 124. Korrelat zur Fußnote fehlt; im Text wurde Fußnote vergessen)
311	Lies Herrel	
	Version I	Andreas von Regensburg, S. 104f. (latein.) Onsorg, in: Oefele I, S. 367 Staindel, in: Oefele I, S. 524 (jedoch ohne Nennung des Namens Lies Herrel) * Schöppner 2, Nr. 561
	Version II	Bauer, S. 525 (nach P. Johannes Pliemel, Chro-

	Version III	nik der Abtei Oberalteich. Standort: Bayerische Staatsbibliothek, Handschriftenabteilung. Bauer benutzte nur, wie er mir am 19. 9. 1979 auf Anfrage mitteilte, eine Zwischenquelle: »Zeitschrift Die Oberpfalz ... um 1927«) Neumann, Ms. Nr. 83 (Gemeiner 2, S. 160)
312	Der Jude Abraham und seine übernatürlichen Kräfte	Gumpelzhaimer 1, S. 473
313	Die Dicke Agnes	Adalbert Müller in: Braun u. Schneiders Hauschronik 1, S. 9 Schöppner 2, Nr. 562 (aus obigem)
314	Doktor Faust auf Luftreise	Dünninger, Begegnung, S. 17 (Historia D. Johannis Fausti des Zauberers. Wolfenbüttel 1872, S. 63)
315	Doktor Faust kegelt auf der Donau	Heimat und Volkstum 16, 1938, Heft 9, S. 139 (ein Regensb. Druck des Volksliedes vom Dr. Faust, 1768). Paraphrase einiger Zeilen. Vgl. dazu auch Gaßner, S. 106
316	Gespenster im Gichtelhaus	Bauer, S. 203 (nach Grienewaldt)
317	Das Mausmädchen	Gumpelzhaimer 2, S. 1010 ff. (»Abschriften der Akten und besonders der Gutachten finden sich in einem Manuscript unter dem Titel: Regensburgische Chronik von 1400 bis 1699 ...«)
318	Der Teufel als fahrende Hexe	Elsberger (seine Quelle wohl Donauer) Dimpfel 1, S. 393 f. Schöppner 2, Nr. 563, S. 119 f. Neumann, Ms. Nr. 176 (Elsberger)
319	Ein verhaßter Pfleger	Alte Glaubwirde Gesch., S. 298. Vgl. dazu Gaßner, S. 107
320	Gespenster im Spital oder Wer hat die drei Hund gegessen?	Alte Glaubwirde Gesch., S. 275
321	Ein Rittmeister als Teufelsbündler	Bauer, S. 528 (Neumann)
322	Der feurige Konsistorialsekretär	Dimpfel 1, S. 404 f. * Neumann, Ms. Nr. 2 (Handschriftl. Chronik aus dem 17. Jh.)
323	Das Kreuz des lutherischen Schmieds	Bericht von denen Heiligen Leibern, S. 59 f. (diese Stelle lateinisch) * Bauer, S. 257
324	Der Spuk im Saliterhof	Neumann, Ms. Nr. 79 (Dimpfel) * Bauer, S. 524 f. (Neumann; Einleitungssätze nicht bei Neumann)
325	»Vom bösen Feind verführt«	Hiltl, S. 122 f.
326	Der unheimliche »Blasbalg« im Spital oder Vom Maus- und Windmachen	Hiltl, S. 123 f.
327	Die besessene Frau und der in ihr hämmernde Teufel	Beer, S. 147 f.

328	Der Teufelsbund mit Taubenblut	Gumpelzhaimer 3, S. 1608 (»Raths-Protocoll vom 9. März 1747«)
329	Das Haus an der Heuport	Bauer, S. 31f. (Grienewaldt)
330	Verbannt nach Stockenfels	Peuckert 2, Nr. 266, S. 149f. (»Oberpf. 8, 1914, 43«)
331	Die Wirtin von St. Mang	Lüers, S. 176f.
332	Die Hexenringe im Donautal	Panzer 2, Nr. 110 (Anton Quitzmann, Die heidnische Religion der Baiwaren, 1860)
333	Riesen im Kumpfmühler Weiherturm	Joh. Beer, in: Daphnis, Bd. 9, Heft 1, S. 175, 1980 * Bauer, S. 370
334	Rabbi Juda Chasid oder Der grünende Stab	Sepp, S. 593 (Tendlau, Sagen und Legenden jüdischer Vorzeit, S. 281f.)
335	Juda der Fromme oder Schuch schuch schuch, wie kalt ist mir!	Bauer, S. 273 (aus dem Maißebuch, 180. Maiße; Bauers Vorlage vermutlich Beranek, S. 64f.)
336	Regensburger Kaufleute und der Lechsgmünder Raubritter	Ratisbona Politica, S. 246f.
337	Die große Domglocke	Bunsen/Kapfhammer, S. 29f. (Max Becker 1867)
338	Ein Regensburger Glockenguß	Listl, Kelsgausagen, S. 19 (nach Schuegraf) Böck, Sagen Hallertau, Nr. 5 Böck, Sagen Niederbayern, Nr. 59
339	Der beste Scharfrichter oder drei auf einen Streich	Neumann, Ms. Nr. 177 (Hormayr, Taschenb. 1832) und 178 * Bauer, S. 567 (Hormayr)

ANMERKUNGEN

1 Wenngleich für fast alle diese »Fabeleien« aus der Frühzeit Regensburgs und Bayerns dies gilt, womit Aventin kritisch mehrere von Füetrers Aussagen abtut: »lautter merl« (Füetrer, S. 17 z. B.), so wollen wir doch Zschokkes obschon pathetische Aufforderung (S. 4) nicht unterschlagen und uns damit befassen: »... Völker hangen, gleich den Greisen, mit Vorliebe an frühesten Erinnerungen. Das Leben wird größer mit den Fernen der Vergangenheit. So verachte denn nicht, was in wunderhaften Sagen, oder in Jahrbüchern fremder Lande von den Anfängen des baierischen Volkes überliefert worden.«
Gleich in dieser ersten Sage stoßen wir auf verschiedene Benennungen von Regensburg. »Es gibt keinen Ort, dem so vielerlei theils wirkliche und theils fabelhafte Namen beigelegt werden, wie Regensburg« (Walderdorff, S. 7).
Das gigantische Literaturaufgebot zu dem Thema würde den Rahmen dieser Arbeit sprengen. So verweise ich nur auf: Andreas von Regensburg, S. 8f. – Aventin, Chronik, Buch 2, Kap. 49, S. 696 u. a. – Ratisbona Politica, S. 88ff. – Walderdorff, S. 7ff. – G. Steinmetz, in: VO 76, 1926, S. 7ff.: Die Namen der Stadt. – A. Kraus, Civitas Regia, S. 48ff.
Steinmetz S. 9 weiß von »einer stattlichen, mehr als 70 Nummern umfassenden Sammlung von Namensformen der Stadt, in der auch mittelalterliche Erklärungslust ergötzliche Blüten treibt ...«
Prof. Dr. Hellmut Rosenfeld belegt in seinem Schreiben vom 3. 4. 1980, was Noricum ist: »Jeder, der mit bayerischer Frühgeschichte befaßt, weiß, daß die Baiern zwar teils im Gebiet der alten Provinz Raetia, teils in der alten Provinz Noricum siedelten und für sie im ganzen Mittelalter in gelehrter Literatur der Name ›Noriker‹ erhalten blieb. In der Wessobrunner Handschrift Clm 22053 mit Isidors Etymologien bietet Bl. 61a die Glosse: Ager Noricus Peigiro lant, Istrie paigira, Ister Danubia, was heißt: Noricum ist das Land der Baiern, aber sie sind auch Ister-Anwohner, und Ister ist Donau. Sigmund Riezler: Geschichte Baierns, Gotha 1878, Bd. 1, S. 47: ›Die Benennung Noricum für die Gesamtheit des von den Baiern besetzten Landes und Noriker für die Baiern sind ... von der ostgotischen Kanzlei, die in den Geleisen der römischen Tradition blieb, als offizielle Bezeichnungen aufgebracht worden, sie haben sich früh in der gelehrten Literatur festgesetzt und durch das ganze Mittelalter als gleichbedeutend mit dem Baiernnamen behauptet, ohne doch je volkstümlich zu werden.‹«
»Herkunft und Landnahme der Bajuwaren haben in der zeitgenössischen Literatur keinen Niederschlag gefunden. Bruchstücke einer Stammessage sind erst in einer Überlieferung aus dem zwölften Jahrhundert zu fassen, deren einzelne Versionen etwas voneinander abweichen. Gemeinsam ist jedoch allen der Gedanke der Rückkehr der Bajuwaren in ein Land, aus dem sie einmal vertrieben worden seien. Ihr Stammvater sei Noricus, der Sohn des Herkules gewesen, als Wohnsitz wird auch Armenien angegeben. Im Jahre 508 sei der Stamm unter seinem Herzog Theodo nach Bayern zurückgekehrt und die Lateiner seien von dort abgezogen. Herzog Theodo (nach einer anderen Überlieferung Adalger genannt) sei 512 von Theoderich im Auftrag des Kaisers Anastasius (der auch Severus genannt wird) nach Rom berufen worden, dort sei ihm als Zeichen der Abhängigkeit Haar und Gewand abgeschnitten worden und er habe auch Zins zahlen müssen. Doch noch im Jahre 512 hätten die Bayern in einer

Schlacht bei Oetting (anders Brixen) die Römer besiegt und sich von deren Herrschaft befreien können. Der Wert dieser Sagenüberlieferungen ist umstritten; Armenien als Ursprungsland ist wohl ein Niederschlag der Kreuzzüge, und die Jahreszahlen wurden vermutlich erst aus späterer gelehrter Berechnung gefunden. Doch könnte der Inhalt der Sage zumindest auf Beziehungen zum Osten und auf eine ursprüngliche Abhängigkeit des Stammes deuten« (Kurt Reindel, in: Spindler 1, S. 75 f.). A.a.O., S. 75 führt Reindel die Quellen dieser Sagenüberlieferungen auf: eine österreichische Annalengruppe, die Passio sancti Quirini aus Tegernsee, das Annolied und die Kaiserchronik.

2 In der Bibel und auch in Ratisbona Monastica, S. 2 heißt der Held: Gomer, nicht Gomers wie bei Gumpelzhaimer. Er ist einer der Söhne Japhets und somit ein Enkel Noahs. Das verwandtschaftliche Verhältnis ist in der Sage – gegenüber der Bibel – umgekehrt: Nach Genesis 10, 3 zeugt Gomer einen Sohn namens Askenas. In der Sage ist Ascanias Gomers Vater.
Bei Aventin (Chronik, Buch 1, Kap. 9, S. 65) kommt Gomer als einer der 30 heldenhaften Gefährten des Riesen Tuitsch mit diesem aus Armenien.

3 Karl Bauer, in: Kraus/Pfeiffer, S. 73 führt aus: »Die Siedlung am nördlichen Donauufer wird 981 als ›Scierstat‹ erstmals genannt. Um das Kloster St. Mang (um 1140) im Osten und das Katharinenspital (1212) im Westen entwickelte sich der Ort »An der Stetten«, aus dem die ›Vorstadt am Hof‹, das bayerische Stadtamhof, entstand. Der Erhebung zur Stadt (um 1496) folgten stete Fehden mit der benachbarten Reichsstadt Regensburg. Stadtamhof wurde 1809 durch die vor den Truppen Napoleons flüchtenden Österreicher fast völlig zerstört . . .«
In Ratisbona Politica, S. 95 wird »der Sünd-Fluth« im Jahre 1656 nach Erschaffung der Welt angesetzt.
Wenn Gumpelzhaimer, von dem die Version I stammt, diese Stelle auch bekannt war – was bei seinem Fleiß anzunehmen ist –, dann dürfte es sich bei dem Jahr »2070« um einen Druckfehler (statt 2076) handeln.
Insbesondere was diese merkwürdige Chronologie angeht, aber auch bei vielen Daten von Heiligen, weniger von Herrschern, ist oft keine eindeutige Klärung möglich, »weilen« – wie es in einer »Vormerckung« der Ratisbona Politica heißt – »mit denen Jahrs-Zahlen vil vornehme Authores selbsten nicht können eins werden . . .«
Der Stammbaum Hermanns stellt sich bei Aventin, Chronik, Buch 1 so dar: Noah – Tuitsch – Mannus – Ingevon (= Eingeb) – Istevon (= Außstäb) – Hermann . . .
Aventin (Chronik, Buch 1, Kap. 28, S. 109) erwähnt Hermanns zweifelhaftes Verdienst. Er ». . . hat die Teutschen erst recht kriegen gelernt und raisig gemacht« und die Ansicht vertreten, »gott hab allain lieb das frum redlich notvest kriegsvolks«. Er meinte (ebd. S. 110), »so viel ainer erschlüeg, so viel würd er diener ritter und knecht haben, müesten im die, so er erwürgt, all dienen.«

5 Merkwürdig ist, daß Aventin, Chronik, Buch 1, Kap. 65, S. 153 gerade die umgekehrte Zugrichtung (oder die ursprüngliche?) angibt: bei ihm ziehen die Bayern nicht aus Armenien weg, vielmehr dorthin: »Zue Regenspurg in des toms puechkamer hab ich das alt herkommen der Baiern gefunden, auf das kürzt auch künstlichest in pergamen und viel pesser latein, dan vil hundert jar her im brauch gewesen ist, beschriben; wer's aber beschriben hat, nent sich nit oder ist auß unfleiß, wie vil mêr geschehen ist, der nam verlorn worden. Diser sagt, wie die Baiern von Hercule hie sein und haben gehaissen Alemanni, von dan ander al Teutschen also genant werden, und

sein zogen pis gên aufgang der sun in Asien an Armenien und Indien durch die land, so man ietzo Tartarei haist, also noch etlich gewont haben zue seiner zeit; sagt, er hab's erfarn, solchs singt und sagt man noch, mueß diser zug gewesen sein . . .«
A. Kraus (Civitas Regia, S. 53 f.) weiß dazu: »In der Stadt selbst wird die Gründungssage wie der Name Tiburnia (Tiburtina) aufgenommen und weitergegeben durch die Regensburger Kaiserchronik, außerhalb der Stadt mit Hilfe der bis 1140 verfaßten Vita Bischof Altmanns von Passau, wo die Version der jüngeren Translatio übernommen ist, [vgl. auch A. Kraus, Translatio, S. 37 f.], aber gleichzeitig Noricum beigefügt ist, abgeleitet vom sagenhaften Herkules-Sohn Norix, der hier m. W. zum ersten Mal begegnet. Bestätigt und weiterverbreitet wurde diese neue Stufe der Legende schließlich gegen Ende des 13. Jahrhunderts durch die Aufzeichnungen von Kremsmünster, wo außerdem noch die Herkunft der Bayern aus Armenien hinzugefügt und die Gründungssage durch eine Vorstufe bereichert wurde, eine erste Gründung durch Norix . . .«
Zu den beißenden Schwertern vgl. auch Endres, S. 168: »Hier [in Regensburg] hat Konrad sein Rolandslied verfaßt. Hier hat nach seinem Berichte der Schmid Madelgêr das herrliche von Naims [= Naaman, Naimes; fabelhafter bayerischer Herzog] von Baiern mitgebrachte Schwert Mulagir verfertigt.«

6 Bei den humanistischen Geschichtsschreibern kann man seit Celtis und Beatus Rhenanus den vielfach hervorbrechenden Drang registrieren, einzelnen deutschen Stämmen Heroennamen zuzuordnen. Vgl. dazu Ausstellungskatalog »Bayern, Kunst und Kultur«, München 1972, S. 372.
Bei der hier erwähnten frühen Gesetzgebung liegt es nahe, mit der Lex Baiuvariorum zu assoziieren, dem ältesten bayerischen Volksrecht (zwischen 739 und 743). Aventin (Chronik, Buch 1, Kap. 62, S. 144) verwahrt sich gegen andere Chronikschreiber, »die sagen, wie künig Baier von stundan nach der sindflueß auß Großarmenien über das mer kommen sei und erst lange zeit nach im künig Norein, ein sun des kriechischen Hercules«. Für diesen Irrtum macht er die zahlreichen Verwechslungen um den Namen Herkules und Armenien verantwortlich. Aventin läßt Baier und Norein aus »Hermenien, das ist . . . Behamerland und nit . . . Großarmenien« stammen. In Buch 1, Kap. 218, S. 534 wiederholt Aventin seine Überzeugung: die Bayern kommen aus Böhmen, nicht aus Armenien. Von diesem Ansatz aus – Böhmen als Heimat der Bayern – läßt sich vielleicht auch das, was Bosl (s. Anm. 8) als »brisant und hochpolitisch« mutmaßt, leichter aufspüren.

7 In der Vita Altmanni (zwischen 1125 und 1141) »erscheint, wohl zum ersten Mal, die Fabel von Bavarus und Norix, dem Sohne des Herkules; sie bringt, wie das Annolied, die Kaiserchronik, die Tegernseer und später die Kremsmünsterer Geschichtsquellen, die Mär von der Einwanderung der Bayern aus Armenien« (Andreas von Regensburg, S. LXXXVII). Bei Füetrer, S. 6, Fußnote 3 liest es sich bestimmter: »Zuerst wird Bavarus in der Vita Altmanni SS. XII, 237 erwähnt und dann im Liber de origine monasterii Cremifanensis (Kremsmünster) SS. XXV, 639.«
Der Text bei Füetrer, S. 5 f. erklärt, daß Bavarus Anlaß hatte, um seine Freiheit zu fürchten: Pompejus hat Armenien unterworfen und die besiegten »künig und fürsten« müssen ihm auf eine demütigende Art und Weise huldigen: »Es war ir gewonhait, welicher ir haubtman ain land oder provintz bezwang, so muessten neben ainem guldein wagen, darauf der victor sass, geen die fürsten der lender, die er den Römern erstriten het.« Bei Füetrer, S. XXXXVIIIf. sind Angaben über die Eltern des Bavarus zu finden: Er ist der Sohn »des konigs Sunpallo von Armenia und Kaldeorum, auß

barbarischem oder heidnischem Glauben, ein anpetter der abgötter. Sein mutter was geheissen Sallandra, des konigs von Egypten tochter...« Spiller, ebd. S. LI
»... möchte annehmen, dass die Erfindungen, welche zuerst in der vita Altmanni auftauchen, von einem Mönche ausgingen, der diesem [rheinischen] Schriftstellerkreise entstammte, indem ja die Namen Bavarus und Norix sicher auf gelehrter etymologischer Spielerei beruhen«.
Aventin, Chronik, Buch 1, S. 34 entrüstet sich: »Darumb Bavarus ein neuer nam ist, weder teutsch noch latein und von den kuchenlateinern erdacht, in kainer alten schriften gar niendert gelesen wirdet; hat erst nach kaiser Fridrich dem andern eingedrungen und in den brauch komen, damit man der Baiern gespott hat, sam si das b kauft haben zu dem ›Avarus‹ so im latein ›geistig‹ haist...«
Zu Troja, der Burgstadt an der nordwestkleinasiatischen Küste: Der Trojanische Krieg hat einen frühgeschichtlichen Kern in Auseinandersetzungen zwischen dem mykenischen Machtbereich und Troja VI bzw. VII a. »Wahrscheinlich ist der gr. Zerstörungszug Ende 13. Jh. v. C. gg. Troja VIIa erfolgt, nachdem ältere Unternehmungen mykenischer Herren, von denen die Überlieferung berichtet (Herakles), der VI. Stadt gegolten hatten« (Herder, 9. Bd. der 12 bändigen 5. Aufl., Freiburg 1955).
Die Zerstörung Trojas durch die Achäer (aus Mykene...) geschah um 1200 v. Chr.

8   Am 18. 8.1980 schreibt mir Prof. Dr. Karl Bosl (*1908), der langjährige Professor für Bayerische Landesgeschichte (1960–1977) an der Universität München:
»Ich hätte schon eine Erklärung für die Legende/Sage vom Volksaufstand für den Frieden, vom Krieg des Norix und Bavarus, doch wüßte ich gerne, in welche Zeit Sie diese Legende setzen... Es könnte nämlich sein, daß dahinter eine brisante hochpolitische und feststellbare Sache steckt.«
Am 1. 1. 1981 schreibt er mir: »Ihre bayerische Saga hat mich beschäftigt; aber zu einer Klärung bräuchte ich mehr Zeit... Die Sage ist sehr komplex und könnte in der Zeit zwischen 11. und 13. Jhdt. entstanden sein. Sie setzt sich aus verschiedenen Elementen zusammen. Ich vermute dahinter römische, fränkische, kreuzzüglerische und allgemeine (Wander-)Elemente. Der einfachste historische Kern sagt ganz wenig aus. Interessant ist, daß Aventin offenbar sehr skeptisch war und daß sich ein Kern auf Andreas von Regensburg, Ebran von Wildenberg und Füetrer zu konzentrieren scheint.«
Allerdings kenne ich von Aventin nur kritische Anmerkungen zu dem Namen Bavarus u. a.; daß er sich zu diesem Volksaufstand für den Frieden äußert, ist mir nicht bekannt. Was die ergiebigen Fundstellen bei Andreas, Ebran und Füetrer angeht, so muß dies nicht unbedingt besagen, daß sich ein Kern hier konzentriert; ich habe diese Autoren bevorzugt sondiert, was keineswegs ausschließt, daß sich das Thema auch bei anderen Autoren, die ich nicht eingesehen habe, findet.

9   Von Boemundus (Boimunt) und Igraminon (Ingram), die zuerst in der Kaiserchronik vorkommen, wird bei Füetrer, S. 9 zum erstenmal berichtet, daß sie Söhne des Bavarus gewesen seien. Daß sie aus Armenien kamen, findet sich schon bei Andreas, S. 593, dem, »als ainer glaubwirdigen person«, Ebran (S. 35 f.) nachfolgt, obwohl er Zweifel an dessen Darstellung hegt: »aber als ich main und dessen nicht zweifel trag, so ist zu der obgedachten zeit das land besetzt worden mit landvögten, geborn von Rom, von den kaisern und Römern als dann andere land in Germania.« Spiller (Füetrer, S. 10) macht darauf aufmerksam, daß bei Ebran irrtümlich »Boamandus« von Cäsar zum Heerführer gegen die Deutschen (!) bestellt worden sei.

11 Aventins lapidare Randglossen hierzu lauten (Füetrer, S. 10): »ist nit war. Julius schreibt selbs, das teutsch lannd nit betzwungen hab. ist nit warr, ist nie auß gallia kumen, als er selbs schreibt. fabell. Julius hat sein ding als selbs geschriben, hiet solchs nit vergessen; ist narrenwerk.«
Ebran – s. S. XXXXVI – will an die Herzöge Adalger und Theodo, »die als spätere Fürsten in Bayern erwähnt werden, ohne dass eine Zeit angegeben würde, wann sie ›tot gewesen‹«, nicht so recht glauben, »da ja in den Jahrhunderten nach Caesar ›die landt in Germani mit landtfögten, geborn Römern‹ besetzt gewesen seien; die in Bayern das Regiment geführt, meint er zu kennen und nennt ihre Namen . . .«
Ebd. S. 36, Anm.: »Die Sage von Herzog Adalger findet sich . . . zuerst in der Kaiserchronik.«

11a Hier unterlief Füetrer, der aus der Kaiserchronik schöpft, ein Lapsus. Wenn Boemundus und Ingraminon je einen Sohn hinterließen – Theodo und Adelger –, so sind letztere Vettern (Cousins) und nicht Brüder!

12 »Disen nam Ingram haben die alten Baiern vast braucht und iren kindern aufgesetzt, als die alten salpüecher kalender totenregister und ander dergleichen alte schrift bezeugen. Unser vorvodern haben irem brauch nach von im etlich alte maisterliet gemacht und gesungen, so noch in den alten buechkamern verhanden sein. Sol ein grosser krieger gewesen, sein volk gar in Asiam geschickt haben auf wasser und land« (Aventin, Chronik, Buch 1, Kap. 69, S. 160).
Walter Torbrügge, in: Kraus/Pfeiffer, Regensburg, S. 16 erwähnt »den festen Vorzeitort Hermannshaimb, den die Klostersage von St. Emmeram nach literarischem Topos schön und mythenhaft auf dem Dreifaltigkeitsberge erfunden hat«.

14 Heinrich Laube (1806–1884), einer der führenden Vertreter des Jungen Deutschland, versucht in seinen Reisenovellen (s. E. Dünninger, Begegnung . . ., S. 28) eine ironische Mythologie:
»Der Regen soll ein alter Bojoarier gewesen sein, welcher sich weit umher das Land unterworfen hat. Als er weiter vorgedrungen ist, hat man ihn überredet, sich taufen zu lassen, und zum Gedächtnis an diesen Aktus hat er das Städtchen Regenstauf erbauet . . . Er ist aber noch weiter hineingezogen ins Land und hat sich eine große Residenz angelegt, und hat sie nach seinem Namen Regensburg genannt. Der Name ist geblieben, aber seine Herrschaft ist verschlungen worden von einem größeren Eroberer, der vom Süden her gekommen ist. Dieser hat von des Regens stolzer Burg gehört und ist mit all seinen Mannen ein Stück nördlich gezogen, obwohl er sonst den Norden nicht geliebt, hat sich den Regen samt seiner Herrschaft unterworfen und sich dann stolz wieder nach Süden gewendet. Dieser Herrscher aus Süden hieß aber Danubius. Als die Römer ins Land kamen, gab es in Deutschland sehr viel Regenwetter, und als später der heilige Bonifazius mit dem Christentum kam, da wurde überall getauft, und das Wasser wurde mächtig, so sind allmählich alle die alten Herrscher in Flüsse verwandelt worden, und man hat ihre Macht durch Ufer und Eisböcke und Brücken und Wehre gebrochen. Nur wenn der Frühling und der Sommer kommt, da schwillt ihnen in der warmem Sonne gewöhnlich das Herz noch einmal auf von ihrer alten starken Herrlichkeit, und sie sprengen die Ufer und Brücken und versuchen eine Emeute, zu einer Revolution können sie es aber nicht mehr bringen.«
A. W. Ertl, Denkwürdigkeiten 1977, S. 102 berichtet von dem dritten und äußersten Turm der Steinernen Donaubrücke, »welcher nach einhelliger Meinung noch ein Stück, nämlich das Haupttor der alten Stadt Herrmannsheim sein soll . . .«

16   Vgl. aber Josef Wodka, in: Schwaiger 1, S. 74: »Er [=Severin] hatte einst dem Bischof Paulinus von Tiburnia ... seine bischöfl. Würde vorausgesagt...« Vgl. a.a.O. auch S. 82: »Die Vita erweist Tiburnia als Hauptstadt von Binnen-Norikum ... Teurnia ...«
Der Bezug auf Regensburg ist somit irrig. Die Legende wird dennoch in diesem falschen Bezug aufgeführt, um die oft recht verworrenen oder gar in die Irre führenden Wege der Überlieferung zu belegen und um möglichst alles zu erfassen, was man früher – aus Unkenntnis oder aus welchen Gründen auch immer – Regensburg zuordnete. A. Kraus, in: Civitas Regia, S. 51 f. geht den Gründen für diesen Irrtum nach: »Im Zusammenhang ... mit den geschichtlichen Studien, die zur Neubelebung der Emmeramsverehrung zur Zeit Hartwics und Reginwards führten, wurde auch die Vita Severini des Eugippius bekannt, dort aber war von einer Stadt Tiburnia als der ›metropolis Norici‹ die Rede. Noricum nun, das war bereits im 8. und 9. Jahrhundert vereinzelt gelehrte Überzeugung, das glaubten vor allem Hartwic, Meginfried und Arnold von St. Emmeram, war nur ein anderer Name für Bayern. Da aus Arbeo feststand, daß Regensburg die Metropolis Bavariae war, mußte die bei Eugippius genannte Stadt Tiburnia identisch sein mit Regensburg. Die Vielzahl der von alters her gebräuchlichen – Reganesburg, Reinesburg, Ratisbona, civitas Regina – wie der von Arnold weitergegebenen Namen für Regensburg erleichterte die Übernahme eines weiteren Namens, der zum erstenmal in der überlieferten Reihe auftritt in der ältesten Rezension der Regensburger Annalen, die wahrscheinlich von einem Angehörigen der Regensburger Domkirche stammt und kurz nach der Mitte des elften Jahrhunderts anzusetzen ist ...« Vgl. Andreas von Regensburg, S. 8, Anm.
Aventin, Chronik, Buch 2, Kap. 441 läßt sich diesen Irrtum nicht zuschulden kommen; er weiß, was Tyburnia ist: »hauptstadt in Kernten«.
s. auch seine Sämtl. Werke, Bd. 1, 1. Hälfte, S. 294 f. (Herkommen der Stadt Regensburg).
Ebran, S. 34 weiß um die Eitelkeit jener Städte, die sich zu Unrecht auf eine vornehme Gründergestalt berufen: »... jedoch stet zu Regenspurg geschriben, das die stat gepawet sei von dem keiser Tiberi. zu geleicher weis setzen auch etlich, das die stat Augspurg gepawt sei von dem keiser Octaviano Augusto; das mag dermas mit der warheit nit besten, dann die zwo gedachten stet vor vil jarn gepawt sein, ee die zwen keiser geporn sein, aber die grossen stet hörn lieber sagen, das sie irn anfang haben von den römischen keisern dann von mindern fürsten, darumb sie mit fursatz irn ursprung setzen auf die ersten und grösten keiser.«
Leidinger (Andreas von Regensburg, S. LXXXVII) erwähnt, daß der Chorherr von St. Mang zwar auf den Widerspruch aufmerksam macht (Herzog Norix oder Kaiser Tiberius als Gründer Regensburgs?), ihn aber nicht löst.

17   Mit gewohnter Schärfe wettert Aventin (Füetrer, S. 15): »als erlogen. Tiberius hat sich umb teutsch land nit angenumen, als all romer selbs schreiben ...«

18   Ebran, S. 34 f.: »Do aber die Römer diese land bezwungen und die keiser vil darin woneten, dadurch haben die lande und stet vast aufgenomen von tag zu tag an grossen, zirlichen und mercklichen pewen. es haben auch etlich keiser und landtfögt, geporn von Rom, vil stet in Germania nach irem namen genent, so sie die betzwungen ... und die fürsten von Bairn haben von anfangk irn konigklichn stul und ir furstlichs wesen gehabt zu Regenspurg, als in dem ersten und eltisten haws Bavaria, bis auf keiser Karl den grossen. es sprechen etlich, er hab die stat geben dem reich und sie begabt mit grosser freiheit, als hernach in desselben keiser und hertzog Tassilo histori mer davon

gesagt wirt. aber als etlich ander sprechen, so wär die stat Regenspurg bei keiser Otten dem dritten an das reich komen.«

20 »Am reichhaltigsten und frühesten sind alle jene Elemente, die ein mittelalterliches Stadtwesen charakterisieren, in Regensburg ausgebildet, jener agilofingischen und karolingischen Hauptresidenz, die als einzige deutsche Stadt östlich des Rheins schon vor dem Jahre 1000 eine neue Stadtummauerung aufweisen konnte« (F. Prinz, in: Spindler 1, S. 405).
Schon in provinzialrömischer Zeit ist Regensburg – Castra Regina – ein bedeutender Ort. Im frühen Mittelalter, zu Zeiten der Agilofingerherzöge, steigt Regensburg zur Hauptstadt des bayerischen Herzogtums auf. Und als die Wittelsbacher Herzöge in Bayern werden, beginnt Regensburg dem Lande zu entwachsen.
»Hier steht Regensburg erstmals in der Reihe der großen abendländischen Kaiserstädte, deren Kennzeichen, obwohl ihnen auch die römische Gründung gemeinsam wäre, die städtische Freiheit und Unabhängigkeit ist, ein Gedanke, der nicht aus der Regensburger historiographischen Tradition stammen kann, da die Regensburger Fortsetzung der Annalen Hermanns von Niederalteich erst nach der Schotten-Legende entstanden sind. In anderen Geschichtswerken der Zeit wird aber die Begabung Regensburgs mit dem Recht der Selbstverwaltung und der Freiheit von fürstlicher Stadtherrschaft überhaupt nicht zur Kenntnis genommen. Um so größer scheint, auch wenn andere Zeugnisse als das Eberhards [Regensburger Archidiakon] und der Schotten-Legende dafür fehlen, der Stolz der Bewohner Regensburgs selbst gewesen zu sein ... Zugrunde liegt, worauf schon Dürrwaechter hingewiesen hat [s. diesen, S. 145)›, der Einleitung der Schotten-Legende das Preisgedicht Gottfrieds von Viterbo ›De quatuor principalibus sedibus imperii Romani‹ [Gottfried nennt Aachen, Arles, Mailand und Rom] ... Die Vierzahl ist dabei von besonderer heilsgeschichtlicher Bedeutung, es gibt vier Propheten, vier Evangelisten, vier Kardinaltugenden und vier Weltreiche, vier Weltgegenden und vier Jahreszeiten« (Kraus, Civitas Regia, S. 88). Vgl. auch Breatnach, S. 43.
Godin, in: Ratisbona Politica, S. 335 nennt Regensburg »ein Königin der Städten«: »Regenspurg wird der Ursachen ein Königin der Städten tituliret/theils: Weilen sie von ihrer ersten Erbauung an ein immerwehrender Königlicher Residentz-Sitz der höchsten Welt-Potentaten gewesen/und sich dahero Carolus M. gemeiniglich in seinen ertheilten Freyheits-Brieffen also zu unterschreiben pflegte: Datum Reginae Civitate. Zu Teutsch: Geben in der Königlichen Stadt. Theils auch: weilen Regenspurg die Ehr und den Vorzug gehabt vor vil tausend anderen Städten erbaut zu werden.«

24 »Wann das Christentum in Regensburg zuerst Fuß gefaßt hat, ist nicht genau zu sagen. Die in neuerer Zeit geäußerte Vermutung, die hier vielleicht einmal untergebrachte Kanathenerkohorte habe den Glauben an Jesus aus dem Osten mitgebracht, ist wenig wahrscheinlich, weil deren Stationierung, wenn überhaupt, dann in die Zeit vor 170 gefallen ist. So früh ist aber mit Christen in den Nordprovinzen des Reiches kaum zu rechnen. Richtig dürfte dagegen sein, daß wie allgemein für die Verbreitung der östlichen Mysterienreligionen ... auch für das Eindringen des Christentums in Regensburg der rege Personenaustausch besonders im 3. Jahrhundert, infolge von Handel und Verkehr, aber auch infolge der häufigen Versetzungen der Truppen, verantwortlich war. Immer wieder liest man, daß es auch in Regensburg schon vereinzelt Christen gegeben habe, als seit 303 die Anhänger dieser Religion verfolgt wurden ...« (K. Dietz, in: Regensburg zur Römerzeit, S. 137f.).

25 H. Wurster, in: VO 120, 1980, S. 145 f. verweist darauf, daß sich auch, gemäß der Vorliebe seiner Epoche, »der offenkundig humanistisch gebildete Brechtel hauptsächlich mit der Gründungs- und Frühgeschichte der Stadt und mit den Anfängen der christlichen Religion« befaßt. »In Übereinstimmung mit Andreas von Regensburg glaubt er – allerdings wohl mit Vorbehalt –, ›daß Lucius von Cyrenen des Apostels Pauli Befreundter und mit–Gehülff ... in der Gegend zwischen dem Lech, Inn, Donau und dem Hochgebirg in Rhaetien und anderen Orthen gegen die Donau, ia in dieser unsern Stadt selbsten den Christlichen Glauben anfänglich gepflanzet und angerichtet.‹

Die Ansicht, daß der Hl. Lucius bereits das Christentum nach Bayern gebracht habe, beruht auf einer Vielzahl von Verwechslungen und Gleichsetzungen verschiedener Personen ähnlichen oder gleichen Namens, deren Anfänge in das früheste Mittelalter zurückreichen und die schon in den ›Flores temporum‹, der überaus beliebten, kompilatorischen Weltchronik des 13./14. Jahrhunderts, ihre Ausformung erhalten haben. Demzufolge habe zur Zeit des Papstes Eleutherius (175–182) der englische König Lucius das Christentum in England eingeführt, danach in Bayern und Rätien ebenso das Christentum verbreitet und sei in Chur als Bischof und Märtyrer gestorben, wo er seitdem als Patron verehrt wird. Die zeitliche Festlegung dieses Vorganges beruht auf einem historischen König, der um 200 sein Königreich zum Christentum gebracht hatte, nämlich der König von Edessa, Lucius Abgar IX. Da aber seit dem 3./4. Jahrhundert die Einführung des Christentums in Edessa dem König Abgar V. zugeschrieben wurde, der noch mit Christus in Briefverkehr gestanden haben soll, und das Reich des Lucius Abgar, das Britio Edessenorum genannt wurde, später mit Britannien verwechselt wurde, entstand aus ihm ein englischer König, dem die englische Geschichtsschreibung seit ihrem Begründer, dem verehrungswürdigen Beda, immer mehr Aufmerksamkeit gewidmet hat. Dieser englische König wurde aufgrund der Gleichheit der Namen und der Ähnlichkeit der Herkunftsangaben mit dem Hl. Lucius vermischt, der im 5./6. Jahrhundert aus dem Stamm der Pritanni im nördlichen Churrätien hervorging und dort missionierte, so daß nunmehr Lucius das Christentum sowohl in England als auch in Bayern und Rätien eingeführt hätte; in Bayern deshalb, weil das lateinische ›Raetien‹ mit Bayern gleichgesetzt werden konnte.

Dieser so entstandene englische König und rätische Missionar wurde dann mit den im Neuen Testament belegten Lucius von Cyrene und Lucius in Korinth, die als eine Person betrachtet wurden, wegen der Namensgleichheit verwechselt. So konnte die Behauptung entstehen, daß Lucius von Cyrene in Bayern den christlichen Glauben gepredigt habe.«

Vgl. Andreas von Regensburg, S. 10, vgl. auch Wurster, in: VO 120, 1980, S. 161.

28 Zu diesem Text wie zu dem vorausgehenden sollte man nachlesen: Eugippius, Das Leben des heiligen Severin. Lateinisch und Deutsch. Hrsg. von R. Noll (In: Schriften und Quellen zur Alten Welt, Berlin 1963). »Leider schweigt Eugippius über die Zustände in den Orten westlich von Quintanis [= Künzing], vermutlich weil hier ... damals schon die Alemannen saßen. Als diese abzogen, dürften sich die Baiern des befestigten Regensburg bemächtigt und bei dieser Gelegenheit den Bischof der Stadt ermordet haben« (Gamber, S. 55).

Im 5. Jahrhundert – in der Zeit des hl. Severin († 482) oder kurz danach – lebte (so Gamber, S. 16 und S. 55) Lupus, ein Romane, als Bischof von Regensburg. »Er wurde nach der Überlieferung von heidnischen Baiern gegen 490 ermordet ... Nach der Zeit des Bischofs Lupus [auch Lorenz Hochwart berichtet in seinem Katalog der Regens-

burger Oberhirten über ihn] wird es wieder dunkel in der Geschichte der Regensburger Kirche.«
s. dazu unbedingt auch »Regensburg zur Römerzeit«, S. 166!
Schon Aventin, in: Herkommen der Stadt Regensburg, S. 276 weiß um die Problematik einer zuverlässigen frühen Bischofsreihe: »Waß für pischof hie gewesen sein bei den Römern, kan man nit wissen, ist vileicht auß unfleiß nit aufgeschriben worden...«

30 Während Walderdorff, S. 297 noch beklagen muß: »Fortwährend wird noch darüber gestritten, ob der hl. Emmeram vor oder nach dem hl. Rupert nach Bayern kam«, ist sich Max Heuwieser (VO 76, 1926, S. 149) bereits sicher: »... Emmerams ... Wirksamkeit liegt jener Ruperts voraus. Darüber sollte kein Zweifel mehr obwalten.« Josef Wodka, in: Schwaigers Bavaria Sancta 1, S. 110: »Der Streit um den zeitlichen Ansatz des Wirkens Ruperts in Bayern ist jetzt geklärt. Schon der berühmte Mauriner Jean Mabillon und der Jesuit Marcus Hansiz haben das Wirken des Heiligen in die Wende vom siebenten zum achten Jahrhundert gesetzt...«
Die Tendenz geht dahin, Rupert nicht zu früh anzusetzen. So habe ich ihn zeitlich auch n a c h den hl. Emmeram gestellt, wenngleich er hier – in dem Kapitel »Frühzeit« – in seiner »offiziellen« Mission als Bekehrer, als Christentumbringer vorgezogen wurde und Emmeram erst unter der Rubrik »Heilige und Selige« erscheint.

31 Bosl, in: Der Adelsheilige, S. 364: »Zu den wichtigsten Ereignissen bayerischer Geschichte zählt der Versuch Herzog Theodos, eine Stammes- oder Landeskirche zu begründen, und zwar im Anschluß an Rom. Neben päpstlichen Anweisungen und dem Liber pontificalis sind die hagiographischen Viten Emmerams und Korbinians aus der Feder Bischof Arbeos von Freising Hauptquelle dafür. . . . Wenn also der Herzog bereits seit dem ersten Auftreten nach der Mitte des 6. Jahrhunderts christlich gewesen sein muß, da er aller Wahrscheinlichkeit nach vom Frankenkönig gesetzt war, wenn Theodo selber in engsten Beziehungen zu fränkischen Adelskreisen stand, also kein Heide mehr war, wenn er bereits eine kirchliche Organisation und Institutionalisierung der Seelsorge im Anschluß an Rom durchzuführen gedachte, dann muß das Werk der Christianisierung im Lande schon sehr weit fortgeschritten und im allgemeinen abgeschlossen gewesen sein. Sicher ist demnach, da Emmeram, Korbinian und Rupert auch aus dem Frankenreich kamen und vermutlich sogar Franken waren, daß sie nicht mehr Missionare, sondern Träger einer zweiten Welle, einer inneren Christianisierung gegen christlich-heidnische Mischreligion und häretisches Christentum waren...«
Bosl, S. 365f. führt weiter aus, daß sich in dem – von Sepp edierten – Bericht der Breves Notitiae aus dem Ende des 8. Jahrhunderts, der sich mit der Taufe Theodos befaßt (»Primo igitur Theodo dux Baioariorum . . . et beato Ruodberto episcopo praedicante de paganitate ad christianitatem conversus et ab eodem episcopo baptizatus est cum proceribus suis Baioariis«), Topoi der Heiligenlegende eingestellt hätten (er und sein Haus ließen sich taufen!), die – Bosl sagt es nicht so kraß – nicht wörtlich zu nehmen sind, denn: »Um die Wende vom 7./8. Jahrhundert waren die Bayern schon christlich, ihre Herzöge waren es schon länger . . .« Gamber, S. 15 schränkt ein: »Es entspricht . . . nicht ganz den Tatsachen, wenn Arbeo von Freising in seiner Emmerams-Vita schreibt, die Einwohner von Regensburg seien damals Neubekehrte (›neophyti‹) gewesen. Richtig dürfte jedoch sein, daß nicht wenige den alten heidnischen Bräuchen anhingen und, wie es in der Vita heißt, ›sowohl den Kelch Christi als auch den der Dämonen getrunken haben‹ [Arbeo, Vita Haimhrammi episcopi, Kap. 7]. Im 6./7. Jahrhundert scheint jedenfalls der christliche Glaube im bairischen Gebiet stark mit heidnischen Vorstellungen durchsetzt gewesen zu sein.«

»Daß die karolingische Pfalzkapelle eine Vorgängerin in agilolfingischer Zeit hatte, ist wahrscheinlich, legendär dagegen ist die Tradition, daß der hl. Rupert [nach Lill, Kirchenführer, S. 2 war es Kaiser Konstantin i. J. 313] an der Stelle der Alten Kapelle ein Marienheiligtum über einem römischen Sacellum errichtet habe, und daß der Herzog Theodo daselbst getauft worden sei« (Felix Mader, in: KD Regensburg 2, S. 14). Achim Hubel (in: Kraus/Pfeiffer, S. 58) bezieht dazu Stellung: »Da der Legende nach die Taufe des heidnischen Bayernherzogs Theodo durch den hl. Rupert in der Alten Kapelle stattgefunden haben soll, darf die programmatisch vorgeführte Taufszene [Kalksteinfiguren neben dem Nordportal der Alten Kapelle, Ende 12. Jh.; Abb. s. KD Regensburg 2, S. 27 und in Kraus/Pfeiffer, Abb. Nr. 85a und 85b] mit Sicherheit als Darstellung dieses Ereignisses interpretiert werden.« Mader, wie auch Lill, S. 4, sehen in den Figuren eine Beichtgruppe: den Beichtenden und den Beichtpriester. Achim Hubel dagegen (wie oben): »Die Deutung der in der Qualität bescheidenen Figurengruppe als Beichtszene kann nicht zutreffen, da die Beichte in dieser Form im 12. Jahrhundert unbekannt gewesen ist. Dargestellt ist vielmehr ein Akt aus der Taufliturgie, nämlich die Überreichung des sogenannten Ciciliums, des Taufkleides, an den Täufling ...«
Die Hubelsche Ansicht wiederum erfährt heftige Ablehnung durch Pfarrer Franz Dietheuer, Beratzhausen, an den mich Dr. K. Gamber verwiesen hatte. Da Dietheuers briefliche Ausführungen einen zu breiten Raum einnehmen würden, sei auf seine bevorstehende einschlägige Publikation hingewiesen: »Meine Veröffentlichung über die beiden Beichtfiguren kommt im nächsten Jahr [1981] in der Münchener christlichen Kunstzeitschrift ›Das Münster‹ ...«
Allein an diesem Problem mag man erkennen, wie schwierig es für den Autor ist, zu einem richtigen Ergebnis zu kommen. Wenn er, wie ich hier, selbst von der Sache wenig versteht, muß er bemüht sein, die verschiedenen Ansichten der Fachleute oder generell jener, die sich dazu äußerten, nebeneinanderzustellen und sie für sich sprechen zu lassen.
Dem Leser wird die Lektüre der einschlägigen, widerstreitenden Literatur empfohlen.

32 »In Regensburg haben sich die Juden schon frühzeitig niedergelassen; die ältesten Nachrichten darüber stammen aus dem 10. Jh. Das mittelalterliche Judenviertel, das älteste in Deutschland, ... lag zwischen der Bach- und der heutigen Residenzstraße, die bis ins 19. Jh. ›Judengasse‹ hieß. Die Juden Regensburgs trieben lebhaften Handel teils donauabwärts mit dem Orient, teils über Prag und Krakau mit Kiew; ihre Anfang des 16. Jhs. abgerissene prunkvolle Synagoge auf dem Platze der jetzigen Neupfarrkirche zeigte, wie aus den Abbildungen von der Hand des Regensburger Künstlers Albrecht Altdorfer (um 1480–1538) ersichtlich ist [von Altdorfer stammt die einzig erhaltene Ansicht der um 1220 erbauten Synagoge], starke bauliche Berührungen mit der Prager Altneuschul. Das jüdische Gemeinwesen Regensburgs, das eine eigene, durch kaiserliche Privilegien geschützte Verfassung besaß und dessen Rabbiner den Titel ›Hochmeister‹ führte, stand im Mittelalter in Blüte und Ansehen. Erst zu Beginn der Neuzeit, 1519, wurden die Juden, etwa 500 an der Zahl, aus Regensburg, 1551 auch aus dem gegenüberliegenden Stadtamhof, vertrieben, und es dauerte fast zwei Jahrhunderte, ehe einigen privilegierten Juden die Ansiedlung in der Stadt ... wieder gestattet wurde« (Beranek, S. 64).
»Die Regensburger Judengemeinde gehörte zu den ältesten Judensiedlungen Deutschlands ... Sie besaß eine eigene Talmudhochschule, eine Synagoge und einen eigenen Friedhof [»1020 werden ›habitacula judaeorum‹ erwähnt, und ein Synagogen-Vorgängerbau wird bereits 1097 nach der ersten großen Judenverfolgung wiedererrichtet«

(Richard Strobel, in: Kraus/Pfeiffer, S. 82).] Ihr Gericht ist seit 1230 nachweisbar, und sie wurde – ähnlich wie die Reichsstadt – von einem Rat geleitet. Aus dieser Gemeinde stammte Petachja, der etwa 1170/80 seine Weltreise durchführte. Am Ende des 13. Jahrhunderts lebte hier der Talmudist Juda der Fromme... Mit dem wirtschaftlichen Niedergang der Stadt Ende des 15. Jahrhunderts wuchs die judenfeindliche Haltung der Bürger, die 1519 zur Vertreibung der ungefähr 500 Juden führte« (Guido Hable, in: Kraus/Pfeiffer, S. 82). Ebd. Nr. 151: Abb. von Altdorfer-Radierung (Synagoge).
J. C. Paricius ist hier nicht besonders sorgfältig gewesen und auch nicht bibelfest. Die von ihm angeführte Stelle im 2. Buch der Makkabäer, Kap. 5, 14 lautet exakt: »Daß also in drei Tagen 80 000 [Juden] zu Grund gingen, indem 40 000 getötet und ebensoviel verkauft wurden.«
Paricius 1753, Teil 1, S. 235 gibt zwar den Namen Kaiser Friedrichs III. an, aber keine Jahreszahl. Diese stammt aus Schöppner. 1277 gibt es keinen Kaiser Friedrich! Vermutlich ist 1477 gemeint. Theoretisch besteht noch die Möglichkeit, daß Rudolf I. (1273–1291) gemeint ist. Entweder ist der Name falsch oder die Jahreszahl. Ich nehme letzteres an. Und daß die Verantwortung in Linz geschieht, paßt auch besser zu einem Habsburger als zu einem Staufer.

33 Rudolph M. Loewenstein (Psychoanalyse des Antisemitismus, Frankfurt am Main 1968) sieht den Antisemitismus als Mittel der herrschenden Klasse zur Steuerung der Kollektiv-Mentalität mit dem Ziel, die Unzufriedenheit und die Wut der Massen auf ein anderes Objekt umzulenken, wenn diese Regungen die etablierte Ordnung bedrohen oder die, die man etablieren will. Seine Ursachen (Jude als Sündenbock!) sieht er in Xenophobie, ökonomischer Mißgunst und religiöser Intoleranz (S. 58). In Regensburg (vgl. Gumpelzhaimer 2, S. 687 und Stahl, S. 54 f.) mag viel der wirtschaftliche Neid zum Judenpogrom beigetragen haben: »Mit dem wirtschaftlichen Niedergang der Stadt Ende des 15. Jahrhunderts wuchs die judenfeindliche Haltung der Bürger, die 1519 zur Vertreibung der ungefähr 500 Juden [vgl. Gumpelzhaimer 2, S. 690] führte« (Guido Hable, in: Kraus/Pfeiffer, S. 82). ». . . Unter beschämenden Vorfällen wurde das Ghetto abgerissen, die Grabsteine des Judenfriedhofs über die ganze Stadt [und darüber hinaus, s. Walderdorff, S. 109] verstreut, wo sie noch heute als ›Judensteine‹ zu sehen sind . . .« (Walter Ziegler, in: Kraus/Pfeiffer, S. 70). Wie entsetzlich diese Vorgänge waren, schildert Gumpelzhaimer 2, S. 688 ff.
»Die revolutionäre Stimmung gegen die Juden fand auch in den antijüdischen Predigten der Kleriker ihren Niederschlag, hauptsächlich seitens Dominikanern und Minoriten. In den Jahren kurz vor der Judenvertreibung dominierten in solchen Predigten gerade wirtschaftliche Gesichtspunkte. Derartige Predigten erreichten ihren Höhepunkt bei Balthasar Hubmaier, dem Domprediger und späteren Kapellengeistlichen zur Schönen Maria« (Stahl, S. 55).
»Bei der im Februar 1519 erfolgten Ausweisung der Juden wurden nicht nur die Synagoge und zahlreiche Wohnhäuser zerstört, sondern auch der Friedhof der Juden wurde verwüstet. Von den jüdischen Grabsteinen – man berichtet von mehr als 4000 – wurde ein großer Teil zum Bau der Neupfarrkirche verwendet, andere wurden verschleppt und in die Wände von Häusern eingemauert« (Günter Vorbrodt, in: Kraus/Pfeiffer, S. 82).
Gumpelzhaimer 2, S. 691 f. schildert den Einsatz von »300 der vorzüglichsten Frauen und Jungfrauen der Stadt«, die mit ihren Mägden, »den klugen Jungfrauen aus dem Evangelio ähnlich« [!!!], wie auch die Ordensgeistlichen und das Landvolk . . . den Platz von den Überresten der niedergerissenen Synagoge säuberten, womit aber ihr

Tatendrang noch keinesfalls gestillt war: »Die Jungfrauen waren auch zum Thore hinaus zum Judenfreundhof [sic!] hinter dem Petersklösterchen auf der Emmerammer Breite gezogen, wo das Landvolk schon mit Zerstörung desselben beschäftiget war. Eine Mauer umgab ihn. Sogleich bemächtigte sich auch der Frauenzug der Maschine des Mauerbrechers und legte mehrere Stücke davon nieder. Mehr als 4000 große und herrliche Leichensteine von vielen Propheten und Lehrern, waren seit unfürdenklichen Zeiten dort aufgestellet, so daß jährliche Wallfahrten von fremden Juden deren sich einige auch hierher begraben ließen, dahin gehalten worden. Einige nach der Vertreibung noch zu Salern [= Sallern] und anderen Orten vor der Stadt sich aufgehalten habende Juden waren darüber am trostlosesten . . .« Obwohl Gumpelzhaimer das ungeheure Geschehen mit keinem Wort der Kritik ahndet, ja offensichtlich noch beeindruckt ist, rührt sich dann doch das Gewissen des Historikers: »Welche Ausbeute für die Geschichte hätte ein der Sprache kundiger Historiker damals hinsichtlich des Alters und der Zeit, seit welcher Juden hier gewohnet dort finden können, wenn bey dieser Zerstörung auf die Monumente Rücksicht genommen worden wäre«, und als Forscher fügt er an: »Sehr zu wünschen wäre es, auf alle Judensteine sehr zu achten und besonders ihre Jahreszahlen zu sammeln, um dadurch der Zeit ihres Hierseyns näher auf die Spur zu kommen.«
Indes Vogl 1095 als Jahr der Pilgerkarawanen ins gelobte Land angibt, vermerkt Gumpelzhaimer 1, S. 239: 1096.

36 Freytag 1, S. 45 ergänzt: »Gegenwärtig geht noch die Sage, daß im Turm [beim Schwarzen Burgtor] ein abgelegener finsterer Ort gewesen sei, in welchem man auch mit einer brennenden Kerze nichts erkennen konnte. Ein Hartgläubiger, der sich hiervon überzeugen wollte, ersuchte den Turmwächter, er solle ihm gegen Trinkgeld den Ort, wo gleichsam ein Stück besagter Finsternis zum Andenken noch aufbewahrt werde, zeigen und versprach ihm noch eigens einen Taler, wenn es sich bestätige, daß dieser Winkel durch kein Licht könne erhellt werden.
Der Türmer, ein Spaßvogel, nahm eine Laterne mit einer angezündeten, hell brennenden Lampe, sperrte die Türe auf, verrieb aber beim Hineintreten die blecherne Laterne mit Ruß, so daß sie keinen Schein geben konnte. Nachdem er hinter sich die Türe geschlossen hatte und natürlich keiner mehr etwas sehen konnte, ließ der Betrogene dem Wächter im Finstern so geschickt eine Ohrfeige abfliegen, als wenn er recht gut dazu gesehen hätte, und gab ihm den versprochenen Taler, weil er in der Tat bei der brennenden Lampe nichts gesehen hatte«.

37 Zur Geschichte der Kapelle »Maria Läng«:
»Als im Jahre 1675 der Regensburger Domherr Albrecht Graf von Wartenberg die baufällige Hauskapelle seines Domherrenhofes am Domplatz [Nr. 4] abbrechen mußte und das Fundament für den Neubau ausheben ließ, fand man ein ausgedehntes Backsteinpflaster, Mauerzüge und kellerartige Gewölbe und Gänge. Das wache historische Interesse des Bauherrn wandte sich sofort diesen Bauresten zu, wußte man doch, daß Regensburg bereits in römischer Zeit besiedelt gewesen war und daß die Stelle, in unmittelbarer Nähe des Domes gelegen, im antiken Stadtbereich sich befinden mußte . . . Wartenberg ließ nicht nur seine Hauskapelle, die damals an drei Seiten freistehend gegen die Pfauengasse zu an seinen Domherrenhof anschloß, 1675 wiederaufbauen, sondern er bezog auch die Gänge und Gewölbe unter seinem Haus, in denen er Katakomben erblickte, in diesen Ausbau mit ein . . .« (Hans K. Ramisch). Wartenberg, der für Walderdorff, S. 215 (nach Janner) »beiläufig ein sehr leichtgläubiger und unkritischer Mann« ist, fand damals den Boden eines Goldglases mit den

Aposteln Petrus und Paulus, heute in der Prähistorischen Staatsammlung München, zu dem die Konservatorin des Museums der Stadt Regensburg Dr. Sabine Rieckhoff-Pauli (in: Kraus/Pfeiffer, S. 26) ausführt: »Eine seltene Kostbarkeit in Gräbern des 4. Jahrhunderts stellen solche Gläser dar, die stets christliche Motive tragen . . . Nur aus frühzeitig christianisierten Gebieten wie Italien oder dem Rheinland sind einige wenige Exemplare bekannt. Das Regensburger Stück wurde 1675 von Weihbischof Albert Ernst von Wartenberg in seinem Kanonikalhof . . . gefunden, allerdings unter so dubiosen Umständen, daß es wohl eher mit dem Reliquienhandel nach Bayern gelangt sein dürfte.« Vgl. auch Regensburg zur Römerzeit, S. 139 u. 441. Ebd. Farbabb. auf S. 147, desgleichen bei Kraus/Pfeiffer, Nr. 29.

Wartenbergs angeregte Phantasie schloß aus der Darstellung auf den Aufenthalt der beiden Heiligen in der Donaustadt, er »erfand auch den Aufenthalt weiterer Apostel in Regensburg . . . Anregung und Unterlagen gaben ihm die öfters vorkommenden Buchstaben ›m‹, die aber nicht auf Martyrer, sondern auf hier bestattete milites (Soldaten einer römischen Legion) hinweisen . . ., altes Sagengut und sagengläubige Literatur . . . In welchem Sinne der Domherr seine ›Katakomben‹ aufgenommen wissen wollte, überliefert er uns in . . . [einem] Manuskript, dem er Abbildungen als Beweisstücke beifügte. Es liegt in der Staatlichen Bibliothek in Regensburg (Rat.civ. 486) und trägt den Titel ›Ursprung und Herkommen der Haupt-Statt Noreija etc.‹ Es enthält eine Geschichte des christlichen Regensburg seit den Zeiten des Kaisers Augustus in phantasievoller und zugleich apologetischer Darstellung . . . 1688 abgeschlossen . . .« (Hans K. Ramisch, S. 5).

»Mit diesen Funden brachte Graf Wartenberg die Sage in Verbindung, daß bereits die Apostel, namentlich der hl. Petrus und hl. Lukas, hier das Meßopfer dargebracht hätten, und errichtete zum Andenken hieran eine unterirdische Kapelle, die noch in neuerer Zeit bestand, und in welcher bis zu Anfang dieses Jahrhunderts Messe gelesen wurde . . .« (Walderdorff, S. 275).

Zur Anwesenheit von Paulus und Petrus in Regensburg s. Wurster, in: VO 120, 1980, S. 161.

Die Maria-Läng-Kapelle erinnert an den Kult der Verehrung der Größe Mariens, der wie ähnliche Kulte nach dem Dreißigjährigen Krieg wieder auflebte. Damals wurden auch viele Andachtsbilder mit der wahren Größe des Herzens Jesu, des Leibes oder des Fußes Mariä und verschiedener Heiliger (Franz, Johannes, Leopold) bzw. Seliger (Richildislänge in Hohenwart) verbreitet.

»An der Ostwand der Kapelle befindet sich auf einer Konsole das ursprüngliche, von Wartenberg in die Kapelle gebrachte Gnadenbild, eine Holzplastik vom Typ der ›Schönen Maria‹. Nach Walderdorff [S. 274] trug diese Figur in der Höhlung des Kopfes eine Urkunde [Walderdorff vermutet dies nur!], die von der wirklichen Körperlänge Mariens spricht. Da nun diese Plastik nicht Lebensgröße besitzt, sah man sich veranlaßt, bei einer Renovierung 1798 das jetzige Gnadenbild aufzustellen« (Bauer, S. 50 f.).

In der Hofbibliothek – in der Grafiksammlung Resch, Kasten IV, Bl. 105 – findet sich eine »wahre Abbildung der Mutter Gottes in der Länge zu Regensburg. Diese Größe von (sic!) Scheitel bis zur Fußsolle (sic!) vier und zwanzig mal verlängert ist die wahre Größe der Mutter Gottes«.

Bauer, S. 50 führt dazu aus: »Um 1815 erschien ein Kupferstich des Regensburger Stechers Johann Bichtel mit dem Gnadenbild Maria-Läng in seiner damaligen Ausstattung . . .«

Der Kuriosität wegen sei auch ein um 1820/30 noch herrschender Volksglauben erwähnt, von dem der Chronist K. S. Hosang berichtet; vgl. – nach ihm – Bauer, S. 50:

»... Diese Hauskapelle wird in Regensburg von vielen Andächtigen besucht. Sie rufen die Fürbitte dieser Maria in der Länge an, wenn eine Sache kurz ist und sie dieselbe lang haben wollen, oder entgegengesetzt, wenn eine Sache lang ist und sie dieselbe kurz haben wollen. Zum Beispiel: Wenn sie bei dem daneben wohnenden Advokaten Eikelkraut wegen Prozeßhändeln gewesen sind, so gehen sie dann in die Kapelle und beten, daß sich der Prozeß nicht in die Länge zieht. Andere rufen den Beistand Mariä an, daß ihre Kinder nicht verputzeln, sondern einen schönen langen Wuchs, schöne lange Haare bekommen sollen. Ein Marktweib vom Land sagte zu einem anderen Weib, sie habe die Maria in der Länge angerufen, damit das Roggenstroh und ihr Flachs eine ordentliche Länge erhalten möchte. ›Halt!‹ sagte die andere hierauf, ›für meine Spanferkel muß ich auch beten, damit sie mit einem langgestreckten Leib heranwachsen.‹ ›Aber Mutter‹, sagte das Töchterl, ›die Bratwürst, die wir gekauft haben, waren auch nicht lang.‹ Wieviele werden wohl beten, daß ihre Kapitalsinteressen (Zinsen) lang und sicher fließen werden?«

38 Kurt Reindel, in: Spindler 1, S. 143 f. betont, wie schwierig es sei, Aussagen über die vorgefundene heidnische Religion zu machen: »Haben wir bei den benachbarten Alemannen wenigstens einige konkrete Hinweise, so hat das fast völlige Fehlen aller Nachrichten über die Bajuwaren hier zu um so kühneren Hypothesen in der Forschung geführt. Einigermaßen sichere Nachrichten können wir wohl nur den Berichten der christlichen Missionare entnehmen sowie den Grabbeigaben, die eindeutig heidnischen Charakter tragen, etwa den Charonsmünzen. Alle anderen Hinweise aber sind wohl zu vage, um aus ihnen wirklich Beweise ableiten zu können: so hat man die mit ›weih‹ zusammengesetzten Ortsnamen von heidnischen Kultstätten ableiten wollen, hat insbesondere Weillohe bei Regensburg als einem ehemals heiligen Hain eine große Bedeutung beigemessen. Auch aus Personennamen hat man Erinnerungen an germanische Gottheiten und Heldensagen herauslesen wollen... Die kirchliche Praxis, christliche Kirchen möglichst an der Stelle heidnischer Kultstätten zu errichten, ist zwar bekannt, unmöglich aber dürfte es sein, hier nun im einzelnen eine Ablösung heidnischer Gottheiten durch christliche Heilige, etwa einer Wassergottheit durch den heiligen Michael, feststellen zu wollen. Für diesen ganzen Komplex fehlt es an ausreichenden sachkundigen Vorarbeiten.«
Die Sage ist hier »informierter« als Althistoriker und Epigrafiker. Nachdem diese erörtert haben, daß die »martyres«, bei denen – laut ihrer Grabinschrift (4./5. Jh.) – Sarmannina, »der erste sichere Christ in Regensburg«, bestattet wurde, nicht zwingend richtige Märtyrergräber gewesen sein mußten – es könnte sich dabei auch um Reliquien gehandelt haben –, müssen sie eingestehen: »Somit muß letztlich also offen bleiben, ob es in Regensburg in der diokletianischen Christenverfolgung zu Martyrien kam oder nicht« (K. Dietz in: Regensburg zur Römerzeit, S. 139). Ebd. S. 265 ff. über die diversen Tempel und Heiligtümer...

39 Füetrer, S. 40 nennt Lotharius als Stifter des Bistums Regensburg und Severinus als den ersten Bischof dort. Ebd. Anm.: »Dass Lotharius das Bistum Regensburg stiftete, ist willkürliche Erfindung: Severinus war nie Bischof von Regensburg und wird auch sonst nirgends als solcher angeführt, sondern Paulinus wurde als erster angenommen, indem man das Tiburina der Vita S. Severini... für Regensburg hielt...«

40 »Für die meisten der bayerischen Bistümer haben wir Berichte über die Gründung und den Gründer, Berichte freilich, deren primärer Zweck nicht historische Unter-

richtung, sondern fromme Erbauung war. So ist es kaum verwunderlich, daß diese Gründungslegenden und Heiligenviten, die am Beginn der Geschichte der einzelnen Bistümer stehen, sowohl in ihrer historischen Deutung als auch in ihrer zeitlichen Einreihung sehr unterschiedliche Wertungen erfahren haben, und man wird gut daran tun, den Aussagewert dieser frühen Berichte nicht zu überschätzen. Von den großen Missionsbischöfen Emmeram, Rupert und Corbinian dürfte das Wirken Emmerams am frühesten liegen« (K. Reindel, in: Spindler, 1, S. 146f.). Reindel kommt zu der Folgerung: »Der historische Hintergrund dieses Berichtes bleibt ganz im Dunkel. Die Regensburger Tradition verlegt das Martyrium in das Jahr 652; das würde bedeuten, daß der hier erwähnte Herzog Theodo nicht mit dem aus dem Anfang des achten Jahrhunderts bekannten identisch sein kann. Auch wenn man die Vorgänge zwischen 660 und 670 datiert, kommt man noch nicht an die Regierungszeit des aus anderer Quelle historisch beglaubigten Herzogs Theodo heran. Um das zu erreichen, muß man sein Wirken zwischen 685/90 oder gar erst um 700 datieren, was jedoch aufgrund der im Vergleich zur exakten Vita Corbiniani historisch ganz vagen Emmeramsvita wenig Wahrscheinlichkeit hat. Auch alle anderen Versuche historischer Deutung können so nur mit allem Vorbehalt angeführt werden: daß die im Anschluß an den Mord verbannte Uta eine historisch bekannte Ita captiva puella ist, daß noch nach Jahrhunderten angebliche Nachkommen Lantperts lebten, daß die Romfahrt Herzog Theodos eine Bußfahrt, daß die exorbitante Strafe für Bischofsmord in der Lex Baiuvariorum eine Lex Emmeram gewesen sei. Die ganzen Begleitumstände von Emmerams Tod sind romanhaft aufgebauscht und in den Einzelheiten so unglaubwürdig, daß man wohl nur das mit Bestimmtheit sagen kann, daß ein aus dem Frankenreich kommender Missionsbischof Emmeram im ausgehenden siebten Jahrhundert in Bayern das Martyrium erlitt. Sicher aber ist, daß Emmeram bei der alten Georgskirche in Regensburg beigesetzt, hier bald verehrt und daß schon um die Mitte des achten Jahrhunderts am 22. September sein Festtag gefeiert wurde.«
Hören wir zu diesem Fragenkomplex, der auch bei Babl eingehend erörtert wird und zu dem Dutzende von Autoren ihre Meinung dartaten, noch zwei von mir geschätzte Historiker: »Der wahre Zusammenhang bleibt für immer verborgen. Gleichwohl geht es nicht an, Arbeos Erzählung über den Grund, der Emmerams Ermordung herbeiführte, in Zweifel zu ziehen, etwa durch Hinweis auf den legendenhaften Charakter dieses wie der meisten Heiligenleben. Daß Verführung der Herzogstochter vorlag und diese Emmeram als ihren Verführer beschuldigte, ist vielmehr als gesichert anzunehmen. Wären diese Tatsachen nicht notorisch gewesen, hätte Arbeo, der seinen Helden doch verherrlichen will, vorgezogen, über die heikle Sache, zu schweigen, als seinen Lesern Unglaubliches aufzutischen und trotzdem Bedenken zu wecken« (Riezler, Geschichte Baierns, 1, 1, S. 182).
Brisanter ist die zweite Stimme (Bosl, Der »Adelsheilige«, S. 383 ff.): »Zum Schlusse ist noch kurz auf die Vorgeschichte des Martyriums des hl. Emmeram einzugehen. Es steht dabei weniger zur Debatte, ob es sich um ein der Legende kongruentes oder exzeptionelles Motiv dieses literarischen Genos handelt, sondern ob dieser Bericht in das gesellschaftliche Milieu dieser von Herzog und Adel bestimmten und beherrschten Welt paßt. Da zuletzt F. Graus darüber ausführlich gehandelt hat, sei für Literatur und Problemgeschichte auf ihn verwiesen. Ohne die Tatsache zu bestreiten, daß ›Unkeuschheit‹ des Heiligen ein hagiographisches Motiv ist, auch ohne zu entscheiden, ob die oft angezogene Stelle über den Bischofsmord in der *Lex Baiuwariorum* den Stoff für die Erzählung Arbeos abgegeben oder ihn dazu angeregt hat, oder ob die Strafgesetze für den Bischofsmord ausgelöst wurden durch den Martertod des Heiligen (I. Zibermayr), möchte ich nicht mit H. Löwe diese Geschichte für ein ›Zeugnis

der sittlichen Verrohung der Merowingerzeit« halten und auch nicht unbedingt an romanhafte Züge der antiken Legendenliteratur denken, die hier übernommen sind, sondern gerade wegen der vielen Widersprüche, die dieser Bericht enthält, entweder ihn im Grunde für echt halten oder mit Zibermayr lieber an eine echte Schuld Emmerams glauben, um so mehr, als die *Lex Baiuwariorum* eine solche Verfehlung eines Bischofs durchaus für möglich hält und dafür ein ordentliches Gerichtsverfahren vorschreibt, also Blutrache und Willkürakte nicht zuläßt. Wir wissen von so manchen Bischofssöhnen der Merowingerzeit, ja von Geschlechtern, die sich von Bischöfen ableiten, wir können nicht unsere modernen ethischen Maßstäbe an die Moral der Merowingerzeit legen und dürfen auch nicht die *ruda* oder *rudis Christianitas* des 7./ 8. Jahrhunderts in Bayern und in Gallien auf eine Stufe mit dem Spiritualismus späterer Formen des Christentums stellen, um nicht die historische Sünde des Anachronismus und des Vergleichs inkommensurabler Größen zu begehen. Aus diesem Grunde habe ich auch (Weltgeschichte des Mittelalters) das Verdammungsurteil H. Dannenbauers über Gregor d. Gr. abgelehnt, weil er diesem Papst an der Wende vom 6./7. Jahrhundert trotz seiner rhetorisch-humanistischen Ausbildung Verachtung der Bildungswerte der Antike vorwirft und ihn darum wegen seiner Wendung zur pastoralen Seelsorge tadelt. Gerade B. Bischoff hat wiederholt schon auf die lange Nachwirkung dieser Seite dieses päpstlichen Wirkens im Mittelalter hingewiesen. Im Umbruch der Zeiten, wie er damals erfolgte und eine neue Kultur und Gesellschaft entband, verändern sich gerade Moralbegriffe und Leitbilder, wie wir gerade jetzt am eigenen Leibe erfahren. Ich stehe nicht an zu schreiben, daß diese Geschichte weder ›peinlich‹, noch Ausbund ›einer schmutzigen Phantasie‹, noch ›Zeugnis einer Verrohung‹ ist, sondern für den Historiker, der jede Zeit aus ihren Voraussetzungen, Möglichkeiten und ihrer ›mentalité‹ interpretieren und deuten muß, will er nicht Sittenrichter werden, was ihm schlecht ansteht, unbedingt in das Milieu paßt und der Adelsgesellschaft und dem Leben am Hofe gemäß ist. Karl d. Gr., der freilich ein großer Laie und Herrschertyp war, hatte viele eheliche und uneheliche Kinder und das Leben an seinem Hofe war schon damals ein Stein des Anstoßes, besonders für seinen kirchlichen Sohn Ludwig d. Fr. Es lösen sich viele Widersprüche im Bericht der Emmeramsvita, auf die alle F. Graus aufmerksam gemacht hat, vor allem wird sein Rombesuch motiviert und wird seine ›lahme‹ Antwort, die er dem angreifenden Bruder Otas, Lantperht, gibt, verständlich, wenn man eine Verfehlung Emmerams annimmt, die zwar etwas vertuscht wird, die aber der adeligen Welt des 7./8. Jahrhunderts beileibe nicht so anstößig war, als uns heute dies wäre oder ist. Ein derartiger Fehltritt des adeligen Bischofs, der ja nicht im Kloster lebte, sondern das trieb, was wir ›Politik‹ nennen, und der mit den ›Herren‹ auf gleicher ›gesellschaftlicher‹ Stufe stand, wird von den Menschen der Zeit schon deshalb nicht so bewertet wie heute, weil es auf dieser ›archaischen‹ Stufe keine Nachrichtenmittel, auch keine moderne Publizität gibt, die nicht nur aufklärend, sondern auch im heutigen Sinne de facto ethisch bessernd wirken. Gerade weil das aus fränkischem Königsrecht erwachsene bayerische Stammesrecht von Totschlag, Unzucht, Landesverrat der Bischöfe weiß und sie als gegeben annimmt – Herzöge, Adelige, Könige taten ja das auch – und weil die Vita mit scheinbaren Widersprüchen dieser Geschichte so viel Raum gibt und einen Fehltritt zum Martyrium umdeuten muß, da die pastorale Pflicht der Kirche zur Mahnung und Strafe deswegen trotz allem bestehen bleibt, weil es bis heute – z. B. in Italien – eine Sitte geblieben ist, daß der Bruder für die Ehre der geschwängerten oder geschändeten Schwester eintritt und Lantperht den Emmeram einen ›Schwager‹ nennt, weil der Bischof sofort das Weite sucht und in Rom den ›Fall‹ klären will, weil die Geschichtsschreibung, z. T. auch die Hagiographie voll von solchen und ähnlichen Begebenhei-

ten ist, darum bin ich eher geneigt, den Fehltritt des Bischofs für gegeben anzusehen, und zu meinen, daß trotz aller literarischen Anleihen, die Arbeo gemacht hat, dieser Zug sehr wohl in diese Zeit und ›Gesellschaft‹ paßt und deshalb für den adeligen Grundcharakter des Milieus zeugt, das die merowingische Hagiographie im allgemeinen und Arbeo im besonderen als Hintergrund voraussetzen. Das oft apostrophierte Publikum dieser hagiographischen Literatur hat so etwas nicht als den christlichen Geboten entsprechend empfunden, aber sie hat es auch nicht so ernst wie wir genommen, da sie anders geartet war als eine andere Zeit und Gesellschaft. In der Form, wie Arbeo den Fall brachte, entsprach er dem inneren Gesetz der Hagiographie und verletzte nicht die Lehren der Kirche, er ließ aber vieles offen, das den Menschen der Zeit und ihren Begriffen von Welt, Leben, Sitte entsprach. In diesem Sinne wird gerade Emmeram trotz allem zum typischen ›Adelsheiligen‹ der Merowingerzeit und ihrer bayerischen Ausläufer, ein menschliches Zeugnis für den Adel in Bayern. Wer aber in der Hagiographie nur nach literarischen Vorlagen und Vorbildern, nach Legenden- und Märchenmotiven sucht, wer zuviele Widersprüche zu klären unternimmt und dabei seine eigenen Wertmaßstäbe noch dazu anlegt, wird ihren geschichtlichen Wert sehr gering anschlagen und in ihr nicht ein farbiges Dokument des Menschseins im merowingischen und bayerischen 7. und 8. Jahrhundert sehen, das in sich Wunderglauben und formelhafte Religiosität mit kraftvoller Menschlichkeit und archaischem Denken, oft ohne Ausgleich, verband. Die Hagiographie macht so von der allgemeinen Denkstruktur her, die ihr zugrunde liegt, die Königsgestalten der Epoche deutbar, soweit wir Näheres über sie wissen, und ist die notwendige Folie zur Geschichtsschreibung, die ohne sie anthropologisch-persönlich-prosopographisch oft schwer deutbar bleibt. Der Gesellschaftshistoriker sieht in ihr und in den Leitbildern, die sie bietet, z. B. im heiligen Bischof adeligen Geblüts eine wichtige Quelle zum Studium der ›mentalité‹ und der Gesellschaftsstruktur des sonst so dunklen 7./ 8. Jahrhunderts.
Die vorstehenden Bemerkungen ... möchten ... einen Punkt der Forschung aufzeigen, in den verschiedene Wege und Interessen einmünden können.«
Darstellung: Ein Gemälde über den Arkaden in der Emmeramskirche links zeigt den Empfang des Heiligen durch Herzog Theodo. Vgl. KD Regensburg 1, S. 242.
Den Mittelpunkt des von Cosmas Damian Asam stammenden Emmeram-Zyklus bildet das Hochaltarbild, das das Martyrium des Heiligen darstellt. Vgl. KD 1, S. 242: »Die Asamschen Szenen erschienen 1740 als Schabkunstblätter ... bei Joh. Baptist Lang« (Regensburg, Hofdruckerei).

41 »Die Erzählungen Arbeos über die Wunder Emmerams in St. Georg, das bald St. Emmeram hieß, aber auch an der Stätte des Martyriums in Helfendorf, gehören zu den lebendigsten Schilderungen aus der bayerischen Frühgeschichte, haben jedoch mit seiner Biographie nichts mehr zu tun« (Joseph Staber, in: Schwaiger 1, S. 88).
Wie groß die Anzahl dieser Wunder war, mag man aus dem Schlußsatz Arbeos in seiner Vita des hl. Emmeram ersehen: »Wollte ich jedoch die Wunder dieses Mannes, die ich selbst erfahren habe, oder die mir durch die Erzählung der Gläubigen zu Ohren gekommen sind, und durch die auch heute noch täglich im Bereich seiner Reliquien so viel hervorragende Kräfte erstrahlen, [aufschreiben] – der Griffel des Schreibenden hielte es, wie ich meine, nicht aus« (Bischoff, S. 83).
Günter, S. 184: »Das weisende Tier der Völkersage fand in der Legende seine Aufgabe als Werkzeug der himmlischen Willensäußerung zur Bestimmung von Heiligengräbern und als Führer in der Not.« Günter, der nicht an Beispielen spart, erwähnt das Gespannwunder bei der Emmeram-Translation nicht. M. Weitlauff dagegen erwähnt

es in seinem Beitrag zu Schwaigers Bavaria Sancta, Bd. 1, auf S. 291: »Beim Motiv des ›Gespannwunders‹ handelt es sich um ein sehr altes und weitverbreitetes Motiv, das vielfach variiert, bis zu 1 Sam 6 zurückweist und unter anderem in den Legenden der Heiligen Emmeram, Edigna von Puch und Notburga anklingt.«
Aus dem bayerischen Raum kennen wir das Gespannwunder u. a. im Zusammenhang mit: Albertl von Ried bei Benediktbeuern – Englmar im Bayerischen Wald – Florian (Frasdorf: Quelle!) – Gunthildis von Laubenthal (Biberbach bei Beilngries) – Heinrich von Ebrantshausen in der Hallertau – Hirmon (= Hermann) in Bischofsmais – Leuthold von Breitbrunn am Ammersee – Radiana von Wellenburg – Sebaldus in Nürnberg – Walburga (Eichstätt) – Wolfsindis in Reisbach/Ndb. – dem Stifter, einem Bauern, der Kirche Oberkreuzberg/Ndb. – dem schottischen Prinzen und Hirten Albertus (von Wörleschwang in Moos an der Zusam), sodann von schwäbischen Biberbach LK Wertingen, (»Herrgöttle«), in Verbindung mit dem Bau eines Gotteshauses von Aufkirchen am Starnberger See und der Kirche in Bergen bei Neuburg. Darüberhinaus sei noch auf das Gespannwunder des Clemens von Neresheim bei Birlinger hingewiesen. Eine schöne Wundertafel, u. a. mit den weisenden »ungezembten oxen« (Gunthildis) findet sich in Acta SS, September VI, zwischen S. 530 und S. 531, sowie – nur eine bildliche Darstellung – bei Falckenstein, Antiquitates et Memorabilia Nordgaviae veteris . . ., Teil 1, zwischen S. 112 und 113; Legende dazu ebd. S. 172 ff.
Bei Panzer 1, Nr. 250 wird das Gespannwunder im Zusammenhang mit Emmeram in Helfendorf-Aschheim lokalisiert, nicht in Regensburg! Panzers Quelle ist ein Bericht des Landgerichts München an die Regierung von Oberbayern vom Jahre 1836.
E. Dünninger, Begegnung . . ., S. 39 druckt einen Text von Hans Georg Ernstinger aus dem Jahr 1606 (Raisbuch) ab, in dem der gebildete Reisebegleiter unter Regensburger Wahrzeichen und Merkwürdigkeiten auch das Gefährt aufführt, mit dem Emmeram in die Donaustadt kam: »ain stainen trog oder geschirr, darin S. Emeran auf dem wasser geschwommen . . .«, und der, wenn ich Ernstinger richtig verstehe, in St. Emmeram aufbewahrt wurde. Achim Hubel, Schreiben vom 30. 4. 1980: »Den steinernen Trog, auf dem St. Emmeram übers Wasser geschwommen ist und der in St. Emmeram aufbewahrt worden sein soll, kenne ich nicht.« Arbeo läßt den Leichnam Emmerams auf ein Schiff legen (= poppi inponentes); von einem steinernen Trog – der freilich voll in den Rahmen des Wunders gepaßt hätte – ist bei ihm nichts erwähnt. Vermutlich handelte es sich um einen Steinsarkophag, um den sich später die Legende rankte.
Vgl. dazu: »Die neuentdeckte Konfessio des heiligen Emmeram zu Regensburg«, in: Endres, Beiträge . . ., S. 11 ff., insbesondere S. 7 und »Der Nebenraum der St. Wolfgangs-Krypta zu St. Emmeram in Regensburg«, ebd. S. 36 ff., näherhin S. 37: ». . . Steintrog . . . Derselbe mißt 0,66 Meter Höhe, 1,28 Meter Breite und 0,65 Meter Tiefe und ist innen mit Blei überzogen. Hugo Graf von Walderdorff vermutet in dem Steintrog den ›Sarkophag eines Heiligen‹ . . . Gegen die Auffassungen des Raumes als einer Krypta oder Kapelle und des Steintrogs als des Altars der Kapelle oder als des Sarkophags eines Heiligen erheben sich begründete Bedenken. Wäre die Kufe tatsächlich einmal mit einem der Heiligen von St. Emmeram in Beziehung gestanden, so hätte sich vermutlich irgend ein Schimmer einer Erinnerung daran erhalten. Aber weder in alten Aufzeichnungen [Endres kannte somit den Text von Ernestinger nicht!] noch in der lebendigen Tradition findet sich eine Spur davon.«
Darstellung: in der Emmeramskirche, über den Arkaden rechts: der Heilige wird zu Wasser nach Regensburg gebracht. Vgl. KD Regensburg 1, S. 242.

42 Babl, dessen vorbildlicher Arbeit man das nämliche Lob zugestehen muß, das Aventin Andreas von Regensburg zollte: »diligenter et accurate« (Annales VII, 24), führt S. 126f. aus: »Diese erste Begräbnisstätte Emmerams in der Regensburger Georgskirche befindet sich nach der Klostertradition, der hierin bestimmt Glauben zu schenken ist, an der Stelle im Südschiff der heutigen Emmeramskirche, an der im 14. Jahrhundert das Hochgrab des Heiligen errichtet worden ist. Das Grab Emmerams wurde zum Zentralpunkt seiner Verehrung. Wie dies schon von der frühchristlichen Zeit an zu geschehen pflegte, bilden sich an dem Ort, an dem der Heilige ›rastet‹ – ein Ausdruck, den die Legende seit dem Annolied gebraucht –, Grabkult und Grabwallfahrt aus. Man ist nämlich der Überzeugung, daß der Heilige dort, wo sein Leib ruht, besonders durch seine Hilfe gegenwärtig ist«, wie wir dies z. B. aus dem Wunder an einem Straßburger Zimmermann bei Andreas, S. 312f. kennen: »... locum, in quo S. Erhardus corporaliter requiescit ...«

43 »Von der antijüdischen Einstellung weiter Kreise der Regensburger Bürgerschaft dieser Zeit her muß es gesehen werden, daß Hochwart sich schließlich sehr scharf gegen eine Erzählung der Juden des Regensburger Gebiets wendet, die er selbst gehört hat. Danach sei Emmeram nicht Christ, sondern Jude gewesen ...« (Babl, S. 119). Babl, S. 119f. spürt sorgfältig den Zusammenhängen nach: »Diese Sage ist von Regensburg nach Mainz gewandert. Dabei hat zweifelsohne die Emmeramsverehrung in dieser Stadt (Mainzer Kirche St. Emmeram) die Verbindung hergestellt. Dort hat sich aus dieser Erzählung die jüdische Sage vom Rabbi Amram aus Mainz mit ihren Ausformungen herausentwickelt. Sicher spielt hierbei auch ein später verlorengegangenes Bildwerk eine wichtige Rolle, das ein auf einem Strome treibendes Boot zeigt, am Ufer ein Bischof, von einer staunenden Volksmenge umgeben. Mit größter Wahrscheinlichkeit handelt es sich dabei um die Darstellung aus der Emmeramslegende, wie der heilige Leichnam zu Schiff in Regensburg ankommt ... Weitere Kreise in der Diskussion zogen diese Sagen, als der Nationalsozialist Rosenberg in seinem Buch ›An die Dunkelmänner unserer Zeit‹, München o. J., in einem eigenen Kapitel die christliche Emmeramslegende angriff. Er stützt sich auf die unhaltbare Vermutung, der Name Emmeram könne doch jüdischen Ursprungs gewesen sein. Rosenberg leitete aus all dem als ›geschichtliche Tatsache‹ ab, daß Emmeram Jude gewesen sei; er stellte daraufhin Emmerams Tod als gerechte Strafe für die Rassenschande hin, die Emmeram an einer bayerischen Herzogstochter begangen habe.«
Babl, S. 121: »Mit Laurentius Hochwart wendet sich [Markus] Welser gegen die Amram-Version der Regensburger Juden.«
Wegen der bei Hochwart angeführten hebräischen Worte kam es zu einer wahren Fragen-Odyssee. Mein Übersetzer Robert Köhler konnte, wie auch Brun Appel, die Amram-Stelle klären. Zu dem anderen unverständlichen Begriff ließ ich bei Prof. Dr. Mosis, Präsident der Universität Eichstätt und Hebraist, anfragen; die betreffenden Stellen widersetzten sich seinen Kenntnissen. P. Abraham Thiermeyer vom Kloster Niederaltaich – z. Z. bei Dr. Klaus Gamber im Obermünster-Zentrum tätig – konstatierte in seinem Schreiben von Ostern 1980: »Die beiden Worte, so wie sie im Text stehen, sind im hebräischen Wörterbuch nicht zu finden«, und er folgert: »Es hat ein Drucker gesetzt, der kein Hebräisch verstand.«
Erminold Füßl, der polyglotte Pater aus dem Kloster Metten, schreibt mir am 8. 4. 1980: »Meine eigenen Kenntnisse des Hebräischen reichten leider zur Lösung des Rätsels nicht aus. Aber auch unser berühmter Semitist, P. Edmund Beck, der früher in Rom orientalische Sprachen (Hebräisch, Arabisch und Syrisch) unterrichtet und an die 20 Bände herausgegeben hat, konnte das erste Rätsel nicht lösen. Die 2. Frage betrifft

einfach den Namen Ameram (so heißt das hebräische Wort). Unser Abt heißt Emmeram, und er hat sich für die Sache sehr interessiert. Er kennt die Literatur über den hl. Emmeram, hat aber, so sagte er mir, nie etwas von einer angeblichen jüdischen Abstammung Emmerams gehört. Wie Sie wissen, wird der Name gewöhnlich aus ›Heimrabe‹ abgeleitet. Mir ist allerdings nicht sehr einleuchtend, wieso ein aus Poitiers stammender Bischof einen germanischen Namen haben sollte. Im Gebiet von Poitiers war der fränkische Einfluß nicht sehr stark. Überhaupt sind ja viele Dinge, die Emmeram betreffen, noch im Dunkel. Ein älterer Mitbruder wußte noch, daß der Nazi-Chefideologe Rosenberg irgendwo geschrieben hat, Emmeram sei Jude gewesen. Immerhin ist die Mitteilung interessant, Emmeram habe ein hebräisches Buch bei sich gehabt. Hat er Hebräisch gekonnt und vielleicht das Alte Testament in der Ursprache gelesen? Das würde auf einen hohen Bildungsstand schließen lassen.«
Daß ein ganzes Kloster so Anteil an meiner Arbeit nimmt, bewegt mich, und auch P. Erminolds folgende Aktivitäten: »Zwecks weiterer Auskünfte habe ich die Angelegenheit der Hebräischen Universität in Jerusalem unterbreitet . . .« In die nämliche Stadt hatte Brun Appel einige Monate zuvor eine Ablichtung des Hochwart-Textes mitgenommen, um ihn dort klären zu lassen, konnte allerdings keine kompetente Stelle erreichen. Am 29. 8. 1980 kann mir dann P. Erminold mitteilen: »Nach über vier Monaten habe ich endlich eine Antwort von der Hebräischen Universität in Jerusalem erhalten; leider bringt uns dieses Schreiben nicht weiter. Prof. Joseph Dan macht folgende Bemerkungen: 1. (erste hebräische Stelle in Ihrem lateinischen Text) ›Wir konnten kein hebräisches Buch finden, das diesen oder einen ähnlichen Titel trägt. Es ist anzunehmen, daß es sich um einen Fehler irgendwelcher Art handelt.
2. Es besteht eine Legende über einen babylonischen Rabbi Rav Amram, dessen Leib auf wunderbare Weise nach Mainz gekommen ist und dort begraben worden ist. Nach unseren Kenntnissen handelt es sich um eine Legende, die keine historische Grundlage hat. Ein Buch von Dr. Abraham Grossmann über frühe jüdische Rabbis in Deutschland, das noch in diesem Jahr von der Magnes Press in Jerusalem in hebräischer Sprache herauskommen soll, wird im 9. Kapitel sich mit der Legende des Rav Amram beschäftigen.‹
. . . das ist leider alles, was ich mitteilen kann. Aber Sie verstehen jetzt, warum unsere hebräischen Gelehrten im Kloster die Sache nicht entziffern konnten. Wenn es die Fachleute der Hebräischen Universität nicht herausgebracht haben, dann ist es nicht verwunderlich, daß wir es nicht konnten. Hoffentlich wird durch diese rätselhafte Angelegenheit Ihre Arbeit nicht wesentlich beeinträchtigt.«

45   Friedrich Prinz, in: Zur geistigen Kultur des Mönchtums, Beitrag zu: Mönchtum und Gesellschaft im Frühmittelalter, S. 333 erläutert die politische Relevanz der Emmeramsvita, in der Arbeo die sakrale Legitimation der Agilolfingerherrschaft in Frage stellt: »Schon die Niederschrift der Emmerams- und der Corbiniansvita war ein Affront gegen die Agilulfinger, ein impliziter Zweifel an der sakralen Begründung ihrer politischen Macht, erscheint doch das bayerische Herrscherhaus in beiden Viten in einem zweifelhaften Verhältnis zum Heil der Heiligen, wenn Emmeram durch ein Mitglied des Herzogshauses auf scheußliche Weise und mit ironischen Anspielungen zu Tode gebracht wird . . . Schon das 9. Jahrhundert drückte die Tendenz der Viten Arbeos expressis verbis aus, wenn es das Ende der Agilulfinger als Strafe für den Emmeram angetanen Frevel ansah.«
Der Mörder Emmerams wurde exiliert und starb vermutlich in der Verbannung. In den Annotata der Acta SS, Sept. VI (Emmeram), S. 482 heißt es: »Lantbertum . . . perpetuo exsilio damnatum fuisse, scribit etiam Meginfredus [Migne, PL 141,

Kap. XV, Sp. 984]. Illum apud Avares exsulasse Brunnerus et Adlzreitterus sine teste affirmant...« Auch Hochwart (Oefele 1, S. 162) präzisiert: »... Landobertum profugum facit, qui apud Abares in Pannonia periit exilio«, desgleichen Aventin (Chronik, Buch 3, Kap. 53, S. 71): »Und herzog Dieth der fünfth verschicket sein tochter in Welschland. Sein sun Landprecht stellet flüchtigen fues, floch in das land, ietzo Niderösterreich under der Enns g'nant, zu den Haunen und Abern und sturb diser stam gar ab.« s. auch Aventin, Herkommen der Stadt Regensburg, S. 282 (in: Sämtl. Werke, Bd 1, 1. Hälfte). Meginfred (in: Acta SS, Sept. VI, S. 492) gibt als Verbannungsort für Uta an: Ausonia (= Italien).
Zur Problematik um die Gestalt Theodos vgl. Füetrer, S. 43, Anm.

46 Vom Fluch über das Geschlecht von Missetätern berichtet auch Hübner, S. 38: »Die beyden Mörder, welche den heiligen Wenceslaum vollends nieder gemachet haben, sind übel belohnet worden. Der eine, Namens Hniewsa, ward närrisch, und alle seine Nachkommen haben einen Sparren zu viel. Der andere, Stirsa genannt, ward lahm, und alle seine Nachkommen werden mit lahmen Füssen gebohren.« Auch die Nachkommen der beiden, die die fromme Ludmilla ermordeten, sind »biß diesen Tag« gezeichnet: die des einen sind lahm, die des anderen rotköpfig (Hübner, S. 29).
Äußerst peinlich war die Strafe, die das Geschlecht der Corogiorum in Ungarn befiel, dem der Tod an dem heiligen Mann Gerard angelastet wird. »Wenn nun einer aus diesem Geschlechte zu Ofen in die Kirche S. Gerardi trat, so ward ihm nicht anders im Leibe, als wenn er Pillen eingenommen hätte, und sein Diener mochte immer ein paar andere Hosen herzu suchen, daß die ersten unterdessen wieder kunten gewaschen werden: Und das hatte schon seit Königs Andreae I. Zeiten fast 500. Jahr bey dieser Familie eingetroffen: massen es denn der König Ludovicus II. mit diesem Petro Corogio [dem letzten aus diesem Geschlecht] öffters zu seiner Belustigung probiret hat« (ebd. S. 857f.).

47 Obwohl Arnold den Hauptakzent der Darstellung in seiner Emmeramsvita nicht auf den historischen Gesichtspunkt legt, sondern auf die Propagierung Emmerams als einer über die Jahrhunderte hinweg heilsgeschichtlich präsenten Gestalt (Babl, S. 157), kann man doch annehmen, daß die Furcht vor einem Aufruhr des Volkes gegenüber den mit dem Odium des Heiligenmordes Belasteten zur Zeit Arnolds noch gegeben war. Würde er sonst die Namen der unglücklich Betroffenen weglassen? Für eine planvolle Konstruktion, um die Schilderung der Wirksamkeit des Heiligen bis in seine Gegenwart fortzusetzen, wenn der geringste historische Rückhalt fehlt, ist Arnold zu ehrlich! Wäre ihm nicht das Ethos des Historikers, zu dem das Aussagen und Aufdecken gehört, wichtiger gewesen als die pietätvolle Verheimlichung der Namen einiger Verwandten und Bekannten?
Große Schwierigkeiten bereitet – selbst guten Lateinern – die Übersetzung des letzten Textabsatzes. Nachdem ich Prof. Dr. Bernhard Bischoff mehrere Übersetzungsversionen des Satzes »... et primo filiorum [bei Migne falsch, richtig: filiolum] sancto Emmerammo solvere faciens censum, deinde cum ejusdem manibus attractis more Bajoarico testibus retradidit predia...« übersandt hatte (1. die Mutter ließ durch die Hände des Söhnleins das Gut zurückerstatten – 2. nachdem Zeugen an den Händen (nicht Ohren!) herbeigezogen worden waren – 3. indem sie dessen (des Heiligen) Händen... die Güter zurückgab), bezieht dieser souveräne Mediävist Stellung: »Arnold, lib.I, 12 will m. E. sagen, was Sie selbst als 1) vorschlagen, daß die Mutter durch die Hände des Sohnes das Gut erneut tradiert, schon weil die zweite und dritte Übersetzung nicht möglich wäre.« Dies widerspricht einer Mitteilung der Monumenta

Germaniae Historica (G. Silagi) vom 8. 8. 80: »Die Stelle ... bedeutet: nachdem die Zeugen dafür nach baierischem Brauch an den Händen herbeigezogen worden waren.« Hier hatte man allerdings nicht den ganzen Satz berücksichtigt, sondern nur die Stelle herausgenommen: »ejusdem manibus attractis more Bajoarico«. Ich gebe daher uneingeschränkt dem Vorschlag von Prof. Bischoff den Vorzug. Er fügt seinem o. g. Schreiben noch hinzu: »›Census‹ mag geschuldeter Zins sein.« Und ein Trost für meine Übersetzer, die das nämliche erkannten: »Ein einfacher Stil ist Arnold nicht.«
P. Abraham Thiermeyer – Mönch in Niederalteich und wissenschaftlicher Mitarbeiter von Klaus Gamber (BZA) – macht mich bei einem Gespräch darauf aufmerksam, daß der Opferritus in der Adalram-Geschichte dem entspricht, wie er in der Benediktinerregel dargestellt wird. Vgl. RB (= Regula Benedicta) 59.

48 Babl, S. 57 rühmt die Geschichte des Mannes, der auf seiner Wallfahrt zum Grabe Emmerams in die Hände von Räubern fällt, als ein »Meisterstück der Erzählkunst Arbeos . . .«. Besonders erwähnenswert ist »das einprägsame Landschaftsbild am Schluß«, als der auf Anraten des Heiligen aus der Gefangenschaft Entflohene »von den Weinbergen zwischen Regen und Donau aus die Stadt Regensburg vor sich liegen sieht« (Babl, S. 57f.). Die »zweifellos mit Elementen des locus-amoenus-Topos ausgeschmückte Schilderung entspricht im wesentlichen den wirklichen Gegebenheiten« (P. Schmid, S. 2). Vgl. auch Kraus, Civitas Regia, S. 7f., der dieses Stadtlob »aus allen antiken Topoi der Laudes-Literatur« herleitet.
»Je mehr Arbeo ... erzählen kann, ›was er selbst erlebt oder durch die Gläubigen erfahren hat‹, um so reicher ist der kulturgeschichtliche Gehalt, um so reizvoller die Lebensnähe der bescheidenen ›Wunder‹. Die Geschichte des ›frommen Alten‹ mit der großartigen Verdichtung des Landschaftsbildes am Schluß ist sein Meisterstück, – auch wenn hier Anregungen aus Hieronymus' Vita sancti Malchi mitverarbeitet worden sind« (Bischoff, S. 92).
»Zwei wichtige Motive sind hier miteinander verbunden, das vom Schutz, welchen der Heilige den zu seinem Grabe pilgernden Menschen gewährt, und das gerade für die merowingische Zeit und ihre politischen Wirren so typische Motiv der Gefangenenbefreiung durch einen Heiligen« (Babl, S. 58). Es ist jedoch ohne nachweisbare Wirkung geblieben, »Emmeram auf Grund seiner Legende als den Schutzherrn der unschuldig Verurteilten hervorzuheben . . .« (Babl, S. 137).
Bischoff S. 69 hat: Porathanen; Schöppner 2, Nr. 556: Parathanen. Bischoff übersetzt den Ort »Feronifaidus« mit »Fernweide«, indes Schöppner Langwaid schreibt. Ob es sich dabei aber nicht um Langquaid an der Großen Laaber handelt? (vgl. Böck, Die Hallertau, S. 29).
Auch der hl. Sebald hält seiner Angetrauten in der Hochzeitsnacht eine Moralpredigt (Borst, S. 63). Schon Falckenstein, Antiquitates et Memorabilia Nordgaviae veteris . . ., Teil 1, S. 249f. wußte um die Eheflüchtigkeit Sebalds.
Gamber, S. 35 ff. folgert: ». . . Dieser spätrömische, dem heiligen Georg geweihte Kultbau dürfte ursprünglich die Gemeindekirche der Zivilstadt gewesen sein. Zur ›Pfarrei‹ haben sicher auch umliegende Dörfer gehört, so das jenseits der Donau gelegene Winzer (›Ad vinitores‹). In der Emmerams-Vita wird nämlich berichtet, wie ein aus thüringischer Gefangenschaft geflohener Mann gerade an einem Sonntagmorgen das linke Donauufer erreicht, sich hier den Kirchgängern anschließt und mit diesen auf einer Fähre über die Donau setzt. In ihrer Begleitung gelangte er dann glücklich zum Heiligtum des Märtyrers. Daß mit diesem Gotteshaus seit der (Neu-)Gründung der Mönchsgemeinschaft durch Bischof Rupert ein Kloster verbunden war, schließt eine gleichzeitige Verwendung als Gemeindekirche in keiner Weise aus. Die Pfarrei

wurde übrigens erst im Jahre 1266 durch Papst Clemens IV dem Kloster inkorporiert.«
Zur Baugeschichte von St. Georg vgl. Regensburg zur Römerzeit, S. 377. Aufgrund der Ausgrabungsergebnisse kommen die Archäologen zu dem Schluß: »ob die bajuwarische Friedhofskirche aber auch einen spätrömisch-frühchristlichem Vorläufer hatte, muß auf Grund der sehr unsicheren Befunde vorläufig offenbleiben«. s. ebd. S. 173.

49 Diese Legende ist einer jener Zweifelsfälle, bei denen ich die Wahl hatte, das Erzählstück dem Kapitel »Heilige und Selige« zuzuordnen oder dem Kapitel »Kaiser und Könige«. Weil darin auch Tuto eine große Rolle spielt, wurde sie hierher gesetzt. Anders bei Nr. 181, wo die Gestalt des Herrschers im Vordergrund steht.
Rader, Bavaria Sancta II, S. 138 ff. befaßt sich eingehend mit Tuto. Auf S. 139 bringt er einen Stich von R. Sadeler jun., der die Entführung des Codex aureus zeigt, »qui jussu Caroli Calvi Francorum regis Parisiis aureis literis scriptus fuerit«: Bedrückt steht Tuto am Altar, indes ein Bedienter dem König das wertvolle Buch aufs Roß hinauf reicht, das vor der Kirchenpforte steht, an der ein Bettler sich auch eine Gabe erhofft. Die bewegte Darstellung ist nicht identisch mit der hier in diesem Buch abgebildeten.
Bei Rader, S. 141 findet sich eine Stelle, die sonst in der Überlieferung wohl untergegangen ist: auch der Diener kommt um: »servus qui jußu Imperatoris librum abstulerat, mox dysenteria morbo, animam efflavit.«
Kaum hatte der Kaiser sein Pferd bestiegen, so befiel ihn das nämliche Leiden: ». . . parem incurrit morbi molestiam, atque profluvio ventris laborare coepit . . .«
Der Codex aureus, der heute in der Bayerischen Staatsbibliothek (clm 14000) aufbewahrt wird, ist eine prunkvolle Handschrift (870) mit einem kostbaren, aus getriebenem Goldblech, Edelsteinen, Perlen und Zellenverglasungen gefertigten Einbanddeckel westfränkischer Herkunft, »quod vix ei similis possit reperiri« (Andreas von Regensburg, S. 34).
Die Mitte des Deckels ziert »in Treibarbeit der thronende Christus umgeben von den vier Evangelisten und Szenen aus dem Neuen Testament« (G. Vorbrodt, in: Kraus/ Pfeiffer, S. 36). »Zu End seines Lebens« (Mausoloeum 1680, S. 60) – es wird bald nach 893 gewesen sein (s. ebd., Kraus/Pfeiffer) – schenkte Arnulf, als dessen Todesjahr 899 gilt, den Codex dem Kloster St. Emmeram, wo er dann unter Abt Ramwold (975–1000) restauriert wurde. Ganzseitige Abb. bei Kraus/Pfeiffer, S. 42.
»Selbst, wenn die Angabe Arnolds, Arnulf von Kärnten habe diese Kostbarkeiten [den ganzen Schatz seiner Pfalz und Teile der Reichskleinodien, vor allem ein goldenes Ziborium, den codex aureus und farbenprächtige Pallien] dem hl. Emmeram geschenkt, eine nachträgliche Erklärung dafür sein sollte, wie diese in Emmeramer Besitz gelangten – Arnold berichtet dies im Zusammenhang mit der Forderung Konrads I. im Jahr 916, den codex aureus herauszugeben –, so zeigt doch schon allein die Tatsache, daß ein Teil der Reichsheiligtümer in St. Emmeram aufbewahrt wurden, daß das Kloster in engen Beziehungen zum Herrscherhaus stand« (Peter Schmid, S. 439 f.).
Wie Peter Schmid, S. 71 ausführt, darf der Bericht Arnolds über den Aufenthalt Konrads I. im Jahr 916 in St. Emmeram, bei dem dieser auf Betreiben seiner Hofkapläne den Codex aureus, der sich dort befand, zurückforderte, als Beleg für die Funktion der Emmeramskirche als Pfalzkapelle gewertet werden: »Die Hofkapläne sahen offenbar in dem Evangeliar ein Besitzstück der karolingischen Hofkapelle.«
Schließlich wissen wir seit Piendl, »daß es in der Pfalz Arnulfs keine eigene Pfalzkapelle gab, sondern daß die Emmeramskirche die Funktionen einer Pfalzkapelle mitübernommen hatte. Nur so läßt sich die Nachricht Arnolds von St. Emmeram, Arnulf habe

wegen seiner großen Verehrung des hl. Emmeram beim Emmeramskloster eine neue Pfalz erbaut, sinnvoll deuten« (Peter Schmid, S. 71 f.).
Die Bestrafung dessen, der sich an Kirchengut vergreift, ist ein verbreitetes Sagenmotiv. Wir finden solche Strafe u. a. wirksam an Rüdiger von Pechlarn, der – wie Zschokke 1, S. 227 (nach Oefele) erzählt – mit den Mönchen von Tegernsee Streit hatte und ihnen ihr Gut schmälerte. »Als er nach Tegernsee ritt, sich zu verantworten, warf ihn sein Gaul ab und trat ihn mit dem Hufe. Dies war göttliche Strafe. Reuig stellte Rüdiger dem heiligen Quirin (welchem das Kloster geweiht) alles Entrissene zurück.« Und auch von Scheyern kennen wir Entsprechendes: Ein Pfarrer, der sich vom Hl. Kreuz ein Splitterchen abschneiden wollte, erblindete auf der Stelle, »wurde stumm und starb am dritten Tag« (Kloster Scheyern und sein Heiliges Kreuz, 1955, S. 100). Oder (Meichelbeck, S. 224) Herzog Ludwig mußte, als er 1395 die Freisinger Domkirche ausrauben wollte, mit seinen Soldaten die ganze Nacht in die Irre gehen ... Gumpelzhaimer 1, S. 144 weiß ein anschauliches Beispiel aus Regensburg. »Es war in dieser Kirche [= Niedermünster] ein sehr schönes Kreuz von gediegenem Golde und ein Evangelienbuch gleichfalls in Goldplatten gebunden, und mit ungeschliffenen Edelsteinen besetzt. Diese beiden ließ sich einmal Fürst Primas in sein Cabinet bringen. Am Fuße des Kreuzes stand, wer mich nimmt, stirbt eines jähen Todes. Beide Gegenstände sind dann wieder in die Kirche zurückgebracht ... worden«.
Obgleich Tuto, den die Regensburger Tradition als Seligen betrachtet, eine der längsten Amtszeiten unter den Regensburger Oberhirten hat – er leitet die Geschicke der Diözese von 894–930 –, wird er in den Quellen wie auch in der späteren Literatur erstaunlich selten erwähnt. Immerhin hat aber sein Name wegen der Beziehungen seines Bistums zu Böhmen und zu den Ereignissen um Wenzel doch einen festen Platz im Komplex der zahlreichen Wenzel- und Ludmilla-Legenden.
Seine Bedeutung: »Wir müssen annehmen, daß er nach Arnulfs Tod 899 zu jenen Männern im Kreis des Markgrafen Liutpold zählte, die praktisch das Reich regierten ... Tuto stand also in der Zeit der ersten Ungarneinfälle ohne Zweifel in enger Verbindung zum ›Reichsregiment‹; wie weit er auf die ... Entscheidungen des jungen Königs Einfluß genommen hat, kann wegen der dürftigen Quellenlage nicht erschlossen werden« (Erwin Herrmann, in: Regensburg und Böhmen, S. 17 ff., insbes. S. 21 f.). Zudem hat – nach dem gleichen Autor – Tutos Wirken, seine Unterstützung der Christianisierungstendenz der feudalen Schicht der Přemysliden und des weiteren Adels »wohl die Herrschaft dieses Geschlechts im böhmischen Raum mit befestigen helfen, hat aber auch die kirchlichen Grundlagen gelegt für die wenig später erfolgte Gründung eines selbständigen Bistums Prag [ein Hauptverdienst Wolfgangs] in der zweiten Hälfte des 10. Jahrhunderts. Insofern kommt Tuto eine gewisse motivierende, epochale Wirkung und Bedeutung zu« (wie oben, S. 27 f.). »Trotz der bewegten Zeitläufte während seiner Amtszeit hat Tuto doch Zeit gefunden, eine Aufmerksamkeit auch der Bibliothek von St. Emmeram zuzuwenden. Eine Reihe von ehemaligen Codices des Klosters, heute fast sämtlich in München, ist durch Einträge oder durch paläographische Untersuchungen Tuto zuweisbar ...« (wie oben, S. 23 f.).
Abt Coelestin, der als eine seiner Quellen Wolfgang Selender angibt, würdigt Tuto ausführlich in seiner anmutigen barocken Sprache: »Es hat aber ein so grosse Heiligkeit die Mönchs-Kappen nit bedecken können ...« (Mausoloeum 1680, S. 59 ff.).
Darstellungen: Unter den Stuckfiguren über den Arkadenbögen in St. Emmeram, die u. a. den sel. Abtbischof Guntharius (†942), den sel. Abt Adalbert (†1177) und den sel. Abt Ramwold († um 1000) zeigen, sieht man links auch den »hl. Abtbischof Tuto« mit einem großen Buch (s. KD Regensburg, 1, S. 242). In den KD Regensburg 1, S. 249

und bei Walderdorff, S. 340 Abb. der Tumba, auch bei Endres, nach S. 144 (Text dazu in den KD Regensburg 1, S. 250). Vgl. auch Aventin, Chronik, Buch 4, Kap. 128. KD Regensburg 1, S. 333: »Abtbischof Tuto... wird in der Nähe der weißen Türe (circa albam ianuam in monasterio) begraben.«
In der Legende ist sein Attribut ein Buch: der Codex aureus. Mit ihm ist er auch in einer der reizvollen Vignetten in Geyers Kupferblatt »Heiliger Marter-Berg...« abgebildet.
Coelestin (Mausoloeum 1680, S. 62f.) rühmt seine Sehergabe: »ist endlich erblindet denen leiblichen Augen nach/ dem Geist nach aber also erleuchtet worden/ daß er künfftige Sachen gesehen und vorgesagt.« – »... caecatus corpore, sed illuminatus mente« heißt es schon bei Arnold I (MGH IV, S. 551). So hatte er dem Pförtner Gunther prophezeit, daß er sein zweiter Nachfolger sein und bald sterben werde (s. Günter, S. 83 – nach Thietmar II, 26).

50 »In anderen Mirakelberichten Arnolds ist das Thema, daß der Heilige durch sein wunderbares Eingreifen seinen Besitz bewahrt und jeden bestraft, der sich daran vergreifen will, in den konkreten Problemkreis des Ringens der Mönche von St. Emmeram um die Erhaltung von Klostereigentum hineingestellt und somit von einer Aktualität gekennzeichnet, von der schon das Jahrhundert vor Arnold, seine eigene Zeit und die nach ihm kommende bestimmt wird. Das allgemein verbreitete Motiv gewinnt hiermit einen sehr engen zeitgeschichtlichen Bezug durch die Stellung des Klosters St. Emmeram zu den Regensburger Bischöfen und den sich daraus ergebenden Auseinandersetzungen. Immer wieder war es zu Übergriffen der Bischöfe auf den Besitz des ihnen unterstellten Eigenklosters gekommen; so auch unter Bischof Michael, wie ein Mirakelbericht Arnolds uns überliefert« (Babl, S. 164).
In den mir vorliegenden deutschen Fassungen vom Glockenwunder wird die Sage von den einzelnen Autoren aus ihrem Kontext herausgelöst und verrät nichts mehr von den eigennützigen Bestrebungen Michaels, die bei Arnold die Geschichte tragen. Gumpelzhaimer 1, S. 158 läßt des Bischofs Motivation noch erkennen, »... der ... hierher geeilet war, um einige Kirchenschätze, namentlich eine Glocke, deren Klang Kaiser Otto so wohlgefiel, heimlich nach Beratzhausen zu schaffen, und dadurch bei dem kaiserlichen Hof Eingang gewinnen zu suchen, damit einem seiner Anverwandten, die Bischofs-Mütze ertheilt werden möchte. über welches Vorhaben ihn aber der Tod zur Buße erinnerte...«
Bei Arnold gehört die Geschichte von der Glocke unabdingbar zu der, die Beratzhausen mit einbezieht.
Günter, S. 207 weiß von einem entsprechenden Glockenwunder: »Erzbischof Lupus von Sens (gest. 623) vertrieb die Franken (!) durch Glockenläuten. Als König Chlothar von dem wunderbaren Klang vernahm, ließ er die Glocke nach Paris überführen, gegen den Willen des Heiligen, und die Glocke verlor ihren Ton und erhielt ihn wieder, als sie nach Sens zurückgebracht war... Auch die Glocken der Kirche des hl. Aldebrandus von Fossombrone gaben keinen Klang mehr, als man sie fortnahm...«
Staber, Die älteste Lebensbeschreibung des Fürsten Wenzeslaus..., S. 193 erörtert: »Man könnte fragen, warum die Legende ›Crescente fide‹ den Namen des Regensburger Bischofs Michael (942–972) verschweigt, der nach dem Chronisten Cosmas der väterliche Freund des Fürsten Wenzel war, der Bischof, der den St. Veitsdom einweihte. Auch diese befremdende Tatsache erklärte sich aus dem Herkunftsort der Legende. Dieser Bischof hatte nämlich im Kloster St. Emmeram kein gutes Andenken. Um für einen seiner Neffen vom Kaiser ein Bistum zu erlangen, wollte er für den

jungen Mann zunächst eine Stellung am Hofe erreichen. Der Weg dazu mußte mit reichen Geschenken gepflastert werden, und zu diesem Zweck nahm Bischof Michael die Schatzkammer des Klosters St. Emmeram in Anspruch.«
Bei den »Pallia« könnte es sich um jene handeln, die Kaiser Arnulf – wie der Mönch Arnold (MGH SS IV, S. 551) berichtet –, nach der glücklichen Heimkehr vom Feldzug gegen Swatopluk von Mähren 893 zusammen mit dem übrigen Schmuck seiner Pfalz an das Kloster St. Emmeram schenkte. Vgl. Gamber, S. 176.
Vogl, in seinem Mausoloeum 1680, S. 134 schreibt irrtümlich: Meginhardus. Kraus wiederholt diesen falschen Namen zwar auch noch in seiner Ratisbona Monastica, S. 219, fügt aber als Fußnote hinzu: »Meginfredus und nicht Meginhardus. Es hat sich aber Abbt Coelestinus geirrt; dann Meginfredus hat nur das Buch de Vita & Morte S. Emmerami beschrieben/das andere hat unser Arnoldus in Lib. I. de Miraculis S. Emmerami zusammen getragen und erzehlet/wo dieses zu lesen/vide Basnage tom. III. pag. 116. cap. 17.« So erklären sich auch meine vergeblichen Bemühungen, bei Meginfred besagte Stelle zu finden.
Die Episode vom abgehauenen Ohr Michaels auch bei Bauerreiss 1, S. 180.

52 Über Minnetrinken s. u. a. Schmeller 1, Sp. 1617f. – Schuegraf, Dom, Teil 2, S. 139 (»St. Stephanshaber«) – Schlicht, S. 87f. – Bronner, Von dt. Sitt und Art, S. 93 ff. – Baechtold-Stäubli, Bd. 2, Sp. 805 f.
H. Schommer, Die Heiligenminne als kirchl. und volkstüml. Brauch. In: Rhein. Jb. für Volkskunde 5, 1954 – Wörterbuch der dt. Volkskunde, S. 174 f. (Emmeram), S. 277 (Gertrud), S. 408 f. (Johannes), S. 462 (Wodansminne), S. 520 (Luther), S. 541 (Martin), S. 557 (Michael), S. 559 f. (Minnetrinken, allgemein), S. 778 (Stephan). Es gibt auch eine Heinrichsminne (s. SR Nr. 200) und eine Ulrichsminne.
Bei Arnold von St. Emmeram findet sich die Erzählung von dem durch einen Frevler belasteten Convivium des Bischofs Michael zum ersten Mal. Der Bericht ist ein wertvolles Kulturdokument, ein frühes Zeugnis für den bereits im Zusammenhang mit Kolumban und Widukind für Südgermanien bezeugten und auch in Skandinavien bekanntgewesenen und auf germanische Götterverehrung deutenden »Brauch der Heiligenminne, der ursprünglich in ritterlichen Gesellschaften und in Klöstern geübt wurde, im Verlauf des 13. Jahrhunderts aber ›nach der Sanktionierung der Evangelistenminne durch Vermittlung der Kirche in weite Volksschichten‹ eingedrungen ist« (Babl, S. 138), wo sich dann immer mehr der Glaube an seine apotropäische Wirksamkeit herausentwickelte.
Arnold I, Kap.7 (Migne, PL 141, Sp. 1007) beruft sich – wie sonst auch wiederholt – auf einen für ihn integren Zeugen: »Sed ne forte alicui istud videatur incredibile, sciat quisque fidelis, id me nullatenus fingere, sed a quodam viro fideli atque sene Sigibaldo nomine, sicut scripsi accepisse, qui per fidem Christi testabatur, huic se convivio interfuisse et nihilominus vera dixisse.« Zu deutsch: »Damit dies aber nicht irgendjemand unglaublich erscheint, so möge jeder Gläubige wissen, daß ich dies keineswegs erdichte, sondern von einem glaubwürdigen alten Mann namens Sigibald so vernommen habe, wie ich es niederschrieb. Er bezeugte bei seinem Glauben an Christus, daß er an diesem Gastmahl teilgenommen und nichtsdestoweniger die Wahrheit gesagt habe« (Übersetzung: Robert Köhler).
In sämtlichen mir vorliegenden Fassungen der Sage fehlt überall dieser für die Arbeitsweise Arnolds so bedeutsame Nachsatz mit der Angabe des Augenzeugen.
Peter Schmid, S. 282 f.: »Fehlte während der karolingischen Epoche jedes direkte Zeugnis für Servitialleistungen der Regensburger Kirche, so tritt uns bereits beim Aufenthalt Ottos I. im Jahr 960 Abtbischof Michael als Gastgeber des Königs

entgegen. Arnold von St. Emmeram berichtet ›Michael Hiatospolitanus antistes in quodam monasterii palatio imperatori parabat convivium, quo principem cum primatibus fecit recumbere secum‹. Aus dem Munde eines Begleiters des Königs, der den hl. Emmeram lästerte, erfahren wir, daß der Bischof keine Opfer scheute, um seine Gäste zufrieden zu stellen.«
Zur Version II: Schöppner 3, Nr. 1287 (bzw. seine Vorlage Ratisbona Politica, S. 471) hält sich nicht sauber an den Originaltext. Bei Arnold lautet nämlich die Stelle von dem »sächsischen Sprichwort« einfach so: ». . . imperator ore iucundo saxonizans dicit«. Von einem sächsischen Proverbium ist also nicht die Rede. Schlichtweg bedeutet Arnolds Text: der Kaiser sächselte. . . Davon berichtet auch Riezler, Geschichte Baierns 1,1, S. 553 f.: ». . . sein Sächsisch klang den Baiern so auffallend, daß man noch drei Menschenalter später davon zu erzählen wußte.«
Die Sprichwort-Stelle folgt hier in der Übersetzung von Staber (aus: Die älteste Lebensbeschreibung . . ., S. 191): »Als nun alle, wie es bei Gastmählern der Fall ist, gestärkt und vom Weine angeheitert waren, sprach der Kaiser gut gelaunt in seiner niederdeutschen Sprache (saxonizans): Wessen Bier einer trinkt, dessen Lied muß einer singen (siceram cuius quis bibit, huius et carmen canat). Wir haben von den Gütern des Hl. Emmeram gegessen und getrunken. Deswegen scheint es mir nur recht und billig, daß wir mit seiner Minne (caritate eius) das Mahl beschließen. Gleich kamen die Schenken und reichten nach dem Wink des Herrschers jedem die Minne des Martyrers. Zu seiner Ehre küßten sie sich und forderten sich gegenseitig zum Minnetrunk auf.«
In sonstigen Übersetzungen findet sich das Sprichwort durchweg unserem Sprachgebrauch angepaßt: Wes Brot ich ess' . . . Diese Brot-Fassungen sind eine Verfälschung gegenüber der Quelle des von Arnold Niedergeschriebenen. Auch ist dessen Aussage viel evidenter und nicht nur im übertragenen Sinne zu verstehen: Brotessen regt nicht zum Singen an, aber der Biergenuß! Ich halte diese Feststellung für äußerst wichtig, zumal es ja möglich wäre, daß bei Arnold dieses Sprichwort zum ersten Mal niedergeschrieben vorkommt.
Darstellung: In St. Emmeram, über den Arkaden rechts, vgl. KD Regensburg 1, S. 242.
Weil diese Legende ein »großartiges Stück Volksliturgie« (J. Staber) bringt, sei sie hier im Originaltext (Arnold, Kap. 7, in: Migne, PL 141, Sp. 1006 f.) abgedruckt:
». . . tunc Michahel Hiatospolitanus antistes in quodam monasterii palatio imperatori parabat convivium, quo principem cum primatibus fecit recumbere secum. Cumque ritu epulantium pene forent confirmati et vino lætati, imperator ore jucundo saxonizans dicit: *Siceram cujus quis bibat, hujus et carmen canat. Beati Emmerammi bona manducavimus ac bibimus, inde mihi videtur æquum, karitate ejus finiri convivium.* Mox aderant pincernæ, propinantes singulis ad nutum imperatoris karitatem martiris. Ob cujus venerationem inter se cunctis osculum dantibus et invicem ad potum karitatis se cohortantibus, unus hanc superbe respuens dixit: Heilram (*f. haec karitas*) *in ventre meo non habet locum, quia cibus et potus jam intrantes preoccupaverant illum.* Adhuc lingua palpitans ex emissione verbi movebatur, et e pariete, cui amphipendulato dorso tenus innisus adhesit, colaphum tam valide conplosum accepit, ut e sessu projectus in medium palatii preceps rueret, nec non simul omnes timor et altus stupor caperet. Tunc religioso monarcha cum episcopis et optimatibus ecclesiam festinanter ingresso, consonantibus campanis, Deo et martiri pro gratiarum actione laudes celebrantur ac letaniæ. Sed ne forte alicui istud videatur incredibile, sciat quisque fidelis, id me nullatenus fingere, sed a quodam viro fideli atque sene Sigibaldo nomine, sicut scripsi accepisse, qui per fidem Christi testabatur, huic se convivio interfuisse et nihilominus

vera dixisse. Tu autem, sancte Emmeramme, quem Omnipotens hoc in signo, ut in ceteris, voluit honorare, preces illi pro nobis peccatoribus funde, quo per veram karitatem angelum satanæ colafizantem nos possimus avertere!«
Interessant sind die Ausführungen von Klaus Gamber zu dieser »Anekdote«, wie er es S. 174 nennt: »... Einer der Gäste, der bereits angetrunken war, führte daraufhin eine frevelhafte Rede gegen den Heiligen. Der so Gelästerte ließ zum großen Schrekken der Teilnehmer die Strafe auf der Stelle folgen. Er versetzte dem Frevler ›von der Wand her‹ (›e pariete‹), wie es heißt, einen derartigen Schlag, daß dieser von seinem Platz in der Mitte des Saales geschlagen wurde.«
Diesen Text nimmt Gamber zum Anlaß, sich Gedanken über die Lokalität zu machen, wo das Convivium stattfand – ›in quodam monasterii palatio‹, also in der mit dem Kloster verbundenen Königspfalz«: »Da der Schlag ›von der Wand her‹ erfolgt ist, dürfen wir konkret an das Relief-Bild des heiligen Emmeram denken, das sich [in der jetzigen Vorhalle von St. Emmeram] links vom Maiestas-Bild befindet. Es liegt hier die Vorstellung zugrunde, die sich auch anderswo, so etwa in einer Legende vom Berge Athos [aus dem Jahre 1664], nachweisen läßt, daß ein Heiligenbild schlagen kann. In unserem Fall ist demnach vorauszusetzen, daß das genannte Relief bereits damals, also in der Mitte des 10. Jahrhunderts, vorhanden war und nicht erst hundert Jahre später entstanden ist« (Gamber, S. 174).
Obige Interpretation wird nur dann verständlich, wenn man weiß, daß Gamber als sicher annimmt, daß das heutige äußere Portal der St. Emmeramskirche an der gleichen Stelle steht, an der sich der Eingang zur Vorhalle der Pfalz befand und die jetzige Vorhalle als ein Teil des ehemaligen Thronsaales anzusehen ist (Gamber, S. 165 und 167).
Auch Peter Schmid, in: Kraus/Pfeiffer, S. 30 vertritt die Ansicht, daß die Pfalz Arnulfs aller Wahrscheinlichkeit nach im Bereich des heutigen Paradieses von St. Emmeram zu suchen ist. Vgl. aber seine Kritik an Gamber, in: Zs. f. bayer. Landesgeschichte 43, 1980, S. 674ff.

53 Der historische Bezug der Sage ist belegt bei Widemann, Nr. 210: Markgraf Berthold vom Nordgau und seine Gemahlin Heilicswind schenken an St. Emmeram Besitz zu Isling nebst vier Leibeigenen zu Ammertal. Vgl. Schlemmer, S. 32. – Berthold machte die Schenkung auf dem Sterbelager – er starb am 15. Januar 980 –, mithin Ende 979 oder in den ersten Tagen des Januar 980. Peter Schmid, S. 105 f., der die Schenkung zeitlich weiträumiger datiert (zwischen 975 und 980), ist der Ansicht, daß die Emmeramer Besitzungen in Isling auf diese »von Graf Perhtold von Schweinfurt« an St. Emmeram gemachte Tradition zurückgehen können. s. auch Babl, S. 149 f.
Nach Arnold von St. Emmeram entstammt auch Berthold, sein Großvater mütterlicherseits, dem unseligen Stamm des Heiligenmörders Landpert. Arnold erwähnt als Schenkung nur »predium suburbanum, quod dicitur Isininga«.
Kaum eine Fassung zählt sämtliche Todesarten der Meineidigen auf. Die meisten begnügen sich mit der Kurzfassung. Der bei Arnold erwähnte Tod in der Naab wird bei A. W. Ertl. 1685, Relatio Nr. LVI, S. 90 f. zu einem Tod in der Donau.
Ich erachte es nicht als unmüßig, mir vorzustellen, welche Animosität sich zwischen den Familien der beiden Großväter Arnolds von St. Emmeram aufgrund dieser Meineidsgeschichte entzündete und welche Schwierigkeiten sich daraus für Arnolds Eltern ergaben (Heirat zwischen Kindern aus verfeindeten Häusern!).

54 Kulturgeschichtlich und auch in der Darstellung noch aufschlußreicher als der andere Wunderbericht bei Arnold (Ungarnreise; Donaustrudel), der die Gefahren einer Reise schildert und den Beistand des Heiligen, ist das Mirakel, dessen Hergang der Mönch Adalbert nach einleitenden Bemerkungen in wörtlicher Rede schildert: »Es ist eine der frühen Nachrichten des Mittelalters von einer Pilgerfahrt ins Heilige Land« (Babl, S. 167). Ebd. Anm.: »... [Reinhold] Röhricht setzt die Pilgerfahrt um 965 an.«
Die Passage bereitet bei der Übersetzung einige Schwierigkeit bei den Stellen »Dominus non est« und »deficit«. Im klassischen Latein gibt es beides nicht. Wenn es sich um eine Anrede handeln sollte, müßte »dominus« im Vokativ stehen, während es hier als Nominativ erscheint. Außerdem müßte bei der Anrede ein Komma nach dem Angesprochenen stehen. Der Sinn würde dann etwa sein: »Herr, es ist nichts – o Gott, es geht nimmer!« Ist die Stelle aber als atheistischer Ausruf eines Verzweifelten gedacht (es gibt keinen Gott), so müßte der Akkusativ erscheinen. Genauso ist es mit dem Wort »deficit«. Wenn man auch frei übersetzt als »es ist nichts mehr« oder »es ist aus« oder »es ist gefehlt« oder »er hat uns verlassen«, muß man wissen, daß das Wort in diesem Sinn – so Robert Köhler – nicht vorkommt. Vielleicht handelt es sich um einen Vulgarismus, dem man am besten mit einem Germanismus obigen Sinns (»jetzt ist's aus!« z. B.) gerecht wird.

55 »Zu den außergewöhnlichen Kräften, die bei Besessenen häufig beobachtet wurden, gehören auch parapsychische Leistungen... Auch die Levitation, das Schweben des Körpers, ist ein besonders beeindruckendes Phänomen, das schon in alten Berichten geschildert wird und auch noch heute beobachtet wird. Dabei erhebt sich der Körper..., wie von unsichtbaren Kräften bewegt, langsam in die Luft. Es gibt Berichte, in denen glaubhaft versichert wurde, daß eine besessene Person mit den Füßen gegen die Decke einer Kirche und mit dem Kopf nach unten durch die Luft geschwebt sei. Nach den Erfahrungen der katholischen Exorzisten beendet das Besprengen des Körpers mit Weihwasser diesen Zustand« (Apage Satana! Das Brevier der Teufelsaustreibung, Genf 1975, S. 41, 44f.). Vgl. auch Günter, S. 116 ff.: das Schweben von Heiligen...
Dieser Wunderbericht zeugt – wie die Geschichte von Gestiliub – vom stark ausgeprägten Dämonenglauben des Mittelalters.
Durch seine Ausfahrt zerstört der Teufel nicht selten ein Bauwerk oder dgl.: Hier ist es ein Glasfenster. Es ist der früheste mir bekannte Beleg für solch eine Teufelsausfahrt.
Bei der Textstelle »quorum parvam abundantiam falso reliquit in saeculo« bieten sich – so Robert Köhler – zwei Übersetzungsmöglichkeiten: 1) deren geringen Überfluß er fälschlicherweise in der Welt zurückgelassen habe, 2) ... in der falschen Welt zurückgelassen habe...

56 Der Name Legion für einen Dämon findet sich bereits im Neuen Testament: als Jesus den unreinen Geist, der den Besessenen von Gerasa plagte, fragt, wie er heiße, antwortet der: »Legion ist mein Name, denn unser sind viele« (Markus, Kap. 5,9). Vgl. auch Lukas, Kap. 8,30. Der Dämon legt sich in diesem Fall diesen Namen zu, weil er andeuten will, daß außer ihm noch viele andere Dämonen, die unter seinem Befehl stehen, in dem Besessenen wohnen.
Hier wird Besessenheit als Folge von begangenen Sünden angesehen, als Strafe für persönliche Schuld.
Babl. S. 163: »Vor der Confessio des hl. Emmeram verläßt nach heftigem Toben der böse Geist den gepeinigten Körper.«

57 v. Walderdorff, S. 305 f. führt über die Krypta des hl. Emmeram u. a. aus: »Im Scheitel der Kurve war wohl früher ein kleines Fenster (fenestella), welches eine Einsicht in das Grab gestattete. Hier wurde aber schon unter Abt Ramwold (um 978) ein Altar . . . errichtet . . . Derselbe besteht noch heute und ist dem hl. Johannes geweiht; seine Retable bildet eine Steinplatte mit dem Bildniß des Erlösers bemalt, wohl aus dem XII. Jahrhundert, welche den Einblick in die Konfessio verdeckt, und hiedurch war dieselbe in Vergessenheit gekommen . . . Dieser Altar führte gewöhnlich den Namen ›ad pedes‹, wie uns Arnold von St. Emmeramm überliefert hat (Mon.Germ.SS. IV, 568), nämlich ›zu den Füßen‹ des hl. Emmeramm. An einer andern Stelle spricht derselbe Arnold ausdrücklich von der ›confessio Christimartyris Emmerami, cui vocabulum est d e pedibus ipsius‹. . .« KD Regensburg 1, S. 236 f. zeigen einen Längsschnitt und einen Grundriß der Emmeramskrypta.
»Muliercula bedeutet nicht bloß abwertend ›Frauensperson, leichtfertige Frau‹, sondern bemitleidend auch ›Weiblein, kleine, arme Frau‹« (Bauch, S. 251). Es ist schwer, zu entscheiden, welche Übersetzung in der Diebstahlsgeschichte besser paßt. Lassen wir das Mitleid mit der bestraften Sünderin überwiegen!

58 Ein entsprechender Fall liegt in der Legende der Maria Ägyptiaca vor, die unsichtbar am Eintritt in die Heiligkreuzkirche in Jerusalem gehindert wird, bis sie ihre Sünde bereut: »Das Heilige bleibt vor Unwürdigen gehütet« (Günter, S. 171).
Über die Ortsangabe Vivarius findet sich eine ausführliche Erörterung bei Peter Schmid, S. 96 ff.: »Aus dem Capitulare de Villis ist ersichtlich, daß ein vivarium ein Fischteich war, der zu einem Königshof bzw. zu einer Pfalz gehörte. So dürfen wir mit gutem Grund annehmen, daß es sich bei dem Regensburger vivarius um einen Fischteich oder um ein System von Fischteichen handelte, die zur agilolfingischen Pfalz gehörten. Die Nähe zu Prüll, dem Tiergarten der Pfalz, bestätigt dies zudem. . . . Vivarius war offenbar zum Ortsnamen geworden, wie auch der Prüll eine Ortsbezeichnung wurde . . . Nach den bisherigen Ausführungen kann der fons Vivarius nur im Bereich der heutigen Bahnhofsanlagen in der Nähe der Augsburger Straße zu suchen sein«.

60 »Als Beispiel dafür, wie der hl. Emmeram durch sein persönliches Einschreiten sein Eigentum zu wahren versteht, dient Arnold dann der Rechtshandel aus der Regierungszeit Kaiser Heinrichs II., den dessen Bruder, der Bischof Bruno, gegen das Kloster St. Emmeram um Besitz zu Aiterhofen führte. In beiden Verhandlungen, die zur Lösung der Streitfrage angesetzt wurden, bewirkte Emmeram durch seine Macht, daß die erfahrenen und redegewandten Juristen, die im Prozeß die Interessen Bischof Brunos vertraten, kein Wort gegen den Besitzanspruch des Klosters vorbringen konnten . . . Die diesem Fall zugrunde liegenden Urkunden, auf denen Arnold aufbaut und deren Inhalt er paraphrasiert, sind bei Widemann, Trad.Emm., 145 ff., n. 195 und 196 ediert« (Babl, S. 165). Mausoloeum 1680, S. 154 ergänzt: »Bemelte Donation der Hoffmarch Ayterhoffen confirmirte noch mehrers Anno 1021. der H. Kayser Hainrich.«
Präzisiert: »Die Arnulf-Tochter Judith und ihr Sohn Heinrich der Zänker schenkten den reichen Fiscalbesitz der Curtis Eitarahove dem Reichskloster St. Emmeram 972/ 74 . . .« (Der Landkreis Straubing. Hrsg. Landratsamt Straubing, o. J., S. 85).
Arnold stellt der Legende eine arg verquere Volksetymologie des Namens Aiterhofen voraus – bei Migne steht: Enterhof –, die sich an »Hofstelle des Giftes« (Eiter . . .) rankt – eine entsprechende Erklärung der Aitrach als »fluvius veneni«, als Giftfluß,

wird 1070 versucht – und an »Hoffnung auf den Himmel bzw. des Himmels« (Äther ...)
»W. Snyder bringt 25 Belege für den ON bis 1183, dazu Angaben über Literatur. 773, 875/82 und 975/90 ist der ON als Eitaraha überliefert...« (Der LK Straubing, S. 84).
Aus der Lektüre Vogls kann man ersehen, daß er Arnold gut kennt und auch richtig wiedergibt, allerdings oft gekürzt. Hervorzuheben ist, daß bei Migne »Otpold« steht, indes Vogl »Orpold« wiedergibt. Eine Passage, die nicht bei Vogl erscheint, sei hier übersetzt: »... Unter diesen Leuten [die das Wunder, die Aufdeckung der juristischen Manipulationen, loben und preisen] war auch ein Graf namens Eberhard, ein berühmter Mann in der christlichen Religion. Der soll gesagt haben: ›Siehe da, der König der Könige zerstört handgreiflich die Rechte der weltlichen Gesetze! Alles hat er jetzt und immer gut gemacht, und tut es noch, er, der den Stolzen widersteht und den Niedrigen seine Gnade erzeigen wird« (Übersetzung: Robert Köhler).
Handwörterbuch der Sage, 1. Lieferung, Sp. 130: »Der Advokat, der in der bäuerlichen Welt als ›Städter‹ nur eine Randperson darstellt, gilt in der Volksvorstellung als Betrüger, der das Recht zugunsten des Stärkeren oder ihn Bezahlenden beugt... Es ist begreiflich, daß der A. den Lohn für seine Handlungen ausbezahlt erhält.« Im Wallis gibt es sogar einen Bußort für umgehende Advokaten: Aucenda. Das Beispiel unseres Fürsprechs führt Peuckert nicht an.
Auch die Tabula perantiqua Schirensis (übertragen von Franz Genzinger, in: Die Zeit der frühen Herzöge, hg. von Hubert Glaser, München-Zürich 1980, S. 155) brandmarken Bruno: »Derselbe Heinrich hatte einen Bruder Bruno, der war Bischof von Augsburg und ein ganz wüster Mann.«
A. W. Ertl schreibt in seiner Relatio XXIX (1715) unserem Hauptschuldigen eine Sage zu (Teufel auf Donaufelsen sagt ihm voraus, daß er in seine Hände geraten werde), die sonst dem Bischof von Würzburg (s. Grimm, Nr. 487) zugeordnet wird. Vgl. Aventin, Chronik, Buch 5. Kap. 25, wo die Teufelsbegegnung auf der Donau auch eindeutig »Praun, pischof von Wirzpurg« zugeordnet wird.
Den rechtlichen Hintergrund dieses Geschehens beleuchtet Gamber, S. 28: »Die Heiligen, denen eine Kirche oder ein Kloster geweiht waren, also die Patrone, wurden bei Schenkungen als Rechtssubjekt betrachtet. Ihnen gehörte die Kirche und deren Besitz. Nach der Lex Baiwariorum waren die Bischöfe verpflichtet, diesen Besitz zu erhalten und zu verteidigen.«

61 Speichelwunder finden sich im Neuen Testament bei Markus 8,23 und Johannes 9,6.
»Von der Antike bis heute gilt Speichel als heilend. Er ist wie Blut, Harn, Samen, Schweiß, Kot u. dgl. Lebensstoff tragende Absonderung...« (Wörterbuch der dt. Volkskunde, S. 750).

63 »Wohl in die Zeit nach der Rückkehr aus Sachsen dürfte eine Reise Arnolds nach Ungarn gehören, über deren Zweck er sich nicht näher äußert. Er bleibt sechs Wochen bei Erzbischof Anastasius von Gran und verfaßt dort Antiphonen und Responsorien für die Feier des Emmeramsfestes. Mit diesem neuen Officium des Heiligen [darin hat Arnold auch Meginfreds Hymnus »Christe, cui justos hominum favores« und seinen eigenen »Hymnus te decet, Domine« aufgenommen] ersetzt Arnold ein bis dahin gebrauchtes, das längst veraltet war. Die von Arnold gestalteten liturgischen Texte wurden später auch im Kloster St. Emmeram eingeführt« (Babl, S. 155f.). Bei dem veralteten Officium dürfte es sich – nach Babl, S. 156 – »um die in

der Hs. Paris Lat. 2990 A stehenden, von Krusch (MG SS rer. Merov. IV, 524 ff.) herausgegebenen Antiphonen und Responsorien aus dem 9. Jahrhundert handeln...«
Wie dies auch öfter andere Hagiographen von sich berichten – z. B. Otloh und Konrad von Megenberg, der in einem Traum nach Regensburg zum Erhardsgrab gewiesen wird –, »so wurde nach seinem eigenen Zeugnis in seinem Schreiben an den Abt Burchard auch Arnold dadurch ausgezeichnet, daß sich ihm der hl. Emmeram, um dessen Verehrung er sich so außerordentlich angenommen hatte, in einer Vision zeigte...« (Babl, S. 160).

64 Günter, S. 194 f.: »Der Heilige ist selbst in Not gefeit und vermag anderen zu helfen. Über ein halbhundert Quellen sind nur in der Legenda aurea und im Heiligenlexikon ihrem Dazutun zuzuschreiben... Die Quellen dienen Lechzenden und Kranken... und nicht zuletzt der Verherrlichung der Heiligen im Leben oder Tod...« Günter erwähnt den Erhardibrunnen nicht, geschweige denn den – weitaus unbekannteren – des hl. Emmeram.
»Ein ›Emmeramsbrunnen‹ ist heute nicht mehr bekannt. Das Kloster St. Emmeram hat sich in späterer Zeit ein Brunnenhaus erbaut, das aber allgemein klösterlichen Zwecken und nicht der Wallfahrt diente« (Auskunft des BZA Regensburg, Dr. Mai/ Dr. Möckershoff-Goy, vom 28. 2. 1980).
Auch Hermann Dannheimer von der Prähistorischen Staatssammlung in München kann mir nicht weiterhelfen: »Vom Emmeramsbrunnen weiß ich nichts« (Schreiben vom 21. 7. 1980).
»Bischof Marcellus von Paris (gest. 436)« stand Emmeram bei der Verwandlung von Wasser in Wein nicht nach. Auch für den hl. Florinus aus dem Vintschgau ist ein Weinwunder überliefert, ebenso von Propst Grimo von Ursberg (gest. 1173). s. Günter, S. 124 ff. Vgl. auch Sage Nr. 132 und Anmerkung dazu.
Migne, PL 141, Sp. 987 bringt eine Erläuterung zu dem Besuch Engilmars: »... Engilmarus episcopus Parentinus, quem a. 1037 Germaniam visitasse constat, advenit scriptaque comprobavit.« Dieses Datum – 1037 – könnte als terminus post quem ein wichtiger Anhaltspunkt sein für die Fertigstellung von Arnolds Emmeramsvita. – Bei Engilmars Bistum dürfte es sich um jenes handeln, das, seit 1828 mit einem anderen vereinigt, uns als Poreč-Pula (Istrien) bekannt ist. – Meine Vermutung stimmt: vgl. Bauerreiss 2, S. 43, wo Engilmar als Bischof von Parenzo erwähnt wird.

65 Maria Zelzer, Geschichte der Stadt Donauwörth von den Anfängen bis 1618, Bd. 1, Donauwörth o. J., S. 16 ff. (mit Abb. der Kreuztafel) erzählt die Begebenheit ausführlich. Sie schildert, wie Mangold I., der weitgereiste Diplomat und Gründer dann des Klosters Heilig Kreuz, als kleiner Edelmann daransetzen mußte, um den Wettbewerb mit der fremdländischen Hoffart zu bestehen und einen reichen und verschwenderischen Eindruck zu machen, als Kaiser Konrad II. ihn mit der Brautwerbung beauftragte. Sie schildert auch die abenteuerliche Reise mit all ihren Schwierigkeiten: Zurückweisung an der ungarischen Grenze, Zwischenfall an der Grenze der Veronesischen Mark – »auch hier hatte man keine Veranlassung, die politischen Pläne Kaiser Konrads zu unterstützen« – und die stürmische Seefahrt von Venedig schließlich nach Konstantinopel, wo sie von Konstantin VIII. – so Zelzer – ehrenvoll empfangen werden.
»Mangold von Werd fiel besonders angenehm auf, denn er war sprachgewandt und überhaupt sehr klug, er benahm sich am Hofe, als wäre er diese Umgebung längst gewohnt. Es freute ihn, daß seine Pferde so bewundert wurden, er hatte auch die

prächtigsten aus seiner Heimat mitgenommen, um den Eindruck besonderen Reichtums zu erwecken, trugen sie Hufbeschläge, die wie Gold glänzten, aber aus Messing waren. Einen Pferdehuf hatte er wirklich mit Gold beschlagen lassen, aber so locker, daß bald der goldene Beschlag abfallen mußte, und so das Gerücht entfachte, daß die Pferde des deutschen Gesandten goldene Hufeisen tragen« (Zelzer, S. 16 f. nach Wipo, Lebensbeschreibung Kaiser Konrads II.). In meiner Vorlage findet sich diese sagenhafte Episode nicht.

Bei Zelzer, S. 17 erfährt man auch Näheres über die Eheanbahnung, die aber keine Fortschritte machen konnte, da die kaiserlichen Töchter – abgesehen von ihrer Herkunft – nichts zu bieten hatten, weder an Jugend, noch an Schönheit oder Tugend. Sie sollen zwischen 40 und 50 Jahre alt gewesen sein! (s. auch Zelzer, S. 367).

Die so hoch verehrte Tafel gehörte zu den Reichskleinodien des Landes. Von den zwölf Teilchen der Reliquie – so Zelzer, S. 17 – behielt der Kaiser zwei zu seiner Verehrung und zu seiner Verantwortung vor dem Volk zurück. Doch auch dies bewahrte ihn nicht vor einem baldigen Tod: das Ende ist hier wie dort gleich, es ist Strafe für Veruntreuung eines Heiltums.

Die Gesandtschaft Mangolds nach Byzanz erfolgte im Jahre 1027. »Die Kreuzesreliquie kam viel früher als Mangold in Werd an. Am 30. Oktober 1927 brachten sie die treuen Diener auf die Burg. Der 30. Oktober wurde im Kloster Heilig-Kreuz bis ins 16. Jahrhundert als Gedächtnistag der Ankunft der Kreuzpartikel gefeiert« (Zelzer, S. 18). Kaiser Konrad II. erwies sich nicht undankbar: 1030 bestätigt und erweitert er seinem Getreuen Mangold von Werd das Markt-, Münz- und Zollrecht.

Vgl. Fr. Bertholdi S. Crucis Werdanae Historia, in: Oefele I, S. 334 ff., wo die Romanus-Geschichte ausführlich dargestellt wird.

66 Wenn Babl, S. 290 – nach Bearbeitung der bisher erschienenen Literatur auf dem Sektor der Patrozinienforschung – behauptet, Emmeram käme als Kirchenpatron in Italien nicht vor, so mag dieses Mirakel als Fragezeichen hinter seiner Behauptung stehen. Es fällt auf, daß Babl, der sonst äußerst sorgfältig arbeitet, das Emmeramswunder in Italien nicht einmal erwähnt. Wenn Arnolds Gewährsmann zuverlässig ist, so müßte in Italien – als terminus ante quem steht das 11. Jahrhundert – eine Emmeramskirche erbaut worden sein.

Nach Schauwecker, S. 99 steht »der Ausdruck ›Conversen‹ . . . ursprünglich (auch noch im 11. Jahrhundert vereinzelt) für Mönche, die nicht schon als Kinder fürs Klosterleben bestimmt wurden, sondern sich erst als Erwachsene selbst dazu entschlossen, dann seit dem 11. Jahrhundert und noch heute als Bezeichnung für die im MA. wegen ihres späten Eintritts ungebildeten und daher nur zur Arbeit zu gebrauchenden Laienbrüder«.

67 »Nach den Angaben in der Emmeram-Vita wurde unter Bischof Gaubald der Leib des Märtyrers aus seinem Bodengrab – unmittelbar vor dem (späteren) Kreuzaltar – erhoben und in einer neu errichteten würdigen Grabstelle beigesetzt. Bei dieser handelt es sich, wie J. A. Endres [S. 1 ff.] gezeigt hat, um die heute noch vorhandene Ringkrypta . . .« (K. Gamber, S. 34).

Wie Max Heuwieser (VO 76, 1926, S. 158) ausführt, »hat Endres in den Flores temporum gefunden, daß auch der heilige Bonifatius an der Translatio [Emmerami] teilgenommen haben soll. Für diesen Fall scheint ihm der Bau einer bloßen Krypta des Guten zu wenig und nur ein Kirchenneubau die Anwesenheit des heiligen Bonifatius zu rechtfertigen. Die Flores temporum verdienen indessen keinen Glauben. Sie gehören dem Ende des 13. Jahrhunderts an, liegen also schon 500 Jahre hinter dem

Ereignis. Wer zudem die Kritiklosigkeit der Hagiographie des 13. Jahrhunderts kennt, wird von der Verwegenheit der Behauptung der Flores temporum nicht überrascht sein. Sie werden auch von dem einstimmigen Schweigen der älteren Quellen widerlegt ...«

69   Während die zwischen 1152 und 1190 im Regensburger Schottenkloster St. Jakob entstandene Vita Alberti, die die Geschichte von Erhards Mitbruder verzeichnet, den Aufenthalt Erhards in keiner Weise begründet und lediglich angedeutet hatte (s. Koschwitz, S. 535), fügt der Autor der Schottenlegende das Fluchtmotiv ein (s. Breatnach, S. 146): »Um der Nachfolge Hildulfs als Erzbischof von Trier zu entgehen, ist Erhard mit Albart heimlich von dort abgereist und nach Regensburg gekommen, wo die Bevölkerung gerade erst das Christentum angenommen hat. In der ärmlichen Behausung frommer Frauen bei Niedermünster findet er Aufnahme« (Koschwitz, S. 535). Das ist eine eindeutige Parallele zur Bamberger Flucht von Marianus und seinen Gesellen im nämlichen Werk: »Post vestigia sanctorum Herhardi et Alberti direxerunt iter versus Ratisponam et venerunt ad Inferius Monasterium et ibi hospitati sunt cum digno honore« (s. Breatnach, S. 202).
»Man wird der so auffällig betonten Armut von Niedermünster Kontrastfunktion zuschreiben und sie aus der zweifach unterstrichenen Gegenwart des Schreibers verstehen müssen. Wenn das Kloster im 13. Jh. so reich und angesehen ist und seine Kirche noch immer von hochstehenden Persönlichkeiten Geschenke für die Gräber der Hll. Erhard und Albart erhält, dann ist das, wie der Text impliziert, nur den dort geschehenen Wundern zuzuschreiben« (Koschwitz, S. 535).
Koschwitz, S. 489: »Die Bezeichnung ›genere Scoticus‹ [in Bezug auf Erhard], aus der vor allem im Regensburger Schottenkloster des 13. Jahrhunderts eine eigene Legendentradition entwickelt werden sollte, scheint mit größter Wahrscheinlichkeit als hagiographischer Topos interpretiert werden zu müssen, insofern die Verbindung mit den Scoti, also den Iren, in der Legendenschreibung fast ausnahmslos als Hinweis auf ein heiliges Leben verwendet wird.«
Aventin (Herkommen der Stadt Regensburg, in: Sämtliche Werke, Bd. 1, 1. Hälfte, S. 296) wettert: »Si [= die Schotten zu Weih St. Peter] wöllen auch auß S. Erhart nur ein Schotten machen, wider alle alte schrift und die wârhait.«
»Da Erhard ... zweifellos in Südfrankreich geboren war, kann ›genere Scotus‹ nicht mit irischer Herkunft oder Abstammung interpretiert werden« (Paul Mai, in: Schwaiger 2, S. 34).
»Wir stehen nun vor der Frage, in welchem Zeitraum Erhard als fränkischer Wanderbischof nach Bayern, bzw. an den Herzogshof gekommen sein dürfte. Dafür müssen verschiedene Faktoren berücksichtigt werden. Besondere Bedeutung ist der anthropologischen Untersuchung seines Schädels und seiner Gebeine beizumessen, die im Zusammenhang mit den archäologischen Forschungen vorgenommen wurde. Dabei ließ sich eindeutig feststellen, daß es die Gebeine eines Mannes im Alter zwischen siebzig und achtzig Jahren sind, der dem mediterranen Typ[us] angehörte [vgl. K. Schwarz, S. 80: »... Alter von 65 bis 70«]. Ob Bischof Erhard bereits um 660 nach Bayern gekommen und dort weiterhin geblieben ist, wird kaum aufzuhellen sein. Eher kann man annehmen, daß er längere Zeit im Gebiet der Etichonen gewirkt hat, bevor er etwa um 680/90 nach Regensburg an den Hof Herzog Theodos kam. Mit Sicherheit läßt sich lediglich die zweite Hälfte des 7. Jahrhunderts als Zeit seines Wirkens ermitteln« (Koschwitz, S. 489).
»Obgleich die Verehrung Erhards zeitweilig lebhaft war, blieb er im Schatten des heiligen Wolfgang, ja selbst im Schatten des heiligen Emmeram. Der einzige einleuch-

tende Grund hierfür ist, daß hinter diesen beiden Heiligen die mächtige Abtei St. Emmeram stand und den Kult nach Kräften förderte. Man braucht hieraus nicht auf eine Animosität oder Rivalität gegen das Damenstift Niedermünster zu schließen. Das Männerkloster hatte gegenüber einem adeligen Damenstift – modern ausgedrückt – ganz einfach die besseren und weltweiteren Kommunikationsmittel, die Verehrung seiner Heiligen zu verbreiten« (Paul Mai, in: Schwaiger 2, S. 50).

71 »Über diese merkwürdige Legende, deren Held ganz im Schatten eines anderen steht, können wir nur Vermutungen anstellen. In der Tat erbrachten die Ausgrabungen in Niedermünster den Nachweis, daß neben dem Erhardsgrab ›in geringem zeitlichen Abstand‹ noch ein zweites Begräbnis vorgenommen wurde, dessen Steinsarkophag noch erhalten ist. Eine Erhebung Albarts, bei der sein Sarkophag ebenso wie der des hl. Erhard mit einem flachen Podest überbaut [?] wurde, fiel nach Schwarz in das 13. Jh., während andererseits die Abfassung einer Vita gewöhnlich mit einer Translation zusammenhängt« (Koschwitz, S. 533). Zum Albartgrab vgl. K. Schwarz, S. 61 f.: Es »liegt unmittelbar westlich des Erhardgrabes . . . Die Grabplätze sind also aufeinander bezogen . . .«

72 Für die Frage nach Historizität, zeitlicher Einordnung, Herkunft und Lebensumständen des hl. Erhard sah sich die Forschung bis vor wenigen Jahren auf eine geringe Anzahl von keineswegs eindeutigen Angaben verwiesen. Erst die Ausgrabungen in der Niedermünsterkirche zwischen 1964 und 1968 konnten die historische Grablege des Heiligen einwandfrei sichern.
»Wo sich heute der Basilikabau von Niedermünster aus der zweiten Hälfte des 12. Jahrhunderts erhebt, bestanden zuvor bereits drei jeweils kleinere Kirchen: eine ottonische Basilika um 950, eine karolingische Saalkirche um 800 und eine spätmerowingische Saalkirche aus der Zeit um 700. Im Vergleich zu der sonstigen Ausweitung des Kirchenraumes nach Osten, Süden und Westen kommt der stets beibehaltenen Fluchtlinie der Nordwand jeder Kirche umso größere Bedeutung zu. Die Erklärung des Archäologen [Klaus Schwarz] für dieses seltene baugeschichtliche Phänomen lautet: ›Ruhender Pol und Richtschnur bei allen Veränderungen ist allein das Grab Bischof Erhards an der inneren Nordwand, welches sich tief unten im Boden exakt unter dem aus gotischer Zeit stammenden Erhardaltar fand . . .‹
Bei den Grabungen unter dem abgetragenen Altar entdeckte man in 2 m Tiefe eine Tuffplattenkiste von 2 m Länge und 0,7 m Breite. Diese Grabkammer war ursprünglich mit einem römischen Sarkophagdeckel verschlossen worden. Ihre heutige Gestalt, bei der die Wände durch Bruchsteinmauern bis auf das wesentlich höhere Fußbodenniveau der ottonischen Kirche geführt und dann erst mit dem Deckel versehen wurden, erklärt sich eindeutig aus der gut bezeugten Öffnung des Grabes zur Erhebung der Gebeine im Jahre 1052. Daß die in den Kirchenraum weisende Abschrägung des Sarkophagdeckels etwa zur gleichen Zeit eine Fensteröffnung erhielt, hing wohl mit kultischen Zwecken – wie z. B. dem Erwerb von Berührungsreliquien – zusammen.
Als gesicherte Erkenntnisse sind soweit festzuhalten: das Erhardsgrab stammt aus der Zeit um 700 und wurde genau an der Stelle gefunden, die von der Lokaltradition stets dafür angegeben worden war. Hingegen hat man den Einfluß der Grabstelle auf die gesamte baugeschichtliche Entwicklung der Niedermünsterkirche nicht einmal vermuten können« (Koschwitz, S. 486 f.). Mit anderen Worten: »Beim Niedermünster hat die Grablege von Bischof Erhard bestimmend auf die Entwicklung eingewirkt« (K. Schwarz, S. 67).

Koschwitz, S. 488 kommt zu dem Schluß, daß das ehrenvolle Begräbnis Erhards im Pfalzbereich als deutlicher Hinweis auf seine Beziehung zum Haus der Agilolfinger gedeutet werden muß.
»Wie bei fast allen Heiligen wurde auch das Grab Erhards zum Ansatzpunkt des Kultes, wie es übrigens später die Legende durch einen hagiographischen Topos [Auffindung des Grabes] bestätigen wird. Selbst wenn wir aus der Zwischenzeit keine konkreten Belege besitzen, so ist die unantastbare und zugleich richtungweisende Lage des Grabes als Hinweis auf eine Verehrung doch nicht zu übersehen...« (Koschwitz, S. 490).
Günter, S. 230: »Ich sage, daß der redende Gekreuzigte einer späteren Mystik angehört. Die Franziskuslegende kennt den Auftrag an den Heiligen durch ein Kruzifix, die Kirche zu erneuern ... erst aus einer späteren Version. Anscheinend ältere Beispiele sind jüngere Fassungen, so ... im Leben der Nonne Kunigundis von Regensburg aus der Zeit Bischof Wolfgangs, die angewiesen wird, das Grab Bischof Erhards besser instandzuhalten ...« Die von mir herangezogene Textstelle stammt immerhin etwa aus der Mitte des 11. Jahrhunderts!
Wie Walderdorff, S. 209 folgern kann, daß an das von den KD Regensburg 2, S. 234 auf etwa 1320 datierte Kreuz der Kreuzigungsgruppe an der Südwand der Vorhalle vom Niedermünster – heute hängt die Gruppe in der Kapelle St. Simon und Judas [Kriegerkapelle] – »später die Legende der sel. Kunigunde geknüpft« wurde, ist mir unerklärlich. Abb. dieses lebensgroßen Christus in KD Regensburg 2, S. 232. Desgleichen Wartenbergs Ausführung (Schatz-Kammer, S. 48): »Dises Crucifix ist noch an selben Orth aufgehenckt/ heutiges Tags aber mit Methal überzogen [?] / weil es sehr baufällig war / wird auch in alten Schriften gemelt ... ist hernach in die höch wie heut zusehen aufgemacht worden ...«

73 Version I, die ich bei Gumpelzhaimer 1, S. 139 fand, spricht eine Sprache, die man sonst bei diesem Autor nicht gewöhnt ist: kitschig und künstlich. Es klingt, als hätte Gumpelzhaimer ein fragwürdiges Gedicht paraphrasiert. Woher der Autor die Jahreszahl 1248 nimmt – immerhin handelt es sich bei Kunigunde von Uttenhofen ja um die Nichte Bischof Ulrichs von Augsburg, der schon 973 starb! –, bleibt offen.
Das aus der Karolingerzeit stammende Mirakelbuch mit den Monheimer Walburgis-Wundern bringt – s. Bauch, S. 157 – etwas Ähnliches: dem Eichstätter Bischof Otkar erscheint Walburga in einem Traumgesicht und rügt ihn wegen der Vernachlässigung ihres ersten Grabes in Heidenheim: »Denn von den schmutzigen Füßen der Werkleute ... werde ich täglich getreten und von Fußtritten in unschicklicher Weise berührt.« Während die Heilige hier durch ein Zeichen (indicium) ihren berechtigten Anspruch auf eine würdigere Grabstelle kundtut, wird bei Erhard durch ein Zeichen auf das völlig in Vergessenheit geratene Grab aufmerksam gemacht.

76 »An den Schluß seiner Erhardslegende dürfte Paulus nicht zufällig das Erscheinungsmirakel mit dem Motiv des nächtlichen Gottesdienstes gestellt haben. Der allen Mirakeln innewohnende Glaube an die lebendige Gegenwart des Heiligen verdichtet sich hier in einer anschaulichen Szene, in der die Grenze zwischen Leben und Tod aufgehoben ist« (Koschwitz, S. 520).
Wie sich der Schöpfer des kostbaren Uta-Evangelistars (Regensburg um 1010; heute: Bayer. Staatsbibliothek München, cod. lat. 13601) eine Meßfeier des hl. Erhard vorstellt, kann man aus einer Abbildung im Eucharistia-Ausstellungskatalog, München 1960 (Abb. 3; Text dazu S. 49) ersehen.

77 »Diese seltsame Verknüpfung des Brunnenmotivs, das für Missionierungs- und Kolonisationsheilige so besonders typisch ist, auch als historischer Reflex ihrer Kolonisationstätigkeit, mit dem Judenmotiv erklärt sich nur aus der Regensburger Situation des 16. Jahrhunderts, wo mit der Zerstörung des Judenviertels und der Entstehung der Wallfahrt zur Schönen Maria solche Judenmotive besonders aktuell waren. Noch das Werk des Emmeramer Abtes Coelestinus Vogl ›Ratisbona Politica‹ in der Ausgabe von 1729 hat in seinem 32. Kapitel [des 1. Teils] eine ausführliche Zusammenstellung unter dem Titel ›Die Juden suchen die gantze Christenheit zu vertilgen/durch Vergiftung der Brünnen‹. So ist dieses Bild ein eindrucksvolles Zeugnis für das Ineinanderwuchern geschichtlicher Sagenmotive aus den verschiedensten Zeiten in den städtischen Überlieferungen« (J. Dünninger, St. Erhard und die Dollingersage, S. 9). Nach G. Koschwitz, S. 548 begegnet das Brunnenmotiv, »von jeher Bestandteil der legendarischen Überlieferung«, »hier erstmals in Verbindung mit dem Judenmotiv«.
Bemerkenswert ist, daß das mit der Legende St. Erhards besonders verknüpfte Brunnenmotiv (Brunnengrabung) auf den Bichtelschen Bildtafeln in merkwürdiger historischer Abwandlung erscheint: Es zeigt Erhard, wie er die von den Juden verunreinigten Brunnen säubert.

78 Pferdediebstähle an Wallfahrtsorten scheinen – wie Bauch, S. 251 vermutet – nicht selten gewesen zu sein. Auch um einen Pferdediebstahl handelt es sich bei dem bei Bauch, S. 239 ff. angeführten Vergehen, dessen Opfer zwei Regensburger Bürger wurden, die zu einer Devotionalswallfahrt, durch welche sich die Stadt an der Donau dem Schutz Walburgas anempfahl, nach Monheim gekommen waren.

79 Wie notwendig eine gewissenhafte Übersetzung des Erhardwunders war, das ich hier in der extra für meine Arbeit gefertigten Translation von Prof. Dr. Ernst Reiter, Eichstätt darbiete, kann man schon aus der Mitteilung (11. 6. 1979) von Archivdirektor Dr. Paul Mai vom Bischöflichen Zentralarchiv in Regensburg ersehen: »Eine exakte deutsche Übersetzung des Erhardwunders an Konrad von Megenberg liegt uns leider nicht vor.«
Koschwitz, S. 544 ff. zeichnet St. Erhard als Nothelfer der Kranken und stellt dabei das Mirakel an Konrad von Megenberg, für das das Grab des Heiligen den besonderen Bezugspunkt bildet, stark heraus. Ebd. S. 545: »Der zitierte Bericht bildet den Epilog einer Erhardslegende, die Megenberg gleichsam als literarische Votivgabe verfaßt hat. Daß er im Traum an das Erhardsgrab nach R. verwiesen wurde, entbehrt nicht eines realen Hintergrundes. Bereits 1341 hatte er eine päpstliche Provision auf ein Regensburger Kanonikat erhalten, die Tätigkeit in Wien jedoch vorgezogen. Seine Reise dorthin führte über R., wo er das Grab des Heiligen gesehen haben dürfte, wie es ihm einige Jahre später sein Traum in Erinnerung brachte. Da Megenberg seit 1348 ohne Unterbrechung hohe kirchliche Ämter in R. bekleidet hat, wird man seine Heilung am Erhardsgrab im gleichen oder vorhergehenden Jahr ansetzen können.«

80 Einen aufschlußreichen Bericht zum Nothelferamt St. Erhards überliefert Andreas von Regensburg. Unter tagebuchartigen Aufzeichnungen, in denen der Augustinerchorherr zu St. Mang die Zeitereignisse zwischen 1422 und 1427 festhielt, findet sich als einziger Bericht dieser Art das Miraculum de S. Erhardo.
»Wesentliche Elemente des Berichtes sind wie bei Konrad von Megenberg das Heilung verheißende Gesicht und die Bedingung, das weitentfernte Grab des Heiligen aufzusuchen. Andererseits tritt die Besserung in diesem Fall sofort ein und vorherige Kenntnis

des Grabes ist ausgeschlossen. Für die Erklärung der Episode bieten sich verschiedene Umstände im Straßburg des frühen 15. Jh. an. Seit dem ausgehenden 13. Jh. war St. Erhard Patron des Spitals und seiner beiden Kirchen in der Nähe des Münsters und am Rande der Stadt. Die so bedingte Verehrung ... spielte genügend in das städtische Leben hinein, so daß wohl jeder Bürger den hl. Erhard als Patron der Kranken gekannt haben dürfte. In der Verknüpfung des Mirakels mit dem Besuch des Ortes ›in quo S. Erhardus corporaliter requiescit‹ kommt wiederum die Überzeugung des mittelalterlichen Menschen von der konkreten Gegenwart des Heiligen an seiner Ruhestätte zum Ausdruck ...« (Koschwitz, S. 546).

83 »Neben den archäologischen Befund, der nur ein leeres Grab an bedeutender Stelle sichern konnte, wird man einen Mirakelbericht aus der Erhardslegende stellen müssen (II, 4). Als nämlich eine erblindete Frau am Grab des Heiligen betete, soll ihr St. Erhard erschienen sein und sie sieben Schritte weiter geschickt haben, denn dort würde sie den finden, der sie erleuchtet. Als Begründung werden die Worte angegeben: ›cum nemo ante maiorem suum aut faciat quid aut audeat‹. Der Hagiograph [= Paululus] räumt ein, diesen Hinweis auf das Grab eines anderen Heiligen nicht zu verstehen. Die Worte seien zwar dunkel, aber sie hätten sich in der Heilung als wahr erwiesen« (Koschwitz, S. 533).
Die Schwierigkeit, die Paululus selbst bei dieser Geschichte hatte, läßt natürlich auch den Übersetzer nicht unbehelligt. So erklärt sich die etwas steife Übersetzung aus cgm 6, 14. Jahrhundert, die Prof. Dr. Hellmut Rosenfeld, einer der bedeutendsten deutschen Legendenforscher, eigens für vorliegendes Werk machte.
»Wie Günter [S. 276 ff.] in anderem Zusammenhang bemerkt, ist das Motiv, daß der um Hilfe Angerufene den Bittsteller zu einem anderen Heiligen schickt, um diesen dadurch zu ehren, aus verschiedenen Legenden bekannt. Es wäre hier freilich ein blindes Motiv, wenn Paulus es nicht im gewissen Sinn als Glaubensprobe verwenden würde. Erst Konrad von Megenberg interpretiert die ›verba obscura‹ in seiner Vita Erhardi als Anspielung auf das Grab des sel. Albart, wofür ihm freilich die Kenntnis sämtlicher dazwischenliegender Legenden zur Verfügung stand. Eine mögliche Erklärung für das Schweigen des ersten Hagiographen wäre darin zu sehen, daß er auf eine unvollständige Tradition zurückgegriffen haben könnte« (Koschwitz, S. 533).
Die Erkrankung der Frau wird von Paululus (s. Koschwitz, S. 514) als das bezeichnet, »quam medici albuginem oculorum vocant«.
Im deutschen Text der Erhardsfassung (cgm 6) heißt es: »starre blint« (s. Koschwitz, S. 514), während in cgm 4879 (s. Koschwitz, S. 530) das Leiden so angegeben wird: »das sy mit offnen augen nit gesache«. Wartenberg, Schatz-Kammer, S. 23: »... einen Zustandt bekommen/ welchen die Doctor die Fälle heissen ...« Diese Erkrankung dürfte sich mit dem decken, was Reinhard Haller im BJV 1972, S. 154 und S. 156 – in einem Beitrag zur Volksmedizin der Gegenwart – als »Fell« aufführt: »Eine Frau aus Trametsried erklärte mir: ›'s Fell, dös is ebbs wia a routs Dipfal, ös wia wenn a Netz umadum gang mit lauta route Fam (Fäden). Da is 's Augn ganz stach.‹« Haller, S. 156 kennt auch ein Mittel dagegen: »In Bruck behing man nach dem Ansprechen des Felles den Hals der Kinder mit einem ›zibirkan Reisa‹, nämlich zwei Reisigpäckchen, 3 cm lang, von einer Birke, deren Äste möglichst weit auf den Boden hängen. Ein Reisigpäckchen baumelte dann auf der Brust, eines auf dem Rücken des Kindes. Für Erwachsene sei dies nicht notwendig.«
G. Stahl bringt in ihrer sorgfältigen Arbeit, S. 124 auch einen Beleg aus dem Regensburger Mirakelbuch von 1520 für diese Erkrankung: »Einem zweijährigen Jungen sind ›fell uber die augen gewachssen/ deßhalb er kain stick hat mügen sehen‹. (Man erklärt

sich die Schwächung des Sehvermögens durch ›ein Häutlein, so aus den Augenwinkeln hervor über den Augenapfel nach und nach wächst und den Augenstern überwächst und die Blindheit verursacht‹.)« Ist »sternblind« (s. Stahl, S. 133) identisch mit dem Felleiden? Offensichtlich, wenn man Schmeller 2, Sp. 783 berücksichtigt: ». . . starnblind . . . und das Voc. v. 1618 weiset unter Sternfell (Fell über den Augenstern) auf Starn . . .«

84 »Die Bedeutung, welche der Aufbewahrungsort weithin angesehener Heiliger erlangte, verführte nicht selten auch dazu, daß die Translatio fingiert wurde, den Berichten also keine Wirklichkeit entsprach. Je nach den Umständen knüpften sich an solche Erfindungen die heftigsten Kontroversen; das größte Aufsehen in diesem Zusammenhang erregte wohl die Behauptung, die um die Mitte des elften Jahrhunderts von St. Emmeram in Regensburg ausging, der wahre Leib des hl. Dionysius liege nicht in Saint-Denis, sondern in Regensburg. Ein Bericht über den Translationsvorgang, überliefert in einer jüngeren [1080/90] und einer älteren [um 1050] Fassung, und eine gefälschte Papsturkunde [Privileg Leos IX., 1052] trugen diesen Anspruch St. Emmerams in alle Welt« (A. Kraus, Translatio . . ., S. 4).
Die ältere Translatio, deren Urheberschaft Kraus, S. 20 trotz vieler Gegenargumente anderer Autoren (vor allem Schauwecker) Otloh zuschreibt, bringt u. a. den »Bericht über den Kriegszug Kaiser Arnulfs bis vor die Tore von Paris, wo er plötzlich den Entschluß faßt, den Leib irgendeines Heiligen, am besten jenen des hl. Dionysius zu erwerben. Ein Kleriker erbietet sich, den Wunsch des Kaisers zu erfüllen, seiner Verschlagenheit gelingt die Entführung des heiligen Leibes, als der Abt von Saint-Denis die Rückgabe fordert, verspricht der Kaiser bis an sein Lebensende über den Verlust des Klosters zu schweigen, um es nicht dem Ruin preiszugeben. Mit einer Fülle anderer Kostbarkeiten überläßt er auf dem Sterbelager dem Kloster St. Emmeram auch den Leib des hl. Dionysius« (wie oben, S. 10f.). »In den beiden Feststellungen, nämlich daß Regensburg, der Vorort Bayerns, zugleich der Lieblingssitz Kaiser Arnulfs gewesen sei, und zwar dank des Schutzes durch den hl. Emmeram, liegt die wirkliche Bedeutung der älteren Emmeramer Translatio. [Arnold widmet ein großes Kapitel in seinem Buch über die Wunder des hl. Emmeram »dem Verhältnis des Kaisers zum Heiligen, ›speciali suo patrono‹ . . .« (wie oben, S. 15)]. »Diese Feststellungen allein wirkten weiter, regten zu immer neuer Gestaltung des einmal erhobenen Anspruchs auf einzigartige Stellung unter den deutschen Städten an und blieben die Grundlage des Selbstverständnisses der Stadt bis zum Ende des Alten Reichs« (wie oben, S. 14).
Der Überlieferung nach hätte Erhard selbst zuständig sein müssen: »Mit welchen Anliegen die Leute vor allem zum Grab Erhards kamen, sagt ein Stich von 1671 [im Archiv des Bischöflichen Ordinariats Regensburg], wenn wie unterhalb der traditionellen Darstellung von Niedermünster heißt, ›ubi Sacrum illis Corpus oculis praesertim ac febrius curandis Miraculis clarum requiescit‹. Das hier angedeutete Patronat in Augen- und Fieberkrankheiten wird uns in ganz ähnlicher Form an dem Wallfahrtsort St. Erhard/Steiermark begegnen« (Koschwitz, S. 554). Dem Verfasser der jüngeren Translatio war vor allem die Neufassung des Lobpreises Regensburg wichtig, nicht so sehr der Translationsbericht selbst (Kraus, S. 22). Nicht mehr der Heilige steht im Mittelpunkt, sondern die Stadt. Zuvor hatte nie ein Regensburger Geschichtsschreiber das Lob seiner Vaterstadt literarisch verewigt. Hier nun begegnen wir der berühmten Schilderung der hochmittelalterlichen Residenzstadt: »Die Stadt, die ich schaute, Regensburg, ist alt zugleich und neu, als einzige der großen Städte ist sie Hauptstadt, sie liegt am Rande des Herkynischen Waldes und blickt hin zu den Grenzen Böhmens,

mitten zwischen Oberpannonien und Alemannien liegt sie: Nichts Herrlicheres hat Deutschland ...« (Kraus, Civitas Regia, S. 41; Originaltext ebd. abgedruckt S. 111 f.).
Ausführlich informiert zu diesem Thema A. Kraus in: Die Translatio S. Dionysii Areopagitae von St. Emmeram in Regensburg, und in: Civitas Regia.

85 »... Erstmals wieder aufgefunden werden die Gebeine des hl. Dionysius in Regensburg unter Abt Richolf, im ersten Viertel des 11. Jahrhunderts, die damalige ›persecutio‹ unter Bischof Gebhard I. zwang zur Verheimlichung der Entdeckung, erst um 1040 wagte man die Einführung des vollen Dionysius-Officiums, unter Abt Reginward (1048–1060) und Bischof Gebhard III. (1036–1060) beschloß man, das Grab zu öffnen. Gleichzeitig gab der hocherfreute Bischof den Mönchen die Erlaubnis, die westliche Mauer der Kirche einzureißen und versprach seine Hilfe für den Neubau. Dabei kam es zu der wunderbaren Auffindung von Steininschriften, welche die Anwesenheit des Dionysius Areopagita in Regensburg noch einmal bestätigten – sie werden heute noch im Pfarrhof von St. Emmeram aufbewahrt – und den Zeitpunkt der Translatio wie die näheren Umstände dokumentarisch festhielten. Dieses Wunder erst zerstreut die letzten Zweifel ... Es ist damit sicher, daß erst der Abbruch der westlichen Kirchenmauer den letzten Anstoß zur Erdichtung der Translatio gegeben hat, sie ging keinesfalls voraus, wie der Bericht glauben machen will. Der zeitliche Ansatz der angeblichen Auffindung, die im Bericht selbst auf 1049 datiert wird, ein Ansatz, der in der Forschung auch nie in Frage gestellt wurde, wird durch diese Annahme weiter erhärtet ...« (Kraus, Translatio ..., S. 11 f.).

86 Rader, Bavaria Sancta II, S. 142 berichtet mehr vom seherischen Geist Tutos: »Lunelaci [= Mondsee] in monasterio S. Michaelis Archangeli, quod tum temporis ad dioecesin Ratisponensem spectabat, cum frequens maneret, maxime quod esset locus solitarius divinisque contemplationibus valde aptus, accidit, ut validißimum incendium Ratisponae oriretur, quodque totam urbem involvit et subruit; tum ille quasi praesens esset, flammarumque globos et ruinas oculis videret, omnia meruit agnoscere, ad stantibusque revelare. Multa praeterea quae futuris temporibus eventura essent, prophetico spiritu praedixit.«
Ratisbona Politica, S. 306 gibt für die in Frage kommende Zeit nur zwei Regensburger Brände an: einen 891, einen – im Zusammenhang mit dem Ungarneinfall – 908. Ob einer davon identisch ist mit dem Brand, den Tuto mit seinem geistigen Auge in Mondsee gesehen hat, kann ich nicht klären. Über die Gabe der Prophezeiung bei Tuto s. Mausoloeum 1680, S. 63 und Ratisbona Monastica, S. 96.
Arnold I, Sp. 1006 (in: Migne, PL 141) faßt sich kürzer als Rader: »Constitutus ergo apud Lunaelacum, triginta ferme rastis a Ratisbona distantem, grande in ea quadam die factum suis indicavit incendium ...«

87 Koschwitz. S. 500: »Auf lokale Tradition oder Legendenbildung läßt sich möglicherweise auch die Verbindung der Erhards- mit der Wolfgangslegende zurückführen. Sowohl Otloh wie Paulus berichten, daß Bischof Wolfgang beim nächtlichen Gebet am Erhardsgrab durch eine Erscheinung des Heiligen zur Reform des Frauenklosters aufgefordert worden sei. Da Otloh hierin kaum von Paulus abhängt, ist eine andere Quelle anzunehmen, auf die er sich im einleitenden Satz beruft: ›Sed revelatio divina super Inferiori monasterio, ut accepimus, contigit ita.‹ Die Wolfgangslegende Arnolds von St. Emmeram scheidet aus. Otlohs andere Vorlage, eine alte Vita aus Franken, ging verloren, so daß die Szene auch aus mündlicher Tradition entwickelt

worden sein kann. In diesem Fall hätten sie Otloh und Paulus unabhängig voneinander gestalten können.«
Koschwitz, S. 520: »Für das Mirakel im Zusammenhang mit der Reform des Stiftes läßt sich zwar ein Ansatzpunkt darin sehen, daß Wolfgang das Erhardsgrab in Niedermünster vielleicht gelegentlich besucht hat. Aber da Paulus in einer Zeit schreibt, als Niedermünster in hohem Ansehen steht, lag es nahe, den Beginn der jetzigen Blütezeit aus dem persönlichen Eingreifen des Patrons im Reformauftrag an den hl. Mitbruder herzuleiten.«

»Obwohl der Kultraum breit gestreut ist, ging Erhard nie so in das volksfromme Brauchtum ein wie der heilige Wolfgang. Dies ist um so verwunderlicher, als Wolfgang selbst ein Verehrer des heiligen Erhard war und eines der von Paulus erzählten posthumen Mirakel ihm selbst widerfahren ist... Der reformfreudige Bischof Wolfgang nahm diesen Wink [für eine moralische Aufrüstung der Nonnen in Niedermünster] nur allzu gern auf und führte in Niedermünster die wesentlich strengere Benediktinerregel ein, worauf die Wunderkraft des heiligen Erhard sich erst richtig entfalten konnte. Allerdings hat diese Wundererscheinung des Heiligen ob ihrer Unpopularität kaum Verbreitung gefunden, und die Besserung scheint nicht allzu lange vorgehalten zu haben...« (Paul Mai, in: Schwaiger 2, S. 50).

89 St. Wolfgang, 1000 Jahre..., S. 37: »In der oberen Tafel des rechten Flügels [Außenseite] [Münchener Kirchenväteraltar, um 1475/80, Alte Pinakothek. Maler: Michael Pacher] erscheint St. Wolfgang im Gebet auf den Stufen eines Altares liegend, das Gesicht in den Händen verborgen. Von oben her schwebt ein Engel zu ihm hin, berührt ihn sanft mit der Linken und hebt mit der anderen Hand ein Turmreliquiar vom Altar auf. Die Szene wird bezogen auf eine Gebetserhörung, die im Zusammenhang steht mit der von Wolfgang geplanten Reform der Nonnenklöster Obermünster und Niedermünster in Regensburg: der Heilige erbat sich vom Himmel als Zeichen, daß die Heiltümer auf dem Altar verschoben werden sollten, wenn nach Gottes Wille strengere Ordensregeln eingeführt werden müßten.« Fragwürdig erscheint mir, wie der Heilige in dieser Legende »degradiert« wird: er bedarf des sichtbaren Wunders! So als hätte es vor ihm keinen ungläubigen Thomas gegeben, der vom Herrn eine Zurechtweisung erfuhr. Vgl. Der heilige Wolfgang in Geschichte, Kunst und Kult, S. 108, Nr. 39 und S. 117, Nr. 71. »Der horizontalen Trennung Oben-Unten entspricht die vertikale in Rechts-Links. Die rechte Seite wird (mit wenigen Ausnahmen...) mit der dem Himmel zugehörigen Begriffsreihe verknüpft, die linke Seite mit der Erde« (Manfred Lurker, Wörterbuch der Symbolik, Stuttgart 1979, S. 452). Es wäre eine lohnende Aufgabe, die sinnbildliche Darstellung dieser beiden Begriffe (die Böcke zur Linken – parlamentarische Sitzordnung...) gründlich zu untersuchen.
Anklang an diese Wolfgangslegende hat das »erzwungene« Albertiwunder, – eine Rahmenlegende –, das die Alberti-Tafeln zeigen. In der Regensburger Albertus-Magnus-Ausstellung 1980 waren – eine kleine Sensation, weil sie bisher in solcher Anzahl nie nebeneinander zu sehen waren – 10 dieser Tafeln aus Oberbayern und Tirol, aus dem 18. und 19. Jahrhundert ausgestellt, die u. a. aus dem Heimathaus Traunstein, aus dem Bayerischen Nationalmuseum und aus Privatbesitz stammen. Den Inhalt der Alberti-Tafeln bildet die sogenannte Neun-Punkt-Lehre der guten Werke, eine mittelalterliche Sentenzensammlung, die eine Anleitung zur praktischen Umsetzung christlicher Grundsätze in das Alltagsleben bietet. Auf den einzelnen Tafeln, die nach Entstehungszeit und Herkunft differieren – sie bilden keinen Zyklus,

sondern sind verschiedene Darstellungen ein und desselben Motivs –, bildet mit wenigen Ausnahmen (bei denen das Mittelstück Christus am Kreuz zeigt oder seine Taufe) die Darstellung der »erpresserischen« Legende das Bildzentrum und auch den Blickfang: Albert, vor dem Altar, eine Hostie in Händen, versichert dem Herrn, daß er die Hostie erst dann aus seinen Händen ließe, wenn Gott ihm geoffenbart habe, was erforderlich sei, um ihm nachzuleben. Gott gibt nach und läßt Albert neun Punkte wissen, die ihm angenehm sind.
Vgl. Genoveva Nitz, Albertus Magnus in der Volkskunst. Die Alberti-Tafeln. München 1980.

90 Im Katalog »Der heilige Wolfgang in Geschichte, Kunst und Kult« ist auf Farbtafel I (Text S. 16 und S. 156) die Predigt des hl. Wolfgang im alten Dom von Regensburg dargestellt, wie sie Michael und Friedrich Pacher für die Werktagsseite des Flügelaltars in St. Wolfgang im Salzkammergut – ihm stattete ich im Rahmen der Arbeiten an vorliegendem Buch im Mai 1979 einen Besuch ab – zu einem großartigen Tafelbild gestaltet haben. »Ohrenbläserisch« bemüht sich von der linken oberen Bildseite her ein rotgeflügelter Teufel darum, einen Tumult zu verursachen. – »In der Kunst wurde der ›Prediger‹ Wolfgang (in Anlehnung an seine Biographen) meist dargestellt, wie er bei der Verkündigung des Gotteswortes vom Teufel gestört wird« (Der heilige Wolfgang in . . ., S. 107 und S. 117), so auch bei Weyssenburger.
Otloh, Kap. 28 scheint um die virulente Kraft der Kompensation gewußt zu haben, wenn er Wolfgang als Redner rühmt, obgleich er »impeditioris linguae« (sprachlich behindert) war.
Eine Legendentafel aus dem Wolfgangszyklus im Monatsschlößl zu Salzburg-Hellbrunn zeigt u. a. auch die Störung einer Predigt des Heiligen in Regensburg durch den Teufel (Der heilige Wolfgang in . . ., S. 135).

91 »Auch Bischof Pilgrim, der doch adeliger Abstammung war, setzte sich für den landfremden, nichtadeligen Mönch Wolfgang ein. Er vertritt dabei das Prinzip des Vorrangs des inneren Wertes vor äußeren Titeln und wendet sich gegen das feudalistische Kirchenregiment . . . Doch gab es auch andere, die dem neuen Geist nicht folgen konnten oder wollten. Sie wehrten sich dagegen, daß man arme, nichtadelige Mönche zu hohen kirchlichen Ämtern emporhob. Ihre Zahl wird sicher größer gewesen sein als die Quellen uns berichten, denn die Biographen, Chronisten etc., die ja alle Mönche waren, gaben begreiflicherweise nicht gerne etwas Negatives über die Angehörigen ihres Klosters und ihres Standes preis. So erfahren wir, daß sich Pilgrims Leute gegen seine Bemühungen um die Bischofserhebung Wolfgangs wandten. Unter des ›Bischofs Leuten‹ wird man wohl sicher das Domkapitel und den benachbarten Adel verstehen können. Sie sagten zu Pilgrim, wie es denn geschehen konnte, daß dieser Arme und Unbekannte gewürdigt werden solle, zu der hohen Ehre des Pontifikates zu gelangen. Es gäbe doch bekanntere und berühmtere Personen, die sie für würdiger hielten, sich beim Kaiser darum zu bewerben. Pilgrim gab ihnen die oben erwähnte Antwort [»Niemand ist adelig, wenn ihn nicht Tugend adelt«]. Viele werden, gerade im Falle Wolfgangs, dasselbe gesagt und noch mehr sich dasselbe gedacht haben.
Ein Beispiel dafür ist jener Ritter, der zuerst Wolfgang in seiner schlichten Mönchskutte sah und dann mit den priesterlichen Gewändern angetan. Er sprach dabei vor sich hin, daß der Kaiser sehr töricht gewesen sei, jenen verlumpten und verachtungswürdigen Menschen zum Bischof erhoben zu haben, da es doch viele mächtigere Männer gegeben habe. Wolfgangs Biograph Otloh gibt zwar für diesen Ausspruch einen anderen Grund an, doch damit wollte er wohl nur die negative Bewertung von

seinem Idealbild eines Reformmönches abwenden« (Josef Klose: St. Wolfgang als Mönch und die Einführung der Gorzer Reform in Bayern«, in: Regensburg und Böhmen, S. 87f.)
Der heilige Wolfgang in Geschichte, Kunst und Kult, S. 102, Nr. 37 verweist auf die Abbildung dieses Ereignisses in Weyssenburgers Holzschnittbuch: »Das Bild zeigt den Kaiser [Otto II. (967 bzw. 973–983)], wie er den von ihm ernannten Bischof in die Kirche führt. Im Gefolge befindet sich ein stolzer Ritter, der die Wahl des armen Mönchs bedauert. Im Hintergrund wird dargestellt, wie der wegen seines frevelhaften Gedankens schwer erkrankte Ritter vom hl. Bischof wieder geheilt wird.«

93 Günter, S. 318: »Was ist's mit der Besessenheit? Als Möglichkeit ist sie von der Heiligen Schrift her gegeben: das ist für die Legende Unterlage genug. Die Austreibung böser Geister gehört zu den Gnadengaben bei Mark.16,17.« Und a.a.O., S. 319: »Besessenheit als theologisches Problem liegt außerhalb der Zuständigkeit der Legendenpsychologie. Jedenfalls aber hat ihre ungeheure Rolle in der Vorstellungswelt der Hagiographie eine Fülle psychologisch zugänglicher Überspannungen gebracht, die in ihrer grotesken Historisierung Gegenstand der Kritik werden konnten.«
»Der Biograph Otloh von St. Emmeram berichtet, daß der Heilige die Bauarbeiten an dem von ihm gegründeten Benediktinerinnenkloster St. Paul (Regensburg, Mittelmünster, 1809 zerstört) überwachte. Als er einmal bei den Maurern saß, wurde eine besessene Frau vor ihn gebracht und er heilte sie durch das Beten einiger Psalmen. Dieses Ereignis spielt sich [in dem auf Farbtafel III abgebildeten Tafelbild des Pacherschen Flügelaltars von St. Wolfgang im Salzkammergut, geschlossener Außenflügel des Hauptschreines, Werktagsseite] vor der Hauptfassade der gerade in Bau befindlichen Stiftskirche St. Paul ab ... Unter dem Hauptportal der Kirche im Hintergrund treibt der Heilige ebenfalls einer Besessenen den Teufel aus. Bisher wurde angenommen, daß es sich um eine Phase des ohnen geschilderten Vorganges handelt. Dem widerspricht der Text bei Otloh, der gleich im Anschluß an dieses Kapitel ein weiteres [Kap. 35] folgen läßt, welches mit Item alia mulier a demonis obsessa coram illo deducta est beginnt ... Es handelt sich hier also um die dem Mittelalter sehr geläufige Kontamination verschiedener Vorgänge in einem Bild ...« (Der heilige Wolfgang in Geschichte, Kunst und Kult, S. 157f.). Dieses Mirakel (Item alia mulier...) ist abgedruckt in vorliegendem Werk, Nr. 94.
Otloh (bei Migne PL 146, Kap. 34, Sp. 417) beschreibt, was er gar nicht miterlebt hat, sondern was er nur von Arnold übernommen haben kann: »Qua sublata et refecta nos eam liberatam esse comperiebamus, sed nemo nostrum ausus est diffamare.«
»Im Jahre 983 gründete St. Wolfgang ... St. Paul, kurz Mittelmünster genannt, als Konkurrenzkloster zu den adeligen Damenstiften Obermünster und Niedermünster, deren Reform Wolfgang nicht gelang« (Achim Hubel, in: St. Wolfgang, 1000 Jahre, S. 35).
Der Katalog »Der hl. Wolfgang in Geschichte, Kunst und Kult« bringt als Farbtafel VI ein vielleicht Jan Pollak zuzuschreibendes Tafelbild aus der Zeit um 1500, das den Wolfgangskult bei der Wolfgangskapelle am Abersee zeigt, wie er aber wohl typisch war auch für andere Wallfahrtstätten. Das Bild hängt (Text dazu s. Kat. Nr. 114) in der Kirche St. Wolfgang zu Pipping bei München-Obermenzing. Bedeutsam in diesem Zusammenhang ist auch der zahlreiche Votivgaben zeigende Holzschnitt aus Weyssenburgers Büchlein (abgebildet in: St. Wolfgang. 1000 Jahre..., Nr. 8, Kat. Nr. 20 und hier, in den SR), der Pilger vor dem hl. Wolfgang zeigt.
»Der Verfasser [des in drei Auflagen von 1515 bis 1522 erschienenen, mit 50 Holzschnitten illustrierten Büchleins »Hye hebt sich an das leben und legend des himelfür-

sten unn heyligen peichtigers Sand Wolfgangs ...«] war ein anonymer Mönch aus Kloster Mondsee; Verleger war der Buchdrucker Johann Weyssenburger aus Landshut. Die Holzschnitte stammen von einem Reißer, der stark unter dem Einfluß der ›Donauschule‹ stand und wohl im Kloster Mondsee selbst arbeitete« (Achim Hubel). Obwohl beide Darstellungen sich nicht auf Regensburg beziehen, werden sie hier aufgeführt als Beispiel einer wohl auch in der Donaustadt sich nicht anders gebenden Verehrung.

95 Über die Freigebigkeit Wolfgangs gegenüber den Armen liest man auch in: Der heilige Wolfgang in Geschichte, Kunst und Kult, S. 107 f.: »Die Biographen Arnold und Otloh berichten uns, daß der hl. Bischof den Armen seine ganz besondere Fürsorge zuwandte. Er pflegte sie ›seine Herren und Brüder‹ zu nennen und kümmerte sich persönlich um ihre Bewirtung. Im Hungerjahr 986 öffnete der Bischof seine Getreidespeicher, um den notleidenden Menschen zu Hilfe zu kommen.« Vgl. Otloh, Kap. 26.
Im nämlichen Katalog, S. 107 wird ein Tafelbild (um 1480) aus St. Leonhard im Buchat bei Schnaitsee erwähnt, das Wolfgang zeigt, wie er für die Armen sorgt. Vgl. St. Wolfgang, 1000 Jahre . . ., S. 38f. Auch die Flügel des berühmten Pacher-Altares von St. Wolfgang/Abersee zeigen – bei ganz geschlossenem Altar – außer der Predigt des Heiligen, Kirchenbau, Heilung einer Besessenen, die Verteilung von Korn an die Armen. Diese »Werktagsseite« des Flügelaltars (1471/81) ist ganzseitig abgebildet in: Der heilige Wolfgang in Geschichte, Kunst und Kult, Farbtafel II. Text dazu S. 157.

97 In C. W. Neumanns Sagenmanuskript findet sich als Nr. 7 ein Gedicht von Adalbert Müller: St. Wolfgang und der Bauer. Darin wird die Flußdurchschreitung, die man an der Aisne [Axona] lokalisiert – Otloh gibt zwar keinen Namen an! –, auf die Donau transferiert und grotesk überzogen: als ein Bäuerlein es dem hl. Wolfgang nachtun will, verschlingen es die Fluten.
Bei seiner Schilderung des Ereignisses erwähnt Otloh (MGH SS IV, S. 539) am Schluß die große Bescheidenheit bzw. Demut, die wir von Wolfgang auch aus anderen Legenden (s. SR Nr. 92, 94 und 99) kennen: »Tunc omnes prae gaudio [Migne, PL 146, Sp. 416 hat irrig: gandio] mirantes et Dominum laudantes, vir humillimus, ne pro miracula hoc eum publicarent, obnixe [= inständig] rogavit.«

98 »Einer der hervorragendsten Tätigkeitsbereiche des Heiligen lag auf dem Gebiet der Erziehung. Er selber hatte eine vorzügliche Ausbildung erhalten (Reichenau). Bei seinem Freund, Erzbischof Heinrich von Trier, leitete er die Domschule; nach seinem Ordenseintritt in Einsiedeln (ca. 965) wurde ihm die Klosterschule anvertraut; als Bischof von Regensburg wirkte er als Erzieher der Kinder Herzog Heinrichs des Zänkers« (Der heilige Wolfgang in Geschichte, Kunst und Kult, S. 104). Vgl. auch S. 21 f. ebd. Im Weyssenburger Holzschnittbuch, dessen erste Auflage 1515 in deutscher Sprache erschien (weitere Ausgaben: 1516 und 1522) und das das Leben Wolfgangs durch 50 vorzügliche Holzschnitte illustriert, sind auch die vier Kinder des Zänkers dargestellt (Abb. davon bei Kraus/Pfeiffer, Nr. 52). Die Attribute zu deren Füßen deuten auf kommende Würden ... Rader bringt in seiner Bavaria Sancta, 1615, Bd. I, Bl. 93 einen entsprechenden, allerdings manierierten Kupferstich, »wohl von Philipp Jacob Leiden« (St. Wolfgang, 1000 Jahre . . ., S. 49).

99 Die Fehde zwischen Kaiser Otto II. und dem Bayernherzog Heinrich II. veranlaßte Wolfgang, Regensburg für einige Zeit zu verlassen (976). Der Legende nach wurde er in der Einsamkeit des Aberseeischen Gebirges von einem Regensburger Jäger entdeckt. Im Diözesanmuseum zu Klagenfurt befindet sich das Tafelbild eines Altarflügels (ca. 1520), das die Rückkehr des Heiligen nach Regensburg darstellt (s. Der heilige Wolfgang in Geschichte, Kunst und Kult, S. 109, Nr. 44). Vgl. ebd. S. 13 und Farbtafel V (ganzseitig): Abb. eines Öldeckengemäldes aus der Wolfgangkapelle, von Jakob Zanussi 1714.

R. Zinnhobler, in: Regensburg und Böhmen, S. 96 spürt der Ursache für Wolfgangs Flucht nach: »Kurz nach der Bestellung Wolfgangs zum Bischof von Regensburg herrschte Bürgerkrieg zwischen Bayern und dem Reich, was unseren Heiligen veranlaßte, seine Diözese für einige Zeit zu verlassen. Heinrich II. von Bayern, der Zänker († 995), hatte sich gegen seinen Cousin Kaiser Otto II. (973–983) aufgelehnt. Heinrich verschanzte sich in Regensburg, das der Kaiser 976 eroberte. Die Literatur ist sich nicht einig, auf welcher Seite Bischof Wolfgang stand. Sehr spät, nämlich erst im 16. Jahrhundert, berichtet uns der Geschichtsschreiber Aventin, daß sich damals der Herzog in St. Emmeram habe zum König krönen lassen. Tatsächlich mußte Abt Ramwold nach der Einnahme der Stadt sein Kloster für einige Zeit verlassen. Aventin fügt noch hinzu: ›Auch sant Wolfgang der pischof ward verdacht in disen sachen‹. Das scheint für die Herzogsfreundlichkeit Wolfgangs zu sprechen. Dennoch erwies ihm der Kaiser noch im gleichen Jahr eine besondere Gunst, indem er ihm Wieselburg (N. Ö.) schenkte. Möglicherweise wollte er dem Bischof nur eine Chance geben, seine Diözese für einige Zeit zu verlassen, ohne dabei sein Gesicht zu verlieren.«

Wolfgang wählte das Mondseeland zu seinem Aufenthalt: »Das im 8. Jh. errichtete reichsunmittelbare Stift Mondsee war ja 833 durch königliche Verfügung Eigentum des Bistums Regensburg geworden. Es war also für Wolfgang naheliegend, in der für ihn unangenehmen Situation hierher zu ziehen« (Zinnhobler, in: Regensburg und Böhd, S. 97).

Ebd. S. 102: »Ein bis eineinhalb Jahre mag St. Wolfgang während des Bürgerkrieges in unseren Landen [= Österreich] geweilt haben. Seine Rückkehr nach Regensburg setzt Zibermayr bald nach 977 an, da der Bischof schon im Herbst des Jahres 978 auf dem Vergeltungszug gegen König Lothar im Feldlager des Kaisers zu finden ist.«

100 »Welchen Quellenwert die von den Biographen überlieferten letzten Worte des Heiligen (vgl. oben S. 25 f.) haben, ist schwer zu sagen. Sie würden jedenfalls gut zu der Persönlichkeit des großen Bischofs passen. Die Anwesenheit Taginos (vgl. Kat.-Nr. 21) und anderer Vertrauter beim Sterben Wolfgangs spricht für das Vorhandensein einer mündlichen Tradition, die dafür bürgen könnte, daß die überlieferten letzten Worte zumindest inhaltlich zutreffen« (R. Zinnhobler, in: Der heilige Wolfgang in Geschichte, Kunst und Kult, S. 110, Nr. 46).

J. Staber widmete dem Ende des Bischofs eine eigene Arbeit (Die letzten Tage des hl. Wolfgang in der Darstellung Arnolds von St. Emmeram, in: Regensburg und Böhmen, S. 89 ff.): »Daß der heilige Wolfgang sein baldiges Ende voraus wußte, ist ein Legendenzug, der sich so oft findet, daß man darauf ebensowenig einzugehen braucht wie auf die häufig zu beobachtende Tatsache eines solchen Vorgefühls in der alltäglichen Wirklichkeit; bemerkenswerter ist jedoch, daß die Präkognition in unserer Quelle in einem weit zurückgebliebenen Traumgesicht begründet wird. Der Heilige sei noch in der Provinz Alemania gewesen, als er im Schlaf den von ihm häufig angerufenen hl. Otmar vor sich sah, der ihm offenbarte, er werde in einer anderen Provinz zum Bischof erhoben und dann nach 22 Jahren in die ewige Ruhe eingehen [MGH SS IV, S. 563]. Deshalb wollte der hl. Wolfgang in Pupping, wo eine Kapelle des hl. Otmar sich befand, den Tod erwarten ... Arnold erzählt in diesem Zusam-

menhang, der fromme Bischof sei sich bewußt gewesen, daß ihm der Kampf mit dem
›princeps huius mundi‹ . . . nahe bevorstehe [MGH SS IV, S. 564]. Der Mönch von
St. Emmeram teilt die Überzeugung, daß die bösen Geister sich um den Sterbenden
versammeln, um ihn zur Verzweiflung zu treiben . . . Wie tief verwurzelt dieser
Glaube war, zeigt die Deutung, die man im Regensburger Kloster den physischen
Reaktionen eines Sterbenden gab. Arnold erinnert sich an den Tod eines Mitschülers,
der nach seinen Kopfbewegungen zu schließen auf der linken Seite des Bettes eine
furchtbare Erscheinung gesehen haben muß. Daß es ihm, obwohl er die Hand erhob,
nicht mehr gelang, zur Abwehr des Bösen das Kreuzeszeichen zu formen, war für die
umstehenden Mitbrüder das sichere Anzeichen, daß der Knabe der ewigen Verdammnis anheimgefallen war . . . [MGH SS IV, S. 546]. Die Angst vor den dämonischen
Anfechtungen mag ein Grund dafür gewesen sein, den Dahinscheidenden in die
Kirche zu tragen. Um die Hilfe der Heiligen zu erlangen, wünschte auch Wolfgang,
vor dem Altar des hl. Otmar niedergelegt zu werden.«
In Regensburg empfing man den Verstorbenen dann in der Peterskirche, »wo Totenvi-
gil und -messe für ihn gefeiert wurden, dann wurde er in der Stephanskirche in seinen
bischöflichen Gewändern aufgebahrt, bis er im Ostteil des Münsters St. Emmeram
feierlich beigesetzt wurde« (wie oben, S. 92).
Staber, S. 90 erwähnt den alten Kleriker (s. Arnold, in: MGH SS IV, 564), der die
Leiche Wolfgangs zur Aufbewahrung in der Stephanskirche mit den Pontifikalgewän-
dern bekleidete und dabei den »odor sanctitatis« wahrnahm.
»Schon von den Biographen Arnold und Otloh wurde das Sterben des Heiligen in
verklärter Weise dargestellt. Tatsächlich erfolgte bereits im Jahre 1052 die Heiligspre-
chung« (Der heilige Wolfgang in Geschichte, Kunst und Kult, S. 109).
Der sterbende Wolfgang ist u. a. in einem Glasfenster des 19. Jahrhunderts in der
Kaplaneikirche zu Pupping abgebildet. Abb. ebd. Nr. 14.

102 Offensichtlich handelt es sich hier um das nämliche Mirakel, das auch Arnold im
Liber II beschreibt. Allerdings erscheint es bei Otloh leicht gekürzt: bei Arnold wird
der Kranke näher beschrieben: »Ravennantis episcopi eleemosynarius«, bei seinem
Nachfolger fehlt diese Angabe ebenso wie die Quelle: »ut veridicia relatione didici«.

107 »Eine Seltenheit bezeichnet Romwalds [sic!] Bildnis in clm. 14000 (veröffentlicht auf Tafel I von Swarzenski, Regensburger Buchmalerei, Tafel IV von Luise v.
Kobell, Kunstvolle Miniaturen), das ihn mit grauem Vollbart, das goldene Pallium um
den Hals, zeigt« (Riezler, Geschichte Baierns, 1,1, S. 578). Abb. auch bei Kraus/
Pfeiffer, Nr. 62. Text dazu S. 54: »Miniatur aus dem Codex Aureus, letztes Viertel
10. Jahrhundert. Ramwold (975–1000) ist der erste Abt von St. Emmeram, der nicht
zugleich auch Bischof von Regensburg war. Bischof Wolfgang holte ihn aus St. Maximin in Trier, einem Zentrum der Gorzer Reform, damit er das Kloster reformiere und
setzte ihn 974 als Propst, 975 schließlich als Abt ein. Unter Ramwold wurde
St. Emmeram Zentrum einer eigenen Reformbewegung, die als ›Regensburger Reform‹ weithin zum Vorbild wurde. Sein Kloster führte er zu einer einzigartigen
geistigen Blüte. Insbesondere die Malschule, deren erstes bedeutendes Zeugnis sein
Bildnis ist, war in Süddeutschland richtungweisend.«

108 Eine Miniatur in Geyers »Heiliger Marter-Berg« zeigt Ramwold mit einem
Kruzifixus, der zwei Kerzen gegen seine (blinden) Augen richtet. Diesem Gekreuzig-
ten – man kann ihn in St. Emmeram sehen, am Ramwoldkreuz – verdankt der Abt der
Legende nach die Wiedererlangung seines Augenlichts. Arnold bringt dieses Mirakel

ausführlich; s. MGHSS IV, S. 562. Bedeutsam erscheint mir folgende Stelle: »Cuius rei gratia, quo tenacius bonorum haberetur in memoria, homo Dei iussit, inter cetera miraculorum signe sive indicia, oculares circulos [!] suspendi in ecclesia, quae beati Emmerammi martiris corpore sacro dotata et meritis, necnon aliorum patrociniis predita sanctorum, caelesti specula mortalibus demissa, beneficia solet ministrare quam plurima...«, was bei Rassler, Teil 2, S. 31 heißt: »... zu welcher Gutthat Dancksagung er seine Augen-Gläser bei deß H. Emmerami Grab aufgehänckt«.
Über den Arkaden rechts in St. Emmeram (an der südl. Wand des Mittelschiffes) sieht man die überlebensgroße Stuckfigur des Abtes Ramwold mit einem riesigen Kreuz, von dem herab Christus mit einer Kerze ihm die Augen berührt.
Keyssler, S. 1229 lokalisiert das Kruzifix, durch das Ramwold »sein völliges Gesicht wieder erlanget«, folgendermassen: »Nahe bey des Grafen von Metternich Grabe zeiget sich auf dem Altare S. Benedicti hinter einem Glase ein schwartzes Crucifix.« Die KD Regensburg 1, S. 245 erwähnen es auch, bringen allerdings nichts von seiner Wundertätigkeit: von F. Mader wird es als romanisch – der 1. Hälfte des 13. Jahrhunderts angehörend – eingestuft und als ungefaßtes, sehr dunkles Holzbildwerk geschildert, dem »wie bei den Kruzifixen in Innichen, in der Trausnitzkapelle zu Landshut, in Riegling...« und in Enghausen/Hallertau... ein bartloser Kopf als Suppedaneum dient und das – über dem Kreuzaltar im Georgschor (vgl. auch Mausoloeum 1680, S. 66) – von einem mit Goldstrahlen und Leidenswerkzeugen umgebenen Glasschrein eingeschlossen ist.
Achim Hubel, Diözesankonservator, Regensburg, lokalisiert das legendenumwobene Kreuz eindeutig (Schreiben vom 28. 2. 1980): »Das sog. Ramwoldkruzifix in St. Emmeram wird stets mit jenem Kreuz in Zusammenhang gebracht, das auf dem Kreuzaltar im Georgschor in einem Glasschrein [1980 ohne Glas!] gezeigt wird. Früher erschien der Korpus Christi, der keine Fassung besaß, sehr dunkel; heute ist die Farbigkeit durch eine neue Bemalung verändert. Nach dem von Ihnen zitierten Text bei Walderdorff war das Kreuz zwischen 1715 und 1736 ins Querhaus von St. Emmeram versetzt worden, wo sich auch das von Keyssler erwähnte Grab des Grafen von Metternich befindet. Auf dem Benediktus-Altar kann das Kreuz schon wegen seiner Größe nie aufgestellt gewesen sein.« Demnach müßte sich Keyssler geirrt haben. Vielleicht unterlief ihm hier eine Verwechslung mit dem Kreuz des lutherischen Schmieds, das er auch (S. 1229) erwähnt. Denn lt. KD Regensburg 1, S. 246 befindet sich auf der Leuchterbank beim Benediktusaltar zwar ein Schrein, allerdings mit einem steinernen Kruzifixtorso aus der 2. Hälfte des 16. Jahrhunderts. Vgl. Walderdorff, S. 333: »Auf diesem Altar [Benedikt] wird ein angeblich von den Irrgläubigen verstümmeltes steinernes Bild des Heilands verwahrt, das 1657 in die Kirche kam.« Nach Keyssler aber befand sich dieser Torso auf dem Wolfgangsaltar.
Naheliegender und überzeugender als an einen Irrtum Keysslers zu denken, erscheint es mir, die diversen Umgruppierungen und Umbenennungen der Altäre zu berücksichtigen, wie es aus Walderdorff, S. 333 erhellt, daß es außer dem 1733 errichteten Benediktusaltar (etwas westlich vom Wolfgangsaltar) noch einen zweiten gab: »... während der jetzt seit 1735 dem hl. Wendelin geweihte Altar im nördlichen Theile des Querschiffes von 1668–1733 dem hl. Benedikt gewidmet war.«
Im »Bericht von denen Heiligen Leibern...«, Nr. 67 auf Tabl. VIII (Grafik), ist ein schwarzer bekrönter Christus abgebildet, der an das Ramwoldkruzifix erinnert, u. a. auch durch den Kopf (Adams) im Sockel: »Ein anderes vorhin vom Feind sehr entunehrtes Crucifix... Es sind in dem Stock dieses Creutzes, noch zwey besondere Reliquiaria eingeschlossen. Allein die Nähmen sind sehr mangelhaft angedeutet« (ebd. S. 77). Um welches Kreuz handelt es sich hier? Auch Achim Hubel weiß darauf keine

475

Antwort. Sollte es sich um eine Abbildung des Ramwoldkruzifixes handeln, so muß ich passen: ich habe nie davon gehört oder gelesen, daß es auch – wie etwa der Steintorso auf dem Benediktus-Altar im südlichen Seitenschiff – verunehrt worden sei und daß es Reliquien einschließe.

112   Babl, S. 161: »Gegen Ende dieses Mirakelberichtes überliefert uns Arnold das ... außerordentlich interessante Kultdokument, das uns in dieser frühen Zeit für St. Emmeram in Regensburg den an Wallfahrtsorten bis heute anzutreffenden Brauch belegt, daß Krücken, Bahren u. dgl. als Zeichen der erfolgten Heilung zurückgelassen und öffentlich zur Erinnerung an die erhaltene Hilfe ausgestellt werden...«, Zeichen, wie sie sich auch auf dem im Anhang von »St. Wolfgang. 1000 Jahre...«, (Abb. 8) abgebildeten Holzschnitt (1515) aus Weyssenburgers Leben des hl. Wolfgang finden.
Dies ist jedoch nicht das einzige Beispiel bei Arnold für die Hinterlassung einer Opfergabe durch die Geheilten am Ort des Wunders: Eine Frau hängt eine Spindel, nachdem sie auf die Fürbitte Ramwolds hin endlich von ihr befreit worden war – sie steckte in ihrer Hand – an einer silbernen »coronula« auf (Sage Nr. 112); von einer anderen, die sich in St. Emmeram des hl. Wolfgang als Mittler bedient, heißt es: »Post haec ad quos huius rei cura pertinebat, scamnellum, quo illa paupercula totis viribus innixa repere potius quam deambulare solebat, ad gloriam nominis divini et ob memoriam tanti signi, super fores ecclesiae suspendebant« (s. Nr. 103). Selbst Abt Ramwold (Migne, Pl 141, Sp. 1036) praktiziert die promulgierende Präsentation: er bringt eine Votivgabe dar, als er durch ein Wunder sehend wird: »Cujus rei gratia quo tenacius bonorum haberetur in memoria, homo Dei jussit inter caetera miraculorum signa, sive indicia, oculares circulos suspendi in ecclesia, quae beati Emmerammi martyris corpore sacro dotata et meritis, nec non aliorum patrociniis praedita sanctorum, coelesti specula mortalibus demissa beneficia solet ministrare quam plurima. Ob quorum salutarem collationem ac frequentem de hac venientis famae volitationem, hic locus gaudet adventantium se receptare multitudinem.«
Prof. Dr. Leo Kretzenbacher, der bedeutendste Erforscher der Volkskultur Südosteuropas, schreibt mir am 12. 5. 1980: »Ich kenne Spindeln als Votivgaben aus dem orthodoxen Balkanbereich. Auch als signum für eine begrabene Frau im kathol.-kroatischen Bereich Slawoniens. Ich glaube, daß ich aber unter den Aufzeichnungen kein Beispiel für Mitteleuropa haben dürfte...«
Lenz Kriss-Rettenbeck, Bayerisches Nationalmuseum, der wohl bedeutendste bayerische Brauchtumsforscher und Kenner religiöser Volkskunde, führt in seinem Schreiben vom 9. 5. 1980 aus: »Der Bericht des Prior Arnold ordnet sich gut in die Wunderberichte (im Sinne der Mirakelbücher) ein. Verfolgen lassen sich diese Berichte in ziemlicher Geschlossenheit seit dem 9. Jahrhundert. Auch vorher gibt es vergleichbare Zeugnisse. Sie sind aber quellenkritisch schwer auswertbar.
Für die Hinterlassung oder für die promulgierende Präsentation eines Gerätes, mit dem man verunglückte oder durch das man Schaden erlitt, am Grabe des Wundertäters und später beim Kultbild, gibt es ebenfalls interessante Hinweise – in dichterer Tradition seit dem 10. Jahrhundert. Einiges habe ich – nur beispielhaft –im ›EX VOTO‹ unter ›Literale Quellen‹ benannt.
Wichtig scheint mir in den Ramwold-Mirakeln das ›Krönchen‹ zu sein. Lassen sich noch mehr Hinweise auf dieses Krönchen finden? Man darf wohl davon ausgehen, daß es ebenfalls eine Donation mit ›Weihecharakter‹ ist. In den Viten und Mirakeln vom 7.–16. Jahrhundert ist ein bisher kaum genützter Quellenschatz für die Volksreligiösität zu finden. Für England gibt es da schon eine sehr nützliche Arbeit.«

113 Die Geschichte wirft eine Frage auf, die aber ihren Kern nicht tangiert. Wußte die Frau bis dato nichts von dem Beruf ihres Gefährten, ihres Mannes? Erfährt sie erst jetzt davon, als er sie zum Schweigen auffordert? Etwas hilflos läßt einen der Schluß zurück: »Sie wurde mit einer anderen, ihr gänzlich fremden Blindheit geschlagen«. Ist dies nun symbolisch gemeint oder real? Arnold (Buch II, Sp. 1059, in: Migne, PL 141) klärt einen darüber auf, allerdings nicht gleich anschließend an die Geschichte: »Die Gnade des Erlösers ist unerschöpflich. Im Vertrauen auf die Fülle dieses Erbarmens kam die vorgenannte Frau in der Hoffnung, ihr Augenlicht wieder zu erlangen, nach Regensburg. Sie trat an das Grab heran, an dem sie vorher so große Wohltaten empfangen hatte. Zunächst reinigte sie sich durch ein Bekenntnis vor den Priestern und tat ganz offen kund, was ihr widerfahren war. Auf den Boden hingestreckt und demütigen Sinns erlangte sie daraufhin von den Bitten des von Gott geliebten Bekenners sogleich unterstützt, durch die Quelle alles Guten das auf üble Weise verlorene Licht ihrer Augen. Dann sagten sie – sowohl die Frau selbst als auch die übrigen, die dies gehört und gesehen hatten – Gott überschwenglichen Dank« (Übersetzung: Robert Köhler).
Wesentlich für das bessere Verständnis dieses dreifachen Mirakels wäre eine genauere Kenntnis der Sittengeschichte des deutschen Klerus im Mittelalter, die aber noch nicht zusammenhängend dargestellt ist. »Was wir jedoch von ihr wissen, erlaubt uns, die besser bekannten italienischen Zustände auch als für hier gültig anzunehmen. Da ist es wichtig, sich zu vergegenwärtigen, daß etwa das Zölibatsgesetz mindestens nicht für den niederen, oft jedoch auch nicht für die höheren Weihegrade verbindlich war. Es war geradezu üblich, daß deren Angehörige verheiratet waren« (Schauwecker, S. 55 f.).

114 KD Regensburg 1, S. 252 f. (Abbildung Tafel XXXI) beschreiben das Hochgrab der sel. Aurelia: »Wahrscheinlich hängt die Legende zusammen mit einem römischen Sarkophag, der im Klosterkreuzgang [St. Emmeram] sich befand.« Nach der Säkularisation, im Jahre 1812, wurde die Tumba von dort in die Kirche übertragen; s. auch Endres, S. 152 ff. (Die Hochgräber von St. Emmeram zu Regensburg). Dort die Diskussion des keineswegs leicht überschaubaren Aurelia-Problems und des Forschungsstandes. Vgl. u. a. Andreas von Regensburg, S. 48, Mausoloeum 1680, S. 71 ff. (Vogl hat im Index irrig: S. 91), Ratisbona Monastica, S. 108 ff. und S. 260 (Erwähnung der Aurelia-Klause), Gumpelzhaimer 1, S. 179 ff., Walderdorff, S. 346 (mit Zeichnung), Bauer, S. 513 f., Regensburg zur Römerzeit, S. 14.
Anton Birlinger erwähnt in seinem volkskundlich so bedeutsamen Standardwerk »Aus Schwaben«, Neudruck Aalen 1969, Bd. 1, S. 43 eine »großspurige« hl. Aurelia: nach der Legende ist sie »mit einem Schritt von Fußach gen Lindau geschritten und so entkommen« (die römische Jungfrau war Christin und mußte fliehen).
Nicht unwesentlich erscheint mir die Fama, die von einem in Regensburg begrabenen »abgesetzten Königs in Frankreich« – Hildericus – weiß, der »ohngefehr ums Jahr Christi 757. allhie begraben worden seyn« soll (J. C. Paricius, 1753, Teil 2, S. 133). Regensburg scheint – wenigstens der Überlieferung nach – als Zufluchtsort von Leuten königlichen Geblüts schon vor Aurelia gedient zu haben.

114/II Andreas von Regensburg, S. 10, Anm.: »Also nicht erst Hochwart bezeichnet Ramwold als patruelis Wolfgangs, wonach Janner 1,361, Anm. 3 zu berichtigen ist.«

115 Weder von der historischen noch von der hagiografischen Forschung wurden die mittelalterlichen Sebaldslegenden bisher exakt untersucht. Selbst Hellmut Rosenfeld spart sie in seinem Standardwerk »Legende« aus. Erst Arno Borst (früher Erlangen, heute Konstanz) hat sie »in einer grundlegenden Untersuchung aus der abendländischen Frömmigkeitsgeschichte ... interpretiert« (Andreas Bauch) und damit ihren bisher kaum beachteten großen historischen Quellenwert erschlossen. In seiner vorbildlichen Arbeit geht er wiederholt auf Regensburg ein.
Einige Tage, bevor ich Borsts sorgfältige Ausführungen studierte, war ich im Regensburger Stadtarchiv in einem Manuskript, einer Abschrift von F. J. Grienewaldts Annales Ratisbonenses aus dem Jahre 1616, auf zwei Sebaldslegenden gestoßen, die hier angesiedelt sind (S. 234f.: Sebald überquert Donau auf seinem Mantel, und S. 235f.: Sebald heilt zerbrochenes Glas). Die Freude über die vermeintliche Entdeckung wurde allerdings dadurch eingeschränkt, daß ich Grienewaldts (so im Titel!) Quelle nicht kannte. Borst nun, dem ich nachstehend im wesentlichen folge, führt eine Reihe von Bearbeitungen der Sebaldslegende auf, in die auch Regensburg einbezogen ist und von denen zumindest eine Grienewaldt, aus dessen Ratisbona (1615) Borst S. 35 und S. 160 zitiert, als Vorlage gedient haben muß. Hier ist an das Leselied »Adonai deus« eines Regensburger Geistlichen (15. Jh.) zu denken, »das nur in der fehlerhaften Abschrift des Regensburger Augustiners Streitel von etwa 1510 [bisher festgestellte Handschrift: Nationalbibliothek Wien, Cod. 3301,f. 265ra-rb] auf uns gekommen ist« (Borst, S. 115), und mehr noch an die von ihm 1510–19 abgeschriebenen Regensburger Teile des »Es was ain kunek ...« (1380–85) im nämlichen Codex (f. 180r).
Während der Verfasser des Leselieds bemüht ist, Wunder in der Ratisbona zu häufen (s. Borst, S. 116) und so den Ruhm Nürnbergs zu schmälern (auch das Eiszapfenwunder und sogar – wie schon in der Lektion Omnia que gesta sunt und in Meisterlins Legenda nova Non minoris; 1483 – das Ketzerwunder sind in die Donaustadt gerückt, ja er geht so weit, daß hier der Mann geheilt worden sein soll, der unschuldig sein Augenlicht verlor und daß Sebald hier bei Lebzeiten, um eine Frau zu bekehren, Käse in Stein verwandelt haben soll), reduziert das Lebensbild »Es was ain kunek ...« und das aus ihm gestaltete »Vita si dominum« beträchtlich: Hier bringt Sebald in Nürnberg – nicht in Regensburg! – im Hause eines hartherzigen Wagners Eiszapfen zum Brennen. Was bleibt, sind die zwei Standardwunder: Mantelfahrt und Glasheilung.
Künstlerische Spiegelungen: Zu Schwäbisch-Gmünd, im Schreyer-Altar eines Dürerschülers – der Altar wurde 1508 am Bestimmungsort aufgestellt – ist Sebalds Leben und seine Wunder dargestellt: eine gemalte Erzählung. Tafel 5 des Legendenzyklus zeigt die Mantelfahrt und die gutgemeinte Bewirtung mit dem Trinkglas. Auf den vier Reliefs von Vischers beeindruckendem Sebaldsgrab, das 1519 in der Nürnberger Sebaldskirche aufgestellt wurde, begegnen beide Episoden nicht.
Zu der Zeit, als sich Regensburg im Rheinischen Städtebund 1256 mit Nürnberg zusammenschloß, fand der Sebaldskult hier seine früheste Heimstätte außerhalb Nürnbergs; »die Regensburger Sebaldskapelle kann nicht lange vor ihrer ersten urkundlichen Erwähnung 1260 gebaut worden sein ... In den ältesten Pfarrverzeichnissen wurde sie zwar genannt, aber literarische Bekundungen aus Regensburg blieben noch geraume Weile aus, nachdem schon Nürnberger Legenden von der Sebaldskirche am Donaustrand erzählt hatten ...« (Borst, S. 35f.). »... Mittlerweile war im Ympnum cantet die königliche Herkunft Abkunft Sebalds behauptet, freilich nicht begründet worden. Aber in Eichstätt wußte man längst, daß Willibald ein ... englischer Königssohn gewesen sein mußte. Wenn Sebald sein Weggefährte war [so in der Legende], stand er ihm gewiß nicht nach; nur las man nirgends, daß auch Sebald

aus England kam. Doch besaß das Nürnberger Augustinerkloster noch im 16. Jahrhundert die Dänengeschichte des Saxo Grammaticus aus dem frühen 13. Jahrhundert, und in deren siebentem Buch erschienen zwei dänische Königssöhne mit Namen Syvaldus aus vorkarolingischer Zeit. Da man in Nürnberg, vielleicht von Italienern angeregt, den Namen des Stadtpatrons bisweilen auch Syboldus schrieb, kam Krauter oder Sauer [Verfasser bzw. Redaktor von »Es was ain kunek zu Tennemarck«] zu dem Schluß, daß der Nürnberger Heilige ein dänischer Königssohn des Frühmittelalters gewesen sei« (Borst, S. 61 f.).
»Als König von Dänemark erschien Sebald auch in Mennels und Pedersens Chronik, in den Holzschnitten Wolgemuts, Dürers und Becks, schließlich auf dem Gmünder Altar von Vischers Gönner Schreyer...« (wie oben, S. 152) sowie in der 1514 bei Hötzel in Nürnberg erschienenen pompösen Paraphrase »Czu den zeiten«, die dem Meister des Schreyer-Altars als Vorlage gedient hatte.
Vorstehende Anmerkung wurde freundlicherweise von Prof. Dr. Arno Borst, Konstanz, auf ihre Richtigkeit hin durchgesehen (»... Anmerkung, in der ich nichts zu beanstanden finde...«). Schreiben vom Dezember 1980.

116 Borst, S. 47: »Die Annahme lag nahe, daß Sebald in einer Stadt, die ihn noch in einer eigenen Kapelle verehrt, einst herbergte und Wunder tat. Die Stadt besaß damals keine Brücke über die Donau. (... die Steinerne Brücke wurde tatsächlich erst nach Sebalds Jahrhundert gebaut.) So mußte der Heilige auf seinem Mantel über den Strom setzen, in ähnlich wunderbarer Weise, wie Theobald von Vicenza einen Fluß überquerte.«
Günter, S. 199 ff. führt weitere Beispiele von Heiligen auf, die trocknen Fusses durch oder über Wasser gehen: Fr. Jakobus von Reate – die Gattin des hl. Isidor – die sel. Jungfrau Comitissa Teliapetra aus Venedig – Willibrord – den hl. Bischof Daniel den Assyrer...
Starken Anklang an dieses Sebaldus-Wunder zeigt die Legende von Hyacinthus Odrovisius, der vor 400 Menschen über die Weichsel schritt und nach der Predigt mit drei Brüdern auf seinem Mantel über den Strom zurückkehrte.
Sepp, S. 305: »So wandelt im Sagenkreise Karls des Großen Rizza zu Koblenz über den Rhein... Königin Bertha geht zu Solothurn trockenen Fußes über die Aar, die Dienerin mußte, wenn sie folgen wollte, ihr auf den Schleier treten.« Nicht zu vergessen Erhard, den auf der Flucht vor den Altheimer Bauern ein Granitstein sicher über die Isar nach Frauenberg bei Landshut trug.
Otto Wimmer (Kennzeichen und Attribute der Heiligen, Innsbruck/Wien/München, 3. Aufl., 1975, TB): »Auf dem Wasser schreiten, ohne unterzugehen, die spätere Äbtissin Adelgundis, als sie der mit ihr beabsichtigten Verlobung entfloh; der Dominikaner Hyazinth von Polen, der auf ausgebreitetem Mantel den Dnjepr [vgl. oben!] überquerend dargestellt wird, was auch von Raimund von Penyafort behauptet wird, der in gleicher Weise von Mallorca nach Barcelona gefahren wäre; der Augustinereremit Johannes von San Facundo (auf dem Meere oder einem Flusse wandelnd); Bischof Konrad von Konstanz mit Bezug auf seine dreimalige Pilgerfahrt ins Heilige Land...« Daß »St. Kunrad ... trockenes Fußes über den Bodensee gegangen«, erwähnt auch Anton Birlinger (Aus Schwaben. Sagen, Legenden..., Bd. 1, Aalen 1969, S. 40. Neudruck nach der Ausgabe Wiesbaden 1874).
Rührend-naiv ist das farbenfrohe Gemälde, das 1980/81 den Bauzaun der Sebalduskirche zu Nürnberg schmückt und von Schülern der Wilhelm-Löhe-Schule gemalt wurde. Es zeigt den Heiligen, wie er über den Strom schreitet.

117 Borst, S. 47: Sebald »konnte Glas reparieren wie der heilige Laurentius. Mögen diese Wunder unserem Autor in Regensburg erzählt worden sein, er besah sie doch mit den Augen eines Nürnbergers. Hier war, als er schrieb, Glas noch eine Kostbarkeit ...«
A.a.O., S. 124: »In der Donaustadt hatte auch die Wiederherstellung des zerbrochenen Glases ihren richtigen, geradezu heilsgeschichtlichen Ort; denn eine gelehrte Anekdote des Mittelalters brachte die Erfindung unzerbrechlichen Glases mit Kaiser Tiberius, dem Gründer von Regensburg, zusammen.«
Günter, S. 128f. führt mehrere Beispiele für die Wiederherstellungslegende an, die den Zustand, nicht das Wesen der Sache verwandelt: »Laurentius machte einen kostbaren Kristallkelch, den der Diakon hatte fallen lassen, wieder ganz ... Die Legende erscheint schon bei Gregor von Tours: Gloria mart. c. 30 ...« Einen verwandten Fall bietet er von dem Prior Nonnosus von Sorakte, dem beim Waschen der gläsernen Lampen eine entfiel und zersplitterte, worauf er den Zorn seines Abtes fürchtend, betete – »und die Lampe war wie zuvor«.
Benedikt stellte ein zerbrochenes Gefäß durch Gebet wieder her, desgleichen Marcellinus von Embrun (gest. um 374) und Abt Odilo von Cluny (gest. 1049). »Der sel. Sanctes von Scotonetto (gest. 1290) gilt gar als Patron für zerbrochene Glocken und Geschirre ...«
Bemerkenswert ist, wie Borst – allein am Beispiel dieser Legende – den Unterschied der Darstellung durch einen unbekannten Bearbeiter des Heiligenlebens (um 1425) zu ihrer Vorlage analysiert: »Der Redaktor formte den Wortlaut des Lebensbildes Es was ain kunek so um, daß der Gegensatz zwischen dem unerbittlichen Heiligen und seiner lauen Umwelt verschwand. Diese Umwelt wurde ernstgenommen; neben den Hochgeborenen kamen die kleinen Leute ausgiebig zu Wort ... Der arme Mann in Regensburg entlieh aus purer Gastfreundschaft ein Trinkglas und spülte es aus, damit der Fremde behaglich trinken könne. Als dem Gastgeber das Glas zerbrach, verdiente er nicht die Strafrede, mit der Sebald in der Vorlage die Hoffart des Regensburgers abgekanzelt hatte; vielmehr half ihm der Heilige wortlos und schnell aus der Not« (S. 98f.).

118 Vielleicht – so vermutet Breatnach, S. 50 – ist Machantinus, der in Teil I des Libellus als früher Ankömmling in Weih St. Peter gerühmt wird, mit einem gewissen Magnald gleichzusetzen, den Aventin in seiner Bayerischen Chronik (Buch 5, Kap. 40) nennt und der nach Aventins Quelle (einer inzwischen verschollenen Marianus-Handschrift, die damals in Walderbach lag) im Jahre 1080 gestorben ist. »Aventin zählt nun diesen Magnald zu den Gefährten des Marianus ...«

119 Breatnach, S. 48: »Das Wunder der aufleuchtenden Finger ist ein Motiv, das auch in der Vita Flannani ... begegnet.« Günter, S. 110 führt dieses Marianus-Wunder ebenfalls auf und erwähnt gleichzeitig eine entsprechende Begebenheit von dem irischen Abt Natalis (5 Finger leuchten ihm zur Arbeit) und dem Abt Fimian, der beim Schein des Zeigefingers schrieb, während ein Bauer, der seine Ochsen im Wald verloren hatte, auf Befehl des hl. Sebaldus seine Hände in die Höhe hielt und bei ihrem Schein die Tiere wieder fand. Günter zieht aus der Fülle des Ähnlichen seine Folgerung: »Wozu die zwei Dutzend weiteren Fälle von Heiligenleuchten ... nur in der ›Goldenen‹ Legende und dem Heiligen-Lexikon aufzählen? Keine bietet irgendwie Neues ...« (ebd.).
Interessant ist die Diskrepanz zwischen der Schilderung der aufleuchtenden Finger in der Schottenlegende (Breatnach, S. 202f.) – auch in der Vita Mariani (Acta SS, Febr. II,

S. 361 ff.) lesen wir von diesem Wunder – und der Darstellung bei Rassler, Teil 2, S. 90 f. Im Libellus (vgl. Breatnach, S. 48 f.) leuchtet die ganze Hand und eine Mesnerin (femina sacrista) entdeckt das Mirakel – immerhin war Niedermünster ein Frauenkloster–, während bei Rassler nur 3 Finger als Ampel dienen und die Rede von einem Mesner ist. (In diesem Zusammenhang sei erwähnt, daß »sacrista« allein sowohl ein Maskulinum als auch ein Femininum sein kann.) Diese ungenaue Überlieferung beweist die Notwendigkeit, sofern es nur irgendwie möglich ist, auf den frühesten nachweisbaren Text zurückzugehen.

120 Während hier die Mahnung, daß man auf heiligem Ort stehe, noch »lieblich« erfolgt, geschieht diese Erinnerung in der Legende vom unbenannten Abt (s. Sage Nr. 133) äußerst schmerzhaft: ein »Glock-Feur« peinigt den, der das Grab des frommen Mannes nicht gebührend ehrt. Noch schlimmer erging es einem Straßenräuber, der einst beim Grab des gottesfürchtigen Königs Wenceslaus IV. stand und etwas Ungebührliches von dessen Tod erzählte: da »drehete sich die steinerne Säule herum, und gab ihm eine Ohrfeige, daß ihm die Augen vor die Füsse fielen« (Hübner, S. 92).
Stahl, S. 125 erklärt, was das »Glock-Feur« ist: »Das ›Plab feur‹ läßt den davon Betroffenen Tag und Nacht nicht zur Ruhe kommen. Es heißt auch das ›gloch feur‹ (Rotlauf).« Bei Schmeller 1, Sp. 969 und 970: »Das Gló-feur, das Rothlauf...« und »Glochfeur, erysipelas, ignis sacer...« Vgl. ebd. Sp. 1467.
Hanns Löhr, Aberglauben und Medizin, Leipzig 1940, S. 57: »Als ein besonderes Kennzeichen eines im umgeborenen Leben zur höheren Harmonie verklärten Leibes gilt der Wohlgeruch... Wunderbarerweise rochen auch die Gebeine der Heiligen nicht nach Verwesung, sondern strömten süße und himmlische Düfte aus. Aus dem Grabe des heiligen Adalbert entquoll nach seiner Öffnung ein so stärkender Wohlgeruch, daß die Anwesenden drei Tage lang keine Nahrung nötig hatten. Bei der Nachgrabung entstieg dem Grabe des S. Severin ein solch angenehmer Duft, daß die Anwesenden sich vor Freude und Bewunderung auf die Erde warfen... Nach Görres ist aller aromatische Wohlgeruch an ein flüchtiges Öl geknüpft...«

123 Karl Bauer, in: 179–1979 Castra Regina, S. 77: »Der erste Abt des Klosters, Erminold, wird als harter, streng an den Regeln der Hirsauer Reform orientierter Klostervorstand geschildert. Wegen allzugroßer Strenge schlug ihn ein empörter Bruder nieder. An den Folgen starb Erminold am nächsten [!] Tag, dem 21. [!] Januar 1121.« Dieses Datum steht im Gegensatz zu dem in der Legende angeführten Sterbetag (Heiligdreikönig), den auch Abt Coelestin im Mausoloeum 1680, S. 184 angibt.
Bei Paricius 1753, Teil 2, S. 501 stoßen wir auf einen Widerspruch, auf den mich Brun Appel, Eichstätt aufmerksam machte. Während Paricius im deutschen Text schreibt, »daß er [= Emmeram] bald darauf, nemlich den 13. Januarii 1121. am Fest der Heil. 3 Könige, als ein Martyrer seinen Geist aufgegeben« – der 13. Januar kann nie das Heiligdreikönigsfest selbst sein, er war allerdings bis zur Liturgiereform der Oktavtag zu Epiphanie! –, nennt er im lateinischen Text, der für die Grabinschrift wiedergibt, eindeutig das Fest der Erscheinung [= 6. Januar] als Sterbetag.
Gumpelzhaimer S. 253 nennt zwar – wie Coelestin und J. C. Paricius – den Namen des Attentäters (»... hat einer Aaron mit Nahmen den rigorem monasticum nit erdulden mögen...«, Mausoloeum 1680, S. 184), aber nicht den Todestag, nur das Jahr.
Rassler, Teil 2, S. 142 f. erwähnt ebenfalls Erminolds Rigorosität: »Auf Geistliche Zucht und Haltung der Regel / ist er sehr streng gegangen / und die Ubertretter ernstlich abgestrafft / von welchem ihme dan noch Gunst / noch Haß einiges

Menschen abhalten konte. Ob er auch schon gegen jederman Freundlich und gütig ware / hat er doch allzeit gegen jenigen / die sich rechtgeschaffen umb Gottes-Dienst und die Vollkommenheit in aller Unschuld annahmen / mehrere Liebe und Zuneigung spüren lassen: dise entgegen den Ungerathenen / so lang entzogen / bis auch sie sich besserten; welches dan allein er suchte / und also nit die Lasterhaffte / sonder nur ihre Laster verfolgte.

Dise seine Weis zu handlen / gleichwie sie bey den Frommen und Eifrigen ihn gantz beliebt gemacht / also wolte sie den Unartigen / unerträglich scheinen; dahero einer auß den Seinigen ihme heimlich nach dem Leben gestellt. Er aber dessen berichtet / hat sich ungescheucht in die Gefahr begeben / und also durch seine Hertz- und Standhafftigkeit / dem Böswicht das Hertz genommen. Hernach aber / hat ein anderer auß seinen eignen Söhnen ein grausame That gewagt ...«

124 Zur lateinischen Vorlage: opilio ist die Dialektform für stadtrömisch: upilio = Ziegenhirt; pharaonizare, vgl. dazu Moses, Exodus 5. Das Wort bedeutet etwa soviel wie: sich aufführen wie Pharao ...
Psalmenschlüssel, von Pfr. Stephan, Lauban ...: »ad excusationes in peccatis (nach dem hebr. Text kann excusare nur bedeuten: ›sich bei einem Fehltritt entschuldigen‹ in dem Sinne, daß man ohne Gewissensbisse frei drauflos sündigt; statt in peccatis heißt es im Hebräischen: in peccatoribus) = damit ... ich nicht (non ist aus dem Vorhergehenden zu ergänzen ...) Frevel begehe mit leichtfertiger Entschuldigung unter den Uebeltätern, d. h. so wie die Uebeltäter, meine Feinde ...«

131 Achim Hubel, der eine bahnbrechende Arbeit über den »Erminoldmeister« erstellte und der so mit dem Kult des »Seligen von Prüfening« eingehend vertraut ist, ist der Überzeugung, daß die Verehrung Erminolds erst unter Abt Ulrich (1281–1306) einsetzte, der eine Vita verfassen ließ und auf dessen Betreiben hin auch nach den Gebeinen gesucht wurde (in: Kraus/Pfeiffer, Regensburg, S. 56). In einem Schreiben vom 30. 4. 1980 resümiert Hubel: »Die Legende zu dem Steinmetzen [richtig: Zimmermann] am Grab des seligen Erminold kann schon aus zeitlichen Gründen nicht zutreffen. Die Gebeine Erminolds wurden nämlich erst im Jahre 1283 nach einiger Suche aufgefunden und durch Bischof Heinrich von Rottenegg feierlich erhoben. Der Kult um Erminold hatte erst kurz vorher (seit 1280) eingesetzt.«
Daß man von einem »offiziellen« Kult erst seit etwa 1280 etwas weiß, schließt m. E. nicht aus, daß sich Gläubige auch schon vorher zu der Stätte begaben, an der Erminold gewirkt hatte. Unser Text stammt etwa aus dem Jahr 1290 und ist von einem anonymen Prüfeninger Mönch; vgl. Acta SS, Januar I (6. Januar), S. 335. Da dieser Autor dem geschilderten Geschehen noch relativ nahe steht, sind seine Ausführungen zum Kult des Heiligen als bedeutsam zu werten und nicht von vorneherein als unglaubwürdig.
Zum Grabmal führt Hubel weiter an: »Um das bekannte Hochgrab waren über 2 m hohe schmiedeeiserne Gitter aufgerichtet. Von einem Baldachin oder einer steinmetzartigen Überbauung des Hochgrabes ist mir nichts bekannt.«
Prof. Dr. Bernhard Bischoff, der große deutsche Kenner des lateinischen Mittelalters, schreibt mir am 17. 8. 1980: »Die ›aedicula cancellerata‹ würde ich als ›durchbrochenen Überbau‹ auffassen, den ›carpentarius‹ als Zimmermann.«
Das Grabmal ist ein überragendes Werk jenes Bildhauers, von dem auch die Verkündigungsgruppe im Dom stammt und der als »Erminoldmeister« bekannt ist. In die Regensburger KD ist die Klosterkirche in Prüfening, in der sich dieses Grabmal befindet, nicht aufgenommen.

132 Wattenbach 1886, 2, S. 340: »Auch den Hof Kaiser Friedrichs, ihres Verwandten, mußte sie [= Mechthildis] eines Rechtsgeschäfts wegen in Regensburg aufsuchen; sterbend ließ sie sich zuletzt wieder nach Diessen bringen, wo sie am 30. Mai 1160 verschied.«
Wattenbach, ebd. S. 340f. tradiert aus Mathildes [sic!] Vita, daß sie sich keineswegs der strengen Regel unterworfen habe. Beweis ist ihm »ihr schönes langes [!] Haar, welches man nach ihrem Tode abgeschnitten hatte und vom Klosterturm auszuhängen pflegte, um Gewitter zu verscheuchen«. Vgl. Sepp, S. 311f. Der Herausgeber der Schöppnerschen Neuauflage verweist in Bd. 1, S. 243, Anmerkung, auf das in »Zimmermanns Geistl. Kal. I., 138« aufgeführte Mechthildis-Wunder.
Wasser-in-Wein-Wunder kennen wir auch von dem im Vintschgau geborenen hl. Florinus, von Abt Waltho von Wessobrunn und aus der Emmeramslegende; s. Nr. 64; ein umgekehrtes Wunder aus der Schottenlegende, s. Breatnach, S. 21, 55 und 274: Auf ein Festmahl des Bischofs Emricus (= Embricho) in Würzburg eingeladen, vollzieht Frater Macharius (= Makarius), der Subprior des Regensburger Klosters St. Jakob, dem – s. Breatnach, S. 264 – der hl. Kilian im Traum erscheint, um ihm zu sagen, wo er den Tag der Auferstehung erwarten solle (wer denkt da nicht an das soloriens-Mirakel des Marianus!), ein Kilianiwein-in-Wasser-Verwandlungswunder. Vgl. Schöppner 1, Nr. 247.

133 Mausoloeum 1680, S. 205f. – und danach Ratisbona Monastica, S. 296f. – terminiert das Geschehen etwa um 1217.
Ebd.: ». . . hat man ihn todt gefunden/umb seinen blossen Leib ein eysene Kette / und umb den Halß ein Kappen von Haylthumb hangen. Der Hertzog liesse den Cörper in die Thumb-Kirchen mit Ehren zur Erden bestättigen / da er mit Wunderzaichen geleichtet.«
Was ist mit Kappen gemeint? s. Schmeller 1, Sp. 1268f. Dort: »Schueler und Priester truegen Kappen [= Mannsmantel] an.«

134 Berthold von Regensburg – s. Schwaiger 2, S. 163ff. –, ein Freund und Zeitgenosse des hl. Albertus Magnus, kann man »den größten, edelsten Gestalten der deutschen Kirche des bewegten 13. Jahrhunderts zurechnen«.
»Als historisch gesichert darf gelten, daß Berthold in Regensburg geboren wurde, wohl im ersten Jahrzehnt des 13. Jahrhunderts. Name, Stand und Familienverhältnisse sind uns nicht bekannt . . . Wahrscheinlich besuchte er in den Jahren 1231 bis 1235 das Studium provinciale der Minoriten in Magdeburg . . . Wo sich Bertholds Leben aus den Quellen verfolgen läßt, sehen wir ihn mitten in der öffentlichen Wirksamkeit« (a.a.O., S. 165).
Berthold gilt als der berühmteste deutsche Volksprediger des Mittelalters. Eine ungewöhnliche Anziehungskraft muß von ihm »auf die Menschen seiner Zeit ausgegangen sein. Das Volk sah in ihm einen heiligen Gottesmann. Es war nicht nur die Kraft seines Wortes, nicht nur seine bildhafte, dem Volk unmittelbar zugehende Sprache, es war vor allem die Lauterkeit seines Charakters, seine große, vom Geist Christi geprägte Persönlichkeit, die ihm die Herzen gewann. Berthold verkündete die evangelische Botschaft in seine wirre, von Untat und Gewalt gezeichnete Zeit hinein, und so wurde er zum flammenden Anwalt der Armen, Unterdrückten, Ausgebeuteten. Die sozialen Mißstände prangerte er gelegentlich schonungslos an . . . In seinen bildhaften Predigten steht die ganze mittelalterliche Gesellschaft, bis zu Papst und Kaiser hinauf, leibhaftig vor Augen.
Auf diesem Hintergrund wirkt das vielfache hohe Lob von Zeitgenossen und Späteren

auf den Prediger Berthold nicht als Übertreibung. Lamprecht von Regensburg nennt ihn den ›suzzen Pertholt‹. Heinrich von Meißen rühmt: ›Man vindet bruoder nicht als bruoder Bertholt war.‹ Und der gelehrte, kritische Zeitgenosse Roger Bacon spendet ihm das schönste Lob: er habe durch seine Predigten mehr gewirkt als alle anderen Prediger der Minderen Brüder und des Predigerordens zusammen.
Der tiefe Eindruck, den Berthold im Volk hinterließ, spiegelt sich trefflich auch in einem Kranz von Anekdoten und Legenden. Darin geht es wieder vornehmlich um sein Eintreten für arme, geplagte Leute . . .« (a.a.O., S. 168 f.).
Am 13./14. Dezember 1272 starb Berthold in Regensburg. »Sein Leichnam wurde im Chorumgang der Minoritenkirche St. Salvator zu Regensburg in der St. Onuphrius-Kapelle beigesetzt, von Wallfahrern bis aus Ungarn noch in der Zeit Aventins († 1534) hochverehrt . . . 1838 [nach der Profanierung von St. Salvator] wurde der alte Glasschrein mit den Reliquien . . . dem Domschatz zu Regensburg einverleibt. Auch die mittelalterliche Grabplatte konnte schließlich geborgen werden. Sie befindet sich heute wieder in der ehemaligen Minoritenkirche zu Regensburg, die mit den anstoßenden ehemaligen Klostergebäuden das Stadtmuseum beherbergt« (a.a.O., S. 170). Abb. von Bertholds Grabstein bei Bauerreiss 4, nach S. 48.
Geradezu spektakulär war der Zulauf des Volkes zu seinen Predigten. Andreas von Regensburg, S. 62 z. B. berichtet davon: »Anno domini 1251. frater Berchtoldus nacione Ratisponensis ordinis fratrum minorum predicare cepit. Ad cuius predicacionem dicuntur aliquando 100 milia [= 100 000] hominum confluxisse.« Vogl, Mausoloeum 1680, S. 207 weiß zudem: »Er hatte einen Prophetischen Geist / und bestättigte sein Lehr mit Wunderzaichen.«
Eine vollständige Ausgabe seiner deutschen Predigten in 2 Bänden wurde herausgegeben von F. Pfeiffer (I) – J. Strobl (II), Wien 1862 und 1880, Neudruck Berlin 1965.

135 Rader 1615, Bd. I, Bl. 153 zeigt auch eine Predigt Bertholds, der – ein »sacer orator« – mit dem Blitz seiner Zunge (»fulmine linguae«) die Verbrecher niederstreckte.

136 Obwohl bei dieser Sage kein Ort des Geschehens angegeben ist, nahm ich sie auf, veranlaßt durch eine Notiz bei Gumpelzhaimer 1, S. 190: Albertus habe sich während seines Episkopats die meiste Zeit zu Donaustauf aufgehalten, und dort auf seinem Schloß soll er »ein Automat erfunden haben, das einige Buchstaben aussprechen konnte«.
In der informativen Albertus-Magnus-Ausstellung des Diözesanmuseums Regensburg (Sommer 1980) befand sich ein Exponat, das diese Sage zu illustrieren vermag: Es handelt sich um ein dem Dominikanerinnenkloster Hl. Kreuz gehörendes Holzrelief vom Sockel des Hochaltars der Kirche Hl. Kreuz. Es ist von Simon Sorg nach der Vorlage eines Klauberschen Kupferstichs gefertigt und zeigt, wie Thomas von Aquin die von seinem Lehrer Albertus in dreißigjähriger Arbeit geschaffene sprechfähige Statue zerschlägt.

137 Als Podlaha – der damalige Bibliothekar der Prager Kathedralbibliothek – 1905 die »Zwei Legenden über das Leben des Laienbruders Friedrich von Regensburg« herausgab, wies er im Vorwort dazu auf die Bedeutung seiner Arbeit hin, die um so mehr an Interesse gewinne, »da der Augustiner-Orden in Bayern gegenwärtig die Seligsprechung dieses seines früheren Mitglieds betreibt. Der Prozeß wird in der Form pro casu excepto geführt. Es hängt also alles davon ab, Beweise zu erbringen, daß

Friedrich bisher schon kirchliche und private Verehrung als Seliger genoß. Und einen solchen Beweis, und zwar von nicht geringem Werte bringen auch unsere Legenden«. Die Legenden sind in einem Konvolut (Signatur: J 2 Inc.) in der Prager Metropolitan-Domkapitel-Bibliothek enthalten, dessen Schlußteil eine 31 Blätter umfassende Papierhandschrift bildet: die Seiten 28–33 enthalten die Legende in deutscher Sprache (Vorrede dazu auf S. 2), während von S. 4 bis 26 abwechselnd immer auf je einer Seite eine die ganze Seite einnehmende Federzeichnung folgt und auf der nächsten ein Teil der lateinischen Legende, der die auf der vorhergehenden Seite dargestellte Szene erklärt. »Als Verfasser der Handschrift ist ohne Zweifel der Prior des Regensburger Augustiner-Stiftes Hieronymus Streitel zu bezeichnen ... Auch die Jahreszahl 1519, die sich am Ende der ›Conclusio‹ der lateinischen ›Vita‹ befindet, steht mit der Zeit der Tätigkeit des Hieronymus Streitel im Einklang« (Podlaha, S. 13). Podlaha führt weiter aus: »Die Handschrift gelangte wahrscheinlich bald, nachdem sie niedergeschrieben war, als im XVI. Jahrhundert infolge der Reformation über das Regensburger Kloster manches Mißgeschick kam, auf Umwegen nach Prag in den Besitz des Propstes Berthold Pontan, und erst durch diese Publikation wird sie wieder der Vergessenheit entrissen« (S. 13f.).
Warum Podlaha, der den lateinischen Text der Legenden darbietet, deren Anzahl mit zwei angibt, bleibt mir unerfindlich. Er meint damit wohl die ausführliche Schilderung des Verwandlungswunders (... fragmenta panum in carpentas conversa) und das vom Entzug der Hostie. Wo aber bleiben dann Faß- und Rosenwunder u. a.?
Endres, S. 41 ff. bezieht sich in seinem kurzen Beitrag »Die Klause von St. Georg am Wiedfang in Regensburg« auf die Friedrich-Biografie von Streitel und deren Herausgabe durch Podlaha. Bauer erwähnt sie S. 113.
Mausoloeum 1680, S. 236 würdigt den Bruder Friedrich nur knapp. Rassler 2, S. 270 gibt als seine Quelle an: »Conrad. Schleier Prior ad S. August. Ratisbonae«. Die Ausführlichkeit der Streitelschen Darstellung erreicht sein Text allerdings nicht.
Schmeller 2, Sp. 483 bringt einen Beleg von P. Abraham: »Der selige Fridericus zu Regenspurg hat das Brod in Holzschaitten verkehrt.«
Ähnliche Verwandlungswunder kennen wir aus den Legenden von: Elisabeth von Thüringen – Gunthildis von Biberbach (bzw. Laubenthal) – Marholdus von Indersdorf – Notburga aus Rattenberg am Inn (eine große Wandtafel mit den ihr zugeschriebenen Wundern befindet sich in der Salvatorkirche in Mainburg).

138 Das gleiche Wunder wird dem Freisinger Bischof Korbinian zugeschrieben (Peter Stockmeier, in: Schwaiger 1, S. 124f.).

139 Ein entsprechendes eucharistisches Wunder kennen wir vom hl. Stanislaus Kostka, dem ein Engel die hl. Kommunion reichte, »nicht etwa, weil – wie bei Wüstenheiligen – eine dringende Notwendigkeit bestanden hätte, sondern als Auszeichnung für die Devotion gegenüber dem Sakrament« (Eucharistia. Deutsche Eucharistische Kunst. Ausstellungskatalog München 1960, S. 27f.).
Rader 1615, Bd. I, Bl. 156 zeigt, wie ein Engel Friedrich die Hostie bringt. Nämliche Darstellung auch bei Rassler, Teil 2, S. 271. Beeindruckend die Milieuschilderung des Holzschupfens.

140 Podlaha, S. 17 gibt aus dem Prager Konvolut eine reizvolle Federzeichnung wieder: das Rosenwunder. Der Prager Bibliothekar führt zu den Federzeichnungen des Sammelbandes, die die jeweilige Legende illustrieren, aus: »Die Federzeichnungen sind von einer sehr geschickten Hand ausgeführt. Es ist kein Zweifel, daß dieselben

eine Nachbildung jenes Gemäldes sind, das im Jahre 1481 vom Prior Konrad Schleier am Grabe des sel. Friedrich angebracht wurde und von dem der Verfasser der Legende [= Streitel] ausdrücklich sagt, daß er es gesehen hat (›In ainer kirch ich funt zu den Augustinern gemalt wol in ains laijbruders gestalt . . .‹). Die Zeichnungen stimmen – was die Komposition anbelangt – mit dem Kupferstiche, der sich auf der S. 33 des Werkes des Felix Milensius Ord. Erem. S. Augustini ›Alphabetum de monachis et monasteriis Germaniae . . . ordinis Eremitarum Sancti Augustini‹ (Pragae 1613) befindet, im Wesentlichen überein, tragen aber den Charakter des Anfanges des XVI. Jahrhunderts deutlich an sich, der in der erwähnten späteren Kopie bereits fehlt« (Podlaha, S. 7 f.).
Bei der erwähnten Federzeichnung vom Rosenwunder kann man m. E. nicht von der geschickten Hand des Ausführenden sprechen. Vielmehr beeindruckt die Zeichnung durch ihre Naivität, die sie aus einer rührenden Unbeholfenheit gewinnt.

141 »Eine besondere Entwicklung erlebte das Klausnertum im alten Regensburg. In St. Emmeram . . . ist eine ziemliche Anzahl von Inklusen dem Namen nach bekannt. Eines der herrlichsten Hochgräber dieser ehemaligen Abteikirche ist einer Klausnerin, der seligen ›Aurelia‹, gewidmet. In Obermünster sieht man noch den Grabstein des seligen Klausners Mercherdach. Zu Niedermünster hatte dereinst der selige Marianus gelebt . . . Sie beide waren beteiligt an der Begründung einer ganzen Kolonie von schottischen Klausnern bei Weih St. Peter im Süden der Stadt. Eine Vorstellung von ihrem Zusammenleben ermöglicht die Regensburger Schottenlegende . . . Klausnerinnen wohnten hinter Niedermünster über der Erhardikrypta als sogenannte Erhardinonnen« (Endres, S. 41). Weiter geht der u. a. als philosophischer Lehrer an der Regensburger Hochschule und als Vorstand des Historischen Vereins (1918–1923) eng mit Regensburg verbundene Autor, ein Priester übrigens, wie so viele andere gute Heimatforscher (J. Dahlem z. B.), auf die Frage ein, welche architektonischen Spuren von dem Dasein dieser Klausner Zeugnis geben und belegt, daß auch die aus dem 12. Jahrhundert stammende Doppelkapelle von St. Georg am Wiedfang in ihrem kreuzgewölbten Obergeschoß die Zelle einer Klausnerin barg . . .
Möglicherweise die vage Erinnerung an diese Klausnerin ist schuld an folgender Fehlinformation: Rosa Nickl, die ich en-passant auf der Straße kennenlerne, wohnt Am Wiedfang 1 (F 50). Sie sagt, dort, habe man ihr erzählt, seien die Klosterfrauen, die sich etwas zuschulden hätten kommen lassen, eingemauert worden. Und als sie eingezogen sei, hätte man sie scherzhaft gewarnt, deswegen nicht in den Keller zu gehen. – Daraufhin besuche ich das Haus. Die Hausfrau (Meier) sagt, sie wisse nichts. Daß unweit von diesem Haus – bei St. Georg am Wiedfang (Goldene-Bären-Gasse 7, F 56) – einst eine Klausnerin lebte, dafür konnte Endres – wenige Jahre nach der Wiederentdeckung der Kapelle – den Nachweis erbringen (Bauer, S. 113).

144 »Weihbischof E. A. v. Wartenberg erhob im Jahre 1684 die sterblichen Reste Friedrichs und setzte sie unter einem Altar der Augustinerkirche bei, die wegen angeblicher Baufälligkeit 1838 dem Abbruch anheimfiel. Die Gebeine Friedrichs wurden nun abermals erhoben und in der 1855 neuerbauten Kreuzkapelle . . . an der Oberen Bachgasse (Nr. 5) geborgen. Damals fand man auch die Zinnplatte, die bei der 1684 erfolgten Umbettung der Gebeine schon einmal zum Vorschein gekommen war. Die lateinische Inschrift der Platte lautet zu deutsch: ›Der Leib des seligen Friedrich, Laienbruders aus dem Eremitenorden des hl. Augustin, eines der ersten Professen dieses Klosters bei St. Salvator; berühmt durch die Gabe der Weissagung und Wunder, ist er im Jahre des Heils 1329 selig entschlafen.‹ Die Augustinermönche, die seit 1910 an der Cäcilienkirche wirken, ließen die Überreste ihres seligen Mitbruders dorthin übertragen. Seit 1913 steht auf dem Altar des östlichen Seitenschiffes ein Metallschrein, hinter dessen Verglasung die Reliquien des seligen Friedrichs zur Schau gestellt sind. Ein Ölbild mit dem überlebensgroßen Porträt des Seligen füllt die Altarnische. Beiderseits der Darstellung reihen sich je sechs Medaillons mit Bildern von Wundern, mit denen Gott das tugendhafte Leben Friedrichs auszeichnete. Schrifttafeln geben Erläuterungen zu den jeweiligen Szenen. Prior Konrad Schleier ließ das Bild 1481 in Anlehnung an einen Kupferstich anfertigen« (Bauer, S. 517). Paricius 1753, Teil 2, S. 426f. detailliert die Begebenheit: er gibt 1684 als Jahr des Geschehens an und nennt auch den Namen des Priors, der »nachsuchen« ließ: Columbanus Humpel.

148 »Ob die bayerische Besitznahme ehemals langobardischen Landes friedlich vor sich ging, wissen wir nicht. Lediglich die Sage weiß von Kämpfen; die Kaiserchronik des zwölften Jahrhunderts kennt einen Bayernherzog Adelger, der ein römisches Heer bei Brixen besiegt, seinen Speer am Haselbrunnen in die Erde gestoßen und dabei gerufen habe: ›Daz lant hân ich gewunnen, den Baieren zu êren, diu marke diene in iemer mêre‹« (K. Reindel, in: Spindler 1, S. 109). Zum Wert der Sagenüberlieferung s. Richard Heuberger, Die Sage vom Herzog Adelger (Theodo) u. Die Schlacht bei Brixen. In: Der Schlern 4, 1923, S. 72ff.
K. Reindel, a.a.O., S. 75 gibt den Inhalt der Sage frei wieder: »Herzog Theodo (nach einer anderen Überlieferung Adalger genannt) sei 512 von Theoderich im Auftrag des Kaisers Anastasius (der auch Severus genannt wird) nach Rom berufen worden, dort sei ihm als Zeichen der Abhängigkeit Haar und Gewand abgeschnitten worden und er habe auch Zins zahlen müssen. Doch noch im Jahre 512 hätten die Bayern in einer Schlacht bei Oetting (anders Brixen) die Römer besiegt und sich von deren Herrschaft befreien können.«
E. Schröder, für den die Adelgersage eines der »kostbarsten und schönsten Glieder« der Kaiserchronik ist, führt S. 47 dazu aus: »Überall stossen wir in der reichsgeschichte auf bairische sagen und bruchstücke von solchen. Die interessanteste und ausführlichste derartige sage aber findet sich im ersten teile des werkes: ich meine die unter die regierung des kaisers Severus verlegte geschichte von dem Baiernherzog Adelger v. 6624–7135. Hier ist der bairische localpatriotismus bis zur überschwänglichkeit gesteigert: der versuch des römischen kaisers, die selbständigkeit des herzogs von Baiern zu brechen, führt zu einem grossen kriege, in welchem Adelger mit seinen getreuen an allen grenzen des landes... siegreich ist... In dieser erzählung nun wird zwar Regensburg mit keinem worte genannt, wol aber wird die stadt als hauptstadt des Baierlandes stillschweigend vorausgesetzt, so dass die sage in Regensburg selbst ausgebildet zu sein scheint...«
S. auch Handwörterbuch der Sage, 1. Lieferung, Sp. 106: Adelger. Hier wird er als Kaiser aufgeführt.
Falckenstein, Antiquitates et Memorabilia Nordgaviae veteris..., Teil 2, S. 99f. bringt (nach Arnpeck) eine von der Grimm'schen Fassung abweichende Parabel. Hier wird der Kaiser mit einem Bären verglichen, Theodo mit einem Hirsch, und der Fuchs ist in diesem Fall ein böser Ratgeber.
Vgl. Aventin, Bayerische Chronik, Buch 1, Kap. 72, S. 164 (Adalger, Sohn des Königs Ingram) und ebenfalls im 1. Buch, S. 166, 168, 169, 173.
Vgl. Aventin, der im 3. Buch seiner Bayerischen Chronik (Kap. 13ff.) den erfolgreichen Widerstand des Bayernherzogs Dieth II. gegen den römischen Kaiser Anastasius und seinen Statthalter Dietrich von Bern beschreibt. Ebd. in Kap. 20, S. 28 berichtet er

von der Grenzsetzung Dieths »zwischen Potzen und Trient bei dem Eselbrun...«.
Bedeutsam ist Aventins abschließende Aussage (Kap. 21, S. 29): »Von disen dingen und sachen allen sein noch gar alt teutsch reim und maistergesäng verhanden in unsern stiften und clöstern, dan solche lieder allain sein der alten Teutschen chronica, wie dan bei uns noch der landsknecht brauch ist, die alwegen von iren schlachten ain lied machen. Also ist sunst kain alte teutsche schrift verhanden, es haben sunst die alten Teutschen gar kaine braucht dan was die alten reimen und lieder sein.«
An anderer Stelle – in: Herkommen der Stadt Regensburg, S. 259 – zeigt der große Abensberger noch einmal seine Wertschätzung für diese Überlieferungen: »Es künd auch einer bei unsern zeiten kain loblicher werk tun, kain pesser loblicher buech schreiben, er brecht dan die alten lieder, überal von den schlachten gemacht, zam... das seind der gar alten Teutschen wârhaftige chronica...«

149 Ludwig Schrott, Herrscher Bayerns (3. Aufl., München 1974), S. 15: »Der bayerischen Selbstbehauptung ganz allgemein gelten die Verbindungen zwischen dem bayerischen und langobardischen Fürstenhaus. Unser erster greifbarer Herzog Garibald ist mit Waldrada, der Tochter des Langobardenkönigs Wacho und Witwe des fränkischen Königs Theudebald vermählt. Er verheiratet seine ältere Tochter an den langobardischen Herzog Ewin von Trient. Die jüngere, Theodelinde, wird zunächst mit dem Frankenkönig Childebert verlobt; die guten Beziehungen nach dem Westen sind ja auch traditionell. Schließlich wird aber am 15. Mai 589 der König der Langobarden Authari Theodelindes Mann... Der historische Authari ist schon im Jahr nach seiner Eheschließung in Pavia gestorben. Theodelinde wird nun Gemahlin des Langobardenkönigs Agilulf. In ihr muß man die erste persönlich scharf umrissene Gestalt aus dem Haus der Agilolfinger sehen.«
A. W. Ertl, Denkwürdigkeiten 1977, S. 55, der allerdings die Hochzeit vage um das Jahr 590 ansetzt, erinnert daran, »wie der Hl. Papst Gregorius diese Königin hochgeschätzt, sie mit vielen andächtigen Briefen bedacht und als einen neu aufgehenden Morgenstern des Christentums herausgestrichen«.
Das Geschehen um die Brautwerbung hat erstmals Paulus Diaconus, der seit 782 von Karl d. Gr. wider seinen Willen längere Zeit als Gelehrter am Aachener Königshof festgehalten wurde, in seiner zwischen 787 und 797 geschriebenen Historia Langobardorum niedergelegt. Ebran (s. d. S. LXXII), der ihn »nebst Andreas für die Geschichte Theodelindens zugrunde legt«, spart die eigentliche Sage aus: »von dem heirat ander vil schreiben, das ich von kurtz under wegen lasse« (Ebran, S. 42), indes Füetrer, S. 26 f., der auch auf Andreas fußt, die wohl reizvollste Version bringt: »Als aber der getrunken hett...«
Vgl. Handwörterbuch der Sage, 1. Lieferung, Sp. 166: »Bei der Hochzeit Autharis mit Theudelinde schlägt der Blitz in ein Stück Holz im königlichen Hof; dem Agilulf wird daraufhin geweissagt, daß nach kurzer Zeit Theudelinde seine Frau werde, Authari stirbt 590, und Theudelinde erwählt A....«

150 »In einem Vortrag anläßlich der 1100-Jahr-Feier des Todes Karls d. Gr. sprach Wilhelm Scherer von einem tiefen, lange nachwirkenden Eindruck, den die geschichtlichen Beziehungen Karls zu Regensburg hinterlassen haben. ›Hier ist geradezu der Herd der Karlsdichtung in Deutschland, hier hat Konrad sein Rolandslied verfaßt, hier ward die Kaiserchronik gedichtet, hier ist die ›Geschichte Karls d. Gr.‹ [= Schottenlegende] entstanden, deren eine Handschrift unbegreiflicherweise bis nach London gelangte...‹« (Greiner, S. 1). Vgl. Kraus, Civitas Regia, S. 13 f.
Füetrer, S. 82 polemisiert gegen einen angeblichen Kampf Karls vor Regensburg,

insbesondere wohl gegen die bei Stuchs gedruckte »loblich legend«. Der Landshuter Historiker läßt wissen, daß er »vil vorsch selb zu Regenspurg in den klöstern in iren libereien davon gehabt«, aber in keiner bewährten Chronik gefunden habe, »das kaiser Karell vor Regenspurg ye schwert durch streit erzogen hab...«
Ekkehard Schenk zu Schweinsberg, S. 39 bezieht sich auf obige Stelle: »Trotz der repräsentativen Stellung der Legende ist es auch Zeitgenossen nicht immer entgangen, auf wie schwachen Füßen der Bericht von der Schlacht Karls vor Regensburg steht. Füetrer... tritt in seiner 1481 abgeschlossenen Chronik ausdrücklich gegen die Legende auf...«
Apodiktisch sagt es Aventin: »... Es hat kaiser Karl nie kein schwert umb Baiern und die stat Regenspurg außzogen, hats auch nit zum glauben bracht...« (Herkommen der Stadt Regensburg, in: Sämtliche Werke, Bd. 1, 1. Hälfte, S. 294).
In der Tat hat es nie eine Karlsschlacht bei Regensburg gegeben. Zur Entstehung dieser Legende, durch die der volle Glanz kaiserlicher Auserwählung auf Regensburg überströmen sollte, s. Kraus, Civitas Regia, S. 87 u. a.
Anhand der hier aufgenommenen Sagen und Legenden aus den Gesta Caroli Magni – allein an diesem Werk scheitern die exakten Trennungsversuche zwischen Sage und Legende; beide gehen darin eine oft unentwirrbare Verbindung ein – läßt sich Lutz Röhrichs Ansicht (in: Sage und Märchen, S. 110) widerlegen: »Vergleicht man die Sagen um Karl d. Gr. mit den französischen Karlssagen, so sieht Karl d. Gr. in der französischen Sage allerdings ganz anders aus als in der deutschen. In der französischen Überlieferung ist er der große Glaubensheld im Kampfe gegen das Heidentum, der Beschirmer Frankreichs gegen die Sarazenen, ein Ideal des Rittertums. In der deutschen Sage ist er das Ideal aller wahren Herrschergröße, der Schöpfer und Beschirmer insbesondere des Rechts...«
Karl d. Gr. wird in den Gesta ausdrücklich als »Freund Gottes« apostrophiert, er ist – durch himmlischen Beistand – der souveräne Sieger über den Paganismus. »Dicker auftragen« können auch die französischen Karlssagen nicht, wenn es darum geht, ihn als Glaubensheld herauszustellen. Ob diese Charakterisierung in den Gesta aber auf französischen Einfluß zurückgeht (s. Breatnach, S. 42), dies zu erforschen, sei einer detaillierten Untersuchung überlassen.

151 Karls d. Gr. Verbundenheit mit Regensburg ist unübersehbar. Er »erhob den Herzoghof zur wichtigsten Königspfalz im süddeutschen Raum. Hier hielt er mehrfach Reichsversammlungen ab; von hier aus zog er gegen die Avaren und Böhmen« (Max Piendl). Und unter den bayrischen Konventen scheint Karl außer Niederalteich nur St. Emmeram seine Gunst zugewandt zu haben; in St. Emmeram zeigt eine prunkvolle Stuckfigur von Egid Quirin Asam ihn als »protector monasterii...«. Es wurde von ihm mit einer Schenkung unterstützt, weil es – wie Semmler annimmt – Besitz in den »loca Avarorum« erworben hatte (Josef Semmler, Karl der Große und das fränkische Mönchtum, S. 228. In: Mönchtum und Gesellschaft im Frühmittelalter).
Die Urkunde vom 22. 2. 794 über diese Schenkung eines dem Kloster anliegenden Stück Landes, der sogenannten Emmeramer Breite, befindet sich im Bayerischen Hauptstaatsarchiv (Kaiserselekt 2). Sie ist eine der ältesten Königsurkunden Bayerns.
Während Otto von Freising noch aus der ganzen Epoche Karls d. Gr. kein Ereignis erwähnt – er ist überwiegend an der heilsgeschichtlichen Bedeutung der Vorgänge orientiert (A. Kraus, Civitas Regia, S. 69) –, konzentriert sich, als das Regensburger Selbstverständnis am Ausgang des hohen Mittelalters zur letzten Steigerung kommt,

das Bewußtsein besonderer kaiserlicher Nähe auf eine einzige historische Gestalt, auf Karl d. Gr., dessen Bild nun in der Legende (ebd. S. 73) verdichtet wird. Die Regensburger Schottenlegende, der der folgende Zyklus entnommen wurde, ist die Geschichte des Heidenbekehrers Karl...»Dem Verfasser geht es aber in Wirklichkeit darum, mit der reich bewegten, farbigen und abenteuerreichen Erzählung die Gründung des Regensburger Schottenklosters um Jahrhunderte vorzuverlegen und auf Karl d. Gr. zurückzuführen... Wie aber einst St. Emmeram mit der Dionysius-Legende nicht nur das eigene Kloster erhöht hatte, sondern mit diesem auch die Stadt Regensburg an dem Anspruch beteiligt hatte, der mit dem Besitz des Leibes des Dionysius Areopagita verbunden war, so strömt auch jetzt der volle Glanz kaiserlicher Auserwählung auch auf Regensburg über...« (ebd. S. 86f.). Die Auserwählung Regensburgs geschieht in einem heilsgeschichtlichen Vorgang: Karl d. Gr. wird durch eine Vision aufgefordert, Regensburg zu retten...

Vgl. dazu Aventin, Herkommen der Stadt Regensburg (Sämtliche Werke, Bd. 1, 1. Hälfte), S. 296: »Es stên in der lugent drauß zu Weich S. Petter noch wol mêr lugen, als das die Schotten zu kaiser Karls zeiten her kumen solten sein, so sie erst... 1070 her sein komen.« Er schließt seinen kritischen Ausfall: »... selzame gedichte märl hört der gemain narret man lieber dann die wârheit« (S. 297).

Die schon bei Notker sichtbar werdende Legendenbildung um Karl hat durch »die Förderung der Kirche eine bedeutende Entwicklung genommen. Die Kirche sah in Karl das Symbol der weltlichen Macht, die sich in ihren Dienst stellt und von Gott bestätigt wird« (Elisabeth Frenzel, Stoffe der Weltliteratur, Stuttgart 1962, S. 344).

Breatnach, S. 46 f.: »Die Bestimmung der Lage des Collis Victorie [= Siegeshügel], auf dem nach unserem Text die Kirche zu Weih St. Peter gestanden hat, ist problematisch, da Weih St. Peter im Jahre 1552 spurlos zerstört wurde (vgl. Paricius, Allerneueste Nachricht S. 320). Heuwieser... hat den Namen als ›eine Latinisierung der Ortschaft Ziegetsdorf südlich von Regensburg‹ erklärt, wobei das Element Zieget (= ›Föhre‹) als ›Sieg‹ mißverstanden wurde. Nun liegt Ziegetsdorf genau gesagt südwestlich der Stadt Regensburg, während nach allgemeiner Auffassung Weih St. Peter genau südlich der Stadt und zwar nicht weit vom heutigen Bahnhof entfernt stand (vgl. Karl Busch, Regensburger Kirchenbaukunst 1160–1280, Verh. d. hist. Ver. v. Oberpf. und Regensburg 82, 1932, 39–43). Auch im Libellus liegt die Kirche zwischen der Stadt und dem Galgenberg (Mons Civium), der südlich des heutigen Bahnhofs liegt. So muß der Ursprung des Namens Collis Victorie weiterhin unklar bleiben.«

Endres, S. 168, der – wie Heuwieser – fraglicherweise collis victoriae mit Ziegetsberg gleichsetzt, trifft dennoch eine gültige Aussage: »Dem Einheimischen kann bei der Lektüre der Schottensage nicht entgehen, daß sie die ganze Topographie im Süden von Regensburg in ihren Bereich zieht und in ihrem Sinne verwertet.«

154 »Der Verfasser [der Schottenlegende] folgt ganz eindeutig einer schriftlichen Vorlage und dazu völlig unkritisch, wie einige sachliche Unrichtigkeiten beweisen, die zu verbessern ihm sicher nicht schwer gefallen wäre. Dabei ist besonders auf die Identifizierung der Bewohner Bayerns mit den Hunnen hinzuweisen, ein Lapsus, den er von sich aus kaum begehen konnte, den er bei ein wenig Kritikvermögen aber bestimmt ausgemerzt hätte. Der Verfasser der italienischen Karlserzählung [vgl. aber Breatnach, S. 5, der die von Dürrwaechter vorgetragene Hypothese einer italienischen Vorlage als ohne Grundlage negiert] scheint hier den Bericht von Karls Kampf gegen die Awaren, der in Bayern ausgetragen wurde und den die französische wie die deutsche Karlsliteratur kennt, mißverstanden zu haben, da er schließt, daß die Hunnen bis zur Zeit Karls Bayern bewohnten« (Greiner, S. 25).

157 Interessant ist – ich folge hier Greiners Ausführungen (S. 58f.) –, wie sich Konrad von Megenberg, trotz gelegentlicher Kritikansätze, hütet, die Kernpunkte der Legende in Frage zu stellen. Regensburg war keineswegs bis in die Zeiten Karls hinein heidnisch. Das wußte auch Konrad. »Doch Konrad fühlte wohl, wie wichtig gerade diese Stelle für die Glaubwürdigkeit der ganzen Legende ist« (Greiner, S. 59). »Konrad nimmt sich die Freiheit, in den in der Stadt Zurückgebliebenen Christen zu sehen. Der Verfasser der Gesta hatte sie zwar nicht ausdrücklich als Heiden bezeichnet, gab aber auch keinerlei Hinweis, der die Interpretation Konrads bestätigen könnte. Dieser riskiert wohl bewußt den anfechtbaren Kunstgriff und entwickelt seine These von der Mischbevölkerung, die das unüberwindlich scheinende Problem löst.
Eine christliche Minderheit, von den reichen und mächtigen Heiden zu politischer Bedeutungslosigkeit verurteilt, bleibt mit ihrem Bischof in der Stadt zurück, als sich die Heiden unter dem Eindruck der Übermacht Karls absetzen. Dieser hat nun nach der Einnahme der Stadt die Bewohner zwar nicht bekehrt und ihnen einen Bischof gegeben, aber trotzdem der Stadt christliches Gepräge verliehen. Unter seinem Schutz kann sich das Christentum, das vorher im Verborgenen existieren mußte, erst konstituieren. Bischof und Klerus gewinnen die Autorität, ihr Amt auch wirklich auszuüben. Wenn Karl Kirchen und Klöster stiftet, so demonstriert er damit gewissermaßen die Emanzipation des Christentums in Regensburg, vom Katakombendasein zur öffentlichen Institution.
Diese mutige Interpretation beweist aber das Vertrauen, das Konrad trotz seiner Kritik in die Legende setzt« (ebd. S. 59f.).
Man muß Greiner zustimmen, wenn er meint: »Diese grausigen Morddrohungen dürften wohl als Beweis dafür genügen, daß die Prosalegende mit dem kriegerischen Ton des Heldenepos durchaus konkurrieren kann, den Münzel [. . ., Karl: Mittelhochdeutsche Klostergründungsgeschichten des 14. Jahrhunderts. Dissertation. Berlin 1933] in den Gesta vermißte« (S. 70).
Hier werden die Heiden nicht mehr allein durch Bezeichnungen wie »mächtig« und »stark« abgetan, hier demonstrieren sie ihre Gefährlichkeit mit farbiger, doch durchaus ernstzunehmender Verbalkraft.

160 Bemerkenswert ist die Abweichung, die die »loblich legend« gegenüber den Gesta im Libellus vollzieht: Karl bricht – laut Nürnberger Prosalegende – nicht den Spanienfeldzug ab, um das bedrohte Regensburg zu befreien, sondern den Sachsenkrieg. »Zu dieser Variation dürfte der Verfasser aber keineswegs durch historische Überlegungen veranlaßt worden sein, sondern allein durch die große Bedeutung der Sachsenkriege in der deutschen Karlsliteratur. Dabei hat er ganz einfach einen Mangel der Gesta behoben . . .« (Greiner, S. 68).

161 Breatnach, S. 44f.: »Die hier erwähnte Brücke ist zweifellos dieselbe, von deren Erbauung sowohl die Annales Laurissenses als auch der Annalista Saxo zu berichten wissen. Die Erbauung fällt zeitlich in das Jahr 792, als Karl bei einem Aufenthalt in Regensburg einen neuen Avarenzug plante. Für diesen Feldzug sollte die mit Ankern und Tauen befestigte zerlegbare Schiffsbrücke dienen. Die Verknüpfung dieser historisch bezeugten Begebenheit mit der Erklärung des Namens Ratispona, wie wir sie aus dem Libellus kennen, ist der Ausgangspunkt für die Legende der Eroberung Regensburgs. Alle drei Elemente sind aufs engste miteinander verbunden: erst durch die Brücke wurde die Eroberung möglich; erst nach der Eroberung wurde die Umbenennung der Civitas Quadratorum Lapidum in Ratispona möglich. So handelt es sich hier offenbar um nichts anderes als eine Legende über die Herkunft des lateinischen

Namens der Stadt Regensburg. Daß die Legende weit älter als der Libellus selbst ist, geht aus der Tatsache hervor, daß schon Otto von Freising († 1158) die Erklärung des Namens Ratispona als eine Entwicklung aus ›rates‹ und ›bonas‹ bekannt war [in: Gesta Friderici I, Lib. II, cap. 43, p. 151, in: MGH SS rer. germ. in usum Scholarum (1912)]. Allerdings weiß jener Chronist [vgl. Kraus, Civitas Regia, S. 56, da Textabdruck] nichts von dem Ursprung dieser Erklärung, und der Libellus ist die einzige Quelle, aus der die Legende auf uns gekommen ist.«
Kraus, Civitas Regia, S. 56: ». . . ferner gibt er [= Otto] die in der jüngeren Translatio [»SS XI 354«] gebotene Etymologie von Ratisbona, das abgeleitet wird von den Flößen (Rates) der Kaufleute.« Vgl. Kraus, ebd. S. 51. Da der jüngere Translationsbericht, der die Meldung von der Erhebung der Gebeine des Dionysius Areopagita bringt, wohl um 1080 oder nicht lange danach entstanden ist (Kraus, ebd. S. 39), dürfte er die früheste Belegstelle für die Etymologie des neuen Namens sein. Karl den Großen und den Brückenbau setzt dieser Translationsbericht ebensowenig in Verbindung mit der Etymologie wie es später Otto von Freising tut. – Freie deutsche Übersetzung der Libellus-Stelle bei Endres, S. 167. – Vgl. Aventin, Herkommen der Stadt Regensburg, S. 295; in: Sämtl. Werke, Bd. 1, 1. Hälfte.

163 Wurster (VO 120, 1980, S. 145) hebt die Bedeutung dieses Karlszyklus hervor: »Die Sage vom Sieg des Dollingers über den Heiden ist für die Regensburger Geschichtsschreibung genauso wichtig wie die Sage von ›Kaiser Karls Streit vor Regensburg‹, der sich Brechtel auf den letzten 22 Seiten [seiner Regensburger Chronik, aus der Zeit nach 1637] widmet.«

164 Engel als Schlachtenhelfer, Prototypen der späteren Erscheinungen, finden sich bereits im Alten Testament. »So erscheint z. B. auf das Gebet des Königs Hiskias von Juda und des Propheten Jesaja ein Engel und schlägt den assyrischen König Sanherib in die Flucht« (E. Schenk zu Schweinsberg, S. 13). Besondere Bedeutung kommt dem weißen Kampfhelfer in Verbindung mit dem germanischen Mythos zu: »Das Engelmotiv taucht beim Stricker zum ersten Mal in der deutschen Karlsdichtung auf, und es ist möglich, daß unser Autor das Werk des Strickers kannte« (Breatnach, S. 47).
»Obwohl sich ein Engel mit dieser Aufgabe nicht in der Legende findet, hat der Titelholzschnitt des Stuchs'schen Druckes . . . gerade die Szene einer Schwertübergabe durch einen Engel an Karl, die hier sehr anschaulich dargestellt ist, zum alleinigen Bildgegenstand. Anscheinend gibt der Holzschnitt eine jüngere Zusatzinformation zum Text« (E. Schenk zu Schweinsberg, S. 14). »Durch das Motiv eines nicht von irdischer Hand geschmiedeten, vom Himmel gebrachten Schwertes, wie im Rolandslied schon formuliert [Schwert Duradarte], wird das Kampfgeschehen . . . inhaltlich noch einmal entscheidend akzentuiert . . . Der Krieg mit einem solchen Schwert wird zum Vollzug göttlichen Willens, der Feind wird gerichtet. Pragmatisch gesehen wird das Schwert zur Wunderwaffe. Kein Ungläubiger, der mit ihm in Berührung kommt, kann wieder genesen. Der Engel mit dem Schwert wird zusammen mit dem Kreuz über ihm zum Symbol eines ›heiligen Krieges‹ mit göttlicher Garantie – eine Vorstellung, die nicht nur in der Zeit der Türkengefahr lebendig war« (wie oben, S. 17).
A. von Reichlin-Meldegg, S. 19 skizziert das sogenannte Siegeskreuz Karls des Großen – (»Sieh', lieber Leser, hier oben ist ein Abbild davon. Ich habe es für Dich mit herübergenommen vom hl. Berg Andechs, wo sie es in ihrer reichen Schatzkapelle jetzt aufbewahren«) –, das als Exponat 1980 in der Wittelsbacher Ausstellung auf der Burg Trausnitz zu sehen war: Es stammt aus der Mitte des 12. Jahrhunderts, Sockel

um 1515. Unter den Füßen des Gekreuzigten ist eine kleine Inschrift angebracht:
... Imperatori coelo allata. – Vgl. Füetrer, S. 82.
Greiner, S. 30 interpretiert: »... Missionsauftrag des Engels ... Karl entzieht sich der Berufung nicht und wird freiwillig zum Werkzeug Gottes. Übermächtige Gegner treten ihm entgegen und prüfen sein Vertrauen zum göttlichen Auftraggeber. Den Mut zum ungleichen Kampf braucht er aber keineswegs aus sich selbst zu schöpfen, immer wieder ist es der Engel, der ihn aufmuntert ... Ihren Höhepunkt erreicht die Prüfung in der großen Heidenschlacht vor Regensburg. Das Christenheer scheint bereits geschlagen, da sinken Karl und sein Anhang auf die Knie, nicht aus Furcht, sondern um voll Vertrauen den Beistand Gottes zu erflehen. Was läge näher, als in dem Engel, der das schon siegesgewisse Heer der Heiden vernichtet, das himmlische Zeichen zu sehen, durch das die heiligmäßige Haltung Karls ihre Bestätigung findet [der Leser wird es auch so auffassen!]! Doch gerade in diesem Teil der Gesta wird das Klischee ganz offensichtlich gesprengt, in das wir die Karlshandlung vorher zu pressen suchten. Äußeres Zeichen für den Wandel im Erzählungscharakter ist das Fehlen des Engels, der sonst vor jedem Kampf zu erscheinen pflegte. Warum bleibt er gerade in diesem entscheidenden Moment fern? Die Antwort ist sehr einfach: er ist überflüssig! Karl geht von sich aus in diesen Kampf, weil er sich der Stadt verpflichtet fühlt, er ist nicht mehr Werkzeug, sondern eine Persönlichkeit mit ausgeprägtem Charakter.
Aber auch das Verhalten der Regensburger Bürger [s. Sage Nr. 160] paßt nicht mehr in unsere Vorstellung von der völlig eigenschaftslosen Masse. Voll Vertrauen schicken sie eine Gesandtschaft nach Spanien, um an die Treue des Königs zu appellieren ...«
Ebran von Wildenberg, S. 60f. verbindet den Kampf Karls vor der Stadt und dessen Auseinandersetzung mit dem Bayernherzog Tassilo.
»Die Verknüpfung dieser Sage mit der Geschichte des Herzogs Tassilo ist unserem Chronisten [= Ebran] eigentümlich« (s. Ebran, S. 61, Anmerkung).
»Die Hunnen waren herbeigezogen, um ihren Bundesgenossen Tassilo zu rächen, werden aber von Karl auf dem Siegesbühel besiegt. Die Hilfe des Engels bleibt freilich unerwähnt, der Bau des Klosters Weih St. Peter als geschichtliche Tatsache darf aber nicht unterschlagen werden. Da das Wunder als Motiv für den Bau fehlt, muß Wildenberg [sic!] ein anderes suchen. Und er findet es in dem frommen Schottenkönig Tonatus, der an dem Kampf teilgenommen hat und ›dem zu lieb der keyser [Ebran-Ausgabe, S. 60: keiser] das Kloster zu den Schotten stifft‹ [Ebran-Ausgabe, ebd.: stift]« (Greiner, S. 61).
Roth, in Ebran, S. 60f.: »Die kurze Stelle lässt nicht sicher erkennen, ob Ebran hiezu die weitverbreiteten Gesta Caroli Magni der Regensburger Schottenlegende bzw. irgend eine Derivation derselben benützte oder sich auf die das Andenken an den Sieg des Kaisers in allen Kreisen der Regensburger Bevölkerung lebendig erhaltene Tradition stützte.«
Nisi fallor: in den Gesta Caroli Magni erscheint Donatus nicht.
Als einziger der von mir in diesem Zusammenhang eingesehenen Autoren teilt Greiner meine Zweifel an dem heldenhaften Verhalten Karls (vgl. Breatnach, S. 198: Die Heiden treiben die Christen zurück »usque in regis Karoli et principum presenciam«). Offensichtlich befand sich Karl also nicht an der Spitze des Heeres, sondern an seinem Ende!
Greiner, S. 70f. erläutert, daß Karls wesentlicher Charakterzug keineswegs der Heldenmut des Kämpfers ist, sondern die Demut des Dieners Gottes. Dieses Karlsbild entscheidend zu verändern, kann auch dem Verfasser der Prosalegende (loblich legend) nicht gelingen, »wenn er die Vorlage [= Libellus] nicht grob verfälschen will. Er wagt aber einen derart kühnen Eingriff nicht, sondern gestaltet den Höhepunkt, die

Heidenschlacht vor Regensburg und die wunderbare Hilfe des Engels in enger Anlehnung an die Vorlage. Daß aus dieser Szene durchaus Zweifel am Heldenmut Karls entstehen könnten, scheint den Verfasser denn doch zu stören. Unter diesem Aspekt hätte dann der Holzschnitt des Stüchsdruckes [richtig: Stuchs] die besondere Aufgabe, einer derartigen Fehlinterpretation vorzubeugen ... Im Mittelpunkt der Szene steht der Engel, der zwischen die beiden Heere herniederschwebt und Kaiser Karl ein gewaltiges Kampfschwert überreicht. Diese Darstellung widerspricht dem Text natürlich grundlegend. Karl steht nicht nur an der Spitze seiner Ritter, sondern soll auch selbst die Waffe führen, die Gott zur Rettung der Christen gesandt hat ... Der Widerspruch zwischen dem Karlsbild des Holzschnitts und des Texts ist also unverkennbar. Trotzdem läßt sich die Existenz des Schnitts durchaus rechtfertigen, da er eine wesentliche Funktion zu erfüllen hat, nämlich etwaigen despektierlichen Vorstellungen von der Person Karls vorzubeugen« (a.a.O.).

Aufmerksamkeit verdient in diesem Konnex eine bemalte Tischplatte des frühen 16. Jahrhunderts (1518) aus dem Umkreis Albrecht Altdorfers, die sich seit 1971 im Germanischen Nationalmuseum in Nürnberg befindet und die Inventarnummer Gm 1682 hat. Mit ihr haben sich in Publikationen auseinandergesetzt: Eberhard Schenk zu Schweinsberg, in: Pantheon 30, 1972, Heft 2, S. 133 ff., Ekkehard Schenk zu Schweinsberg (s. Literaturverzeichnis) und Arno Schönberger, in: Pantheon 30, 1972, Heft 3, S. 211 ff.

»Die vordem unbekannte Tafel zeigt innerhalb eines breiten Ornamentrahmens die Darstellung einer Schlacht zwischen Christen und Ungläubigen« (Ekkehard Schenk zu Schweinsberg, S. 5; Abb. der Platte dort: Nr. 13). Aller Wahrscheinlichkeit nach – Ekkehard Schenk zu Schweinsberg begründet seine These, indem er den Text der Prosalegende gründlich mit der Abbildung vergleicht – liegt dieser Darstellung wie auch einem im Schloßmuseum Gotha befindlichen Relief aus Kelheimer Stein (1632 war es von Herzog Bernhard von Weimar aus der Münchener Schatzkammer dorthin verschleppt worden) die »loblich legend« zugrunde. Quellen und literarische Belege für die historische Verankerung der Tischplatte fanden sich jedoch bisher nicht (wie oben, S. 29). Beide Darstellungen tragen bei Ekkehard Schenk zu Schweinsberg den Titel: »Schlacht Karls d. Gr. gegen die Heiden vor Regensburg«.
Großformatige Abb. bei Kraus/Pfeiffer, Nr. 37.

165 Das Inventarwerk von Armin Stroh (Die Vor- und frühgeschichtlichen Geländedenkmäler der Oberpfalz, Kallmünz 1975) gibt über die »pühel« erschöpfend Auskunft. Zu dem verschleiften Grabhügelfeld am nördlichen Ortsrand von Harting in den Fluren Am Bühl oder Auf den Bühlen führt Stroh, S. 256 aus: »Die heute überackerte oder überbaute Nekropole lag auf ziemlich ebenem Gelände in geringer Entfernung von der Quelle des Lohgrabens auf Lößlehm über der Niederterrasse. Ihre Zerstörung begann zu Anfang des 19. Jahrhunderts nach Aufteilung der Gemeindegründe in Privatbesitz. Immerhin konnte B. Stark, Exkonventuale und nachmals Konservator am Münchener Antiquarium, 1805 noch 6 ansehnliche Hügel öffnen, deren hallstattzeitlicher Inhalt verschollen ist. Erst ab 1937 ist vor allem aus Baugruben wieder zahlreiche hallstattzeitliche Keramik in das StM Regensburg gelangt. Vom ursprünglichen Umfang des Hügelfeldes gibt Starks handschriftlicher Bericht an die k. bayerische Akademie der Wissenschaften von 1806 einen Begriff: ›Bei der Besichtigung des Lokals fand ich die schöne Reihe der vielen Grabhügel nicht mehr, weil die fortschreitende Cultur seit einem Jahr viele davon weggeräumt hatte. Von den noch übrigen wählte ich zur Untersuchung sechs der ansehnlichsten, deren Durchmesser 30–36 Fuß hatten ...‹«

Hermann Dannheimer von der Prähistorischen Staatssammlung, Museum für Vor- und Frühgeschichte, München, faßt auf meine Anfrage in einem Schreiben vom 21. 7. 1980 zusammen: »Es handelt sich demnach eindeutig um Hügelgräber der Hallstattzeit (etwa 6.–7. Jh. vor Chr.; die genaue Datierung wäre im Museum Regensburg zu erfragen), die bis in das 19. Jh. hinein noch sichtbar waren. Demnach hat das Volk (und der Verfasser Ihrer ›loblich legend‹) immerhin gewußt, daß es sich dabei um uralte Grabstätten handelt. Ein tatsächlicher Zusammenhang mit dem sagenhaften Ereignis ist aber auf alle Fälle auszuschließen.«
VO 29, 1875, S. 120: »Der Bach selbst soll der gegenwärtige Aubach bei Burgweinting nicht weit von Harting entfernt sein.« Ob er aber nicht nur ein größeres Moosrinnsal bei Harting war?
Kurz und bündig nennt der Heimatkundler Josef Fendl, Neutraubling, das Rinnsal »Mertanne« bei seinem volkstümlichen Namen: Scheißerbach (mündl. Mitteilung).

166 Die Überlieferung vom Sieg Kaiser Karls bei Regensburg »wurde im XV. Jahrhdt. wieder aufgefrischt, indem man seit 1454 in der alten Kapelle sowie in Niedermünster am Namenstage Karls des Grossen ein Hochamt feierte und der in der Schlacht bei Regensburg gefallenen Helden gedachte. Das zur Feier herbeiströmende Volk wurde durch ein eigenes in Nürnberg ... gedrucktes Schriftchen [= loblich legend] und durch Predigten an die unter dem wunderbaren Beistand Gottes vollbrachte grosse Tat des Kaisers erinnert ...« (Roth, in: Ebran, S. 61).
Hermann Dannheimer umreißt den kulturhistorischen Hintergrund (Schreiben vom 21. 7. 1980) dieser Sage: »Auch hier gibt es alte Friedhöfe (auf jeden Fall aus der Merowingerzeit 6./7. Jh. n. Chr.). Zu Zeiten Karls des Großen bestand hier längst das Kloster St. Emmeram, das ja bald nach Emmerams Tod (Ende des 7. Jh.) während des 8. Jh. gegründet wurde. Emmerams Leichnam wurde bekanntlich nach vorübergehender Beisetzung (›40 Tage‹) in der Kirche von Aschheim b. München in die Georgskirche zu Regensburg transferiert und dort beigesetzt. Die Kirche St. Georg ist die unmittelbare Vorläuferin von St. Emmeram.«
Der französische Schriftsteller Jacques Esprinchard schreibt 1597 (s. E. Dünninger, Begegnung ..., S. 58): »Die Abtei wurde vor nahezu neunhundert Jahren gegründet; es gibt unter ihr eine Stelle, die man ›mons martyrum‹ nennt; dort sahen wir eine große Zahl von Gebeinen der Heiligen, die in heidnischer Zeit erschlagen worden sind.«
Bauer, S. 506f.: »Die Emmeramer Tradition behauptet, das Kloster sei auf einem mons martirum, auf einem Märtyrerhügel erbaut. Diese legendäre Überlieferung tritt aber erst in einer um 1347 geschriebenen Handschrift auf. Sie berichtet, in der Krypta zu St. Emmeram seien zahlreiche Märtyrer bestattet, die in Regensburg den Tod als Blutzeugen Christi erlitten hätten. Diesen legendären Blutzeugen hat Cosmas Damian Asam im Hochdeckengemälde der Emmeramskirche ein Denkmal gesetzt ...« Vgl. KD Regensburg 1, S. 241, Abb. ebd. Tafel XXIX.
Nicht nur die Alte Kapelle (Vorläufer: Juno-Sacellum?) und St. Kassian sollen auf einem Götzentempel gründen (s. Gumpelzhaimer 1, S. 62). Die Literaten beanspruchen einen solchen Vorläufer auch für St. Emmeram (bzw. Weih St. Peter bzw. St. Georg): Noch im 11. Jahrhundert weiß der anonyme Verfasser der jüngeren Translatio S. Dionysii Areopagitae (s. MGH SS XI, S. 353) von einem Hain (lucus) auf einem Hügel [im Süden der Stadt], zu berichten, wo in alter Zeit verschiedene Götzenbilder verehrt worden waren. Nach einer anderen Überlieferung (Steinmetz, VO 76, 1926, S. 71) handelte es sich dabei um einen Herkulestempel. Vgl. auch Andreas von Regensburg, S. 16f., A. W. Ertl, Denkwürdigkeiten 1977, S. 48 und Anm. 38 hier.

»Gerade in dem Bericht über die zweite Eroberung der Stadt Regensburg, in dem auch von der oben erwähnten Brücke und der Umbenennung der Stadt die Rede ist, wird von der Gründung einer Kirche durch Karl den Großen auf dem ›Collis Victorie‹ berichtet... Die hier erbaute Kirche ist eben dieselbe, bei der später Marianus und seine Gefährten sich niederlassen werden. Bezeichnend ist, daß hier von zukünftigen irischen Bewohnern keine Rede ist, obwohl an anderer Stelle ein Engel die Erbauung dieser Kirche eigens für die Iren schon angekündigt hat (180,19). Dies ist besonders auffallend angesichts der Absicht, die Kirche für den Leser konkret anschaulich zu machen: sie ist ›heute‹ sichtbar vorhanden. Vermutlich hat der Autor des Libellus diesen einfachen Bericht mehr oder weniger ahnungslos aus der ihm zugänglichen alten Legende übernommen« (Breatnach, S. 45 f.).

Nach dem Herausgeber des Libellus wird diese Vermutung noch wahrscheinlicher, wenn man folgendes vergleicht: Karl sagt vor der Weihung der Kirche auf dem Siegeshügel in seiner Ansprache an die Geistlichen: »In quo loco sancto precepi edificare ecclesiam in honore sancte trinitatis et beate Marie atque omnium sanctorum ibidem sepultorum, que nondum consecrata« (214,25). »Es handelt sich um die oben schon erwähnte Gründung Weih St. Peter. Doch war von der Erbauung zu Ehren der heiligen Dreifaltigkeit, der Jungfrau Maria und aller Heiligen im oben zitierten Bericht nicht die Rede, auch in der Ankündigung des Engels nicht. Dafür hat aber Karl nach Angabe des Libellus bei der ersten Eroberung Regensburgs die Erbauung dreier anderer Kirchen angeordnet und zwar ›primam in honore sancte trinitatis, secundam in honore sancte Marie, tercium in honore omnium sanctorum‹ (178,13). Also haben wir es in Karls Ansprache mit einer Verschmelzung zweier Berichte zu tun: die drei Kirchen, die bei der ersten Eroberung gegründet wurden, und die eine Kirche, die er bei der zweiten Eroberung auf dem Collis Victorie gründete, werden in einer einzigen Kirchengründung zu Weih St. Peter vereinheitlicht. Diese Vereinheitlichung stammt natürlich vom Autor des Libellus, der sie entweder bewußt oder durch ein Mißverstehen seiner Vorlage geschaffen hat« (wie oben, S. 46 f.).

Bezeichnend für erbittertes Freund-Feind-Denken (Robert Köhler: »Für die Christen waren die Heiden seelenlose Wesen, Tiere«) ist die Unterscheidung, die der Autor des Gesta Caroli Magni im Libellus trifft: die Körper der Toten aus dem Heer Karls nennt er »corpora«, die der Heiden »cadavera«.

168 Engelweihen erzählt die Legende von der Schloßkapelle zu Andechs, der Bartholomäuskirche in Ascaroth, vom Chor der Domkirche in Augsburg, von Maria Einsiedeln (Günter, S. 239), indes ein Petrus-Officium – der Apostelfürst in den Pontifikalien – mit Aposteln, Märtyrern und Bekennern von einem ungenannten Kustos von St. Peter im Traum an Allerheiligen geschaut wurde (Günter, S. 259).

170 Greiner, S. 58 erwähnt die korrektive Haltung Konrad von Megenbergs gegenüber einigen Stellen der Gesta: Der Domherr stellt »im 6. Kapitel [seiner Pfarrsprengelgeschichte] fest, daß Karl bei der Eroberung Regensburgs noch nicht Kaiser, sondern nur Patricius Romanus war. In demselben Kapitel weist er auch nach, daß zur Zeit Karls d. Gr. kein Bischof Otto residierte, sondern Symbert und dessen Nachfolger Adelwin ... In gleicher Weise bemüht sich Konrad, den Namen des Papstes festzustellen, unter dessen Regierung das Kloster Weih St. Peter gegründet wurde. Er stellt fest, daß ... Karl ... von Papst Leo III. zum Kaiser gekrönt wurde. Der Vorgänger Leos, Papst Hadrian I., ernannte ihn zum Patricius Romanus, und während dessen Primat hat Karl Regensburg erobert und die Klöster Weih St. Peter und St. Emmeram gestiftet. Der Papstname Cölestin der Gesta muß folglich durch Hadrian ersetzt werden.« An die Kernpunkte der Legende aber rührt Konrad von Megenberg nicht.

172 »Waß für ungelert, ungeschickt leut [= die Mönche von St. Emmeram] sein, zaigen ir aigen grabstein und ander ir schriften, darin si die kirchen drauß Weich ... Petrum consecratum nennen; das wär, alda S. Peter geweicht ist worden. Sölchen irsal hat auch anzaigt wol vor anderhalb hundert jaren Chunrad von Maidenberg [= Konrad von Megenberg]« (Aventin, Herkommen der Stadt, S. 296).
»Die Kirche reicht tatsächlich noch in die karolingische Zeit hinauf. Dafür ist ihr Name ein untrüglicher Zeuge. Die mit Wîhen zusammengesetzten Ortsnamen gehören alle schon der karolingischen oder agilolfingischen Zeit an. In nachkarolingischer Zeit wird das lateinische Sankt gebräuchlich. Die Form Weih St. Peter ist eine Tautologie aus einer Zeit, die das Wîh nicht mehr verstand und das Sankt schon hatte. Zum ersten Male begegnet die Doppelform in der Urkunde des Kaisers Heinrich IV. vom 1. Februar 1089 für die Regensburger Schotten: Wîhen S. Petri. Später ist die Form Consecratus Petri üblich. Der Kompilator der Schottenlegende versteht diesen Namen so wenig mehr, daß er daraus die Konsekration der Kirche durch den heiligen Petrus selbst erdichtet. Da es ihm auch zu seiner Zeit doch niemand geglaubt hätte, daß er heilige Petrus in Regensburg war, so behilft er sich mit einer himmlischen Erscheinung des heiligen Petrus und der Apostel. Konrad von Megenberg, der die Schottenlegende benützt und kritisiert, wendet ein, daß die Kirche richtiger ad consecrantem Petrum heißen müßte. Er merkt also die Ungereimtheit des Namens, vermag aber zum ursprünglichen deutschen Sinn nicht mehr vorzudringen« (Max Heuwieser, in: VO 76, 1926, S. 134f.).
Vgl. Breatnach, S. 5ff. Die lateinische Form des Klosternamens, wie er in unserem Text erscheint, taucht – das behauptet schon Dürrwaechter – urkundlich erst im Jahr 1270 auf. »Daß die Bezeichnung ›Ad Consecratum Petrum‹ aller Wahrscheinlichkeit nach erst durch die Verbreitung des Libellus geläufig wurde, schließt keineswegs aus, daß eine auf St. Peter bezogene Weihelegende vor der Entstehung des Libellus existiert haben kann« (Breatnach, S. 7, Anmerkung).
»Da sich Weih-St. Peter bald als zu klein erwies, wurde 1089 zu Entlastung St. Jakob gegründet, das fortan zum Hauptkloster emporwuchs und dem auch Weih-St. Peter unterstellt wurde ...« (Josef Hemmerle, S. 254).

175 Endres befaßt sich ausführlich mit der Predigtsäule. Sein Aufsatz entstammt der Zeitschrift »Die Kultur«, Wien 1901 und wurde dann in die »Beiträge zur Kunst und Kulturgeschichte des mittelalterlichen Regensburgs« aufgenommen; s. dort S. 163 ff.:
»Am Alleewege, der vom Bahnhofe zu Regensburg in die Stadt führt, steht, von Bäumen überragt, nahe dem ehemaligen Peterstore ein altes Monument ... Andreas Niedermayer, ein älterer Lokalhistoriker Regensburgs, weiß folgendes zu berichten: ›Die Sage gibt der Säule tausendjähriges Alter; einst soll sie in der Mitte der Stadt gestanden haben; Chronisten bringen ihre Entstehung mit Karl dem Großen in Verbindung; andere wollen gar, daß der Kaiser sich hier das Leben rettete, indem ein feindlicher Spieß, der nach ihm fuhr, an dem Stein abprallte ... Jedenfalls haben die Schotten, welche ganz in der Nähe das alte Priorat Weih St. Peter nahe ein halbes Jahrtausend bewohnten, die Aufstellung und das Bildwerk veranlaßt.‹« Endres bemüht sich, den verworrenen Sagenknäuel, den die Zeit um das Steindenkmal zusammengezogen hat, zu entwirren, ihm historische Reflexe abzugewinnen: »Daß sie [= die Säule] die Nachfolgerin des Siegeskreuzes der Legende ist, steht außer allem Zweifel. Das ganze legendarische Erbe des Siegeskreuzes hat sie übernommen und bis

auf diesen Tag bewahrt. Bemerken wir hier zugleich, daß höchst wahrscheinlich die in den siebziger Jahren des 13. Jahrhunderts schriftlich fixierte Legende des irischen Mönches nicht unbeteiligt geblieben ist an der Aufrichtung der jetzigen Säule in ihrer ersten Gestalt am Ende des 13. oder im 14. Jahrhundert« (a.a.O., S. 168). Die KD Regensburg 3, S. 278 erwähnen sie als »Wegsäule« und ordnen sie dem frühen 14. Jahrhundert zu (»mit Erneuerungen im frühen 15. Jahrhundert«).
Endres dagegen, der nach S. 164 eine ganzseitige Abbildung des Denkmals bringt, spricht von Restaurierungen in den Jahren 1526 und 1858. Er vermutet in den Relieffeldern die Darstellung eines letzten Gerichts. Nach einigen Hypothesen (Symbol des vom König verliehenen Marktrechtes? Urteilssäule zur Verkündigung richterlicher Entscheidungen?) – an eine »rein geistliche Bestimmung jenes Predigtortes« glaubt er nicht – muß er konzedieren, daß sich selbst die für ihn unleugbaren Analogien zu keinem stringenten Beweis zusammenschließen. Sie haben wohl kaum mehr Beweiskraft als Walderdorffs Behauptung (S. 572), die Säule habe ihren Namen daher, »weil da... namentlich am Kirchweihfeste von Weih St. Peter von einer alten ungeheuern Linde herab gepredigt wurde«.
Greiner, der das Bild Karls in der Schottenlegende untersucht und dabei zum Vergleich auch andere Karlsliteratur heranzieht, befaßt sich S. 75 eingehend mit einem bei Schöppner 2, Nr. 557 abgedruckten Gedicht von J. A. Pangkofer: »Irminsul am Peterstor zu Regensburg«: »Im Erkla-Wald südlich der Stadt verehren die Heiden ein steinernes Götzenbild auf einer Irmensäule. Karl sieht sich veranlaßt, das heidnische Brauchtum abzustellen und dringt deshalb mit seinem Heer in den Wald ein... Gott ... greift ein. Der Wald beginnt plötzlich zu brennen, die Heiden kommen in den Flammen um, während Karl auf wunderbare Weise völlig unversehrt bleibt. Aus dem steinernen Götzenbild läßt er Heiligenbilder schlagen, und auch die Irmensäule wird christianisiert...

>Und bei der Säule immer
Man Christum pred'gen ließ,
Darob die Irminsul seither
Man Pred'gersäule hieß.‹«

Greiner, S. 76 meldet berechtigte Bedenken an gegen diese Schlußstrophe, die ein neues Motiv für die Interpretation des Ortsnamen »Auf der Predig« bringt.

176 Eine ad hoc angesprochene Caféhausbekanntschaft, eine ca. 45jährige realistisch und nicht ungebildet wirkende Frau aus Reinhausen, erzählt mir von einem dort verlaufenden Gang: »In Adlersberg – neben der Kirch is der Eingang – geht a Gang. Der muß übern Dreifaltigkeitsberg reigehn. Bis zum Berg scho hi, oder bis zum Rennerhof.«
Und sie weiß auch von einem weiteren Gang: »Vom Rennerhof bei Kareth – da oit Rennerbauer, der is scho gschtorm –, do is a unterirdischa Gang nach St. Emmeram ganga. Des san vielleicht 8 bis 10 Kilometer. Bei eahna in da Küch am Fußbodn oda in da Wand is do wos zugmauert worn.« Einer anderen Tischnachbarin (Regensburgerin, ca. 70) scheint dies auch vertraut, zumindest der Gang, der von Adlersberg wegführt.
Wenn Raimund W. Sterl vom Stadtarchiv Regensburg einwendet, daß ein Gang zwischen dem Rennerhof und St. Emmeram so gut wie undenkbar sei, weil er ja unter der Donau verlaufen sein müßte, so ist dem nichts hinzuzufügen.
Agnes Riembauer, die im Lektorat des Verlags Pustet arbeitet, erzählt mir von einer Frau Schneider, Besitzerin eines der ältesten Häuser in Oppersdorf, die ebenfalls von einem Gang weiß, der unter dem ehemals ebenerdigen Haus verläuft (bis zur Hausmitte war er vor einigen Jahrzehnten noch begehbar). Bei dem Haus soll es sich um ein

früheres Nonnenkloster handeln. Die Nonnen hätten bei Gefahr die Flucht in diesem Gang nach Adlersberg ergriffen.
Bei der Aufstockung des Hauses im Jahre 1907 wurde zum Gedenken an das frühere Kloster ein Wandbild der Heiligen Familie angebracht, das heute noch zu erkennen ist.
Zur Sage selbst: Sepp hat sie nach eigener Angabe aus Schönwerth 3, S. 148. Dort findet sich allerdings nichts von Karl dem Großen.

177 Peter Schmid, S. 62: »Die neuesten archäologischen Forschungen zeigen, daß man sich die Agilolfingerpfalz keineswegs als ein mit Quadermauern und Türmen bewehrtes römisches Binnenkastell vorstellen darf. Vermutlich handelte es sich bei der agilolfingischen Pfalz um ein oder mehrere römische Repräsentativgebäude mit entsprechender Ausstattung. Eine nähere Auskunft über die agilolfingische Pfalz ist dem Bericht Notkers des Stammlers zu entnehmen. Notker zufolge mußte der Priester, der Karl dem Großen die geplante Verschwörung Pippins hinterbrachte, durch sieben Türen gelangen, bis er die königlichen Schlafgemächer erreichte, in denen neben dem König seine Familie und das zur Bedienung nötige Gesinde schliefen. Diesem Bericht darf man entnehmen, daß der Wohnpalast der Agilolfinger, in dem Karl der Große wohnte, eine weitläufige Anlage war, die den König, seine Familie und das Hofgesinde über längere Zeit hinweg beherbergen konnte.«
P. Schmid weiter, S. 312f.: »Die Versammlung im Frühjahr 792 blieb nicht die einzige, die Karl 792 in Regensburg abhielt. Die nächste Zusammenkunft, zu der sich wohl ausschließlich der Adel ohne die Beteiligung des Heeres traf, wurde im Sommer wegen der Verschwörung Pippins, eines Sohnes Karls aus der Verbindung mit der Konkubine Himiltrud, nötig. Da die Annales Regni Francorum entsprechend ihrer Grundhaltung, alles für Karl Unangenehme zu verschweigen, diese Verschwörung und die Verurteilung Pippins übergehen, stützt sich unsere Kenntnis dieser Versammlung auf die Einhardsannalen, die Annales Laureshamenses und das von diesen abhängige Chronicon Moissiacense, die darüber eine ungewöhnliche breite und selbständige Schilderung geben, die Annales Guelferbytani und auf Einhards Vita Karoli Magni. Nach dem übereinstimmenden Zeugnis der Quellen fühlte sich Pippin, der offenbar für den geistlichen Stand bestimmt war, gegenüber seinen Halbbrüdern, die alle über Teilreiche herrschten, zurückgesetzt und fand bei fränkischen Adeligen, die sich wegen der Grausamkeit der Königin Fastrade auflehnten und wohl auch die eigentlichen Drahtzieher der Verschwörung waren, Anhänger und plante einen Mordanschlag auf den König und seine Brüder, um die uneingeschränkte Macht an sich zu bringen. Die Verschwörung wurde in Regensburg von Fardulf, einem langobardischen Priester, dem König angezeigt...«
Wie P. Schmid annimmt (S. 314), wird bei einer Versammlung im Winter 792 Fardulf als Lohn dafür, daß er die Verschwörung aufgedeckt hatte, die Abtei St. Denis erhalten haben.
Auch Andreas von Regensburg, S. 30 erwähnt, daß der Langobarde – Fardulf heißt er hier, wie durchwegs –, der allerdings nicht als Geistlicher vorgestellt wird, als Dankgeschenk das Kloster St. Denis erhielt. Die Verschwörung sei »propter Fastradam reginam, cuius crudelitatem se ferre non posse...« entstanden. Mit den Verschwörern wurde kurzer Prozeß gemacht: »... partim gladio cesi, partim patibulo suspensi sunt.« Nach Aventin, Chronik, Buch 4, Kap. 33 war »Fastrad« eine Fränkin. Und er vermerkt von Karl: »Hat auch sunst vil kind ausserhalb der ê gehabt...«
Eine zu allen Zeiten aktuell gewesene Frage gilt dem Problem, ob die moralische Verpflichtung, einen Schwur zu halten, auch gegenüber einem Verbrecher Gültigkeit

hat. Fardulf gibt uns durch sein Handeln die m. E. richtige Antwort. Freilich stellt sich auch die Frage, ob die Verschwörer nicht etwa berechtigt handelten und Fardulf durch seine Denunziation ihre von edlen Motiven getragene Konspiration vereitelte.

178 C. W. Neumann setzt als Jahr über seinen aus »Ertl, relatt. cur. Bav. S. 87, Gemeiner I, 56, Zschokke I, 143« belegten Text (Ms. Nr. 48) die Jahreszahl 792. Und er registriert kritisch: »Schöppner hat einen Theil dieser Sage irrtümlich: Heinrich dem Heiligen zugewendet (s. Sagenbuch 1, 112).« In der Tat vermengt Schöppner, der Ertl als Quelle angibt, den Bericht von dem bei Prozessionen das Kreuz voraustragenden Herrscher und den goldenen Lettern an den Kirchenportalen, der sonst – allerdings auch irrtümlich – Karl d. Gr. zugeordnet wird, mit der Sage vom Heinrichsstuhl. Er ordnet nicht nur einen Teil der Sage »Kaiser Heinrich dem Zweiten« zu (wiederum ein Schöppnerscher Irrtum, richtig wäre: Heinrich der Zänker!), sondern die ganze Geschichte. Vgl. Nr. 197.
Daß C. W. Neumann, der bemühte Lokalhistoriker, hier selbst einem der vielen Überlieferungsirrtümer im Zusammenhang mit der realen und auch der fiktiven Regensburger Vergangenheit »aufsaß« – ein Wunder wär's, wenn ein Sagenforscher ungeschoren an dieser Scylla und Charybdis von Tradierungsballast vorbeikäme! –, ist wegen der historischen Schlußfolgerung bemerkenswert.
Alois Schmid vom Institut für Bayerische Geschichte an der Universität München schreibt mir dazu am 6. 3. 1980: »Die Stelle bei Gemeiner, die von prächtigen Kirchenbauten Karls des Großen berichtet, ist tatsächlich falsch bezogen. Die Quelle hierfür ist Notker der Stammler (beste Ausgabe MGH SS rer. Germ. NS), der berichtet, daß LUDWIG DER DEUTSCHE in Frankfurt und Regensburg neue »oratoria« errichtet habe, dabei Teile einer alten Mauer (= Römermauer) abgerissen und Gold (= Agilolfingergräber??) entdeckt habe. Damit habe er die errichtete Kirche (= Alte Kapelle) und Bücher ausstatten lassen. Das ist der historisch überlieferte Sachverhalt. Zur Interpretation dieser Stelle: P. Schmid, Regensburg, Stadt der Könige und Herzöge im Mittelalter. 1977, S. 48 ff.). Die Notkerstelle auch bei Kraus, Civitas Regia, 1972, S. 109, Nr. 4. Die Übertragung auf Karl den Großen ist unhaltbar und das Werk späterer Generationen.«
S. auch Regensburg zur Römerzeit, S. 173 f.: »Über die Anlegung seiner, der Jungfrau Maria geweihten und 875 erstmals sicher bezeugten Pfalzkapelle (= Alte Kapelle) heißt es von König Ludwig dem Deutschen (817–876) bei dem St. Gallener Mönch Notker dem Stammler: ›Er errichtete zu Frankfurt und Regensburg neue Gotteshäuser in Form bewundernswerter Bauten. Und da dort wegen der Größe des Gebäudes die sonstigen Steine nicht ausreichten, ließ er die Stadtmauern niederreißen . . . In deren Höhlungen fand er soviel Gold und an Gebeinen, daß er nicht nur diese Basilika damit ausschmückte, sondern sogar Bücher . . . mit Einbanddeckeln aus dem gleichen Material beinahe fingerdick bedeckte.‹ Da die Römer nie innerhalb der Mauern bestatteten, vermutet man sicher zu Recht, Ludwig habe Gräber von agilolfingischen Herzögen ausgebeutet. Vor wenigen Jahren entdeckte man in der Tat leere Gräber in der Römermauer unter dem Parkhaus auf dem Dachauplatz . . . Wenn dies wirklich die ›Höhlungen‹ sind, von denen Notker spricht, so wurden sie bereits zweimal entdeckt. Ludwig der Deutsche hätte also Abbrechungsarbeiten auf dem Dachauplatz durchführen lassen. Wie immer die Wahrheit aussieht, der Bericht des St. Gallener Mönchs schildert uns nicht nur ›archäologisches‹ Finderglück in Regensburg vor über tausend Jahren, er illustriert gleichzeitig auch, wie die Herren des Mittelalters Roms steinerne Hinterlassenschaft Stück um Stück ihren Zwecken nutzbar machten und damit immer mehr vernichteten.«

179 »In den Novembertagen des Jahres 870 fand in Regensburg eine Reichsversammlung statt, bei welcher der ostfränkische König Ludwig der Deutsche den Vorsitz führte. Höhepunkt dieser Zusammenkunft der Großen des Reiches war die Anklage gegen den mährischen Fürsten Rastislav wegen Bruches des Treueeides vom Jahr 864. Ihn hatte Karlmann, der Sohn des Königs, nach einem mißglückten Feldzug von 869 besiegt und im Frühjahr 870 gefangen genommen. Er wird vom Gericht zum Tod verurteilt, vom König jedoch begnadigt und in Klosterhaft genommen, nachdem man ihn vorher noch geblendet hatte. Im Zuge der Entmachtung Rastislavs ist auch der damals in Mähren wirkende Grieche Methodius, Erzbischof von Sirmium und päpstlicher Legat für das mährische Gebiet, verhaftet und nach Regensburg gebracht worden« (Gamber, S. 154).
Staber, in: Regensburg und Böhmen, S. 15f. stellt skeptisch Regensburg als Verhandlungsort in Frage: »Die allgemeine Annahme, daß dieser unwürdig verlaufene Prozeß in Regensburg stattgefunden habe, stützt sich auf die Legende, die erzählt, der Kaiser habe in der Versammlung der Bischöfe den Vorsitz geführt. Die anderen gleichzeitigen Geschichtsquellen wissen nichts davon, daß der slawische Erzbischof sich vor dem Kaiser habe verantworten müssen...«
Auch K. Reindel, in: Spindler 1, S. 199 erwähnt nichts davon, daß im Jahr 870 in Regensburg eine Reichsversammlung stattfand. »Erst das Jahr 870 brachte einen Umschwung, als Swatopluk, der Neffe Rastislavs, der offenbar bisher Teilfürst von Neutra gewesen war, seinen Onkel gefangennahm und an Ludwig den Deutschen auslieferte, der ihn blenden ließ. Bei dieser Gelegenheit geriet auch der Erzbischof von Pannonien, Methodius, in die Gewalt der bayerischen Bischöfe..., er mußte sich vor einer bayerischen Synode verantworten und wurde gefangengesetzt.«

180 »Eine voreilige Maßnahme Karlmanns, der auf eine unbegründete Verdächtigung den ihm bisher verbündeten Swatopluk von Mähren gefangensetzen ließ, trieb diesen in das Lager seiner Gegner. Als daraufhin das bayerische Heer im Jahre 871 nach Mähren zog, erlitt es hier eine vernichtende Niederlage, in der auch Wilhelm und Engelschalk, die bisherigen Grenzgrafen gegen Mähren, fielen« (K. Reindel, in: Spindler 1, S. 200).
Lutz Röhrich führt diese Redensart »Wer weiß, wer die Braut heimführt« nicht auf in seiner Sprichwörtersammlung, wo sie aber hingehört. Zu »täber« in Version 180/I s. Schmeller 1, Sp. 579.
Auffällt die in beiden Fassungen angegebene Zahl der eingefangenen Pferde bzw. – in Version II – die der aufgeklaubten Wehren und Harnische. Soll sie identisch sein?

181 Peter Schmid, S. 439f.: »Die Verehrung des hl. Emmeram im ostfränkischen Herrscherhaus begann nicht erst mit Arnulf von Kärnten, vielmehr lassen sich Anfänge des Emmeramkultes im ostfränkischen Königshaus bereits unter Ludwig dem Deutschen feststellen. Nach einem Bericht der Annales Fuldenses ließen Ludwig der Deutsche und sein Sohn Karlmann ihre Vasallen den Treueeid über den Reliquien des hl. Emmeram schwören und führten die Gebeine des Heiligen vermutlich auch auf ihren Feldzügen mit. Von daher gewinnt die Nachricht Arnolds von St. Emmeram, Arnulf von Kärnten habe die Reliquien des hl. Emmeram auf den Feldzügen mitgeführt und aus Dankbarkeit für den Schutz und die Hilfe des Heiligen dem Kloster St. Emmeram den ganzen Schatz seiner Pfalz und Teile der Reichskleinodien, vor allem ein goldenes Ziborium, eine sehr wertvolle Evangelienhandschrift, den sogenannten codex aureus, und farbenprächtige Pallien geschenkt, an Glaubwürdigkeit...«

In diesem Mirakelbericht entwickelt sich »sehr schön das Motiv des Schlachtenhelfers Emmeram, kombiniert mit dem der persönlichen Schutzherrschaft Emmerams für Kaiser Arnulf. Es handelt sich dabei um eine entscheidende Kampfszene, wahrscheinlich vom Feldzug, den Kaiser Arnulf im Jahr 893 gegen Swatopluk von Mähren unternahm. Arnold von St. Emmeram stellt sie nach einer für uns verlorenen schriftlichen Quelle (... ut legisse me memini ...)« dar (Babl, S. 143).
Im Mausoloeum 1680, S. 80 findet sich eine etwas zwiespältige Übersetzung; ganz klar geht nicht hervor, daß es sich um zahlreiche Heilige handelt: »... Soldaten/welche alle ... die Heilige waren/gegen welchen [sic!] Arnolphus sonderbare Andacht truge ...«
Weiteres Beispiel: Kaiser Heinrich II. stehen im Kampf gegen die noch heidnischen »Winden« Märtyrer bei, wie schon Ebran, S. 86f. berichtet. Auch die Weihenstephaner Chronik, S. 194 und Arnpeck, S. 485 erwähnen diese Schlachtenhelfer: Adrianus, Georg und Laurentius und dazu noch einen Engel.
Bevorzugt treten – insbesondere auch in der Karlslegende – Engel als Schlachtenhelfer auf. Vgl. Sage Nr. 164 bzw. Anm. dazu.

183 Aventin in seiner Chronik, Buch 4, Kap. 132, S. 249: »Man saget für die ganz wârhait, man het im vergeben wöllen, het gift geessen. Es schlueg in das sälig« [= Apoplexie]. Aventin nennt als Täter: Grâman und Kurz und Frau Radpring; sie handelten im Auftrag von Engeltraud, »so kaiserin auch wolt sein«. »Und als man zelet nach Christi gepurt achthundert und neunundneunzig jar starb kaiser Arnulph zu Ötting am In am sechsundzwainzigisten tag des wintermonats, frassen in die leus, wie dan etwan auch gestorben sein der römisch fürst Sylla und Alcman, der kriechisch poët. Die alten schreiben, er sei bei seinem vater, künig Karlman, zu Ötting zu der erd bestät worden; so zaigt man zu Regenspurg auch sein grab in sant Haimerans closter und helt im noch järlichen ainen jartag an obgenantem tag, da er von diser welt verschiden ist, gibt auch ain grosse spent aus, iedem (armen) menschen ain spitzel oder laibl, daran ainer ain ganzen tag zu essen hat.«
Während diese »spent« völlig in Vergessenheit geraten scheint, lebt die Babonenspende im Geburtsort Aventins wenigstens symbolisch weiter (s. Böck, Die Hallertau, S. 10). Daß Aventin im Zusammenhang mit der Arnulfspende die Babonenspende nicht erwähnt, nimmt mich wunder.
Eine Parallele: »Nach einem ... biblischen Vorbild (II Makk. 9,9) läßt Bruder Salimbene de Adam aus Parma den Kirchenverfolger Friedrich II. zugrunde gehen: ›Maden wuchsen aus dem verfluchten Leib und er verfaulte mit großen Schmerzen, daß ganze Stücke von seinem Leibe fielen und er stank so übel, daß niemand vor dem Gestank bleiben konnte‹« (Staber, in: Regensburg und Böhmen, S. 93).
Zu Version II:
»Papst Formosus, auf dessen Hilfeersuchen Arnulf 894 nach Oberitalien gezogen war und zu Beginn des Jahres 896 Rom erobert hatte, krönte Arnulf als den letzten Herrscher aus dem Haus der Karolinger zum römischen Kaiser ... In diesem Geschehen Arnulf-Formosus ist einer der Ansatzpunkte zu suchen für die falsche, die Exemtion des Klosters bezweckende Überlieferung von einer Kircheinweihung St. Emmerams in Regensburg und von einer Heiligsprechung Emmerams durch Papst Formosus. Die einzelnen Überlieferungsbelege bei Janner, 1, 259–263, u. Piendl, Fontes, 19f., n. 17« (Babl, S. 142). Vgl. Sage Nr. 209a.

184 »Es ist hier nicht der Platz, die Gesamtheit der widerstreitenden Meinungen zu Herzog Wenzel von Prag vorzutragen. Die Quellen zeigen merkwürdige Unsicherhei-

ten in der zeitlichen Festlegung seines Martyriums, sie schwanken immerhin von 929–935. Sicher ist, daß Wenzel tatsächlich die Veitskirche auf dem Hradčany erbaut hat, wie alle einschlägigen Quellen übereinstimmend feststellen, und daß er dann den zuständigen Oberhirten bat, eben Tuto, die Kirche zu weihen. Dieses Ereignis muß in die letzten Lebensjahre Tutos fallen, also kurz vor 930. Die Ermordung Wenzels durch seinen Bruder Boleslav müssen wir zeitlich doch wohl erheblich später ansetzen, jedenfalls nach Tuto ...« (Erwin Herrmann, in: Regensburg und Böhmen, S. 25).
Ebd. S. 27: »Daß die freilich sehr späte Legende Oriente iam sole sogar von einem Besuch Wenzels bei Heinrich berichtet, sei nur am Rande erwähnt... Freilich verdient die Quelle wenig Zutrauen.«
Die Acta SS, Sept. VII, S. 786: »... scriptores variant... etiam in loco & comitiis, in quibus ista contigerint.« Die Acta SS lokalisieren das Geschehen in Worms. Sie folgen dabei dem Olmützer Bischof Johannes Dubravius.
Die Weihenstephaner Chronik, S. 133 berichtet anklangsweise Entsprechendes von Bischof Hilarius »dez pistums Pictanensiß«. Als er ungeladen zu dem Konzil kommt, das Papst Leo alias Liberius, »der XXXVIII pabst«, »der es mit den kätzern hett«, einberufen hatte, gebietet der, daß keiner von den Anwesenden Hilarius »sölt weichen oder gen im ufstan«. Der fromme Bischof wird aber buchstäblich erhoben: er, der zuerst auf dem Boden saß, fühlt plötzlich, nachdem er den Psalm »Domini est terra« angestimmt hatte, ein Buch unter sich. Nun also sitzt er höher als der Papst, was diesen so ergrimmt, daß er gegen Hilarius vorgehen will, wenn er seine Notdurft verrichtet hätte. Aber: »der paupst starb uf dem sprachhus«. – Der Unterschied zur Wenzelsbegebenheit: dort ist ein einsichtiger »Gegner«, der die Heiligkeit des anderen erkennt; hier läßt sich der Papst nicht von dem übernatürlichen Geschehen (Erhebung) beeindrucken.
Drohende Engel (vgl. Version I) kommen auch bei Hübner, S. 737f. vor: Attila, der Rom heimsuchen will, wird durch einen über dem Papst schwebenden Engel mit bloßem Schwert bedroht, sofern er den Bitten des Papstes nicht stattgeben würde.
Darstellung: Eine Abbildung des legendären Regensburger Geschehens findet sich auf dem großformatigen Kupferstich »Hoch-Fürstlicher Regenspurgischer Stifts-Kalender vom Jahre 1747«, der auch viele andere Legenden bzw. Sagen illustriert: Authari heiratet Theodolinde, Rupert tauft Theodo, Erhard tauft Ottilie, Körper des hl. Dionysius kommt nach Regensburg, Kampf Karl des Großen, Post sex... Ähnlich wie dieser Stich aus dem Museum der Stadt Regensburg vereint auch Matt. Küsels Gedenkblatt an die Regensburger Diözesansynode 1650 – eine Allegorie der Regensburger Kirche – die Heiligen des Bistums.
Der in dem Bericht von denen Heiligen Leibern auf Tab. VIII als Nr. 55 abgebildete Arm – die Vorlage unserer Abbildung – ist »anonym«: »Ein Reliquiarium in Gestalt eines Armbs, in welchen ein langes heiliges Gebein eingeschlossen, da aber der Zettel hinweg gekommen, ist der Nahmen dieses heiligen unbekannt« (S. 76).

185 »Ob diese aus alten böhmischen Chroniken entlehnte Geschichte sich wirklich zugetragen, möchte schwer zu verbürgen seyn, und gebe ich sie daher blos als eine Sage von damaliger Zeit ...« (Gumpelzhaimer 1, S. 118).

186 »Die Dollingersage gehört zwar zu den ältesten deutschen Stadtsagen, über ihren Inhalt lassen sich aber erst seit Beginn der schriftlichen Überlieferung in der frühen Neuzeit zuverlässige Angaben machen. Die vorausgehende Sagentradition können wir nur erschließen. Trotz dieser dürftigen Ausgangssituation sind die historischen Grundlagen des Liedes rekonstruierbar« (Göller/Wurster, Das Regensburger

Dollingerlied, S. 11). Die im 16. Jahrhundert einsetzende schriftliche Überlieferung datiert die im Dollingerlied dargestellten Ereignisse in das erste Drittel des 10. Jahrhunderts. Man kann davon ausgehen, daß zu seiner Entstehungszeit die Ungarnkriege noch in lebendiger Erinnerung gewesen sein müssen: »Das Lied enthält nämlich in beispielhafter Verkürzung eine Darstellung der Drangsale dieser Zeit: die schwierige Lage des Königs, die Ratlosigkeit und Furcht der Bevölkerung, das Gefühl der völligen Unterlegenheit gegenüber den ungarischen Feinden, die verzweifelte Suche nach einem Ausweg und die Hoffnung auf einen Retter ... Hans Dollinger wäre danach eine Art figura des Retters, sein Zweikampf gegen den Teufelsritter eine historische Parabel, die auf verschiedene geschichtliche Gegebenheiten angewendet werden kann. Auf diese Weise ist auch zu erklären, wie aus dem Ungarn Craco ein Hunne, Türke oder ein heidnischer Sarazene wird« (ebd. S. 7f.).
Neben der Sage vom Wettstreit zwischen dem Baumeister des Domes mit dem der Brücke (s. Sage Nr. 253) ist die Dollingersage die wohl populärste, nicht zuletzt deshalb, weil sie sich – wie erstere ja auch – an einprägsamen örtlichen Gegebenheiten (Originalfigurenwerk im Rittersaal des 1889 abgebrochenen Dollingerhauses, Figurengruppe im Dollingersaal des Alten Rathauses u. a.) sowie an der Namensgebung »Haidplatz« und »Goldenes Kreuz« emporrankte und zudem als »Rückgrat« die vier Bildtafeln aus dem frühen 17. Jahrhundert im linken Kirchenschiff des ehemaligen Frauenstiftes Niedermünster hat, die in 16 Szenen die Legende des hl. Erhard darstellen. »Bichtel hat davon im 19. Jh. Kupferstiche angefertigt; der Künstler des 17. Jh. ist unbekannt« (Dr. Wurster, Schreiben vom 12. 9. 1980). Zwei dieser Bilder »bringen die Erhardlegende mit der Dollingersage in Verbindung, die eine der bedeutendsten, volksgeschichtlich eindrucksvollsten und überlieferungsreichsten historischen Sagengruppen Regensburgs darstellt« (J. Dünninger, St. Erhard und die Dollingersage, S. 9). Dünninger, dem Göller/Wurster in einigen Punkten, z. B. der Ansicht, daß von einer mündlichen Tradition des Dollingerliedes keine Rede sein könne, fundiert widersprechen, erörtert, wie es dazu kommen konnte, daß hier zwei Motivkreise der Regensburger geschichtlichen Sagenüberlieferungen (Dollinger und Erhard) miteinander verbunden wurden. »Wie das geschah, dieses Hineinstellen der Dollingerüberlieferung in die Überlieferung von dem Nothelferamt St. Erhards [bevor er sich in den Kampf mit dem Herausforderer begibt, betet der Held am Grab des Heiligen, und nach dem Kampf werden seine Waffen dort aufgehängt], ist für die Vorgänge bei historischen Sagenbildungen besonders bezeichnend. Weder in der Ballade noch in der fortberichtenden und fortentwickelnden, historisch ausdeutenden chronikalischen Überlieferung tritt dieses Motiv vorher auf. Es ist hier bei Niedermünster im Zuge der Förderung der St. Erhard-Verehrung in die Erhard-Überlieferungen eingefügt worden. Der Anhaltspunkt war die Tradition, daß bei St. Erhards Altar der Turniersieger Hans Dollinger seine Rüstung oder die des besiegten Heiden Craco aufgehängt habe« (J. Dünninger S. 9f.). Während Vogl im Mausoloeum 1680, S. 131 (s. Sage Nr. 186/I) die erste Version überliefert, liest man noch 1830 bei Gumpelzhaimer 1, S. 121f., daß es sich um die Rüstung des »Entseelten« gehandelt habe.
»Die Dollingersage ist im 16. Jahrhundert in zahlreichen handschriftlichen Chroniken Regensburgs, besonders gegen die Jahrhundertwende zu, häufig behandelt worden, es lag sozusagen in der Luft, sie in die Tradition Niedermünsters stärker einzubauen. Die Überlieferung von der Rüstung gab den Anstoß« (J. Dünninger, S. 10). In diesem Zusammenhang sei auf den Brauch hingewiesen, die Rüstung des Gegners in einer Kirche zu deponieren. Wir kennen ihn z. B. aus Aventin, Chronik, Buch 1, Kap. 194, S. 454: Nach ihrem Sieg über die Römer »bei der stat Modon« sprangen die Bayern mit deren Hauptmann Posthumius schlimm um: bevor sie ihn enthaupteten und aus

seinem Kopf einen Kelch machten, zogen sie ihn aus, »henkten sein harnasch, wer und was si im abzugen in ein kirchen, die si für die heiligest êrten«.
Die Rüstung als Weihegabe im Niedermünster war möglicherweise die eines Orientalen, und ein Kreuzfahrer hatte sie nach Hause gebracht und bei St. Erhard geopfert. »Das würde dann das Motiv erklären, daß die Rüstung des Heiden Craco hier aufbewahrt wurde« (J. Dünninger, S. 12).
Außerdem sind, wie bereits erwähnt, die drei plastischen Figurendarstellungen aus dem Rittersaal des Dollingerhauses im wesentlichen Anhaltspunkte der Dollingersage. Die noch erhaltenen Reste (Oswaldfigur, Kopf König Heinrichs und seines Pferdes) sind spärlich; Abgüsse davon befinden sich im heutigen Dollingersaal, einem Anbau an das Alte Rathaus.
»Im [ursprünglichen] Dollingersaal befand sich bis zum Abbruch ein hölzernes Kästchen, das zwei Pergamentblätter enthielt, heute im Museum aufbewahrt. Auf dem einen Pergamentblatt ist eine kurze Geschichte Heinrichs I. wiedergegeben, auf dem zweiten findet sich die Ballade von Hans Dollinger und seinem Zweikampf . . . Auf dem Blatt, das das Lied enthält, findet sich die Jahreszahl 1552. Wenige Jahre darauf, 1555, spricht Wiguläus Hundt [der erst im 19. Jh. in der Freybergschen Sammlung III, 159–797 gedruckte 3. Teil des »Stammenbuchs« enthält ab S. 695 die Genealogie der »Tollinger«. Ms. – laut Dünninger – beim Historischen Verein von Regensburg] von ›ein Lied vor Alters gedicht‹. Das sind die ersten Hinweise auf die Sage . . . Obwohl schon Gumpelzhaimer die historische Wahrheit der Dollingergeschichte bezweifelt [Bd. 1, S. 119: »Eben so wenig genau historisch richtig dürfte die Geschichte eines Kampfes zwischen Hanns Dollinger und Craco seyn . . .«], hat man immer wieder, vor allem Gratzmeier . . . versucht, die Sage auf ein historisches Ereignis zurückzuführen. Neuerdings versucht man wenigstens die Sage als Geschlechtersage als primär zu erweisen und sieht in den Figuren des Saales Darstellungen der also älteren Sage, die man als Volkssage mit einem gewissen historischen Kern ausdeutet [Erika Lehmann, Der Dollingersaal zu Regensburg. In: Der Zwiebelturm, Regensburg 1950, 5. Jg., S. 269 ff.]. Einen historischen Kern aus der Zeit Heinrichs I. anzunehmen, ist absurd. Turnier, der Name Hans usw., es sind zu viele Gründe, die das völlig ausschließen. Aber auch die Figuren des frühen 14. Jahrhunderts, die sich so leicht aus der Zeitstimmung erklären lassen [z. B. stellt der hl. Oswald den Lieblingsheiligen des Regensburger Patriziats im 14. Jahrhundert dar], als Illustrierung der Sage zu deuten, ist kaum angebracht. Von einer Volkssage, von einer mündlichen Tradition kann keine Rede sein [s. oben die gegenteilige Meinung von Göller/Wurster]. Das Wachstum der Sage vollzieht sich deutlich . . . auf literarischem Wege. Die fabulierende Geschichtsfreudigkeit des 16. und 17. Jahrhunderts baut in den Regensburger Chroniken die Sage immer weiter aus. Aus dem Türken der Ballade wird ein Ungar [Bauer, S. 157 irrt, wenn er die gegenteilige Entwicklung annimmt bzw. unterstellt, daß die Sage älter sei als das Gedicht], der Name Craco findet sich ein, der Held liegt auf den Hals gefangen usw. – immer neue Motive finden sich hiezu. Die Lokaldichtung und Lokalkunst des 19. Jahrhunderts vollendet diesen Vorgang. Dramatische, epische und bildliche Darstellungen häufen sich. Selbst Gumpelzhaimer baut die Geschichte . . . zu einer lebhaften Erzählung aus« (J. Dünninger, S. 14).
Hervorzuheben ist, daß die Romantiker Achim von Arnim und Clemens von Brentano die Dollingerballade in ihre einzigartige Sammlung deutscher Volkslieder aufnahmen, die unter dem Namen »Des Knaben Wunderhorn« große Berühmtheit erlangte. »Damit verschafften sie dem Volkslied aus Regensburg Eingang in die deutsche Literatur« (Bauer, S. 157). Auf diesem Wege erfuhr es auch das Lob Goethes, der kommentierte: »Ritterhaft tüchtig« (Göller/Wurster, S. 50). Auf die Bühne gelangte

es durch Emmanuel Schikaneders Schauspiel in 3 Aufzügen: »Hanns Dollinger oder das heimliche Blutgericht«; im Oberpfälzischen Lesebuch, S. 69 ff. gibt G. Kapfhammer eine Kostprobe davon. Das Titelblatt des sämtliche »theatralischen Werke« umfassenden Bandes (Leipzig 1792) bezieht sich auf Dollinger. Die bekannteste grafische Darstellung ist ein Kupferstich in Merians »Topographia Bavariae«. Der Münchener Grafiker Walter Tafelmaier bezog ihn – auf meine Anregung hin – in die Titelgestaltung von vorliegendem Werk mit ein.
»Wir rechnen die Entstehung der Dollingersage den Fabulaten der Humanistenzeit zu, die ja gerade auch in der Regensburger Geschichte eine besondere Neigung zum Ausbau des frühen Mittelalters hat ... Wesentlich ist bei der ganzen Frage die Tatsache, daß es sich um ein Wandermotiv handelt, das als Stadtsage verschiedenfach auftaucht. Darauf hat schon Hyazinth Holland 1862 [in: Geschichte der altdeutschen Dichtkunst in Bayern, Regensburg, S. 34 f.] hingewiesen, wenn er von den Riesen- und Heldensagen der Städte spricht und neben der Dollingersage auch die sehr verwandte Sage vom Schuster zu Lauingen [aus der Zimmerschen Chronik 1564/66] nennt. Hans Neppl hat weitere Parallelen [Kampf Herzog Christophs von Bayern mit dem Woiwoden von Lublin – Kampf Maximilians I. gegen den französischen Ritter Claudius I. de Batre, der die deutschen Ritter höhnisch zum Kampf gefordert hatte, vgl. Neppl, S. 41] nachgewiesen und das Motiv schließlich auf die Bibel, auf den Kampf Davids mit Goliath, zurückgeführt ...« (Dünninger, S. 14).
Dr. Wurster, der diese meine Anmerkung zur Dollingersage auf meine Bitte hin kritisch durchsah – er tat es mit einem ungewöhnlich hilfreichen Einsatz –, gestattet mir, folgende Stelle aus seinem Forschungsmaterial (»da ich sie in unseren Dollingertext nicht mehr einbauen kann«) zu verwenden: »Neben die Bibel muß unbedingt die Erzählung von Livius in Buch VII, IX, 6–VII, X, 14 treten; dort berichtet er vom Kampf des Titus Manlius Torquatus im Jahre 361 v. Chr. gegen einen riesenhaften Gallier, der die Römer überheblich herausgefordert hatte und so allen außer Titus den Mut genommen hatte. Als treuer Römer und im Vertrauen auf die Götter tritt Titus dem Gallier entgegen und besiegt ihn.« Und er kritisiert die beiden Parallelen, die Neppl, S. 41 anführt, als »für das Dollingerlied zu jung; die Sage hat bis zu dieser Zeit wohl schon ›ihre endgültige‹ Form erreicht und bereits eine lange Entwicklung hinter sich. Der Kampf Herzog Christophs des Starken (1449–1493) (vgl. Spindler II, 271 f.) fand wohl anläßlich der Landshuter Hochzeit statt?!«
Ich möchte die Reihe von etwaigen Entsprechungen ergänzen: Füetrer, S. 115 f. (Riese Feracutus gegen Roland), Aventin, Chronik, Buch 4, Kap. 21, S. 133 erzählt von dem thurgauischen Riesen Ainher, den man für den »laidig Teufel selbs« hielt und der Züge eines »riesenmäßigen Helden bzw. eines ›Menschenriesen‹...« (Petzoldt, HS 2, S. 307) aufweist. Hierher gehört vielleicht auch der preußische Riese Miligedo (Petzoldt, HS 2, Nr. 453) und sicher der von Göller/Wurster, S. 29 erwähnte salische Graf Konrad Kurzbold, der, indem er vor dem Kaiser die Christen gegen einen Heiden vertritt, den slawischen Herausforderer mit einem Stein hinstreckt.
Neppl, S. 40 f. macht auf einen interessanten Literaturfund aufmerksam: »... Johann Prechtl [sonst auch: Brechtel] von Sittenbach [* zwischen 1560/70, † nach 1637] hat nach Angaben Neumanns [Ms. R 391, im Besitz des Historischen Vereins Regensburg], die im übrigen sehr glaubwürdig scheinen, da er sich auf benützte Handschriften stützt, eine 53 Seiten starke Pergamenthandschrift ›Deductione oder kurze Beschreibung des uralten Rittermäßigen Thurnieradels derer von Leublfing‹ verfaßt, die sich in ›Duplo dem fürstlich Thurn- und Taxischen Archiv zu Rain‹ befand. Leider ist diese Handschrift heute nicht mehr auffindbar [Dr. Wurster vermerkt dazu auf meinem Manuskript: »Habe ich nicht eingesehen. Eine andere Handschrift in

meiner Diss. für Brechtel nachgewiesen; datiert 1617.«]. Auf dieser Pergamenthandschrift befand sich auch eine kurze Beschreibung des Kampfes zwischen einem Herrn Wilhelm von Leublfing und dem hunnischen Obristen Crotzcho. Die Motive sind genau die gleichen, wie die der Dollingersage; nur ist die Handlung nach Merseburg 933 verlegt . . .«
Wenn wir es hier auch nicht mit dem ersten Beleg der Dollingersage zu tun haben, so kann man doch mutmaßen, daß von hier der Name Krako der Sage zuwuchs. (Es ist ja auch heute keine Seltenheit, daß Autoren eine Sage willkürlich einem ihr gar nicht zugehörenden Ort zuordnen, sie gleichsam verpflanzen.)
Göller/Ritzke-Rutherford, S. 105 zitieren eine weitere Arbeit des oben erwähnten fränkischen Gelehrten: ». . . of particular interest is a second version oft the ballad [= Dollingerlied], preserved through Johannes Prechtl von Sittenbach in 1639 . . .« Besagte Arbeit findet sich beim Historischen Verein Regensburg: Ms. R 15.
Den ersten Beleg kannten wir bislang aus der Ballade von 1552. Der Hinweis bei Neppl, S. 28, der wiederum auf Neumann fußt, auf eine ältere Belegstelle, nämlich »Farrago historica . . .« [von Hieronymus Streitel, latinisiert Proeliolinus, † nach 1519], erwies sich zumindest bei Durchsicht des bei Oefele II, S. 498 ff. abgedruckten reduzierten Textes als nicht richtig. Dr. Wurster dazu: »Oefele wußte nicht, daß die ›Farrago‹ von Streitel ist; ›farrago‹ bedeutet übrigens ›vermischten Inhalts‹; .... heute würde man es Miszellen o. ä. nennen« (12. 9. 80).
Bei Neppl - s. auch seine Anmerkungen zur Dollingersage - geht es um ein von Neumann zitiertes gleichnamiges Manuskript, den »cod. bav. 225 (clm. 11225), eine Pergamenthandschrift in Folio mit 480 Seiten, in der das Dollingerlied auf S. 237–239 stehen« und auf das Jahr 1519 datiert sein soll.
Durch Autopsie des Manuskripts (heute: Signatur clm 167) konnte ich mich davon überzeugen, daß dies teilweise stimmt. Das Dollingerlied ist an besagter Stelle abgedruckt, allerdings fand ich keinen Vermerk über das Alter der Handschrift. Frau Dr. Karas von der Handschriftenabteilung der Bayer. Staatsbibliothek: »Einwandfrei 16. Jahrhundert . . .« Aber wie Neumann auf die Jahreszahl 1519 kam, konnte ich nicht eruieren.
Obwohl Neumann hier also nur bedingt recht hat - der clm 167 ist eine spätere Abschrift (Wurster vermutet: »ca. Ende 16. Jh./Anfang 17. Jh.«) des Wiener Codex 3301, »aus dem ich das Dollingerlied in der Version Streitels habe« (Schreiben von Wurster, 12. 9. 1980) -, führt uns dieser clm 167 auf die richtige Spur: zur Quelle, die ungleich älter ist, als sie Dünninger im BJV darbieten kann. Daß Göller/Wurster, auf anderen Wegen zwar - ihr Text stammt aus der Österreichischen Nationalbibliothek, Wien, Cod. Vindob. 3301 -, zum gleichen Ziel gelangten - allerdings schneller als ich - beweist erneut die Richtigkeit der Redensart, daß viele Wege nach Rom führen (auch, wie in meinem Fall, Umwege). Göller/Wurster, S. 42 können erfolgreich subsumieren: »Bei den Nachforschungen zur Geschichte des Liedes gelang es . . ., in einer Sammelhandschrift des frühen 16. Jahrhunderts eine um ca. vierzig Jahre ältere Version [als der Text der Klapptafeln bzw. dem Dollingersaal bzw. die Pergamentblätter] zu entdecken. Kompilator der Handschrift, die eine große Menge ähnlichen historischen Materials enthält, ist der Prior der Regensburger Augustinereremiten, Hieronymus Streitel, ein begeisterter Sammler von geschichtlichen Nachrichten und Erzählungen, Chronist und Legendenautor, der die Handschrift zwischen 1510 und 1519 angefertigt hat . . . nunmehr älteste Fassung, die offenbar den Textzustand des 15. Jahrhunderts überliefert . . .«
In den Anmerkungen zum »Regensburger Dollingerlied« (Ms.) weist Wurster, S. 97 auf eine interessante moderne Parallele zu der Bedrohung des Helden durch eine Trias

von Gegnern hin: »Für dieses gewichtige Detail der Sage, nämlich für die Verwirrung des Gegners durch die beiden Teufelsgestalten, die Krako links und rechts begleiten, gibt es auch eine physiologische Erklärung, wie sie vom Ex-Boxweltmeister Max Baer angedeutet wird: ›Wenn du verprügelt wirst, und du siehst plötzlich durch eine Nebelwand drei Gegner auf dich zukommen, achte auf den in der Mitte. Das ist's, was mich ruiniert hat – daß ich auf die beiden anderen losgegangen bin‹ (Die Zeit, 12. Nov. 1977, 61: ›K. O. für ein Leben‹).«
Zum Stand der Forschung: Weitgehend auf J. Dünninger fußt seine Doktorandin Gisela Koschwitz, die sich in ihrer Dissertation über Erhard, S. 550ff. am Rande mit der Dollingersage befaßt, aber zu keinen neuen Ergebnissen kommt. Prof. Karl Heinz Göller (Lehrstuhl für englische Philologie an der Universität Regensburg) hat außer seinem Beitrag zu »St. Oswald in Regensburg. A Reconsideration«, der »the manifold cross-cultural ties between England and Bavaria« aufzeigt – das Oswaldproblem wurde von mir hier als zu abwegig ausgeklammert –, zusammen mit Herbert W. Wurster soeben die Untersuchung »Das Regensburger Dollingerlied« abgeschlossen. Sie bietet den allerneuesten Forschungsstand. Am 25. 8. 1980 – noch vor Drucklegung der Arbeit – informiert mich Dr. Wurster über das Forschungsergebnis:
»Neben dem darstellenden Text enthält . . . es mehrere Liedfassungen und Sagenversionen, sowie eine größere Anzahl von Bildern.
Neu daran ist: eine wesentlich ältere Erstfassung des Lieds (ca. 1519) – Einbettung der Sage in den historischen Hintergrund (des 10. Jh. als angeblichem Zeitpunkt des Kampfes und des 13. Jh. als Zeitpunkt der Schaffung der Plastiken) – Aufzeigen der Wandlungen der Sage im Laufe der Jhe. – die literaturwissenschaftlichen Erklärungsansätze hinsichtlich der Entstehung . . .«
Bemerkenswert ist noch Gaßner, der S. 117f. »eine noch ungedruckte Form des Dollingerliedes (aus Ms. R 15)« veröffentlicht und von dem es auch ein Verzeichnis der Dollingerlieder gibt.
Nachstehend der Text des Dollingerliedes aus clm 167 (Bayerische Staatsbibliothek München).

Da rait er für des Rayßers thür
Ist niemandt da inn, des storchs weib
kumb leib vnd sel, kumb ehr vnd guot
Und das dem Tuifel werdt die sel.

Da wurden die fürsten all trawrig,
Kainer wolt dem Trinckher nit obliẅg.
dem laidigen man, der so frayßlich
storchs stund.

Da sprach der Rayßer zornigklich.

Die stat main hof so laüterlich
das Ich Schwig man des storchs Ern,
vnd laib und Sel, kumb ehr und guot,
vnd das lusam frau werdt die Sel

Da sprang der Tollinger herfür,
wol kumb wol kumb Ich müeß hinfür,
an den laidigen man,
der so frayßlich storchs Er.

Jud rechte ritter, das sie da haben,
Sie fiechten gegen einand zwäy schwerte star,
das ain grümig feir, das and grümig blo,
da schlug der Trinck des Tollinger ab,
Da das er an dem wichan lag.

187 Ursprünglich war der Vergleich mit dem knauflosen Schwert nicht auf Arnulf Malus gemünzt. In der von dem Augsburger Domherrn Gerhard zwischen 982 und 993 verfaßten Lebensbeschreibung Bischof Ulrichs erfährt auf dem Lechfeld, nachdem Arnulf »legaliter« verurteilt wurde, auch Heinrich I. »Tadel und wird mit einem knauflosen Schwert verglichen, weil er die Salbung der Kirche abgelehnt habe. Gleiches überliefern Berno von Reichenau in seiner um 1030 angefertigten volkstümlicheren Bearbeitung dieser Urfassung der Ulrichsvita und auf ihm aufbauend spätere Neugestaltungen. Aber in der Zwischenzeit war von einem anderen Bearbeiter eine wichtige Änderung vorgenommen worden. In der noch kurz vor der Jahrtausendwende entstandenen Neufassung des Augsburger Bischofs Gebehard wird das Bild von

den beiden Schwertern plötzlich auf Arnulf und nicht mehr auf Heinrich I. bezogen, da jener, ohne die Salbung der Kirche zu haben, als ›invasor regni‹ aufgetreten sei, nachdem er sich die Besitzungen vieler Klöster angeeignet habe« (Alois Schmid, S. 38 f.). Weil das Schwertergleichnis in der Urfassung eine »unnötige Verlängerung« war, »da es auf eine an dieser Stelle völlig bedeutungslose Person, König Heinrich I., verweist«, beseitigt es Gebehard und deutet es auf Herzog Arnulf um, über den gerade zu Gericht gesessen wird. »Dadurch gewinnt die ganze Episode an Geschlossenheit« (ebd. S. 39). Zudem war – ich folge hier weitgehend den trefflichen Ausführungen Schmids – das Schwertergleichnis der Urfassung der Ulrichsvita sinnlos und unverständlich geworden, da ja Heinrich I. allseits als hervorragender König anerkannt wurde. »Was lag näher als es auf den unmittelbar vorher genannten Kirchenfeind Arnulf zu beziehen? Auch die fortschreitende Sakralisierung des Heinrichsbildes machte die Umdeutung des Schwertergleichnisses erforderlich. So verglich erstmals Gebehard von Augsburg Herzog Arnulf mit einem knauflosen Schwert. Damit brachte er ihn mit dem Bild von den zwei Schwertern in Verbindung, das im Jahrhundert vor dem Investiturstreit häufig zur Kennzeichnung des göttlichen Ursprungs von Staat und Kirche und ihres gemeinsamen Auftrages zur Weltbeherrschung gebraucht wurde. Freilich nahm es diesen festumrissenen Inhalt erst nach der Jahrtausendwende an. Vorher wurde es in vielfach abgewandelter Form verwendet, so auch hier, wo das vollständige Schwert den von der Kirche gesalbten, die Herrschaft ordnungsgemäß ausübenden Regenten bezeichnet, das knauflose dagegen den ungesalbten König, der sich ungerechtfertigterweise der Herrschaft bemächtigt habe . . . Es ist Symbol für den Usurpatoren. Gebehard wirft Arnulf Säkularisationen und den Königsplan vor. Mit dem Schwertergleichnis haben erstere indes nichts zu tun. Der Knauf fehlt dem Schwert der Herrschaft Arnulfs allein wegen der mangelnden Legitimation seines Königsplanes« (ebd. S. 40).
In sein Hauptwerk, die »Chronica pontificum et imperatorum Romanorum«, übernimmt Andreas von Regensburg, der erste Vertreter der bayerischen Landesgeschichtsschreibung, »einfach die Angaben seiner Hauptquelle Frutolf/Ekkehard, die er durch Hermann von Niederalteich und die Diessener Fundatio bestätigt sieht. Frutolf/Ekkehard bleibt auch in der jüngeren ›Chronica de principibus terrae Bavarorum‹ die Hauptquelle, wird hier aber durch die Angaben aus der Andreas erst in der Zwischenzeit bekannt gewordenen Scheyerner Chronistik erweitert. Auf diese Weise finden die Scheyerner Genealogie und vor allem die Scheyerner Todessage Eingang in die bayerische Landeshistoriographie . . . Dieser Bericht des Andreas von Regensburg wurde die entscheidende Grundlage der vielen Chroniken des 15. Jahrhunderts . . . Vor allem aber stützten sich auch Hans Ebran von Wildenberg und Ulrich Füetrer auf ihn. Ersterer zog außerdem noch Otto von Freising bei, mit dessen Hilfe er vor allem am Stammbaum und der Todessage vorsichtige Zweifel anmeldet. Diese kritischen Ansätze werden von Ulrich Füetrer, dem Münchner Malerpoeten, wieder völlig verdrängt, der sich mit poetischen Kunstgriffen gerade die Ausgestaltung der Todessage angelegen sein läßt. Somit behält das Bild des teuflischen Tyrannen bis zu Arnpeck hin uneingeschränkt Gültigkeit. Über Bayern sind diese spätmittelalterlichen Sagen jedoch nicht hinausgelangt« (ebd. S. 70 f.).
A. Schmid führt S. 66 aus, daß Scheyern, die Begräbnisstätte der meisten frühen Wittelsbacher, »nicht nur die Leichname der jüngeren Angehörigen des Herzogshauses« beansprucht, »sondern auch diesen älteren Vorfahren. Selbst wenn dieser dem Teufel verfallen war, wollte man ihn an dieser traditionellen Begräbnisstätte beigesetzt wissen. Man holte ihn aus diesem Grunde aus seinem angeblichen Regensburger Grab und überführte ihn nach Scheyern, selbst wenn man dazu die Teufel bemühen mußte.

Diese Sagenbildung setzte an der alten kirchenrechtlichen Bestimmung, daß Kirchenräuber nicht in geweihter Erde begraben werden durften, an.«
Nach der im ausgehenden 14. Jahrhundert verfaßten deutschen Chronik von Scheyern (s. Oberbayerisches Archiv 2, 1840, S. 190) wird der Leichnam »gen Scheyren in das rorach« geführt. »Hier hat Ebran seine Vorlage [Andreas] etwas gemildert; die dort vorkommende Stelle, die davon spricht, dass der aus dem Grab genommene Leichnam des Herzogs vom Teufel in den See bei Scheyern entführt worden sei, mochte er nicht nachschreiben« (Ebran, S. 78).
J. Staber, in: Regensburg und Böhmen, S. 93 f.: »Die Parteistellung eines Autors kann daraus erschlossen werden, wie er den Tod einer Persönlichkeit charakterisiert, je nachdem, ob er feststellt: miserabiliter obiit, oder: in pace obiit . . . Das katholische Fühlen kommt in den Berichten zum Vorschein, wenn mit großer Ausführlichkeit der Empfang der hl. Sakramente vor dem Hinscheiden, das öffentliche Bekenntnis der Sünden, die Bitte um Verzeihung . . .« berichtet wird. Giovanni Villani sieht den Tod der Herrscher, die ohne Sakramente dahingerafft wurden (Kaiser Friedrich I. - Heinrich II. von England – Ludwig der Bayer), als Gottesgericht an. Kirchenverfolger wie Julian der Abtrünnige, Otto IV. und Friedrich II. sterben einen besonders schlimmen Tod. Das all diesen Todesfällen Gemeinsame – das jähe Eintreffen – zeigt sich auch beim Ableben von Arnulf Malus: »Arnold seye plötzlich vom Schlage gerührt worden . . .« (Gumpelzhaimer 1, S. 126).
»In Münchsmünster ließ man ihn elendiglich wie Sulla enden, der nach Auskunft antiker Autoren am Läusefraß, anderer am Blutsturz zugrunde gegangen war . . . der Vergleich mit Sulla wurde sicherlich durch die Namensgleichheit mit Kaiser Arnulf herbeigeführt, der nach Luitprand an der Läusekrankheit gestorben war« (A. Schmid, S. 78). s. Sage Nr. 183. Vgl. dazu Buchner, »Documente des dritten Buches« (zu seiner Geschichte von Bayern), S. 21.
»Wenn Arnulf von Teufeln erwürgt, Läusen zerfressen, vom Blitz erschlagen wird oder am Blutsturz stirbt, so sind das Todesarten, die auch im übrigen mittelalterlichen Schrifttum oftmals bezeugt sind. Hier liegen Erzähltypen vor, die in den Umkreis der Tyrannuslehre gehören und nun auch auf Arnulf übertragen werden. Lediglich wenn Arnulf an einer Fischgräte erstickt [s. Sage Nr. 189], liegt eine Neubildung vor, die wohl durch Motivübertragung und -angleichung zu erklären ist« (A. Schmid, S. 79).
Die Geschichte, wie Herzog Arnulf vom Teufel geholt wird, glossiert Georg Fröhlich, nürnbergischer und augsburgischer Stadtschreiber (s. Andreas von Regensburg, S. CV) auf seine Weise – bissig: »Lieber Mensch, ists möglich, so erkenne doch der losen pfaffen groben betrügn« und dazu: »Ein gehessig gedicht«.
Nichts mehr vom jähen Tod findet sich bei Georg Lohmeier (in: Die Ahnen des Hauses Bayern. Die Geschichte der Wittelsbacher. München 1980), S. 44: »Der Teufel soll ihn drei Wochen lang auf dem Sterbebett die Seele kleinweis aus dem Leibe herausgequält haben.«
Andreas Buchner (in: Documente, Bd. 2) hat Arnulfs literarische Einschätzung untersucht und kommt zu dem Ergebnis, daß coäve Schriftsteller das Todesjahr des Herzogs untendenziös wiedergeben (»Anno 937 Arnolphus Bavarorum dux defunctus est«) und ihm zeitnahe Autoren wie etwa Ditmarus, Bischof von Merseburg (Anfang des 11. Jh.s) sogar die »vorzüglichen Gaben seines Geistes und seines Körpers und ein mit mannigfaltigen Tugenden ausgeschmücktes Leben« rühmen, während in später verfaßten »Kloster-Chroniken des Innlandes . . . sein Namen mit schwarzer Farbe gezeichnet in der Reihe böser Regenten« (Buchner, Geschichte . . ., 3. Buch, S. 50) steht.
Buchner (Documente, Bd. 2, S. 20 f.) sieht die Verunglimpfung seines »Helden« vor

allem in der Gründungsgeschichte Tegernsees, in der Arnulf schlimmer als der Teufel (pejor diabolo) genannt wird, in den Quirinalia eines Tegernseer Mönchs und in den Klosterchroniken aus dem 13. und 14. Jahrhundert, z. B. dem Chronicon Monasterii Tegernseensis und dem Chronicon Schyrense. Und Andreas von Regensburg und Arnpeck spricht er schuldig, »aus diesen unlautern Quellen« geschöpft zu haben. Als geistigen Urheber all dieser Verunglimpfungen sieht er Otto von Freising.
E. Dünninger, Jenseitsvisionen..., S. 21: »In ähnlicher Weise wie das literarische Nachleben Karl Martells ist auch das Bild Herzog Arnulfs von Bayern (des ›Bösen‹ ...) von der kirchlichen Überlieferung, die ihm seinen Beinamen gegeben hat, geprägt. Zwei Jahrhunderte nach Karl Martell hat ein ähnlicher Vorgang der ›Säkularisation‹ von Kirchengut in der kirchlichen Tradition eine diese Politik des Bayernherzogs verurteilende Vision hervorgerufen. Die Vita sancti Udalrici des Augsburger Propstes Gerhard berichtet von einem Gesicht des Augsburger Bischofs, der sich von St. Afra auf das Lechfeld nahe der Bischofsstadt geführt sieht: dort hält Petrus zusammen mit Heiligen und Bischöfen eine Gerichtsversammlung ab; der damals noch lebende Bayernherzog Arnulf wird auf die Anklage vieler Heiliger hin wegen der Verwüstung zahlreicher Klöster, die er Laien zu Lehen gegeben habe, verurteilt. Diese Einziehung von Kirchengut, die hier Arnulf zum Vorwurf gemacht wird, und die er – im Besitz der Kirchenhoheit und der Verfügungsgewalt über die Bistümer und Reichsabteien, die ihm 921 König Heinrich I. zugestanden hatte – auch vornahm, diente ... wohl nicht nur der Belehnung von Vasallen, um der Ungarngefahr zu begegnen (was bisher allgemein als Hauptmotiv angesehen wurde), sondern vor allem der Mehrung des eigenen und des Familienbesitzes und so auch der persönlichen Machtstellung des Herzogs. Die kirchliche Überlieferung, die in dieser Vision in der Vita des hl. Ulrich besonders Ausdruck findet, hat aber über der Kritik an diesen Eingriffen in den Besitz der bayerischen Klöster die in der Ungarnabwehr liegende geschichtliche Leistung Herzog Arnulfs in den Hintergrund treten lassen.«
Otto Meyer bringt in: Wattenbach-Holtzmann, Deutschlands Geschichtsquellen im Mittelalter I (2. Aufl. 1948), S. 264f. Hinweise auf die zeitgenössische Beurteilung Arnulfs und die spätere klerikale Darstellung seiner Säkularisationspolitik.
Bemerkenswert erscheint mir die Erzählung, die bei Gewold, Kandler und Buchner angesprochen wird, daß Arnulf als bärtig, also als Gezeichneter, auf die Welt gekommen sei und sich seine Mutter bereits bei seiner Geburt über ihn entsetzte. »Dieser merkwürdige Erzähltyp ist nach Stith Thompson, Motif-Index of Folk-Tale, Bloomington ²1966 V 400 nr. 551, 13,1 in der abendländischen Literatur nicht nachweisbar, wohl aber im morgenländischen Talmud« (A. Schmid, S. 78, Anm.).
Auf einer Tafel des Meisters der Ulrichslegende (s. Bayern, Kunst und Kultur. Ausstellungskatalog, München 1972, S. 333; Abb. dazu nach S. 92) ist – neben dem Fischwunder – auch dargestellt, wie die hl. Afra Bischof Ulrich im Traum erscheint: »sie führt ihn – im Hintergrund links – auf das Lechfeld, wo der hl. Petrus soeben die himmlische Synode gegen Arnulf, den bayerischen Herzog abhält.«
Zu Version II: In der »Historia fundationis monasterii Tegernseensis pag. 473« ist nach Buchner, Documente, Bd. 2, S. 20, die Frist für die Besserung bzw. für die Restitution von geraubtem Klostergut auf nur einen Tag gesetzt, nicht auf ein Jahr, wie in vorliegender Fassung.
Bei Aventin (Sämtliche Werke, 1. Bd, 1. Hälfte, S. 5) ist von Bischof Hyldericus als Mahner die Rede, nicht von Udalricus. »Fama est vulgatissima, cadaver in piscinam Schirorum superiorum abiectum esse a daemonibus: ab ipsis nempe adhuc piscina nomen vulgo retinet in proverbiumque venit.«

188 Alois Schmid, S. 78: »Schließlich ist wohl auch das sog. Fischwunder des hl. Ulrich auf ihn [= Arnulf Malus] zu beziehen: Um den Heiligen zum Bruch des Fastengebotes zu verführen, habe ein namentlich nicht bezeichneter Bayernherzog diesem durch einen Boten ein Stück Fleisch an einem Fasttage als Geschenk überbringen lassen. Doch Gott habe den Bischof vor dieser hinterlistigen Überrumpelung bewahrt, indem er das Fleisch in einen Fisch verwandelte.«
In unserer Sage verläuft das Geschehen umgekehrt: der Bischof gibt selbst Anlaß, daß man an seiner Einhaltung des Fastengebotes zweifelt ... Friedrich Zöpfl, in Schwaigers Bavaria Sancta 1, S. 211 gibt den Sitz des Herzogs mit München an. Bei ihm bekommt der Bote von Ulrich ein Stück Fleisch'als Reiseproviant ... Wie bei Schöppner.
Der im 6. Jahrzehnt des 15. Jahrhunderts tätige Meister der Ulrichslegende schuf – vermutlich für das ehemalige Benediktinerreichsstift St. Ulrich und Afra in Augsburg – Tafeln mit Szenen aus dem legendären Leben des großen Bischofs. Dargestellt wird auch das Fischwunder: »Ein Bote des bayerischen Herzogs trifft in der Nacht von Donnerstag auf Freitag beim Bischof ein. Als Lohn für die Überbringung des Briefes erhält er ein Stück Gänsebraten, das er jedoch nicht verzehrt, sondern seinem Herrn als Beweis für die Übertretung des Fastengebotes durch den Bischof vorweisen will. Das Wunder – in der Bildmitte – geschieht, als das Beweisstück vorgewiesen werden soll: es hat sich inzwischen in einen Fisch verwandelt« (Bayern, Kunst und Kultur. Ausstellungskatalog, München 1972, S. 333; Abb. ebd. nach S. 92).

189 »Arnulf ging damit am Fisch, dem gerade im 15. Jahrhundert große Verbreitung erlangenden Attribut eben des Heiligen zugrunde, gegen den er sich angeblich am meisten versündigt hatte: Ulrichs« (A. Schmid, S. 79). Vgl. auch die vorhergehenden Anm. 187 und 188.

190 Seit der Mitte des 12. Jahrhunderts fällt das rege Interesse bayerischer und österreichischer Historiografen gerade für das Ende Arnulfs auf, nachdem vorher über seinen Tod »nie etwas Besonderes berichtet worden war«: »Dieses nimmt seinen Ausgang von Tegernsee. Hier ist wiederum Metellus der erste, bei dem ein derartiger Hinweis begegnet: ... Noch von der erstarrenden Hand des Toten hätten sich die Vasallen mit versprochenen kirchlichen Ländereien belehnen lassen ... Offensichtlich liegt hier eine erste Sage vor. Deren Quellen sind jedoch noch teilweise auszumachen. Zweifellos geht Metellus hier von der Ulrichsvita aus. Aber er wiederholt nicht nur den dort gefundenen Hinweis auf die Afravision, sondern gestaltet diesen zu einer einprägsamen Szene aus, deren Motive ebenfalls der Ulrichsvita entstammen. Metellus überträgt Angaben dieser Quelle über den Tod des Pfalzgrafen Arnulf einfach auf den Vater, Herzog Arnulf. Wenn er letzteren auf einem erstmals bei ihm bezeugten Hoftag in Regensburg unerwartet sterben und ihn in eben dieser Stadt bestattet werden läßt, so gibt es hierfür keine älteren Quellen, sodaß angenommen werden muß, daß die Angabe der Ulrichsvita zugrunde liegt, daß der Pfalzgraf dieses Namens eben beim Kampf um diese Stadt gefallen sei. Nach Gerhard wurde er erschossen, starb also eines plötzlichen Todes, und eben diese Angabe begegnet hier erstmals auch für den Tod des Herzogs. Wenn Metellus weiterhin von Mahnungen und Warnungen berichtet, die der hl. Ulrich an den Herzog gerichtet haben soll, so geht er schließlich von der Behauptung Gerhards aus, daß der Pfalzgraf ›incorrigibilis sine poenitentia perduravit‹. Hatte schon Berno das Ende des Pfalzgrafen als Gottesstrafe für begangene Kirchenschändungen gedeutet, so übernimmt Metellus auch diesen Hinweis für den Herzog. Diese Entsprechungen zeigen, daß Metellus – möglicherweise aber bereits

seine nicht mehr faßbare Quelle – in seiner Dichtung Hinweise auf den Tod zweier Arnulfe verwertet und die beobachtete Reihe der Verwechslungen Arnulfs mit anderen Trägern dieses Namens fortsetzt. Es wird nicht deutlich, ob diese Identifikation ungewollter Flüchtigkeit oder der Absicht, das Geschehen poetisch zu verdichten, entsprang.
Weiterhin greift Metellus den Hinweis der jüngeren Godehardsvita, daß Niederalteich eines Großteils seiner Besitzungen beraubt worden sei, auf und bringt ihn mit dem von den Ulrichsviten des gleichen Verbrechens beschuldigten Arnulf in Zusammenhang, was vor ihm niemand getan hatte. Wenn Wolfher diesen Eingriff ›iuxta debachantium voluntatem‹ vorgenommen werden ließ und damit wohl allein die Gier der Lehennehmer kennzeichnen wollte, so deutet Metellus diese Wendung in bildlichem Sinne und läßt das Geschehen sich bei einem Gastmahl vollziehen, das er dann mit dem grausigen Motiv der den Toten aufrichtenden und sich von diesem belehnen lassenden Höflinge weiter ausgestaltet, dessen Herkunft unklar bleibt. Auch Metells wiederholt als Phantasterei bezeichnete Schilderung des Endes Arnulf fußt also zum Großteil auf noch erkennbaren Quellen. Die spätere Tegernseer Geschichtsschreibung hat diese Sage dann weiter ausgestaltet...« (A. Schmid, S. 63f.).

191 Zschokke, Gumpelzhaimer, Schöppner... geben als Jahr an: 938. Coelestin hat: 942.
s. aber P. Schmid, S. 492: da ist für Otto I. kein Regensburg-Aufenthalt für 938 nachgewiesen. Dagegen für 940 oder 942. – Bauerreiss 1, S. 186: Gunthar »nur chronikalisch bezeugt«. »Die Meinung, daß Träume am Morgen in Erfüllung gehen, ist uralt und schon ausgesprochen in Theocrit, Idyll. XX. 2, dann Horat. Satyr. I. 10.33...« (Lammert, S. 94).
Günter, S. 83 erwähnt eine Version, in der der Mönch auf die Frage des durch einen Traum zur Bistumsvergabe ermahnten Otto I., was er ihm für das erledigte Bistum gebe, lachend antwortet. Auch bei Zschokke betrachtet »Gunthar« lächelnd seine Armut...
Wie Nikolaus von Myra wurde der Mönch Gunther zum Bischof erhoben, weil er dem, dem die Vergabe oblag, morgens »als erster« begegnete, so wie es eine »Stimme von oben« bzw. ein Traum oder »nächtliche gehabte Einbildung« (Mausoloeum 1680, S. 64) als Kriterium für die richtige Bischofswahl angegeben hatte. Bei Zschokke 1, S. 232 geht die Wahl Gunthers auf langes Sinnen des Königs zurück. »Gunther saß nur sechs Monate auf dem Bischofsstuhl (gest. 8. Oktober 942). Sein Mitbruder Tuto (der 930 starb) hatte Gunther prophezeit, daß er sein zweiter Nachfolger sein und bald sterben werde (Thietmar II 26)« (Günter, S. 83).
Gumpelzhaimer 1, S. 127 nennt Otto »König«, indes ihn Coelestin, Schöppner u. a. durchweg »Kaiser« nennen.
Petzoldt, HS 2, Nr. 332, der in seiner Anmerkung zur Sage schreibt: »Die hier berichtete Begebenheit wird vielfach in der Heiligenlegende (z. B. von Nikolaus) überliefert«, vergißt den »Witz« bei der Sache: die Schuhe. Er bringt somit nur eine verstümmelte Sage.
Darstellung: »B. Guntharius« mit dem Schuh. In St. Emmeram links im Kirchenschiff über den Arkaden. Nördl. Wand des Langhauses gegen Westen. Stuckfigur. – Rader 1615, Bd. I, Bl. 100 stellt den Traum des Herrschers dar; im Hintergrund sieht man die Übergabe des Schuhs. – Das Gunthar-Medaillon auf dem großen Kupferstich »Heiliger Marter-Berg« von A. Geyer wurde durch ein Versehen hier nicht aufgenommen.

192 »Die ungarische Sage hat selbst dieses schmähliche Ende ›der tapferen Lel und Bulcsu‹ mit strahlender Glorie umgeben: Lel sei es unmittelbar vor der Hinrichtung noch gelungen, den bayerischen Herzog mit seinem Horn zu erschlagen, auf dem er ein letztes Mal blasen wollte. Auf diese Art und Weise hat die ungarische Sage den tatsächlichen Tod Herzog Heinrichs I. 955 in Regensburg zugunsten der Ungarn uminterpretiert; in Wirklichkeit starb Heinrich an einer alten Wunde, die er im Kampf gegen seinen Bruder Otto davongetragen hatte« (Göller/Wurster, S. 16).

194 »Die Ermordung Wenzels durch seinen Bruder kann . . . sicher nicht (oder nicht nur) als heidnische Reaktion gegen den gottesfürchtigen, christlichen Herzog hingestellt werden; dafür war das Christentum in Böhmen seit der Mitte oder dem Ende des 9. Jahrhunderts doch wohl zu sehr verankert worden, wenigstens in der Oberschicht. Es gibt sich also die Vermutung, Boleslav habe, sei es aus eigenem Antrieb, sei es in Verbindung mit Arnulf, die sächsischen Tendenzen des Bruders verhindern wollen und habe in dieser schwierigen Situation zum Brudermord gegriffen. Immerhin könnte für diese Thesen der Feldzug Heinrichs I. sprechen, den er in den Jahren nach 930 nach Böhmen durchgeführt hat; daß gleichzeitig auch Arnulf nach Prag zog, kann sicher nicht als Waffenhilfe für Heinrich, sondern eher für Boleslav gewertet werden: Der bayerische Herzog wollte seinen Gefolgsmann in Prag schützen vor der Rache des Königs. Jedenfalls wissen wir nichts von tatsächlichen Sanktionen gegen Boleslav . . . Freilich könnte über diese Deutung hinaus die Reaktion Boleslavs auch eine rein ›frühnationalistische‹ im weitesten Sinne gewesen sein, also eine antideutsche überhaupt; es ist ja eine Tatsache, daß von ca. 935–950 Böhmen weitgehend unabhängig war vom Reich und erst von Otto d. Gr. wieder in ein engeres Abhängigkeitsverhältnis gebracht wurde. Insofern könnte Boleslav das Haupt einer generell fremdenfeindlichen Partei gewesen sein, der den deutschfreundlichen Wenzel aus gentilen Gründen beseitigte; unverhältnismäßig starke Ausbrüche von Deutschenhaß kennzeichnen ja schließlich das deutsch-tschechische Verhältnis fast im ganzen Mittelalter . . .« (Erwin Herrmann, in: Regensburg und Böhmen, S. 26 f.)

195 Historische Gegebenheit ist dies: »Um die Mitte des zehnten Jahrhunderts schon hatte man Strachkwas [sonst auch: Strachkwaz, Strachiquas, Strachyquaz, Stratquas . . .], den Neffen Wenzels des Heiligen, nach St. Emmeram zur Erziehung gegeben, wo er Bruder Christian hieß. 989 reiste Strachkwas mit Erlaubnis seines Abtes Ramwold nach Böhmen, um seinen Bruder und seine böhmische Heimat wiederzusehen. In dieser Zeit war Adalbert Bischof von Prag; als er 997 abdankte, wurde Bruder Christian auf den Prager Bischofsstuhl erhoben. Um Weihe und Investitur zu erhalten, ging er nach Deutschland, starb aber am Schlagfluß zu Mainz« (Georg Schwaiger, in: Regensburg und Böhmen, S. 50).
Gumpelzhaimer 1, S. 164 weiß, daß »der in St. Emmeram erzogene Sohn des böhmischen Königs Bogislav mit Namen Strachkwas, eigentlich Samadruh« genannt wurde und »der erste und älteste Schriftsteller nicht nur unter Böhmen, sondern unter der ganzen großen slavischen Nation« gewesen sei. Helmut Holzapfel schreibt in der Eichstätter Kirchenzeitung vom 16. 9. 1979, S. 2 von ihm, daß er als Mönch in St. Emmeram eine Lebensbeschreibung seines Onkels (Wenzel) verfaßt habe, die sicher zum Großteil auf authentischen Angaben fuße. In den Acta SS, Sept. VII, S. 825 ff. ist diese Wenzelsvita von Christian de Scala abgedruckt.
Seine Geburt wird als Grund für das verschwörerische Gastmahl angegeben, das zum Tode Wenzels führte und wonach er auch seinen Namen erhielt: »quemque a terribili

convivio lingua patria Strachyquas propterea dictum volunt« (Acta SS, Sept. Bd. VII, 28. September). Ähnliches bei Brunner, Teil II, Sp. 113.
E. Dünninger recherchierte für mich: »Strackwaz – Straquaz – Stratquas. 1. strach = Furcht, Angst, Schrecken; 2. kvaz = Fest, Feier, Mahl.« Somit bedeutet Strackwaz: »Schreckensmahl«, »Mahl der Angst«. E. Dünningers Mitteilung lautet weiter: »Name des zweitgeborenen Sohnes von Boleslav I., der in der Nacht vor der Ermordung des hl. Wenzels . . . geboren sein soll. Strachkvas ging ins Kloster St. Emmeram in Regensburg (Řezno) . . . Ende 996 wurde er als Nachfolger des Bischofs Vojtěch gewählt, starb aber während des Zeremoniells der Bischofsweihe. Seiner Verfasserschaft wird die lat. Legende ›Leben und Tod des Hl. Wenzel und seiner Großmutter der Hl. Ludmila‹ zugeschrieben.«

196 Judith wird hier »Herzogin zu Sachsen und Bayern« genannt. Die Ottonen, zu denen ihr Mann gehört, stammen zwar aus Sachsen, er selbst war aber nie Herzog dort, folglich ist es falsch, wenn sie hier als »Herzogin zu Sachsen« erscheint. Sie ist die Tochter des Bayernherzogs Arnulf des Bösen. In den Quellen heißt sie immer nur Judith, nicht Gisela Judith.

197 Die KD Regensburg 1, S. 283 f. führen – Walderdorff, S. 321 f. folgend – aus: »Bischofsstuhl, der sog. ›Heinrichsstuhl‹. Seit 1894 in der Mittelnische der Westwand [der Wolfgangskrypta] aufgestellt. Stand schon anfangs des 17. Jahrhunderts, vom ursprünglichen Standort entfernt, in der Vorhalle zwischen den zwei Eingängen.« Während jedoch Walderdorff für die »uralte bischöfliche Kathedra« – eine ähnliche befindet sich im Dom zu Augsburg, auf dem Zollfeld bei Maria Saal in Kärnten (über die Funktion dieser »lapidea sedes« s. Ebendorfer, S. 273) und, wie Gumpelzhaimer 1, S. 176 f. ausweist, im »Hochmünster zu Aachen« – eine Entstehungszeit im 9. Jahrhundert annimmt und sie »eines der ältesten christlichen Denkmale in Regensburg« nennt, setzen die KD sie im 10. bis 12. Jahrhundert an und resümieren: »Datierung nicht leicht«. Zur Zeit Gumpelzhaimers (s. d. 1, S. 176) diente der von Löwen gestützte Steinsessel offenbar Bettlern als Standort, was auch Mehler, S. 233 belegt: ». . . die Kirchenthür-Bettler pflegten seit langer Zeit darin zu sitzen . . .« Mehler, S. 230 f. nimmt an, daß er der bischöfliche Thronsessel des hl. Wolfgang war. Und er protestiert: »Doch klingt diese Sage sehr unwahrscheinlich, da es auch in frühem Mittelalter ebensowenig als jetzt Sitte war, regierende Fürsten vor verschlossenen Kirchenthüren warten zu lassen. Gegen die Annahme, daß dieser Steinsitz schon im 10. Jahrhundert an den Thoren der Kirche St. Emmeram gestanden und hier schon vom heiligen Heinrich benützt worden sei, spricht auch der Umstand, daß die beiden nischenförmigen Portale, zwischen welchen derselbe bisher stand, erst . . . in der Mitte des 11. Jahrhunderts . . . erbaut worden sind«. (S. 232). Und er folgert, daß die Kathedra erst in späterer Zeit aus der Kirche entfernt und in die Vorhalle versetzt worden sei.
Gamber, S. 171 bringt eine Darstellung aus dem 18. Jahrhundert: damals steht die »sella lapidea« noch unter dem Bild des thronenden Christus in der Vorhalle.
Den meisten Literaturstellen nach handelt es sich bei dem wartenden Kirchgänger eindeutig um Herzog Heinrich II., den Vater jenes Herzogs Heinrich IV., der als Kaiser Heinrich II. oder Heinrich der Heilige in die Geschichte einging. Lediglich in der Ausnahme – z. B. Schöppner 1, Nr. 112, der »Ertl, Relatt. cur. Bav., S. 87« als seine Quelle angibt – wird statt ihm irrig »Kaiser Heinrich der Zweite, Herzog in Bayern« erwähnt, ein Irrtum, der vermutlich auf eine Verwechslung der Numerierung zurückgeht: Kaiser Heinrich II. steht seinem Vater Herzog Heinrich II. gegenüber:

Bei Schöppner und nicht schon bei Ertl liegt der Fehler (Ertl bringt das eindeutig falsche Wort »Kaiser« nicht), der sich dann auch bei Lüers, S. 68 – in Bezug auf die Steinbank auf dem »Argle« – wiederfindet. Auch Mehler, S. 232 bringt – wie vor ihm schon Rassler, Teil 2, S. 4 – das Geschehen mit dem »hl. Heinrich II.« in Verbindung: »Die jetzige Volkstradition setzt . . . das Vorhandensein dieses Steinstuhles in der Vorhalle schon in die Zeit des hl. Heinrich II. Dieser sei, sagt die Legende, Nachts häufig von seiner Stammburg in dem 2 Stunden entfernten Abbach zum Kloster St. Emmeram hereingekommen, um dem nächtlichen Chorgebete beizuwohnen . . .«

Neumann hat bereits unter Nr. 104 seines Manuskripts vermerkt: »In Schöppners Sagenbuch der bayerischen Lande wird vorstehende Sage irriger Weise von Kaiser Heinrich dem Heiligen erzählt.« Schöppner unterlief aber noch ein weiterer Lapsus. Was Neumann, Nr. 48 – selbst einem Irrtum unterliegend, s. Anm. Nr. 178 – von Kaiser Karl dem Großen berichtet (». . . hat sich nicht geschämt zu R. in den öffentlichen Prozessionen mit unbedecktem Haupte und entblößten Füßen das heilwerthe Kreuz voranzutragen«), bringt Schöppner ebenfalls im falschen Konnex. Auch dies vermerkt Neumann eigenhändig: »Schöppner hat einen Theil der Sage irrthümlich: Heinrich dem Heiligen zugewendet.« Seinen eigenen Irrtum, der kaum geringer ist als der von Schöppner, bemerkt er allerdings nicht.

Die Literatur kennt schon den wartenden Kaiser Heinrich II. Aber nicht im Zusammenhang mit dem Heinrichsstuhl, vielmehr im Rahmen einer Vision: nackt muß er vor dem Portal einer Kirche warten: »Seine Schuld, für die er damit büßen muß, erkennt er selbst darin, daß er einst mit einem . . . Gebannten verkehrte und mit ihm zusammen zu Tisch saß . . .« (E. Dünninger, Jenseitsvisionen, S. 35).

Nach K. Reindel, in: Spindler 1, S. 222f.: Man hat Herzog Heinrich II. von Bayern, in der modernen Geschichtsschreibung, inspiriert vielleicht durch Aventins »rixosus« (Annales V 2, Bd. II 16) »den Beinamen ›der Zänker‹ gegeben, der sich jedoch in den zeitgenössischen Quellen nicht belegen läßt.« ». . . sollte er wirklich das historische Vorbild für den Markgrafen Gelpfrat von Baierland des Nibelungenliedes gewesen sein (so Riezler I 2, 510), so wäre seine anmaßende und übermütige Art auch den Zeitgenossen aufgefallen.« Und es hätte sich kaum eine solch positive Sage entwickelt, die ihn als überaus frommen Mann darstellt.

198 B. Möckershoff-Goy, in: St. Wolfgang, 1000 Jahre . . ., S. 22: »Eine wichtige und vielfach dargestellte Szene ist der Traum Herzog Heinrichs. Er sieht sich am Grab Wolfgangs und über diesem erscheinen an der Wand die Worte: Post sex . . .«
Abb. der Post-sex-Legende s.: Der heilige Wolfgang in Geschichte, Kunst und Kult, Abb. 10 (ganzseitig): Das Tafelbild, das sich im Bayerischen Nationalmuseum in München befindet (Inv. Nr. MA 2841), ist in Temperatechnik auf Holz gefertigt und stammt aus Oberfranken, 15. Jahrhundert. Text dazu, S. 118 (Nr. 72a). – A.a.O., S. 117f. (Nr. 72) wird das Altarbild des Post-sex-Altares in St. Emmeram – ohne Abbildung – vorgestellt: »Der Post-sex-Altar ist der Schauplatz einer der ältesten Wolfganglegenden, welche bereits von Otloh berichtet wird.« S. 118 verweist auf einen Beitrag von K. Kunze in den Ostbairischen Grenzmarken 11 (1969), S. 278ff.: »Post-sex – ein ungedeutetes Spruchband des Wolfgangikastens im Linzer Landesmuseum.« (Abb. s. Der heilige Wolfgang in . . ., Farbtafel VII). 18. Jahrhundert. – Im Langhaus der Alten Kapelle zu Regensburg findet sich beim ersten Joch links (beim Querschiff beginnend) die Post-sex-Legende in einem Wandfresko von Scheffler dargestellt.
Schlemmer, S. 12 berichtet, daß dem barocken Predigttext »Himmlischer Wunder-

Arzt St. Wolfgang ...« (1717) von Anselm Godin ein ganzseitiger Kupferstich des Augsburger Kupferstechers Andreas Geyer († 1729) beigebunden sei. »Im mittleren Teil des Kupferstiches ist – umrahmt vom Hauswappen und Bischofswappen des Regensburger Diözesanpatrons – die legendäre Szene dargestellt, wie der Bayernherzog Heinrich, der spätere Kaiser, am Grab seines verehrten Lehrers betet. In visionärer Schau gibt sich ihm Wolfgang zu erkennen mit dem rätselhaften Hinweis ›Post sex‹...« Vgl. Abb. in: St. Wolfgang, 1000 Jahre..., Nr. 12 und dazu Katalognr. 38, S. 52f. Ebd. wird Entstehen »zwischen 1712 und 1729« angegeben. Standort des Kupferstichs: BZA, Grafische Sammlung.
St. Wolfgang, 1000 Jahre..., S. 51 (Nr. 35) verzeichnet einen Kupferstich auf Pergament von 1673 zum nämlichen Thema von dem Küsel-Schüler Georg Andreas Wolfgang dem Älteren (1631–1716) nach einer Zeichnung des Augsburger Malers, Zeichners und Radierers Jonas Umbach (1624–1693). Standort: BZA, Grafische Sammlung.
Bei der Textdarstellung gibt es zwei Versionen. Durchweg folgen die Autoren Otloh und berichten von einer Vision: Heinrich kommt es so vor, als sei er in der Kirche St. Emmeram... Die andere Lesart findet sich bei Petzoldt, Historische Sagen 1, Nr. 69: hier betet Heinrich in der Hauptkirche; von einer Vision ist nicht die Rede! In diesem Zusammenhang möchte ich auf eine merkwürdige Vorausschau aus den Jahren nach der Währungsreform verweisen (in: Böck, Sagen aus der Hallertau, Nr. 272), bei der es auch um »post sex« geht.
Mehler, S. 196: »Was in Paßlers cod. msc. p. 713 in hexametrischer Fassung erzählt wird:
›Post sex‹ obscurum, dum vidit, se moriturum
esse **dies** ›post sex‹, Henricus pertimuit rex;
mensibus hinc senis, sex **annis** denique plenis
vitae timescenti, mox prima luce sequenti
illa corona datur, qua Caesar iure vocatur.
(Als die dunkle Zahl 6 Henrikus der König erblickte,
fürchtete er, nur noch 6 der **Tage** dürfte er leben;
demnächst hielt er der **Monate** 6, noch später 6 **Jahre**
für die bezeichnete Frist, bis am ersten nachfolgenden Tage
er die Krone empfing, die Kaiserrechte ihm eintrug),
das bietet clm. 14871 (15. Jahrhundert) in freierer Übertragung so:
Kunig Hainreich, in den slaff wedaucht,
wie er an dieser want weschaut...«
Vgl. Mausoloeum 1680, S. 55; dort auch ähnlich freie Übertragung.
Eine brisante Entdeckung: Thietmar von Merseburg (975–1018), ein mittelalterlicher Chronist, erzählt das nämliche – bei ihm geht es allerdings um die Zahl 5 – von sich selbst: Ihm erscheint sein damaliger Propst und läßt ein Senkblei auf ein Martyrologium herabhängen: Deutlich sieht der Visionär eine Fünf. Er erfährt nicht, was diese Zahl zu bedeuten habe. Im 5. Monat aber (April 1009) wird er Bischof (s. Die Chronik des Thietmar von Merseburg. 4. Auflage. Neu übertragen und bearbeitet von Robert Holtzmann. In: Die Geschichtsschreiber der dt. Vorzeit, Bd. 39, S. 229, Leipzig 1939). Sollte Otloh für seine berühmte Legende eine Anleihe bei Thietmar gemacht haben? Oder gibt es eine ältere Quelle, aus der beide schöpften?

199 E. Böck, »Die Hallertau«, S. 10 rühmt Babo als »lendenstarken... Vater von 32 Söhnen und acht Töchtern«, den Oliver Goldsmith in seinem »Landpfarrer von Wakefield« als Vorbild preist...

A.a.O., S. 60f.: »Reizvoller Mittelpunkt der Ausstellungsstücke [im Aventin-Museum in Abensberg] ist das Babo-Triptychon, ein Tafelgemälde aus der Donauschule, das die Nachkommen des Abensberger Stammvaters namentlich und bildlich aufführt und folgende Szene betont: Kaiser Heinrich II. lud Babo einmal zur Jagd ...«
Zu Babo-Sagen s. Peuckert, Handwörterbuch der Sage, 1. Lieferung, Sp. 52 unter Stichwort Abensberg. Falckenstein, Vollständige Geschichten ..., Bd. 3 erwähnt auch diese Babo-Sage. Eingehender hat sich mit ihr Karl Ritter von Lang befaßt (München 1813).

200   Bei dem im »Regensburger Almanach« 1980 abgehandelten sogenannten Heinrichskelch, einem fatimidischen Kristallbecher aus der Zeit um 1000 in einer romanischen Fassung aus vergoldetem Silber und Edelsteinen, der von den Münchner Kommissaren während der Säkularisation widerrechtlich aus der Alten Kapelle in Regensburg entwendet wurde, handelt es sich tatsächlich – wie Achim Hubel mir am 28. 2. 1980 mitteilt – »um jenen Becher, der nach der Legende zersprungen war. Anlaß zur Entstehung der Legende dürfte ein Sprung innerhalb der Bergkristall-Cuppa gewesen sein, der heute noch zu sehen ist (vgl. Ausstellungskatalog Ars Sacra – U. L. Frau zur Alten Kapelle, Regensburg 1964, S. 24, Nr. 80). Ein Deckenbild im nördlichen Querhaus der Alten Kapelle von Thomas Scheffler zeigt eine Darstellung des von Ihnen genannten Wunders. Der Becher entspricht dabei in der Form dem erhaltenen Heinrichskelch.« Vgl. Gumpelzhaimer 1, S. 48f.; KD Regensburg 2, S. 26 und Kirchenführer, S. 7. – Mit Schreiben vom 30. 4. 1980 betont Hubel den realistischen Ansatz zur Legende: »Die in der Bergkristallcuppa sichtbaren Schlieren und kristallinen Sprünge haben wohl mit zu der Legendenbildung beigetragen.«
Hugo Schnell (in: Bayerische Frömmigkeit. Kult und Kunst in 14 Jahrhunderten, München-Zürich 1965) würdigt diesen Kelch mit einer ganzseitigen farbigen Abbildung (Tafel XII); Text S. 96. Abbildung des sogenannten Heinrichskelchs auch im Regensburger Almanach 1980, S. 23. Die kostbare Trinkschale befindet sich noch heute in der Schatzkammer der Münchener Residenz. Die in besagtem Almanach, S. 22 ff. durch A. Hubel emotional geforderte Rückführung der seit 1810 dem Stift der Alten Kapelle weggenommenen Kostbarkeiten – doch keineswegs im Rahmen der Säkularisation: das Stift der Alten Kapelle ist nicht säkularisiert worden! – wird wohl weiter auf sich warten lassen.
»Die reiche Regensburger Heinrichs-Tradition, die in den Fresken der Alten Kapelle zu einer Bild-Legende zusammengefaßt wird, enthält eine Reihe von Motiven, die örtlich beschränkt bleiben und hier dargestellt sind. Dazu gehört das Motiv, das mit einem Becher aus Bergkristall (mit einer deutschen Fassung der 2. Hälfte des 12. Jahrhunderts), dem sogenannten ›Heinrichs-Becher‹, verknüpft ist, der sich heute in der Schatzkammer der Residenz in München befindet und aus dem am Heinrichstag die Heinrichsminne noch im 18. Jahrhundert getrunken wurde« (J. Dünninger, Das Lied von S. Heinrich und S. Kunigunde ..., S. 165f.).
Vgl. auch Eucharistia. Deutsche Eucharistische Kunst. Ausstellungskatalog München 1960, S. 85, Beitrag von Gislind Ritz: »Der Doppelhenkelkelch als eucharistisches Gerät ist ein Typus, der seit alters und bis in das 13. Jahrhundert hinein bei der Eucharistiefeier in Gebrauch war. Später wurden erhaltene Stücke gerne zu anderweitigen, gottesdienstlichen Zwecken benutzt.«
Weitaus gewichtiger für Heinrich – gewichtig im literalen Sinn – war der Legende nach ein anderes Gefäß: »Wer will glauben/daß er in Gefahr gestanden/ seiner ewigen Glückseeligkeit verlustiget zu werden/ wan nit auf die Waag guter Wercken noch ein Kelch/den er zu Ehren eines gewisen Heiligen machen lassen/den Uberschlag gegeben

hätte?« (Rassler, Teil 2, S. 14). Darstellung der Szene im Deckengemälde von Thomas Scheffler im nördlichen Querhausarm der Alten Kapelle. Text dazu in KD Regensburg 2, S. 26.

201 Die gewisse zwiespältige Beurteilung Kaiser Heinrichs II., »die vom Kloster Monte Cassino leicht ihren Ausgang nehmen konnte, da man dort in dem Eingriff in die Abtswahl von 1022 einerseits und Besitzschenkungen andererseits verschiedene Seiten des Kaisers kennengelernt hatte« (E. Dünninger, Jenseitsvisionen, S. 30), taucht in meinem Heinrichszyklus nicht auf. Selbst beim Pflugscharwunder, das nicht selten – s. Weihenstephaner Chronik, S. 194, Ebran, S. 88, Füetrer, S. 152; bei Arnpeck, S. 485 f. fließt sogar Blut dabei! – seine grobe Seite herauskehrt, ist in Gumpelzhaimers Version davon nichts zu erkennen. In den hier zusammengestellten Texten ist Heinrich ohne Einschränkung der heilige Mann. Zur Einschätzung Heinrichs vgl. Ausstellungskatalog »Bayern. Kunst und Kultur«, München 1972, S. 312.
Bei Gumpelzhaimer 1, S. 222 dürfte sich der einzige Beleg finden, der das Pflugscharwunder mit Regensburg in Verbindung bringt. So kann denn Dr. Paul Mai vom Bischöflichen Zentralarchiv in Regensburg auch schreiben (Brief vom 11. 6. 1979): »Daß für das Pflugscharwunder der Kunigunde irgendein Zusammenhang mit Regensburg besteht, ist uns nicht bekannt. Der Bericht über dieses Wunder in den Acta Sanctorum (März I, Seite 271) ist ohne Ortsangabe. Höchstwahrscheinlich ist Bamberg anzunehmen.«
»Bei dieser Feuerprobe mußte der Beschuldigte über neun glühend gemachte Pflugscharen, die je einen Schritt voneinander entfernt lagen, barfüßig hinwegschreiten und dabei auf jedes Eisen voll auftreten. Blieb er unverletzt, war die Probe bestanden; bei Verletzungen wurden die Füße verbunden und mit geweihtem Wachs versiegelt. Waren die Wunden nach drei Tagen geheilt, galt ebenfalls die Unschuld als erwiesen« (Petzoldt, HS 2, S. 333).
Darstellung der Szene im Deckenfresko von Thomas Scheffler im südlichen Querhausarm der Alten Kapelle. Abb. davon in KD Regensburg 2, Tafel II, Text dazu S. 26.
Rader 1615, Bd. I, Bl. 108 zeigt ebenfalls Kunigundes leidvollen Gang über die Pflugscharen in einem trefflichen Kupferstich.

202 Die Sage der Version I – sie stammt von Hübner – ist ein beglückendes Beispiel plastisch-lebendiger Erzählkunst.
Sepp, S. 83 merkt an: »Dies soll übrigens nach dem Volksbuch im Schloße Schildheiß, nach andrer Meldung [»Bechst. M.S.M. II, 109«] in Schweinfurt geschehen sein.«
Und er gibt noch ein ähnliches Beispiel: »In Sachsen träumt die Jungfrau zu Freiberg 1643, Torstensohn habe die Stadt an einer Kette gefaßt, als ein Reiter mit bloßem Schwerte angeritten kam und dieselbe mit Einem Streiche entzwei hieb (Gräße 205).«
Als Assoziation zu den über die Brücke Flüchtenden (in Version III) mag hier ein im Volk gewachsenes Lied stehen:
»Es sprengean drei Reiter über d'Regensburger Bruck
Hat a jeder a braunbraatns Brustbraatl am Ruck.
Es sprengean drei Reiter über d'Regensburger Bruck
Und drei hant schon drentn, da vierte bleibt z'ruck.
Bleibt z'ruck, bei der Regensburger Bruck. – Höh-ho!«
(Entnommen aus: Georg Lohmeier, Liberalitas Bavariae, München 1971, S. 310).
Gumpelzhaimer 1, S. 162 f. schreibt »Brzislav« und bringt auf S. 163 folgende wichtige Anmerkung: »Eine geschriebene Chronik wahrscheinlich Grunewalds, enthält diese

Geschichte beim Jahre 977, und Pfeffinger in Vitriar. illustr. erwähnt derselben. T. 1. S. 501 folgg. Gemeiner Chronik. T. 1. S. 154. setzt sie ins Jahr 1020, und das Mausoleum. ins Jahr 1003.«

203   Um auch die schwächeren Außenpositionen des Sagenspektrums aufzuzeigen, nehme ich dieses Geschichtlein auf.
Die Heere Kaiser Heinrichs IV. und seines mit dem Nordgauadel verbundenen Sohnes (Heinrich V.) standen sich 1105/06 am Regen gegenüber. Gertrud Benker, S. 83 zeigt diese Kampfszene in einer reizvollen Illustration aus der Weltchronik Ottos von Freising.
Meichelbeck, S. 114 charakterisiert Heinrich IV.: »Es ist nicht ohne Grausen zulesen/ wie übel zu selbiger Zeit König Heinrich mit denen Bistumberen und Geistlichen Güttern verfahren. Bekannt ist/ daß er die Bistumber Costnitz/ Bamberg/ Mayntz/ und andere mehr umb das Gelt/ Augspurg/ Regenspurg und Straßburg umb einen Degen/ die Abbtey zu Fulden umb einen Ehebruch; Münster aber umb eine Sodomitische Unfläterey verkauffet; und dergleichen kan man auch von anderen Bistumbern und Abbteyen melden/ auß welchem leichtlich abzunehmen ist / wie es dazumahl mit der Geistlichkeit in unserm Teutschland gestanden . . .«
»Ungeachtet der damit verbundenen Lasten, über die wohl auch gemurrt worden ist, trotz der Opfer, die vor allem das Herzogtum Bayern im Kampf zu bringen hatte, stand Regensburg bis zuletzt auf der Seite des Kaisers, die einzige Schrift, die Heinrich IV. uneingeschränkt verteidigt, hat sich nur in St. Emmeram erhalten, die Vita Heinrici IV. imperatoris . . .« (A. Kraus, Civitas Regia, S. 61).

204   Schuegraf, Geschichte des Domes . . ., Teil 1, S. 54: »Es geht auch die Sage, daß der Dom im Jahre 1190 abgebrannt sey, und daß der damals von Prag nach Regensburg flüchtende König Premislaus von Böhmen bei dem nachhin stattgehabten Aufbaue des Domes wegen großer Noth unerkannt längere Zeit als Taglöhner mitarbeiten geholfen habe. Es hat zwar seine Richtigkeit, daß einige Chroniken um eine solche Zeit von einer bedeutenden Brunst Erwähnung thun; allein sie schweigen, ob die Domkirche dabei abbrannte. Deßhalb, und weil der böhmische Geschichtschreiber Dubravius selbst bei Aufführung dieser Begebenheit keine bestimmte Kirche in Regensburg, wo der König arbeitete, benannt hat, lassen wir die Sage auf ihrem Werthe oder Unwerthe beruhen.«

205   Den Herren von der Hofbibliothek – Prof. Max Piendl und Erwin Probst – ist die Sage nicht bekannt. Am 27. 5. 1980 nimmt ersterer dazu Stellung:
»Die Quelle zu Ihrer Thurn und Taxis-Legende kenne ich leider nicht. In ihr steckt auch nicht der geringste Kern einer Wahrheit. Bezüglich der Entwicklung des Wappens möchte ich auf den beiliegenden Sonderdruck [Max Piendl, Das fürstliche Wappen, Sonderdruck aus Thurn und Taxis-Studien 10, Kallmünz 1978] hinweisen. Daraus werden Sie auch ersehen, daß erst seit 1650 die Namensgebung Thurn und Taxis in dieser Verbindung besteht; gleiches gilt für die Einbeziehung der Türme in das fürstliche Wappen.
Die angebliche Abstammung der Taxis von den Torriani geht auf konstruierte Stammfolgen spanischer und italienischer Genealogen in der 1. Hälfte des 17. Jahrhunderts zurück. Sie müssen aus der damaligen Zeit heraus verstanden und gewertet werden. Seinerzeit ist u. a. behauptet worden, daß ein Lamoral de la Torre, Sohn des Guido Torriano, Herr von Mailand, aus der Heimat vertrieben, sich 1313 nach Cornello begeben und den Namen Tasso nach dem nahegelegenen Berg Tasso

522

angenommen habe. Cornello nördlich Bergamo ist als Heimat der Taxis anzusehen. Heute ist längst gesichert, daß die Tasso – so eine der ursprünglichen Namensformen – viel früher im oberen Brembo-Tal ansässig waren, als dem Torriani-Sproß die Idee gekommen sein soll, sich im Gebirgstal des Brembo niederzulassen. Graf Lamoral Claudius von Taxis (1621–1676), der Brüsseler Hauptlinie zugehörig, war der erste, der mit Bewilligung Kaiser Ferdinands im Dezember 1650 den Doppelnamen ›Thurn und Taxis‹ annahm. Ihm folgten wenige Jahre später die anderen Taxis-Linien von Venedig, Mailand und Innsbruck.«

»Die aus Cornello bei Bergamo in Norditalien stammende Familie Taxis – erst seit 1650 besteht der Name Thurn und Taxis – verdankt ihren raschen gesellschaftlichen Aufstieg der ›Erfindung‹ und dem Ausbau der Post in Mittel- und Westeuropa. Das Generalpostmeisteramt im Reich und in den Niederlanden war seit der Wende zum 17. Jahrhundert fest in den Händen der Taxis, seit 1615 erbliches Lehen im Reich und 1744 zum Kaiserlichen Thronlehen erhoben. Die Erhebung in den Reichsfürstenstand erfolgte bereits 1695.

All dies bildet die Grundlage dafür, daß Kaiser Franz I. den Fürsten Alexander Ferdinand am 25. Januar 1748 zum Prinzipalkommissar, also zu seinem Vertreter am Reichstag, der seit 1663 permanent in Regensburg tagte, berief . . . Schon die gesamten Vorbereitungen für die Übersiedelung nach Regensburg 1748 zeigen, daß der neue Prinzipalkommissar nicht nur vorübergehend seinen Aufenthalt in Regensburg nehmen wollte . . . Zu übersehen ist sodann nicht die Stellung des Fürsten Thurn und Taxis als Reichsstand beim Reichstag selbst. 1754 erfolgte die Aufnahme des Hauses in den Reichsfürstenrat . . .« (Max Piendl im Programm der Ausstellung: Der Fürst Thurn und Taxis in Regensburg, 1748–1806. Regensburg 1979).

»Gemäß den Bestimmungen des Vertrages, der am 28. März 1812 zwischen dem bayerischen König Max I. und dem Fürsten Karl Alexander von Thurn und Taxis geschlossen wurde, erhielt ebengenanntes Fürstenhaus als Erbmannlehen der Krone Bayern die Klostergebäude [von St. Emmeram]. Dafür mußte der ehemalige Träger der Post auf die jährliche Postrente von 60000 Gulden verzichten« (Schlemmer, S. 43). Die nach der Säkularisation so an das Fürstenhaus gekommenen Gebäude des aufgelösten Reichsklosters bildeten den Grundstock zum heutigen weitläufigen Schloß der Thurn und Taxis.

207 Ertl, Denkwürdigkeiten 1977, S. 220 fügt hinzu: »Ich finde aber nit, daß Wallenstein sich um selbe Zeit zu Regensburg habe aufhalten können, noch weniger, daß er etwas bei dieser Execution habe zu sprechen gehabt.«
Drastisch schildert Gumpelzhaimer 3, S. 1186f. das verzweifelte Aufbegehren des Obristen in seiner Todesstunde. Das Motiv von der Ladung vor Gottes Richterstuhl fehlt bei ihm.
»Nach Legenden des MA., späteren religiösen Volksbüchern und nach dem Volksglauben findet das Weltgericht im Tal Josaphat statt. Ein böser und deshalb zuweilen unter Rechtsstrafe gestellter Fluch war es, einen Feind ins T. J. als vor den höchsten Richterstuhl zu laden. Durch den Fluch muß der Geforderte dem Ladenden innerhalb bestimmter Frist in den Tod folgen. Nach Hardung wurden solche Vorladungen bis zum 15. Jh. auf dt. Boden mit Gottes Gericht in Verbindung gesetzt, erst später mit dem T. J. . . .« (Wörterbuch der deutschen Volkskunde, S. 792).

208 Schmeissners Standardwerk über die »Steinkreuze in der Oberpfalz« verdanke ich folgende Anmerkung: »Früher verlief unterhalb des Gänsberges die alte Landstraße nach Landshut, heute ist sie lediglich ein geteerter Verbindungsweg nach Unter-

und Oberisling und Scharmassing (›Panzerstraße‹). Das nicht mehr existente Steinkreuz auf dem Sockel bildete mit 20 anderen Kreuzen und Marksäulen den Burgfrieden der ehemaligen Reichsstadt Regensburg (Grenzmarke Nr. 15). Die an der Nordseite des Sockels deutlich sichtbare schüsselförmige Vertiefung wurde vom Volksmund als ›Napoleonsitz‹ gedeutet, denn nach unbestätigten Berichten soll Napoleon – wie die Tafel berichtet – hier auf dem Stein sitzend verbunden worden sein. (Napoleon wurde am 23. 4. 1809 beim Sturm auf Regensburg in der Nähe der heutigen Galgenbergbrücke am Fuß verletzt.) Demnach dürfte das Kreuz bereits mit hoher Wahrscheinlichkeit schon um diese Zeit verschwunden gewesen sein« (S. 229f.).

209 »In der Regensburger Tradition gilt die Stiftskirche U. L. Frau als der ›anvanck aller Gotzhäuser in Bayrn‹« (Georg Lill).
»Die Alte Kapelle ist allein schon ihres hohen Alters wegen ehrwürdig. Sie gehört neben der Altöttinger Gnadenkapelle, der Kapelle auf der Marienburg zu Würzburg, St. Severin zu Passau, der St. Gallus-Kirche zu Pappenheim, den Pfarrkirchen zu Brendlorenzen und zu Salz b. Neustadt a. d. Saale (Mainfranken) und dem Mittelteil des Domes zu Eichstätt zu den wenigen Resten karolingischer Baukunst in Bayern« (Lill, Kirchenführer, S. 12). Zur Problematik des Alters s. Regensburg zur Römerzeit, S. 172f.
Die Skepsis der Aufklärung führt Ernst Moritz Arndt 1798 die Feder, wenn er schreibt: »In der Kollegiatkirche [= Alte Kapelle] zeigte man mir, mirandum dictu! ein Gemählde der Gebenedeyeten von Sanct Lukas, welches ausserordentliche Dinge gewirkt haben soll. Zu schön für Sanct Lukas ist es nicht, aber sicher zu jung. In noch einer andern Kirche, ich meyne, der Karmeliter, war ein heiliger Nagel in die Wand geschlagen, mit dem Avis: Dieser Nagel ist mit jenem oft und lange zusammengerieben worden, der vom Kreuze Christi in der Wiener Schatzkammer als eines der köstlichsten Kleinodien aufbewahrt wird« (E. Dünninger, Begegnung..., S. 64).
»An das Gemälde auf dem Marmoraltar der Kapelle zur Schönen Maria hat sich von Anfang an die Tradition der Lukasmadonna geknüpft. Hubmaier bezeichnet ja das Bild als ›Tafel der schonen Marie nach der pildnus als sy Lucas der Evangelist gemalt hat‹. Mit letzterer meint er wohl das Gnadenbild der Alten Kapelle zu Regensburg, das ein Geschenk Papst Benedikts VIII. an Kaiser Heinrich II. sein soll. Über Entstehungsort und -zeit dieses Bildes herrscht noch keine vollständige Klarheit ... vermutlich ist es in Süddeutschland entstanden im Raum Regensburg, nach früheren Vermutungen stammt es aus Pisa« (Stahl, S. 213).
Hubel, in: Kraus/Pfeiffer Nr. 84 führt aus: »Bei dem heutigen Gnadenbild handelt es sich um eine byzantinisierende Darstellung der sogenannten Dexiokratusa, die durch Vergleiche mit den romanischen Glasfenstern des Domes ... in das 1. Viertel des 13. Jahrhunderts zu datieren ist. Man kann annehmen, daß die Tafel als Kopie eines erheblich älteren Marienbildes angefertigt wurde. Während der Wallfahrt zur ›Schönen Maria‹ ab 1519 diente das Gnadenbild oder eine Kopie als kultisches Zentrum der Marienverehrung ...«
Stahl, S. 213f. nimmt u. a. an – sie fundiert ihre Hypothese –, daß die Lukasmadonna, nach der die Schöne Maria entstanden ist, heute gar nicht mehr vorhanden sei, sondern nur eine im frühen 13. Jahrhundert nach neuen Vorlagen gemalte Madonna, auch wieder vom Typus der Lukasbilder. »Nachdem im Neuen Testament der Evangelist Lukas am meisten über Maria zu berichten weiß, konnte sich die Legende bilden, er habe die Gottesmutter auch porträtiert. Darum mußten diese Bilder möglichst getreu kopiert werden und durften es anfangs nur nach eigens erteilter kirchlicher Erlaubnis« (Stahl, S. 215).

Eine Klärung der beiden Stellen bei Gumpelzhaimer 1, S. 47f. und 2, S. 691 (s. Stahl, S. 85) – in verschiedenem Zusammenhang spricht Gumpelzhaimer jedesmal von einem holzgeschnitzten und bemaltem Marienbild – stelle ich der Forschung anheim.

209a »Die jetzige Emmeramskirche ... mit den sich daran anschließenden Gebäudekomplexen ist nicht nach einem einheitlichen Plane entworfen, sondern als ein Werk von Jahrhunderten ... allmählich entstanden. Nach der Haustradition der ehemaligen Benediktinerabtei wäre das Gründungsjahr des Klosters 697. Die erste Kirche der klösterlichen Niederlassung war die vor den Mauern der Stadt gelegene ... Georgskapelle ...« (Endres, S. 3f.). Ebd. S. 19: »Paßler hatte sich ... ältere Klosterüberlieferungen von einer Kirchweihe zu St. Emmeram durch Papst Formosus im Jahre 898 zurechtgelegt.«

213 Wilhelm Levison, Die Iren und die fränkische Kirche, in: Mönchtum und Gesellschaft im Frühmittelalter, S. 92: »Ziemlich unvermittelt treten die Schotten, wie die Bewohner Irlands in jener Zeit heißen, gegen Ende des 6. Jahrhunderts in die Geschichte des Festlandes ein.«
Ebd. S. 110: »Im 11. und 12. Jahrhundert werden dann in größerer Zahl nationalirische Klöster gegründet, allen voran 1075 die Niederlassung zu Regensburg ... 1215 ist eine besondere Kongregation deutscher Schottenklöster gebildet worden, an deren Spitze der Abt von St. Jakob in Regensburg steht. Aber mehr als örtliche Bedeutung haben die Gründungen nicht mehr erlangt, seit dem 13. Jahrhundert sind sie mehr und mehr gesunken, im 15. hat man meist deutsche Mönche an die Stelle der Iren gesetzt, und wie der Name der Schotten von diesen auf die Bewohner des nördlichen Britanniens übergegangen war, so sind die Iren 1515 aus ihrem Hauptsitze Regensburg von den Schotten im heutigen Sinne verdrängt worden, deren Niederlassung sich dort bis 1862 behauptet hat.«
»Die Bezeichnung ›Schottenkloster‹ beruht auf den mittelalterlichen lateinischen Namen für Irland und dessen Einwohner, ›Scotia‹, ›Scoti‹« heißt es bei Breatnach, S. 1, ohne daß vermerkt wird, daß im Libellus auch »Hybernia« für Irland vorkommt.
»Daß der Name Schotten, Schottland ursprünglich auf Irland gegangen, ist bekannt« (Schmeller 2, Sp. 485). Ebd. Sp. 485f.: »Noch Aventin in seiner Chronik unterscheidet die Wildschotten, d. h. Iren oder Irländer, von welchen die immer noch gaelisch redenden Hochschotten stammen, von den jetzt sogenannten (englisch redenden) Schotten ...« (vgl. Aventin, Chronik, Bd. 2, Buch 6, Kap. 5, S. 315).
»Scoti waren ... ausschließlich Mönche aus Irland, aus der ›Scotia major‹. Erst im 16. Jh. wurde der mittelalterliche Begriff ›Scoti‹, der nicht selten mit ›Hibernici‹ synonym gebraucht wurde, mit den ›Schottländern‹ gleichgesetzt ...« (Richard Strobel, Kirchenführer von St. Jakob, S. 3).
Acta SS, Febr. II, S. 362: »... vetus Scotia eadem est cum Hibernia«. Ein prägnantes Beispiel mittelalterlicher »invidia clericalis« gibt Gumpelzhaimer 1, S. 228: »Marian schrieb dem Frauenstift [= Niedermünster] die biblischen Bücher auf Pergament ab, welches seine Mitgenossen bereiteten, und fand überall Vertrauen. Der schon länger sich hier befunden habende alte Murscherad schien darüber scheel zu sehen und Marian beschloß daher Regensburg zu verlassen ...« P. Mai/B. Möckershoff-Goy vom BZA Regensburg schreiben mir dazu am 11. 6. 1979: »In dem von Breatnach herausgegebenen Libellus ist auf S. 205 der Bericht von dem Sonnenmirakel festgehalten (dum sol orietur, in quocumque loco sol ortum prius fecerit super vos, ibi erit

resurreccio vestra). Von einer Verfolgung durch Murcherad konnten wir dort nichts finden.«

Schöppner 2, Nr. 559 hat seine Fassung »nach Aventin, Adlzreiter u. a. Gemeiners Regensb. Chronik, I., 176. Gumpelzhaimer, I., 228. Ried, Histor. Nachr. von dem 1552 demolirten Schottenkloster Weih St. Peter ... 1813«. Schöppner schreibt: Murcherad. Wo seine bzw. Gumpelzhaimers Quelle ist für das Bild des mißgünstigen Murcherad, konnte ich nicht eruieren. Aus den Acta SS, Februar II, S. 361 ff. (19. Febr.), die sich mit Marianus Scotus und Murcherat befassen, konnte ich auch nichts dazu entnehmen.

Bei Walderdorff schließlich, in seinem Mercherdach-Artikel (VO 1879), wird man darüber aufgeklärt: ».. . die zweifelhafte Ehre diese hämische Verläumdung [Eifersuchtsmotiv] erfunden zu haben, muß auf Gemeiner ruhen bleiben, da nirgendwo auch nur eine leise Andeutung dieser Art zu finden ist . . .«

Die Historie stützt die Legende: »Der irische Pilgermönch Muredach ließ sich um 1040 als Inkluse bei Obermünster nieder und der durchziehende Ire Marianus siedelte sich mit seinen Gefährten um 1075, vereint mit Muredach, bei Weih-St. Peter an . . .« (Josef Hemmerle, S. 254).

214 Greiner, der in seiner Zulassungsarbeit zwar gekürzt, doch grundlegend den Inhalt der Regensburger Schottenlegende erzählt, führt S. 16 aus, wie Karl, bevor er zum Hoftag nach Regensburg zieht, in den Schottenklöstern Köln und Aachen nach dem Rechten sieht, diesen beiden Monasterien, die auf seine Initiative hin entstanden waren. »Im Kloster Pursetum erfährt er, daß 7 Brüder von ihrer Pilgerfahrt nach Rom nicht zurückgekommen sind.« Bei Breatnach findet sich die Stelle »de fratrum recessu« auf S. 211.

Im 5. Teil »der Gesta kommt Marian mit seinen Gefährten nach Regensburg, ohne Bezug zu Karl und dessen enger Bindung an die Stadt. Ein Wunder bestimmt sie, hier zu bleiben und sich neben der von Karl gestifteten Kirche niederzulassen« (Greiner, S. 20). Hier stößt dann Karl auf sie. »Die Verknüpfung Karls mit den irischen Mönchen ist ganz sicher die Eigenleistung des Kompilators, der diese Aufgabe . . . relativ geschickt gelöst hat« (ebd. S. 29).

215 Günter, S. 297: »Nach Markus 16, 17–18 gab Christus den Seinen vor der Himmelfahrt mancherlei Wundergaben auf den Missionsweg. Paulus (1 Kor. 12,6 ff.) redet von Wirkungen des Geistes: Weisheit, Wissenschaft, Heilungen, (Wunder-)-Taten . . . Weissagung, Unterscheidung der Geister, Sprachen; die Totenerweckung ist nicht darunter. Die Apostelgeschichte berichtet denn auch nichts davon . . . Die Legende hat es leichter . . .«

Die Bibelstelle von der Wunderkraft des Glaubens, durch den sogar Berge ins Meer gestürzt werden können, findet sich im Neuen Testament, Markus 11, 23. Eine Parallelstelle dazu ist Matthäus 17, 20.

Von Gumpelzhaimer 1, S. 227 wird das Wunder an Sandolf offensichtlich Murcherad zugeschrieben, oder sollte jener vor Marianus bereits eine Totenerweckung vollbracht haben?: ». . . Murcherad . . . soll bei seiner Ankunft einem Gehenkten das Leben wieder gegeben haben.«

216 Die Vita des hl. Nikolaus aus der Feder des Emmeramer Feuergeistes Otloh entstand zwischen 1060 und 1062. Sie bringt eine Wundergeschichte des hl. Nikolaus aus dem Regensburger Kloster. Meisen, S. 268 f.: »Es darf als fraglich angesehen werden, ob diese Erzählung auf die Legende von dem Nikolausbilde zurückgeht.

Immerhin setzt sie die Bekanntschaft des Schreibers [= Otloh] mit dem Schutzpatronate des hl. Nikolaus gegen Diebstahl voraus. Letzteres könnte Otloh ja auch aus einer der von ihm benutzten Quellen kennengelernt haben, auch ohne daß darin die Erzählung von dem Nikolausbilde schon gestanden hätte. Im anderen Falle hätte er ja sicher die Legende auch in seine Bearbeitung aufgenommen.«
Als ich (im Herbst 1980) bereits den gesamten Sagentext beim Verlag abgeliefert habe, stoße ich bei Rosenfeld, Legende, S. 37 auf den Hinweis auf dieses Mirakel: »Die Vita S. Nicolai [des Otloh] bietet nur im letzten Kapitel mit einem Emmeramer Nikolausmirakel etwas Neues . . .« So wurde dieser Wunderbericht erst nachträglich dem Sagentext integriert. Weil mir der Otlohsche Text schwer zugänglich war, begnügte ich mich ausnahmsweise mit der Inhaltsangabe von Meisen, der übrigens S. 92 angibt, wo der Text Otlohs überall abgedruckt ist.

217 Im Jahre 1110 berief Heinrich V. eine große Reichsversammlung nach Regensburg ein. »Von den anwesenden Fürsten ist nur Otto von Bamberg mit Namen bekannt, auf dessen Aufenthalt in Prüfening anläßlich der Versammlung die Gründung des Klosters Prüfening zurückgeführt wird. Die nach 1280 in Prüfening verfaßte Vita Erminoldi gibt als Grund dafür an, daß Otto die Stadt verließ und auf dem freien Feld vor der Stadt übernachtete ›verum Ratispone non habens, ubi caput suum reclinare valeret ad commodum, quoniam Domino disponente civitas ipsa repleta erat hominibus, quasi bruco domibus omnibus occupatis, memorabilis pontifex turbulentiam turbe tumultuore devitans . . .‹ Daraus könnte man auf eine äußerst zahlreich besuchte Reichsversammlung schließen, deren Teilnehmer selbst Regensburg, damals eine der größten Städte im Reich, nicht fassen konnte. Doch steht dieser fast 200 Jahre nach dem Ereignis geschriebenen Aufzeichnung die in Prüfening zwischen 1140 und 1146 entstandene und im allgemeinen recht zuverlässige Lebensbeschreibung Ottos gegenüber, die berichtet ›qui dissimulata interim civitate in agrum quendam, qui ad occidentalem eius plagam situs est – sicut illi amica semper fuerat solitudo – secessit sibique in loco eodem tentorium figi praecepit!‹ Aus diesen Angaben, die wegen der zeitlichen Nähe und der guten Quellen den Vorzug vor der Vita Erminoldi verdienen, ist zu ersehen, daß Otto nicht deswegen vor die Stadt zog, weil er wegen der übermäßig vielen Versammlungsteilnehmer keine Herberge in der Stadt finden konnte – immerhin stand ihm ja der Bamberger Hof als Quartier zur Verfügung –, sondern aus Liebe zur Einsamkeit, ein Grund, der auch in der Vita Erminoldi anklingt. Die Vita Erminoldi darf also nicht als Beleg für eine überaus große Teilnehmerzahl der Versammlung gewertet werden« (Peter Schmid, S. 361f.).
Wenig respektvoll schildert Pezzl, S. 44 seine Vorstellung von dem Geschehen: ». . . In der dunkeln Mitternacht hörte er [= Otto] nicht ferne von dem Baum, worunter er schlief, das Deus in adjutorium meum intende anstimmen, und die Mette singen, so wie sie die Benediktiner zu singen pflegen. Einige schlaue Tagdiebe, die den dummen Otto kannten, und die Folge ihres Unternehmens wohl vorsahen, hatten die Psalmodei angestellt; Otto hielt die Erscheinung für Engelsang, und für den Finger Gottes, der ihm zeigte, wo er ein neues Kloster stiften sollte. Dazu machte er dann auch Tags darauf sogleich Anstalt; und so entstand dieses Klosters, das der Bischof reichlich dotirte, und worin die nächtlichen Sänger ihren guten Unterhalt fanden.«
Wegen der Pikanterie, die ihr eignet, wegen Anklänge an den von Pezzl ironisch gegeißelten Fall und insbesondere auch wegen der Gemeinsamkeit der Lokalität und der gleichen Intention (Klostergründung!) sei hier eine Begebenheit aus der Gegenwart erwähnt, die auch mit einer für den Hörer vermeintlich aus Himmelssphären kommenden Stimme operiert. In seinem zusammen mit Bernt Engelmann verfaßten

gesellschaftskritischen Werk »Ihr da oben – wir da unten« (Hamburg 1976) schildert Günter Wallraff, wie er sich zusammen mit einem Gefährten im Schloß Prüfening einquartiert, um unter dem Vorwand, Mönch werden zu wollen, die Rolle von dessen Besitzer Pater Emmeram – Onkel des jetzt regierenden Fürsten Thurn und Taxis – zu beleuchten: »um den Blick auf die Reichen von ganz unten zu ergänzen«. »Nach 14 Tagen Prüfening bereiten wir ihm zum Abschied noch eine Gotteserscheinung. Da wir als normale Sterbliche, zudem unadelig, doch keinerlei Einfluß auf ihn auszuüben in der Lage sind, versuchen wir ihm von allerhöchster Stelle aus beizukommen. Im Flur vom Refektorium haben wir eine Lautsprecher-Verstärkeranlage mit göttlichem Hall-Flair eingebaut. . . . Ich bin der Herr, Dein Gott, Emmeram mein Knecht, beuge deine Knie! Du mein abgefallener Sohn, tue Buße! Leg ab deine Habgier. Was du und deine Ahnen dem Volke nahmen, laß nun des Volkes eigen sein . . .« Die »Stimme von oben« hinterläßt einen verunsicherten Emmeram: »Das war nicht Gott, so spricht nicht Gott. Das war ein vom Teufel Besessener oder Satan selber.« – »Wir erklären ihm, daß nach unserer Vorstellung Gott so sprechen müsse.«
Ob die beiden Eindringlinge etwa gar Pezzls Passage zur Klostergründung kannten? Aber auch einen alten Beleg für eine falsche »stim von himel« haben wir in der Weihenstephaner Chronik, S. 219: Um selbst zum Zug zu kommen, rät ein Kardinal namens Benedictus dem Papst Celestinus »durch ein pfiffen . . . in daz or py der nacht«, er solle das Papsttum aufgeben und sich als Einsiedler in einen Wald zurückziehen, was der Legende nach auch geschah.

220   Mit Vorbehalt ist Gamber, S. 166 zu begegnen, der – Franz Dietheuer folgend – Rüdan als den Baumeister der Schottenkirche II betrachtet.

221   »Die Geschichte der Entstehung der Kirche war lange in einer alten Wollen-Stickerey (Hautelice) auf eine Rahme aufgezogen, dargestellt, in der Kirche vorhanden und ist im Jahre 1810 als eine Kunst-Merkwürdigkeit von dem zur Verzeichnung solcher Gegenstände von der k. bayer. Besitznehmungs-Commission Regensburgs beauftragten Prof. Stark angegeben und zur Central-Gallerie nach München eingesandt worden« (Gumpelzhaimer 2, S. 779). Gumpelzhaimer, a.a.O. weiß weiter: »Ein Gemälde, welches die ganze Begebenheit gleichfalls vorstellte, ist ehemals im Kreuzgang dieses Klosters gestanden.«
Bei Kraus/Pfeiffer, Regensburg, Nr. 190 ist der oben erwähnte Bildteppich mit der Gründungslegende des Augustinerklosters abgebildet. Er zeigt die Hostien aufsammelnden Engel, stammt aus der Zeit um 1420 und befindet sich heute im Bayerischen Nationalmuseum, s. auch KD Regensburg 3, S. 58 und Bauer, S. 74.
Die meisten Autoren, die ich einsah, bringen – wie auch schon Andreas von Regensburg, der sich hier besonders knapp faßt – die Begebenheit ohne das Motiv der helfenden Engel.
Während die Regensburger mit einem heilsamen Schrecken davonkamen, erging es fast zur nämlichen Zeit – Andreas hat: 1272, die Weihenstephaner Chronik: 1278 – 200 Tanzbesessenen an der Mosel ungleich schlimmer, wie die Weihenstephaner Chronik, S. 222, Andreas von Regensburg, S. 68 und Schedel in seiner Weltchronik (1493), Bl. CCXVII berichten. Sie »wolten nit ufhören, untz daz der pfarrer mit gotz leichnam herus gieng. Da viel die prug under in nider und ertruncken all« (Weihenstephaner Chronik, S. 222). Bei Schedel veranschaulicht ein Holzschnitt die Strafe für den Frevel.
Im Germanischen Museum zu Nürnberg befindet sich die Darstellung eines anderen Hostienfrevels. Das Tafelbild (Ende 15. Jh.) ist abgebildet bei Kraus/Pfeiffer, Nr. 192.

Ebd. S. 89: »Im Jahre 1476 hatte ein Dieb eine Pyxis mit konsekrierten Hostien aus der Kirche St. Rupert gestohlen, die Hostien in einen Keller in der heutigen Weißen Hahnen-Gasse geschüttet und die silberne Pyxis im Spiel eingesetzt. Als man ihn daraufhin festnahm und er seinen Frevel gestand, zog der Regensburger Bischof Heinrich von Absberg mit Gefolge in den Keller und sammelte die Hostien ein. Die Szene ist in einem zweiten, ebenfalls erhaltenen Gemälde dargestellt. Die abgebildete Tafel zeigt links unten den Dieb, der sich der Hostien entledigt. Die zwei Gemälde dürften die Flügel eines Altares in der Salvatorkapelle gebildet haben, die man zur Sühne des Hostienfrevels über dem genannten Keller errichtet hatte (nicht zu verwechseln mit der ehemaligen Salvatorkapelle am Neupfarrplatz . . .).«
Walderdorff, S. 500 bringt detailliertere Angaben: nach ihm handelt es sich bei dem Frevler um einen dreizehnjährigen Burschen, der die Hostien aus der Pfarrkirche zu St. Emmeram [= St. Rupert] entwendete und sie auf der Flucht in die »Kelleröffnung des Widmann'schen Hauses in der damaligen Kuffnergasse« warf. Vgl. Bauer, S. 105 f.
Aus der St.-Salvator-Kapelle entstand in seinen vorderen Partien das Gasthaus »Zum Weißen Hahn« (F 93) nördlich vom Bischofshof.

222 Diese Legende erscheint mehrerenorts in der Literatur. Andreas von Regensburg jedoch, der – auf S. 65 – zwar die Gründungslegende von St. Salvator aufführt, erwähnt das Wunder bei der Konsekration nicht. Bemerkenswert scheint mir, daß auch Gumpelzhaimer, der sonst recht erzählfreudig ist und gerne zeitgeschichtlich bedeutsame Episoden vermerkt, die Legende nicht bringt. Paricius 1753, Teil 2, S. 424 datiert auf das Jahr 1257, desgleichen Vogl im Mausoloeum 1680, S. 216 . . . Vogl ebd. lokalisiert: »heil. Creutz-Capellen«.
Günter, S. 259: »Seit dem 9. Jahrhundert, eingeleitet durch die Schrift de corpore et sanguine Domini des Abts Paschasius Radbertus von Corbie 831, beunruhigte der Streit um die Gegenwart Christi im Altarsakrament die Geister. Der Streit zog sich ins 11. Jahrhundert hinein und bekam durch die Leugnung der realen Gegenwart des Leibes und Blutes Christi im Abendmahl durch den Domschulmeister Berengar von Tours (Mitte des 11. Jahrh.) verschärften Antrieb. Die Legende half dem Volk die Wesensverwandlung beweisen.« Beispiele a.a.O., S. 260 f.
Bauer, S. 74 ff. vermittelt ein klares Bild von der bewegten Geschichte des Kruzifixes. Ursprünglich hing es in der St.-Salvator-Kapelle, dem baulichen Ausgangspunkt der Klosteranlage der Augustiner-Eremiten beim Neupfarrplatz. Weil das Volk in ihr das kostbare Kruzifix verehrte, wurde bald der Name »Kreuzkapelle« geläufig. Bauer, S. 76: Sie »ging nicht im Bau der gotischen Augustinerkirche auf, sondern blieb an deren Südseite bestehen [Walderdorff, S. 278: Nordseite!]. Eine Bleistiftzeichnung im Museum gibt eine Ansicht ihres Innenraumes wieder«. Als man 1838 mit dem Abbruch der Kirche und Teilen des Klostergebäude begann, blieb sie, ein quadratischer Raum von etwa 6 m Seitenlänge, wie Bauer weiter ausführt, »wohl aus Ehrfurcht vor dem in ihr immer noch verehrten wundertätigen Kreuze vom Abbruch zunächst verschont. 1845 aber erteilte die Regierung dem Großhändler Maffei die Bewilligung zum Abbruch der Kreuzkapelle, um ihren Grund für den Neubau der genannten Häuser [Neupfarrplatz 15, 16 und das Eckhaus Obere Bachgasse 1] nutzen zu können, machte aber die Auflage, eine Kapelle an geeigneter Stelle wieder zu errichten«. 1855 erfolgte dann der Abbruch, und Maffei ließ, etwa 15 m vom ursprünglichen Standort entfernt, an der Ecke der Oberen Bachgasse und der Augustinergasse einen Ersatzbau errichten (heute: Obere Bachgasse 5). Dorthin – in die »neue Kreuzkapelle« – »übertrug man auch das altverehrte Kruzifix sowie die aus der Augustinerkirche stammenden Reliquien des seligen Bruders Friedrich . . .« Die neue Kreuzkapelle

wurde jedoch nicht zu einer so beliebten und vielbesuchten Andachtsstätte, wie es ihre Vorgängerin war. Deshalb wurde sie geschlossen. Ihre Ausstattung übernahm der 1910 bei der Cäcilienkirche neu gegründete Augustinerkonvent.
Als Beweis für die Lebendigkeit der Überlieferung vom Wandlungswunder noch im vergangenen Jahrhundert führt Bauer, S. 76 an, daß es als Vorlage für Andachtsbilder diente. »Die Hofbibliothek besitzt mehrere solcher in Kupferstichtechnik ausgeführten Bildchen.« Er denkt da ohne Zweifel u. a. an eine Darstellung auf Blatt 21 der Sammlung Resch, Kasten IV: imago miraculosa.
KD Regensburg 3, S. 58: »Ein 50 cm hohes Kruzifix, in Holz geschnitzt, aus der ehemal. Kreuzkapelle [Augustinerkloster] befindet sich jetzt in der neuromanischen Cäcilienkirche. (Vgl. Andachtsübungen zu dem am hl. Kreuz hängenden Erlöser ... nebst Vorbericht von dem wunderthätigen Kruzifixbild ... in St. Salvator bei den Augustinern, Stadtamhof 1724. – Nachricht über die Salvator-Kapelle und den Laienbruder Friedrich, R. 1855.)
Das Kruzifix gehört der Mitte des 14. Jahrhunderts an ... Eine Besonderheit desselben sind die zahlreichen [wie Pockennarben wirkenden] Hautwunden ...«, die sich aus dem Material u. a. erklären: »Der Künstler überzog den holzgeschnitzten Korpus mit feinem Leder, das die aufgedunsenen Ränder der zahlreichen Wunden eindrucksvoll hervortreten läßt« (Bauer, S. 76).
Brückner, S. 230 ff. führt eine Reihe von ähnlichen Entziehungswundern an. Das Kreuz in der Cäcilienkirche gehört sicher zu jenen wundertätigen Kruzifixen, »deren sechs zu Regenspurg gezehlet werden« (Keyssler, S. 1129).
Abb. des genarbten Kruzifixus auch bei Bauerreiss 4, Vorsatzblatt.

224 Eck, die massige Säule der Gegenreformation, hat in seiner Hetzschrift »Ains Judenbüechlins verlegung ...« (Ingolstadt 1541) auch den Regensburger Fall aufgeführt. Sein erschreckender Antisemitismus macht auch vor dem Darbieten der schlimmsten Greuelmärchen nicht halt, so wenn er sich z. B. über die Verwendung von Christenblut äußert. Die Wurzeln solcher krankhaften Anschauungen legt Rudolph M. Loewenstein in seiner »Psychoanalyse des Antisemitismus« (Frankfurt 1968) bloß, einer Studie, die Licht auf die Psychopathologie des Unbewußten wirft: auf die Funktionen und die Motivationen sozialen Hasses und gesellschaftlicher Ausschließungsriten. A.a.O., S. 39: »Die wahnähnlichen Überzeugungen der Antisemiten reflektieren die Furcht und die deutlichen Haßregungen gegenüber den Juden. ›Der Jude‹ gilt im Mittelalter als Hexer, Zauberer, Mörder, Kannibale und Feind der Menschheit. Er wird schließlich nicht mehr als menschliches Wesen angesehen. In Zeiten, in denen man an den Teufel, an Nachtmahre und Inkubi glaubte, schrieb man den Juden allen Ernstes phantastische anatomische Details zu, etwa einen sorgfältig verdeckten Schwanz oder geheimnisvolle Krankheiten oder Anomalien. So glaubte man auch im Mittelalter, die männlichen Juden hätten Regelblutungen (Trachtenberg). Einige dieser Überzeugungen haben sich bis heute erhalten. So offenbart sich der dämonische und satanische Charakter, den viele Leute den Juden zuschreiben, in den Beschuldigungen gegen sie. Früher hieß es, sie hätten durch teuflische Zaubereien die schwarze Pest entfesselt und Ritualmorde begangen. Jetzt klagt man sie an, sie nähmen den armen ›Ariern‹ die Substanz, zerre sie in Kriege hinein, die vorher von Juden vom Zaun gebrochen worden seien, und sie seien die Anstifter teuflischer Verschwörungen zur Zerstörung und Versklavung der ›arischen‹ Welt.«
»Der kollektive Antisemitismus regt sich, sobald der Druck der sozialen, ökonomischen oder politischen Probleme unerträglich wird, und kann temporär dadurch abnehmen, daß sich die angestauten Spannungen über den Juden entladen« (ebd. S. 45).

Stahl, S. 55 f.: »Zu den Beschuldigungen wirtschaftlicher Art kamen Beschuldigungen religiöser Natur, die sich hauptsächlich auf angebliche Ritualmord und angebliche Hostienschändungen durch Juden konzentrierten. Solche Vorstellungen waren seit der Antike im Umlauf und sind nicht in Deutschland, sondern in Westeuropa entstanden, von wo sie sich auch über Mitteleuropa verbreitet haben. Die Juden ermordeten demnach alljährlich ein Christenkind stellvertretend für Christus und marterten den Leib Christi durch Hostienschändungen. Neben diesen Hauptbeschuldigungen warf man den Juden noch vor, sie stellten Jesus Christus als Betrüger hin und schmähten die Jungfrau Maria als Dirne ... Die Anschuldigungen erreichten im Ritualmordprozeß der Jahre 1476 bis 1480 und der damit entstandenen ›Ritualmordpsychose‹ ihren Höhepunkt. Während des berühmten Trienter Ritualmordprozesses hatte ein Judenkonvertit unter der Folter ausgesagt, auch in Regensburg sei von den Juden ein Kind ermordet worden. Die darauf in Regensburg verhafteten Juden gestanden unter der Folter solche Verbrechen. Es wurde behauptet, sie hätten insgesamt sechs Kinder ermordet. Mit ziemlicher Sicherheit kann gesagt werden, daß die Obrigkeit selbst nicht an diese Beschuldigungen glaubte. Im Jahre 1480 wurden die Angeklagten entlassen. ›Daß aber die Anschauung von den Judenmördern in den unteren Schichten der Stadtbevölkerung latent weiter fortbestand, ist kaum zu bezweifeln, wo doch die Knochen der angeblich ermordeten Kinder aufbewahrt wurden. Zu einer neuen Psychose kam es indessen erst wieder nach der Vertreibung der Juden im nachfolgenden Wallfahrtstaumel bei der Kapelle zur Schönen Maria‹. Um es vorwegzunehmen: beim Abbruch der Synagoge im Jahre 1519 kamen als ›Beweis‹ Gebeine zum Vorschein, die laut ärztlichem Gutachten von sechs Kinderleichen stammten. ›Die Glaubwürdigkeit dieses ärztlichen Gutachtens scheitert schon allein daran, daß eines der Kinder etwa vier Monate vor dem Prozeß ermordet worden sein soll, eine Zeitspanne, in der die Leiche des Kindes unmöglich hätte völlig verwesen können‹.«
Die hier abgebildete Darstellung des angeblichen Ritualmordes an den Regensburger Kindern stammt aus Rader 1704, Bd. III, S. 175. Natürlich schon in der Erstausgabe vorhanden. Vgl. auch Anonymi Farrago Historica (in: Oefele II, S. 517); der Autor Streitel erzählt recht plastisch, doch keineswegs judenfreundlich vom Regensburger Ritualmord »nit lang vor den seligen Kindlein zu Trient«.

225 Wir kennen eine Primär- und eine Sekundärwallfahrt zu Schönen Maria. Hier gilt es vorrangig, sich mit ersterer zu befassen. Als eine der letzten und intensivsten Massenbewegungen des Spätmittelalters vereinigt sie »die wesentlichen Elemente einer Wallfahrt in Wechselwirkung zwischen ungeheurem Zulauf und überlegter Organisation einschließlich Propaganda. Sie kennt fast alle zu ihrer Zeit möglichen und üblichen Brauchformen. Ihr wurden Gedichte und Lieder gewidmet, und sie erfuhr reichliche Ausgestaltung durch Künstlerhand [Ostendorfer, Altdorfer ...]« (Stahl, S. 216).
Die äußeren Voraussetzungen für die Entstehung der Wallfahrt waren die Vertreibung der Juden 1519 und die auf den Trümmern der niedergerissenen Synagoge provisorisch erbaute hölzerne Marienkapelle. Mit dem ersten beim Bau geschehenen Mirakel – dem am Steinmetzmeister Jakob Kern – verbindet sich ihr Ursprung: »Da der Bau einer Marienkapelle beabsichtigt war, glaubte man auch die Urheberin des Wunders zu kennen: es war Maria selbst, die somit zu diesem Vorhaben ihre Zustimmung gab. Und nachdem das erste Wunder sich ereignet hatte, erwachte die Hoffnung auf weitere. Ein neuer Gnadenort war entstanden« (ebd. S. 61).
»Die ›Neue Kapelle‹, wie der Bau wohl im Unterschied zur Alten Kapelle genannt wurde, erhielt den Titel zur ›Schönen Maria‹ laut Hubmaiers Vorschlag. Und zwar

sollte diese Bezeichnung den Gegensatz ausdrücken zu den Lästerungen der Juden ... Der Name der Kirche übertrug sich dann auf die entsprechenden Mariendarstellungen« (ebd. S. 64 f.). Die Kapelle erwies sich bald eine ungeheure Anziehungskraft, so legte man im September 1519 den Grundstein für eine große steinerne Kirche. Allerdings zögerte sich deren Fertigstellung lange hinaus, so daß die heutige Neupfarrkirche nichts anderes ist »als ein ›häßliches Stückwerk‹ der einst großartig geplanten Kirche zur Schönen Maria« (ebd. S. 79).
Über Ulrich Grünsleder, einen der beiden häretischen Priester, die man in Regensburg verbrannte, finden sich bei Andreas von Regensburg zahlreiche Belegstellen.
1525 ist die Wallfahrt fast ganz erloschen. Die Gründe für ihren Niedergang liegen in der steigenden allgemein negativen Einstellung Wallfahrten gegenüber (ebd. S. 78). Die wachsende Kritik an Maßlosigkeit und Ausschreitungen, die nicht nur aus den Reihen der Reformatoren kam, war nicht ungehört verschallt.
Dem Versuch, die Wallfahrt in der 1643 eigens dafür errichteten (und bereits 1731 wieder abgebrochenen) Loreto-Kapelle bei St. Mang wiederzubeleben, war nicht der gewünschte Erfolg beschieden. Eine virulente Sekundärwallfahrt, deren Entstehung sich ziemlich genau datieren läßt, entstand dann erst bei St. Kassian: ». . . sie verbindet sich mit der Transferierung der Statue Leinbergers – wahrscheinlich aus der Minoritenkirche – in die Kirche St. Kassian am 13. August 1747 durch den damaligen Kanonikus Johann Anton Göz ... Was ihn dazu veranlaßt haben mag, bleibt ungewiß ... Vielleicht spielte auch der geheime Wunsch des Pfarrers mit, in seiner Kirche die Schöne Maria und damit die Wallfahrt wiedererstehen zu sehen. Denn man glaubte nicht nur damals, sondern noch hundert Jahre später, daß man in der Statue das Marienbildnis wiedergefunden habe, welches einst vor der Kapelle und vor der Kirche zur Schönen Maria auf einer Säule gestanden hatte« (ebd. S. 185).
»Man glaubt zum Teil in ihr die ursprüngliche Marienstatue wiedergefunden zu haben. Doch auch dort, wo sich der Glaube nicht durchsetzt, behält das Bild seine Bedeutung: als ›Kopie‹ des ursprünglichen Gnadenbildes, als ›wahre Abbildung‹ ist es nun selbst Gnadenbild, obwohl es ›außer der Tatsache des getreuen Abbildes‹ keine verehrungsmäßige Vorgeschichte‹ besitzt. Die auch heute noch als Gnadenbild bezeichnete Statue in der Kirche St. Kassian ist nicht mehr Ziel von Wallfahrten, sondern Objekt privater Andacht und Verehrung. Der Wallfahrts-Kult der Schönen Maria ist um die Wende vom 18. zum 19. Jahrhundert endgültig erloschen« (ebd. S. 218).
»Selbst in die deutsche Dichtung hat die Wallfahrt zur Schönen Maria Aufnahme gefunden – durch einen Romantiker. In Achim von Arnims Roman ›Die Kronenwächter‹ begegnet Berthold auf seiner Reise von Waiblingen nach Augsburg auch Pilgern, ›. . . die zu dem wundertätigen Bilde der schönen Maria in Regensburg zogen und Frauen und Männer, wie sie gingen und standen, mit ihrem Gesange fortrissen, denn es war das erste Bild unter den Deutschen, in welchem die geheime Gewalt des Heiligen mit der offenkundigen der Schönheit verbunden war‹« (ebd. S. 177).

226 »Daß an die Stelle der Synagoge eine Marienkapelle trat, war keine Besonderheit der Regensburger Verhältnisse, sondern ein in etlichen anderen Städten geübter Brauch, und zwar deshalb, weil auch derlei Anschuldigungen gegen die Juden weit verbreitet waren. Das Motiv des ›Judenfrevels‹ findet sich nicht nur in Ursprungssagen für Wallfahrten zu blutenden, angeblich von Juden geschändeten Hostien [Deggendorf, Iphofen], sondern ebenso für Wallfahrten zu angeblich von Juden geschmähten oder mißhandelten Marienbildern [Ingolstadt, Mariabuchen bei Lohr am Main]« (Stahl, S. 202). Dieses Motiv bildet auch den maßgeblichen Bestandteil der Ursprungssage für die Wallfahrt zur Schönen Maria. Interessant ist, wie Stahl, S. 203 hier einen

Anachronismus nachweist: »Während die Zeitgenossen der Wallfahrt die Lästerungen der Juden . . . noch ganz allgemein auf Maria überhaupt gerichtet sehen, wollen spätere Berichte solche Lästerungen speziell auf das Marienbild, d. i. die Statue auf dem Platz vor der Kapelle, lokalisieren und verkehren so den nicht mehr bewußten historischen Sachverhalt, daß dieses Bild ja erst nach der Judenvertreibung und nach Beginn der Wallfahrt aufgestellt wurde . . . .« Sie belegt diese spätere Version aus der Raselschen Chronik und aus der um 1663 entstandenen Reimchronik von Jakob Sturm: »Sowohl Raselius als auch Sturm geben für den Wallfahrtsbeginn das Jahr 1516, für die Judenvertreibung das Jahr 1519 an. Die Jahreszahl 1516 ist bereits alte Tradition und findet sich auch bei Sebastian Franck und einigen von ihm abhängigen Chroniken, hier aber für Judenvertreibung und für Wallfahrtsbeginn. Der zur Zeit der Wallfahrt bei St. Kassian [um 1750] erschienene Einblattdruck mit der ›Gründlichen Nachricht‹ gestaltet die Ursprungssage insofern weiter aus, als er das Bildnis nicht vor der Synagoge, sondern ›in einer Capellen (in dem Grauwinckel genandt) . . .‹ von den Juden gelästert haben will . . . Der Hinweis auf die Kapelle im Grauwinkel kommt auf diesem Einblattdruck zum ersten und einzigen Mal vor und wird nirgends sonst belegt. Die Kapelle ließ sich bis jetzt nicht nachweisen, obwohl Verzeichnisse früherer Kapellen Regensburgs [z. B. von Gölgel] vorhanden sind. . . . Zusammenfassend läßt sich feststellen, daß die wahrscheinlich zum Teil noch im 16. Jahrhundert entstandene Ursprungssage das Gerücht über Lästerungen der Juden auf ein bestimmtes Marienbild überträgt und damit die Judenvertreibung motiviert; weil das Bild aber dann schon vor Beginn der Wallfahrt aufgestellt sein muß und weil es als Lukasbild gilt, weitet sich folglich sein Alter aus zu ›über tausend und noch mehr Jahr‹, wächst seine Würde als ›alte Apostolische Heiligkeit‹, rückt es auf in die Kapelle ›in dem Grauwinckel‹‹ (wohl Kramwinkel), die wegen ihrer Unbeweisbarkeit recht obskur erscheint (Stahl, S. 204).

227 Stahl, S. 71: »Dasselbe Sagenmotiv war bereits in einem Flugblatt von 1523/24 [s. Otto Clemen, Hrsg.: Flugschriften aus den ersten Jahren der Reformation, Bd. 1, Leipzig und New York 1907, S. 147] aufgetaucht. In einem fingierten Gespräch zwischen Handwerksmann, Bauer, Pfaff und Mönch fragt der Bauer den Handwerksmann, was er von der Wallfahrt in Regensburg halte. Der Handwerksmann antwortet mit einem ›gleychnus‹: Ein Mann sollte geviertelt werden. Ein Jude (!) erbat sich vom Henker das Herz dieses Mannes, erhielt jedoch ein Schweineherz. Als er es irgendwo am Weg vergraben hatte, sollen sämtliche Schweine der Umgebung zu dieser Stelle gelaufen sein.«

228 Stahl, S. 61 erwähnt, daß der Mönch Ostrofrancus wenig später auf dem Schauplatz erschien: Er »ließ sich von Jakob Kern die bewußten Steine zeigen und fragte ihn, was er gedacht habe, als er niederstürzte und mit der schweren Last begraben lag«. (Ostrofrancus schildert dann das Geschehen schriftlich.)
Über die Hintergründe dieses »Wunders« schreibt Gerlinde Stahl: »Zwar ist behauptet worden, der Magistrat habe von vornherein eine Wallfahrtsstätte gründen wollen. Jedoch hätte er aus eigener Initiative diesen durchaus verständlichen Wunsch nicht verwirklichen können. ›Wunder‹ lassen sich nicht planen und geschehen nicht auf behördliche Anordnung. Ein Wunder [eben das Kernsche] aber hat die neue Wallfahrt ausgelöst. Dem Rat kam diese Entwicklung der Ereignisse sehr zustatten, nicht allein zur Rechtfertigung seines Verhaltens gegenüber den Juden, sondern vor allem zur Sanierung der hoffnungslos ruinierten Finanzwirtschaft der Stadt. Deshalb wurde zur Förderung der neuen Wallfahrt getan, was getan werden konnte. Man scheute sich

auch nicht, im ersten gedruckten Mirakelbuch die Begebenheit mit Jakob Kern entsprechend auszugestalten . . .« Nach dem Text dort soll Kerns Frau »die ›Schöne‹ Maria, die es zu der Zeit noch gar nicht gab, angerufen haben. Der Prosatext des zweiten Mirakelbuches läßt die Frau ihren Mann zwar nur an dieselbe Stätte verheißen, wo nachmals die Kapelle gebaut wurde, aber die angebliche Marienerscheinung [im Gedicht heißt es, die Schöne Maria habe den Steinmetz bei seinem Fall aufgefangen] wird immer noch erzählt. Jedoch beeinflußte diese nachträgliche propagandistische Ausmalung eines Ereignisses, das von Anfang an als Wunder akzeptiert war, die Entwicklung der Wallfahrt nicht mehr. Letztere stand beim Erscheinen der Mirakelbücher [sie gehören zu den ersten gedruckten Mirakelbüchern überhaupt] bereits in voller Blüte. Ostrofrankus weißt übrigens von dem persönlichen Eingreifen der ›Schönen‹ Maria nichts, obwohl auch er die Rettung Kerns als Wunder sah und mit dem Verunglückten persönlich gesprochen hatte. Auch die Tatsache, daß sich Kern einer längeren ärztlichen Behandlung unterziehen mußte und schließlich starb, vermochte das Wunder nicht ›rückgängig‹ zu machen und erst recht nicht den weiteren Verlauf der Wallfahrt zu beeinträchtigen« (Stahl, S. 61 f.).

229 Zu dieser denkwürdigen Geschichte gibt es ein Mirakelbild von Albrecht Altdorfer. Die gerettete »Verbrecherin« schrieb ihre Rettung der Schönen Maria zu. Sie »führte so viele Gründe ihrer Unschuld an, daß der Rath sich selbst bethören ließ, dem Maler Altdorfer die Darstellung des von der Jungfrau Maria an der unschuldig Verurtheilten gewirkten Wunders zu übertragen. Der Künstler überbrachte bald die Schilderey, (ob im Gemälde, ob Holzstich, ist ungewiß,) gegen eine Belohnung von 8 Gulden und sie wurde mit einer Erzählung in der Capelle aufgehangen« (Gumpelzhaimer 2, S. 720 f.).
Stahl, S. 88 schreibt eindeutig von einem Holzschnitt: ». . . welcher nebst einer gedruckten Mirakelerzählung unter einem Schutzdach für [!] der Kapelle ausgestellt und außerdem in ansehnlicher Zahl verbreitet wurde. Allerdings erblickte die Obrigkeit von Persenbeug darin eine Verletzung ihres guten Rufes, und sie verlangte nicht nur eine Ehrenerklärung, sondern forderte auch die sofortige Beseitigung der Holzschnitt-Abzüge. Das Ende des Histörchens ist nicht genau bekannt. Jedenfalls hat sich von dem Holzschnitt kein Exemplar erhalten. Das ›Wunder‹ fand auch keine Aufnahme ins Mirakelbuch.«
Ebd. S. 89: »Erhalten geblieben sind dagegen zwei Mirakelbilder aus der Werkstatt Altdorfers, die Verwundung und Operation des Kuntz Seitz darstellend, welche im Mirakelbuch von 1521/22 geschildert wird. Die Bilder sind in einen gemeinsamen Rahmen gefaßt; ein drittes, ebenfalls mitgerahmtes Feld trägt den Text aus dem Mirakelbuch nebst der Notiz, daß die Tafeln im Jahre 1643 in der Loreto-Kapelle bei St. Mang in Stadtamhof aufgehängt wurden. Heute befindet sich das Bild im Museum der Stadt Regensburg (Inv. Nr. HV 1256 . . .).«

230 Dieses Mirakel veranschaulicht die libido currendi ganz deutlich. Vgl. Stahl, S. 102 und S. 145: »Die schon erwähnte Köchin aus der Gegend von Steyr in Oberösterreich lief mit dem Zuber Wasser auf dem Kopf in 8 Tagen 48 Meilen. In Vilshofen traf sie auf einen Landsmann, der sie begleitete, ihr jedoch ab Straubing nicht mehr zu folgen vermochte.«

231 »Die [Regensburger] Mirakelbücher sprechen insgesamt 52 mal von sogenannten Erscheinungen der Schönen Maria und distanzieren sich sprachlich somit von den Fällen, in welchen die Schöne Maria den Votanten lediglich in den Sinn gekommen, eingefallen ist. Jedoch dürfte bemerkenswert sein, daß sich nur 9 ›Erscheinungen‹ in den Jahren 1519 und 1521 ereignen, alle übrigen aber in dem für die Kultdynamik bedeutsamsten Jahr 1520, wobei sich dort wiederum derlei Schilderungen in der Pfingstzeit häufen. Religiöse Erregung, erhitzte Phantasie spiegeln sich in solchen Mirakeln wider. Sie sind nur zu verstehen angesichts der beherrschenden Rolle, welche die Schöne Maria in Gedanken und Gesprächen ausgeübt hat. Der Begriff ›Erscheinung‹ umspannt denn auch ein weites Bedeutungsfeld und reicht bis zu einfachen Vorstellungen und Träumen bzw. Traumweisungen« (Stahl, S. 142f.).

232 Die Erläuterung von Stahl zu diesem Mahnwunder u. a.: »Solche Erscheinungen der Schönen Maria dokumentieren auf erschütternde Weise die Angst und Hilflosigkeit der Menschen des späten Mittelalters. Luthers Ringen um den ›gnädigen Gott‹, das Wissen um bedingungsloses Ausgeliefertsein einer höheren, nicht faßbaren Macht wird greifbar auch in Aktionen und Reaktionen seiner Zeitgenossen. Was Sebastian Franck und mit ihm zahlreiche Chronisten geschildert als Besonderheit der Wallfahrt zur Schönen Maria, und was spätmittelalterlichen Massenwallfahrten eigentümlich ist: dieser seltsame Zwang, der die Menschen plötzlich überfällt und sie unverzüglich zur Wallfahrt treibt, oder die Angst, zu völlig unpassender Zeit von solchem Zwang ergriffen zu werden: all das findet sich in diesen Texten wieder, aufgezeichnet als ›Mirakel‹, als ›Zeichen‹ aus einer anderen Welt« (S. 147).

233 Während in vielen Beispielen sich die Beziehung zur Schönen Maria auf konkrete Anliegen und Nöte gründet, »tritt die Schöne Maria nunmehr völlig grundlos an die Menschen heran mit teils grotesken Drohungen und Forderungen. Übersteigerte religiöse Formen verkehren sich ins Gegenteil. Die Intensität der Verehrung schlägt um in Angst und Schrecken vor dem Verehrten. Die Schöne Maria – nun nicht mehr Helfende, sondern Drohende und Strafende – wandelt sich als Ausgeburt verstiegener und geängstigter Phantasie in ein Schreckgespenst, vor dessen Macht es kein Absichern gibt, weder durch Ausflüchte noch durch Vernunftgründe...« (Stahl, S. 144).

234 Hier handelt es sich um eine »Messe im Almosen«. Von der Wallfahrt im Almosen – der Pilger darf nur das essen und trinken, was ihm fromme Leute unterwegs geben – »hebt sich ab der Brauch, die O p f e r g a b e im Almosen zusammenzubringen. Wichtig erscheint dabei die Feststellung, daß ausschließlich Wachs (23 mal) oder Geld für Messen (5 mal) erbettelt wird...« (Stahl, S. 154).

236 »Der Schönen Maria brachte man bekanntermaßen auffallend viele Hühner. Die immer wieder notwendige Neuanschaffung von Hühnerkörben gibt dafür Zeugnis. Nun gehört das Huhn gerade für die weniger bemittelten Leute zu den leicht entbehrlichen Gaben. Außerdem hatte es seinen festen Platz im mittelalterlichen Steuerwesen. Das Huhnopfer ist vorwiegend Sozialbrauch, Rechtsbrauch. Von den vielen Hühnern tauchen in den Mirakelbüchern insgesamt nur 11 auf...« (Stahl, S. 173), und auch nur 4 schwarze Hennen.
»Man brachte in der heidnischen Antike den Unterweltgöttern schwarze Opfer dar, aber soll man feststellen, dieses schwarze Huhn hier war letztlich für den Teufel bestimmt? Opfer für den Teufel in Wallfahrtskirchen scheinen allerdings bezeugt zu sein [R. Kriss, Die Volkskunde der altbayerischen Gnadenstätten, München 1953–1956, Bd. 3, S. 154]. Bezeugt ist auch die Sonderstellung der schwarzen Hühner. Man hielt sie zum Beispiel, um die übrigen vor Hexen zu schützen. Schwarze Hühner wurden nicht gegessen [Schönwerth 1857, Bd. 1, S. 346]. Man holte mit einer schwar-

535

zen Henne die Erlaubnis ein für Trauungen zu ›geschlossener‹ Zeit (Advent, Fastenzeit). Ein Zusammenhang der schwarzen Hühner mit der Frais, wie er aus anderen Kulten (vor allem für St. Valentin und St. Veit) bezeugt ist, läßt sich aus den Regensburger Belegen nicht nachweisen« (Stahl, S. 173 f.).
Ebd. S. 102 gibt die heute in Bamberg als Oberstudienrätin tätige Autorin eine einfache Erklärung für den Farbwechsel des Gefieders in unserem Mirakel: »... inzwischen [ist] die Mauser erfolgt!« – Die Mauser aber verändert doch nicht die Farbe des Federkleides! Das Gesprenkelte ließe sich höchstens dadurch erklären, daß die nackte Hühnerhaut durch das spärliche Restgefieder schimmerte!
Entsprechendes S. 105: »Ein oberpfälzischer Bauer behauptete, der rote Hahn, den er als Gabe der Schönen Maria bringen wollte, sei unterwegs weiß geworden. Am 4. November 1519 wurde deshalb ein Bote nach Bruck und Stockenfels gesandt, um die Wahrheit zu überprüfen. Leider hören wir nichts über das Ergebnis.« Kriss, wie oben, Bd. 1, S. 284 führt ein Beispiel aus Marzoll bei Reichenhall an, wo 1492 eine dem hl. Valentin geopferte schwarze Henne weiß geworden sein soll.

237 »Von der Wallfahrt ›wullen‹ [= im wollenen Bußgewand] und barfuß‹ unterscheidet sich die Nacktwallfahrt (d. h. Wallfahrt nur mit Lendenbekleidung), häufig geübt im 15. und 16. Jahrhundert und vielfach bezeugt für Bayern und Österreich. Regensburg weist insgesamt 6 Belege auf« (Stahl, S. 152).
»Nacktwallfahrten wurden nur von Männern ausgeführt, auch stellvertretend ... Begreiflicherweise verschob man Nacktwallfahrten auf den Hochsommer: alle fanden in der Pfingstzeit statt. Nicht alle schien man auch ohne Schuhe auszuführen, sonst hätte das Verlöbnis ›nackt und barfuß‹ wenig Sinn. Der Brauch des Nacktwallfahrens verbindet sich mit einem bestimmten Anliegen. Man übt ihn als besondere Erschwerung ... ›Urkultische Züge‹, wie sie hier zweifelsohne aufscheinen, haben sich mit anderem Sinngehalt verbunden« (ebd. S. 153).
Wenn Nacktwallfahrten nur, wie Stahl schreibt, von Männern ausgeführt wurden (s. o.), so hätte es dieser Erscheinung nicht bedurft, durch die eine Frau aufgefordert wird, nicht nackt zur Wallfahrt zu kommen.
»Manche dieser Mirakel stehen dem Bereich der Legende oder der Sage schon recht nahe, man denke etwa an die Szene, wie die Heiligen Leonhard und Katharina Fürbitte einlegen bei der Schönen Maria, oder an Berichte über das spontane ›Laufen‹; einzelne seltsame Begebenheiten erfuhren entsprechende Ausgestaltung und Überhöhung ins Sagenhafte« (Stahl, S. 147).

239 P. Mai/B. Möckershoff-Goy, Schreiben vom 28. 1. 1980: »Das Histörchen, daß sich die Statue der Schönen Maria in einem Regensburger Frauenkloster befindet, konnte nicht von uns fixiert werden. In Dingolfing [dorthin verzog 1974/75 ein Teil der Regensburger Klarissinnen] ist die betreffende Statue nicht, wie Diözesankonservator Dr. Hubel bei seiner Inventarisierung der dortigen Kunstschätze festgestellt hat. Auch das Dominikanerinnenkloster Hl. Kreuz hat keine solche Statue. Ob sie mit nach Augsburg, Maria Vesperbild, gegangen ist [nach dort verzog der andere Teil der Regensburger Klarissinnen], ist recht fraglich.«
Die Geschichte wohl keiner anderen Regensburger Sage oder Legende ist so verworren bzw. ungeklärt wie die des Gnadenbildes der Schönen Maria. Unterscheiden muß man bei deren Kult zwischen der von Dombaumeister Erhard Heydenreich kurz vor Wallfahrtsbeginn (1516) geschaffenen Statue, die auf einer 2 ½ Meter hohen Steinsäule auf dem Platz vor der gleichnamigen Kapelle stand und »in den Augen der Wallfahrer als das eigentliche Kultobjekt gesehen« wurde (Stahl, S. 217): als Gnaden-

bild, und dem Tafelbild auf dem Hauptaltar des umstrittenen Gotteshauses: der vom Ratsherrn Portner gestifteten »Kopie« eines Lukasbildes, das Kultbild ist und nicht Gnadenbild (Bauer, S. 497 ff. weiß nichts von solchen Unterscheidungen) und an das sich von Anfang an die Tradition der Lukasmadonna knüpfte.
Während allerdings – seltsamerweise sogar von einem Zeitgenossen (Leonhart Widmann) – das Bild auf dem Marmoraltar der Kapelle zur Schönen Maria bezeichnet wurde als »ein von Holz geschnitztes [!] und bemaltes Marienbild mit dem Jesuskind, welches Apostel Lucas sollte geschnitzet und gemalet haben« (s. Gumpelzhaimer 2, S. 691) – G. Gumppenberg spricht, lt. Stahl, S. 85, von einer »lignea Statua« –, ist es eindeutig als Tafelbild bezeugt von Hubmaier selbst.
Daß die Tafel die Nachbildung einer Lukasmadonna darstellte, bezeugen auch die zahlreichen Holzschnitte der »Schönen Maria«. Weil es kein Bild war, dessen »besondere Verehrung durch Gebetserhörungen etc. gewissermaßen belohnt wurde« (Stahl, S. 217), fragt es sich, welche Rolle ihm dann zukommt, »nachdem es zwar die Gestalt, den Typus der Schönen Maria ›liefert‹, jedoch nicht als ›die‹ Schöne Maria angesprochen werden kann« (wie oben).
»Das Bild konnte, wie Ostendorfers Wallfahrtsholzschnitt zeigt, vom Platz vor der Kapelle aus gesehen werden. Auch Wallfahrer erwähnen in Mirakelberichten die Tafel und den blauen Mantel oder Rock, den Maria darauf getragen habe« (wie oben, S. 86).
Obwohl zu Zeiten der Wallfahrt von offizieller Seite das Tafelbild als eigentliche Schöne Maria angesehen worden war, rückte jedoch bald die aus Stein gemeißelte lebensgroße Marienstatue als nahezu ausschließliches Kultobjekt in den Mittelpunkt der Verehrung. »Die Pilger umdrängen sie, suchen sie zu berühren und nehmen ihre durch Berühren übertragene Kraft mit in die Hausgemeinschaft. Auch die besonderen übersteigerten Verehrungsformen, das Niederfallen und das Tanzen, gelten der Statue. Deshalb kann sie als die ›berühmteste als Gnadenbild verehrte Standfigur‹ ihrer Zeit bezeichnet werden. Zugleich ist sie mirakulöses Bild, zwar nicht in dem Sinn, daß ihr selbst wunderbare Veränderungen zugeschrieben werden, sondern deshalb, weil in ihrem Bereich sich wunderbare Zeichen, Mirakel ereignet haben, die man, als man nicht mehr an die wundertätige Schöne Maria glauben kann, dem Teufel persönlich zuschreibt... Die Wallfahrt zur Schönen Maria ist also Gnadenbildwallfahrt, aber sie hat nicht ›das Bild als zentralen Ausgangspunkt‹. Vielmehr ist in ihrem Verlauf ein zufällig aufgestelltes Bild zum Gnadenbild aufgerückt. Dieses wurde verehrt, nicht ›die abstrakte, in mehreren Werken dargestellte Schöne Maria‹« (Stahl, S. 217). Bei der Primärwallfahrt hat somit kein Bild wallfahrtserregend gewirkt: Als sich das erste Mirakel ereignet, mit dem sich der Ursprung der Wallfahrt verbindet, nimmt Maria, der man es zuschreibt, noch keine bestimmte ›Gestalt‹ an, »noch trägt sie keinen Beinamen, der sie aus anderen ›Marien‹ heraushebt. Was folgt, ist mehr oder weniger zufällig, wäre anfangs ohne weiteres austauschbar: Die Bezeichnung ›Schöne‹ Maria wird übernommen aus der früheren Kirche des Hauptinitiators... [= Hubmaier] und dient gleichzeitig als Gegengewicht zu angeblichen Lästerungen Mariens allgemeiner Art seitens der Juden. Ebenso zufällig finden Kultobjekte Aufstellung....« (ebd. S. 216).
Der Kult wendet sich also der Statue zu, »so daß diese als ›die‹ Schöne Maria gilt zur Zeit der ersten Wallfahrt und auch noch in späteren Jahrzehnten und Jahrhunderten, und zwar so sehr, daß die Statue den Begriff ›Schöne Maria‹ an sich zieht, d.h. daß sie überall mit den Attributen des Tafelbildes versehen wird.« (ebd., S. 216), während sie doch zuvor »mit den zahlreichen ›Schönen Marien‹ ikonographisch nichts gemeinsam hat« (ebd, S. 87). Stahl ebd., charakterisiert die steinerne Statue wie folgt: »Maria hält

das Jesuskind auf dem linken Arm. Sie selbst trägt eine Krone auf dem Haupt. Ihre rechte Hand umschließt ein schräg nach außen ragendes Zepter.«
»Auch alle Wiederbelebungsversuche der Wallfahrt orientierten sich an der Statue. Die tatsächlich entstandenen Sekundärwallfahrten glaubten die ursprüngliche Statue zu besitzen . . .« (ebd. S. 218).
Auch bei meinen weiteren Ausführungen folge ich weitgehend Gerlinde Stahl, die viele ungeklärte Probleme in ihrer Dissertation angeht. Nach Erlöschen der Wallfahrt stand die Statue weiterhin vor der Kapelle. »Im Frühjahr 1543 sprach der damalige protestantische Prediger Gallus zweimal auf der Kanzel davon, daß das Bild entfernt werde. Am 14. Juni 1543 wurde diese Absicht in die Tat umgesetzt. Aus einer eigenhändigen, aber späteren Niederschrift des Gallus geht hervor, daß das Bildwerk dasselbe Schicksal erlitten habe, wie König Ezechias der ehernen Schlange bereitete (2 Kön. 18,4 . . .). Auf katholischer Seite schenkte man damals dem Ereignis jedoch wenig Beachtung. Zumindest versuchte niemand, das Bildwerk zu retten . . . Der Verbleib der Statue, d. h. ihre Zerstörung war der Öffentlichkeit unbekannt. Die Katholiken glaubten das Bildwerk von den Lutheranern versteckt. Dieser Glaube hielt sich mindestens bis zum Ende des 18. Jahrhunderts, zu der Zeit läßt er sich noch nachweisen. Das wird sich vor allem im Zusammenhang mit der Wallfahrt zur Schönen Maria bei St. Kassian [Sekundärwallfahrt!] zeigen . . .
Andererseits erzählt um 1615 ein Katholik [Grienewaldt], das Bild sei zertrümmert worden, als Kaiser Maximilian II. und Kaiserin Maria, Tochter Karls V., es zu sehen wünschten. ›Da ließen es die Herrn Protestanten, um die erlauchten Gäste nicht der Gefahr der Bilderanbetung auszusetzen, durch Steinhauer in Trümmer zerschlagen. Man warf nämlich den Papisten vor, daß sie mit diesem Bildnisse sich hätten Betrügereinen zu Schulden kommen lassen; das Bildniß soll nämlich oben ausgehöhlt gewesen sein; oben in der Krone wäre dann Oel eingeschüttet worden und dieses habe langsam durch zwei kleine Löchlein in den Augen herabgeträufelt, so daß die einfältigen Leute gemeint hätten, das Bild weine durch ein Mirakel! . . .‹ Trotzdem: der Glaube, daß das Bild noch existiere und verborgen gehalten werde, überwiegte . . .« (Stahl, S. 178 ff.), obgleich man bereits 1630 auch auf zuständiger protestantischer Seite die wahre Geschichte des Bildwerks nicht mehr kannte (ebd. S. 180 f.). Stahl folgert dies aus einem bei Gumpelzhaimer 3, S. 1137 abgedruckten Brief des damaligen Superintendenten der evangelischen Gemeinde, den Bauer, S. 501 – sicher zu unrecht – gerade umgekehrt interpretiert.
Der Glaube aber, daß die ursprüngliche Statue noch existiere, lebte weiter – bis heute. Weil sich offenbar viele Bürger zur Zeit der Wallfahrt ein Marienstandbild nach dem auf der Säule fertigen und »in ihre Häuser machen und auf das zierlichste malen« ließen (Stahl S. 95 zitiert Dimpfel), findet sich in fast allen diesen Statuen mehr oder minder der Typus der Schönen Maria. So wird es sich – zum Teil wenigstens – erklären lassen, wenn die Originalität für mehrere Statuen beansprucht wurde, wenn mehrere Stellen behaupteten, die echte Schöne Maria zu besitzen. Zum Beispiel:
1) An der östlichen Seitenwand der Kapelle Maria Läng in der Pfauengasse – einen Steinwurf vom Dom entfernt – befindet sich ein Standbild der Schönen Maria aus Holz (Walderdorff datiert: 16. Jh. – Ramisch gibt an: 1675). Es ist das ehemalige Gnadenbild dieser Kapelle. Die unbekrönte Maria, auf der nach oben gekrümmten Mondsichel stehend, trägt auf dem rechten Arm das Kind, auf dessen Schoß eine Taube sitzt. Nach der Überlieferung von dem »holzgeschnitzten Bild« (vgl. Stahl, S. 85 und 96) glaubte man in dieser Darstellung die ursprüngliche Schöne Maria aus der Holzkapelle zu besitzen. »Nach Walderdorff hat die Figur aber möglicherweise ehemals in der Neuen Kapelle bzw. in der Neupfarrkirche gestanden« (Stahl, S. 96). »Es soll nach

verbürgter Tradition dasselbe Bild sein, welches bei der Einführung der neuen Lehre (nach 1542) aus der jetzigen Neupfarrkirche entfernt wurde« (Walderdorff, S. 273).
2) Stahl, S. 179 macht auf das Geheimnis in einem Regensburger Frauenkloster aufmerksam (s. dazu Sagentext!). Zunächst fragte ich bei der Autorin in Bamberg an, um welches Frauenkloster es sich handelte. Frau Stahl, die sich sehr hilfsbereit zeigte, entsann sich aber nicht mehr. Daraufhin fuhr ich nach Regensburg, um im Klarissinnenkloster in der Ostenstraße rückzufragen. Ich kam zu spät. Das Kloster war 1975 zum *überwiegenden* Teil nach Dingolfing umgesiedelt, zum Teil nach Maria Vesperbild bei Augsburg. So schrieb ich die Klosterfrauen in Dingolfing an. Am 19. 9. 1980 antwortete mir die Äbtissin, Sr. Mar. Dominika: »Die Schöne Maria ist und war auch, meines Wissens, noch nie in unserem Kloster. Ich kann mich erinnern, in unserem Kreis wurde einmal davon gesprochen, daß der runde Turm, den man von unserem Kloster in Regensburg sehen konnte, früher die Kirche zur schönen Madonna war. Es wurde dann auch erwähnt, daß die Statue [richtig: das Tafelbild], von der die frühe katholische Kirche ihren Namen hatte, nach der Reformation in die Kirche St. Johannes [dort ist Die Schöne Maria, ein Gemälde von Albrecht Altdorfer] westlich vom Dom kam. Dieses Gespräch wurde von unseren älteren Schwestern geführt. Natürlich kann das alles auch nicht stimmen.« Der Äbtissin unterlief hier eine Verwechslung zwischen Statue und Tafelbild, die nicht ungewöhnlich ist. »Eine der Ursachen für all die Irrtümer und verworrenen Thesen mag sein, daß in späteren Darstellungen die Statue immer mit den ikonographischen Details des Tafelbildes, also nach dem Vorbild der Lukasmadonna, wiedergegeben wird« (Stahl, S. 211) und sich mit diesen Merkmalen im Bewußtsein des Volkes zu der eigentlichen Schönen Maria verband.
Bei meinen Nachforschungen machte ich jedoch im Zusammenhang mit St. Klara eine interessante Entdeckung: Paricius 1753, Teil 2, S. 461 erwähnt ein steinernes Marienbild in der Kapelle St. Anna des einstigen Kapuziner- und nachmaligen Klarissinnenklosters (seit 1811). Walderdorff, S. 249 erwähnt die Statue auch: ». . . eine alte Inschrift wollte sie auf den hl. Lucius, einen der Jünger Christi, zurückführen.« Der bei Paricius abgedruckte lateinische Text lautet zu deutsch: »Diese Statue der gottgleichen Jungfrau wurde aus lebendigem Stein vom hl. Lucius, dem ersten Jünger Christi, als er hier im 2. Jahr nach der Himmelfahrt des Herrn zusammen mit Appelles den Glauben Christi predigte, gefertigt und den Regensburgern zur Erinnerung zurückgelassen.«
Hat man je von Lucius als Bildschöpfer gehört? Ob hier nicht eine Verquickung mit Lukas vorliegt? Man wollte kundtun, welch kompetente Leute in Regensburg schon ganz früh den Glauben gepredigt haben, und man entlehnte dazu beim hl. Lukas die ihm zugeschriebene künstlerische Fähigkeit. Im Kloster St. Klara mag dieser Name (Lucius) sich besonders eingeprägt haben, weil – s. KD Regensburg 2, S. 181 – ein Frater Lucius, »ein fabriciosus mirae inventionis«, 1712 die dortige Eremitage errichtet hatte.
Es dürfte sich um die nämliche Figur handeln, die die KD Regensburg 2, S. 181 im Westflügel des Kreuzganges (Kloster St. Klara) lokalisieren und um 1410–1430 datieren, indes Walderdorff sie dem 14. Jahrhundert zuordnet.
Als ich über diese in den KD Regensburg 2, S. 179 abgebildete Statue Auskunft möchte – ich weiß ja nicht, ob sie mit nach Dingolfing »umgezogen« ist –, schreibt mir die Äbtissin aus Niederbayern: ». . . meines Erachtens brauchen Sie Angaben über die sogenannte ›Salzburger Madonna‹. Die Steinfigur ist in unserem Kreuzgang in Dingolfing. Vor etwa 12 Jahren war sie weg zu einer Ausstellung. Bei dieser Gelegenheit wurde die Statue von allen Bemalungen freigelegt. Auch der Stab, der zum Kunstwerk

539

gehört, wurde entfernt . . .« Am 8. 12. 1980 schreibt sie mir abermals und fügt ein Foto der Madonna bei: »Die Madonna heißt unseres Wissens Salzburger Madonna, weil die Steinfigur von einem Salzburger Künstler geschaffen wurde. Wir haben sie aus Regensburg mitgebracht. Dort stand sie im Kreuzgang. Die uns so teure Statue steht im Kloster in Dingolfing im Gang in einer eigens dazu gebauten Grotte . . .« Von dem Gerücht, daß der hl. Lukas oder Lucius diese Figur gefertigt habe, ist der Äbtissin nichts bekannt.

Mit dieser Statue verknüpft sich offenbar nicht die Fama, die echte Schöne Maria zu sein (s. Schreiben der Äbtissin, weiter oben). Dabei spräche einiges zumindest nicht weniger als bei den anderen Figuren für Heydenreichs Werk. Abgesehen von der frühen Datierung um 1410/30 und der fehlenden Krone – die freilich könnte im Laufe der Zeit abhanden gekommen sein wie jetzt das Szepter – stimmen die erforderlichen Merkmale: die Figur ist aus Stein, trägt das Kind auf dem linken Arm und trug das Szepter in der rechten Hand.

Bei Durchsicht allen verfügbaren Bild- und Textmaterials stoße ich in KD Regensburg 2, S. 111 auf eine Madonna, auf die die Stahlsche Beschreibung zutreffen könnte: 1 Meter hoch, Holz. Die Madonna trägt das Kind auf dem linken Arm – ein Charakteristikum der ursprünglichen Schönen Madonna. Sie trägt eine Krone; das Kind, das einen Vogel hält, ebenfalls. Entstammt der Spätzeit des 15. Jahrhunderts. Aber sie ist aus Holz und trägt kein Szepter (mehr?) wie auf dem Ostendorfer Holzschnitt. Ich schreibe sofort an das Dominikanerinnenkloster Heiligkreuz am Judenstein. Am 10. 10. 1980 schreibt mir die Priorin: ». . . teilen wir Ihnen mit, daß bei uns im Kloster ebenfalls die Sage von der ›Schönen Maria‹ bekannt ist. Wir versuchen die Angelegenheit zu klären . . .« Am 26. 11. 1980 jedoch läßt mich die Archivarin des Klosters, Sr. M. Franziska Scheinost, wissen, »daß es sich bei der Sache der ›Schönen Maria‹ um eine fromme Legende handelt. Die ›Schöne Maria‹ befindet sich nicht bei uns . . .«

Dieser Auskunft sei nicht widersprochen. Aber es ist anzunehmen, daß es sich bei der hölzernen Madonna im Kloster am Judenstein um jene Statue handelt, die in dem Stahlschen »Histörchen« gemeint ist.

3) Auch bei St. Kassian, das durch eine feierlich dorthin übertragene Statue – vgl. Stahl, S. 218 – zur Marienwallfahrtskirche (Sekundärwallfahrt!) wurde, glaubt man »zum Teil in ihr die ursprüngliche Marienstatue wiedergefunden zu haben. Doch auch dort, wo sich der Glaube nicht durchsetzt, behält das Bild seine Bedeutung: als ›Kopie‹ des ursprünglichen Gnadenbildes, als ›wahre Abbildung‹ ist es nun selbst Gnadenbild, obwohl es ›außer der Tatsache des getreuen Abbildes keine verehrungsmäßige ›Vorgeschichte‹ besitzt. Die auch heute noch als Gnadenbild bezeichnete Statue in der Kirche St. Kassian ist nicht mehr Ziel von Wallfahrern, sondern Objekt privater Andacht und Verehrung . . .«

4) »Ein älteres steinernes Marienbild, das unter dem Dache von St. Kassian gefunden wurde, wollte hier und da für dies Bild [= Original Schöne Maria] ausgegeben werden, wahrscheinlich weil der Kopf abgeschlagen war, denn irgend ein anderer Grund für diese Annahme liegt nicht vor! Dies Steinbild wurde neuerlich restaurirt und befindet sich nunmehr in der Kirche in Wunsiedel« (Walderdorff, S. 441).

5) »Die Römisch-Catholischen geben vor, dieses Bild sey noch heimlich irgendwo in einem Gewölbe der Kirche [Neupfarrkirche] aufgehoben, und der Abt Anselmus schreibet in einem schlecht gerathenen Wercke, dem er den Titul von Ratisbona Politica & Ecclesiastica gegeben, der Verwahrung und Besitzung dieses Bildes hauptsächlich zu, daß die Stadt noch eines erwünschten Wohlstandes geniesse. Die Evangelischen, als denen gedachte Kirche zu theil worden, wollen nichts von solchem Bilde

wissen, indessen aber damit der Gegenpart nicht vielleicht aus irriger Meinung etwas unternehme, so ist die Anstalt gemacht, daß alle Nächte eine Wache um die Kirche gehet, und niemanden auf der Treppe oder dem Umgang derselben duldet« (Keyssler, S. 1231).
Als Abbildung ist dem Schönen-Marien-Zyklus hier in den Regensburger Stadtsagen ein kleines Andachtsbild beigefügt, die Wiedergabe eines Kupferstichs von Johann Albrecht Büchler aus der Mitte des 18. Jahrhunderts.

240 Legenden von einem Kruzifixus, dem das Haar wächst, ranken sich immer – wie mir Achim Hubel bei einer kurzen zufälligen Begegnung im März 1980 erklärt – an solche Darstellungen des Gekreuzigten, die mit Echthaar ausgestattet sind.
Von der »Wallfahrtskirche Lohe [= Loh] bei Deggendorf« führt Sepp, S. 197 an, allerdings im Zusammenhang mit der Gestalt der Kümmernis, daß darin Christus Bart und Haar wachse, »ebenso in der Kapelle am Wege von St. Georg nach Dießen, auch im Nationalmuseum ist solch ein Christus«.
Pezzl, S. 69 berichtet Entsprechendes aus dem Prämonstratenserkloster Neustift (Freising), wobei er aufklärerisch würzig glossiert: »Da niemand mit einer Leiter hinaufsteigen, und untersuchen darf, auf was Art das herunterhangende Haar mit dem hölzernen Kopf zusammenhängt ist es eben nicht schwer, das Mährchen unter dem Volk zu erhalten.« Kreuze dieser Art kennt man u. a. auch in Tann/Ndb. (s. Böck, SN, Nr. 497), in Mittenwald, in Niederschönenfeld (Schöppner 1, Nr. 366). Ritter von Alpenburg, »Deutsche Alpensagen« (neu hrsg. München 1977), S. 94 erwähnt ein »haarwachsendes Christuskreuz« im Seekirchlein zu Seefeld ob Zirl und das Sautnerkreuz bei Sautens im Ötztal, Röhrich, in: Sage und Märchen, S. 50 das Wallfahrtskreuz von Oberried bei Freiburg i. Br.
G. H. Paricius 1722, 1, S. 156 erwähnt: »Ein von Bildhauer-Arbeit gemachtes Crucifix in Lebens-Grösse/ auf einem Neben-Altar zur Lincken, welchem noch immerfort die Haare wachsen sollen.« Merkwürdig ist, daß sein Sohn, der sonst fleißig vom Vater übernahm, hier aussparte und bei ihm (1753, Teil 2) nur noch das Kruzifix erwähnt wird (»zu welchem die Leute grosse Andacht haben«), nicht aber das Haarwunder. Es wäre denkbar, daß es sich bei diesem Kruzifixus um den nämlichen handelt – seit G. H. Paricius' Zeiten könnte ja eine Versetzung stattgefunden haben –, dessen Standort Achim Hubel (Schreiben vom 28. 2. 1980) so bestimmt: »Im Dom befindet sich an der südlichen Querhauswand innen ein überlebensgroßes Holzkruzifix aus der 2. Hälfte des 16. Jahrhunderts, bei dem Bart und Haare aus natürlichem Menschenhaar bestehen. Seit alters knüpft sich daran die Sage von den stetig nachwachsenden Haaren . . .« (Daß ich keine einzige alte Quelle dafür fand, sei nur nebenbei erwähnt, aber auch zugestanden, daß ich freilich nicht – bei allem besessenen Einsatz – für mich beanspruchen kann, sämtliche Regensburger Chroniken durchforscht zu haben). Schuegraf unterschlägt die Legende in seiner Domgeschichte, wo sie eigentlich ihren Platz haben müßte. Auch der sonst so detailfreudige Walderdorff führt den bärtigen Kruzifixus nicht auf. Achim Hubel erwähnt in seinem Domführer, S. 16 nur die Gegebenheiten: Bart und Haare aus natürlichem Menschenhaar, nicht jedoch die damit verbundene Legende. Ebenso in den KD Regensburg 1, S. 115. – Eine eindrucksvolle Abb. des Gekreuzigten bei Bauer, S. 249.
Die mir 1974 mündlich überlieferte Version II, die ich weder vorher noch nachher je hörte, erfuhr ich von einer jungen Textilverkäuferin (ca. 25. Jahre, aus Bayreuth), die ich bei einem meiner Regensburg-Besuche kennenlernte. Daß ihr als angeblich noch nicht allzulang Zugezogener diese Legende schon vertraut ist, scheint besonders bemerkenswert, weil die Überlieferung vom Dom-Christus mit dem wachsenden

Haar keine große Streuweite, etwa durch populäre Schriften, aufweist. Dennoch ist die Legende – mehr oder weniger vage – im Gedächtnis vieler Regensburger verankert, mehr als manch anderes, das die Literatur wiederholt fixiert hat (z. B. die von Arnold überlieferten Legenden).
Die Gewährsperson erscheint mir widersprüchlich: einerseits schließt sie sich mir spontan bei der Strudelfahrt an, andererseits verrät sie mir ihren Familiennamen und ihre Daten nicht! Diese Legendenmitteilung freut mich um so mehr, als die Gewährsperson sonst, wie es den Anschein hat, kaum an kulturellen Dingen interessiert ist. Ein leichtes Mißtrauen meinerseits gegen ihre »Undurchsichtigkeit« bezieht sich aber nicht auf die mitgeteilte Legende. Die erscheint stimmig. Allerdings rankt sich die Legende sonst um das wachsende Haupthaar; hier wird ausdrücklich der Bart erwähnt.
Als ich (1980) in der Ratisbona Politica, S. 340 auf die Notiz stieß, daß in der Kollegiatskirche zur Alten Kapelle damals ein Kruzifix gewesen, dem der Bart gewachsen sei, ergeben sich zwei Erklärungsmöglichkeiten: 1) es gibt wirklich diese reizvolle Variante; ich stieß sonst nur nicht auf sie; 2) die Gewährsperson hat die Überlieferung vom bärtigen Christus in der Alten Kapelle gekannt und diese dann mit der vom Domchristus kontaminiert. Dies ist so gut wie ausgeschlossen, da heute – sofern es überhaupt dort je einen solchen gegeben hat – nichts mehr von einem bärtigen Kruzifixus dort bekannt ist. Selbst Achim Hubel weiß davon oder einem zweiten derart wundersamen Kreuz im Dom nichts (Schreiben vom 28. 2. 1980): »Von einem zweiten Kruzifix dieser Art im Dom ist mir nichts bekannt, ebensowenig von einem in der Alten Kapelle.«

241 Dies ist eine von den Sagen, die gleichermaßen in die Rubriken »Wahrzeichen« und »Geister und Gespenster« passen würden. Um ihre Zugehörigkeit zum Klosterbereich von St. Emmeram zu betonen, wurde sie unter dem Kapitel »Kirchen und Klöster« eingeordnet.
Ricarda Huch (in: Oberpfälzisches Lesebuch, Regensburg 1977, S.222) weiß auch um Aventins Grab, und man muß ihr uneingeschränkt zustimmen, wenn sie meint: »Vielleicht gibt es keinen Fleck in Regensburg, der das Gemüt des Besuchers so ergreift, wie der Vorhof und die Vorhalle der Emmeramskirche.« Im nämlichen Vorhof, an der begrenzenden rechten Mauer, findet sich die Gedenkstätte des bedeutendsten bayerischen Historikers.
»Es erstaunt nicht, wenn Martin Zeiller ... vom Grabmal Aventins, des frühen ›Aufklärers‹ schreibt, daß man es ›wie wir gemerkt/ nicht gar gern weisen thut/ weiln er bey den Geistlichen nicht in sonderlichem praedicat sein solle‹« (Ekkehard Schenk zu Schweinsberg, S. 42).
Auffällig ist das Bemühen von J. B. Kraus, seine Unparteilichkeit herauszukehren, wenn er sich quasi rechtfertigt, warum er auch über das Grab Aventins berichtet: »Ich halte die Gebein Aventini für keine heilige Reliquien, sondern habe nur desselben (als eines berühmten Scriptoris) Grabstatt andeuten wollen, gleichwie ich von anderen, welche für keine heilige gehalten werden [dort verzichtet er allerdings auf die Erläuterung, er setzt sie gezielt hierher!] (doch derenselben hohe Würde und Nahmen allbekannt sind), ihre Grabstatt angedeutet habe« (Bericht von denen Heiligen Leibern, S. 95).
»... der Makel des Abtrünnigen, den ihm die katholische Kirche aufbrannte, haftet ihm noch im Tode an, denn ein ähnlicher Fluch wie den Freisinger Bischof Berthold (1381–1410) und den unorthodoxen Sohn des Kanzlers Kreittmayr verfolgt ihn ...« (Böck, Die Hallertau, S. 59). Ihn umgibt das »von Erzkonservativen ersonnene

Gerücht«, daß der Teufel ihn wegen seiner Liberalität mit eisernen Ketten peitsche (Böck, in: Pustet-Almanach 1976, S. 48). Durch solch saftige Aussagen, wie der folgenden, hat der Abensberger sich die Gunst des Klerus vertan: ». . . wer eim ietlichen petlermünch sein leus nit für heilig will halten, sol nit ein christ sein« (Aventin, Chronik, Buch 2, Kap. 76).
Johann Georg Keyssler, S. 1230: ». . . In dem Indice librorum prohibitorum ist seiner nicht geschonet worden, der Jesuit Gretserus und andere Scribenten tractiren ihn öffentlich als einen Ketzer und die hiesigen Catholicken zeigen nicht gerne sein Epitaphium, viele derselben geben auch vor, der Satan geisele alle Nachte Aventinum mit eisernen Ketten auf den Kirchhofe herum.«

242 7. Jahresbericht des Vereins zur Erforschung der Regensburger Diözesangeschichte (1932), S. 48: »Die mittelalterliche Ausstattung dieses Hörsaals, vor allem die vielgenannte Kathedra, stammen allerdings erst aus dem 15. Jahrhundert, aber die Legende nahm den Katheder als Katheder des großen Albertus in Anspruch und machte ihn noch besonders ehrwürdig durch die Erzählung eines außerordentlichen Ereignisses, das sie an ihn knüpfte.«
Abb. dieser Cathedra in KD Regensburg 2, S. 97. Ebd. S. 98: Südlich anstoßend an die Sakristei »soll der Hörsaal des hl. Albertus sich befunden haben, was zutreffen dürfte, da das Auditorium nach alter klösterlicher Gepflogenheit neben dem Kapitelsaal sich befand. Die jetzige Ausstattung gehört jedoch der Spätgotik bzw. der Neuzeit an. 1694 konsekrierte Weihbischof Albert Ernst Graf von Wartenberg den Saal als Albertuskapelle . . .« Es folgt Beschreibung des Katheders.
Daß die Dominikanerkirche zu den frühesten Schöpfungen der deutschen Gotik gehört, sei nur nebenbei erwähnt (KD Regensburg 2, S. 75).
Der sogenannte Lehrstuhl des Albertus Magnus, nach 1455 entstanden und 1897 farbig bemalt, war als Leihgabe des Landbauamts Regensburg auch in der – leider kataloglosen – Albertus-Magnus-Ausstellung im Diözesanmuseum zu Regensburg (Sommer 1980) zu sehen.
Albertus Magnus (um 1200–1280) war der bedeutendste Naturforscher des Mittelalters. Aventin nennt ihn in seiner Chronik (Buch 7, Kap. 35) »den gelertisten Teutschen«. »Gerade sein Wissen um die Natur ließ ihn in der späteren Sage zum geheimnisvollen Magier werden« (Schwaiger 1, S. 276). Allerdings wurde mir in Regensburg, wo er von ca. 1237 bis 1239 als Lektor am Dominikanerkloster St. Blasius und – nicht unangefeindet – von 1260 bis 1262 als Bischof wirkte, keine Sage bekannt, in der er als Magier entgegentritt. Vgl. jedoch Sage Nr. 136.
Andreas von Regensburg, S. 65 f. vermerkt über Albertus Magnus: ». . . et resignavit episcopatum propter gentis proterviam et populi vanitatem. Hunc populum ligatum calceum cognominabat, eo quod ferret ligatos calceos, sicut mos est fratrum predicatorum.« Daß er den Spitznamen »Bundschuh« trug, liest man auch bei Coelestin, Mausoloeum 1680, S. 217 u. a. – 1931 erfolgte die Heiligsprechung dieses bedeutenden Mannes, den eine Tafel in der o. g. Ausstellung im Diözesanmuseum so charakterisierte: »Seinen Zeitgenossen galt Albertus Magnus als eine Ausnahmeerscheinung. Sie feierten ihn als ›des Zeitalters Staunen und Weltwunder‹, nicht allein wegen seines tatkräftigen Wirkens im öffentlichen Leben, seines oft erprobten Verhandlungsgeschicks und Durchsetzungsvermögens, seiner unparteilichen und unerschrockenen Rechtsprechung.« Welch direkte Sprache er sprach, mag man z. B. bei Schwaiger 1, S. 278 nachlesen.
Eine hierher gehörige Episode berichtet Gumpelzhaimer 3, S. 1131 im Zusammenhang mit der Abtretung der Domininkanerkirche an die Katholiken 1630: »Am

25. July wurde die Kirche der Dominicaner von ihnen auf's neue eingeweihet und durch eine Predigt verkündigt, daß sie nun ganz allein dem katholischen Gottesdienst gewidmet seye. Der Kaiser selbst wohnte mit seinem Hofstaat dem Gottesdienste bey. Ein Dominicaner predigte . . . und fing mit den Worten an: Es wäre kein Wunder, daß er erschrecke auf der Canzel, denn es wäre ein Lutheraner Pfarrer, wie man sage, stumm geworden. Nach dem Gottesdienste wurden von fremden Pöbel, die Chronik sagt von den Herren-Gesindlein, die Kanzel und Stühle alle zerschmettert und zerbrochen, so erbittert war man darüber, daß dieselben eine Zeitlang zur Andacht anderer Christglaubigen gedient hatten.«
Welche Animosität zwischen den beiden Konfessionen herrschte, erhellt u. a. auch aus einem Vorfall, der sich zehn Jahre später ereignete (Gumpelzhaimer 3, S. 1270): »Als ein evangel. Geistlicher aus der Kirche ging, und von eines Wächters Frau ›Teufel‹ geschimpft, und da er ihr dagegen antwortete, von ein paar Leuten angegriffen werden wollte, kamen gleich über 1000 Bürger zusammen, die sich seiner annahmen . . .«

244 »Über das Aussehen der in der Kapelle aufgestellten Marienstatue ließ sich bis jetzt nur Weniges in Erfahrung bringen. Daß es eine Schöne Maria war und nicht eine Kopie der Muttergottes von Loreto, beweist ein Kupferstich [von Jean Sauvé] mit dem Textzusatz, das verschwundene Marienbild (= die Statue) sei in die Loretokapelle nach Stadtamhof transferiert worden. Ungewiß bleibt, ob es den Typus des Tafelbildes oder den Typus der steinernen Marienstatue darstellte . . . Etwa ein Jahrhundert später berichtete ein protestantischer Chronist [= Dimpfel], bei der Kapelleneinweihung habe sich der Festprediger die Aufschneiderei erlaubt, daß an diesem Ort bald Wunder geschehen würden. Allerdings, so erzählt der Chronist weiter, blieben die Wunder aus. Das einzige Wunder war, daß man die Marienfigur bestohlen und ausgezogen hat am hellichten Tag.
Wie lange die erneuerte Wallfahrt zur Schönen Maria fortdauerte, ließ sich nicht ermitteln. 1731 wurde die Loretokapelle abgebrochen. Beachtenswert erscheint das besondere Phänomen einer doppelten Sekundärwallfahrt: bezüglich des Raumes nach dem Vorbild Loreto, bezüglich des Kultobjektes nach dem Vorbild Schöne Maria« (Stahl, S. 182).
Erwähnenswert erscheint noch, daß man als Bauplatz das Gelände des von den Schweden 1634 völlig zerstörten Augustinerchorherrnstifts St. Mang »am Fuß der Brücke« gewählt hatte. In dessen Mauern schrieb zu Anfang des 15. Jahrhunderts der Chorherr Andreas, den die Regensburger – wie Aventin berichtet – stolz ihren Livius nannten, Geschichtswerke von unvergänglichem Wert nieder.
In Zusammenhang mit dem Standort des Stifts sei mit Hosang (in: Freytag 1, S. 74) die Scherzfrage erlaubt: »Wo hat Regensburg zunächst den Kopf bei den Füßen?« Früher hieß es als Antwort darauf: »Beim Schnellertor, denn da ist der Brückenkopf und der Brückenfuß [Stadtamhof heißt lateinisch bekanntlich Pedepontum] beisammen!«

246 Am 21. 3. 1980 wende ich mich abermals an Achim Hubel vom Bischöflichen Diözesanmuseum Regensburg um Rat: »Im Bericht von denen Heiligen Leibern, S. 78 (Abb. ebd. im Anhang, Nr. 68) finde ich eine Legende von einem wundertätigen Muttergottesbild: auf dem Altar der hl. Apostel . . . geschnitztes Bild etc. Gibts den Apostelaltar noch? Wie heißt er heute? Gibts dieses Muttergottesbild noch? Wenn nicht, um welches kann es sich gehandelt haben? Fast gleichzeitig bin ich in den Kunstdenkmälern 1, S. 246 (Abb. S. 244) auf ein spätgotisches Tafelbild (auf dem Dreifaltigkeitsaltar) gestoßen: »Auf der Mensa steht im Glasschrein ein spätgotisches Tafelbild . . . Das Bild genoß die Verehrung des Volkes.« Stifter: Abt Strauß. Irgend-

wie hab ich das Gefühl [die Abbildung im Bericht . . . bringt mich auf den Gedanken], als könnten beide zusammenhängen. Denn wenn es im Bericht von denen Heiligen Leibern heißt: in einem Altärlein, was ist das anderes als ein Schrein? Aber welcher Kontext könnte da bestehen?« (Hätte sich der Schöpfer des jüngeren Kunstwerkes an dem schon vorhandenen orientiert?).
Die Antwort Hubels vom 30. 4. 1980: ». . . Ein hölzernes Marienbild in St. Emmeram ist mir . . . nicht bekannt.«
Eine anklangsweise ähnliche Legende steht in E. Böcks »Sagen und Legenden aus Ingolstadt«, Nr. 21, allerdings weniger konkret als hier, wo die Namensangabe des Novizenmeisters und die Zeitangabe weitere Recherchen ermöglichen.
Endres, S. 115 berichtet von einem anderen legendären Zettel: unter den Wandgemälden (Zyklus) in der Dominikanerkirche zu Regensburg zeigt eines den kleinen Thomas von Aquin, der einen beschriebenen Zettel in der Hand hält. »Die Legende erzählt nämlich, daß der Kleine sich dereinst, als er gebadet werden sollte, einen zufällig gefundenen Schriftstreifen kindlich hartnäckig nicht habe entwinden lassen. Als ihm die Mutter das Händchen öffnete, sei das Ave Maria auf dem Zettel gefunden worden.«

247 Bauer, S. 308 erwähnt im Zusammenhang mit Karthaus-Prüll das Vitusöl, das ein Regensburger nach Hause trug. Die Literatur weiß dazu durchweg nichts, auch vom Bischöflichen Zentralarchiv Regensburg blieb eine Stellungnahme aus. Die Ausführungen von Stahl, S. 193f. könnten auch hier zutreffen: »Das heilkräftige Ampelöl, schon bei den Gräbern der Martyrer als Reliquie angesehen, findet im 18. Jahrhundert vielseitige Verwendung ›wider Zauberey, Maleficia, und anderes Anligen, wann solches mit grossen Vertrauen gebraucht wird‹.«

249 Über den Arkadenbögen in St. Emmeram posieren – abwechselnd mit Gemälden dazwischen – Egid Asamsche Stuckfiguren von heiligen Benediktinern, die zu St. Emmeram in Beziehung stehen, z. B. Emmeram, Tuto, Ramwold, Gunthar . . . »Über der Brüstung des letzten Nordfensters sieht man einen betenden Benediktiner in bemaltem Stuck, ein malerisches Motiv der Asam, an das sich eine Volkssage knüpft . . . Es handelt sich vielleicht um ein Bild des damaligen, mit dem Kirchenbau viel befaßten Klosterökonomen J. B. Kraus, des späteren Abtes« (KD Regensburg 1, S. 242).

252 Während Walderdorff, S. 182 noch rühmen kann: »Die Kapelle ist den ganzen Tag von Andächtigen besucht und genießt besonderes Vertrauen«, muß Bauer, S. 250 weniger Erfreuliches mitteilen: »Seit 1910 etwa ist sie der Öffentlichkeit nicht mehr zugänglich. Das dürfte der Grund dafür sein, daß die an den Schmerzensmann knüpfende Überlieferung weitgehend in Vergessenheit geraten ist.«
KD Regensburg 1, S. 204 (ohne Abb.): »Über der Grabschrift [für das Geschlecht der Woller] Erbärmdechristus in Halbfigur auf Wolken, bemalt. Um 1377. H. 0,45 m.«
Bei dem ebenfalls in KD Regensburg 1 erwähnten und auf S. 197 auch abgebildeten anderen – jüngeren – Erbärmdechristus aus dem Kapitelhaus könnte man sich ebenfalls gut vorstellen, wie er aus der Wand herauswächst. Nur dieses »Standbild«, nicht jedoch die von Walderdorff als aus der Wand wachsend erwähnte Christusfigur (»Brustbild«) führt Schuegraf in seiner Domgeschichte, Teil 2, S. 122 an. Auch die Sage erwähnt er nicht.
Eine ähnliche Sage kennen wir aus der St.-Marien-Kirche zu Köln, wo ein wunderbares Kreuz aus schwarzem Holz, von keines Menschen Hand geschnitzt, eines Nachts

aus der Wand herausgewachsen sein soll. »Man sagt, daß sich die Gestalt des Gekreuzigten auf demselben zuweilen verändere und das Haupt einmal mehr als das andere zur Erde gesenkt erscheine. Wenn es sich aber einst ganz zum Boden senken werde, dann sei auch die Stunde des Jüngsten Gerichts gekommen« (Petzoldt, HS II, Nr. 587).

253 »Technische Neuerungen werden oft als Bedrohung der althergebrachten Lebensweise empfunden und daher als Werk des Teufels abgelehnt« (Petzoldt, DVS, S. 454).
Die Sage gehört zu den weitverbreiteten Teufelsbündlersagen, wie wir sie gekoppelt mit dem Brückenbaumotiv etwa aus Frankfurt am Main kennen (Petzoldt, DVS, S. 281), aus dem Wallis (Ranke, S. 271), aus Niederbayern (Böck, SN, Nr. 270) . . .
»Die Sagen vom Teufel als Baumeister gleichen motivisch fast völlig den Riesensagen; der Teufel zeigt keine wesenseigenen Züge. Wie der Riese wird er um seinen Lohn geprellt oder durch listige Versprechungen zur Mitarbeit bewegt« (Petzoldt, DVS, S. 454).
Aus einem Ohnmachtsgefühl einer allmächtigen Technokratie gegenüber, schreibt Hans Karlinger in: Erdkreis, Mai 1979, S. 178: »Die Brücke ward zuerst fertig und der Dombaumeister soll sich darob vom Turme gestürzt haben. Wüßte er heut, was der Steinernen Brücke bevorsteht und damit der romanischen Reichsstadt Regensburg, wenn erst einmal das Kanalprojekt Wirklichkeit geworden, so würde er vielleicht als mittelalterlicher Recke wieder hinaufsteigen und die Allzugeschäftigen vertreiben. Denn ein anderer kann's wohl nicht.«
»Die Steindenkmäler der Steinernen Brücke, wie sie bei Karl Bauer vermerkt sind, befinden sich zum großen Teil im Museum der Stadt Regensburg (die beiden Hähne, Brückenmännchen, Hl. Oswald, Philipp von Schwaben usw.). An ihre Stelle sind jedoch Kopien angebracht. Einige kleinere Wahrzeichen müßten noch vorhanden sein, freilich stark verwittert oder durch die Sprengung von zwei Brückenjochen während des zweiten Weltkrieges zerstört. Die Großplastiken, die alle nicht mehr an ihrer Originalstelle angebracht sind, wurden z. T. schon vor Gründung des Museums 1931 dem Historischen Verein übergeben« (Dr. Veit Loers, Museum der Stadt Regensburg, Schreiben vom 2. 10. 1979).
Die Steinerne Brücke, »eine der größten technischen Leistungen des Mittelalters« (August Gebeßler), deren Bau Herzog Heinrich der Stolze (1100–1139) in die Wege leitete, galt allerorten als Weltwunder, vor allem wohl, weil sie »die nachweislich älteste Überbrückung der Donau« ist (J. Bronner); zumindest zählte man sie »unter die Wunderwerke Deutschlands« (Wekhrlin 1778).
Sie wurde u. a. in Avignon und Prag (Vorgängerin der Karlsbrücke) nachgebaut und hat in zahlreichen Sprichwort (Lobwort)-Versionen ihre Würdigung gefunden: »Die Dresdner Brücke ist die längste, die Regensburger die schönste, die Prager die breiteste und stärkste« oder »Die Regensburger Brücke ist die stärkste, die Prager die breiteste, die Dresdner die längste, die Meißner die künstlichste« (DG 11, 1910, S. 164f., nach Peter Albinus, Meißnische Land- und Berg-Chronika, Dresden 1589, S. 327) oder (. . . nach Brückmann), was aufs nämliche hinausläuft: »Die Dresdner Brücke ist die längste und schönste, die Prager die breiteste und heiligste, die Frankfurter die röteste und die Regensburger die stärkste.« Eichendorff kennt die Version: »die Prager die längste, die Dresdner die schönste, die Regensburger die festeste« (E. Dünninger, Begegnung . . ., S. 125). Und »jeder, der behauptete, sie gesehen zu haben oder über sie geschritten zu sein, mußte von ihren Wahrzeichen berichten, deren berühmtestes das sagenumwobene Brückmännchen ist« (Bauer, S. 271). »Item ist auch ein Wahrzei-

chen, da die Eidex auß der Thonaw herauffkreucht, und die gantze Brück auff einem einigen Stein stehet. Item wo man vor Zeiten die Ubelthäter ertränckt hat...« (Matthäus Merian 1644). »Vor Alters pflegte man auch noch zu sagen, daß, ›wer über diese Brucken gangen und ihm allda kein Jud begegnet, oder in der Stadt kein Glocken läuten gehöret, derselbe Regensburg nit gesehen habe‹. Welches aber heutzutag nit mehr gilt« (A. W. Ertl. Denkwürdigkeiten 1977, S. 104).
J. C. Paricius 1753, Teil 1, S. 207 bringt die nämliche Redensart, wohl nach Grienewaldts Ratisbona..., S. 45.
In Johann Beers »Beschreibung der Statt Regensburg« (1676), einem Lobgedicht, das H. W. Wurster in der Literaturzeitschrift Daphnis (Amsterdam 1980, Bd. 9, Heft 1) abdruckt, heißt es auf S. 171:
»Der groß Tiberius fieng bald darauf zu bauen, die Weltberühmte Brück.«
Wursters Anmerkung dazu: »Die Zuordnung des Brückenbaus in die Römerzeit ist unverständlich, da in der Geschichtsschreibung der Zeit und in dem Gedicht von Hans Sachs 1135–1146 als Bauzeit feststeht. Tiberius wird wohl bei der Eroberung Raetiens die Stadt befestigt haben...«
Indes Goethe räsoniert, in Frankfurt hätten Fluß und Brücke ein besseres Aussehen (E. Dünninger, Begegnung..., S. 25) und nichts Markantes von dem Regensburger Stolz zu berichten weiß, ironisiert Joh. Kaspar Riesbeck 1783 (wie oben, S. 42), »daß die Brücke über die Donau sehr massiv ist, und der Teufel sie gebaut hat...«, was sein scharfgeistiger aufklärerischer Zeitgenosse Johann Pezzl noch erläutert (S. 43): »Soll ich Ihnen auch von der berühmten Brücke etwas sagen? Daß sie ein Lehrpursche mit Beyhilfe des Teufels gebaut, ihm die ersten zween versprochen, welche darüber gehen würden, dann zween Hahnen darüber gejagt, die der geprellte Teufel aus Zorn in Stücke zerrissen, wissen Sie vielleicht schon; und daß dieses Mährchen unter dem gemeinen Volk von Baiern noch hie und da im Ernste geglaubt werde, kann ich Ihnen auch versichern.«
Neben der Dollingersage ist die Sage vom Wettkampf zwischen den Baumeistern von Dom und Brücke sozusagen die Leitsage Regensburgs. Sie ist wie keine zweite bis auf den heutigen Tag dem Volk vertraut und bekannt.

254 »Die früheste Erwähnung des Regensburger Brückenmännchens enthält die ehedem bei St. Emmeram, heute in der Münchner Staatsbibliothek aufbewahrte, aus dem 15. Jh. stammende Handschrift Clm. 14 175. In dieser heißt es auf S. 165 o. im Anschluß an zwei Nachrichten über die Ausdehnung Regensburgs und über eine über die Donau gespannte Kette: ›... pontis, qui microcosmus non bene vestitus curue solem speculatur dicens: Schuh wie haiß zu Regensburg seyn dy heut(er) faist.‹« Nach Franz J. Beraneks Bericht im BJV 1961, S. 61 ff., dem hier weitgehend gefolgt wird, muß man drei Brückenmännchen unterscheiden: »Das genaue Jahr der Aufstellung des Ur-Brückenmännchens meldet uns keine Chronik; wir wissen lediglich auf Grund der obengenannten Handschrift, daß es im 15. Jh. bereits da war.« »Die [Schleif]Mühle, über deren auf der Brücke befindlichem Eingang es erwiesenermaßen ursprünglich saß, war 1579 abgebrannt und die Figur dabei so schadhaft geworden, daß man sie, wie die städtische Bauchronik berichtet, neu machen lassen mußte, um sie wieder auf die neuerbaute Mühle setzen zu können« (ebd. S. 61). 1791 wurde die Figur auf das Dach eines auf der Westseite der Brücke über dem zehnten Pfeiler erbauten kleinen Zollhauses übertragen. Hier verlor es durch einen unglücklichen Zufall Arme und Beine, bei einem Sturmwind am 4. März 1817 auch den Kopf. Notdürftig zusammengeflickt, wurde es wiederum auf das Dach des Zollhauses gesetzt. Nach dessen Abbruch 1826 kam es – nach Zwischenstation im Antiquarium des Domkreuzganges – in das

Ulrichs-Museum, den Vorläufer des heutigen städtischen Museums. Das dritte »Bruckmandl« wurde – an anderer Stelle zwar – am 23. April 1854 aufgerichtet und ist ein Werk des zeitgenössischen Regensburger Bildhauers Anton Blank ...
Den Standort dieses Brückenmännchens gibt Beranek wie folgt an:
»An der höchsten Stelle, also ungefähr in der Mitte der mehr als 300 Meter langen Brücke ... erhebt sich über der westlichen Steinbrüstung ein Pfeilerpostament mit Satteldach, auf dem rittlings und mit dem Gesicht nach Süden [»hereinwerths in die Stadt die Thumb-Kirchen anschauend ...«, Godin] die ebenfalls aus Stein gehauene Figur eines nur mit einem Lendenschurz bekleideten Jünglings sitzt ... Über dem Satteldach liegt vor der Figur ein Spruchband mit der Inschrift in gotischen Lettern: Schuck wie heiß« (S. 61).
»Natürlich hat sich auch die Sage ihrer [der Inschrift] bemächtigt und sie zu einem Wasserspeier an der Nordseite des Domes in Beziehung gebracht, einen der Länge nach ausgestreckten Bauarbeiter darstellend, der sich einen Maurerkübel über den Kopf stülpt und so den Anschein eines sich kopfüber von der Höhe Herabstürzenden erweckt« (ebd. S. 62).
Man erzählt u. a., diese Gestalt sei der Dombaumeister, der gegen seinen ehemaligen Lehrjungen, eben das Brückenmännchen, die Wette verloren habe, daß er den ihm übertragenen Bau des Domes eher vollenden würde als jener die Brücke. Und das Brückenmännchen schaue nun zu seinem ehemaligen Lehrherrn hinüber. Dessen Standort am Dom: »... am äußern Chor gegen Norden ...« (Walderdorff, S. 144). Abb. bei Bauer, S. 240, der lokalisiert: »Ganz hoch oben an der Nordseite des Domes, vom Höfchen beim Eselsturm aus sichtbar ...«
Äußerst bemerkenswert ist es, daß das »Bruckmandl« weitaus populärer zu sein scheint als der steinerne Dombaumeister. Ich hatte gerade das Gegenteil vermutet. Als ich aber mehrere Regensburger nach dem »Dommandl« fragte und dabei auch an Hinweisen (Kopf im Kübel usw.) nicht sparte, konnte es mir keiner zeigen, ja man verbesserte mich: am Dom gäbe es nichts dergleichen, nur an der Brücke. Stellvertretend für viele steht hier die der Sage widersprechende Aussage eines 50jährigen Regensburger Installateurs, an den mich die »Beer-Mare«, die meistfotografierte Radifrau am Domplatz, verweist, als ich sie darum angehe: Johann Fuchs ist fest davon überzeugt, daß sich nicht der Dom-, sondern der Brückenbaumeister hinabgestürzt hat, »ein gewisser Dollnhofer«: »Der Dombaumeister ist eher fertig geworden, na hat sich der Brückenbaumeister von der Steinernen Brücke runtergestürzt. Im Jahr 1240 war des!« Die anderen Befragten präzisieren allerdings nicht in dieser Weise; sie behaupten aber auch, an der Brücke sei das Mandl, nicht am Dom. Unabhängig von diesem Gewährsmann beteuert mir Monate später die Standlfrau Regina Lux das nämliche; sie kennt aber den Eselsturm, und meine Frage danach bringt sie auf die richtige Spur; sie wird unsicher und räumt ein, es könne auch am Dom sein. Als ich im September 1980 eine junge Stadtführerin im Hof beim Eselsturm eifrig erklären sehe, frage ich sie nach dem Dombaumeister, der von unserem Standort aus gut sichtbar ist. Sie weiß nichts davon!
Zur Unvereinbarkeit der Sagenbestandteile – die Brücke wurde 1135/1146 erbaut, »der Baubeginn des heutigen Domes wird von den meisten Forschern auf 1275 angesetzt ...« (KD Regensburg, 1, S. 42) – gibt A. W. Ertl 1977, S. 104 zu bedenken: »Aber wenn man in Erwägung zieht, daß die herrliche Domkirchen erst 140 Jahre nach der Brucken sei gebaut worden, so will die ganze obige Erzählung gar nit Stich halten«, eine Feststellung, die ein knappes halbes Jahrhundert nach ihm auch Weilmyr, S. 85 trifft: »... ein Anachronismus von 137 Jahren kömmt bey Sagen nicht in Rechnung ...«

An die Figur des Brückenmännchens knüpfte sich früher eine merkwürdige Verbindlichkeit: »Seit alter Zeit hatte der Regensburger Rat die Verpflichtung, dem Kloster Prüfening alljährlich um Pfingsten eine blaue, leinene Halbhose, zwölf rote Lederriemen und einen schwarzen vier Ellen langen Wollgürtel zu überreichen. Diese Gaben überbrachte der Zöllner der Steinernen Brücke im Auftrag der Stadt und erhielt für diese Bemühung vom Kloster einen halben Eimer Bier, dreißig weiße Brote und dreißig Eier. Die Abgabe der Stadt und ihre Überbringung durch den Zöllner der Brücke scheint eine Formsache gewesen zu sein, um alle Jahre erneut das uralte Recht der Brücken- und Pflasterzollfreiheit des Klosters Prüfening zu bekräftigen... An diesen Brauch schloß sich die Sage an, die blaue Leinenhose gehöre für das Brückmännchen. Weil dieses aber ein solches Kleidungsstück nicht gebrauche, schicke man es dem Kloster Prüfening. Die Donau, so berichtet die Überlieferung, sei ehemals hinter Stadtamhof vorbeigeflossen und die Stelle ihres jetzigen Strombettes, das von der Steinernen Brücke überspannt wird, sei einstmals eine dem Kloster Prüfening gehörige Wiese gewesen. Daher zinse der Regensburger Rat dem Kloster Prüfening alle Jahre mit den genannten Gaben« (Bauer, S. 274); vgl. auch Walderdorff, S. 576.
Beranek, S. 66 betrachtet das »Schuck« »als die einst im Volksmund geläufige scherzhafte Verdrehung der Pointe einer auf Regensburg bezüglichen mittelalterlichen jüdischen Legende« (s. Nr. 335 dieses Buches). Ursprünglich ist »schuck« der eindeutige Ausdruck der Kälteempfindung. »›Schuck wie heiß‹ ist also eine ausgesprochene contradictio in adjecto...« (Beranek, S. 63).
Es stellt sich die Frage, warum gerade die altjüdische Legende zum Vorwurf der Sinnverdrehung gedient haben soll. Wenn doch, wie Beranek, S. 63 f. selbst schreibt, der Ausruf »Schuck, wie kalt« in Regensburg (und wohl auch anderswo) als »geflügeltes Wort« tatsächlich im Umlauf war. Die Legende ist zwar unser ältester bekannter Beleg für die Interjektion und ihre ursprüngliche Bedeutung. Dennoch muß das Witzwort für die witzig sein sollende Verdrehung keineswegs stringent auf sie zurückgehen.

256 Direkt beim Donaustrudel, von dem das Volkslied (»Als wir jüngst in Regensburg waren.«) singt, daß nur die Maid, der der Myrtenkranz geblieben, glücklich über ihn setzen könne, lehnt an einem Stück der Stadtmauer die Historische Wurstküche. »Sie wird zwar erst 1616 [in einer Bauamtschronik] erwähnt, doch scheint es nicht ausgeschlossen zu sein, daß sie, zumindest traditionsmäßig, auf die Werkküche der am Bau der Steinernen Bücke beschäftigt gewesenen Arbeiter zurückgeht. Die hier am Rost gebratenen Schweinswürstl gelten als besondere Leckerbissen« (Karl Bauer, in: Castra Regina, S. 100). Ihnen habe ich ebenso wie den dazu angebotenen Schwarzer Kipferln schon oft und gern meine Reverenz erwiesen. Denn wenn man O. J. Bierbaum (E. Dünninger, Begegnung..., S. 151) glauben will, so besagt ein Spruch für Regensburg, daß nur der wirklich dort gewesen sei, der in der Regensburger Wurstküche Bratwürste gegessen habe. Und in der Tat: »Eigenständiger, ortsgeistverkörpernder ist von allen lieben Regensburger Gaststätten keine als die winzige Wurstküche...« (Bergengruen, in: E. Dünninger, Begegnung..., S. 152). Mehr dazu s. Bauer, Regensburg, S. 104.
Walderdorff, der Heimatforscher mit dem so sicheren Instinkt und Erhaltungsbestreben für Überkommenes, formuliert S. 503 mißverständlich: Ist er froh, daß die Wurstkuchl noch immer steht oder wünscht er ihren Abbruch?
Der in Neumanns Manuskript anzutreffende Text zu vorliegender Sage war so ausufernd, daß er mir rigorose Kürzungen abverlangte. Als ich im März 1980 dann gründlich Gaßners Abhandlung studierte – vorher hatte ich sie nur flüchtig gekannt –,

sah ich, daß der gewissenhafte Autor die nämliche Sage aus der nämlichen Quelle (= C. W. Neumann) erarbeitet hatte und ich mir meine Mühe hätte sparen können, wenn ich eher auf seine Fassung eingegangen wäre.

257 Während die Sage vom Brückenbaumeister, der mit Hilfe des Teufels über seinen Konkurrenten beim Dom obsiegt, frisch und lebendig, wenngleich auch etwas verworren (s. Anm. Nr. 253), sich dem Gedächtnis des Volkes eingeprägt hat, ist die Sage vom Schatz auf der Regensburger Brücke »dem Volksbewußtsein völlig entschwunden« (K. Bauer, S. 110).
Die Sage vom Schatz auf der Brücke ist sonst weitverbreitet: K. Lohmeyer in Zs. f. Vk. 19, 1909, S. 286 ff. und 23, 1913, S. 187 f. weist (letztere Stelle, S. 188) allein für den »verhältnismäßig kleinen Landstrich« (Pfalz . . .) »sechsmal Varianten dieser tief im deutschen Volksempfinden haftenden Sage . . .« nach. Man kennt sie z. B. von der Mannheimer und Mainzer Rheinbrücke, von der Koblenzer Moselbrücke, von der Heidelberger Neckarbrücke und aus der Goldenen Stadt: »Zu Prag auf der Brück, da wirst du finden dein Glück« (F. Ranke, S. 253). Im mittelbayerischen Raum begegnete mir dieser Typus in der Sage von der Vohburger Donaubrücke (vgl. Böck, Sagen aus der Hallertau, S. 47 f.).
»Die weitverbreitete, bereits von dem arabischen Dichter Tamîhi (gest. 995), dem persischen Dichter Rûmi (gest. 1273) und in der Sammlung 1001 Nacht (8.-16. Jh.) [hier spielt sie zwischen Bagdad und Kairo] erzählte . . . Wandersage vom Schatz auf der Brücke bietet eine heitere, in ihrer Pointe immer gleichbleibende Version einer umwegigen Prophetieerfüllung . . .« (Elisabeth Frenzel, Motive der Weltliteratur, Stgt. 1976, S. 785). Die erste deutsche Aufzeichnung der also letztlich auf eine orientalische Novelle zurückgehenden Sage findet sich im niederrheinischen Karlmeinet-Epos (um 1320) und ist in Paris lokalisiert, wo denn auch der Bauer Hoderich aus dem Dorf Balduch – wie es ihm ein Zwerg (!) im Traum verkündet, Liebe und Leid (Ohrfeige von einem Passanten) erfährt. Von dort aus verbreitet sich die Sage »nach Deutschland, Österreich, Skandinavien usw., wo sie jeweils von bekannten Brücken erzählt wird; so um 1400 zuerst von der steinernen Donaubrücke zu Regensburg« (Petzoldt, DVS, S. 469). In einer Übersichtskarte zu diesem Thema verzeichnet Petzoldt auch die Isarbrücke bei München. Die dazugehörige Sage ist mir unbekannt; auch Bunsen/Kapfhammer führen sie in ihren »Altmünchner Stadtsagen« nicht auf. Petzoldt, der die Regensburger Brückensage aus unerfindlichen Gründen – auch Erich Wimmer in den Bayer. Blättern für Volkskunde, 3. Jg., 1976, Heft 3, S. 208 kritisiert dies – in seinen »Schwäbischen Sagen«, S. 150 f. einrückt, bietet die Fassung von Johann Agricola aus dem 16. Jahrhundert, die bereits die Brüder Grimm – allerdings in lesbarerer Wiedergabe – in ihren Deutschen Sagen (s. Grimm, S. 223 f.) aufnahmen.
In Nordbayern trifft man die Sage gelegentlich mit einem Rothenbühl verknüpft (s. Version III), deren das Amtliche Ortsverzeichnis von Bayern drei aufführt: jeweils einen Weiler bei Lengthal (LK Dingolfing-Landau) und beim oberfränkischen Ebermannstadt (LK Forchheim) sowie eine Einöde bei Viechtach/Ndb. Daß das nämliche Verzeichnis einen Weiler Rothenbürg bei Tirschenreuth/Opf. aufführt, mag Winkler (s. auch Bauer, S. 110 f.) dazu verleitet haben, diese »Rothenbühl«-Abart in der Nähe von Schmellers Geburtsstadt anzusiedeln. Schönwerth selbst (Bd. 3, S. 271 f.) versah seine Sage zwar mit dem Herkunftsort (des Materials): »Neuenhammer«, lokalisiert sie aber nicht. Bei ihm heißt es lediglich: »Ein Bauer aus dem Walde . . .« Da, laut Schöppners Herkunftsangabe (Bd. 1, Nr. 147), bereits das Vaterländische Magazin (Erlangen) von 1837 diese Fassung bringt, ist anzunehmen, daß ursprünglich doch Rothenbühl bei Ebermannstadt gemeint ist, so wie es in unserer Sage (Version III)

erscheint. Vgl. aber H. Fähnrich, Sagen und Legenden im Landkreis Tirschenreuth (Tirschenreuth 1980), S. 154 u. 270.
Hosang (in Freytag 1, S. 52f.) bringt eine amüsante Anekdote, die nicht ganz ohne Bezug zu der Sage vom Schatz auf der Brücke zu sein scheint: Als der Magistrat 1820 »die Krone des ... Lindenbaumes, welcher an der Spitze der Sägemühle auf dem oberen Wöhrd steht, ganz abwerfen«, ließ, damit er wieder frische Äste treibe, bedauerten die Leute dies: ». . . schade um die schöne alte Linde, sie steht auf lauter Talern und jetzt ist sie so verstümmelt.« »Einer, der dies hörte, dachte bei sich: ›Dieser Baum soll mir nicht länger auf den Talern seine Blüten treiben‹ und beschloß zur Nachtzeit den Stamm auszugraben. Dieses Vorhaben zu bewerkstelligen lud er einen vertrauten Nachbar als Gehilfen ein, mit dem er die zu findenden Taler zu teilen versprach. ›Gut‹! sagte der Nachbar, ›weißt du daher auch, nicht nur die Linde, sondern auch das Haus selbst, in dem du wohnest, steht auf lauter Talern. Dieses wollen wir zuvor abbrechen und von den im Hausgrunde gefundenen Talern uns zwei Häuser, eines für mich, das andere für dich, aufbauen.‹« Als der, der aufs Schatzgraben aus war, dies vernahm, fragte er erstaunt: »Wie kannst du denn wissen, daß meine Wohnung auch auf lauter Talern steht?« Der Nachbar zog nun – statt einer Antwort – einen Regensburger Taler aus der Tasche, »und als sein Freund die Linde, die steinerne Brücke und die ganze Stadt Regensburg darauf abgebildet sah, begriff er ganz wohl, in welchem Sinne der Lindenbaum auf lauter Talern stehe und ließ seinen glücklichen Traum verschwinden«.

259 Eine andere Erklärung kann man C. W. Neumann, Ms. Nr. 72 entnehmen: »Der Künstler aber, dem die Ausführung dieser Idee [Kampf zwischen Katholizismus und Protestantismus, allegorisch dargestellt] übertragen wurde, hieß Martin Bocksberger aus Salzburg, ein hochberühmter Freskenmaler ... Von ihm erzählt uns der Regensburger Chronist M. And. Raselius, daß er ein gar großer Liebhaber des Weines gewesen sei und sich deshalb oft der List bediente, seine beiden Strümpfe nebst Schuhen an das Gerüst, worauf er im Malen begriffen war, anzunageln und herunterhangen zu lassen, damit die Vorübergehenden glauben sollten, er arbeite tapfer drauflos, während er im bischöflichen Weinkeller sich weidlich bezechte.«

260 Zu Version III: Hier sind Ansätze zu der Sage aus Kunstneid vorhanden, wie sie uns durch Wilhelm Müllers Ballade »Der Glockenguß zu Breslau« (1826) bekannt geworden ist. Vgl. Petzoldt, DVS, S. 472, Anm. 548.
Sigfrid Färber weitet diese Geschichte ebenso wie die anderen von ihm bearbeiteten Sagen aus (s. »Brücke über den Zeitenstrom«). Wegen seiner literarischen Ambitionen kann er deshalb auch der Überlieferung nicht gerecht werden.

261 v. Reichlin-Meldegg, S. 67 lokalisiert: ». . . dem Goliath gegenüber, dort unten am stattlichen Eckhause . . .« Als ihre Quelle gibt sie an: »Nach mündl. Mittheilung der verstorbenen Frau Dr. Thoma und des früheren Hausbesitzers und Materialienhändlers Herr J. W. Neumüller.«
C. W. Neumann vermerkt auf seinem Manuskript (Nr. 74): »Mündl. Mittheilung der sel. Frau Dr. Thoma, geb. Gampert – Eine Abhandlung im Verein – Auch ein Hündlein an der Leipold'schen Apotheke.« Neumann beansprucht für das Ereignis das Jahr 1713, in dem in der Tat – s. Ratisbona Politica, S. 331 – Regensburg schlimm vom Schwarzen Tod heimgesucht wurde. Seine Fassung unterscheidet sich von der bei v. Reichlin-Meldegg abgedruckten durch mehr Detailangaben. So beschreibt er das Haus als das »der Familie Boerer«; nach ihm »ließ obenbenannte Familie, die von

diesem Vorfall Kenntniß erhielt, das Bild des kleinen Hündchens an einer Kelleröffnung in Stein gehauen anbringen ...«
Bei Freytag 1, S. 81 wird lokalisiert: »Neben der Haustür des Handelshauses Weiß und Böhrer, dem Goliath gegenüber ...« Gaßner, S. 72 führt auch das reale Geschehen an, das vermutlich zur Sagenbildung führte.
Bauer, S. 290 bringt eine Abbildung (Fotografie) des Hündchens und bedauert: »Dieses für die Ortsgeschichte Regensburg so bedeutsame Denkmal wurde durch Unverstand bei Verputzarbeiten im Spätsommer 1967 zerstört«, und er regt an: »Die Anbringung einer Kopie nach dem verschwundenen Original [gibt es eine exakte Vorlage?] wäre zu wünschen.«

262 Die Suche nach diesem Hündlein war äußerst mühsam. Weder in den Geschäften um den Krauterermarkt noch in der Goliathstraße konnte man mir Auskunft geben, wo genau sich das steinerne Wahrzeichen befindet.
Schließlich entdeckte ich es doch noch: Es ist links oberhalb der Eingangstüre zum Lederwarengeschäft Umsonst (Ecke Krauterermarkt/Goliathstraße) angebracht.
Mein langes Suchen bzw. vergebliches Fragen bewies, daß die Regensburger ihre Wahrzeichen nicht besonders gut kennen, selbst dann nicht – wie hier –, wenn man im nämlichen Haus arbeitet, das dieses Wahrzeichen trägt.
»Die Plastik gehört der Gotik an und stammt mit Sicherheit aus der Regensburger Dombauhütte. Gewiß hat sie schon den Vorgänger des jetzigen Hauses geziert und erhielt bei dessen Neubau wieder einen gebührenden Platz« (Bauer, S. 290).

263 Mausoloeum 1680, S. 283 hat: »von Geschlecht ein Hirsch«. Handelt es sich da um einen Lesefehler Hirsch/Lerch? Der Irrtum – Hirsch ist falsch – wird in den VO 27, 1871, S. 294 f. von Schuegraf behandelt. Schuegraf hat den Irrtum berichtigt.
Kraus/Pfeiffer zeigt in Nr. 227 eine Abbildung der Kreuzigungsgruppe aus dem Vorhof von St. Emmeram, die sich heute im Museum der Stadt Regensburg befindet.
Ebd. S. 95 f.: »... Sandstein, 1513, Sühnestiftung des Reichsmünzmeisters Martin Lerch. Dieser hatte 1511 in seinem Haus, Neue Waaggasse 2, das die reichsstädtische Münze beherbergte, einen seiner Knechte ›wider all seinen Willen, und ungern‹ mit einer Schaufel erschlagen. In tiefer Reue soll er mehrere tausend Gulden für Sühnekreuze in Bayern gestiftet haben. Als Schöpfer der spätgotischen Gruppe vermutet man Dombaumeister Erhard Heydenreich ...« (Textbeitrag von Veit Loers). Vgl. KD Regensburg 1, S. 298; Abb. ebd. S. 301.
Auch Ricarda Huch war die Geschichte um den Reichsmünzmeister Lerch vertraut (s. E. Dünninger, Begegnung ..., S. 62).

264 »Ein Wahrzeichen Regensburgs, wenn auch ein sehr verborgenes und bescheidenes, ist immer noch das Kuhgäßl« (Gaßner, S. 83) mit den steinernen Semmeln. Eifrig hatte ich schon 1978 und 1979 Ausschau nach ihnen gehalten, sie aber nicht entdeckt. Auf meine besorgte Anfrage, ob sie denn überhaupt noch vorhanden seien, schrieb mir Karl Bauer am 9. 10. 1979: »Noch vorhanden. Östliche Mauerseite, Mitte, unmittelbar über dem Boden.« Erneutes Suchen begann, als mich im März 80 – ich wohnte für einige Tage in der Nähe, an der Hundsumkehr 1 – jeden Tag mein Weg mehrere Male an dem Kuhgässel vorbeiführte. Schließlich begegnete ich zwei etwa 15jährigen Buben, die in der Gasse wohnen: »Wißts Ihr, wo die steinernen Semmeln sind?« – Sie lachten: »Sie stehen ja davor!« Ich hatte immer nur am ursprünglichen Mauerwerk gesucht, daß man für die Objekte aber in einer gekachelten Fläche Platz ausgespart hatte, damit hatte ich nicht gerechnet. Relativ sicher sind sie da zwar

bewahrt, aber schön ist das glatte, konfektionierte Kachelwerk nicht und dem Sagenrelikt keineswegs angemessen.
Man findet die Semmeln, wenn man von der Lederergasse (beim Schmaussbräu) in das Kuhgässel einbiegt und es ziemlich bis zum Ende durchschreitet. Linkerhand ist das gekachelte Wandstück.

267 Diese Sage begegnete mir nur im kitschigen Gewand. Weil sie aber mit einem relativ bekannten Wahrzeichen verbunden ist, wurde sie – allerdings gehörig gerafft – dennoch aufgenommen.
»Das Haus ›zum goldenen Hirschen‹ (B 71, 72) [heute Hofbräuhaus] gegenüber dem Rathause ist zwar in neuerer Zeit vollkommen umgebaut worden; doch wurde sein Wahrzeichen, ein steinerner liegender Hirsch mit wirklichem Geweih wieder angebracht. Die Benennung ›im Hirsch‹ kömmt schon um 1360 vor« vermerkt Walderdorff, S. 518, dem die Sage – er bezeichnet sie als »nett« – aus dem Sagenbuch der Frfr. von Reichlin-Meldeegg bekannt war. Bei ihm S. 519 Skizze vom Hirsch.
»Weitere Hausfiguren finden sich beim ›Goldenen Hirsch‹ gegenüber dem Rathaus, ein liegender, vergoldeter Hirsch, barock« (KD Regensburg 3, S. 234).

269 »Beim ›Bären an der Kette‹. . . an der Fassade Barockmalerei, einen angeketteten Bären darstellend. Unterschrift: Dies Haus steht in Gottes Hand/Zum Bären an der Ketten ist genannt. Ren. 1798 (?) und 1906« (KD Regensburg 3, S. 234).
Heute noch ist an der Fassade vom »Brandlbräu« in der Ostengasse 16 (H 98) die Abbildung des Bären an der Kette zu sehen. Als ich am 30. 4. 1979 in der behaglichen holzgetäfelten Wirtsstube meinen wortkargen Tischnachbarn (ca. 55 Jahre) wegen der Geschichte anspreche, meint er nur: »Des vom Bärn hab i als Bua scho gwißt!«

272 Joseph Schlicht (1832–1917), dem großartigen Schilderer des niederbayerischen Bauernlebens, war diese Überlieferung nicht fremd. In seinem Hauptwerk »Bayerisch Land und Bayerisch Volk«, Straubing o.J. (unveränderter Abdruck der 1. Ausgabe von 1875), S. 263 f. schreibt er: »An bestimmten Tagen wird die Mutter plötzlich unpaß und legt sich ins Bett. Die munter sich tummelnden Kindlein aber werden auf einmal ausgestaubt . . . Ist der nagelneue Bauernsproß dann glücklich am Tageslicht, hören Micherl und Wasterl, Nannerl und Reserl, zurückgekehrt, ihn schreien und sehen sie ihn gar freudig überrascht, so wird ihnen mit größtem Wahrheitsernste gesagt: ›Der Storch mit seinem langen Schnabel hat ihn aus einem tiefen Weiher gefischt.‹ Im Dunkelboden, so weit die Regensburger Domtürme ragen, sagt man den vorwitzigen Kindern: ›Aus dem Dombrunnen ist er heraufgeschöpft worden.‹«
»Wenn ein Brüderchen oder Schwesterchen geboren wird und die Kinder fragen, woher es gekommen sei, so sagt man ihnen: Aus dem Brunnen, da hole oder schöpfe man sie heraus. Fischart im Gargantua führt das schon an. Gewöhnlich ist aber an dem Ort ein gewisser Brunnen, auf den man verweist, und wenn sie hineingucken, sehen sie ihre eigenen Köpfe unten im Wasser und glauben desto mehr daran.« So zitiert Gaßner, S. 67: Wilhelm Grimm, Kleinere Schriften I, 399.
Zum Dombrunnen s. KD Regensburg 1, S. 106: »Im Querhaus beim Südportal. Spätgotische Schöpfung, 1500, also wohl von Wolfgang Roritzer . . .« Die Tiefe des Brunnenschachts wird mit 17 m angegeben. – Schuegraf, Geschichte des Domes . . ., Teil 2, S. 17 f.: ». . . Derselbe soll nach dem Muster jener Brunnen bearbeitet seyn, die der große Paulustempel in Rom aufzuweisen hat. Uebrigens müssen wir hier die besondere Verehrung desselben von Seite frommer Gläubigen, die ihm das malerische Bayern zuschreibt, aus Gründen ablehnen; nur so viel wissen wir, daß das Wasser

darin zu einer gewissen Zeit im Jahre feierlich benedicirt wird.« – Vgl. Gumpelzhaimer 1, S. 208.

281 Schauwecker, S. 79f. paraphrasiert diese Vision über den Tod des »hartnäckigen Juden«.

282 »Der naheliegenden Vermutung, daß es sich um einen Schüler der äußeren Schule handelte, der keinen Zutritt zur Klausur hatte, widerspricht die Tatsache, daß Otloh selbst sein Befremden über das Verhalten der Mönche äußert, die Adalbert um keinen Preis in ihr Krankenhaus aufnehmen wollten« (Schauwecker, S. 78).

284 Schauwecker, S. 78f. gibt die Visio X frei wieder, die in die Sphäre der »Seelen- und Todesvisionen« Gregors rückt. »Dieser Charakter der Vision ist auch der Grund dafür, daß Otloh so großen Wert darauflegte, daß Adalbert sie nicht im Schlaf, sondern in wachem Zustand gehabt habe« [. . . multa atque miranda vidit non per somnia sed visu vigilanti . . .].
»Sobald solche Schau mit dem Tod zusammenhing, gewann sie . . . noch an geheimnisvoller Bedeutung; angesichts dessen bedurften sie keines logischen Durchdenkens mehr, jeder Zweifel erübrigte sich« (wie oben, S. 79): »Die Visionen eines Sterbenden, der bereits ›in extremis positus‹ war, hörte man stets mit Ehrfurcht an. Wer es nicht tat, ließ sich spätestens durch den Tod des Visionärs von der hohen Bedeutung seiner Gesichte überzeugen« (wie oben, S. 80). Aussagen eines Sterbenden wurden somit zu einem Kriterium für die Echtheit einer Vision.
»Für Otloh . . . bestand kein Zweifel, daß Aribo den Tod des Chumund geschaut habe. Da er selbst zu eben dieser Zeit in Fulda weilte, war zweifellos er derjenige, der nach seiner Rückkehr den St. Emmeramer Mönchen den Zusammenhang zwischen Aribos letzten Worten und dem Tod jenes Chumund erklären konnte« (wie oben, S. 79).
Schauwecker, S. 79 identifiziert den Bruder, der seinen Mitmönchen ein Zeichen für die Echtheit seiner Visionen geben will (»Wenn ich von meiner Krankheit wieder genese . . .«), mit dem Mönch Aribo. Mein Übersetzer, Robert Köhler, überprüft daraufhin den Text noch einmal. Er ist nach wie vor der Überzeugung, daß es sich auch hier um den Visionär Adalbert handelt.

285 Auch die fünfzehnte – ausgesprochen zeitkritische – Vision im »Liber visionum« befaßt sich mit Kaiser Heinrich III. »Otloh beruft sich hier auf Kardinal Humbert a Silva Candida als seinen Gewährsmann, der ihm die Vision in Regensburg selbst berichtet hat . . . Dabei handelt es sich um das Traumgesicht eines römischen Adeligen, der sich unmittelbar vor dem Tode Heinrichs III. auf der Reise zum Kaiser und dem bei ihm weilenden Papst Viktor II. befand; er sieht in seiner Vision Heinrich III. in Hofgeschäften, auf dem königlichen Thron, von einer großen Menge umgeben; als ein ›Armer‹ sich dem Herrscher nähert und ihn bittet, sich seiner Angelegenheit anzunehmen, wird er von Heinrich III. schroff zurückgewiesen und auf später vertröstet; ebenso ergeht es zwei anderen ›Armen‹, die danach, abermals vergeblich, um Gehör bitten. Daraufhin ertönt eine himmlische Stimme, die Heinrich III. zur Sühne dafür, daß er den ›Armen‹ ihr Recht versagte, an den Strafort bringen heißt. Beim Erwachen erfährt der Visionär von dem inzwischen eingetretenen, mit der Vision gleichzeitig erfolgten Tode Kaiser Heinrichs III.
Diese Kritik an Kaiser Heinrich III. . . . . ist zu verstehen aus seinen letzten Regierungsjahren, in denen ihm, so etwa von Hermann von Reichenau, der Vorwurf gemacht

wurde, sich um Rechtspflege und Friedensschutz im Gegensatz zu früheren Jahren zu wenig angenommen zu haben. So stellt diese Anklage in der von Otloh überlieferten Vision, der Kaiser sei für ›Arme‹, für Leute niederen Standes und ihre Angelegenheiten zu wenig aufgeschlossen und geneigt, ihnen rechtliches Gehör zu verweigern, ein Zeugnis für die Unpopularität des Herrschers in seinen letzten Jahren dar, die als sicheres Merkmal beginnender Entfremdung zwischen Herrscher und Volk anzusehen ist...« (E. Dünninger, Jenseitsvisionen, S. 65 f.).
Schauwecker, S. 76 interpretiert die elfte Vision, die Vorlage meines Textes: Hier kommt der Kaiser noch gut weg: »Bestraft werden dabei die, die den Kaiser hindern wollen, den Frieden herzustellen, Heinrich hat Gott zum Helfer.« Bischof Gebhard aber erscheint, »da er so sträflich die Vorschriften monastischer Disziplin und Besitzregelung ignorierte, als ein halbverdorrter Baum«.
Rosenfeld, S. 37 weiß dazu: »An die Dialogi de miraculis Gregors des Großen ... knüpfte er [= Otloh] an, wenn er in seinem Liber visionum (nach 1062) in Traumvisionen über Bestrafung von Klerikern und höchsten Personen wie Heinrich III. ... berichtet...«, und puristisch betont er, »daß solche Mirakelerzählungen mit der Legende nichts zu tun haben...«
Wichtig für das Verständnis der Hintergründe dieser Vision scheint mir folgende Stelle aus Schwaigers Bavaria Sancta 1, S. 244, in der der Autor Rudolf Reinhardt die Wirren jener Zeit hervorhebt: »So hatte die Reformgruppe um Humbert von Silva Candida und Papst Gregor VII. die Frage zur Diskussion gestellt, ob den Königen und Fürsten auch priesterlicher Charakter eigne oder ob sie bloße Laien seien. Diese Frage stand hinter dem großen Investiturstreit zwischen dem Papst und König Heinrich IV. Es ging darum zu erfahren, ob der König das Recht habe, Bischöfe einzusetzen, zu investieren und sich damit in den Bereich der Kirche ›einzumischen‹. Die Antwort der Reformer war ein schroffes, in Deutschland weithin unverständliches Nein zum sakralen Charakter des Königs. Dieses radikale Nein bestimmte die Politik der römischen Kurie in den kommenden Jahrhunderten.«

286 Schauwecker, S. 160 verrät uns, um welche Bischöfe es sich handelt: »Nachdem er [= Otloh] in seiner Visionen-Sammlung – während des Fuldaer Aufenthaltes zwischen 1062 und 1066 – die Vision eines Mönches geschildert hat, der zwei Bischöfe, Gebhard II. von Regensburg, Otlohs ›Widersacher‹ kurz vor dessen ›Flucht‹ nach Fulda, und Severus von Prag, wegen ihrer Sorglosigkeit gegenüber den ihnen anvertrauten Gläubigen auf feurigen Stühlen schmachten sieht, fügt er hinzu: ›Mögen sich ihre Wünsche erfüllen! Mögen sie sich jetzt noch erfreuen an Geschenken und Gütern, die sie mit allen möglichen Listen und Betrügereien erworben haben, mögen sie die einfachen Gemüter der Gerechten überführen und – damit keines ihrer Gelüste fehle – mögen sie sich schmücken wie Rosen und Lilien und überall die Spuren ihrer lauten Freude hinterlassen – möge es keinen Ort mehr geben, der nicht von ihrer Verschwendung und Habgier Zeugnis ablegt – einmal wird Gott sie doch richten!‹« Als Grund dafür, daß der heimische Episcopus mehr leiden muß, gibt Schauwecker, S. 161 an: »... für ihn sei es leichter gewesen, seine Herde zu betreuen.«
»Der Verdacht, daß mit dem Mittel der Vision zur Diffamierung lebender und toter Feinde mancher Mißbrauch getrieben wurde, wurde gelegentlich ganz offen geäußert: Bischof Gebhard von Konstanz antwortete, als man ihm berichtete, ein verstorbener Mönch namens Bernhard sei von einem seiner Klosterbrüder in einer Vision gesehen worden, wie er auf glühenden Kohlen gepeinigt wurde, man solle sich um diese Vision nicht kümmern; wer den Mönch schon zu Lebzeiten gehaßt habe, scheine jetzt auch über den Verstorbenen Nachteiliges zu träumen« (ebd. S. 87).

288 Staindel, in: Oefele I, S. 519 schreibt von »Pisces Carpones dicti, vulgo Karpfen«.
Sollte der Widerwille der Leute gegen die Fische eine ähnliche Ursache gehabt haben wie 1809, als es auch billige Fische gab und sie weit unter Preis angeboten wurden? »Z. B. wurde ein 8pfündiger Hecht um 15 Kreuzer gekauft. Man muß dabei wissen, daß kurz zuvor in dem nämlichen Haus von einem Mietwohner ein solcher Hecht gekauft wurde, bei dessen Abschlachtung in den Eingeweiden ein Finger mit einem Reifring sich fand, worauf die Worte Gage d'amour (= Liebespfand) eingestochen waren. Zu eben dieser Zeit wurden die Leichname der getöteten Kaiserlichen und Franzosen zu Hunderten in die Donau geworfen ...« (Hosang 1, S. 13).

291 Der Herausgeber der Werke des Andreas von Regensburg stellt ebd. S. LXVI in einer Anmerkung richtig: »Das grosse Baseler Erdbeben von 1356 war am Lukastag (18. Okt.). St. Martinstag ist 11. Nov., acht Tage davor wäre der 4. Nov.«
Konrad von Megenberg fragte in kleineren Arbeiten »nach der Ursache der Erdbeben (Causa terra motus) und versuchte zu ergründen, ob die hohe Sterblichkeit in Deutschland aus einem göttlichen Strafgericht oder aus natürlichen Abläufen herrühre ...« (Spindler 2, S. 740).

292/293 Josef Grünpeck hat uns diese Prognostika niedergeschrieben. »Der aus Burghausen stammende Humanist ... war nach seinem Studium in Ingolstadt und Krakau 1496 Professor in Ingolstadt, 1497–1501 Sekretär Kaiser Maximilians, der ihn 1498 zum Dichter krönte. In Regensburg errichtete Grünpeck 1505 die städtische Poetenschule, das Gymnasium Poeticum ... Grünpeck trat als Verfasser astrologischer Schriften hervor, auch Regensburg erhielt mehrere Weissagungen von ihm ...« (Guido Hable, in: Kraus/Pfeiffer, S. 91).
Dr. Walter Neuhauser von der Handschriftenabteilung der Universitätsbibliothek Innsbruck teilt mir am 9. 4. 1980 mit: »Die Innsbrucker Handschrift Cod. 314 (Grünpeck, Prodigia) enthält weder in dem von Ihnen angeführten Bild [abgebildet in: Kraus/Pfeiffer, Nr. 203] noch in den übrigen Darstellungen, ebensowenig auch in den Texten irgendwelche Bezüge zu Regensburg ...«
Auf der Handschrift des »Iudicium« liest man die Jahreszahl 1511. Da aber im Text die Ereignisse des Jahres 1519 auch noch erfaßt sind, muß es sich entweder um eine Fälschung oder einen Lesefehler handeln. Ich wende mich deshalb an Herrn Dr. Karl Dachs, den Leiter der Handschriftenabteilung der Bayerischen Staatsbibliothek. Seine Antwort (Sachbearbeiterin Dr. Hanna Karas) vom 20. 8. 1980: »Zu der Frage der Datierung des Cgm 1502: Im Katalog steht zwar auch die Jahresangabe 1511, aber bei genauerer Betrachtung mit der Quarzlampe kann man die Zahl als 1523 entziffern. Das entspricht dann auch Ihrer Erkenntnis, daß in dem Manuskript Begebenheiten aus dem Jahre 1519 beschrieben sind.«

294/295 Günter, S. 186: »Es wäre gewagt, zu entscheiden, ob die redenden Tiere in der Legende vom Märchen oder von Balaams Eselin (4 Mos. 22, 28 ff) herkommen. Zum Teil erinnert die Legende selbst an den biblischen Vorgang; zum Teil aber sind die Geschichten so echt im Märchenstil gehalten, daß der volkstümliche Einschlag unverkennbar ist.«
Günter, a.a.O. berichtet u. a. von einer Dohle, die dem sel. Pfarrer Burcard zu Beinwil in der Schweiz alles offenbarte, was die Dienstboten während seiner Abwesenheit trieben.
Bei Nr. 294 blockiert mir ein merkwürdiger y-ähnlicher Buchstabe den Zugang zum

Wortverständnis: Inschenk oder Zuschenk? Brun Appel nimmt an, daß dieses Gebilde am Wortanfang eine Abbreviatur ist und das Ganze »Weinschenk« heißt. Geßners Erzählung kann die zoologische Neugierde seines Säkulums nicht leugnen.

299 »Weniger wunderbar [als ›selbstgewachsenes‹ Brot im Schwarzen Holz bei Holzharlanden unweit von Abensberg] erscheint es, wenn Raselius von Eicheln berichtet, die Gesichter wie Kriegsleute mit Sturmhauben hatten. Diese wurden 1630 [sic!] im Kallmünzer und Donaustaufer Forst gefunden« (Gaßner, S. 105).

303 s. dazu auch W. Pschyrembel (Klinisches Wörterbuch, Berlin 1944, S. 756), der das »Schreien« des Kindes innerhalb der Geburtsteile anführt: ».. . reflektorische Auslös. der Schreimuskeltätigk. als Folge der Hautreizung bei Steiß- und Fußgeburten, wobei nicht zu vergessen, daß nur eine lufthaltige Lunge schreien kann, also nur möglich bei langandauernder Geburt und Ablauf des Fruchtwassers. In der Regel wird eher hörbare Aspiration von Blut und Fruchtwasser erfolg.« Pschyrembel nennt das »Schreien« des Kindes im Mutterleib »Vagitus uterinus«.
Prof. Dr. Hans Jürgen Kümper, Gynäkologe im Klinikum Großhadern, (Schreiben vom 29. 3. 1981): »Man darf nicht vergessen, daß es sich hier um einen schweren Notstand handelt bei Aspiration und somit Stridor, also Spastik . . . Physiologisches »Schreien« ist nicht möglich, auch ein ähnliches mir mit Unterstützung des Bibliothekars des Klinikums nicht ausfindig geworden . . .«

309 Entsprechendes berichtet Endres, S. 117: Als der große Aquinate in der Zisterzienserabtei Fossanova starb, sah – so jedenfalls stellt es der Maler im Wandgemälde in der Regensburger Dominikanerkirche dar – ein Zisterzienser jener Abtei einen Stern von wunderbarem Glanz über das Kloster herabfallen. »Es war zu selben Stunde, als im Kloster das Schallbrett zum Zeichen des Todes von Thomas geschlagen wurde.«

310 Nach Gemeiner 2, S. 126 – Gumpelzhaimer 1, S. 363 hat: S. 124 und keine angegebene Bezugsstelle zur Fußnote – datiert Gumpelzhaimer das »Beichtstuhlgeschichtchen« auf das Jahr 1362, allerdings erscheint diese Zahl nur im Register (Bd. 4, S. 1969).

311 Ob diese Sage nicht in Verbindung mit der Tatsache zu sehen ist, daß – wie auch Gumpelzhaimer 1, S. 368 erwähnt – Regensburg 1371 von der Pest heimgesucht wurde? Prosaischer als bei Andreas von Regensburg, S. 104ff. und bei Onsorg (in: Oefele I, S. 367) gibt sich der Geist bei Gumpelzhaimer, S. 368f. (Paginierungssprung von 368 auf 379!). Hier stellt man ihn sich eher als eine Art Kobold vor, als eine polternde Spuk- und Neckgestalt. Nichts ist ihm von der Erhabenheit, die ihm in der lateinischen Sage eignet, geblieben: »In dieser nicht harmlosen Muße spukte hierherum ein Geist, Liserl genannt, den man mit unsern öfters für baare Münze weissagenden unsichtbaren Mädchen vergleichen möchte, weil seine Antworten zuweilen auch fehl schlugen, der aber hie und da Angst und Sorge einflößte, weil vorzüglich seine Hauptkunst darin bestand, die Speisen oft des Nachts aus den Speisschränken zu holen, und er dadurch manche brave Hausfrau in reellere Verlegenheit setzte, als durch die interessantesten Wahrsagungen.«
Im Sagen- und Legendenmanuskript von C. W. Neumann findet sich unter der Nr. 83 die Liserl-Sage (nach Gemeiner 2, S. 160). Das Fazit dort: »Sehr oft gingen seine Voraussagungen durch einen Zufall in Erfüllung, zuweilen – so bekennt ein ehrlicher

Chronist dieser Zeit ›Andreas Presbyter‹ – hat sich das Liserl auch geirrt.« In der Tat heißt es bei Andreas: »Audivi tamen, quod multa dixerit, que aliter evenerunt.« Weder der Text bei Schöppner noch der bei Bauer abgedruckte bringen eine exakte Übersetzung aus Andreas. Bei Schöppner fehlt z. B. die Küchel-Episode.
Als Fußnote steht bei Andreas, S. 104: »Die folgende Geschichte gehörte auch noch zum Chron.; denn Andreas schliesst dessen Abschrift in clm. 903 mit den Worten: Anno domini etc. Require residuum in cronicis, que alibi scripsi, et est de quodam spiritu, qui Ratispone (apparuit etc. ausgestrichen) auditus est, sed non visus.«

313 Bei der Lektüre von Gumpelzhaimer stieß ich auf zwei Passagen, die vielleicht in einem Zusammenhang mit der Sage von der Dicken Agnes stehen könnten, die mir bislang in ihrer kitschigen Fassung äußerst verdächtig war, nun aber – vor diesem Assoziationshintergrund – an Profil gewinnt.
Das eine Ereignis trug sich Ende 1509 oder 1510 zu; s. Gumpelzhaimer 2, S. 624:
»Ein gewisser Fellner, den der Haussegen vieler Kinder zu drücken schien, verfiel auf ein sonderbares Erwerbsmittel. Er verkleidete sich in Weibskleidern, wogte als eine dicke Gestalt unter sonderbaren Verkrümmungen Abends und Morgens in den Straßen umher, und ließ dabey vorzüglich den Geistlichen und Frauen keine Ruhe. Man nannte das Ungethüm, die dicke Agnes. Wohl war es darauf abgesehen, daß die Leute, die es plagte sich mit einem Opferpfennig lösen mußten; aber nun widerstand seine Habgier auch dem Anblick eines Korbes nicht, den vielleicht aus Schrecken eine fromme Dienstmagd in der Kirche von St. Cassian hatte stehen lassen. Die dicke Agnes eilte damit aus der Kirche, wahrscheinlich dem Neste zu aus dem so viele Hungrige ihn entgegen schrieen; allein der Korb nahm mit einemmal dem Unholden alles Furchtbare. Die benachbarten Schlossergesellen fielen darüber her, warfen den Verkappten zu Boden und brachten ihn auf das Rathhaus. Eine damals seltene gute Laune des Magistrat verurtheilte ihn nur zur Ausstellung im Narrenhäuschen und nachdem dieß geschehen, mußte er die Urfehde abschwören und wurde in seiner Kleidung zur Stadt hinausgeführt. – Vieles und dauerndes Mitleiden ward für ihn rege. Fürbitten geschahen unablässig, so daß nach einem Jahre ihm dennoch wieder der Aufenthalt in der Stadt gestattet wurde.«
Um die nämliche Zeit (1510) datiert ein Anonymus (= Streitel) (in: Oefele II, S. 522) ein ähnliches Ereignis: ». . . quidam civis Ratisponensis arte vietor, nomine Joannes Sporer, nescio quo ductus spiritu mulierem se fingens nocturnis temporibus mutatis vestibus ad terrendum mulierculas aliosque . . .«
Adalbert Müller gibt in seiner Sagenfassung – eine andere kenne ich nicht – tatsächlich die Jahreszahl 1510 an. Wie es zu dieser Sage kam, wie die Fellner-Geschichte wahrscheinlich hier literarisiert wurde, das läßt sich nicht mehr eruieren. Die »Bäckenspreng«, s. Bauer, S. 581.
1537, wie aus dem Ratsprotokoll des nämlichen Jahres, Fol. 185b, hervorgeht – s. Gumpelzhaimer 2, S. 816f. –, trieb sich in Regensburg eine künstliche Aufwachsgestalt herum. Auch bei ihr wird man an die Dicke Agnes erinnert, allerdings handelt es sich bei dieser um eine Schwangerschafts-Symbolgestalt: bei jeder sündhaften Handlung wächst das Weiblein sich immer runder aus. Hier jedoch haben wir es mit einem mehr oder weniger dummen Jux zu tun:
»Schon seit langer Zeit ward das Publikum hier des Nachts durch eine Figur, die sich bald größer bald kleiner machen konnte, erschreckt. Man nannte sie die lange Oels. Vorzüglich schwangere Frauen und Kinder setzte sie in Furcht. Der Rath beschloß nun des Ungethümes los zu werden, und verordnete selbst 3 Rathsglieder dazu, die mit der Bürgerwache herumziehen und sich alle Mühe geben sollten, die lange Oels

lebendig oder todt zu bekommen und versprach reichliche Schadloshaltung dafür. Man haschte sie, und fand daß es ein muthwilliger Bursche Namens S p e r r e r war, der sich eine solche Verkleidung ersonnen. Die lange Oels wurde nun ins Narrenhäuschen gestellt und auf ewig der Stadt verwiesen.«
Sonst ein erklärter Gegner von dramatisierten Sagen – Volkssagen als meist einphasige Gebilde eignen sich nicht für die Bühne, es sei denn für ein Schattenspiel, wie mir kürzlich im Zeltlager Pfünz bewiesen wurde –, war ich dennoch angetan von der Dicken Agnes als Puppenspiel. Erika Eichenseer (zu dieser Zeit noch als Realschullehrerin tätig; heute im Amt des Bezirksheimatpflegers) studierte das »Stück« mit einer Klasse der Albert-Schweitzer-Realschule ein. Im Sommer 1976 war die Aufführung: eine in der Schule, eine weitere auf dem Haidplatz.
Der Erfolg e i n e r Sagendarstellung (auf der Bühne) darf allerdings nicht dazu verleiten, Sagen permanent »dramatisieren« zu wollen. Denn die Sage ist, wie ihr Name verrät, zum Sagen angelegt, zum Erzählen; andere Tendenzen widersprechen ihrem ursprünglichen Charakter. ». . . Sagen sind Berichte und Erklärungen von Erfahrungen, die unter den Gesetzen der primitiv-mystischen Denkweise gemacht sind und erzählt werden« (Hans Naumann, in: Wege der Märchenforschung, S. 67). Diese meist in tiefen psychischen Schichten wurzelnden und somit intimen Berichte sind nicht geeignet zum Zur-Schau-Stellen. Sogar das Erzählen zu anderen Zwecken als dem der Mitteilung des Erlebten wird ihnen nicht gerecht. Einphasige Erzählgebilde widersetzen sich Gottlob meist Vermarktungsbemühungen, und zweit- und drittrangiges Sagenmaterial, das sich dazu anbietet, belastet die künftige Tradierung.

314 »Daß sich die Sage dieses Mannes [= Faust] bemächtigte, kann nicht überraschen, und da dies in einem Zeitalter geschah, das unter dem Zeichen des Hexenhammers stand, ist selbstverständlich, daß Fausts Treiben in die übernatürliche Sphäre entrückt und als Zauberei und Hexerei hingestellt wurde. Darum behauptet im Faustbuche neben den historischen Bestandteilen der Sage auch der vom Hexenhammer gepredigte, von dort aus im Volke verbreitete und von Protestanten wie Katholiken in gleicher Weise gehegte kirchliche Hexenwahn seine Stelle. Dieser zweiten Grundlage der Sage gehören an die Teufelsbeschwörung . . ., das Ausfahren über weite Länder durch die Lüfte . . . Nicht der historische Faust, nur der Hexenwahn des Zeitalters konnte der Sage und dem Volksbuche diese Züge liefern« (Riezler, Geschichte der Hexenprozesse, S. 162).

315 Aus den VO 90, 1940 kann man entnehmen, wer der »Entdecker« dieser Sage war: »Nach dem Regensburger Fliegenden Blatt, das ich in der Zeitschrift ›Heimat und Volkstum‹ mitteilte, befand sich der Erzzauberer Doktor Faust auch in Regensburg . . .« (Gaßner, S. 106). Dieser Hinweis läßt – neben zahlreichen anderen Indizien – erkennen, welch rühriger und exakter Heimatkundler der Lichtenwalder Lehrer Gaßner war.

318 Schöppner, aus dem ich diese Sage entnahm, obgleich ich zudem ältere Fassungen einsah (auch Elsberger, Chr. G. Dimpfel . . .), gibt als seine Quelle nur Elsberger an, verzichtet aber auf eine Paginierung, die auch so gut wie unmöglich ist, da in der Handschrift mehrere Paginierungsversuche sich überlagern und man unmöglich wissen kann – es sei denn, man wagte eine erneute Paginierung –, um welche »wirkliche« Seite es sich handelt.
Die Sage von dem verführerischen Teufel in Weibsgestalt ist bei Elsberger nicht durchgehend erzählt. Was auf S. 238 beginnt (wir setzen jetzt hier ausnahmsweise die auf der Seite dominierende Seitenzahl; ob sie die richtig fortlaufende ist, bleibt

fraglich), wird auf S. 245 fortgesetzt (wohl wegen Fehlbindung). Merkwürdig ist, daß bei Elsberger für ein und dieselbe Geschichte an zwei auseinanderliegenden, aber zusammengehörenden Stellen jeweils ein anderer Zeuge aufgeführt wird. Einmal (da taucht nun eine neue Schrift auf, der Text ist von anderer Hand niedergeschrieben worden): »welches Herr Donauer selbst gesehen zu haben bezeugt«, dann: »Raßelius schreibt er habe es mit seinen Augen gesehen.«
C. W. Neumann vermerkt (Ms. Nr. 176): »Raselius war damals schon todt; der Augenzeuge hieß Donauer.« Diese Kritik gilt Schöppner 2, Nr. 563. Vor allem aber müßte sie dem einen Niederschreiber des Textes (bei Elsberger) gelten, der Raselius als Zeugen angibt. Bei ihm liegt die Fehlerquelle. Neumann hat recht: Raselius starb 1602. Da die Geschichte 1606 spielt, kann er sie nicht mehr erlebt haben. Donauer dagegen starb erst 1655.
»Ihm [= Donauer] verdanken wir die trefflichste Fortsetzung der besten älteren Chronik, des Raselius von Regensburg. Er setzte sie von 1545 an, wo Raselii Chronik aufhört, bis 1654 fort, und sie dient in vieler Hinsicht, besonders deswegen zur Belehrung, weil er vieles als Zeitgenosse mit großer Genauigkeit aufzeichnete« (Gumpelzhaimer 3, S. 1329).
Offensichtlich diente die Donauersche Chronik auch als Vorlage für die Elsbergersche Chronik. Hervorzuheben ist noch, daß der Text bei Elsberger viel direkter ist als der leicht geschönte bei Schöppner: »Hab er mit der einen Unzucht getrieben« bei Elsberger wird bei Schöppner zur unverfänglichen »Kurzweil«.

319   Ähnlich wie vor mir schon Gaßner, S. 107 (Eisen), lese ich »Eissenn« und »1619«. Eine Rückfrage bei Guido Hable im Stadtarchiv bringt Klarheit: »1603 1/7– 1618 23/9 (†) Marx von Bissenn (Biessen, Bisenz), bisher Hauptmann in Furth..., Rat, Pfleger und ›Oberhauptmann‹; erhielt die Ämter in Stadtamhof durch Dekret d.d. 1603 15/5, jedoch die Salzfaktorei dortselbst nicht. 1611 17/6 sagt Marx von Bissenn, daß er nun aus seiner Heimat, dem ›Land Lüzenburg‹ wieder nach Stadtamhof zurückgekehrt sei. Er starb (siehe oben) 9 Uhr vormittags« (in: Bayerische Behörden und Beamte 1550–1804, Teil I, von Georg Ferchl, München 1908–1910, S. 992f.).
Gaßner, S. 107 zeigt die Hintergründe dieser Sage auf: »Auch der Pfleger von Stadtamhof, Marx von Eisen [sic!], hatte durch Grausamkeit den Haß des Volkes auf sich geladen. Als er 1619 [sic!] starb, sprach man davon, ›wie er greulich poldere....‹.«
Über den Nachfolger des Marx von Bissenn vermerkt die nämliche Quelle, aus der obige Sage stammt, bei dessen Amtsantritt ziemlich skeptisch: »... wie nachbarlich er sich verhalten wird, gibt die Zeit« (Alte Glaubwirde Geschichten, S. 298).
Wurster (in: VO 120, 1980, S. 132) bringt diesen Fall als Beispiel für Donauers hartes Urteil gegenüber allem, was bayerisch-katholisch ist:
1618 heißt es »anläßlich des Todes des herzoglich-bayerischen Pflegers von Stadtamhof, daß er ›ein recht wütender Hund, wider die Stadt Regensburg‹ gewesen war [EKAR (= Evangelisches Kirchenarchiv Regensburg) 68, f. 95r]. Ein solcher Unmensch muß natürlich nach dem Tod vom Teufel geholt werden, und so passiert das Folgende: ›Der Teuffel ist in seiner Gestalt lang im Pfleg-Hauß umgegangen, und hat, wie er rumoret‹.«

320   Guido Hable vom Stadtarchiv Regensburg schreibt mir am 23. 5. 1980: »... möchte ich Ihnen lediglich kurz mitteilen, daß ich einen Domherrn Henneberger nicht nachweisen kann.« Sollte mir ein Lesefehler unterlaufen sein?

321 »Im 17. Jahrhundert herrschte auch der Glaube, daß der Teufel die Seele eines Geköpften sofort nach der Hinrichtung in Beschlag nehme. Eine Mörderin wollte sich deshalb selber entleiben, um damit dem Henker und dem Teufel zu entgehen« (Gaßner, S. 107).

323 Die Legende bezieht sich auf den heute auf dem Benediktus-Altar im südlichen (rechten) Seitenschiff stehenden Steintorso. Vgl. unbedingt Anm. zur Sage Nr. 108. Bauer, S. 257: »Der Ursprung dieser Plastik blieb unbekannt, und niemand weiß, welch frevelhafte Hand sie einst geschändet hat. Die Quellen zur Regensburger Lokalgeschichte geben keine Kunde davon. Lediglich Abt Johann Baptist Kraus von St. Emmeram erwähnt in seinem ›Bericht von den [richtig: denen] heiligen Leibern . . .‹ (1761) ein ›steinernes, gestimmeltes [richtig: gestimmeltes] Brust-Bild‹ und gibt eine darauf bezügliche Nachricht in lateinischer Sprache wieder. Aus dem schwer zu verdeutschenden Text läßt sich folgende Geschichte zusammenreimen [. . . es folgt die Legende].«
Die betreffende Stelle findet sich bei Kraus, Bericht von denen Heiligen Leibern, S. 59f.: »Haec & plura fassi sunt publice anno 1657.« Zu deutsch: »Dies und noch mehr haben sie [= Lutheraner?] öffentlich im Jahre 1657 bekannt.« A.a.O., S. 77 steht der Vermerk: »Ein anderes vorhin vom Feind sehr entunehrtes Cruzifix . . .« Um welches handelt es sich da?
Ein Hinweis auf einen weiteren, dem Konfessionsgegensatz entspringenden Frevel findet sich bei P. Angelikus Eberl, Geschichte der Bayr. Kapuziner-Ordensprovinz (1593–1902), Freiburg im Breisgau 1902, S. 48: »Lange Zeit befanden sich im Hause [= Kapelle zu Ehren der hl. Anna] drei merkwürdige Kruzifixbilder, die von den Schweden geraubt, verhöhnt und zerschlagen, von akatholischen Frauen aber jedesmal gerettet und dem Kloster wieder zurückgegeben worden waren.«
Es ist bemerkenswert, daß Walderdorff, S. 249 die nämliche Kapelle im Klostergarten des ehemaligen Klosters St. Klara (bis 1975) als Standort einer vom »hl. Lucius« herstammenden Madonnenstatue angibt. Demnach hätten sich – vgl. Eberl – in dieser Kapelle mehrere von Wundern umrankte Statuen (bzw. Bilder?) befunden.

324 Diese Sage von einem pyromanischen Geist wird bei C. W. Neumann (Ms. Nr. 79), der Dimpfel als seine Quelle angibt, ausführlicher erzählt: ». . . In diesem Herren-Gebäude brachte solches um viele Hundert Gulden Schaden . . .« Die Einleitung allerdings fehlt bei Neumann, sie ist eine Zutat Bauers.
Anschließend an die Geschichte stellt Neumann Dimpfels Meinung zu »dergleichen Gespensterhistorien«. In diesem Text wird eingeräumt, daß solche Ereignisse schon vorkommen könnten. Allerdings müßten sich »Evangelische vor denen Superstiösen Papisten in ihrem raißonnement distinguiren. Solche Poltergeister sind nehmlichen bey weiten nicht der verstorbenen Seelen, auch nicht heilige Engel, wohl aber hingegen die höllischen Geister . . .« (a.a.O.).
Eine en-passant-Bekanntschaft, eine gebürtige Regensburgerin (ca. 70), erzählt mir im Juli 1980 in einem Regensburger Café von einem anderen Spuk: »In der königlichen Villa an der Donau (Ostengasse) soll es früher auch gespukt haben. Wie weit es zurückgeht, weiß man nicht!«

330 Während der dominierende Verbannungsort in Niederbayern (insbesondere für den »Wald«) der Rachelsee ist, gibt es in der Oberpfalz gleich mehrere wichtige Verbannungsplätze. Neben dem Schwarzwihrberg zwischen Rötz und Thannstein – nicht zu verwechseln mit dem »Schwarzenberg zwischen Fronau und Roding«

(Schönwerth 2, S. 403), der »nicht minder berüchtiget als Wohnort unruhiger Geister« – ist Stockenfels, die Geisterruine im Regental, weit über die Grenzen des Regierungsbezirks hinaus bekannt, insbesondere als Strafort für die verstorbenen Bierpantscher.

Wenig meiner Vorstellung von Volkssagen wird Georg Dendorfer gerecht, der in seinem Büchlein »Stockenfels – Geschichtliches und Sagen«, Roding 1932, zwar zahlreiche Geschichten um die unheimliche Burg erzählt, aber eben »erzählt« und kaum »wiedergibt« ...

Die Regensburger Bierbrauer haben, wie man Gumpelzhaimer 2, S. 1036 f. entnehmen kann, noch andere Vergehen als Schlechteinschenken auf ihrem »Kerbholz«: »Einen strengen Beweis polizeylicher Aufsicht für gute Nahrungsmittel gab der Magistrat in diesem Jahre [1605], da er von Bierbräuern, die schlechtes Bier brauten, die Fässer an den Marktthurm führen und ihnen dort den Boden einschlagen ließ, wodurch die schlechte Waare in den Bach floß.«

Paricius 1753, Teil 1, S. 164 ff. führt in einer langen Reihe die Weißbierschenken aus den »acht Wachten« auf, die seine Zeitgenossen waren. Alte Regensburger Brauerfamilien waren die »Behner, Clostermaier, Eltele, Friedl, Lehr, Polland, Schleusinger ...« (Bauer, S. 284).

331 Nachstehende Anekdote, die sich bei Hosang 1, S. 15 findet, beweist, daß die Regensburger Bierbräuinnen sich nicht nur aufs Bierpantschen, sondern auch aufs schlagfertige Antworten verstanden: »Als eine Regensburger Bierbräuin, die gerne Wasser ins Bier schüttete, aus der Kirche kam, begegnete ihr eine Frau, die den Branntwein liebte. Diese sagte zu ihr: ›Guten Morgen, Frau Nachbarin! Schon so frühe haben Sie wiederum ihren Schöpfer angerufen?‹ – ›Ja‹, erwiderte jene, ›auch Sie haben schon den hl. Geist verehrt und eingenommen, denn Ihre Nase glänzt wie die Apostelzungen am Pfingstfest.‹«

333 Bauer, S. 370: »... der einstige Emmeramer Garten..., der nunmehrige Westteil des Grundstücks der Karmeliten...«

Herbert W. Wurster (in: Daphnis, Zeitschrift für mittlere deutsche Literatur, Amsterdam 1980, Bd. 9, Heft 1) bringt ein wiedergefundenes Lobgedicht (1676) von Johann Beer (* 1655, † 1700), das (a.a.O., S. 175) auch schon von der dämonologischen Gestalt in Kumpfmühl weiß: »... der nechst gelegene Thurn gibt eine sonder Zierd, Allwo vor Zeiten soll ein Riese seyn gewesen.« Wursters Anmerkung zu dieser Beerschen Stelle: »Dieser Turm befand sich auf einer Insel im Fischweiher im Garten des Karmelitenklosters.«

334 »Ansehen und Ruhm einer jüdischen Gemeinde im Mittelalter richtete sich in erster Reihe nach den in ihr lebenden und von ihr aus wirkenden Gelehrten. Auch von den Regensburger Hochmeistern genossen einige Weltruf. Der berühmteste unter ihnen ist fraglos R. Juda ben Samuel, mit dem Beinamen Hechassid (›der Fromme‹), der Begründer der jüdischen Mystik in Deutschland und Verfasser u. a. des vielgelesenen Buches ›Sepher chassidim‹, der um 1200 lebte [Leiter der Talmud-Hochschule in R., Begründer einer mystischen Richtung (sog. dt. Kabbala) im Judentum]. An die Person dieses schon von seinen jüdischen Zeitgenossen als heilig verehrten Mannes knüpfen sich mancherlei Legenden, die uns teils durch die Tradition, teils im jüdischen Schrifttum überkommen sind, das natürlich seinerseits die mündliche Überlieferung recht wesentlich gestärkt hat. Einige dieser Legenden haben auch in das seit Jahrhunderten bei der breiten jüdischen Masse sehr beliebte .... Maißebuch [ein Unterhal-

tungs- und Erbauungsbuch] ... Eingang gefunden. Dieses ... Standardwerk des altjüdischen Schrifttums wurde zum erstenmal 1602 in Basel in der Offizin des Konrad Waldkirch gedruckt und hat seither unzählige, oftmals veränderte Auflagen erlebt. Der Verfasser des Buchmanuskripts ... ist unbekannt ...« (Beranek, S. 64). Die Erstausgabe des Maißebuchs enthält, fortlaufend numeriert, 257 Erzählungen und Legenden aus jüdisch-religiösen, aber auch aus nichtjüdischen Quellen, »darunter manche deutsche Volkssage, was dieses Buch nicht nur für den Judaisten, sondern auch für den deutschen Volkskundler interessant machen muß. Die Nummern 158–188, insgesamt 27 Geschichten – der ›mittelalterliche‹ oder ›Regensburger Zyklus‹... –, bilden die Sagen und Wunderlegenden um die Person des genannten R. Juda des Frommen ...« (ebd. S. 64)
Die Legende vom grünenden Stab ist auch der Tannhäusersage integriert (z. B. in der Kirche zu Bergen bei Traunstein) und der Geschichte vom räuberischen Bauernsohn, die Sepp, S. 591 f. wiedergibt.

335 Diese 180. »Maiße« aus dem »Maißebuch« stellt ein »Beispiel für die in den Annalen der Heilkunde immer wiederkehrenden Berichte über die Behebung psychischer Störungen durch gewollte oder zufällige Schocktherapie dar. Erzählungsgeschichtlich handelt es sich um das auch in der Weltliteratur nicht unbekannte Motiv von der wunderbaren Heilung eines Stummen durch einen jähen Schreck, wie sie uns am frühesten bei Herodot in der Geschichte vom Sohne des Kroisos entgegentritt und die uns späterhin in etwas veränderter Form auch in Grillparzers Märchenspiel ›Der Traum ein Leben‹ begegnet ...« (Beranek, S. 65). Die in der Erzählung enthaltenen bayerischen Orts- und Flußnamen – Landshut, Regensburg und Isar – sowie die Gestalt des Regensburger Chassiden als Spiritus rector des gesamten Geschehens lassen auf gute Ortskenntnis des vermutlich südwestdeutschen Autors schließen.
Die Geschichte »kann sehr wohl noch zu Lebzeiten des Wundertäters oder schon bald nach dessen Tode im Jahre 1217 unter der jüdischen Bevölkerung dieser Stadt erzählt worden sein. Dank des guten Verhältnisses, das während des ganzen Mittelalters gerade in Regensburg zwischen Juden und Christen herrschte, wird sie sicher schon frühzeitig auch den Nichtjuden in dieser Stadt bekannt geworden und von ihnen dem Schatze ihres volkstümlichen Erzählgutes einverleibt worden sein ... Dank ihrer Einfachheit und Klarheit entsprach diese Erzählung so recht dem naiven und wundergläubigen Sinn des mittelalterlichen Menschen. Sie wurde in der Stadt und deren Umgebung sicherlich viel kolportiert, die ihren Höhe- und Schlußpunkt bildenden Worte ›Schuck, wie kalt!‹ waren in aller Munde. Heute ist die Legende vom stummen Knaben und seiner wunderbaren Genesung im Volke unbekannt, das ihr entstammende geflügelte Wort, als solches vordem Gemeingut aller, ist verklungen« (a.a.O.). Welcher Ort ist mit Gumle gemeint? Beranek, S. 65 vermutet zaghaft: Gundlau. Das Amtliche Ortsverzeichnis für Bayern (1973) verzeichnet nur ein Gundlau, und zwar bei Niederalteich im LK Deggendorf. Näherliegend scheint mir die Deutung mit: Gemling bei Poign, LK Regensburg, so daß ich die gleich anlautenden Orte Gumpersberg, Guntersberg und Guntersdorf im LK Landshut und Gundelshausen im LK Kelheim unberücksichtigt lasse. Gemling liegt unweit der Verbindungsstrecke Regensburg-Landshut. Wird es vielleicht sogar von der alten Südverbindung tangiert, die über den Ziegetsdorfer Berg aufsteigt, am Argle (sic! Schwarz, S. 36) gut zu fassen ist und östlich an Abbach vorbei in den Mainburger Raum und dann zur Isar läuft?

337 Sartori, S. 28: »Auch wenn es sich nicht gerade um Raub und Gewalttat handelt, läßt sich die Glocke nicht gegen ihren Willen von der Stelle bringen.«

338 Sartori, S. 3: »An vielen Orten wird erzählt, daß Frauen in ihrer Schürze Silber zum Guß herbeigeschleppt hätten«, und im Saalekreis hat das schöne und weltberühmte Geläute der Kirche in Gollme zu der Sage Veranlassung gegeben, daß während des Gusses ein unbekannter Reiter einen Sack silberner Taler in die Glockenspeise geworfen habe. Ähnliches finden wir schon bei Notker dem Stammler (Inselbändchen, S. 43 f.): er berichtet von einer allerdings betrügerischen Silberbeigabe beim Glockenguß durch Tanko, einen ehemaligen Mönch von St. Gallen.
Sartori, S. 5: »Die Sagen von silberhaltigen Glocken scheinen nicht ganz grundlos zu sein [S. 182: »Freilich soll es noch nie gelungen sein, in einer alten Glocke auch nur eine Spur von Silber zu entdecken.«] ... Jedenfalls spielen die Silberglocken in der Phantasie des Volkes eine große Rolle, und schon der besonders helle und feine Ton einer Glocke hat gewiß oft genügt, um sie in Silber zu verwandeln oder ihr doch einen hohen Silbergehalt zuzuweisen und sie dann auch mit Sagen zu umranken.«

339 Gumpelzhaimer 2, S. 1032 äußert sich kritisch zu dieser »Sage«: »Einen lächerlichen Schwank erzählen alte Chroniken aus des berühmten Marcus Freund weltberühmten Wunder-Calender von 1673 nach welchem er in den Manuscripten des Magister und Mathematikers Georg Cäsius folgende Geschichte von hier vom Jahre 1601 aufgezeichnet gefunden habe...«
Zumindest ist die Geschichte äußerst rüde und vom Zuschnitt mancher degoutanter Witze, die jegliche Anteilnahme am Mißgeschick des andern vermissen lassen.

Dies ist die Anmerkung zu einigen Sagen bzw. Legenden, die ich – mit Ausnahme von a) – aus Gründen der mangelnden Qualität nicht aufgenommen habe, die aber, weil sie relativ bekannt sind, der eine oder andere hier vermissen könnte:
a) JÜDEL. s. Rosenfeld, S. 47: »... die Geschichte eines Judenknaben, der ein Marienbild reinigt und deshalb, als er wegen heimlicher Teilnahme an der christlichen Kommunion in den Backofen geworfen wurde, von Maria gerettet wird ...« Motiv des »ignis impotens«. Das Marienmirakel in Gedichtform stammt noch aus dem 12. Jahrhundert. »Wenig später wurde das Jüdel aus dem Lateinischen in deutsche Prosa übertragen« (wie oben).
Robert Dollinger (Das Evangelium in Regensburg. Eine evangelische Kirchengeschichte. Regensburg 1959), S. 62 bringt das Mirakel in einer kurzen Prosaumschreibung. Er gibt Regensburg nicht ausdrücklich als Ort des Geschehens an, aber die Tatsache, daß er die Geschichte wie selbstverständlich in sein Buch einrückt, läßt mich folgern, daß Regensburg der Handlungsort ist. Ich schreibe am 29. 2. 1980 deswegen vorsichtshalber noch an Prof. Dr. Hellmut Rosenfeld. Er schreibt mir am 1. 3. 1980: »Sie fragen mich nun, ob die Legende vom ›Jüdel‹ in Regensburg spiele und fügen hinzu ›Offensichtlich, wie sonst hätte sie Dollinger in sein Regensburgbuch aufgenommen?‹
Dieses Argument ist natürlich keineswegs stichhaltig. Die rhetorische Frage bezüglich Dollinger ist dahin zu beantworten: nein, denn er war nicht so gewissenhaft, einen Fachmann zu befragen und vielmehr gänzlich gewissenlos, andere irrezuführen, wenn er die Aufnahme nicht begründet hat... Ob der bairische Dichter, der im 13. Jh. nach älteren Vorlagen die Verslegende dichtete, in Regensburg gewesen ist (mein Bruder [in: Verfasserlexikon der dt. Lit. des Mittelalters 2, 1936, Sp. 665 f.] spricht vom ›bairisch-ostschwäbischen Sprachraum‹ als Entstehungsgebiet) ? Im Text ... wird kein Städtenamen genannt... Da gegen den Schluß [die Erzählung zählt 568 Verse] ein Bischof in Aktion tritt und in Regensburg eine starke Judengruppe bestand,

der ich ja die judendeutsche Dichtung des ›Dukus Horant‹ zuschreibe, kann man sagen, das Marienmirakel k ö n n t e in Regensburg stattgefunden haben (wie in tausenden von anderen Bischofsstädten der Welt).
Wenn das Jüdel-Mirakel gebracht wird, so jedenfalls auf Grund von Pfeifer [Franz Pfeifer, Marienlegenden. Wien 1863, S. 237–239] (oder einer Kürzung von dessen Text) und mit dem Vermerk, daß das nichtlokalisierte Marienmirakel für Regensburg gedacht sein k ö n n t e (oder eine ähnliche Bemerkung, damit nicht ein ähnlich falscher Eindruck wie durch Dollinger entstehen kann).
Solche Marienmirakelgeschichten sind ja Zeugnisse frommen Glaubens und das ›Jüdel‹ ein solches Zeugnis aus dem 13. Jh. und könnte auch in Regensburg vorgetragen und geglaubt worden sein. Insofern könnte man es, um diesen Glaubenssektor zu belegen, in eine Regensburger Sammlung aufnehmen. Vom wissenschaftlichen Standpunkt aus kann man es jedoch nicht als ›Regensburger Sage und Legende‹ bezeichnen, weil es . . . 33 andere Fassungen seit der Spätantike gibt und weil die Verslegende des 13. Jh. keinen Versuch macht, das Mirakel in Regensburg zu lokalisieren. Es kommt also auf Sinn und Zweck des geplanten Buches an . . .«

b) DIE STEINBILDWERKE AN DER SCHOTTENKIRCHE sind einer freilich fragwürdigen Sage nach – s. Reichlin-Meldegg, S. 89 ff. – im Widerstreit von zwei Gesellen entstanden: »der eine, blond und sanft, kam her vom hohen Norden, der andere, ein schwarzer, finsterer Bursch, war vom Süden zugereist . . . Der Blonde schuf fleißig bei Tag lauter ernste und fromme Gestalten, während der Schwarze mit wüsten Gesellen zechte, und des Nachts erst daher kam, um mitten hinein allerlei Fratzen einzumeißeln . . .« Bei einem Streit zwischen beiden kommt auch der Meister um: »Die Seele des Blonden flog hinauf zum Himmel, der Schwarze fiel hinab in die Hölle; – der arme Meister jedoch, dessen Seele blieb an seinem Werke hangen . . .«
Das Ringen und Kämpfen des Menschen soll der Iroschotte Marian rund 600 Jahre später in diesen damals wirr umherliegenden Steingestalten erkannt und sie der Schottenkirche eingefügt haben. Vermutlich stammt auch dieses »Machwerk« wie so viele ähnliche aus der Feder von J. A. Pangkofer (s. Reichlin-Meldegg, S. 107). Ein Glück geradezu, daß sein Manuskript für ein Regensburger Sagenbuch verschollen ist!

c) DER ZAUBERRING. Sittler, S. 151 ff. erzählt ausufernd die Geschichte – besser würde man sie »Sagennovelle« nennen – eines Regensburger Wirts namens Leuthold und eines ihm zugelaufenen, vermeintlich verwaisten Betteljungen, den ein Zauberring zu einem verborgenen Schatz führt und der auf seltsame Weise seinem leiblichen Vater, einem vornehmen Ritter, begegnet. Der Knabe aber verschmäht die ihm angebotene ritterliche Ausbildung, und nach dem Tod seines Pflegevaters Leuthold wird er Wirt im Gasthaus »Zum Goldenen Ring«. – Die Geschichte enthält zahlreiche für Kolportage-Storys typische Motive.

d) Bis auf eine Version, die ich bei Sigfrid Färber (»Brücke über dem Zeitenstrom. Geschichten aus einer 2000jährigen Stadt.« München 1949) fand und als Nr. 260/III stark gerafft wiedergebe, ließ ich seine »Geschichterl« weg, so z. B. die original bestimmt nicht in Regensburg lokalisierten Faustsagen (Herbeischaffen von z. T. unbekannten Früchten aus fremden Ländern, angeblich im »Thumerischen Haus auf der Hayd« geschehen) oder die Erzählung vom »Schimmel der Schönen Maria«. Seine »Schottenlegende« hält sich zwar auch nicht streng an eine textliche Vorlage – diese Intention ist ja auch gar nicht gegeben –, vergegenwärtigt aber trotzdem inhaltlich sauber das Geschehen um Karl den Großen und die Schottenmönche.

d) Nicht eruieren konnte ich, um was es sich bei dem im Neumannschen Index (Ms.) als »Rabe von S. Jakob (1840)« angeführten Erzählstück handelt. Es fehlt in der Sammlung.

e) Die Geschichte einer doppelten in bzw. bei Regensburg gemachten Prophezeiung für Napoleon, die sich dann in St. Helena erfüllte – vgl. Sittler, Sage 162 ff. –, wurde weggelassen, weil sie äußerst »verwaschen« und moralistisch ist.

»Die jenige aber so vermeinen/es seye ... ein Fehler ... eingeschlichen/ und es treffen die Jahrs-Zeiten in diser Erzehlung nicht wohl überein/ mögen ihr Sentiment wohl einrichten/ und mit der Antiquität einen Kampff versuchen«

Anton Wilhelm Ertl

STICHWORTE

Die Zahlen verweisen auf die Sagennummern

Abbildung (Bildnis . . .) 75, 183, 188, 209, 210, 211, 222, 225, 226, s. auch Abbildung, steinerne
Abbildung, steinerne 186, 249 (Gips), 253, 254, 255, 258, 260, 261, 262, 264a, 267, 268
Aberglauben 271
Abkömmlinge 205
Abstammung der Bayern, s. Bayern, ihre Abkunft
– des bayer. Adels 17
Abtötung 118, 133
Acker, kalter (Vergleich) 1
Aderlaß 326
Adler (am Himmel) 300
Alle, außer einem 53
»älter als Rom und Troja« 3, (10), (12), (13), 23
Ärzte kosten Geld 83, (126)
ärztliche Kunst versagt 80, 125
Affe 268
Agnes, Dicke, s. Dicke Agnes
Allodium, aus der Hand eines Toten 190
Almemor 224
»am dritten Tag« 62, 65
Amnesie als Strafe 60
Anmelden 271
Antiphonen 63
Anwesende s. Umstehende
Apothekerkunst 330
Apostel in Regensburg 37, 168, 169, 171, 172, 173, 226, 283, s. auch Evangelist in R. und Heilige in R.

Apostelweihe (= Weihe durch A.) 168, 169, 170, 171, 172, 173
Apostolische Heiligkeit (Statue) 226
Arbeitsleute, zu Pulver verbrannt 185
Armut, mönchische 55, (99)
Aufbewahrung (Brot, Kette, Waffen . . .) 137, 186/I u. V, 202/IV
Aufbringen (eines Diebstahls) 312
Aufruhr 47, 143, 205, 293
Aufwachsgestalt 313
Auge, silbernes (Votiv) 126
Augenkrankheit 61, 92, s. auch Blindheit
Ausdorren, 317
Aussatz 69, 124, 214

Backenstreich 74, s. auch Maulschelle
Bannen (von Geist) 313, 330, s. auch Exorzismus
Bär (am Himmel) 301
– an der Kette 269
barfuß 55, 60, 177, 178, 225, 274
Baum (als Symbol) 131, 285
Bausagen, s. Brücken-, Kapellen-, Kirchen-, Klosterbau
Bayern (Volk), ihre Abkunft 1, 2, 4, 5, 6, 7, 9
– (Land), seine Namen 1
Becher 64, 149, 200
Begräbnisplatz der Christen (unterird. Gewölbe) 37, s. auch Grab
– der Juden 33, 34

567

Beilager, sündliches 48
Beilwurf, auch Axt- 99, 149
Belagerung 157
Belehnung durch einen Toten 190
Bergleute, bekehrt zum christl. Glauben 68
Bescheidenheit, Demut eines Heiligen u. ä. 70, 91, 92, 94, (121), 139, 140, 195, 214
Beschwörung 245, 322
Besen, feuriger (am Himmel) 304
Besessenheit 55, 56, 81, 93, 94, 101, 110, 111, 130, (225), 238, 278, 327
Bestechung 60, 179
Bibelstelle 32, 59, 61, 63, 135, 187
Bierbrauer (auch Wirte), verbannt 330
Bierpantscher als Eulen, schwarze Vögel 330
Bierschenke 208
Bilder verneigen sich 209a
Birnbaum (Schatz darunter) 257
Bischof, s. unter Berufe
Bischof als Literaturbewerter 64
– als Klosterverfolger 283
– auf Flammenstuhl 286
–, der Unzucht beschuldigt 40
– erfährt an sich selbst Wunder 64, 125
– ermahnt Ehebrecherin 58
–, erster (von Regensburg) 39
–, erwürgt 28
– gräbt eigenhändig Brunnen 77
– verspricht sich zum Grab Emmerams 125
– werden Augen ausgestochen 193
Bischofsmord 28, 40, 44
– stab (48), 53, 62, 102, 191, s. auch cambota und ferula
– stuhl, unbesetzt 191
– weihe 195
Blasbalg 249
»Blasbalg«, teuflischer Heimsucher 326

Blendwerk u. ä. 55, 90, 99, 186
Blindheit 46, 53, 58, 61, 69, 83, 86, 108, 113, 126, 127, 145, 225, 248
Blut bedeckt Erdboden 148, 163
– der Christenkinder 224
– von Knaben 334
blutfarben 274
Blutstropfen, drei 317
»Böhmischer Hansl« 266
Boden berühren, schmerzt (81), 133
Bote eines Engels 311
Brand (Feuer) 53, 84, 88, 133, 148, 183, 250, 324
– (Krankheit) 220, 318
Braten, verwandelt in Fisch 188
Brauch 4, 31, 41, 48, 52, 90, 143, 148
Braut, ungetreue (Wahrzeichen) 255
Brief aus Jerusalem 33, 35, 36
Brot, wunderbares 48, 137
– vermehrung 48
Brudermord 194
– schaft, höllische 318
Brückenbau 150, 161, 253, 254, 256
Brunnen, (Vergleich) 285
Brunnen, als Verbannungsort 330
–, aus dem die Kinder kommen 272
– gibt Wein 64
–, vergiftet 70, 224
Brunnensturz 77
Buch, altes und fehlerhaftes (= Arbeos Emmeramsvita?) 63
– des Gesetzes 43, s. Thora
–, goldenes, s. Goldenes Buch
– mit den Namen der künftig Lebenden 123
Bücher, Abschrift davon fertigen 119, 213, 214
– mit goldenem Deckel 178
Buhlschaft, teuflische 317, 318

cambota 54
cassiodoli 288
Christen rauben Leib des hl. Emmeram 43

Christenblut, getrocknet (als Versandobjekt) 224
Christus mit wachsendem Haar 240
- muß rasiert werden 240
- wächst aus Wand 252
- bild, s. Kreuz
Chronik 19, 20, 21, 175, 185, 248, 310
Codex aureus, s. Goldenes Buch und Evangelienbuch
concilium 209a
convivium 52, s. auch Gastmahl

Dämon(en) 55, 56, 94, 110, 130, 278
Däumling 313
»des Holtz des Lebens« beraubt 65
Dicke Agnes 313
Diebstahl 57, 78, 95, 96, 128, 129, 325, 326
Distichon 190
Dohlen 287
Dom, darinnen bestattet 133
- brunnen 272
- kruzifixus 240
Donnerlegion 24
Drachen 297, s. auch Track
»drei auf einen Streich« 339
Duft 120, 140, 143, 168, 169, 171, 172

Ehebruch 27, 58
Eiche (Kultbaum) 31
Eid, s. Schwur
Eier als Lohn für Hennenzusammentreiber 287
Einsiedler erzieht Findelkind 258
Eiszapfen, als Holz verwendet 115
Elefantiasis 53
Elstern 287
Emmeramsminne 52
- vita, lang geplant 61
Engel 37, 51, 69, 99, 139, 140, 141, 142, 151, 152, 153, 155, 157, 158, 159, (164), 165, 168, 169, 171, (172), 173, 174, 175, 184, 197, 215, 217, 221, 309, 311

- drohen dem Kaiser 184
»Engelsglöcklein« 51
Entblößung, s. barfuß, nackt und Nacktwallfahrt
Entführung einer Jungfrau 185, 202
- eines Kindes (durch Wolf) 258
- von Reliquien 84
Entziehungswunder 139, 222
Epidemie 61
Epitaphium 143
Erbärmdechristus 252
Erdbeben 274, 289, 291, 292
erdgeboren (König) 4
Erdreich, bewegt sich 41
Erlösung (280), 331
Erschaffung der Welt (als Zeitangabe) 3, 10, 12, 13, 23
Erscheinung eines Geistes 311, 314
- eines/einer Heiligen 63, 75, 76, 87, 88, 102, 198, 219, 231, 232, 233, 237
- eines Knaben 279
- eines ruhelosen Vaters 280
Erscheinungen, himmlische 123, s. auch Engel
Erzengel in Regensburg 219
Erzzauberer, s. u. Berufe
»es« ißt drei Hunde 320
Eulen 330
Evangelienbuch 49, 84, s. auch Goldenes Buch u. Privilegienbuch
Evangelist in Regensburg 37, 226
Ewiges Licht 144, 247
Exemtion 224
Exil (45), 204
Exkommunikation (Androhung) 171
Exorzismus 56, 81, 94, (110), (111), 130, 246

Fährlohn 219
Fallen (bei Wallfahrt) 225
Faßhahn, offen 138

Fasten(-zeit) 48, 99, 118, 146, 178, 188, 192, 198, 274, 277
Fastenlektüre 277
Faust als Geistergebieter (314), 315
– auf Luftreise 314
– kegelt auf der Donau 315
Fegfeuer (Vision) 286
Feind, böser, s. Teufel
Fenster, zertrümmert vom Teufel 55
ferula 54
Festtag 57, 90, 113, 200
Feuer ohne Holz 115
– vom Himmel 302, 305
Feuersbrünste, auf Himmelszeichen hin 307
Fieber 64, 109, 114
Finger, leuchtende 119
Fisch, Attribut von St. Ulrich 188
–, Fastenspeise 188
Fische, für unrein gehalten 288, 290, vgl. cassiodoli und Karpfen
Fischgräte, daran erstickt 189
Flederwisch 331
Fleischeslust, nur zur Erzeugung von Nachkommenschaft 48
»Fleischtöpfe Ägyptens« zurücklassen (Redensart) 55
Flöße 21
Fluch 46, 49, 148, 182
Fluchen 186, 330
Flucht 28, 69, 86, 99, 107, 114, 157, 160, 164, 165, (175), 180, 181, 213, 214, 215, 220
– von Heiligen (40), 69, 86, 99, 107, 114, 213, 214, 215, 220
Flußdurchquerung mit Heer 97
Flußüberquerung auf Mantel 115, 116
Folter 224
Frauennamen, »glücksäliger« 29
Freigebigkeit 95, 137, 199
Freiheit, christliche (wahre) 55
Freiung 260
Frevler entfällt Gedächtnis 60

– kann nicht sterben 47
Friedenskuß 52
– stifter, seine Gegner bestraft 285
– stiftung durch Schwangerschaft 202
Frühzeit 1, 2, 3, 4, 5, 6, 7, 8, 9, 10, 11, 11a, 12, 13, 14, 15, 16, 17, 18, 19, 20, 21, 22, 23, 24, 25, 26, 27, 28, 29, 30, 31, 32, 33, 34, 35, 36, 37, 38, 39, (148), (149), 209
»Fuchs, goldener« 257
Fürsprache (Fürbitte) 53, 55, 61, 80, 103, 238
Fürst allen Unflats 55

Galgen 135, 148, 157, 169, 192, 208, 215
Gastfreundschaft 64, 80, 116
Gastmahl 52, 84, (132)
Gebären, unmöglich ohne Christenblut 224
Gebet als Mittel gegen Gift 70
Geburtstag eines Heiligen 47, vgl. Todestag
Gedichte zum Lob der Schönen Maria 225
Gefährte (Genosse, Geselle, Begleiter) 28, 31, 48, 66, 69, 71, 72, 79, 100, 128, 133, 135, 155, 160, 171, 185, 213, 215, 280
Gehorsam, klösterlicher 138, 171
Geier 287
Geisel 180, 181
Geist(er) 47, 55, 93, 124, 196, 245, 277, 278, 311, 314, 315, 324, 331, s. auch Dämon, Hausgeist und Teufel
Geisterbanner, s. Kapuziner und Minoriten . . .
– burg 330
– messe 76
– ruine 330
Geistliche verbrannt (in Regensburg) 225

Geistlicher versteckt sich 94, 177
Geläut 51, 212, 217
Gelübde 55, 105, 107, 145, 146, 201, 234, 247, 277
»geluppet« (von Nachtigallen) 294
Gericht(e) 3, 6
Germani 2
Gesang 171
Geschenk, s. Schenkung
–, königliches/kaiserliches 84, 181
Geschlecht, verfluchtes 45, 46, 47
Gesetz(e) 3, 6, (mosaisches) 33, 35, 43
Gesetzestafeln 33, 35
Gespannwunder 41
Gespenst(er) 238, 313, 316, 320, 324, (329)
Gespenst als Brandstifter 324
Gestirne 289, (292), 293
Gewächse mit Menschengesichtern 299
Gewand, nasses (hl. Erhard darin) 87
Gewerbezentrum, deutsches 22
Gewicht, ungeheures (von Grabstein) 67
Gewürm- und Mäusemachen 317
Gift 70, 107, 183, 200, 224
Glas, zerbrochenes (wiederhergestellt) 117, 200
– ringe als Spielzeug 130
Glaubensboten, s. Emmeram, Erhard, Lucius Cyrenäus, Rupert, Wolfgang u. a.
Glocke 51, 52, 106, 179, 192, 212, 217, 337, 338
– klingt von selbst 337
– rückt von selbst Regensburg zu
–, verstimmt 51
Glockengießer, schwebend 337
– guß mit Silberbeigabe 338
»Glock-Feur« 133
Glück, verleitet zu Hochmut 183
Gnadenbild 210, 225, 248, 251
Götter aus Ägypten 3
Götzentempel 38, 209

Goldenes Buch 84, s. auch Evangelienbuch
Goldfund (in Regensburger Stadtmauer) 178
Gottesgericht 186, 188, 201, vgl. auch 60
– lästerer 124, 281
Grab(stätte) 28, 33, 34, 42, 44, 61, 67, 69, 71, 72, 73, 79, 80, (81), (82), 83, (84), (85), 102, 108, 110, 111, 112, 113, 114, 118, 120, 124, 125, 126, 127, 128, 129, 130, 131, 133, 142, 143, 144, 145, 176, 181, 183, 186, 187, 190, 198, 241, 245, 337
Grab, selbst gegraben 118
–, wiederentdeckt 72, 73, 144, vgl. auch 85
– hügel 4, 165
– mal (-stein) 67, 112, 143, 144, 145
– schrift 109
– spruch 190
Greis widersteht Verführung 48
grün (Farbe): Hügel an Mordstelle 40, Mantel des hl. Emmeram 63, Fahne der Römer 148

Haare, abgeschnittene (Reliquie) 143
–, – (Zeichen bayerischer Solidarität) 148
– wachsen, s. Kruzifix
Hagioskopie, vgl. dazu 133
Hahn 253, 256
Hand, feurige 331
Handschuhe, vergiftet 107
Haß, alter 7
Haupt, abgeschlagenes (bewegt sich) 85
– des hl. Dionysius (84), 85
– städte, vier 19, 20
Hausgeist, auf Zunge präsentiert 327
»Hawbtwürm« als Todesursache 183

571

Heereszug 6, 7, 11, 97, 107, 160, 175, 180
Heidentempel, s. Götzentempel
Heilige als Schlachtenhelfer 179, 181
– als Soldaten 181
– droht 231, 232, 233
– duften 120, 143
Heilige/Selige u. a. in Regensburg (24), 25, 27, 28, 30, 31, 37 (!), 38, 40, 41, 68, 69, 70, 71, 72, 73, 74, 75, 77, 86, 87, 88, 89, 90, 91, 92, 93, 94, 95, 96, 98, 99, 106, 107, 108, 109, 114, 115, 116, 117, 118, 119, 121, 122, 123, 132, 133, 134, 135, 136, 137, 138, 139, 140, 141, 142, 147, 150, 154, 155, 157, 158, 161, 162, 164, 165, 166, 167, 168, 169, 170, 171, 172, 173, 174, 175, 176, 177, 184, 187, 191, 197, 198, 200, 201, 209, 209a, 213, 214, 215, 217, 218, 219, 242, 283
Heiligenfuhre 40, 41, 42, 43, 100
– grab, verunehrt 120, 133
– minne 52, 200
Heiliger verweist an Größeren 83
Heiltum 28, 41, 42, 49, 65, 67, 81, 85, 88, 89, 107, 133, 223, 287
–, jüdisches 33, 35
Heinrichsminne 200
– stuhl 197
Henne, schwarze 236
Hennen 236, 253, 256, 287
Herauswachsgestalt (aus Wand) 252
Hermannssaal 3
– Wagen 3
Herz als Zaubermittel 227
Heuschrecken 287, 288, 290
Hexe 264a, 318
Hexeninquisition 318
– ringe 332
– tanz 332
»Himmels-Gesicht« 307
– leiter 217
– zeichen 287, 293, 296, 298, 300, 301, 302, 304, 305, 306, 307

Hinterhalt, kriegerischer 180
Hirsch 148, 185, 258, 267
– ohne Herz (Gleichnis) 148
Hobelspäne, in Brot verwandelt 137
Hochzeit (48), 180, 202
Hochzeitsleute, überfallen 180
– nacht, asketische 48
Hölle 151, 281, 284, 286, 317
Hostien 139, 221, 223
– frevel 223
Hufeisen, im Pflaster festgemacht 265
Hund 253, 256, 261, 262, 269, 310, 320
»hundert Daam is aa a Maß!« 331
Huni (= Bayern) 154, 156
Hunnen 26, 28, 148, 150, 175, 177, 186, 196
Hurerei 27, 28
»hurnan snäbel« 288

Infestationen, s. Spuk
invidia clericalis 213
Iren 69, 118, 174, s. auch Iroschotten und Schotten
Iroschotten 69, vgl. Iren und Schotten

Jagd 68, 199, 258, 267, 315
Juden 32, 33, 34, 35, 36, 43, 70, 157, 221, 223, 224, 225, 226, 281, 284, 293, 312, 334, 335
– als Gotteslästerer 281
– als Brunnenvergifter 70, 224
– als Falschmünzer 224
– als Kammerknechte 33
– als Kindermörder 33, 223, 224
–, an vielen Orten nicht mehr geduldet 224
–, gebrauchen kein Knabenblut zum Paschabrot 334
–, ihr Heiltum 33
–, ihr Schutzherr 33
–, von den Regensburgern geschützt bzw. gerettet 223, 225

–, von Wallfahrern »etwas beschädiget« 33
– friedhof 33, 34
– pogrom 33, 34, 223, 225, 226, 293
– stadt, ihre Exemtion 224
– weiber, ihr Gebären 224
Jüngster Tag 41, 63, 240
Jüngstes Gericht 49, 134, 170
Jungfrauenraub, s. Entführung

Käfer 111
Kaffeeschenke 208
Kärtchen, goldenes (mit Bibelzitat) 135
Kampf, Streit, Fehde 1, 7, 11, 11a, 15, 17, 53, 132, 150, 151, 162, 163, 175, 180, 186, 203, 250, 258, 294, 296, 300, 301, 311
Kanonenkugeln, eingemauert 264
Kanzel des Albertus Magnus 242
–, in Form eines Glockenturms 134
Kapelle, unterirdische 37
Kapellenabbruch 131
– bau 31, 37, 38, 118, 131, 209, 218, 221, 225
Kapuziner als Geisterbanner 330
Karpfen 288, 290
Kegelspiel 315
Kelch 50, 57, 221, 222
Kerzen 41, 108, 228
–, trotzen dem Sturm 41
Kessel, im böhmischen Wappen 194
Kette (Absperrung) 202, 336
Ketten (Fesseln u. ä.) 56, 133, 241, 281
Kind(er) 33, 125, 199, 223, 224, 225, 233, 258, 272, 335
Kind, eigenes, ins Feuer geworfen 223
–, eigenes, ins Wasser geworfen 335
–, von Wolf entführt 258
Kinder als Wallfahrer 225

– am Grab Erminolds 125
– von Juden ermordet 33, 224, 225
– herkunft 272
– mord 223, 224, 225
– reichtum 4, (33), 199
Kindsblut, hilft beim Gebären 224
Kirche (auch Kloster und Kapelle) als Begräbnisort 37, 40, 42, (71), (100), (109), 114, 118, (131), 133, 135, 143, 144, (166), 183, 209a
Kirchenbau, -gründung, -stiftung 31, 38, 44, 65, 69, 99, 101, 150, 204, 218, 221, 225, s. auch Kapellenbau u. Klosterbau
Kirchen-, Klostergut entfremdet 47, 49, 50, 53, 60, 182, 187, 189, 190, 283
Kirchenweihe (Kapellen-) 68, 167, 168, 169, 170, 171, 172, 173
Kirchfahrt, frühe 4, s. auch Wallfahrt
Kirchlein wendet sich um 99
Klausenbau 215
Kleider, abgeschnittene (Kennzeichen bayerischer Solidarität) 148
–, – (Reliquien) 143
– berühren (von Heiligen) 214
Kloster, ältestes in Deutschland 150
– bau, -gründung, -stiftung 40, 174, 196, 213, 217, 218
– regel 87
– zucht 109, 285
Knabenblut zum Paschabrot 334
König als Gott 3, 4
– ans Firmament/in den Himmel versetzt 3, 4
– steigt aus der Erde 4
Königin der Himmel 292
Kolik 79
Kollegenneid 260, vgl. auch invidia clericalis
Komet 287, 306
Kontraktion 128, 129
Kopf, abgerissen von unsichtbarer Hand 321

– schmerzen 61
Kräfte, übernatürliche 202, 249, 312, vgl. Krako
Krähen 287
Krankheit 47, 49, 50, 53, 57, 58, 59, 60, 61, 64, 66, 73, 75, 79, 80, 91, 92, 93, 102, 103, 105, 109, 112, 124, 125, 126, 141, 142, 146, 182, 183, 190, 214, 225, 247, 277, 278, 282, 284, s. auch Besessenheit, Blindheit und Pest
– als Strafe 47, 49, 50, 53, 57, 58, 59, 60, 61, 79, 91, 92, 183, 235, 266, 278, 318, s. auch Besessenheit
Krebs (Krankheit) 53
Kreuz duldet Drapierungen der Lutheraner nicht 323
–, verheißenes 153, 155, 159, 166, 173
–, wundertätiges 72, 73, 74, 76, 108, 222, 263, 323, s. auch Kreuzpartikel
Kreuze, gestiftet 263
Kreuzigung Christi (als Zeitangabe) 16, 33, 35, 36, 225
Kreuzpartikel 65
Krieg 4, (7), 8, 11a, 107, 156, 157, 164, 177, 180, 202, 203, 243, 294, 295, 311, 336, s. auch Kampf, Streit
Krieger, stehen aus den Gräbern auf 176
»Kriegsgurgel, schnöde« 91
Krönchen, silbernes 112
Kruzifix, hilft gegen Teufel 186
–, Kuß darauf erfrischt 186
Kruzifixus wachsen Haare 240
Kryptoskopie (Teilbereich des Hellsehens) 312
Künste, unzulässige 186
Kugeln, feurige 302
Kuh 264a

Lähmung 53, 57, 79, 82, 225
Lästerer 52, 124, 188

Läuse als Todesursache 183
lebendig begraben 192
Legende (als Begriff aufgeführt) 20, 24, 39, 68, 187, 248, 249
Lehensträger, lassen sich von Toten belehnen 190
Leib (eines Heiligen/Seligen) 19, 40, 41, 42, 72, 84, 101, 105, 159
leibeigen 28
Leichnam berühren 142
Leintuch, wächst aus dem Boden 72
Leiter als Engelssteige 217
Levitation 55, 81
Liberaler, seine Strafe 241
Lichter, wundersame (auch himmlische) 76, 119, 144, 168, 171
Lieder 4, 12, 148, s. auch Musik, himmlische und Lobgesang
Lies Herrel (Geist) 311
Linken, zur 89
Liserl (Geist) 311
Lobgedicht 225
– gesang 42; gedichtet von Konrad von Megenberg 79
Löwe als Begleiter 4
Löwen (am Himmel) 300, 301
Lohn für Entdeckung einer Verschwörung 177
– für Hühnerzusammentreiber 287
Luftreise 255, 314

Maden als Todesursache 183
Mahnwunder 234
Mann, schöner 48
Mantel als Schiff 115, 116
–, grüner (Bekleidung von Emmeram) 63
Maria hilft gegen Gespenster 238
–, wundertätig gegen die Ketzer 244
Marienbild 209, 210, 211, 234, 246, 248, 250, 251, 316
–, von Christen vergraben 209
Maßbetrug beim Einschenken 330, 331

Mastschwein 219
Maulaufreißer, Name für Regensburger 21
Maulschelle, von unsichtbarer Hand 52
Maus- und Windmachen 317, 326
Mausmädchen 317
Meineid 53, 179, 280
Menetekel 198
Menschenhaupt, künstliches 136
Meßgewänder des hl. Wolfgang 105
Mettenstock 309a
Minnetrinken 52
Minoriten als Spukbanner 313
Mirakel 41, 46, 48, 80, 112, 127, 221, 229, 230, 231, 232?, 234, 235, 236, 247, s. auch Wunder, Zeichen ...
Mörder baut Grabkapelle 131
Mondfinsternis 293, 309
Monstrum 313
Mord 28, 40, 44, 45, 107, 123, 131, 181, 224, 225, 260, 263
– platz, mirakulös 40
Mücke, teuflische 317
Musik, himmlische 132, 171, 217, 221

Nachtigallen, redende 294, 295
nackt: Heiliger schläft nackt 118, nackt und lebendig begraben 192
Nacktwallfahrt 225, 237
Namensänderung der Stadt 12, 29
– gebung 1, 4, 6, 10, 12, 13, 15, 16, 17, 18, 21, 22, 150, 151, 161, 162, 172, 173, 186, 193, 203, 205, 206, 217, 218, 226, 264a, 269, 270, 314
Napoleon, in Regensburg verwundet 208
Nepotismus 50
Neubekehrte 37
Nonne mit weißem Schleier (Gespenst) 329

»Not und Angst« (zunächst Spitzname) 206
Nothelfer der Gebärenden 109
– der Krieger 4, 31
Novize verschreibt sich dem Teufel 246

Obsessio, s. Besessenheit
Ochsen, weisende 41
Ölfläschchen (bei Altarweihe) 217
Offenbarungen 41, 132, 141, 155, 170, 171, 173, 196
Ohr, abgeschnittenes 50
»Ohrenbläser« 326
Opfergabe 57, 69, 80, 112, 126, 221, 225, s. auch Votivgabe
–, zurückgewiesen 78, (129)
Ort der Strafe 280
–, geheiligt 166, 173

Pallien 50
Papst als Ratgeber 152
– weiht Kirche St. Emmeram 209a
Parathanen/Porathanen 48
peregrinatio, s. Pilgerfahrt
Pest 73, 146, 261, 298, 311
– patron 146
Pferd 49, 78, 96, 175, 180, 186, 221, 265, 266
Pfleger, verhaßter 319
Pflugscharen, feurige (Gang darüber) 201
Pilgerfahrt 54, 80, 88, 174, 196, 210, s. auch Jerusalem, Romreise und Wallfahrt
Plage 27, 28, s. insbes. das Kapitel Zeichen und Zeiten
Planetenkonstellation 15
Possessio, s. Besessenheit
Posthorn im Wappen 205
Post sex 198
Präkognition, s. Prophezeiung
Prahler 186
Privileg 19, 20, 186, 283
Prophezeiung 27, 28, 29, 39, 40, 75,

86, 98, 100, 107, 109, 114, 141, 151, 153, 159, 187, 189, 244, 283, 284, 292, 294, 311
Prügel-Vision 277

Quelle 64, 66, 124, 218

Raben 287
Rache, göttliche 53, 124, 179
Ratgeber, getreuer 148
Ratschläge alter Weiber 126
Raubritter sperren Donau 336
Rechten, zur 89
Rechtsstreit 53, 60
Redensart 206, 256
Reformation (Epoche) 316
Regen, vierzigtägiger 41
Reichstag 177, 184, 217, 266, 294, 295
Reifen, eiserne 104
Reime, deutsche 4
Religionsgespräch 295
Reliquien 62, 65, 84, 89, 101, 143, 184, 196, 280
Responsorien (gedichtet von Arnold von St. Emmeram) 63
Reue, erkünstelt 78
Richterstuhl Gottes 207
Riesen 2, 4, 186, 333
Ritualmord 33, 224, 225
Römer 5, 6, 11, 14, 15, 17, 18, 19, 22, 24, 27, 28, 37, 148
Romreise 71, 107, 148, 170, 174, 213, 214, 215
Rosen, von Gott geschickt 140
Rufe, geistliche (zu Alman Ärgle) 4
Ruhr, rote 49

sächseln (von Herrscher) 52
Säkularisationen von Arnulf Malus 187, 189, 190
Sage (als Begriff aufgeführt) 32, 35, 36, 175, 191, 241, 243, 249, 275, 329, 333, 334
Schaf 280

»Schaitten«, in Brot verwandelt 137
Scharfrichter, drei 339
Schatz 11, (28), 50, 65, 84, 107, 174, 257
– auf der Brücke 257
Schemel als Fortbewegungsmittel 66
Schenkung (Geschenk) 60, 84, 174, 180, 181, 184, 209, 213, 215, 313, s. auch Stiftung
Schiffe 28, 219
Schimmel 164
Schlacht 28, 37, 50, 148, 176, 181, 192
Schlachtenhelfer 179, 181
Schlaganfall (Vergleich) 52
Schloß, unbewohnt 185
Schocktherapie 335
Schöne Maria 225, (226), 227, (228), 229, 230, 231, 232, 233, 234, 235, 236, 237, 238, 239
– – droht 231, 232, 233
– – mahnt 234
– – straft 235
– – (Statue), von den Lutheranern versteckt 239
– –, wiederentdeckt 250
Schotten 169, 170, 173, 174, 175, 213, 214, 215, vgl. Iren und Iroschotten
Schreien im Mutterleib 303
Schrift an der Wand, s. Menetekel
–, unbekannte 170, 171, 172
»Schuch schuch schuch!« 335
»Schuck wie heiß!« 254
Schuh, roter 202
Schuhe als Tauschobjekt für Bischofswürde 191
Schwaben werden Christen 158
Schwangerschaftssymbol 313
schwarz (Farbe) 210, 236, 330
Schwarze Madonna 210
Schwedenkrieg (243), 260, 264, 299
Schwert 5, 33, 157, 160, 165, 175, 177, 187, 202, 339

– ohne Knauf 187
Schwur 53, 60, 107, 177, 179, 185, 202, 209a, 280
See, »Ruhestätte« von Arnulf Malus 187
Seele als Eule 330
–, dienen für des Königs ... 174
– fährt aus Mund 40
Seenot 54, vgl. auch 62
Selbstmord 253, 254
sieben Bischöfe 162
– Brüder (Inklusen) 170, 171, 213, 214
– Schritte 83
– Verheißungen 173
– namige Stadt 16, 21
Siechtum 47
Silberbeigabe bei Glockenguß 338
Simonie 50
Sintflut (als Zeitangabe) 2, 3, 13, 23
Sitten, grobe (der Bayern) 1
Slawen ausrotten (kaiserliche Absicht) 185
»Solche Würfe pflegt König Authari zu tun!« 149
sol-oriens-Mirakel 213, 215
Sonnenfinsternis (während Kreuzigung) 36, 225; sonst: 293
Spendepfennig 225
Spiegelfechterei 99
Spindel (Arbeitsgerät) 112
Spötter 55, (65), 91
Sprichwort 33, 52, 55, 180, 257
Spuk, 245, 311, 313, 314, 315, 324, 329
Stab, grünender 334
Stadt, große 14
–, versetzt 12, 15, 21
– erweiterung 12, 15, 18
– gründung 1, 3, 5, 7, 13, 14, 15, 16, (17), 21, 23
– schilderung (von Arbeo) 48
– wiederaufbau 17, 29
Standrecht 207

Steinwürfe des Teufels 147
stella crinita 287
sterben müssen (binnen einem Jahr) 187, 189
Stiftung 44, 88, 150
Stiftssäckel 225
Storch 287
Strafe für Frevel 45, 124, vgl. Amnesie, Krankheit als Strafe und Strafwunder
– für Helfer bei Glockentransport 337
– für Lästerer 52, 124
Strafwunder 235, s. auch Krankheit als Strafe
Streit, s. Kampf
stromaufwärts 41, 43
Stromsperre 336
Synagoge 225, 226, 228
syrische Gefangenschaft der Juden 32

Tafelwunder 132, (188)
Tag, aufgesetzter (Tod) 187
Taubenblut, bei Teufelspakt 328
Taufe 31, 114, 156, 158, 187, 223, 224
– der Bayern 31, 156
Teuerung 122
Teufel (auch Satan) 38, 55, 56, 78, 81, 90, 101, 110, 111, 130, 147, 179, 186, 187, 189, 195, 225, 227, 241, 245, 246, 253, 255, 256, (281), 310, 311, (314), 317, 318, 321, 322, 325, (326), 327, 328
– als Dunkelheit 111
– als Käfer 111
–, bewirft Bischof 147
–, gegen Bestattung in Kirche 187
–, verehrt in Götzenbildern 38
Teufelsausfahrt durch Fenster 55
– durch Zimmerdecke 189
Teufelsbund 246, 253, 321, 328
Thora 224
Tiere, s. Adler, Affe, Bär, cassiodo-

li, Dohlen, Drachen, Elstern, Fisch, Geier, Hahn, »Hawbtwürm«, Henne/n, Hirsch, Hund, Käfer, Karpfen, Krähen, Kuh, Läuse, Löwe/n, Maden, Mastschwein, Mücke, Nachtigallen, Ochsen, Pferd, Raben, Schaf, Schimmel, Storch, (Tauben), Track, Vogel (schwarzer), Wolf
–, weisende 41/I
Tod für Frevler 65
Todesstunde/Todestag vorauswissen 75, 123, 141, (281), (284), 285
– tag (eines Heiligen) 63; vgl. auch Geburtstag
Tod, jäher 53, 124, 189, 190
Totenausgrabung 28, 187
– erweckung 215, 225(?)
Track 276
Tram, vergessener 36, 225; sonst 228
Translokation, vgl. Stadt, versetzt
Transmuration 121
Traum 48, 79, 151, 187, 191, 211, 215, 217, 257, 278, 280, 308
Trinkspruch 52

Umgehen... 319, (322), (329), 331, 337, s. auch Geist, Gespenst, Spuk...
Undankbarkeit, Strafe dafür 130
Ungarn 186, 192, 193, 276
Unterdrückung der Armen 27
Unterschlagung 128, 129
Untreue 179, 180, 193

Vagitas uterinus 303
»Vater der Bayern« 4
Verachtung eines Heiligen 91, 124
Verfolgung (z. B. des Klosters St. Emmeram) 60, 109, 187, 209, 223, 283
verhaßt, bei der Bevölkerung 135
Verschwörung 177

Verwandlungswunder 64, (115), 137
Vielgötterglauben 31, (33), 38
vierzig Tage 41
Vision 63, 65, 152, 218, 235, 237, 277, 278, 279, 280, 281, 282, 283, 284, 285, 286
Vogel, schwarzer 330
Vogelfang 302
Volksaufstand für den Frieden 8
Voraussage, s. Prophezeiung
Vorzeichen (insbes. von Unheil) 177, 247, 276 (?), 293, 298, 303, (306), s. auch Anmelden und Menetekel
Votivgabe u. ä. 112, 126, 186

Wachs als Opfergabe 80
Waffenschmiede (Bayern als beste ...) 5
Wahrzeichen 14, 186, 225, 253, 254, 255, 260, 261, 264
»Waitz« 317
Wallfahrt 33, 99, 118, 225, 226, 227, 229, 232, 237
–, vom Teufel organisiert 227
Wappen 5, 194, 205, 267, 273
Wasser aus Fels 99
–, springende 218
–, verwandelt in Wein 64, 132
– sucht 53
»Weg mit dir, Kukulle« (angebl. Redensart) 55
Weihwasser 91, 245
Weihnachten 49, 212, 309a
Wein, verwandelt in Wasser, s. Anm. Nr. 64
Weissagung, s. Prophezeiung
Weltuntergang 252
Wetterglocke 106
Wohltaten von St. Emmeram 183
Wolf 258
Wünsche, wollüstige 48
Wunder(-zeichen) 40, 48, 61, 64, 69, 75, 79, 85, 89, 101, 109, 111,

115, 119, 121, 126, 128, 131, 132, 135, 137, 138, 139, 140, 143, 144, 145, 170, 173, 181, 214, 216, 221, 222, 225, 226, 228, 251, 296, 301, vgl. Mirakel
– verheimlichen 92, 121, 139, 140, vgl. auch Bescheidenheit eines Heiligen

Zauberei 227
Zeichen, s. Mirakel und Wunder
Zeitbücher 27
»Zerschleipffung« 14, 26, 34
Zeuge 43, 47, 60, 64, 77, 171, 173
Zeugen, nach bayer. Art 47
Ziborium 221
Ziegenhirt, lästernder 124
Zölibat, gebrochen 113
Zugang verwehrt (für Frevler) 46, 58
Zunft (Angehörige der gleichen ...) 80

PERSONEN

Die Zahlen verweisen auf die Sagennummern
(Abtb. = Abtbischof, B. = Bischof, Eb. = Erzbischof, Gem. = Gemahl(in), Gf. = Graf, Hzg. = Herzog, K. = Kaiser, Kf. = Kurfürst, Kg. = König, Mgf. = Markgraf, Rgb. = Regensburg(er)

Abraham (Aufbringer aus Worms, 15. Jh.) 312
– (bibl. Gestalt) 13
– (Rgb. Jude, 11. Jh.) 281
Adalbert, hl. (B. v. Prag; Märtyrer, 10. Jh.) 195, s. auch Adelpert
– (Mönch zu St. Emmeram; Kirchenwächter) 54, 55
– (Bruder in St. Emmeram; Visionär) 282, 283, 284
Adalger, s. Adelger
Adalram (Frevler, 11. Jh.) 47
Adelger (sagenhafter Bayernhzg.), auch Adalger 148
– (sagenhafter Bayernfürst; Sohn v. Boemund) 11a
Adelpert, hl. (identisch mit Adalbert v. Prag) 104, s. auch Adalbert, hl.
Aelianus Juvianus (Bräutigam d. Aurelia) 114
Ärgle, s. Alman Ärgle
Afra, hl. (Märtyrerin) 187, 288
Agnes, Dicke, s. Stichwortverzeichnis
Aham, Barbara v. (Äbtissin v. Niedermünster) 186
Albart 71, s. auch Albert (Gefährte d. hl. Erhard)
Albert (= Albrecht III., d. Fromme, Hzg. v. Bayern-München) 312
– (= Albrecht IV., d. Weise, Hzg. v. Bayern-München) 337
– IV. (B. v. Rgb. 1613/49) 244
– hl. (Gefährte d. hl. Erhard) 69, 71, 73, 83, 214

Albertus Magnus, hl. (B. v. Rgb. 1260/62) 136, 242
Albrecht I. (röm.-dt. Kg.) 223
Al(e)mannus Hercules (= Alman Ärgle) 4, 12
Aliprandus (Abkömmling Karls d. Gr.) 205
Alman Ärgle (= der dt. Herkules) 4, 12
Ambrosius (B. v. Mailand) 205
Ameram 43, s. auch Amrm und Emmeram
Amrm (Vater d. Moses) 43
Anastasius (ungar. Eb., 11. Jh.) 63
Andreas Presbyter 311, s. auch Andreas v. Regensburg
– v. Regensburg (Augustinerchorherr in St. Mang, ma. Chronist) 80
Angermayr, Placidus (Mönch v. Wessobrunn) 248
Anna v. Österreich 202
Anselm (Fürstabt v. St. Emmeram; Familienname: Godin) 52
Antiochus IV. (Seleukiden-Kg.) 32
Antonin (= Antoninus Pius; röm. K.) 24
Apollonius (päpstl. Legat) 152, 158 (170), (171), (172)
Arbeo v. Freising (B. u. Schriftsteller) 48, 58
Aribo (Bruder in St. Emmeram) 284
– (Gf., Landhofmeister) 100
Arn(o) (B. v. Würzburg) 180
Arnold (= Arnulf; K.) 183
– (= Arnulf Malus, bayer. Hzg.)

580

187, s. auch Arnolf v. Norkum u. Arnulf Malus
– (Großvater d. gleichnamigen Autors) 53
– v. St. Emmeram (Mönch u. Geschichtsschreiber, 11. Jh.) 47, 49, 55, 61–64, 66, 112
Arnolf (= Arnulf, röm.-fränk. K.) 181
– v. Norkum (Arnulf Malus) 187
Arnulf (röm.-fränk. K., Wohltäter d. Klosters St. Emmeram, 9. Jh.) 49, 84, 182, 183, s. auch Arnold u. Arnolf
– Malus (Bayernhzg.) 187–190
– – holt der Teufel 187
– –, seine Säkularisationen 187, 189, 190
Ascanias (bibl. Riese) 2
Asam, Egid Quirin (Bildhauer u. Stukkateur) 249
Attila (Hunnenkönig) 26
Aurelia (Königstochter aus Frankreich u. Inkluse) 114
Authari (Kg. d. Langobarden) 149
Aventin(us) (bayer. Historiker) 3, 26, 241

Babo (Gf. v. Abensberg) 199
Baier (= Bavarus) 12
Bardt, Maurus (Novizenmeister in St. Emmeram) 246
Bavarus (sagenhafter Bayernfürst) 5–10
Bayr (= Bavarus) 6
Berchtold (Erbauer einer Magnus-Kapelle) 219
– (Gf. v. Andechs) 132
– (Steinmetz; Mörder) 131
Bernhard von Weimar (Hzg., Führer d. prot. Union) 243
Berosus (chaldäischer Priester) 4
Berthold (Gf. v. Lechsgmünd) 335
– (Mgf. u. Vogt) 53

– v. Rgb. sel. (Minorit, Prediger) 134, 135
Bezelin (Rgb. Bürger) 213
Bissenn, Marx von (Pfleger v. Stadtamhof) 319
Boamundus 1, 10, s. auch Boemund
Boemund(us) (sagenhafter Bayernfürst; Sohn v. Bavarus) 5, 9, 11, 11a, 18
Boiger (Sohn v. Alman Ärgle) = Boius
Boio (= Bavarus) 4, 12
Boius (= Bavarus) 4
Bojus (= Bavarus) 10
Boleslaus, s. Boleslaw
Boleslaw [I.] (böhm. Fürst u. Brudermörder, 929/967 bzw. 972) 194, 195
Bonifatius (Apostel d. Deutschen) 68
Bratislaus, s. Brzetislaus
Brenno (Schwabenhzg. in der Adelgersage) 148
Brigida, hl. (Äbtissin v. Kildare in Irland) 118
Brigitta (Tochter Heinrichs d. Zänkers) 98
Bruder Berthold, s. Berthold v. Regensburg
Brun(o) (B. v. Augsburg) 60, 98
Brunleither, Ulrich (Kirchenpfleger) 221
Brzetislaus, s. Brzetislav
Brzetislav (böhm. Herzogssohn; Hzg.) 202
Bucelinus, Gabriel (Benediktinermönch, Autor) 10
Bulzko (ungar. Kg.) 192
Burchard (Mgf. u. Vogt v. Rgb.) 59
Burghard (schwäb. Hzg.) 192
Busso (Geistlicher) 92

Caesar (röm. Feldherr, in der Sage »Kaiser«) 1, 5, 11, 11a, vgl. Julius bzw. Julius Caesar

Capet, s. Hugo Capet
Capistrano, Johannes, hl. (Franziskanermönch, Prediger) 312
Carolus Crassus 182, s. Karl d. Dicke
Carolus Magnus, s. Karl d. Große
Christus 175, s. auch Jesus Christus
Chumundus (Mönch im Kloster Fulda) 284
Clemens (iroschott. Inkluse) 171, 214
Coelestin (Papst) 152
Columba, hl. (iroschott. Abt) 118
Commodus (röm. K.) 24, 25
Craco (riesenhafter Heide) 186
–, ein Türke
–, ein Ungar
Cranach, Lucas (d. Ältere; Maler) 251
Crescentius (röm. Tyrann) 107
Curtius (Mundschenk) 183
Cyrenäus, s. Lucius Cyrenäus

Daniel (bibl. Prophet) 32
David (bibl. Kg.) 59, 259
Deutscher Herkules, s. Herkules, Deutscher
»Dicke Agnes«, s. Stichwortverzeichnis
»Dicke Bräuer«, der 330
»Dicke Heinz«, der (Metzger) 256
Dieth (sagenhafter bayer. Hzg.) 4, 28, 29, vgl. auch Theodo (Anfang 6. Jh.)
– III. (bayer. Hzg.) 30, 31, vgl. a. Theodo »III.« (z. Zt. des hl. Rupert)
Diethwald (Bayernhzg., Schwager v. Regendraut) 30
Dietlind, s. Theodolinde
Dietprecht (bayer. Herzogssohn) 31
Dinghold (Gefährte d. hl. Rupert) 30

Diokletian (röm. K.) 38
Dionysius Areopagita, hl. (B. u. Märtyrer) 84, 85
Dollinger, Hans (Held) 186
– (wegen Hochverrats im Kerker) 186
Doming (Gefährte d. hl. Rupert) 30
Donatus (iroschott. Inkluse) 171, 214
– (schottischer Kg.) 150
Donauer, H. M. (Rgb. Zimmermann) 303

Eberhard (Gf. v. Sempt) 192
Ebulo (Abt v. St. Denis) 84
Eck, Johannes (Prof. in Ingolstadt; »Judenfresser«) 224
Eisenhart (Gefährte d. hl. Rupert) 30
Eleutherius (Papst) 25
Embricho (B. v. Rgb.) 182
Emmeram, hl. (B. u. Märtyrer, 7. Jh.) 40–50, 52–67, (102), 108, 112, 113, 179, 181, 197, 283
– als Schlachtenhelfer 179, 181
– ein Jude? 43
– reinigt das Kloster 283
– spricht lateinisch 63
Engilmar(us) (B. v. Parenzo; 11. Jh.) 64
Englschalk (bayer. Hauptmann) 180
Erendraut, hl. (Verwandte d. hl. Rupert) 30
Erhard, hl. (B. in Rgb.) 69–73, 75–83, 87, 186, 214
–, Blinde geht ihm auf die Nerven 83
– gräbt eigenhändig Brunnen 77
– hält nächtlichen Gottesdienst 76
–, Lobgesänge auf ihn 79
– reinigt vergiftete Brunnen 70
–, sein Grab 69, 71, 72, 73, (76), 79, 83

– weist Opfergabe eines Diebes zurück 78
Eriprandus (Abkömmling v. Karl d. Gr.) 205
Erminold, sel. (1. Abt v. Prüfening) 121–131
– als Exorzist 130
–, schon zu Lebzeiten durch Wunder berühmt 131
– »streikt« 131
– »vorerkennt« seine Todesstunde 123
Ernestus (Geistlicher) 311
Ernfrid (Gefährte d. hl. Rupert) 30

Fahrensbach, von (verräter. Obrist) 207
Fardulf (lombard. Priester) 177, vgl. Wardhilph
Faust, Dr. (Schwarzkünstler) 315, 316
Felix (span. B.) 175
Fink (Handwerker) 270
Formosus (Papst) 183, 209a
Forster, Frobenius (Fürstabt v. St. Emmeram) 309
Franck, Sebastian (* 1499, † 1542, Historiker, Glaubensmystiker) 225
Freißlich, Georg, Dr. (Assessor u. Teufelsbündler) 318
Freitag, Dr. (Medicus) 245
Friedrich (röm.-dt. K.) 32, s. dazu Anm.
–, Bruder sel. (Augustinereremit) 137–145

Gaius Caligula (röm. Hauptmann) 293
– Lucius (röm. Konsul) 15
Garamus (Anstifter zum Giftmord) 183
Garibald (sagenhafter Kg. der Bayern) 149
Garibaldus, s. Gaubald, Gawibald
– (Chronist) 7
Gaubald(us) (Abtb. v. Rgb. 739/761) 67
Gawibald, s. Gaubald(us)
Gebhard I. (B. v. Rgb.) 60
– III. (B. v. Rgb. 1036/60, Klosterberauber) 283, 285
Geiselher (Gefährte d. hl. Rupert) 30
Gemeiner, Carl Theodor (Rgb. Stadtchronist) 224
Georg, hl. (Märtyrer, hier: Krieger) 31, 38
Gerhart (Gefährte d. hl. Rupert) 30
Germanicus 21 (viell. ident. mit nachstehendem)
– (röm. Feldherr; hier: »Kaiser«) 15
Germanus (Mundschenk) 183
– (einst an der Spitze Rgb.s?) 21, vgl. Germanicus
Gerold (Mgf. in der Adelgersage) 148
Gervasius (iroschott. Inkluse) 171, 214
Geßner, Conrad (schweizer Polyhistor) 294
Gestiliub (dämonenbesessen) 56
Gichtel (Rgb. Geschlecht) 316
Gillipatricus (Gefährte d. hl. Albert) 71
Gisela (Tochter Heinrichs d. Zänkers; Kg. in Ungarn) 98
–, vgl. Judith Gisela
Giselbert (Kanzler Kaiser Arnulfs) 84
Godin, Anselm, s. Anselm
Goldin, Catharina (Wittib) 238
Goliath (bibl. Gestalt) 259
Gomer (bibl. Gestalt) 2
Gottfried (schwäb. Goldschmied) 126
Grethel (Tochter d. »Dicken Heinz«) 256

Grienewaldt, Franciscus Jeremias (Kartäusermönch u. Chronist) 316, 329
Gundacker (Verräter) 179
Gunthar (Mönch u. Türhüter in St. Emmeram, 942 Abtb. v. Rgb.) 191
– (= Gunther) hl. (Heiliger des Bayerwaldes) 286
Gustav Adolf (schwed. Kg.) 207

Haimram 209, s. auch Emmeram
Hannes (Soldat, dann Augustinermönch) 245
Hartwig (Eb. v. Salzburg) 100
Haßl, »Wolff Hainrich« (Rgb. Hausbesitzer) 186
Haunold (Gefährte d. hl. Rupert) 30
Heimeran, s. Emmeram
Heinrich I. (ostfränk.-dt. Kg., in der Sage »Kaiser«) 184, 185, 186
– I. (Bruder K. Ottos I., bayer. Hzg.) 88, 192, 196
– II. (röm.-dt. K., Heiliger; als bayer. Hzg.: IV.) 60, 98, 198, 199, 200, 201, 209
– II., der Zänker (bayer. Hzg.; Vater von obigem) 98, 197
– III. (röm.-dt. K.) 283, 285
– IV. (röm.-dt. K.) 33, 204, 283
– IV. (1465/92 B. v. Rgb.) 224
– IV. (röm.-dt. K.) 203, 217
– V. (v. Lützelburg; Hzg. v. Bayern) 60, 201
– VI. (röm.-dt. K.) 204
– XI. (bayer. Hzg.: Jasomirgott) 206
– Auceps (= der Finkler, der Vogler) 184, 185, s. Heinrich I. (Kg.) u. vgl. Heinrich d. Vogler
– d. Vogler (= Heinrich I., Kg.) 186, 196
– d. Zänker 98, 197, vgl. Heinrich II. (bayer. Hzg.)

Heinz (Dicke), der, s. Dicker Heinz
Helena (Tochter Kg. Heinrichs I.) 185
Henneberger, Nikolaus (Domherr u. »Petl-Rath«) 320
Heracles 4
Hercules 4
Herkules (Neffe v. Trojazerstörer H.) 7
–, Starker 1, 7
–, Deutscher (= Alman Ärgle) 4, 12
Hermann (Erzkg. d. Deutschen) 3, 23
Herminius (Zunamen v. Ingram) 10
Heydenreich, Erhard (Rgb. Dombaumeister) 250
Hieronymus, hl. (Kirchenlehrer) 277
Hildebrand (Kirchenpfleger) 221
Hildolf (= Hildulf) 69
Hirsch 263, s. auch Anm.
Hochwart, Lorenz (Domherr u. Chronist) 43
Hoffmann, Christophorus (Mönch in St. Emmeram; Historiker) 228
Hohenperger, Werner (Rgb. Baumeister) 80
Hubmaier, Balthasar, Dr. (Wallfahrtsbegründer, Prediger) 225
Hugo Capet (Gf. v. Paris) 114
Huß (tschech. Reformator) 225

Igraminon (= Ingram) 9, 11, 11a, 18
Ingermann (= Ingram) 10
Ingeromandus (Ingram) 18
Ingram (sagenhafter Bayernfürst; Sohn v. Bavarus) 5, 10, 12, s. a. Ingraminon, Ingermann, Ingeromandus
Innozenz (Mönch in Prüfening), s. Metz, Innozenz

Isaak (bibl. Patriarch) 3, 13, 23, 32
- (iroschott. Inkluse) 171
Isidor(us) (B. v. Sevilla u. »historischreiber«) 1
Isis (altägypt. Göttin) 3
Istevon (Vater Hermanns) 3

Jasomirgott (Beiname d. bayer. Babenberger Hzg., s. Heinrich XI.) 206
Jeruta (Kirchgängerin) 129
Jesus Christus 16, 19, 33, 35, 36, 63, 224, 225, 281
Joanne (Witwe v. Crescentius) 107
Johannes (Gefährte d. hl. Albert) 71
Josef (oft auch Jossel; Rgb. Jude) 33
- (Zimmermann; Vater Jesu Christi) 33, 35
Juda ben Samuel, s. Juda der Fromme
- Chasid (Rabbi) 334 (identisch mit nachfolgendem)
- der Fromme 335, vgl. Juda Chasid
Judith (Gem. Hzg. Heinrichs I.) 60, 88
- Gisela 196 (identisch mit vorstehender)
- (Nonne, Kaiser- oder Grafentochter) 202
Julius 1, s. auch Caesar
- Caesar, s. Caesar

Karl IV. (röm.-dt. K.) 19, 311
- V. (röm.-dt. K.) 186
- d. Dicke (röm.-fränk. K.) 182
Karl d. Große 1, 3, 15, 20, 21, 150–154, 156–162, (163), 164–167, 169–175, 177, 205
- als Hunnenbesieger 175
- als Kirchenbauer 158, 159, 166, 167, 174, 175, 215
- als Namensgeber 161, 162
- am Zügel eines ungezähmten Rosses (Wunsch der Heiden) 157
- baut Schiffsbrücke 150, 161
- durch Tod am Klosterbau verhindert 174
- errichtet elf Kammergerichte 175
- erscheint ein Engel 151, (152), 153, (155), 157, (158), 159, (165), 173
- erweist sich treu gegenüber Getreuen 160
- feiert einen Hoftag in Regensburg 169
- , Freund Gottes 151, 153
- hält Ansprache 161, 166, 172, 173
- kann nichts unter dem Himmel entgehen 177
- kommt nach Bayern 150, 154, 160
- läßt Märtyrerkirche erbauen 166
- läßt seinen Sohn Pippin scheren 177
- nicht widerstehen können 153, 157
- springt über Säule 175
- stiftet das Schottenkloster 150
- überlegt, was er tun soll 152, 170
- und seine Kebse 177
- vernachlässigt sein Testament
- verschenkt Kloster 177
- , Verschwörung gegen ihn 177
- zeugt außerehelichen Sohn 177
Karl d. Kahle (röm.-fränk. K.) 49
Karlmann (Sohn Ludwig d. Deutschen; ostfränk. Kg.) 179, 180
Katharina, hl. (Märtyrerin) 237
- v. Bora (Nonne, später Ehefrau Luthers) 202
Kern Jakob (Steinmetzmeister) 228
Klärchen (Blechschmiedstochter) 313
Klausnerin »auf dem Gewelb«, die 141

Koch, M. (prot. Spitalprediger) 326
Konrad II. (röm.-dt. K.) 65, 202
– I. (ostfränk. Kg., in der Sage: »Kaiser«) 49
– (Eb. v. Mainz) 125
– (B. v. Rgb.) 191
– (Abt. v. St. Emmeram, 15. Jh.) 146
–, hl. (»Bruder d. hl. Ulrich) 188
– (»Brückmeister«) 256
– v. Megenberg, Magister (Kanoniker, 14. Jh., gr. Naturforscher, Universalgelehrter u. Autor) 19, 79, 289
Krako, s. Craco
Kratzer (Rgb. Familie) 310
»Kuchlreiter« 256
Kuefberger (Taglöhner) 309a
Kunegund, s. Kunigunde (K.)
Kunigunde, hl. (Gemahlin v. K. Heinrich II.) 60, 201, 209
– v. Uttenhofen (Kustodin in Niedermünster; Nichte des hl. Ulrich) 72, (73), 74, 75
Kyburg, Gf. v., s. Mangold v. Wörth

Lael (ungar. Fürst) 192
Lambert (Sohn Widos v. Spoleto; 892/989 Kaiser) 183
Lamoral 205
Landbert (bayer. Herzogssohn, Mörder Emmerams) 45, 46, s. a. Landopert u. Landpert
Landopert 40, s. Landbert u. Landpert
Landpert 47, s. Landbert u. Landopert
Lauerer, Paul (Schiffsmeister) 250
Lehner, Hans (Münzmeister u. Teufelsgeselle) 318
Leo [IX.], hl. (Papst) 73, vgl. Anm.
Leonhard, hl. 237
Lerch, Martin (Münzmeister u. Totschläger) 263

Letzelter, Peter (Bürger zu Eggenfelden) 235
Leucardis (aus Nabburg) 130
Leuthold (Gefährte d. hl. Rupert) 30
Lies Herrel u. Liserl, s. Stichwortverzeichnis
Lößel, Friedrich (Freibankmetzger u. Mörder) 308
Lothar (röm.-fränk. K.; hier irrtümlich Sohn Karls d. Gr. statt Enkel) 174
– (Kg. v. Frankreich 954/986)
Lucius (engl. Prinz u. Glaubensbote) 24, 25
– Cyrenäus (Glaubensbote) 37
Ludwig d. Bayer (röm.-dt. K.) 289
– d. Deutsche (ostfränk. Kg.) 178, 179, 180
– d. Kelheimer (bayer. Hzg.) 133
– d. Kind (ostfränk. Kg.) 49, 183
– d. Reiche (Hzg. v. Bayern-Landshut) 224
Luitprandus (Kg. d. Lombarden) 116
Lukas, hl. (Evangelist) 37, 209, 226
Lukian (röm. Autor) 277
Lupus (legendärer Märtyrer; Bischof in Rgb. (?) 28
Luther, Martin (Reformator) 225

Machantinus (iroschott. Inkluse) 118, 171, 214
Madelhoch (Gefährte d. hl. Rupert) 30
Magnus, hl. (Abt) 219
Mang, St. (= Magnus) 219
Mangold v. Wörth (Gf. v. Kyburg) 65
Mannus (wohl Almannus = der dt. Herkules) 4
Marcus Regulus (röm. Hauptmann) 15
Maria (Muttergottes) 88, 169, 182, 210, 225, 228, 234, s. auch

Stichwortverzeichnis (»Schöne Maria«)
Marian, s. Marianus
Marianus (iroschott. Inkluse) 119, 120, 169, 171, 213, 214, 215
Mark Aurel (röm. K.) 24
Markus, hl. (Evangelist) 226
Marsus (Sohn Hermanns) 3
Maximilian I. (röm.-dt. K.; Schutzherr d. Juden) 33
– I. (bayer. Kf.) 207
Mayrhofer, Elisabeth (Spitalerin) 236
Mechtild (irrig!) v. Uttenhofen 73, vgl. Kunigunde v. Uttenhofen
Mechtildis, hl. (Grafentochter, verwandt mit K. Friedrich) 132
Megenberg, Konrad, v., s. Konrad v. Megenberg
Meginfred (auch Meginfried) (richtig statt: Meginhard) 50
Meginhard (richtig: Meginfred) 50
Metz, Franz (Nerianerfrater, dann Benediktiner in Prüfening) 248
–, Innozenz (Klostername v. Franz M.) 248
Michael (Erzengel) 219
– (Abtb. v. Rgb.) 50, 52, 53
Moemar (Sohn Suatobogs) 181
Moses (bibl. Gestalt) 2, 33, 35, 43
Müller, Bartholomä (Pfründner) 325
Münzenthaler, Arnold (Prior v. Karthaus-Prüll) 247
Murcherad 213, s. auch Murcherdach
Murcherdach, -tach (auch: Mercherdach...; iroschott. Inkluse) 171, 214, s. Murcherad

Napoleon (franz. K.) 208
Nikolaus, hl. (B.) 68, 216
Noah (bibl. Gestalt) 2, 5
Norein (Norix; Sohn Alman Ärgles) 4, s. auch Noreyn, Noricus, Norix
Noreyn (= Norix) 4, s. auch Norein, Noricus, Norix
Noricus (= Norix) 4, s. auch Norein, Noreyn, Norix
Norix (aus dem Geschlecht des Starken Herkules) 1, 7; vgl. nachstehenden (ident.)
– (sagenhafter Bayernfürst; Sohn Alman Ärgles bzw. des Herkules. Jeweils von welchem Herkules, dem deutschen oder dem von Mykene, ist nicht immer klärbar) 1, 5, 8, 16, s. auch Norein...
Notangst (Rgb. Patriziergeschlecht) 206

Octavian(us) (= Augustus; röm. K.) 1, 8
Oktavian, s. Octavian(us)
Orpold(us) (Advokat) 60
Osiris (ägypt. Gott d. Nils u. d. Totenreiches) 3
Osmig (Kg. in d. Adelgersage) 148
Othmar (Gefährte d. hl. Rupert) 30
Otloh (Mönch in St. Emmeram u. Autor) 101, 277, 278, 279, 280, 281, 282, 283, 284, 285, 286
Ott (Bayernhzg.; Schwager v. Regendraut) 30
Otto (B. v. Rgb. 1061/89) 167, 170, 171, 215
– I. (röm.-dt. K.) 50, 51, 52, 191, 194, 195, 196, 276
– II. (röm.-dt. K.) 97, 202
– III. (röm.-dt. K.) 60, 107
– d. Große, s. Otto I.
– d. Weise (rhein. Gf.) 202
–, hl. (B. v. Bamberg) 132, 217, 218
– v. Wittelsbach (= Otto I., bayer. Hzg.) 133

Pamer, Margarete (Spitalerin) 326
Patricius (= Patrick; v. Irland) 118

»Pauker von Niklashausen« 225
Paulinus (legendärer erster B. v. Rgb.) 39
Paululus (= Paulus Judäus; Fuldaer Mönch u. Autor, 11. Jh.) 72, 77
Paulus, hl. (Apostel) 37, 215, 226
»Pawmburger, Hainreich« 289
Petrus, hl. (Apostel) 37, 168, 169, 171, 172, 173, 182, 187, 215, 283
– als Kirchenweiher 168, 169, 171, 172
– Damianus, hl. (Kirchenlehrer) 107
Philetus (Armenier) 7
Phinees, (bibl. Gestalt) 131
Pippin d. Bucklige (außerehel. Sohn Karls d. Gr.) 177
Podagrawirt (v. Haag) 330
Pompejus (röm. Feldherr u. Staatsmann) 11
Premislaus, s. Przemysl
Przemysl (= Ottokar I., böhm. Hzg. u. Kg.) 204
Püchelin, Anna Maria Jakobe (= »Mausmädchen«) 318

Ramwold, sel. (Abt v. St. Emmeram 975/1000) 53, 107–114
–, angeschwärzt 107
–, Neffe vom hl. Wolfgang? 114
Raselius, Andreas (Chronist) 318
Raßla (= Rastizlav; mähr. Hzg., Vetter v. Suatobog) 179
Rastizlaw, s. Raßla
Rath, Graf (= Rasso, hl. Gf. v. Dießen-Andechs; Heiliglandfahrer) 88, 196
Rathbold (bayer. Hauptmann) 180
Rather (Gefährte d. hl. Rupert) 30
Regendraut (bayer. Herzogin) 30
Regenpyrg (bayer. Herzogin) 29
Reginhard (bei Vogl irrig statt Reginward, s. d.) 85
Reginward (Abt v. St. Emmeram, 11. Jh.) 278

Richard, hl. (Sohn Hugo Capets) 114
Rindfleisch (Bauer und Judenhasser) 223
Rodburga (Giftmörderin?) 183
Romanos (= Konstantin VIII., ostoröm. K. 1025/28) 65
Rudolf (Gf. in d. Adelgersage) 148
– »ab dem Norkau« (Mgf.) 180
Rupert, hl. (B.) 30, 31, 38, 40, 209
– (aus Rgb.) 130
– (Gewandmeister im Kloster Prüfening) 131
Rydan (Pförtner bei St. Jakob) 220

Saller, Johannes SJ (Domprediger) 105
Sandolf, (»Hausl« d. Rgb. Schotten) 169, 215
Schab (ungar. Fürst) 192
Schelchshorn, Johann (Rgb. Glokkengießer) 338
Schlagmai(e)r (mähr. »Pfaffe«) 180
Schöne Maria, s. Stichwortverzeichnis
Schöppl, Heinrich (Rgb. Bürger) 250
Schwatobog (mähr. Hzg.) 180, s. Suatobog, Suatibogus, Swatopluk u. Zwentibaldus
Sebald(us), hl. (Stadtpatron v. Nürnberg) 40, 115, 116, 117
Sebastian, hl. (Pestpatron) 146
Sergius [III.] (Papst) 209a
Severin, hl. (Abt u. Glaubensbote) 27, 28, 39
Severus (= Anastasius; oström. K. 491/518) 148
Siegebald (Geliebter der Utha) 40
Sigberth (= Sindbert, B. v. Rgb. 768/791)
Sigibald (Augenzeuge beim Emmeram-Convivium), s. Anm. zu Nr. 52
Sigibert (abtrünniger Mönch) 55

Sleidanus (= Philippi), Johannes (Reformhistoriker, † 1556) 295
Stefan VI. (Papst) 209a
Steiglehner, Cölestin (Fürstabt v. St. Emmeram) 309
Sterner, Heinrich (Augenzeuge beim Kärntner Erdbeben) 289
»Stockcher von Prag« 289
Strackwaz (= Sohn v. Boleslaw), s. Stratyquas
Stratiquas, s. Stratyquas
Stratquas, s. Stratyquas
Stratyquas (Mönch in St. Emmeram) 195
Streitel, Hieronymus (Augustinereremit, Historiograf) 145
Sturm, Joh. Gottlieb (Teufelsbündler) 328
Suatibogus (mähr. Hzg.; in der Sage »König«) 179, s. auch Schwatobog, Suatobog, Swatopluk u. Zwentibaldus
Suatobog (mähr. »König«) 181, s. auch Suatibogus, Schwatobog, Swatopluk u. Zwentibaldus
Sur (ungar. Fürst) 192
Swatopluk, s. Schwatobog, Suatibogus, Suatobog u. Zwentibaldus

Taccius (Ahnherr d. Thurn und Taxis) 205
Tagino (Viztum; Vertrauter d. hl. Wolfgang) 91
Tassilo [III.] (bayer. Hzg.) 150, s. auch Thessel
Teut (König; Vater d. dt. Herkules) 4
Teutschperger, Georg, (Schuster) 232
Theodo, vgl. auch Dieth
- (Sohn Igraminons) 11a, identisch mit nachstehendem
- »I.« (sagenhafter bayer. Fürst z. Zt. v. Augustus u. Tiberius) 18

- (sagenhafter bayer. Fürst, Anfang 6. Jh.) 27
- »III.« (Bayernhzg. z. Zt. d. hl. Rupert) 38, 209
- »V.« (Bayernhzg. z. Zt. d. hl. Emmeram) 40, 42, 44
Theodobert (= Landbert) 44, s. a. Landbert
Theodolinde (bayer. Herzogstochter) 149
Thessel (= Tassilo III., bayer. Hzg.) 274, s. auch Tassilo [III.]
Thomas v. Aquin, hl. (Kirchenlehrer) 136
Thurn u. Taxis (Adelsgeschlecht) 205
Tiberius Augustus (röm. K.) 1, 14, 16, 17, 18, 19, 21, 293, 314
- Claudius »Rhennanus« 15
Titus (röm. K.) 33, 293
Torre et Tassis, de la, s. Thurn u. Taxis
Tour et Taxis, de la, s. Thurn u. Taxis
Tox (ungar. Fürst) 192
Trajan (röm. K.) 24
Tuischon, s. Tiutsch (= Ascanias)
Tuitsch (= Ascanias; Riese) 2
- (Riese, erschlagen von Alman) 4
Tundorfer (Rgb. Geschlecht) 206
Turmair, Johann, s. Aventin(us)
Tuto (Abtb. v. Rgb. 894/930) 49, 84, 86

Ulrich, hl. (B. v. Augsburg) 72, 187, 188
- (böhm. Hzg.; Vater v. Brzetislaw) 202
Utha (bayer. Herzogstochter) 40
Uttenhofen, s. Kunigunde v. . . .

Valsassine, Gf. v. 205, s. Thurn u. Taxis
Vespasian (röm. K.) 33, 293

Veturius (röm. Konsul) 15
Vido v. Spoleto (= Wido, Hzg. v. Spoleto, 891/898 K.) 183
Vital (Gefährte d. hl. Rupert) 30
Vitus, hl. (Märtyrer) 184
Vogel (Konsistorialsekretär) 322
Volkwin (bayer. Fähnrich in d. Adelgersage) 148

Wallenstein (Hzg. u. Feldherr) 207
Waltmann (Rgb. Bürger) 131
Wardhilph, s. Fardulf
Wartenberg, Albert Ernst, Graf von (Weihbischof v. Rgb. seit 1688) 36, 37, 210, 211, 212
Weixer, Melchior (Mönch in Prüfening, Klosterchronist) 218
Wenzel, hl. (böhm. Hzg. u. Märtyrer) 82, 184, s. auch Wenzeslaus
Wenzeslaus (= Wenzeslaw) 184, 185
Werner (B. v. Straßburg) 65
Wilhelm (bayer. Hauptmann) 180
Willegis, s. Willigis
Willigis, hl. (Eb. v. Mainz) 195, 198
Wirent (Burggraf in d. Adelgersage) 148
Wittmann, Georg Michael (B. v. Rgb. 1832/33) 147
Wladislaus II. (böhm. Hzg. u. Kg.; Vater vom »böhm. Przemysl«) 204

Woamundus (= Boemund) 18
Wolfgang, hl. (B. v. Rgb.) 72, 87–107, 114, 198, 202
–, abweisend und unsanft 94
– als Erzieher 98
– als Exorzist 93, 94
– flieht 99
–, Freund der Armen 95
– geht mit Heer durch Fluß 97
– hat eine Erscheinung 87, 88
– hilft Kranken 93, 94, 102, 103, 104
–, sein prophetischer Geist 98, 100
–, seine Bescheidenheit 92, 94
–, sprachbehindert? 90
–, verachtet 91
– visitiert 87
– weiht Glöckchen 106
Wolflet (Geistlicher; Gefährte d. hl. Emmeram) 40
Wolfram (Jude zu Trient) 224
– (Mönch u. Grabwächter in Prüfening) 131
Woller (Rgb. Geschlecht) 252

Ysaak (iroschott. Inkluse) 214

Zeisig (Handwerker) 270
Zwentibaldus (Hzg. d. Mährer u. Wenden) 179, s. auch Schwatobog

BERUFE, STATUS u. ä.

Die Zahlen verweisen auf die Sagennummern

Abgesandter 99, 318
Abkömmlinge 205
Abschreiber von Büchern 119, 213, 214
Abt 27, 52, 53, 60, 84, 85, 107, 110, 111, 114, 121, 123, 131, 133, 146, 157, 174, 177, 214, 219, 220, 278, 282
Abtrünniger 55
Adamiten 225
Adel(ige; auch Edle) (7), 17, 53, 56, 69, 122, 186, 199, 326, 329
Advokat 60
Äbtissin 73, 75, 89, 119, 132, 186, 213, 215
Ahnherr 84, 205
Alte/Älteste 48, 53, (102), 117, 139, 141, 148, 149, 158, 167, 170, 181, 187, 197, 219, 267, 283, 285, s. auch Greis
Altvater 32, s. auch Erzvater und Patriarch
Amme 149
Angeklagter 78, 325
antistes 64, vgl. Bischof
Anwalt 47, 95, s. auch Advokat und Rechtsanwalt
Anwohner (von Rgb.) 43
Apostel 69, 91, 143, 152, 168, 169, 170, 171, 172, 173, 209, 217, 226, 246, 283
– fürst 69, 169
apostolischer Herr 171
Arbeiter 144, 166, 249
Arbeitsleute 185
Architekt 253
Arianer 205
Arme 6, 27, 66, 95, 117, 127, 137, 198, 285, 331, vgl. Bettler und Elende

Armseliger 55
Arzt 64, 80, 83, 125, 126, s. auch Medicus und Wundarzt
Asket 118
Aufbringer 312
Augenzeuge, s. Zeuge
Augustinereremiten 138, 221, (222)
– mönch 245
Aufseher der Ziegenhirten 124
Aussätzige 69
Autor(in), s. auch Chronist, Historienschreiber etc. 1, 3, 4, 7, 10, 19, 26, 36, 43, 47, 48, 49, 50, 53, 55, 58, 61, 62, 63, 64, 65, 66, 73, 77, 79, 80, 99, 101, 107, 112, 145, 211, 212, 218, 224, 225, 226, 227, 228, 239, 241, (246), 277, (278), 280, 281, 282, 284, 285, 286, 289, 294, 295, 311, 316, 318, 329

Bäckerjunge 264a
Bärentreiber 268
»Bärtiger« 124
Bäuerin (58), 289
Barfüßer 319, s. auch Mönch
Baron 205
Bauern (-Volk) 5, 58, 223, 257, 265, 280, 338, s. auch Baumann
Bauleute 36, 185, 225
– mann 1
– meister 80, 253, 254, s. auch Brücken- und Dombaumeister
Beauftragter 167, 224
Bedienter 52
Befehlshaber 37, s. auch Heerführer
Beichtiger 90, 92, 135, 219
Beichtvater 326
Bekannte 57, 261
Bekenner Christi (Gottes . . .) 80,

591

110, 113, 124, 128, s. auch Märtyrer
Benediktiner 220, 228, 246, 248, 249, 309, s. auch Mönch
Bergleute 68
Besessene(r) 55, 56, 81, 93, 94, 101, 110, 111, 130, (245), (246)
Besucher 281
Betrüger 124
Bettler/Bettlerin 95, 114, 285
Bewohner (dieser Stadt) 21, 27, 28, (45), 154, (160), 261
– (andere) 8, 45, 66, s. auch Einwohner u. a.
Bierbrauer 330
Bibliothekar 277
Bischof 28, 39, 40, 44, 49, 50, 52, 53, 54, (58), 60, 63, 64, 65, 67, 68, 69, 72, 78, 79, 84, 85, 86, 90, 91, 92, 94, 95, 96, 98, (99), 100, 101, 102, 125, 147, 158, 162, 164, 167, 168, 169, 170, 171, 172, 173, 174, 175, 180, 182, 187, 188, 191, 193, 195, 201, 205, 217, 218, 224, 225, 244, 274, 282, 283, 285, 286, 318, s. auch antistes, Erzbischof und Weihbischof
Bistumsstifter 44
Bittsteller 174
Blechschmied 313
Blinde 46, 61, 69, 83, 86, 108, 113, (126), 127, 145, 225, 248
Blindenführer 127
Blutzeuge 31, 59, s. Märtyrer
Bote 47, 96, 148, 149, 160, 171, 174, 187, 188, 189, 215, 281, 311, s. auch Eilbote
Bräuer/Bräuin, s. Brauer
Bräutigam 114, 149, 256
Brandstifterin 229
Brauer 330
Braut 149, 180, 255
– werber 65; (eigener) 149
Bruder (geistlicher) 55, 63, 64, 66, (69), 71, 109, 110, 111, 124, 130, 131, 134, 135, 137, 139, 140, 141, 143, 172, 174, 191, 195, 214, 215, 216, 220, 245, 247, 249, 278, 279, 282, 283, 284, s. auch Frater
Brückenbaumeister 253, 254, 256, s. auch Brückmeister, Baumeister und Dombaumeister
– wächter 202
Brückmeister 256
Buchbinder 224
Bürge 180
Bürger(schaft) 27, 33, 39, 41, 69, 101, 131, 135, 143, 157, 160, 166, 167, 169, 171, 174, 186, 203, 213, 215, 216, 221, 225, 235, 256, 257, 262, 267, 302, 316, 318, 329
Büßer 280
»burgermaister« 15
Burggraf 148, 175
– hauptmann 135
– herr 135

Chorfrau 73
Chronist 7, 311, 316, 329, vgl. Geschichtsschreiber, »historischreiber« und Autor
comites (mächtige Grafen) 174
custos, s. Kirchenwächter

Diakon 67
Dichterin 73
Dieb(in) 57, 78, 95, 128, (129), 216, 269, 313, 325
Diener(in) 52, 65, 77, 94, 95, 124, 133, 169, 185, 187, 188, 199, 202, 204, 212, 231, 263, 318, s. auch Bedienter, Dienstleute
– Gottes 39, 47, 67, 91, 101, 113, 124, 130, 131, 137, 139, 140, 141, (144), 159, 231, (285)
Dienstleute 69, s. auch Bedienter, Diener
– mann 148
Dirne 313

Dombaumeister 250, 253, 254, 255, 256
- herr 320
- prediger 105
Doktor (Titel) 225, 245, 314, 315
Edelknabe 200, 326
- mann (-leute) 205, 326
Edle, s. Adel
Ehebrecher(in) 58
- frau 128
Ehehalten 212
Eidam 256
Eilbote 99, s. auch Bote
Einheimische 113, s. auch Einwohner...
Einsiedler 68, (99), 115, 258, s. auch Eremiten, Inklusen und Klausner
Einwohner (von Rgb.) 13, 15, 21, 27, 28, 43, 48, 70, 99, 174, 178, 293, 297, s. auch Bewohner...
- (andere) 66, 154, 156, 159, 178, 258
Elende 27, (48), 102
Erbe/Erbin 8, 60, 205
Eremiten (228), 258, vgl. auch 221
Ersatzmann 194
Erzähler 227
Erzbischof 63, 69, 71, 100, 118, 125, 158, 169, 195, 198, vgl. antistes und Bischof
- könig 2, 23
- vater 2, s. auch Patriarch
- zauberer 186
Evangelist 37, 226
Exorzist 111, 130

Fähnrich 148
Fährmann 219
Falschmünzer 224
Fant 313
Feilenhauer 330
Feldherr 179
Findelkind 258
Fischer 209a

Frater 248, s. auch Bruder
»Frau, erfahrene« 126
Freibankmetzger 308, s. auch Metzger
Freier 313
Freigeborener 59
Fremder/Fremdling 71, 113, 213
Freund(in) 47, 50, 77, 79, 114, 126, 130, 136, 148, 151, 153, 157, 179, 185, 294, 303, 313
Fromme 30, 40, 48, 69, 102, 109, 143, 213, 221, 257, 313, 334, 335
Führer 151, 152, 243, 285
Führer (von Kranken) 127, 130
Fuhrleute 14
Fürbitter (-sprecher) 47, 50, 54, 56, 105
Fürst 1, 5, 6, 7, 11, 11a, 17, 18, 21, 22, 30, 41, 42, 44, 45, 52, 55, 67, 88, 107, 133, 157, 164, 169, 170, 171, 173, 174, 175, 180, 183, 184, 185, 186, 190, 192, 194, 195, 197, 205, 274, 285, 294, 329
Fürstabt 309
Fürstensohn 195
Fürstin 60, 88, 248
Fußgänger 96, 257

Gärtner 148
Gast 52, 68, 100, 117, 133, 186, 188, 213, (214), 215, (287), 294, 295, 311
Gäste (hochadelige) 52
Gastgeber 52, (56), 80, 132, 188
Gauner 313
Gefangener 28, 32, 33, 48, 135, 174, 192, 193, 224
Gefolge 154, 199
Gehilfe 186, 249
Geisel 180, 225
Geißler 225
Geistlicher (Geistlichkeit) 38, 40, 41, 42, 67, 92, 164, 174, 175, 177, 183, 214, 223, 225, 243, 293, 311, 326

Gelehrter 30, 225, 294, 309
Geliebte(r) 40, 185
General 180
Gerechte 59
Gesalbte (Gottes) 45
Gesandter (8), 99, 149, 170, 265, 266
Geschichtsschreiber 3, 50, 241, 277, s. auch »historischreiber«
Gesellen 249, 256, 289, 313
Gesinde 269
Getreue 202
Gewandmeister 131
Gewappnete 202
Gewaltige (im Reich) 91
Gewerbetreibende 22
Gläubige 55, 57, 66, 72, 90, 101, 221
Glaubensbote 37
Glockengießer 260, 337, 338
Götzendiener 48
Goldschmied 67, 126
Gottesdiener(in) 47, 141
– mann (auch Mann Gottes) 94, 110, 117, 127, 128, 130, 137, 141, 143, 214
Gottseliger 133
Grabwächter 131
Gräfin 69
Graf 24, 36, 37, 49, 52, 53, 65, 88, 100, 114, 132, 148, 174, 175, 179, 185, 192, 199, 202, 205, 210, 311, 336
Grafentochter (132), 202
Greis 48, (181), 267
Große (in der Bedeutung: Mächtige) 177, 193

Handwerker 48, 80, 101, 270
Hauptmann (Hauptleute) 11, 15, 135, 180, 293
Hausbesitzer 186, 208, 259, 260, 264, 267, 268
– frau 256, 257
– gesinde 146, 294
– graf 313
– schreiber 326
– vater 48, 257
– wirt . . . 318
Heerführer 1, 7, 11, 18, 97, 155, 160
Heiden 4, 15, 20, 24, (25), 27, 28, 31, (33), 36, 37, 38, 40, 48, 151, 153, 157, 158, 160, 161, 162, 164, 165, 166, 173, 186, 192, 209, 224, 293
– bekehrer 24
Heiliger, s. unter den einzelnen Heiligen im Personenregister
Heiliger Mann 40, 41, 42, 45, 46, 92, 93, 95, 99, 101, 111, 112, 119, 133, 145, 151, 152, 168, 170, 171, 173, 213
Held 2, 3, 4, 148, 258
Henker 13, 207, 260
Herold 158
Herr 6, 7, 8, 11a, 17, 18, 19, 45, 48, 54, 65, 88, 91, 96, 134, 148, 149, 186, 187, 188, 189, 199, 207, 243, 256, 261, 268, 289, 314
–, unser (= Christus) 35, 97, 281
Herrscher 3, 6, 12, 116, 158
Herzog 4, 5, 8, 9, 11a, 27, 28, 29, 30, 31, 33, 38, 40, 44, 60, (68), 88, 133, 148, 150, 180, 184, 185, 187, 188, 189, 190, 192, 195, 196, 197, 198, 201, 202, 204, 206, 209, 224, 243, 256, 258, 273, 274, 289, 294, 311, 312, 337
Herzogin 30, 196, 202, 210
Herzogssohn 31, 40, 202
– tochter 40
Heuschreckenbekämpfer 287
Hirte (im übertragenen Sinn) 99, 191
»historischreiber«, 1, 226, vgl. Autor und Geschichtsschreiber
Hochverräter 186
Hochzeitsleute 180
Hofdiener 95

– gesinde 42, 95
– kaplan 49, s. auch Kaplan
– staat 155, 186
Hüter (des Hauses) 90
Hüter des Heiligtums, s. Kirchenwächter

Illuminator 224
Inkluse 141, 167, 168, 169, (170), 171, 174, s. auch Klausner
»Inwohner« 13, 70, 99, s. auch Bewohner, Einwohner

Jäger 99, 199, 206, 258, 330
Jesuit 105, 244
Jungfrau (= Nonne) 72, 77, 119, 202
Junker 313
Juristen 60, s. auch Advokat, Anwalt und Rechtsanwalt

Kämmerer 33, 167
Kämpfer (auch Vorkämpfer) 11a, 151, 162, 163, 186
Kaiser 1, 3, 11a, 15, 16, 18, 19, 21, 24, 25, 32, 33, 49, 50, 51, 52, 60, 65, 84, 91, 97, 98, 107, 132, 148, 155, 157, 165, 172, 177, 182, 183, 184, 185, 186, 191, 192, 194, 196, 198, 199, 200, 201, 202, 203, 204, 209, 217, (224), 225, 267, 276, 283, 285, 289, 293, 294, 311, 322, (329)
Kaiserin (-gemahlin) 201, 209
Kaiserschwester 65
– tochter 65
Kamerad 133, 270, 321
Kammerknechte 33
Kanoniker 19
Kanzler 84, 289, 318
Kaplan 94, 167, 169, s. auch Hofkaplan
Kapuziner 330
Kardinal 172

Karmelit(in) 329, 338
Kartäuser 247, 329
Katholiken/Katholische 27, 106, 221, 224, 239, 243, 323
Kaufleute 22, 257, 259, 289, 336
Kebsin 177
Kellner/in 330
Kesselhalter 194
Ketzer 244
Kindsmörderin, potentielle 311
Kirchenbauer (-gründer) 158, 169, 178
– bediente 67
– diener 144
– pfleger 221
– wächter/in 54, 64, 72, 76, 112, vgl. custos
Klausner/in 114, 118, 141, 215, s. auch Inkluse
Kleriker 63, 64, 113, 158, 171, 215
Klerus 69, 174
Klosterbruder, s. Bruder
– frau 77, 87, 202
– insassin 83, 239
– hüter 191
– knechte 202, s. auch Knecht
– ober 138, s. Ober(er)
– vorsteher 137
Knecht 11, 47, 48, (134), 139, 148, 225, s. auch Klosterknecht
Köchin 230
König 3, 4, 12, 19, 20, 21, 22, 25, 26, 32, 49, 52, 84, 97, 98, 114, 115, 116, 148, 149, 150, 151, 152, 153, 154, 155, 157, 158, 160, 161, 162, 164, 166, 167, 169, 170, 171, 172, 174, 177, 180, 181, 182, 185, 186, 187, 191, 192, 194, 198, 203, 207, 223, 273, 283, (307), 329, s. auch Erzkönig
Königin 69, 98, 149, 177, 292
Königssohn 186
– tochter 114, (149)
Kommandant 207
Konsistorialsekretär 322

Konsul 15
Konventuale 220
Konverse 66
Kranke/r exkl. Besessene/r und Blinde/r 47, 49, 50, (52), 53, 57, 58, 59, 60, 61, 64, 66, 69, 70, 79, 80, 82, 91, 92, 102, 103, (104), 105, 109, 112, 124, 125, 141, 142, 146, 182, (187), 190, 214, 220, 221, 225, 228, 231, 232, 234, 235, 261, 266, (274), 277, 278, 281, 282, 284, 309a, 318
Krankenpfleger 261
– wärter/in 278, 326
Krieger 4, 28, 31, 41, 160, 176
Kriegsgeselle 28
– knecht, unnützer 91
– leut 299
– mannen 2
– oberster 207
– volk 28, 177, 179
Künstler 209, 240, 248, 249, (251), 289
Kundschaft 259
Kupferschmied 327
Kurfürst 207

Ladenbursche 313
Lahme 69, 225
Laien 171, 187, 189, 215, 278
– bruder 124, 135, 137, 139, s. auch Bruder
– mönch 143
Landbewohner (8), 101
Landesfürst 67, 158, s. auch Fürst
– herr 257
Landhofmeister 100
– leute 21
– mann 257
Landsleute 174
Landvogt 18, s. auch Vogt
– volk 38, 179, s. auch Volk
Legat 152, 158, 162, 164, 170, 171, 172, 173
legetarius 96

Lehrer 24, 277, 279, 286
Lehrgeselle 254
– herr 263
– junge 253
Lehrling 98, 253, 263
– meister 98, 263
Leibeigene 28
Leibwache 133
Lektor 242
Lenker des Kriegsgeschehens 4
Leutnant 322
Lügner 124
Lutheraner/Lutherische 106, 239, 242, 295, 323, s. auch Protestanten

Machthaber 69
Mächtige 22, 27
Magd 47, 225
Märtyrer/in 38, (40), 41, 42, 44, 46, 47, 48, 49, 50, 52, 53, 54, 55, 56, 57, 58, 59, 61, 62, 63, 64, 66, 67, 82, 85, 103, 112, 146, 159, 166, 173, 187, 288
Magister 19, 80, 279
maiores natu regni 158
Majestät, apostolische 19, s. auch Papst
– kaiserliche 19, 20, s. auch Kaiser
Malefikant 339
Mann, gemeine (der) 4, 223, 289
– Gottes 58, 117, 141, 143, 214, 215, s. auch Gottesmann
Mannen 40, 148, 179, 199
Markgraf 53, 59, 148, 180, 196
Martyrer, s. Märtyrer
Marschall 155, 158, 174
Matrose 54
Medicus 245, 326, s. auch Arzt
Meineidiger 52
Meister 126, 249, 253, 256, 260, 263, 277, 337, 338
Mesner 80, 119
Metzger 256, 269, 308, s. auch Freibankmetzger

- tochter 256
Ministrant 140
Minorit 313
Mitbruder 63, 284, s. auch Bruder
- schüler 279
Mönch 49, 54, 55, 60, 63, 84, 91, 123, 131, 134, 174, 175, 177, 181, (182), 187, 191, 195, 215, 220, (221), 227, 245, 249, 277, 282, 283, 284, 286, 312, 329, s. auch Laienmönch, Schottenmönch . . .
Mörder 28, 40, 45, (123), 131, 194, 308
Mordknecht 40
Mühlarzt 48
Münzmeister 263, 318
Münzschläger 224
Müßiggänger 120
Mundschenk 183

Nachbar 117, 280, 295
Nachfolger (der Apostel) 152, 182, 224, s. auch Papst
- (des Kaisers) 65
Nachkommen 8, 45, 46, 47, 48, 182, 186, 205
Nebenpfründner 326
Nerianer 248
Neubekehrter 37
Nonne 72, (83), 119, 202, 329
Nonnenräuber 202
Nothelfer 4, 31, 109
Novize 246
Novizenmeister 246

Ober(er) (Kloster-) 137, 138
- haupt (des Reichs) 191
- hirte 39, s. auch Bischof
- offizier 155
Oberst 207
Obrigkeit (geistliche und weltliche) 99, 223, 224
Obrist 179, 207
Ochsentreiber 134

Ordensbruder 217, s. auch Bruder
- mann 197, s. auch Abt, Augustiner, »Bärtiger«, Barfüßer, Benediktiner, Bruder, Frater, Jesuit, Kapuziner, Karmelit, Kartäuser, Konventuale, Konverse, Laienbruder, Laienmönch, Ordensbruder, Pater, Prior, Religiosen

Papist 295
Papst 25, 69, 152, 171, 183, 198, 209a, 289, s. auch Vater . . .
Paralytiker 214
Pater 137, 220, 228, 246, 248, s. auch Vater . . .
Patriarch 3, 13, 23, 217, s. auch Erzvater
Patrizier 206
Patron 50, 54, 63, 146, 177, s. auch Schutzpatron
Pauker 225
Pestpatron 146
»Petl-Rath« 320
Pfaffe 177, 180, 199, 225, 227
»pfaffhayt« 41
Pfändner 186
Pfarrer 237
Pferdedieb 78
Pfleger 319
Pförtner 173, 191, 220, s. auch Klosterhüter und Torwart
Pfründner 325, 326
- mutter 326
Pilger, Pilgrim 25, 39, 40, 54, (71), 80, 88, (116), 117, 174, 213, 214
Pöbel (= »pöfel«) 28, 225
Polizeisoldat 265
Potentat 203
Prahler 186
Präses 24
Prediger (90), 115, 134, 135, 242
Priester(-schaft) 4, 24, 30, 39, 45, 47, 57, 58, 67, 91, 130, 139, 140, 157, 158, 170, 177, 221, 222, 225, 280, 311

Primas 118
primicerius 155
Prinz 24, 197
Prinzessin 185, 248
Prior 137, 140, 144, 145, 247
Professus 246
Prophet 32, 33, 34, 36
Propst 50
Protestanten 242, 295, 326, s. auch Lutheraner
Rabbi 334, 335
Rat/Räte (versch. Art) 33, 60, 224, 225, 256, 318, 324, 326
Räuber 28, 48, 65, 135, 313
Ratgeber 148, 152
»Raths-Verwandte« 35
Raubritter 336
Rechtsanwalt 47, s. auch Advokat, Anwalt
Recke 4
Redner 134
Regent 23
Reiche 22, 27, 28, 213, 259, 268,
Reichsmünzmeister, s. Münzmeister
– postmeister 205
– tagsgesandter 265, 266, 318
– – profos 313
Reisegefährte 66, s. auch Gefährte
Reisender 257
Reiter 96, (256), 257
Religiosen 146, 246
Richter 60, 79, 191
Ritter(-schaft) 11, 17, 148, 164, 186, 217, 258
Rittmeister 186, 321
Rivale 339

Sachwalter 174
Sänftenträger 268
Sakristan 220, s. auch Mesner
Scharfrichter 207, 229, 260, 339
Schausteller 269
Schelm 177
»Schemelmann« (Behinderter) 66

Scherge 78, 135
Schiffer 62, 337
Schiffsherr 54
– meister 250
Schmied 323
– lehrling 263, s. auch Lehrling
»Schotten«-Mönche 175, 213, (214), 215
Schreiber 224
Schriftsteller, s. Autor
Schüler 136, 277, s. auch Mitschüler
Schütze 28
Schulbub 262
Schuldner 49
Schuster 55, 232
Schutzheiliger 61, s. auch Schutzpatron
– herr (der Juden) 33
– patron 40, 52, 54, 62, 73, 197, s. auch Pestpatron
Schwester (=Nonne) 215, 329
Seeleute 54
Selige(r), s. im Personenregister
Sergeant 207
Soldat 3, 37, 133, 154, 163, 164, 179, 181, 245, 257, 299, 322
Späher 154
Spießgeselle 135
Spitalmedikus 326
– meister 326
– prediger 326
– rat 326
Städtebauer (-gründer) 1, 12, 14, 16, 17, 18, 19, 21
Stände 157, 184, 193, 215, 217
Standespersonen, hohe 52
Statthalter 11a
Steinmetz 67, 228, 260
– schlepper 53
Sternseher 289
Stoiker 277
Streiter Gottes 102
Streiter (der Heiden) 165
Student 246

Tafernwirt 241, s. auch Wirt
Taglöhner 204, 309a
Teufelsbündler (246) 256, (318)
»Thorwarth« s. Torwart
Torwächter 202
– wart 121
Totengräber 268
Totschläger 263
Trabant 49
Träger, s. Sänftenträger
Tyrann 107, 190

Umstehende (Anwesende, Dabeistehende) 48, 55, 59, 64, 85, 93, 94, 110, 130, (134), 143, 171, 281, 283, 311, vgl. auch Zeuge, Zuschauer
Unterdrücker 27
Untergebener 124, 170, 179
Untertan 3, 148, 155

Vasall 59, 190
Vater (=Pater) 63, 64, 285, 313
Vater (hl., sel., gütiger . . .) 72, 77, 83, 92, 95, (107), 109, 111, 118, (123), 124, 169, 189
Vater (=Papst) 73, s. auch Papst
»Vater des Vaterlandes« 170
Vatermörder, potentieller 177
Verbrecher(in) 229, 260, 339
Verfolger 202
Vergolder 224
Verhafteter 224
Verleumder 188
Vermählte 185
Verschwörer 177
Verteidiger 53, s. Anwalt
Verurteilter 207, 339
Verwalter 174
Verwandte 35, 57, 148
Verweser 11a
Vetter 50, 84, 179, 308
Viztum 50, 91
Vogt 53, 59, s. auch Landvogt
Volk(-smenge) 1, 5, 6, 7, 18, 28, 31, 39, 42, 44, 47, 48, 55, 56, 67, 69, 70, 90, 91, 130, 134, 135, 153, 156, 157, 158, 159, 164, 166, 169, 173, 177, 180, 186, (200), 214, 215, 225, 226, 229, 240, 261, 264a, 275, 286, 288, 293, 332, 337
Volksvertreter, adelige 161
Vorbote 277, 287
Vorfahren 4, 11, 33, 49, 145, 186
Vormundamtsassessor 318
Vornehme (Herren/Leute) 35, 47, 64, 69, 88, 97, 170, 282, 283, 291
Vorübergehende 45, 145, 313

Wache 324
Wächter, s. Grab- und Kirchenwächter
Wahrsagerin 317
Waller/Wallfahrer 33, 34, 73, 118, 225, 226
Wanderer 45, 257
Wartmänner 148
Weggenosse, s. Gefährte
Weihbischof 36, 210
Weltliche (21?), 67, 225, 293, s. auch Standespersonen
Weinschenk (?) 294
Werkleute 93
Wirt/in 208, 241, 269, 294, 309a, 330, 331, s. auch Tafernwirt
Witwe 48, 88, 107, 196, 238
Wohlhabender 122
Wohlredner 60
Würdenträger (geistliche und weltliche) 21, 157
Wundarzt 318
Wundertäter 40 . . .

Zauberer 186, 227
Zauberin 186, 317
Zechkumpan 308
Zeitgenosse 239, vgl. auch Autor
Zeuge 43, 47, 60, 64, 77, 171, 173
Ziegenhirt (lat.: opilio) 124

Zimmermann(-leute) 33, 35, 48, 80, 131, 303
Zirkusmann 269
Zölibatsbrecher (?) 113

Zuhörer (bei Predigt) 90
Zuchtmeister 279
Zuschauer . . . 186, 207
Zwölfbote 187

ORTE

R = Regensburg   Die Zahlen verweisen auf die Sagennummern

Schwierigkeiten beim Ortsregister machte vereinzelt schon die in Klammern beigefügte Definition des jeweiligen topografischen Begriffs, der – wie z. B. Lothringen und Schottland – nicht unbedingt zu allen Zeiten die gleiche Bedeutung hatte. Meistens wurde die heutig gängige Definition eingebracht. Die Stichworte Deutschland und Bayern erscheinen nicht. Mit Fragezeichen versehen sind z. B. einige nicht eindeutig lokalisierbare Ortsnamen aus der Adelgersage (Haselbrunnen, Kambach, Salre). Vereinzelt – wenn das Stichwort nicht ausdrücklich im Text erscheint, aber man sicher schließen kann, daß es sich darum handelt – wurde die Nummer der Belegstelle in Klammern gesetzt: eine bestimmte Lokalität wird nicht namentlich genannt; man kann nur aus dem Textkonnex auf sie schließen, manchmal sogar nur aus der Kenntnis größerer kulturhistorischer Zusammenhänge.

Aachen 170, 174, 214, 253
Abbach (Markt in Ndb.) 4, 147, 197, 258
Abensberg (Stadt in Ndb.) 31, 199, 241, 338
Abersee (=Wolfgangsee; österr. Alpensee) 99
Ägypten 3, 11, 55
Afrika 118
Aisne (Fluß in Frankr.) 97
Aiterhofen (Ort und Kloster in Ndb.) 60
Alemannien 151
Almannus, s. Altmühl
Alpen 25, 151
Alt-Bunzlau (Stadt im mittleren Böhmen) 202
Altenburg, vgl. Oldenburg
Altmühl (Nebenfluß der Donau) 4
Altötting, s. Ötting
Amberg (Stadt in der Opf.) 223
Andechs (Ort in Obb.) 132
Antiochien (ma. Patriarchat in Kleinasien) 24
Ararat (Berg in der Türkei) 5
Armenien 1, 2, 5, 6, 7, 9
Arnoldstein b. Villach 289
Aschheim (Ort in Obb.) 41
Asien 118

Augsburg 18, 60, 98, 187, 188, 196
Augusta (=Augsburg) 18
Augusta Tiberii (alter Name für R.) 12, 29
Babylon (Ruinenstadt am Euphrat) 4
Bamberg 132, 214, 217, 218, 223, 318
Basel 15, 291
Bavaria (=Bayern) 1
Bayerwald 286
Beratzhausen (Markt in der Opf.) 50
Berching (Stadt in der Opf.) 223
Bergamo (Stadt in Nordital.) 205
Bern (Ort in der Adelgersage: Verona) 148
Blocksberg (in der Volkssage für: Brocken; Berg im Harz) 255
Böhmen 19, 26, 148, 180, 184, 185, 195, 202, 204
Böhmerwald 185, 202
Bogen (Stadt in Ndb.) 62
Brabant (belg. Provinz) 157, 159
Brandenburg (Land) 311
Braunschweig 294
Britannien 25, s. auch England
Brixen (Stadt in Südtirol) 148

Brocken, s. Blocksberg
Burgund (französ. Landschaft u. früheres Herzogtum) 9
Burgweinting (Ort in der Opf.) 14
Burtscheid (Abtei bei Aachen) 170, 174, 214

Cashel (Stadt in Irland; frühchristl. Bischofssitz) 71
Civitas Quadratorum Lapidum (alter Name für R.) 20, s. auch Stadt der Viereckigen Steine
Comer See 205
Costnitz (=Konstanz) 225

Dänemark 115
Dechbetten, s. unter Regensburg
Dießen (Markt in Obb.) 132
Donau 3, 4, 12, 14, 15, 19, 20, 21, 23, 26, 27, 28, 29, 31, 41, 42, 43, 48, 62, 79, (100), 115, 116, 150, 151, 154, 157,, 158, 159, 160, 161, 174, 197, 203, 204, 207, 218, 219, 229, 253, 256, 257, 266, 272, 288, 290, 315, 318, 332, 336, 337
Donautal 332
Donauwörth (Stadt in Schwab.) 65
Dreifaltigkeitsberg, s. Regensburg

Ebermannstadt (Stadt in Ofr.) 257
Ebersberg (Stadt in Obb.) 192
Ebnath (Stadt in der Opf.) 330
Edelstetten (Ort in Schwab.) 132
Eggenfelden (Stadt in Ndb.) 235
Eglofsheim (wohl: Alteglofsheim/Opf.) 96
Ehebetten, s. Regensburg
England 24, s. auch Britannien
Enns (österr. Nebenfluß der Donau) 28, 177
Ergle, s. unter Regensburg
Europa 118, 287

Falkenstein (Berg in Österr.) 99
Fernweide (»Einöde«) 48

Franken (Land) 26, 214, 223
Frankfurt [a. Main] 178, 322
Frankfurt a. d. Oder 207
Frankreich 97, 114
Frauenbründl (Wallfahrt b. Bad Abbach) 147
Frauenburg (Schloß in Böhmen) 185
Frauenforst (Waldung) 68
Frauenkirche (in München) 337
Fulda (hier: nur Kloster) 282, 284

Gallien (röm. Name Frankreichs) 2, 26
Gascogne (histor. Provinz in SW-Frankreich) 160
Germania 1, 17, 150, s. auch Germanien
Germanien 4, 71
Germanisheim (alter Name für R.) 21
Germansheim (alter Name für R.) 12, 16, 22, 32
Gethsemane (Garten am Ölberg b. Jerusalem) 211
Grimma a. d. Mulde (Stadt in Sachsen) 202
Grimmenthal (Wallfahrt bei Meiningen) 225
Großprüfening, s. Regensburg
Guienne (wohl: Guyenne, franz. Grafschaft) 40
»Gumle« (?) 335, s. unbedingt Anm. dazu

Haag (welches?) 330
»Haintzacker«, s. unter Regensburg
Harting (Ort bei R.) 165
»Haselbrunnen« (viell. bei der Haselburg/b. Bozen?) 148, vgl. Anm.
Haugenried (Ort in der Opf.) 68
»Heinrichs-Acker«, s. unter Regensburg

Helfendorf (Ort in Obb.) 40
Hellespont (antike Bez. für Dardanellen) 287
Hermannsheim (alter Name für R.) 3, 12, 14
Hermena (alter Name für R.) 10
Hermenia (alter Name für R.) 26
Hessen-Kassel 328
Hibernia (antiker Name für Irland) 69, (174)
Hyaspolis (alter Name für R.) 21, 314
Hyatospolis (alter Name für R.) 16, 21

Imbripolis (alter Name für R.) 16, 21, 314
Indien 5, 118
Ingolstadt 207, 243, 309
Ingramshaim(heim) (alter Name für R.) 10, 12
Inn (Fluß) 13, 28, 40, 148
Innsbruck 13, 251
Irland 69, 118, 159, (170), 174, s. Anm. 69 und vgl. Schottland
Isar (Fluß) 40, 41, 337
Isling, s. unter Regensburg
»Isterreich« 9
Italien 7, 66, 107, 244

Jakobskirche (in Innsbruck) 251
Jerusalem (die Heilige Stadt der Christen, Juden und Mohammedaner) 32, 33, 35, 36, 54, 71, 88, 196, 225, 293

Kärnten (Land) 179, 289
Kallmünzer Forst 299
Kalvarienberg (Kreuzigungsstätte) 36
Kambach (Ort in der Adelgersage, viell. Kampenn bei Bozen oder »Chamb«?) 148
Kelheim (Stadt in Ndb.) 232
Kellerberg (Feste in Oberkärnten) 289

Kerlingen 9
Köln 19, 20, 253
Konstantinopel (früherer Name für Istanbul) 65
Konstanz a. Bodensee 188, 225, s. auch Costnitz
Krain (das heutige Slowenien) 289
Kumpfmühl, s. unter Regensburg

Landshut 335
Langquaid (Markt in Ndb.) 48
Langwaid (vermutlich: Langquaid) 48
Larch (irrig bei Aventin für Lorch) 28
Lauriacum 28, s. Larch und Lorch
Lausitz (Gebiet) 185
Lech (Fluß) 50, 336
Lechfeld, das (Schotterebene südl. von Augsburg) 187, 196
Lechsgmünd (wohl: Lechsend/Schwab.) 336
Lichtenwalder Forst 267
Liestal bei Basel 291
Linz 32, 177
Lorch (= das röm. Lauriacum) 28
Lothringen 20

Mähren, auch: Merhern (hist. Gebiet in d. mittleren Tschechoslowakei) 9, 26, 180, 181, 202
Magdeburg (Stadt a. d. Elbe) 50
Mailand 205
Mainz 15, 125, 195
Mergentheim (Bad . . .) 223
Mertanne (bei Harting?; Bächlein) 165, s. Anm.
Michelsberg (in Bamberg) 214
Mondsee (Ort u. See im nordwestl. Salzkammergut) 86
Mosel (Nebenfluß des Rheins) 20
Mühldorf (vermutl. die Stadt am Inn) 235
München 231, 337
Mulde (Nebenfluß der Elbe) 202

Naab (Fluß in der Opf.) 3, 12, 21, 53, 218
Nabburg (Stadt in der Opf.) 130
Napoleonshöh, s. unter Regensburg
Neumarkt (Stadt in der Opf.) 223
»Newstatt« 195
Niklashausen (Wallfahrt in Baden) 225
Nimbschen (Zisterzienserinnenkloster bei Grimma a. d. Mulde) 202
Nordga 1, s. Nordgau
Nordgau 27, 60
Norkau 180
Norea 1
Norica 1
Noricum 15, 63, 187
Noricum (Land »under dem In«) 28
»Norigkaw« 7, 8, 9, 11; (Stadt!) 17
Norix (hier: Stadt) 26
»Norkau« 180
»Nortgäw« 5, s. auch Nordgau
Nürnberg 40, 115, 203, 223, 226, 294, 336

Oberpfalz 26
Österreich 9, 11a, 79, 100, 101, 196, 202, 229, 230, 289
Ötting (Obb.) 31, 155, 183
Oldenburg 185
»Osterfranken« 9

Palästina (Gebiet zw. Mittelmeer u. Jordan) 210
Pannonien (röm. Donauprovinz) 11a
Paris 84, 97, 114, 117
Passau 28, 29, 39
Persenbeug (Stadt in Niederösterr.) 229
Pielenhofen (Ort in der Opf.) 250
Poitiers (Stadt in Westfrankr.) 40
Poitou (histor. Provinz in Westfrankr.) 160

Prag 82, 184, 195, 202, 225, 286, 289
»Prüfling«, s. unter Regensburg
Prüm (Stadt in der westl. Eifel mit Benediktinerkloster) 177
Pupping 100, 101
Pursetum s. Burtscheid

Quadrata (alter Name für R.) 15, 16, 21, 314

Rätien (röm. Provinz) 24
Ratisbona (alter Name für R.) 1, 16, 21, 150, 160, 161, 314
Ravenna/Norditalien 107
Regelsburg (alter Name für R.) 15
Regen (Nebenfluß der Donau) 3, 12, 13, 14, 15, 21, 23, 33, 48, 202, 219, 290, 314, 330
Regenpurg 204
Regenpyrg (alter Name für R.) 29

REGENSBURG passim
(s. auch Augusta Tiberii, Civitas Quadratorum Lapidum, Die Viereckige Stadt, Germanisheim, Germansheim, Hermannsheim, Hermena, Hermenia, Hyaspolis, Hyatopolis, Imbripolis, Ingramshaim, Norix, Quadrata, Ratisbona, Regelsburg, Regenpurg, Regenpyrg, Reginopolis, Rengspurg, Stadt der Viereckigen Steine, Tiberia, Tiberina, Tibernia, Tiburnia, Tyberia, Tyburnia)
– »Academia«, jüdische 33, s. auch Judenschule
– Ärgle, s. Ergle
– Adlersberg (Ort), s. Anm. 176
– »Ad pedes« (Emmeramskrypta), s. »de pedibus«
– Affe, steinerner (Wahrzeichen) 268
– Albertgrab 71, 83

- Alte Kapelle 31, 38, 209
- Am Wiedfang 141
- An der Richtbank 193
- Armenhaus, städtisches 326
- Augustinereremitenkirche (und -kloster) 137, 138, 139, 140, 143, 144, 145, 221, (224), 245
- »Ayrwinkel« (= Eierwinkel) 329
- »Bäckenspreng« 313
- »Bär an der Kette«, s. »Zum Bär an der Kette«
- Barfüßerkirche (und -kloster) 319
- »Bauernhuet« 333
- Bischofshof 262
- Braut, ungetreue (Wahrzeichen am Dom) 255
- Bruderhaus 221
- Brückstraße 261
- »Brunnfening« (alter Name für Kloster Prüfening) 218
- Brunnleiten, an der 256
- Bürgerberg 215
- Collis victoriae, s. Siegesberg
- Confessio (St. Emmeram) 57
- Dechbetten 302, vgl. Ehebetten
- »de pedibus« (Emmeramskrypta) 57
- Dionysiuschor (in St. Emmeram) 84
- Dollingerhaus (186)
- Dom 19, 133, 134, 177, 211, 217, 240, 253, 254, 255, 257, 272, 329, (337), vgl. Peterskirche, St. Peter und St. Stefan
- Dombrunnen 272
- Dominikanerkloster u. -kirche 242
- Domkapitelhaus 252
- Dreifaltigkeitsberg (48), 176
- Ehebetten (früherer Name für Dechbetten) 302
- Emmeramsbrunnen (im Kloster St. Emmeram) 64
- Emmeramsgrab (in St. Emmeram) 42, 44, 46, 47, 56, 57, 61, 67, 108, 112, 179, 181
- Emmeramskrypta, s. Emmeramsgrab und »de pedibus«, auch Confessio
- Ergle (Wald) 4, 31, 258
- Erhardgrab (im Niedermünster) 69, 71, 72, 73, 76, 78, 79, 80, 81, 82, 83, 87, 186
- Erhardibrunnen (in der Erhardigasse) 77
- Erminoldgrab (mit Kapelle, in Prüfening) 124, 125, 126, 127, 128, 129, 130, 131
- Eselsturm (an der Domnordseite) 254
- Franziskanerkloster 250
- Franziskanerplatz 250
- Frauenkloster (ohne Namensnennung) 239, s. Heiligkreuz und St. Klara
- Friedhof (»vor dem Weih St. Peters-Tor«) 34
- Friedhof St. Emmeram, s. St. Emmeram (Friedhof)
- Fürstensitz, sagenhafter 7
- Galgenberg (Anhöhe) 208
- Galgenwirt, der (Gasthaus) 208
- Georgskapelle (am Wiedfang) 141
- Georgskapelle (Vorgängerin von St. Emmeram) 38, 40, 41, 42, 108
- Gesandtenstraße 221
- Gichtelgasse 316
- Glockengasse 260
- Goliathhaus 259, 261
- Goliathstraße 261, 262, 265
- »Grauwinckel«, Kapelle im 226
- Großprüfening 251, s. auch Püfening, »Prüfling« und Villa Prufeninga
- Haaggasse 264
- »Haid« (Platz) 186
- »Haintzacker« 203

- Heidentempel 38, 209
- Heidenturm – – –
- Heiligkreuz (Dominikanerinnenkloster am Judenstein), vgl. Anm. 239
- »Heinrichsacker«, s. »Haintzacker«
- Heinrichsstuhl (Steinsessel) 197
- Heuport, an der 329
- Hexengäßchen 264a, vgl. Kuhgässel
- Heyd, die, s. Haid
- Hirsch, steinerner 267
- Hündchen, steinernes (Wahrzeichen, abgegangen) 261
- Hündchen, steinernes (Wahrzeichen, Ecke Krauterermarkt/Goliathstraße) 262
- »In der Rast«, s. Kapelle der Verlassenheit
- Inklusorien, diverse 114, 118, 141, 167, 168, (169), 171
- Isling (Vorort; hier: Klösterliches Gut) 53
- Jakobstraße 324
- Jakobskirche 243, 324, s. auch Schottenkirche und St. Jakob
- Jakobstor 80
- Judenfriedhof 33, 34
- Judengasse 224
- Judenschule 34
- Judenstadt (32), 221, 224
- Judensteg (Steg über den Vitusbach) 221
- Kaiserpfalz (52), 177, 329, vgl. Residenz
- Kapellen, s. Alte Kapelle, »Grauwinckel« (Kapelle im . . .), Kapelle der Verlassenheit, Kapelle in Wihen, Loretokapelle, Maria Läng, Schöne Maria
- Kapelle der Verlassenheit 252
- Kapelle in Wihen 213
- Kareth (Ort bei R.), s. Anm. 176
- Karmel (Kloster) 329

- Karthaus-Prüll 221, 247
- Keplerstraße 271
- Klarenanger 177, 322
- Klause(n), s. Inklusorien
- Königliches Schloß, s. Anm. 324
- Königshof 21, 329
- Kornmarkt 207
- Kramgasse 226
- Krauterermarkt 329
- Kreuzaltar (in St. Emmeram) 84
- Kreuzgang (in St. Emmeram) 114
- Kriegerkapelle (im Niedermünster), s. Anm. 72
- Kuhgässel 264a
- Kumpfmühl 221, 333
- Kumpfmühler Straße 333
- Kumpfmühler Weiherturm 333
- Lederergasse 264a
- Locus Praedicacionis 162
- Loretokapelle 244
- »Märter-Bühl« 38
- Märtyrerberg (173)
- Maria Läng (Kapelle in der Pfauengasse) 37
- Mittelmünster, s. St. Paul
- Mons Civium, s. Bürgerberg
- Mons Martyrum, s. »Märter-Bühl« und Märtyrerberg
- Napoleonshöh (Anhöhe) 208
- Neue Pfarr (Kirche) 226
- Neupfarrplatz 144, 221, 245
- Niedermünster 69, (71), 72, 73, 74, (75), 76, 77, 78, 79, 80, 81, 82, 83, 87, 88, 119, 186, 196, 202, 210, 212, 213, 214, 215, 281
- Obere Bachgasse 144
- Obermünster (Kirche und Kloster) 89, 213
- Oberer Wöhrd 266
- Oppersdorf, s. Anm. 176
- Ostengasse 193, 269
- Ostentor 192, 269
- »Paradeiß« (in der Westnervorstadt) 256

- Pelikan, s. »Zum Pelikan«
- Peterskirche 177, s. auch Dom, St. Peter und St. Stefan
- Peterstor 175, 177, s. auch St.-Peters-Tor
- Pfaffensteiner Weg 250
- Posthorngäßchen 261
- Predigtsäule (175?)
- Prebrunntor 264
- Prüfening (Ort, Kirche und Kloster) (121), (122), (123), 124, (125), (126), 127, (128), (129), 130, (131), 203, 217, 218, 248, 258, 305, s. auch Großprüfening, »Prüfling« und Villa Prufeninga
- Prüfeninger Wälder 258
- »Prüfling« 218, 302
- »Prüflinger Feld« 302
- Prüll 280, s. auch Karthaus-Prüll
- Ramwoldgrab 109, 110, 111, 112, 113
- Ramwoldkrypta (in St. Emmeram) 110, 111, 113
- Rathaus 33, 186, 224, 265, 302
- Rathausplatz 267
- Rennerhof (bei Kareth), s. Anm. 176
- Residenz(en) (3), 175, 177, 201, 202, 273
- Richtbank, s. An der Richtbank
- Saliterhof 324
- Sallern (Vorort) 33, vgl. Salre
- »Schelmenstraße« 14
- Schleifmühl 254
- Schlossergasse 224
- Schloßkapelle, kaiserl. 51
- Schneckenstiege (am Dom) 255
- Schöne Maria (Kapelle/Kirche) 225, 226, 239
- Schottenkirche (und -kloster) 150, 213, 243, 324, s. auch Jakobskirche und St. Jakob
- Schwarzes Burgtor, s. Anm. 36
- Schwedenkugel, s. Zur Schwedenkugel
- Semmel, steinerne (Wahrzeichen) 264a
- Siegesberg, s. Siegeshügel
- Siegeshügel(-berg), auch Sigpühel 151, 153, 155, 159, 162, 164, 166, 167, 172, 173, 215
- Simon- und Judaskapelle (im Niedermünster), s. Anm. 72
- Spital 320, 325, 326
- Spitalkirche 320
- Springhäusl 270
- Stadtamhof 3, 14, 202, 219, 244, 250, 273, 309a, 319, 331
- St. Andreas (im »Ayrwinkel«; Königshof) 329
- St.-Andreas-Klause 114
- »St. Andre im Ayrwinkel« 329
- St. Anna (Kirche in Prüfening) 251
- Steinerne Brücke 33, 141, 253, 254, 256, (257), 266, 273
- Steinerne Säule (beim Peterstor) 175
- Steinerne Semmeln, s. Semmeln, steinerne
- Steinerner Affe, s. Affe, steinerner
- Steinerner Hirsch, s. Hirsch, steinerner
- Steinerner Sessel, s. Heinrichsstuhl
- Steinernes Haupt 260
- Steinernes Hündchen, s. Hündchen, steinernes
- Steinweg (hier: Weg) 14
- St. Emmeram (Friedhof) 241, 263
- St. Emmeram, auch St. Heimran (Kirche u. Kloster), (34), 38, 40, 42, 44, 46, 47, 48, 49, 50, 51, 52, 53, 54, 55, 56, 57, 58, 59, 60, 61, 63, 64, 66, 67, 84, (85), (90?), (94?), 102, 103, 104, 109, 110, 111, 112, 113, 114, 146, (159?), 175, 177, 178, 181, 182, 183, 187,

190, 191, 195, 197, 198, 209a, 216, (228), 246, 249, 277, 278, 279, 280, 282, 283, 284, 285, 309, 323, 333

St. Emmeram, »das erst und eltist Kloster in allem Germania« 150
–, berühmtester Ort in Deutschland 42
– St. Georg (Kapelle am Wiedfang) 141
– St. Georg (Kapelle, Vorgängerin von St. Emmeram) 31, 38, 40, 41, 42, 108
– St. Heimram, s. St. Emmeram
– St. Jakob (Kirche und Kloster), 175, 220, 243, s. auch Jakobskirche und Schottenkirche/-kloster
– St. Kassian (Kirche) 313
– St. Katharina (Altar bei den Augustinereremiten) 137
– St. Klara (Kirche und Kloster) 36, vgl. Anm. 239 und 323
– St. Leonhard (Kirche) 264a
– St.-Leonhards-Gasse 264a
– St.-Magnus-Kapelle 219
– St. Mang (Brauerei) 331
– St. Mang (Kirche und Kloster) 14, 219, 244
– St. Patricius (?) (Kapelle) 118
– St. Paul (= Mittelmünster) (Kirche und Kloster) 91, 93, 106
– St. Peter 99, 254, vgl. auch Dom, Peterskirche und St. Stefan
– St.-Peters-Tor 177
– St. Rupert (Pfarrkirche des Klosters St. Emmeram), s. Anm. 221
– St. Salvator (Kapelle) 221, 222
– St. Salvator (an der Roßtränke), s. Anm. 221
– St. Simon und Juda, s. Simon- und Judaskapelle
– St. Stefan (Kirche) 177
– Synagoge 33, 34, 224, 225, 226, 228

– Trinkstube (beim Haidplatz) 186, vgl. Waag
– »Uf der predige« 162
– Villa Prufeninga 217
– Vitusbach (Stadtbach) 221, 333
– Vivarius 58, s. Anm.
– Waag, die 263
– Waaggäßl (263)
– Wahlenstraße 226, 268, 318
– Watmarkt 262
– Weichs (Vorort) 266
– Weih St. Peter (Kirche u. Kloster) 118, (159?), 166, 167, 168, 169, 170, 171, 172, 173, 174, 213, (215)
– Weih St. Peters-Tor 33, 34
– Westnervorstadt 256
– Wiedfang, s. Am Wiedfang
– Winzerer Höhen(?) 48
– Wolfgangsgrab 101, 102, 103, 104, 198
– Wollwirkergasse 264
– »Wurschtkuchl«, historische 256
– »Zum Bär an der Kette« (Gasthaus) 269
– »Zum Goldenen Hirschen« (Haus), s. Hirsch, steinerner
– »Zum Pelikan« 271
– »Zur Goldenen Krone« (Gasthaus) 294, 295
– »Zur Schwedenkugel« (Gasthaus) 264

Regenstauf (Markt in der Opf.) 14, 202
Reginopolis (alter Name für R.) 16, 21, 314
Rengspurg (alter Name für R.) 150
Rhein 4, 20, 186, 202
Rheingrafenstein (Burg an der Nahe) 253
Rom 3, 7, 11, 11a, 15, 18, 19, 20, 23, 40, 68, 69, 71, 107, 116, 148, 170, 173, 174, 209a, 213, 214, 215

Rothenbühl (Weiler bei Ebermannstadt/Ofr.) 257
»Rotenburg« 223

Sachsen (Gebiet) 114, 196
»Saimberg« 238
Sallern, s. unter Regensburg
Salre (= Sallern?) 148
Salzburg (österr. Bundesland und Hauptstadt) 71, 99, 100
»Schelmenstraße«, s. unter Regensburg
Scheyern (Ort und Kloster in Obb.) 187
Schottland 150, 170, 213
Schwaben (Gebiet) 132, 157, 158, 177
Schweiz 177
Sizilien 204
Spanien 160
Spoleto 183
Stadt der Viereckigen Steine 20, 151, 153, 154, (155), 156, 158, 159, 160, 161
Stadt mit den sieben Namen 16, 21
Stadtamhof, s. unter Regensburg
Stauf (= Donaustauf) (Feste) 290
Staufer Forst 299
St.-Afra-Stift (Augsburg) 188
St.-Denis (Frankreich) 49, 84, 177
St.-Emmeram-Kirche (Italien) 66
St.-Emmeram-Kirche (Wemding im Ries) 65
St. Gallen (Stadt und Kloster in der Schweiz) 177
St. Georg (Kirche in Weltenburg/Ndb.) 31
St. Maximin (Kloster in Trier) 107
St.-Nikolaus-Kapelle (Haugenried/Opf.) 68
Stockenfels (Geisterruine am Regen) 330
St. Paul (Rom) 215
St. Peter (Rom) 209a, 215

Straßburg (lat. Name: Argentatorum) 65, 80
Straubing (Stadt in Ndb.) 60, 304
Streitberg (Ort in Ofr.) 257
Sulzbach (Ort – welcher? – in der Opf.) 7

Taxberg 205
Teuerting (Ort in Ndb.) 338
Teufelssee (bei Scheyern) 187
»Thauns« (= Taunus?) 4
Thierhaupten (Markt in Schwab.) 192
Thüringen 48
Tiber (Fluß in Italien) 20, 209a
Tiberia (alter Name für R.) 1
Tiberina (alter Name für R.) 18, 19
Tibernia (alter Name für R.) 150
Tiburnia (alter Name für R.) 19, 21
Tiburtina (alter Name für R.) – – –
Tirschenreuth (Stadt in der Opf.) 257
Traun (Nebenfluß der Donau) 148
»Trident« (= Trient) 224
Trient (Stadt in Norditalien) 224
Triental (= ?) 148
Trier 19, 20, 69, 107
Troja (antike kleinasiat. Stadt) 3, 7, 23
Türkei 186
Tuscien (ma. Name der Toskana) 20
Tyberia (alter Name für R.) 314
Tyburnia (alter Name für R.) 16, 17

Ulm 216
Ungarn 34, 62, 63, 98, 192, 288, 290, 305
Uttenhofen, s. Kunigund von Uttenhofen

Valsassine (?) 205
Villach (Stadt in Kärnten) 289
Vindelica (hier: lat. Name für Augsburg) 18

Viereckige Stadt, die 155
Vivarius, s. unter Regensburg

Weichs, s. unter Regensburg
Weimar 243
Wels (Österr.) 230
Weltenburg (Ort und Kloster in Ndb.) 31
Wemding (Wallfahrt im Ries) 65
Wessobrunn (Ort in Obb.) 248
Wien 79, 186, 247

Wiesent (Nebenfluß der Regnitz) 257
Wildenstein (welches?) 223
Wörth, s. Donauwörth
Worms 15, 225, 312
Wolfgangsee, s. Abersee
Württemberg 305, 311
Würzburg 126, 180, 203, 223

Ybbs (Stadt in Niederösterr.) 229

BILDNACHWEIS

Titelentwurf von Walter Tafelmaier: nach einem Stich in Merians Topographia Bavariae.
Umschlagrückseite: Regensburger Stadtwappen (Vorlage in der Thurn und Taxisschen Hofbibliothek, Regensburg, Sammlung Georg Resch, gesammelt in den Jahren 1820/40).

Die Abbildungen stammen aus:
Bericht von denen Heiligen Leibern und Reliquien, Tab. VIII, Nr. 55: Abb. S. 211
Cod 2829. Farbige Miniatur. Österreichische Nationalbibliothek Wien: Abb. S. 154
»Das ist die loblich legend«. Titelholzschnitt der Postinkunabel. Staatliche Bibliothek Regensburg. Signatur: Rat. civ. 67/Quart: Abb. S. 185
Sebastian Münster, Cosmographey: Abb. S. 41, 220, 282, 302, 314, 329, 343, 350
Max Piendl, Das fürstliche Wappen (Sonderdruck aus Thurn und Taxis-Studien 10, Kallmünz 1978), Wappen V: Abb. S. 236
Matthäus Rader, Bavaria Sancta, Bd. II: Abb. S. 141. Aus Bd. III: Abb. S. 255
Sammlung G. Resch: Abb. S. 58, 112, 113, 135, 139 Vignetten aus dem großen Kupferblatt von Andreas Geyer: Heiliger Marter-Berg ... 1721. Sodann: Abb. S. 61, 73, 95, 98, 100, 117, 160, 214, 253, 266 (Abb. S. 266 ist Wallfahrtsbildchen oder Gebetszettel. Nacharbeit vermutlich eines Joh. Albr. Büchlerschen Kupferstichs, Mitte 18. Jh.? Vgl. G. Stahl, S. 194 ff.), 278. Die Abb. S. 98, 100, 214 stach Johann Bichtel um 1820 auf Anregung des Bischofs Michael Wittmann in Kupfer (Vorlage: die Niedermünster-Tafeln)
Hartmann Schedel, Weltchronik: Abb. S. 35, 40, 111, 125, 176, 200, 245, 248, 299, 312, 317, 323
Johann Weyssenburger, Leben des hl. Wolfgang. Landshut 1516. In: Teil 5 eines Sammelbandes (Signatur Rar. 1987) in der Bayerischen Staatsbibliothek München: Abb. S. 115, 120, 127, 130

SAGENBÜCHER VON EMMI BÖCK

Sagen und Legenden aus Ingolstadt
2. Auflage, 152 Seiten,
Leinen DM 19,80

Sagen aus Niederbayern
484 Seiten, mit 20 Illustrationen
von Guido Zingerl, Leinen DM 38,–

„Emmi Böck's Leistung besteht im Zusammentragen des Sagengutes, in der Reduzierung auf den eigentlichen Sagenkern und vor allem in der Erstellung eines vorbildlich gestalteten Anhangs mit Quellennachweisen, ausführlichen Literaturangaben und detaillierten Registern. Entstanden sind Volksbücher, die allen wissenschaftlichen Anforderungen genügen."
Bayerische Staatszeitung, München

„Wer die Sammlung der Ingolstädter Volkskundlerin kennt, weiß, daß ihr auf diesem Gebiet niemand gleichkommt. Sagenstoff und Legenden bietet sie kurz und unverfälscht, so wie er uns überliefert wurde. Emmi Böck ist ein Glück für unsere Volkskultur, weil sie wichtiges Volksgut vor dem Vergessenwerden bewahrt."
Straubinger Tagblatt

VERLAG FRIEDRICH PUSTET · REGENSBURG

Reihe:
Oberpfälzer Sprachmosaik

herausgegeben vom Bezirksheimatpfleger der Oberpfalz Adolf J. Eichenseer. Bisher sind erschienen:

Das Schönwerth-Lesebuch
Volkskundliches aus der Oberpfalz im 19. Jahrhundert
Hrsg. Roland Röhrich
356 Seiten, Leinen DM 42,-

„*Nirgendwo in ganz Deutschland ist umsichtiger, voller und mit so leisem Gespür gesammelt worden.*"

Das Kompliment gilt Schönwerth und stammt von keinem Geringeren als Jakob Grimm. „Aus dem reichen Nachlaß hat nun Roland Röhrich eine Anthologie zusammengestellt, die die wichtigsten Texte aus dem Gesamtwerk Schönwerth's präsentiert. Da viele Texte nicht nur in Schriftsprache, sondern zusätzlich in der Oberpfälzer Mundart abgedruckt sind, haben wir zugleich ein wichtiges Sprachdokument vor uns. Hier können wir nachvollziehen, wie die Sagen, Märchen, Lieder, Spiele und Sprichwörter entstanden und wie sie erzählt worden sind." *Bayerischer Rundfunk, München*

Oberpfälzisches Lesebuch
Vom Barock bis zur Gegenwart
Hrsg. Ursula und Günther Kapfhammer
472 Seiten, Leinen DM 39,80

„Nicht nur rein Literarisches, sondern auch Volkstümliches, wie Märchen, Sagen, Schwänke, Sprichwörter und Schnaderhüpfln wurden aufgenommen."
Charivari, Miesbach

„Das Buch erobert endlich wieder der Oberpfalz die anerkannte Stellung in der bayerischen Literatur, die ihr von jeher gebührt hat."
Süddeutsche Zeitung, München

Zammglaabt
Oberpfälzer Mundartdichtung heute
Hrsg. Adolf J. Eichenseer
160 Seiten, Leinen 19,80

„Die ausgewählten Gedichte, Prosatexte und kurzen Szenen sind von beachtlicher Wirklichkeitsnähe und Unmittelbarkeit des Ausdrucks. Schön auch, die lebendigen und abwechslungsreichen Illustrationen von Prof. Oberberger."
Die Oberpfalz, Kallmünz

VERLAG FRIEDRICH PUSTET · REGENSBURG